한국행정연구원 비교 및 지역연구 총서 11

독일의 행정과 공공정책

정재각 · 심익섭 · 이승철

발간사

한국행정연구원은 지난 2008년부터 주요 국가의 행정과 정책에 관한 비교 및 지역연구를 수행하고 있습니다. 세계 주요 국가의 행정과 공공정책에 관한 비교 연구를 통해 우리는 새로운 환경 변화와 행정 수요에 대응하며, 우리에게 맞는 시사점을 얻고자 노력해 왔습니다.

독일과 한국은 역사와 경제 분야 등에서 많은 공통점을 갖고 있습니다. 이번 독일의 행정과 공공정책에 관한 연구는 독일의 행정환경, 정부, 사회정책을 이해하는 데 도움을 주리라 봅니다. 독일이 국내외의 환경과 도전에 직면하여 어떻게 국가를 운영했으며, 사회복지정책을 통한 안정적인 사회 체제를 이루어 왔는가는 현재 우리가 당면한 정책에도 시사점을 주리라 봅니다.

끝으로 이 연구의 책임을 맡아 주신 정재각 초청연구위원과 집필진으로 참여해 주신 심익섭, 이승철 교수에게 감사드립니다.

2013년 5월

한국행정연구원 원장 이은재

머리말

비교를 통해 상대방을 이해하고 나를 발전시키며 상대방과 나의 관계를 정립할 수 있듯이, 비교 및 지역연구를 통해 해당 국가의 행정과 공공정책을 좀 더 깊이 이해할 수 있고 상호간의 교류와 연구를 통해 행정학의 이론과 실무 발전에 매우 유익함을 얻을 수 있다.

한국과 비슷한 처지에 놓인 독일이 국내외의 변화와 도전 가운데서 어떻게 국가를 운영했으며 국가 발전을 이루었는가는 우리의 관심과 연구의 대상이 된다. 전후 독일의 경제부흥, 민주주의 제도 확립, 유럽 통합에서의 견인차 역할, 평화적인 통일의 달성, 통일 후의 어려운 경제적·사회적 문제의 해결 등은 바로 독일과 독일 국가 운영에의 관심을 갖게 하는 요소들이다.

이 연구는 독일 행정과 사회정책을 중심으로 하는 공공정책을 좀 더 체계적·분석적으로 접근하여 독일의 행정과 공공정책에 대한 발견의 맥락과 타당성의 맥락을 도출하고 이해하는 것을 목적으로 한다. 이는 독일의 행정환경, 행정 체계와 과정, 공공정책에 대한 보편성과 특수성을 이해하고 행정이론과 실무에 유용한 제도적 정책적 시사점을 도출하고자 한다.

이 책의 내용은 다음과 같이 크게 세 부분으로 구성되어 있다.

첫째, 독일 정부를 둘러싼 행정 환경연구이다. 여기서 독일의 역사적 배경, 지리적 환경, 사회문화적 환경, 인구적 환경, 통일 후의 정치 상황과 국민 인식 등 인문사회 환경을 이해한다. 이어서 독일의 헌법 질서, 독일 국가통치 조직을 이해한다.

둘째, 독일의 행정 체계와 과정을 연구한다. 다양하고 복잡한 행정 수요를 해결하기 위해 독일 정부는 행정자원이나 행정 수단을 동원하며, 이는 행정 체계와 과정을 통해 이루어진다. 좀 더 구체적으로 독일의 행정 체계와 과정은 행정조직 및 행정문화, 인적자원관리, 예산과 재정, 정부간 관계와 지방행정, 전자정부, 행정통제를 통해 운영되고 관리되며, 이에 관한 내용이 체계적으로 담겨질 것이다.

셋째, 독일의 행정환경 변화와 이에 따른 독일 국민의 다양한 행정 수요를 해결하기 위한 독일 정부의 핵심 정책을 연구한다. 이는 독일의 사회복지정책을 중심으로 복지재정, 노후보장과 공적연금, 노동고용정책, 보건의료정책을 심도 있게 다룰 것이다. 이런 사회복지의 체계적인 소개는 한국의 사회복지 수요와 정책적 논의를 감안한 것이다. 이어서 환경정책, 방송과 언론정책을 다룰 것이다.

독일의 행정과 제도, 공공정책은 비교적인 시각에서 보면 우리와 다른 특징을 가진다.

첫째, 연방제도이다. 독일의 정치행정 체계의 근간은 연방제도이다. 연방제도는 중앙정부가 압도적인 영향력을 행사하는 우리와 큰 차이가 나는 점이다. 독일 사회는 연방제도 틀 안에서 사회구성원의 다양성, 창의성, 사회 통합을 이루어 간다.

둘째, 사회복지의 수준이다. 독일은 사회복지가 제도화되어 있을 뿐만 아니라, 의료보장, 노년보장 등에서 실질적인 보장을 하고 있다. 대학 교육에서도 일부 주(州)는 도입된 등록금 제도를 다시 폐지하고 있다.

셋째, 독일 국민과 정치의 사유 능력이다. 독일 방송구조와 운영은 국가나 어느 특정집단에 의해 진리가 독점될 수 없음을 단적으로 보여주는 예가 된다. 독일 정치와 사회에서 보여주는 소통과 사유의 역량은 독일 국가를 강하게 하며, 경제에서 혁신과 창의를 낳는다.

독일의 행정과 공공정책에 대한 체계적이며 분석적인 연구를 수행함으로써 우리는 독일 정부가 지향하는 목표 내용, 정책 방향 등 독일 국가 운영과 국정 전반에 관한 이해의 폭을 넓힐 수 있을 것이다. 독일 정부에 대한 세밀한 관찰, 깊이 있는 탐색, 지속적인 관심이 요청되는 바이다.

본 책은 한국행정연구원의 적극적인 후원의 산물이다. 특히 한국행정연구원 박응격 전 원장의 독일에 대한 평소 비교 지역연구에 대한 남다른 열정으로 적극적인 격려를 해 주셨으며, 이 책의 소중한 결실에 결정적인 기여를 해 주셨다. 진심으로 감사를 표하는 바이다. 연구와 강의 중에서도 학문적인 열정을 가지고 심익섭 교수는 독일의 인적자원관리를, 이승철 교수는 독일의 재정과 예산을 집필해 주셨다. 이 책의 출간을 지원한 한국행정연구원 이은재 원장님, 도움을 준 연구원 여러분께 진심으로 감사를 표한다.

2013년 5월

저자들을 대신하여 정재각

차 례

제 2 편 독일의 행정환경

제 3 편 독일의 행정 체계와 조직

제 4 편 독일의 사회복지와 공공정책

제 1 편 독일의 행정과 공공정책 개관

제 1 장 서 론

제 1 절 독일 연구의 필요성과 목적

사회과학은 인간 사회의 현상을 과학적, 체계적으로 연구하는 학문이다. 사회과학은 인간 존재와 인간의 행동, 인간이 어울려 만들어 내는 사회 현상에 대해 추론하며 분석하는 특성이 있으며, 연구 결과를 이용하는 응용과학적인 성격을 가진다. 사회과학의 한 분야인 행정학은 정부의 운영과 관리로 출발하여 오늘에 이른다.

우리는 각 국가의 정치, 경제, 사회, 문화, 역사적 배경에 관한 비교연구를 통해, 각 나라의 특성을 알 뿐만 아니라, 우리 자신을 알게 된다. 사회과학 연구에서 비교 방식은 아리스토텔레스(Aristoteles)의 정치학에서 보듯이 고전적인 학문 연구 방식이다. 비교연구는 인간과 인간 사회에 대한 이해를 높여주며, 자신의 장단점을 파악할 수 있게 해준다. 비교연구는 방법론적으로 개별 가설(hypothese)을 일반화로 테스트하며, 그 반대로도 연역적으로 도출된 가설을 개별 사안(case)으로 테스트할 수 있다. 비교연구는 귀납적인 방식에 근거한 비교를 통해 이론과 방식에서 혁신을 얻게 해준다.

국가의 행정제도, 기구, 절차 등에 관한 비교연구를 통해 우리가 당면한 문제 해결에 대한 시사점을 얻을 수 있다. 각 정책의 대안을 찾을 뿐만 아니라, 우리의 정책에 대한 정당성을 또한 얻을 수 있다.

독일은 정치, 경제, 사회, 문화 등에서 우리의 지대한 관심을 끄는 나라 중 하나이다. 한국 사회에서 독일에 관한 관심과 비교연구의 필요성은 두 국가 간의 유사성에서 찾을 수 있다. 이는 다음과 같은 몇 가지 예에서 두드러진다.

독일의 통일과 사회 통합

독일의 분단에서 통일까지, 그리고 통일 이후의 변화는 그 유사성 때문에 우리의 지속적인 관심과 연구의 대상이었다. 1989년 11월 9일 베를린 장벽의 붕괴는 독일의 또 다른 전환점이 되었다. 평화혁명을 이끈 주인공은 동독 주민이었다. 동독 주민은 당시의 동독 정권에 근본적인 사회주의 개혁을 촉구했다. 동독은 몇 달이 지나지 않아 사상누각처럼 무너지고 말았으며, 1990년 10월 3일 통일되어 두 나라의 분단이 극복되었다.

동독의 붕괴 이후 동독의 평균 생산성이 서독의 1/3 수준밖에 되지 않는다는 사실이 드러났다. 독일 통일에 든 비용은 비관론적 입장에서 예상했던 것보다도 훨씬 더 늘어났다. 신연방주(동독)의 인프라 구축을 위한 투자금은 이른바 '인민 소유'로 되어 있던 국영기업의 민영화를 통해 충당할 수 있을 것이라는 기대는 허구에 불과했다.

서독 정부는 동독 재건을 이성적으로 대처하기 시작했으며, 동독 재건 비용은 결국 서독 주민이 부담했다. 동독지역은 2009년까지 총 1조 6천억 유로(동독지역으로부터의 이전자금은 제외)에 달하는 이전자금을 서독으로부터 받았다.

'동독 재건'을 위해 독일 국민이 감당한 노력은 국민적 연대를 보여주며, 그 성과를 나타냈다. 두드러진 성과는 국가산업의 인프라 구축과 도시 개발이다. 동독지역은 유럽에서 가장 최신의 경쟁력을 갖춘 통신설비를 갖추게 되었다. 대학은 경쟁력을 갖게 되었고, 환경기술 등 새로운 기술 분야에 집중적인 투자가 이루어졌다.

통일 전만 아니라 통일 이후에도 동서독 두 체제 사이에는 적대감이 존재했고, 경제 통합뿐 아니라 사회 통합도 통일정부의 중요한 과제였다. 통일 후 독일은 이러한 적대감을 없애 갔고, 정치·경제·사회 등 모든 영역에서 동서독인 간의 이질감을 극복해 가고 있다. 독일의 현재 수상인 메르켈(Angela Merkel)이 동독 출신이라는 점과 2012년 3월 연방 대통령에 동독 출신 가욱(Joachim Gauck)이 선출되었다는 점은 한국 사회에 시사하는 바가 크다.

독일 경제와 사회적 시장경제

독일은 전 세계 무역시장의 약 9%를 차지한다. 독일은 2004년부터 8년 연속 매년 1,000

억 달러가 넘는 경상수지 흑자를 달성했다. 독일 경제에서 수출이 차지하는 비율은 약 25%이며, 일자리의 1/5 이상이 대외무역에서 나오고 있다. 2011년 독일의 수출 규모는 1조 4,722억 달러로, 세계 3위 수출국이다(중국 1조 8,938억 달러, 미국 1조 4,804억 달러, 한국 5,522억 달러(세계 7위), 연방통계청).

독일 수출과 국가 경쟁력의 뒤에는 중소기업이 있다. 중소기업은 독일 전체 기업의 99.7%를 차지하며, 전체 고용의 60%, 직업교육 공급의 83%, 총매출의 40%를 담당한다. 중소기업은 직업훈련생 고용에서 80% 정도를 차지한다. 또한, 독일 중소기업은 전 세계 시장에서 점유율 1위 품목을 852개나 차지한다. 이처럼 독일 중소기업은 독일 사회의 중추를 구성한다(김승일, 2010: 7).

독일은 현재 국내총생산의 약 2.6%인 490억 달러를 연구개발(R&D)에 지출하고 있으며, 이는 EU 평균인 1.9%를 크게 웃도는 수치로 독일 기업의 연구개발비 지출은 세계 최고이다(2008년 기준). 연방정부는 2015년까지 주정부 및 경제계와 함께 연구개발 지출을 국내총생산의 3%로 확대하려고 한다. 자동차 생산, 기계 제조, 전자기술, 그리고 화학산업은 독일의 주요 산업이며, 이 네 분야에만 290만 명이 종사하고 있다. 이 분야의 연구개발비는 독일 기업 내 연구개발비의 약 30%를 차지한다.

독일은 세계 특허 3위로, 독일 투자자와 기업들은 2009년 전 세계 특허의 11%를 출원했다.

독일 정부의 재정적자 규모는 GDP 대비 1.1%로 프랑스(5.7%)・영국(8.6%)보다 월등히 양호하며, GDP 대비 정부 부채 비율은 81.5%로 선진국 평균(103.5%)보다 20%포인트 이상 낮다.

독일은 자유로운 경제활동을 보장하면서 동시에 사회적 균형을 지향하는 '사회적 시장경제(soziale Marktwirtschaft)'를 추구한다. 독일은 노동조합과 사용자 간의 사회적 파트너 관계가 제도화되어 있으며, 노동쟁의가 제도화된 분쟁조정규정에 따르는 것은 이러한 사회적 시장경제제도에 기인한다. 기본법은 자율적 임금 협상을 보장함으로써 사용자와 노동조합이 단체협약을 통해 자체 책임하에 노동 조건을 결정할 수 있도록 권리를 인정하고 있다.

3 독일의 사회복지

독일의 사회복지제도는 19세기 말 산업화 시대까지 거슬러 올라가는 긴 전통과 역사가 있다. 비스마르크(Otto E. L. von Bismarck)는 산재보험, 의료보험, 장애 및 노후 대책 관련 법을 도입했다. 그 이후 1927년에는 실업보험이, 1995년에는 요양보험이 생겨났다. 비스마르크 시기에 인구의 10%만이 사회복지법의 혜택을 누린 데 반해, 오늘날에는 독일 국민의 90% 정도가 사회복지법의 보호를 받고 있다. 의료보장에서 독일은 GDP의 10.4%를 지출하고 있다. 이는 OECD 국가의 평균보다 1.5% 높은 수치이다.

독일은 GDP의 26.7%가 공공복지에 지출되는데, 이는 OECD 평균 20.5%보다 높으며, 미국 15.9%와 비교해 보면 매우 높다.

의료보험, 연금보험, 산재보험, 요양보험, 실업보험 등의 독일의 사회복지망은 세계에서 가장 포괄적이라 할 수 있다. 그 밖에도 자녀양육비, 세제 혜택 등 세금을 바탕으로 하는 가족 지원을 하며, 연금생활자나 장기 취업 불능자에게 기초생활을 보장해 주고 있다. 1950년대 후반 당시 연방경제부 장관 에르하르트(Ludwig Erhard) 장관이 사회적 시장경제를 확립할 때 '모두를 위한 풍요와 사회 정의'를 목표로 내세웠으며, 독일 복지제도는 여러 국가에 모델로서 본보기가 되고 있다.

가계저축률을 보면 독일은 지속해서 10% 내외를 유지해 오고 있으며, 2~3%를 유지하는 일본·미국보다 높고, 한국(3.2%)의 약 3배 수준이다(2009년 기준). 유럽 내에서도 독일 가계저축률은 벨기에 등과 함께 높은 수준을 유지하고 있다.

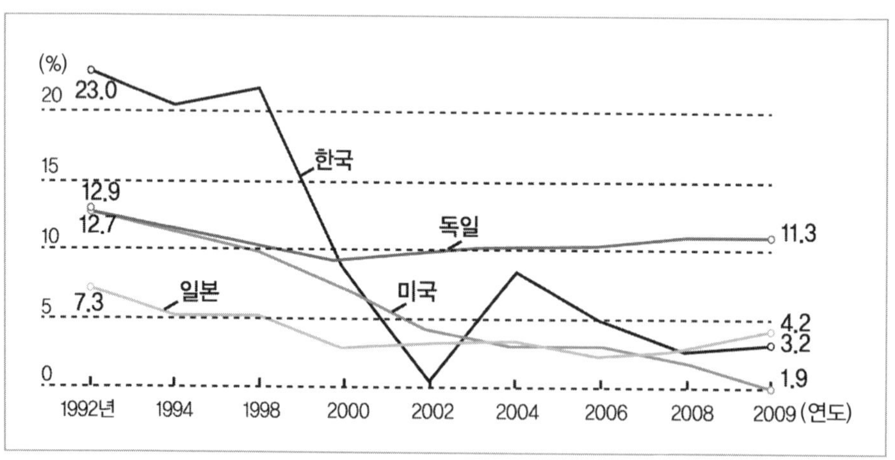

그림 1-1 주요 국가의 가계순저축률(1992~2009)

자료: 유로통계청.

4 독일 문화

독일은 문학과 음악의 나라이며, 철학의 나라이다. 바흐, 베토벤, 브람스, 헨델 등과 같은 음악가들은 한국인에게도 익숙하다. 음악애호가들은 독일 음악제인 바이로이트(Bayreuth) 바그너 음악제, 현대 음악인 도나우에싱겐 음악제(Donaueschingen Festival) 등을 찾는다. 독일에는 공공자금으로 운영되는 80개 음악극장이 있다. 독일에는 130개의 직업 오케스트라가 있으며, 베를린, 함부르크, 뮌헨, 프랑크푸르트, 슈투트가르트, 드레스덴, 라이프치히의 음악극장이 유명하다. 독일에는 약 300개의 극장과 630여 개의 박물관이 있다.

독일은 단행본 도서류만 95,000종을 발행하는 도서의 나라로 세계 최대 출판국 가운데 하나이다. 매년 10월 프랑크푸르트에서 개최되는 국제도서박람회는 국제 출판계의 만남의 장이 되고 있으며, 연초에 열리는 라이프치히 도서박람회도 주목받고 있다.

독일은 경제적으로도 선진국으로 발전해 갔다. 전후 독일의 경제 부흥, 민주주의 제도 확립, 유럽 통합에서의 견인차 구실, 평화적 통일 달성, 통일 후의 어려운 경제적·사회적 문제 해결 등은 바로 독일과 독일의 국가 운영에 관심을 끌게 하는 요소들이다.

한국과 비슷한 처지에 놓인 독일이 국내외 변화와 도전을 통해 어떻게 국가를 운영하고, 국가 발전을 이루었는가와 더불어 독일의 정치행정과 정책 결정, 사회정책에 대한 우리의 관심은 많다.

<표 1-1>에서 지난 1년간 한국의 언론이 독일에 대한 주요 보도를 보면, 독일에 대한 우리의 관심이 어디에 있는지 잘 알 수 있다.

표 1-1 한국 언론의 독일 관련 주요 기사

	일자	제목	내용
중앙일보	2011.12.05	독일 통일은 벌써 21년, 우리는 언제	독일 통일의 성공 요인 세 가지
	2012.04.23	독일, 요양보험 탈락 치매환자 별도 지원	사회복지 서비스 소개
동아일보	2011.07.11	'대단한' 독일 국민 70% "감세 반대"	독일 국민의 70%는 정부가 세금을 줄여 주기보다 국가의 재정적자를 줄이는 데 먼저 신경 쓰길 지지함
	2012.04.17	"독일제조업 중심 시장 다변화 배워야"	독일은 유로존의 위기에도 제조업으로 쌓은 기초 체력을 바탕으로 경제 성장을 이어감, 한국은 잦은 외부 충격에 대비하려면 독일을 벤치마킹해야 함

동아일보	2012.04.23	기업의 복지가 지역의 복지 독일 바스프(BASF)	–친환경 교육에 비상 보육시설도 –보육 넘어 직원 생애주기 관리 –아이 볼 사람 없을 땐 회사에 SOS
	2012.04.25	미래형 직업을 찾아서 〈6〉 재활용 선진국 독일의 도시광산업	–급성장하는 첨단산업 도시광산 –'고졸부터 박사까지' 일자리 창출
문화일보	2012.02.21	포퓰리즘 버렸다… 제2라인강 기적 독일이 살아났다	유럽 전체가 휘청거리는데 3% 고성장, 독일 경제 성장의 성공 요인
	2012.04.05	그들 '아닌 '우리' 아름다운 공존– '다문화 코리아' 元年〉 ② 독일	언어 교육부터 취업까지 원스톱 지원하는 이주정책
한겨레	2012.04.20	'유럽 절대 강자' 독일 경제 비결은	
매일경제	2011.11.28	독일 녹색당도 부유세 도입 추진	유로존 재정위기 대응을 위해 부자들에게 세금을 더 부과하는 정책을 채택키로 결의
	2011.12.02	전 세계 경제 휘청거리는데 … 독일 부동산 유례 없는 활황	오피스/주거용 부동산 활황 독일 부동산시장 활황 이유
	2012.01.29	"독일 경제의 힘은 강한 미텔슈탄트"	독일 경제의 힘은 중소기업 일자리 창출 효과 취업 인구 증가
	2012.04.29	금융위기 넘은 독일의 고용기적	해고 대신 근로 시간 단축
	2012.05.21	독일 노동자 20년래 최대 임금 인상	20년 만에 최대 큰 폭으로 임금 상승
	2012.05.22	독일 경제에서 배운다	독일 경제 부활 원인

*비고: 기간(2011.06.21~2012.06.21).

제 2 절 독일의 행정과 공공정책

독일에서 정치제도와 기능에 대한 질문은 1960년대 말 정부 계획의 필요성의 증가와 관련을 갖고 있다. 당시에 정부와 행정에 대한 연구의 증가는 정치행정에 대한 수요를 충족시키고자 하는데서 자극이 되었으며, 이에 정치 체계의 기능과 과제, 이의 실천적인 문제가 중심에 들어섰다. 정치 영역에 대한 연구인 정책(policy) 연구 필요성이나 중요성은 일찍 인식되었지만, 한 연구의 영역으로서 자리를 잡은 것은 1970년대 중반에 들어서이다.

정치 영역에 대한 연구는 정치 내용에 대한 관심의 증가이다. 정책에 대한 연구는 정부가 무엇을 하며, 왜 정부는 이를 하며, 그리고 무슨 차이를 가져오는가에 질문을 한다(Dye, 1976). 정치 과정(politics)에 대한 연구의 관심은 행위자, 행위자의 이해 관계, 행위자의 잠재력에 있으며, 정치 질서의 정당성이나, 또는 합의와 갈등의 원인과 같은 질문을 던진다.

정치제도(Polity)의 인식의 대상은 정치제도와 기관에 있으며, 정치의 공식과 비공식 규칙들, 정치 과정과 내용의 전제 조건과 동시에 결과에 관심을 가진다. 정책의 연구에서 정치제도, 정치 과정 차원은 상호 연계되어 있다.

정책 영역에 대한 이론적인 접근에서 구조적 요인, 정치제도, 행위자의 이해 관계, 이들의 상호 질서는 독립변수로서 영향을 미친다. 정책 연구의 접근에 구조적 접근(strukturalischer Ansatz)은 국가의 행위를 가져오는 사회구조, 경제구조와 같은 요소가 주요 역할을 하며, 행위자들의 중요성은 고려되지 않는다. 반면 매크로 행위자 접근은 결정 과정에서 행위자의 영향을 인식한다. 이는 특히 독일의 사회정책이나 환경정책이 연방 질서와 행위자인 정당의 이해 관계에서 지배적인 역할을 받는데서 볼 수 있다. 가령 정부의 행위에서 보수 정당인가, 사회주의 정당인가 하는 것과 같은 정당 간의 차이는 결정적인 역할을 한다. 제도적 접근(institutioneller Ansatz)은 구조적 접근과 행위자 접근을 통합하고자 한다. 제도는 정책결정 과정에서 특정 사안을 촉진할 수도 있으며, 방해할 수도 있고, 정치문제 해결의 수단을 확대할 수도 있으며, 제안할 수도 있다. 제도는 이런 과정을 통해 사회적 · 경제적 정책 결과물의 질에 영향을 미친다.

독일의 행정과 공공정책에 관한 연구 내용의 범주는 네 부분으로 구성했다.

1 독일의 행정환경

독일 정부를 둘러싼 행정환경이다. 정부를 중심으로 한 행정환경은 1) 행정의 헌법과 법적 기초, 2) 행정과 정치의 관계, 3) 행정과 시장경제의 관계, 4) 행정과 시민사회, 5) 행정과 세계적 관계(글로벌화, 글로벌 네트워크, EU 관계) 등으로 나누어 볼 수 있다. 또한 행정환경에는 역사적 배경, 사회문화 및 지리환경적인 배경도 있다.

이러한 행정환경의 배경에서 행정과 행정조직의 원리가 되는 기본법 규정, 독일 정부의 형태, 연방과 주정부의 행정조직, 정치 과정과 정책 연구를 통해 독일 정부를 이해하게 된다.

2 독일의 행정 체계와 과정

독일은 연방국가로서 행정 체계를 이루고 있기 때문에 독일 행정 체계와 행정 과정은 연방, 주 및 지방자치의 3차원, 즉 연방제도 하에서 이해되어야 한다. 마찬가지로 인적자원관리, 예산과 재정, 정부 간의 관계, 전자정부, 행정통제도 연방과 주 사이의 관계 속에서 이해되어야 하며, 각 정책은 주에 따라 다르다.

사회정책

공공정책의 하나로 독일의 사회정책을 연구한다. 사회정책은 사회복지정책의 원리, 복지국가 발전, 복지국가의 성격, 복지재원, 노동고용정책, 보건의료정책, 노후보장과 공적연금정책 등을 다루게 된다. 이런 사회복지정책을 통해 사회의 요구, 정치행정의 대응과 정책을 보게 된다.

공공정책

사회정책 외에 환경정책 등을 중심으로 독일 대내외의 변화에 대한 정책을 보고자 한다. 독일에서 환경정책은 다른 정책과 비교해 '새로운' 정책 영역이다. 방송과 언론은 정부와 사회 간의 소통 구조를 보여준다.

제 3 절 분석 대상과 분석 수준

분석 대상과 분석 수준을 연구하기 위한 시간적인 범주(time span)는 가능한 현재에 초점을 두고자 한다. 다만 정책의 계속성과 변화나 개혁을 살펴보기 위해 과거의 배경에 관한 연구도 병행한다. 이를 통해 정책의 목표와 변화를 제시하고자 한다.

법률적 · 제도적 접근

독일의 행정 체계에 대한 연구는 행정학의 전통적인 법률적 · 제도적 접근을 하고자 한다. 따라서 독일 행정 체계의 기초가 되는 연방제도에 대한 본격적인 논의는 제외하고, 현재 독일의 행정학에서 논의되는 수준에서 행정에 대한 접근을 하고자 한다.

독일의 정치행정의 권력은 다양한 기관에 분산되어 있지만 이런 다양한 권력기관이 상호 협력적 관계를 맺어 합의에 이르고 있다. 따라서 국가 운영의 행정 기능은 서로 개별적으로 나뉘어 있지 않고, 연방, 주, 지방자치단체, 그리고 유럽연합 사이에서 공동으로 이루어진다.

그림 1-2 독일연방공화국 지도

출처: http://upload.wikimedia.org/wikipedia/commons/1/12/BRD.png

 기술적 연구(descriptive study)

객관적인 사실과 현상에 기초하여 독일의 행정과 공공정책을 분석하고자 한다. 독일은 1949년 서독과 동독으로 분리되어 발전하다가 1990년 하나의 국가로 통일되었다. 이는 가치 중립적인 기술이 요구되는데, 이러한 가치 중립적인 기술은 정책연구에도 해당한다. 내각제를 채택하는 독일은 집권 정당에 따라 정책의 유지와 개혁이 이루어진다. 그 밖에 비교연구에서 문화적인 요소도 고려해야 한다. 이런 객관적인 기술을 위해 필요에 따라 경험적 자료를 이용하여 실증적인 연구가 되도록 하고자 한다. 사회정책에서 복지 수준을 논함에 통계자료를 통해 복지 수준을 알아보고자 한다.

3 문헌연구

이 글의 연구 대상이 되는 부분에 관한 연구는 문헌조사를 통해 하고자 한다. 문헌은 일차로 기본법, 헌법재판소 판결, 법원 판결, 행정자료와 학술 연구를 포함하는 2차 자료를 이용한다.

제 2 편 독일의 행정환경

제 1 장 독일의 인문 · 사회 · 역사 환경

제 1 절 지리적 환경

독일연방공화국의 면적은 약 357,000km^{2}로 한반도의 약 1.6배이다. 독일의 면적은 전 세계에서 63번째, 유럽에서 7번째로 프랑스(544,000km^2)와 스페인(506,000km^2)에 비해 작지만, 인구는 약 8,200만 명으로 유럽에서 러시아(2011년 현재 약 1억 4천만) 다음으로 많다. 남북 최장 길이는 876km, 동서 최장 길이는 640km이다.[1)]

독일연방공화국은 유럽의 심장부에 있으며, 북으로는 덴마크, 서쪽으로는 네덜란드, 벨기에, 룩셈부르크와 프랑스, 남쪽으로는 스위스와 오스트리아, 그리고 동쪽으로는 체코, 폴란드 이렇게 9개국과 국경을 맞대고 있다. 독일연방공화국은 동쪽과 서쪽의 연결점일 뿐만 아니라 스칸디나비아와 지중해를 잇는 연결점이다. EU와 NATO의 주요 회원국으로서 독일은 중유럽과 동유럽의 다리 역할을 했다.

독일은 높고 낮은 산들과 고지대 평원, 계단식 지역, 언덕 그리고 넓게 펼쳐진 저지대와 호수 지역이 섞인 다양한 경관을 가지고 있다. 지형적 특징으로 구분할 때, 북쪽 지역은 평원, 중앙은 고지대, 남동 지역은 계단식 전경, 남쪽 지역은 알프스의 작은 언덕들과 그리고 바이에른 알프스 등 5개 지역으로 나눌 수 있다.

독일의 기후는 대륙성 기후와 해양성 기후의 중간인 온대성 기후로, 기온 변화는 그리

1) 독일의 지리 소개와 인구 등 주요 통계는 연방통계청 자료, 'Facts about Germany'(Press and Information Office of the Federal Government, 1999), bpb 자료 등을 인용함.

크지 않다. 한국보다 위도가 높으므로 상대적으로 겨울은 덜 춥고 여름은 덥지 않다. 1월 낮 평균 기온은 3℃이며 7월은 22℃이다. 겨울은 최저 −10℃에 이르며, 여름은 최고 35℃까지 상승하기도 한다. 한국과 마찬가지로 사계절이 뚜렷하여 계절에 따라 비가 오거나 눈이 오기는 하지만 하르츠 산맥을 제외하고 대부분 지역은 폭설이나 장마가 없는 것이 특징이다.

표 1-1 독일 평균 기온(2011~2012)

연도	월											
	1	2	3	4	5	6	7	8	9	10	11	12
2012	1.9	−2.6	6.9	8.1	14.3	15.5	17.4					
2011	1.0	0.9	4.9	11.6	13.9	16.5	16.1	17.7	15.2	9.4	4.5	3.9
평균	1.5	−0.8	5.9	9.8	14.1	16.0	16.7	17.7	15.2	9.4	4.5	3.9

연도	계절			
	겨울	봄	여름	가을
2012	1.1	9.8		
2011	−0.6	10.1	16.8	9.7
평균	0.2	10.0	16.8	9.7

자료: Klimadaten des Deutschen Wetterdienstes.

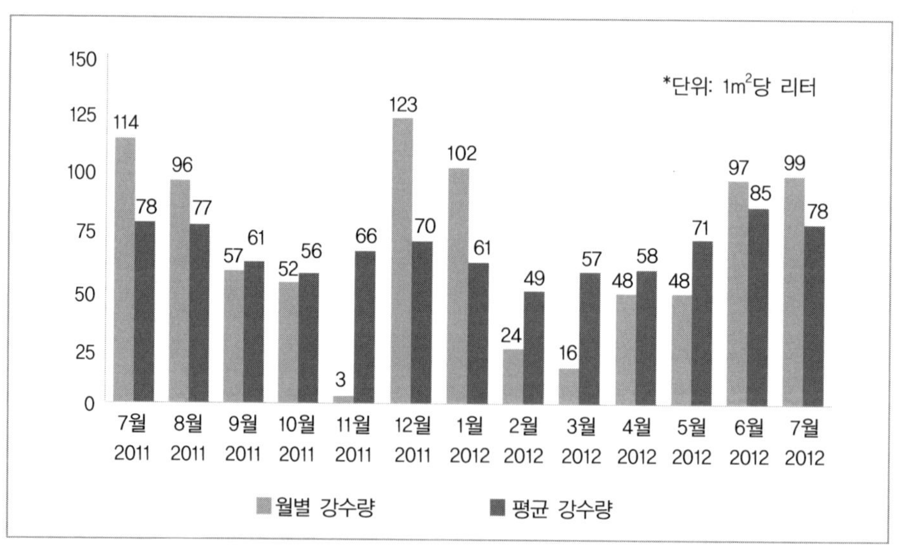

그림 1-1 독일 월별 강수량(2011.6~2012.6)

자료: Deutscher Wetterdienst.

여름은 일반적으로 더운 편이고, 겨울은 추우며 눈이 오는 지역은 드물다. 비는 일 년 내내 온다.

제 2 절 사회문화적 환경

독일어는 영어, 플랑드르어, 네덜란드어, 노르웨이어, 덴마크어, 스웨덴어와 같은 인도게르만어에 속하며, 특히 게르만어에 속한다고 할 수 있다. 중세 초기까지 독일에서는 여러 언어가 사용되었지만, 루터(Martin Luther)가 번역한 성경의 보급으로 과거 작센지방의 관료들이 사용하던 언어로 통일되었다. 독일어는 현재 약 1억 3,000만 명이 사용하는 세계 6위의 언어로 독일 국경과 접하는 오스트리아, 리히텐슈타인, 스위스의 일부 지방, 이탈리아의 북부 지역, 덴마크, 벨기에와 룩셈부르크 일부 지역 등 약 9,200만 명이 모국어로 사용하고 있다. 독일 통일 이후 수도인 베를린에는 현재 430만 명 이상이 거주하고 있다.

 인구와 변화

1) 인구와 지역별 분포

독일 인구는 2011년 말 기준으로 8천 1백만 명이다(독일 통계청, 2012). 독일은 오랫동안 인구가 증가했다. 1871년과 1990년을 비교해 보면 인구는 배 이상 증가했다. 1871년 4천 1백만에서 1952년에 처음 7천만 명을 넘어섰고, 다시 1991년에 8천만 명을 넘어섰다. 인구조사는 서독 지역은 1990년까지 3번 실시했으며(1961년 56,175만 명; 1970년 60,651만 명; 1987년 61,070만 명), 통일 후에는 2011년에 실시되었다.[2)]

동서독 지역으로 구분해 보면, 서독에서 1950~2006년까지 1,470만 명인 28.9%가 증가했지만, 동독지역은 같은 기간에 인구가 170만 명(9.5%) 감소했다. 동서독 전체에서 서독지역 인구가 차지하는 비율은 1950년 73.5%, 1980년 78.6%, 2006년 79.8%로 증가했다.

---

2) 1983년 계획된 인구조사는 시민들의 대대적인 저항과 비판에 부딪쳐, 1987년에 조사 내용이 수정되어 실시되었다.

독일 인구를 주별로 보면 1,800만 명(22%)이 노르트라인-베스트팔렌에 거주하고 있다. 인구의 절반이 노르트라인-베스트팔렌, 바이에른, 바덴-뷔르템베르크 3개 주에 살고 있다. 인구가 가장 적은 주는 메클렌부르크-포어포메른, 자를란트, 브레멘으로 340만 명(약 4%)을 차지한다.

1990년 통일 이후 주별 인구 변화는 서로 다른 변화를 보였다. 바이에른, 바덴-뷔르템베르크, 슐레스비히-홀슈타인주는 7% 이상 증가했지만, 동독지역 주들은 급격히 감소했다. 인구가 가장 많이 줄어든 작센-안할트는 1991~2006년도 기간 동안 282만 명에서 244만 명으로 13.5%가 줄었고, 메클렌부르크-포어포메른, 튀링겐은 10%, 작센은 9%가 줄었다.

바이에른은 면적이 70.551km^{2}로 독일 전체 면적의 약 20%를 차지하며, 니더작센 13.3%, 바덴-뷔르템베르크 10.0%이며, 인구가 가장 많은 노르트라인-베스트팔렌은 9.5%를 차지한다. 도시국가인 베를린, 브레멘, 함부르크는 전체 독일에서 차지하는 면적이 0.57%에 지나지 않는다. 그리고 튀링겐, 슐레스비히-홀슈타인, 자를란트 이 세 개의 작은 주가 차지하는 면적은 9.7%이다.

독일은 357,114km^{2}의 면적에 약 8,200만 명이 살고 있으며, 인구밀도는 231명/km^{2}로, 유

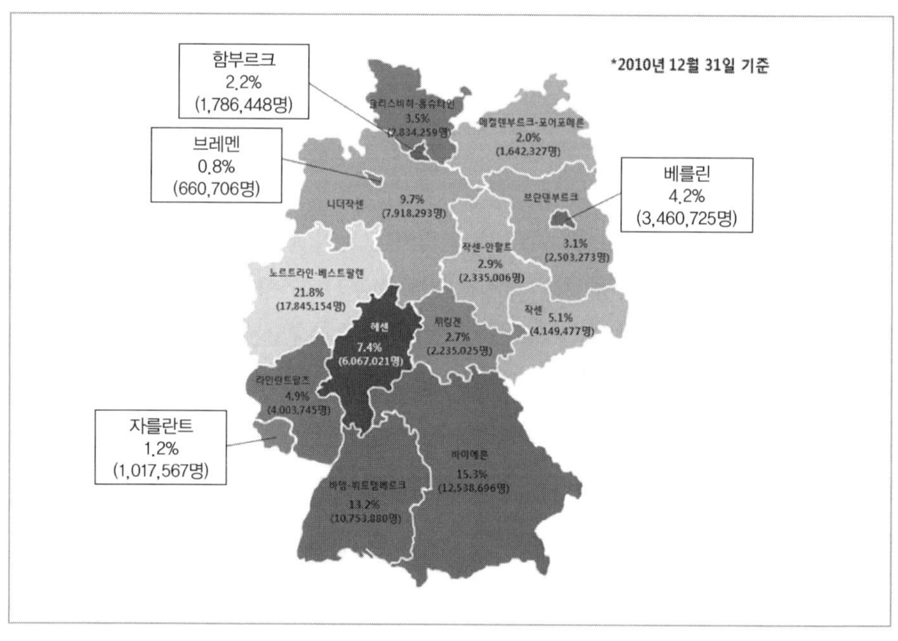

그림 1-2 주별 인구 수

자료: 연방통계청, bpb 독일 소개 자료.

럽 평균이 116명인 것을 고려한다면 높은 편에 속한다. 그러나 지역별 분포가 고르지 않으며, 특히 서독지역(267명/km^2)과 동독지역(140명/km^2) 사이에 큰 차이가 나타난다. 인구밀도를 주별로 보면, 뮌헨 5,440명, 베를린 3,936명, 함부르크 2,388명, 브레멘 2,362명(2012년 기준) 순으로 높다. 노르트라인-베스트팔렌은 528명으로 독일 평균의 2배에 이른다. 인구밀도가 가장 낮은 지역은 동독지역 주들이다. 작센-안할트 119명, 튀링겐 143명이다(한국 인구 밀도는 512명, 서울시 인구 밀도는 17,996명, 2012년 기준).

2) 평균수명 증가

산업화 이전에는 인간의 수명이 매우 짧았다(Bolte, Kappe, & Schmidt, 1980: 45ff.). 1700년대 독일의 평균수명은 30년을 넘지 못했으며 지역에 따라서도 차이가 났다. 신생아들은 출생 직후부터 영양 부족과 질병으로 생존하기 쉽지 않았다. 1750년대에 들어서 영양 섭취의 개선과 의학의 발전으로 평균수명이 증가하기 시작했지만, 전쟁 등과 같은 사회적 환경은 짧은 수명의 요인이 되었다. 그 때문에 독일 남자의 평균 수명은 35세에 불과했으며, 여자는 38세를 넘지 못했다.

19세기 말에 비로소 신생아 사망률이 크게 줄었으며, 20세기 중반에는 산업화의 증가, 농업 생산의 증가, 노동환경의 개선, 예방의학의 발달로 평균수명이 늘었다.

제1차 세계대전 이전 남녀의 평균수명이 각 45세, 48세였으나, 제2차 세계대전 이후에는 60세와 63세로 증가했고, 2000년에 들어 남녀의 평균수명은 75세와 81세에 이르렀다. 하지만 이런 평균수명의 증가는 사회 노령화에 주요 요인이 되었다.

독일의 평균수명은 남자는 74.4세, 여자는 80.6세로 60세 이상의 인구는 전체 인구의 26.3%(2010년 기준)를 차지하며, 이는 2030년에 36.2%가 될 것으로 예상한다(bpb, Zahlen und Fakten: Bevölkerungsänderung und Altersstruktur).

3) 출산율 저하

독일은 유럽에서 인구가 많은 나라에 속하지만 아이러니하게도 출산율은 1,000명당 9명 미만으로 전 세계에서 출산율이 가장 낮은 국가 중 하나이다.

지역적 차이를 제외하면, 중세와 근대 초에 독일 여성의 평균 출산 자녀 수는 6명에 이르렀던 것으로 보인다(Bolte, Kappe, & Schmidt, 1980: 42ff.; Hradil, 2006a: 47ff.). 오늘날에 비하면 4배 이상이 높다. 이런 높은 출생률은 독일에서 1875년까지 지속했으며, 19세기에 인구 폭발의 배경이 된다.

1875년에 여성의 출산율은 5명으로 신생아 사망률이 감소했고, 출산율도 함께 감소하기 시작했다. 출산율 감소는 도시지역에서 빠르게 진행됐지만, 농촌지역에서는 서서히 진행되었다. 1934년에 평균 출산률이 1.8%에 이르렀으며, 이는 독일에서 처음 출산율이 감소한 해이다. 인구 수준을 유지하기 위해서는 약 2.1명을 출산해야 하는데, 이를 고려해 보면 출산율의 변화에 따른 인구 변화를 볼 수 있다.

독일은 전후에 경제 발전(기적)에 힘입어, 출산율이 1952~1960년에 2.1%에서 2.5%로 회복되어 다시 독일 인구가 증가하기 시작했다. 그러나 '피임(Piellenknick)'으로 많은 논쟁을 가져왔고, 출산율은 1965~1975년에 다시 2.5명에서 1.4명으로 감소했다.

동독지역은 1980년대 초 잠시 베이비붐이 일어 출산율이 1.8명으로 증가했지만, 통일 후 출산율이 급격히 떨어져 서독지역과 별반 차이가 없게 되었다. 2010년 기준으로 동독지역의 출산율은 1.46명, 서독지역은 1.39명이다(한국의 출산율은 1.23명, 2010년 기준).

30년 이상 독일의 출산율은 큰 변화 없이 낮은 수준을 유지해 오고 있지만 평균수명은 계속 증가해 왔다. 여성의 사회생활 때문에 출산 시기가 늦춰지며, 자녀를 출산하지 않는 여성의 수도 지속적으로 증가할 것으로 보인다. 인구 감소로 노동시장의 노동력 부족 현상이 나타나자 유럽에서 그 대안으로 외국인 노동력에 대한 필요성이 제기되어 왔다.

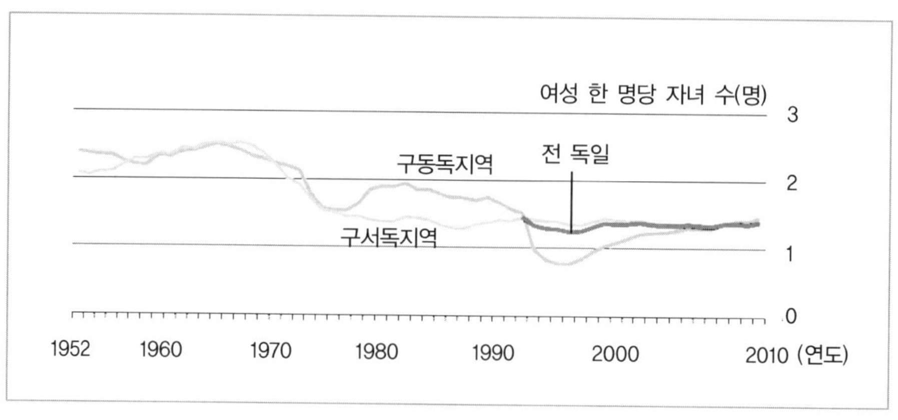

그림 1-3 출산율

* 구서독지역(서베를린 포함하지 않음), 구동독지역(동베를린 포함하지 않음)

자료: 연방통계청(2012).

사회 가치와 변화

1) 가치와 변화

사회문화는 그 사회의 내적인 관계와 사회구조를 보여준다. 사회구조에는 인구, 경제, 노동시장, 교육, 가정, 생활 형태, 계급과 층에 따른 사회경제적 구조(Gliederung)가 있다. 사회문화는 문화의 형태로 의미(Sinn)와 목적을 가지는 실체로서 주관적으로 존재한다.

현대 사회(moderne Gesellschaft)는 경제적 혁명에서 오는 자본주의, 정치적 혁명에서 오는 민주주의, 문화적인 혁명에서 오는 개인주의라는 특징을 가지며, 오늘날 서구 사회문화의 기본 특성을 이룬다. 그러나 정치적, 경제적, 문화적인 전제 조건들과 자유, 평등, 연대성과 같은 가치의 구현은 독일에서 제2차 세계대전 이후에야 이루어졌다. 가령 사회적 시장경제로써 복지가 이루어졌고, 민주주의로서 하위계층도 동등한 권리를 갖는 시민이 되었으며, 개인주의로서 누구나 자신이 선택하며 결정하는 삶의 영위가 가능해졌다. 이러한 사회문화의 변혁은 전통적으로 권위주의적인 산업적 근대성으로 불리며, 이는 아데나워(Konrad Adenauer)의 통치 기간에서 전형적으로 보였다. 1968년 이후 비로소 이러한 과거의 전통이 무너졌으며, 이는 '가치 변화', '개인화', 체험사회(Erlebnisgesellschaft)의 개념으로 논의되었다.

사회문화에서 중요한 개념은 가치(Werte)와 가치 변화, 사회구성원(Soziale Milieus), 생활양식(Lebensstile)이다. 사회환경(Soziales Milieu)은 비슷한 가치행위(Werthaltung), 정신(Mentalität), 생활양식을 가진 사람들의 그룹과 도시지역, 직업, 종교, 교육, 정치, 문화 등 분리된 공간적 · 사실적 환경(geteteilte räumlich-sachliche Umwelt)으로 이해된다. 이와 같은 사회환경은 공동의 경제사회적 생활환경과 자원을 갖는 사회계급(Klasse), 계층(Schichte)에 따라 다르다. 사회환경에는 공동의 문화적 유형, 자유, 생활, 삶의 유형이 있다. 가치행위는 생활의 목표를 주도하고 정신을 특정화시키며(prägen), 특별한 아비투스(Habitus)로서 표현된다. 따라서 가치, 환경, 생활 스타일 등은 서로 간에 강한 연결고리가 있다.

서구 사회에 관한 가치 변화 연구는 잉겔하트(Ronald Ingelhart)에 의해 이루어졌다.[3] 그에 따르면 서구 사회는 1970년대 물질주의에서 탈물질주의로 결정적인 가치 변화가 일어났

---

3) Ingelhart-index는 General Social Survey, World Values Survey, Eurobarometer, ALLBUS 등의 연구에서 지속적으로 다루고 있다.

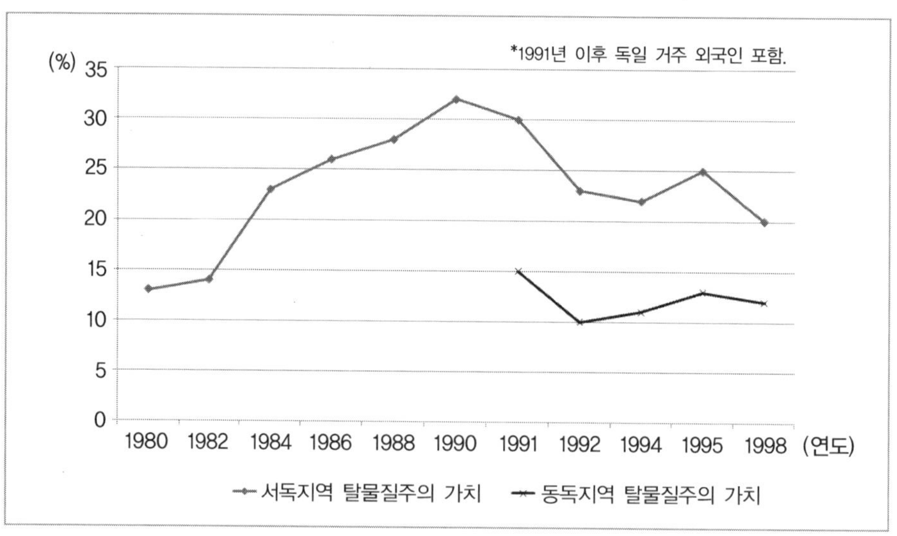

그림 1-4 탈물질주의 가치 변화

자료: ALLBUS 1980~98.

다. 서독은 1970년대와 1990년대 초 사이에 물질주의자의 비율이 급격히 줄었다. 1980년에서 1990년 사이 서독의 순수 탈물질주의자의 비율이 13%에서 31%로 증가했지만, 통일 후에는 경제적인 문제로 1992년에 23%로 낮아졌다. 동독지역은 서독지역보다 탈물질주의자의 비율이 낮다(1991년 15%; 1992년 10%, 1998년 12%). 시간의 증감에 따라 동서독 간의 가치 변동의 유사성을 보여주며, 탈물질주의 가치가 점차 낮아졌다(김영태, 2003: 419-420).

탈물질주의로의 가치 변화는 개인화, 사회환경, 살아가는 방식의 다원화로 설명된다. 사람들은 부모에게 물려받은 전통적이며 집단적인 가치 질서에 얽매이지 않으며, 개별적으로 선택하며 자신만의 고유한 삶을 영위한다.

2) 생활세계

사회환경은 비슷한 세계관과 가치관, 생활양식, 정신 등을 갖는 동류의 그룹이다. 전통적인 사회구조에 대한 접근은 신분(Stand), 계층(Kasten, Schichten), 계급(Klass)으로 이루어져 왔다. 마르크스(Karl Marx)의 계급은 자본주의 생산 과정에서 사회구조의 특성으로, 소유와 무소유 등의 수직적 구조와 사회 불평등의 연구에서 중요 분석 개념이다. 1980년대 이후 가치, 정신(Mentalität), 교육, 소득, 권력, 생활 유형 등을 포괄하는 사회환경(Soziales Milieus)[4]

개념이 사회구조 분석에서 중요성을 갖게 되었다. 사회환경은 사회의 그룹뿐만 아니라, 그룹 안의 구성원의 유사한 활동 행태도 의미한다. 따라서 이들 그룹에는 문화적인 차이도 드러난다. 계층(Schicht) 개념이 객관적인 특성을 주목하는 반면 환경(Milieus)은 주관적 면과 요소에 초점을 맞춘다. 또한, 환경의 개념은 그룹의 정신적 · 종교적 · 직업적 · 도덕적 · 정치적 원인 등에 개방되어 있으며, 다양한 현상을 종합하는 특성이 있다(Hradil, 2006b: 5). 동류의 집단에 속한 사람들은 서로가 동질성을 느끼며, 비슷한 문화적 가치 정향을 가지고 사건들을 같은 시각과 방식으로 해석한다.

사회환경의 구조는 상당 부분 계급이나 사회구조에 의존한다. 여기에는 전형적인 상층, 중간층, 하위층 사회환경이 있다. 어떤 가치 정향을 갖느냐에 따라 소득, 교육 수준, 직업 지위 등이 문제가 되기도 한다. 이런 경계와 구분을 만드는 것은 정신의 차이(Mentalitätunterschiede)이다(Vester u.a., 2001: 26).

각 개별 사회구성원은 서로 다르게 가치 변화와 개인화를 겪기 때문에 사회환경은 또한 각 사회 계층이나 상황(Lage), 그리고 전통에 대한 집착(Traditionsverhaftung)이나 근대성(Modernität)에 따라 전통적(traditionell), 현대적(modern), 탈현대적(postmodern)으로 구분된다. 가령 전통적인 노동자(Traditionelles Arbeitermilieu), 전통적 중간층(Traditionelles bürgerliche Milieu), 기득권층(Etabilierte Milieu)에 속한 구성원들은 인간 의무의 유지와 질서 등에 큰 가치를 부여한다. 반면에 쾌락주의 현대주의자(modernes Milieu der Hedonisten), 현대 노동자(Moderne Arbeitemehmer), 탈현대주의자들은 새로운 것을 추구한다. 그들은 개인적인 가치를 중시하며 소속이나 연대에서 벗어나 있기 때문에 사회집단 귀속성(Milieuzugehörigkeit)은 개인의 의식이나 행태의 공통점은 보여주지만, 다른 구성원과 공동의식을 갖지는 못하다. 생활양식 또한 가치 정향에 따라 영향을 받으며 결정되기 때문에 마찬가지로 어느 정도 자유롭게 선택하는 일상에서 유연성을 가진다.

생활세계(Sinus-Milieus)는 사회 하위집단을 정량화하여 사회 가치에 따른 분포를 보여준다.[5] 이는 바로 가치, 생활양식, 사회적 지위에 따른 집단구성원의 분류로서 국민을 사회과학적으로 분류한다.

---

4) Soziales Milieus는 '사회환경'으로 번역하지만, 이는 유사한 가치 정향, 행동 유형을 가진 '사회 내 그룹'을 의미한다(Hradil, 2006b: 278).

5) Sinus Sociovision연구소는 30년 이상 사람들의 일상생활의 현실, 사회문화의 변형, 사회의 현실에 대한 기초적인 연구를 하여 정보를 제공해 오고 있다. 주요 사회문화적인 연구는 1) 가치 변화, 2) 일상생활의 미학(Alltagsästhetik), 3) 사회 하위집단 생활세계, 4) 사회문화적 다양한 현상과 경향 등이다.

독일 생활세계에 대한 2001~2010년과 2012년 조사를 보면 다음과 같은 변화가 있다.

- 2001~2010년 보수주의자(Konservative) 5%, 기득권층 10%에서 2012년에 전통 기득권층이 10%로 변화되어 5%가 감소
- 2001~2010년 전통주의자(Traditions-verwurztel) 14%에서 2012년에 15%로 1%가 증가
- 중산층(Bürgerliche Mitte)은 15%에서 14%로 1%가 감소
- 2001~2010년 구동독 향수자(DDR-Nostalgische)가 4%로 조사되었는데, 이는 주변층(전통주의자, 중산층 등)으로 흡수됨
- 쾌락주의자는 11%에서 15%로 4% 증가
- 2001~2010년 탈물질주의자 10%, 사회환경주의자 7%로 조사됨
- 현대적 행동주의자(Moderne Performer) 10%는 행동주의자 7%, 선구적 그룹(Expeditives) 6%로 나타남
- 2001~2010년 소비물질주의자 12%는 2012년에서는 불안전층(prekäres Milieu)으로 9%로 조사됨
- 상위 계층·상위 중산층은 보수주의 기득권층 AB12(10%), 자유 지식인 B1(7%), 행동주의자 C1(7%), 전위그룹 C2(6%)로 구성됨
- 중간 계층은 중산층B23(14%), 실용주의자 C2(9%), 사회환경자 B12(7%)로 구성됨
- 하위 중산층·하위 계층은 전통주의자 AB23(15%), 불안정층(prekäres Milieu) B3(9%), 쾌락주의자 BC23(15%)로 구성됨

독일인의 사회생활 환경 변화로 사회구성원은 지속해서 변화되고 있지만 사회구성원의 가치 정향과 특성은 상대적으로 일정하게 유지되고 있다.

2012년 Sinus 조사에 따르면 사회구성원 상의 큰 변화는 '불안전층'의 증가이다. 이들은 장래에 대한 불안감을 가지고, 사회 차별에 대한 대안으로 소비하며, 사회 신분 상승의 기회가 적다. 이들은 평균 나이가 50세 정도이며, 평균 이상으로 독신이고, 이혼의 비율이 높으며, 중고교 수준의 교육을 받았다. 이들은 구동독지역에 많으며, 평균 소득은 월 1,750유로 이하이다.

2012년 Sinus 조사에서 전위층(Expeditives Milieu)을 찾아볼 수 있는데, 주로 평균 나이 28세의 젊은 층으로 남자 비율이 높고, 직업교육을 받았으며 소득 수준이 높은 편이다. 이들은 실용적, 능력 중심적, 목표 지향적이며 파티를 즐긴다.

표 1-2 독일 생활세계(2012)

A 전통주의 : 전통적 생활세계(Traditionelle Milieus)			
Sinus AB12	보수주의 기득권층	10%	전통에 뿌리내림– 전통 집착 현대화된 전통– 전통 유지
Sinus AB23	전통주의자	15%	
B 현대주의 : 주류세계(Mainstream–Milieus)			
Sinus B1	자유 지식인	7%	생활 수준 · 현상 · 소유 : 소유와 즐김 자아계발 · 해방 · 신뢰성 : 존재와 변화
Sinus B12	사회환경주의자	7%	
Sinus B23	중산층	14%	
Sinus B3	불안전층(Prekäres)	9%	
C 탈현대주의: 탐구(Exploration) / 쾌락주의자 세계(Hedonistische Milieus)			
Sinus C1	행동주의자	7%	다선택적 · 전위적 · 실용적 : 실험과 체험 탐구 · 목표재설정 · 새 대안 추구 : 경계 극복
Sinus C12	전위층	6%	
Sinus C2	적응적 실용주의자	9%	
Sinus BC23	쾌락주의자	15%	

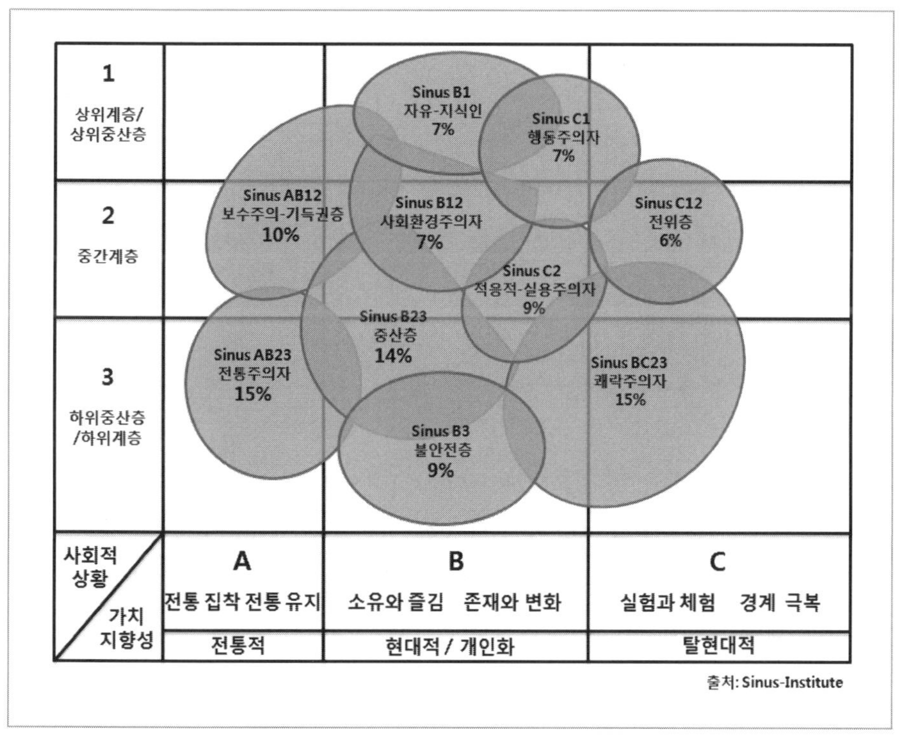

그림 1-5 독일 사회환경과 기본 가치

독일 사회는 매우 복잡하게 되어 있으며, 사회 가치는 변화되며 이전과는 달리 서로 결합하는 현상도 나타난다. 서로 모순되어 보이는 가치의 융합은 특히 젊은 세대에서 나타나는데, 가정, 질서, 안전, 능력 등의 전통적인 가치들이 새롭게 해석되어 개인주의와 자기중심적인 쾌락주의와 결합한 것이다.

 정치문화

정치문화는 '정치 체제에 대한 국민이 가진 태도, 신념, 가치 판단 등 심리적·주관적 성향'을 말한다. 독일의 역사에서 '프러시아'와 히틀러의 '나치'와 같은 단어는 권위와 비민주성의 독일 정치문화를 보여준다. 동독은 사회주의 국가로서 비법치주의와 전체주의적 이미지를 갖고 있다. 이러한 권위적인 정치문화는 독일의 보수적인 국가주의와 강한 민족 의식과도 밀접한 관련이 있다(양현모, 2000: 276-279).

독일의 정치문화는 제2차 세계대전 이후의 민주주의 발전과 1960년대를 지나면서 과거의 비민주적 정치문화에서 탈피함으로써 민주적인 정치문화로 변화되었다. 민주주의적 정치문화는 정치 참여, 민주주의에 대한 신뢰와 지지, 관용, 타인에 대한 신뢰 등과 같은 사회적 가치에서 나타난다.

정치문화에 관한 주요 사회조사를 보면 다음과 같다(양현모, 2006: 69-74에서 재인용).

- 민주주의에 대한 지지 및 만족도: 서독 국민의 80% 이상이 민주주의 체제에 찬성했으며, 서독의 정치 체계가 민주주의적이라고 답한 사람은 85%였다(1980년 초 조사).
- 다른 사상, 다른 가치관, 다른 생각이 있는 사람에 대한 관용성의 질문에서 82.1%로 영국(91.6%), 프랑스(88.8%)보다 낮지만, 이탈리아(80.0%)나 스페인(72.7%)보다는 높았다(1983년 조사).
- 주변 사람에 대한 신뢰의 질문에서 신뢰한다는 질문은 지속해서 증가했다. 1955년 조사에서 신뢰한다(20%)는 것이, 1985년 36%, 1992년 45%(구서독)로 증가했다. 구동독의 1990년 조사에서 23%, 1992년 조사에서는 29%로 증가했다. 주변 사람들에 대한 신뢰도는 덴마크가 1990년 55.5%로 가장 높았고, 영국 42.4%이며, 이탈리아 33.8%, 스페인 33.7%, 프랑스 21.4%였다.

독일의 정치문화 변화는 민주주의 제도의 정착과 브란트(Willy Brandt), 콜(Helmut Kohl)

총리와 같은 정치지도자들의 노력에 기인한다. 또한, 독일의 정치문화에의 기여하는 직간접 영향으로는 독일의 경제 발전과 지속적인 민주시민 교육[6]을 들 수 있다(양현모, 2006: 75-76).

제 3 절 독일의 이주 노동자와 사회

독일의 낮은 출산율과 높은 평균수명은 독일인의 연령구조에 많은 영향을 미치고 있다. 또한, 현재 취업활동 인구와 미취업활동 인구의 비율을 비교해 보면 미취업활동 인구의 비율이 늘어나고 있음을 알 수 있다.

아이러니하게도 독일은 낮은 출산율에도 최근 몇 년간의 인구는 안정적인 경향을 보이고 있는데, 이는 많은 외국인이 독일로 이주했기 때문이다. 독일은 인구의 8.8%인 약 693만 명이 외국인으로 1960년대 이후 급속한 경제 성장에 따른 노동 인력 충원을 위해 많은 외국인이 이주해 왔다. 이들 중 터키인이 가장 많은 부분을 차지하며,[7] 그 뒤로 구 유고슬라비아인, 이탈리아인, 그리스인, 폴란드인 순으로 상당수의 외국인 근로자와 가족들이 독일에 남아 있다.

외국인 거주자 중 50% 이상이 10년째 거주 중이며, 30%는 20년 혹은 그 이상 살고 있다. 10년째 거주하고 있는 25세 이하의 외국인 어린이와 청소년 중 적어도 2/3는 독일에서 태어났다. 이들은 부모 중 한 명이 체류허가권을 소지하고 법적으로 8년 이상을 독일에 거주하고 있는 사람이거나, 3년 이상 영주권을 소지한 부모에게서 태어난 사람은 출생과 동시에 독일 국적을 취득할 수 있다.

독일 정치가들은 이주정책과 이주자 통합 문제에서 "독일은 이민국가가 아니다"라는 도그마를 수십 년간 견지했다. 이런 독일 이주정책의 변화는 1998년 9월 27일 연방선거에서 정권을 잡은 SPD와 Bündnis 90/Die Grünen에 의해 이루어졌다. 연립정부는 글로벌화하는 환경에 적응하며, 그간 논란이 많은 이민법을 개정하고자 했다. 야당 CDU/CSU 및 FDP와

6) 민주시민 교육으로는 연방에 '연방정치교육센터(Bundeszentrale für Politische Bildung)'가 있으며, 각 주도 민주시민교육센터를 운영한다. 각 정당 산하 재단(콘라트 아데나워, 루트비히 에르하르트, 프리드리히 나우만은 한국 사무소를 두고 있음)도 시민교육에서 주요한 역할을 한다.

7) 터키 이주민은 약 220만 정도이다. 터키인은 종교문화적으로 뚜렷한 차별을 하고 있어, 독일통합정책의 1순위이다. 터키인의 독일 이주와 사회통합 문제는 다음 참조. 박재영(2012), 독일 다문화사회의 터키인 공동체, 중앙대학교 문화콘텐츠기술연구원, 다문화콘텐츠연구 12: 7-38.

타협한 가운데 이민법은 통과되어 2005년 1월부터 적용되고 있다. 이로써 독일은 사실상 이민국가임을 인정했으며, 이주자의 독일 사회 통합을 위한 언어교육 등의 '사회통합정책'(박명선, 2007: 283-286; 허영식・정창화, 2012: 84-86)을 추진해 오고 있다.

1 초청노동자 도입

제2차 세계대전 후 외국에서 1,500만 명의 독일인이 서독으로 이주했다. 이는 서독인의 1/4에 해당한다. 이들은 독일인(기본법 116조)으로서 같은 법적 권리를 부여받았다. 서독 정부는 이들에게 재정적인 지원을 할 뿐만 아니라, 주택에서 우선권, 무료 독일어 학습 과정, 방학 기간 교육을 제공했다. 또한, 독일의 연금에 전혀 기여하지 않은 자들에게까지 공공연금의 혜택을 부여했다.[8)]

전후 독일은 성장 가도를 달리며, 산업들은 노동력 부족을 호소하여 외국인 근로자 수입을 요구했다. 1961년에 동독에 의한 국경 폐쇄는 서독의 인력 부족을 심화시키는 계기로 작용했다. 기업들의 외국 근로자 도입의 요구에 경제부처는 이를 지지했으며, 노동조합은 외국 노동자의 임금과 사회복지에 동일한 권리를 적용하라고 요구했다. 따라서 독일은 1960~1973년에 외국 노동자를 대규모로 고용했다(박채복, 2007: 304ff).

1961년부터 1974년까지 독일 인구가 580만 명이 증가했고, 이 증가에서 외국인이 차지하는 비율은 58%이다. 이 가운데 초청노동자가 240만 명을 차지한다. 초청노동자의 80%는 제조업과 건설업에 종사했으며, 20%는 서비스업에 종사했다(Bundesanstalt für Arbeit, 1973: 8).

외국인의 노동자 모집은 경제적인 측면에서 계속 이루어졌다. 노동자의 부족에 직면하여 정부는 기업이 필요로 하며, 요구하는 노동력을 공급해 주는 것을 과제로 보았다. 독일 내 거주 외국인에 대한 다양한 불평등이나 사회의 통합에 대한 문제에는 전혀 관심을 두지 않았다. 1973년에 노동력의 모집을 중지할 때까지, 정부는 외국인 노동자에 대한 독자적인 정책을 갖지 않았다.[9)] 외국인 고용은 공공의 기본 정책에서 볼 때 적어도 일시적인 과도기

8) 이런 통합과 지원정책은 정책은 이주의 규모와 당시 1954년까지 지속된 높은 실업률, 부족한 주택 등을 감안해 보면, 이는 독일의 전형적인 민족주의적 특성을 보여준다. 동방 이주자들은 해외에서의 오랜 거주로 인해 독일어를 실제로 구사하지 못했지만, 그 혈통에 따라 독일 국적을 부여받았다. 이런 정책은 차후 독일에서 거주하는 터키인에 대한 정책과 확연히 대조된다. 터키 2, 3세대는 독일에서 태어났지만, 독일 국적이 부여되지 않았고 외국인으로 등록되었다.

9) 이런 가운데에도 1960~1973년 기간에 독일 정부는 외국 노동자의 고용과 지위를 제한하는 여러 법안을 통과시켰다. 대표적인 것은 1965년 외국인법, 1969년 노동촉진법, 그리고 1971년 노동허가

표 1-3 독일의 이주정책 단계와 내용

시기	주요 정책 개념	주요 정책 내용
1955~ 1973	모집 시기/ 초청노동자 시기	- 1,400만이 독일에 입국했고, 이 중 다시 1,100만이 떠남. - 순환제도 - 외교정책에 외국인 고용과 초청노동자가 핵심 의제로 됨. - 이탈리아인 비율이 10%로 감소한 반면, 터키인이 30%로 증가함.
1973~ 1979	외국 고용의 정착화	- 외국인 입국 제한과 귀국 장려 - 사회와 가족 통합 논의 - 가족 결합으로 외국인 자연적 증가 - 장기체류 허가로 바뀜
1979~ 1980	통합 개념의 단계	- 1978년 외국인청이 창설되며, 노동부 산하에 둠 - 독일 내 외국인과 가족의 독일 사회 통합 본격 논의 - 이주 제2세대 통합안 완성
1981~ 1990	외국인 정책 전환	- 이주제한정책의 경쟁적 강화 - 실업과 난민자 급증 - 주요 정책: 통합정책, 외국인 고용 제한, 귀국 촉진 - 외국인정책을 노동부에서 내무부로 이관 - 1991년 신외국인법 발효
1990~ 1998	망명정책 논란	- 망명(Asyl)정책이 정책의 우선 과제가 됨 - 망명 제한으로 신청자 급속히 감소
1988~ 2002	이민법 개정	- 이민국가(Einwanderungsland) 인정 - 국적법 개정

자료: Karl-Heinz Meier-Braun(2002)의 재구성.

현상으로 여겨졌다. 외국 노동자들은 노동계약에 따라 1년간 거주가 보장되었으며, 이들의 노동시장에의 수급은 전적으로 노동시장의 수요에 따라 결정되었다. 독일의 초기 이주정책은 문화·사회적·인구적인 측면이 아니라, 단지 경제적 측면에서 외국 노동자를 고용했다.

노동시장의 편리에서 비롯된 독일의 외국 노동자에 대한 초기 정책은 '순환(rotation)' 개념에 기초했다. 독일에 입국하여 일정 기간 일을 한 외국인은 다시 출국하게 하고, 새 외국

법이다. 그러나 이런 법들은 1973년에 초청노동자의 수입을 금지하기까지 외국인 노동자의 규모를 제한하지는 않았다. 1971년 노동허가법은 노동 허가를 상세히 규정했다. 5년간 이상 고용된 외국인이 추가 5년의 노동을 위해서는 특별노동 허가를 받는 것을 허용했다.

노동자를 도입하는 시스템이다. 이는 새로운 외국 노동자의 순환을 마치 상품의 수출입과 같이 보는 개념이다. 이런 시스템에서는 독일 내에 실업이 증가하면, 외국 노동자들을 우선하여 고향으로 보낸다. 이는 마치 산업예비군으로서 기능을 하는 것과 같다(정재각, 2010: 165).

장기간 근무하는 근로자일수록 일에 대한 숙련도가 높아지며, 따라서 이런 숙련 근로자를 내보내는 것은 경제적으로 보면 비효율적이었다. 기업 측에서 보면 결과적으로 기업의 생산성 향상과는 반대되는 조치가 된다. 이런 회전문(revolving door) 원리는 원래의 목적과는 달리 강제적으로 시행되지 않았다. 유럽 남부국가 정부들, 독일연합회, 이주 지원 단체, 국제조직들은 독일 정부가 장기 체류를 가능케 하며 가족 결합을 완화해 주도록 압력을 가했다.[10)]

2 이주자 가족 결합

독일은 초청노동자들이 귀환하는 것은 전혀 문제가 되지 않으리라고 예상했다. 실제 초청노동자 상당수가 다시 귀환했다. 1966~67년에 경제가 후퇴할 때 초청노동자 2명 중 1명이 귀환했다. 문제는 1960년대 중반부터 초청노동자의 1/3을 터키인이 차지하면서 발생했다. 터키인의 이주는 가족, 친구들이 연쇄적으로 이주하는 형태로 나타났다. 기업들은 외국 노동력 채용에서 기존 터키인의 요구를 들어주었다. 이주 노동자들은 독일에 오래 거주할수록 가족이나 친지를 초청하려는 소원이 강했다.

1973년 11월 경제위기와 더불어 유럽연합의 회원국 외에 제3국에 대한 노동허가서 발급이 금지되었다. 유입 금지와 더불어 서독의 외국인 정책은 새로운 전기를 맞게 되었다. 이 시기부터 1970년대 말까지 많은 제한과 현실에 적응하는 제도들이 포함되었다. 신규 외국 노동자의 고용 금지는 이주 노동자들이 독일에 거주하는 데 이바지했다.

외국인의 수를 감축시키고자 하는 '공고화 시기'의 외국인 정책은 의도하지 않은 새로운 양상을 가져왔다. 즉, 외국 노동자와 가족들의 결합에 따른 독일에의 정주(定住)이다(Meier-Braun, 2002: 40f.). 독일연방노동부는 가족의 결합을 제한하는 노력을 1979년대부터 시도했지만, 실제로 성공하지는 못했다. 가족 결합의 문제에서 법적 판단은 외국으로부터

---

10) 초청노동자의 강제 귀환 조치를 시행하지 못하는 것은 독일의 과거 경험에 따른 인권의 보호와, 독일의 민주주의에 기인하는 것으로 해석한다.

노동자를 초청했을 때, 이들에게 모든 노동시장에의 개방과 가족 결합 등, 그 이후에 발생하는 문제에 대해서도 국가가 책임져야 한다는 것이다.

 이중국적과 그린카드

독일은 1913년 제국국적법(Reichs-und Staatsangehörigkeitsgesetz: RuStaG)에 따라 혈통주의를 지켜왔으며, 이는 이주자들에게 국적 취득에서 큰 제약으로 작용해 왔다.

2000년 1월 1일부터 혈통 원칙을 보충하는 출생법(Geburtsrecht)이 시행되었다. 지금까지 적용되어 온 혈통주의 원칙에는 변함이 없다. 적어도 한쪽 부모가 독일 국적이면, 아이는 출생과 함께 독일 국적을 취득한다. 이 법은 아이의 국적을 결정하는 요소에 부모의 국적뿐만 아니라 출생지를 추가했다. 2000년 1월 1일부터 독일에서 태어난 아이는 특정한 조건이 충족되면 자동으로 출생과 함께 독일인이 된다.[11] 다만 이 경우에는 이중국적을 허용하지 않기 때문에, 옵션 모델(Optionsmodell)이 적용된다. 옵션 모델을 따르면 해당자는 23세까지는 국적을 결정해야 한다. 이때까지 아무 선언도 하지 않으면 자동으로 독일 국적을 잃게 되며, 외국 국적을 선택하는 때도 독일 국적을 자동으로 잃게 된다.[12]

옵션 모델을 통한 이중국적의 허용은 환영할 만한 결정이며, 다만 독일 내에서 이주자들의 수용과 참여를 개선할 수 있는가의 문제는 더 지켜봐야 한다.

그린카드 제도는 2000년 8월에 도입되어 2004년까지 존속한 한시적 제도로서, 비유럽지역에서 고급 IT 전문 인력을 수급하는 목적을 갖고 시행되었다.

미국의 그린카드 제도는 노동 장소와 거주지의 제약이 없으며, 추후 귀화(歸化)의 기회를 제공한다. 그러나 독일의 제도는 독일 회사가 제공하는 일자리에서 근무해야 하며, 또한 기간도 5년으로 제한되어 있다는 점에서 차이가 난다. 따라서 독일의 그린카드 제도는 특정한 기간에 한해 노동 허가를 제공하는 미국의 H-1B 비자 제도와 유사하다(정재각, 2010: 276).

그린카드 제도에 따라 2004년(7월 31일 기준)에 고용된 14,876명을 국적별로 보면, 인도(3,926명), 루마니아(1,039명), 체코 및 슬로바키아 (983명)이며, 러시아, 벨라루스, 우크라이

---

11) 전제 조건은 당사자 혹은 한쪽 부모가 적어도 8년 이상 지속적으로 독일 거주, 체류권(Aufenthaltsberechtigung) 혹은 최소 3년 이상 무기한 체류 허가(영주권)를 소유하고 있는 경우이다.

12) 국적 포기를 할 수 없는 예외적인 경우에는 그 사유를 신청하여 허가를 받아야 한다. 이런 예외 인정을 받는 기간은 21세까지이다.

나, 발틱 해 국가(1,874명), 헝가리(510명), 파키스탄(211명) 등이다(Bundesagentur für Arbeit).

그린카드의 도입에 대한 찬반 논란에서 제도 도입 찬성자는 연방 교육연구부 장관, 경제부 장관, 독일산업협회, 바덴-뷔르템베르크 고용주, 바이오 및 건강 관련 산업들이다. 반대 진영은 노동부, 노동조합이며, CDU/CSU와 FDP의 일부 정치인은 이 문제를 정당 논제로 하여, 전반적인 이주정책과 가족 결합, 망명정책 등과 연계하고자 했다.

독일은 인구 변화, 부족한 고급인력의 도입, 이주자의 사회 통합과 문제를 중심으로 종합적인 이주정책에 직면해 왔으며, 이는 수십 년간 지속해 온 문제들이었다. 1990년대 중반에 독일에서는 이주정책을 놓고 대대적인 논쟁이 일어났으며, 다양한 이해집단이 이에 가담했다. 문제의 초점은 독일이 과연 미국이나 캐나다와 같은 이주 시스템이 필요한 것인가, 어떤 제도가 독일에 유용한 것인가, 각 제도의 요소들을 어떻게 조화시켜 독일 제도로 만들 것인가 등이었다. 이런 논의는 이민법으로 되어 2002년 6월 20일 입법화되었다.

새로운 독일이민법은 정치적인 타협의 산물로서, 독일은 이민국가가 아니라는 주장과 달리, 이미 오래전부터 실제 이민국가가 되어버린 사실을 인정하고 받아들인 것이다. 한편 독일의 인구 감소와 복지국가 축소 위기, 세계 경쟁에서 고급 인력의 필요성 등, 독일이 처한 상황에서 이루어진 불가피한 정책으로 평가된다.

 다문화사회 논의와 이주자 사회통합 문제

독일 사회에서 통합과 더불어 다문화사회의 개념이 논의되었는데, 이는 정치 좌파와 그리고 교육학에서 먼저 주도되었다. 다문화사회는 서로 다른 국가와 문화 출신의 사람들이 함께 사는 것이며, 그들을 독일화시키거나 또는 동화(同化)시키려 하지 않으며, 그들의 특성을 인정하려는 준비로 본다. 이주자들에게 자신들의 문화적인 정체성을 허용하되, 동시에 이들에게서 공화국의 기본 가치와 보편적인 인권을 요구하며, 독일어 구사를 요구하는 것이다. 이에 따라 순환(rotation)이나 통합(integration)과 같은 개념은 포기되어야 한다고 보았다. 왜냐하면, 순환이나 통합은 외국인을 독일 정책에 종속시키기 때문이다.

다문화사회 옹호자들의 일부는 다문화와 거리를 두면서 다문화는 과거의 통합 개념과 같은 내용을 가지지만 겉모습만 다른 유행어라고 본다. 반면 다문화주의 옹호자들은 외국인이 인간적으로 문화적으로 침체한 독일을 풍요하게 해 줄 것이라는 다문화의 유용성을 주장한다.

독일인 다수는 이주자 통합의 문제에서 인종주의, 외국인 학대, 극우파 등과 같은 문제에 민감하지만, 기본적으로 독일 사회의 개방에 거부적이다. 비유럽 연합국가의 이주자에 대한 사회보장의 권리에 대한 지지는 45.2%에 불과하다(MIPEX, 2007: 79).

이주자 통합지수(MIPEX)는 25개 유럽 연합국가와 그 외 3개국의 제도적·정책적 통합정책의 수준을 보여주는 2007년 조사보고서에서, 통합 수준의 정책이 높은 상위 10개국은 스웨덴(88%), 포르투갈(79%), 벨기에(69%), 네덜란드(68%), 핀란드(67%), 캐나다(67%), 이탈리아(65%), 노르웨이(64%), 영국(63%), 스페인(61%)이다. 유럽연합 15개국 평균은 60%이며, 독일은 14위로 유럽연합 25개국 평균 수준인 53%이다(MIPEX, 2007: 3).[13]

사회경제적 통합, 문화적 통합 실태에 관한 조사를 보면 터키, 이탈리아, 그리스 이주민 집단의 통합 유형과 통합 수준이 서로 다른 것으로 나타났다. 이탈리아와 그리스 이주민 집단은 모두 사회경제적 통합 실태가 높으나, 이탈리아 이주민 집단은 문화적 통합 수준의 차이 때문에 '동화 유형'에, 그리스 이주민 집단은 '다원적 통합 유형'에 속하는 것으로 나타났다. 반면 터키 이주민은 '분리 유형'에 속하는 것으로 나타났다(고상두·하명신, 2012). 예로 족내혼(族內婚)의 조사에서, 이탈리아 남성 이주민의 족내혼 비율은 61.2%이지만, 그리스 남성 이주민은 82.5%, 터키 남성 이주민의 족내혼 비율은 91.7%로 나타났다. 그리스와 터키 여성 이주민의 족내혼 비율은 더 높아서 모두 90% 이상이며, 특히 터키계 여성 이주민이 독일인과 결혼하는 족외혼(族外婚)은 극히 드문 것으로 조사되었다(고상두·하명신, 2012: 248).

초청노동자로 시작된 독일의 외국 노동자 도입은 1966~67년 경기 후퇴로 장래 노동시장정책에 대해 고려하는 계기가 되었고, 이는 1973년에 모집 중지라는 조치로 나타났다. 순환제도에 기초한 노동자 도입은 장기 체류에 대한 대책을 세우지 못했으며, 이는 차후 사회적 혼란과 사회적 비용의 원인이 되었다. 초기에 초청노동자들이 장기 체류로 자연스럽게 전환되어 갈 것으로 예상하지 못했다. 기업은 초청노동자를 통해 이익을 가장 많이 보았으며, 초청의 결과에 따른 사회적 비용의 발생은 국가가 부담하는 꼴이 되었다.

독일의 초기 이주정책은 문화사회적·인구적인 측면에서 이주정책을 결정하지 않고, 단지 경제적 측면에서 외국 노동자를 고용한 특징을 보여준다.

---

13) 2010년 전문평가보고서(Jahresgutachten) 통합지수(Integrationsbarometer)는 좋음(gut, 2)으로 보고되었다. Sachverständigenrat deutscher Stiftungen für Integration und Migration, Einwanderungsgesellschaft 2010.

제 4 절 역사적 환경

1 독일의 주요 역사와 단계

독일연방공화국은 1949년에 설립되었으며, 설립 연도로만 본다면 신생국가에 속한다. 그러나 유럽에서 독일이라는 나라의 국경, 국경 내의 독일 국민, 문화와 역사에서 본다면 독일은 오랜 역사를 가진 국가 중의 하나이다. 독일의 국가 기원은 적어도 샤를마뉴(Charlemagne) 제국이 붕괴하여 서프랑크(주로 프랑스 지역), 중앙프랑크(네덜란드, 벨기에, 알자스-로렌, 동프랑크(독일))로 나뉜 843년까지 거슬러 올라간다. 동프랑크는 오토대제(936~973)에 의해 후에 신성로마제국으로 선포되었다. '신성로마제국'은 한편으로는 고대 '로마제국'을 잇는 통치권을 표현한 것이며, 다른 한편으로는 황제의 종교적 역할을 나타낸 것이다. 신성로마제국은 1806년 라인동맹이 조직된 직후 합스부르크의 프란츠 2세가 나폴레옹의 요구에 따라 퇴위할 때까지 800년 이상 존속했다. 제1제국(Reich)이나, 그 이후 계승 국가도 유럽에서 독일어를 사용하는 국민을 중앙 권력 하의 단일 국가로 통일하지는 못했다. 독일은 수도(Hauptstadt) 없이 오랜 역사를 보낸 특이한 국가에 속하며, 베를린이 독일 수도로서 처음 정해진 것은 1871~1945년 기간이다.

1) 제1제국(962~1806년)

962년 오토 1세 황제 대관과 함께 동프랑크 제국으로부터 탄생한 제국은 1512년 '신성로마제국(Heiliges Römisches Reich)'이라는 공식 명칭을 갖게 되었다. 신성로마제국은 '독일국가'의 대리인으로 되었지만, 국민 주권을 바탕으로 한 민족중심국가(Nationalstaat)나 현대적 의미에서와 같은 특성이나 왕권을 가진 국가(normales Königriech)로 발전되지는 못했다(Geiss, 1992: 22). 신성로마제국은 중세 제국들이 느슨하게 연결된 많은 지역(region)을 합쳐놓은 것과 같았으며, 각 지역은 각기 방언을 사용했고 경제와 군사적인 수준도 달랐다. 이런 지역으로 구성된 제국은 소멸하지는 않고 나폴레옹 시대까지 지속했다. 그러나 17세기 말부터 이런 느슨한 형태의 제국은 어떤 실제적인 정치 단위체로서 기능하지 못했고, 제1제국은 분파된 100개 이상의 '자유도시(free city)'와 '군주국(principality)'으로 구성되었다.

프랑스와 영국은 통일된 단일 국가를 구성하여 나아가고 있는 데 반해, 독일은 유럽 중앙에서 여전히 분리된 채로 남아 있었다. 이런 정치적 권위의 분권과 봉건적 특성은 독일의 모호한 국경의 설정을 보여주며, 내부적으로는 정치적으로 분리된 제도와 과정들을 보여준다.

루터가 성경을 독일어로 번역하고, 16세기 종교개혁이 이루어짐에 따라 독일어를 쓰고 사용하는 데에 언어 통일이라는 일대 변혁을 가져왔지만, 정치적으로 독일 국가들의 통합이나 통일에는 뚜렷한 변화가 없었다.

이 시기 중앙 유럽은 신교와 구교로서 대립하면서 분열되어 30년전쟁(1618~1648)이 시작되었다. 전쟁은 주로 독일 영토에서 이루어졌으며, '독일 국가들'은 외국 세력과 손을 잡고 서로 전쟁을 했기 때문에 약화되었다. 종교개혁과 종교문제로 독일의 분열된 지형에

DAS HEILIGE RÖMISCHE REICH (1648)

(nach Abschluss der Verträge von Münster und Osnabrück („Westfälischer Friede")

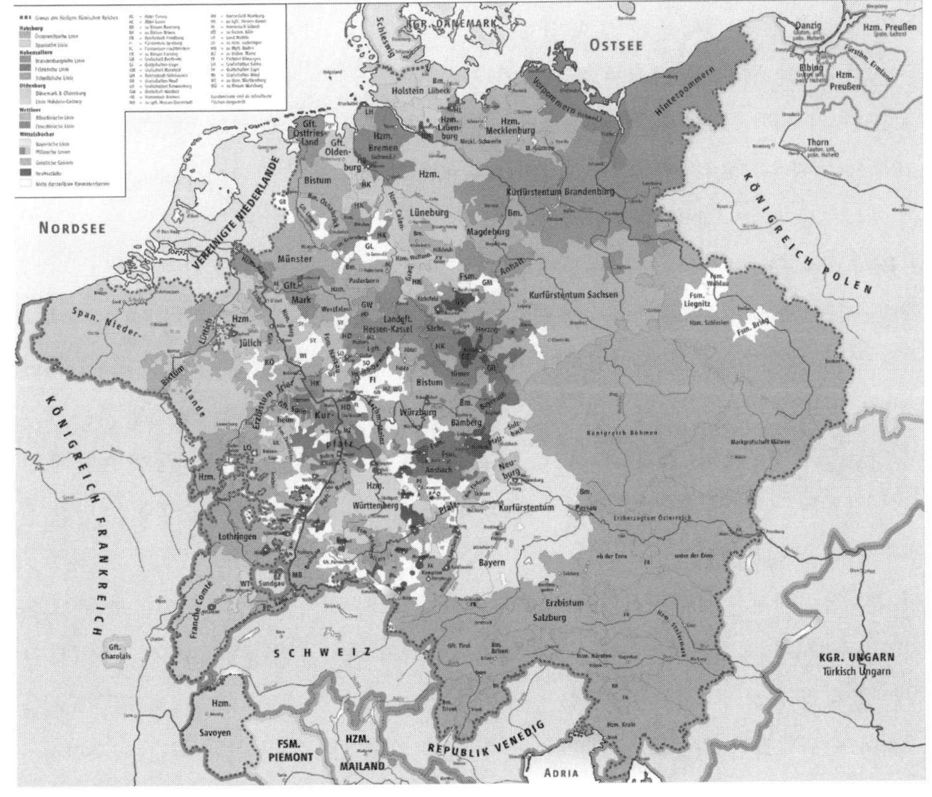

그림 1-6 신성로마제국 962-1806(1648년 베스트팔렌조약 이후 지도)

북부지역은 신교, 남부지역은 가톨릭으로, 중부지역은 혼합으로서 새로운 갈등구조가 더해졌다.

유럽이 농업사회에서 산업사회로 변화하는 과정에서도 독일 국가들은 영국과 프랑스보다 낙후되었으며, 발전 동력이 없었다. 또한, 비중을 가진 중산층이 형성되지 못했고, 문화적인 수준에서도 마찬가지였다.

2) 프러시아의 등장과 독일의 성장

1789년에 독일제국에는 주권을 주장하는 정치 단위체가 1,789개나 되었다(Geiss, 1992: 24). 가장 큰 세력이 오스트리아, 프로이센이며, 중간 세력으로 작센, 바이에른, 하노버, 쾰른(Erzstift Köln)이다. 이와 같은 지역적·정치적 분열의 긍정적인 효과는 차후 연방제도와 독일 문화 발전에서 찾아진다.

독일 통일의 주요 세력은 중앙 유럽에서는 멀리 떨어진 발틱 해 동부지역에서 시작되었다. 변방 지역인 브란덴부르크는 1701년에 자신을 '프러시아제국'으로 선포했다. 프러시아를 선포한 가문은 호엔촐레른(Hohenzollern)에서 분리된 프랑켄-호엔촐레른이었다. 이 가문 10명의 제왕은 '30년전쟁' 이후 프로이센을 세계 최강대국의 반열에 올려놓는 데 성공했지만 제1차 세계대전 패배로 몰락했고 역사의 뒤안길로 사라졌다.

프러시아는 슬라브족의 희생으로 영토를 확장해 나갔으나 다른 독일 국가들은 프랑스, 스웨덴, 영국, 스페인 등의 강한 중앙국가의 힘없는 협력자로 남아 있었다. 프러시아는 상대적으로 가난하고 후진적인 지역이었지만, 계속 현명한 왕들의 등장으로 강국이 되었다. 프리드리히 빌헬름(1640~1688), 프리드리히 대왕(1740~1786)은 전쟁, 외교적 기술을 동원하여 영토를 확장했으며, 효과적인 관료 행정 체제를 구축했다. 자원이 부족한 영토에서 프러시아 왕들은 근면, 노동, 희생을 요구하며, 이를 통해 다른 이웃국가에 필적할 만한 관료조직과 군대를 갖추었다.

당시 서유럽에서는 프랑스혁명의 영향으로 정치적 자유주의가 민족주의와 더불어 확산됐지만, 프러시아 체제에서는 이런 정치적 자유주의의 가치를 수용할 여력이 없었다. 프러시아는 영토의 확장과 더불어 성공을 이루어 나갔지만, 작은 독일 국가들과 자유도시들은 프러시아의 권위적인 기율과 군사력에 의한 팽창을 환영하지 않았다. 이들은 프러시아의 정치적 접근을 싫어하며 두려워했다.

그러나 프러시아에 대한 많은 독일 국가의 불안은 나폴레옹 아래의 프랑스혁명으로 사라

지게 되었다. 나폴레옹은 많은 작은 독일 국가를 침공하여 해체해 나갈 뿐만 아니라 민족주의와 자유 이념을 전파했다. 이는 작지만 성장하는 도시의 중간계급, 특히 서부지역 독일 국가들에서 지지를 받았다. 바이에른, 바덴-뷔르템베르크, 작센 등이 왕국(Königreich)으로 등극했다. 나폴레옹이 독일의 신성로마제국을 해체하며 황제의 타이틀을 가져감으로써 독일의 신성로마제국도 1806년 종말을 고하게 되었다.

프랑스혁명과 나폴레옹전쟁 25년 이후에 독일 문제는 유럽의 새 질서 편성에서 중심 문제로 드러났다. 이탈리아, 독일, 폴란드의 국가 문제는 매우 복잡하게 해결되었다. 1815년 빈회의(Wiener Kongress, 1814~1815)를 통해 독일 국가들은 정치적으로 2개의 거대 세력인 프로이센, 오스트리아를 중심으로 한 39개 국가로 축소되어 독일연방(Deutscher Bund)이 탄생되었다. 작센은 영토의 절반을 프로이센에 내주었다. 호엔촐레른 가문의 프러시아와, 합스부르크 가문의 오스트리아만이 통일된 단일 독일 국가를 건설할 수 있는 영토와 자원을 가졌다.

독일연방은 성립 당시인 1815년에 인구가 2천 9백만이었고, 1865년에는 4천 7백만으로 증가했다. 연방의 구성국들은 일종의 국제조약을 체결함으로써(Art. I) 연방에 적대하는 외세의 침입에 공동으로 방어하고 이를 위해 연방군을 형성했다. 독일연방은 방어적인 권한은 가지나 공격권은 주어지지 않았다. 이로써 독일연방은 유럽 수준에서 유럽의 질서와 평화 유지에 기여하는 것이다(Weber-Fas, 2006: 75).

1815에서 1866년 사이 독일 영토 내의 권력 공백은 지속했으며, 독일 국가들은 공동의 정부나 최고 통치수반이 없는 일종의 느슨한 '연합체(confederation)'를 구성했다(프랑크푸르트에 소재한 제국의회[Bundestag]는 예외이다). 연합체의 범주 안에서 프러시아와 오스트리아가 패권을 놓고 경쟁했다.

1800년대 들어 시작된 산업화 전 단계로서 농촌과 도시에서의 경제 성장, 인구 팽창, 철도를 비롯한 도로 건설, 교육 확대, 기술과학의 발전, 프러시아를 중심으로 한 국가들의 개혁은 급속히 공동의 독일 시장의 형성이라는 요구와 필요성을 증가시켰다.

다국가적인 형태를 띤 제국 내에서 오스트리아는 독일 민족주의와 통일에 대해 프러시아나 다른 독일 국가의 자유주의자들만큼 열정을 갖지 않았다. 합스부르크왕가는 오히려 '약한 국가연합'을 원했으며, 정치 단위체로서 각 국가의 자율성을 옹호했다. 가령 1834년에 프로이센의 주도로 시작된 관세동맹(Deutscher Zollverein)에 함부르크, 브레멘도 1883년 가입을 했지만, 오스트리아는 가입하지 않았다(http://www.zoll.de, Deutscher-Zollverein).

1848년에 베를린, 빈, 프랑크푸르트 등에서의 자유주의 촉구와 혁명은 프랑크푸르트 의회 소집과 통일된 독일을 위한 자유주의적 헌법 채택으로 절정에 달았다. 이는 영국에 대항할 수 있는 독일제국을 형성하는 것이다. 통일된 독일 정치 체제는 입헌적 군주국을 포함했지만, '다국가로서 독일(Vielvölkerstaat)' 또는 '민족국가로서 독일(Nationalstaat)' 간의 정치적 타협은 이루어지지 못했다. 프러시아나 오스트리아 가문에서 왕이 나와야 하는지에 대해 합의도 이루지 못했다. 의회가 궁극적으로 프러시아 왕에게 왕관을 제의했을 때 왕은 이를 거절했고, 1848년의 혁명은 왕에게 충성하는 프러시아와 오스트리아군에 의해 진압되었다. 이는 한편으로 독일에서 정치적인 자유주의의 패배를 의미하기도 한다.[14] 이후 독일 통일 문제는 프러시아 주도의 소국가 해결(Kleindeutsche Lösung)이 분명해졌다.

프랑크푸르트 의회 소집 대표단에서 논의의 핵심은 공화국 문제와 더불어 독일 통일 문제, 즉 독일제국에 누가 속해야 하는가였다. 북독일연맹, 프로이센, 오스트리아가 되어야 하는 것이 대독일(gross-deutsch) 해결이며, 반면 오스트리아를 배제하는 것이 소독일(klein-deutsch) 해결이다. 대독일 옹호자는 합스부르크 하의, 1806년 나폴레옹에 의해 해체된 중세의 신성로마제국을 바랐다. 그러나 이는 수많은 비독일인이 있음을 간과했다. 소독일 해결은 오스트리아를 배제한 통일이다. 이는 독일어 구사자(alle Menschen deutscher Zunge)를 배제한다.

1848년 이후 프러시아의 수상 비스마르크는 우월한 군대와 외교로 오스트리아를 압도했다. 오스트리아는 프러시아보다 영토가 컸지만, 내부적으로 분열되어 있었다. 프로이센은 1864년 '프로이센-덴마크 전쟁'과 1866년 '프로이센-오스트리아 전쟁'에서 승리하여 북독일에서 맹주로 등장했고, 1870년 프로이센-프랑스 전쟁에서도 차례로 승리했다. 1871년 비스마르크는 남부의 독일 국가들과 몇 차례에 걸친 협상을 통해 독일 왕가들(함부르크, 브레멘, 뤼벡 등)과 자유도시들이 프러시아의 왕을 제국의 왕으로 지지하며 받아들인다는 승인을 얻어냈다. 빌헬름 1세는 프랑스와의 전쟁에서 승리한 후 1871년 1월 18일 점령지 베르사유 궁전에서 독일 제2제국의 황제로 등극했다.

3) 독일 제2제국(1871~1918년)

제2제국은 비스마르크의 작품으로 그는 거의 20년간 독일과 유럽의 정치를 주도했다. 제

---

14) 혁명의 실패에도 단기적으로 미친 것은 봉건주의 질서가 더는 존재하지 않으며, 프로이센이 입헌국가가 되고, 국민의 평등이 인정되었었으며, 법질서가 자유화(liberaler)해진 점이다. 독일은 이를 통해 장기적으로 민주주의의 경험을 갖게 되었으며, 참여적 정치문화가 태생했다. http://www.-bundesarchiv.de./imperia/md/content/dienstorte/rastatt/lernhilfe_revolution.pdf)

2제국의 헌법은 전문과 14장 78조이며 이는 1918년 혁명으로 폐기되었다. 제국헌법의 내용은 복잡하지만, 그 본질은 자유주의와 법치국가의 특성이 있으며, 권력구조에서 연방주의였다.

프러시아의 왕인 독일제국의 황제는 정부의 수반인 수상을 임명하며, 수상은 다시 각료를 임명한다. 수상은 왕에 책임을 지지만 의회에는 책임을 지지 않는다. 여기서 중요한 것은 국방과 외교 문제 등과 같은 주요 정책은 황제와 수상의 권한으로 의회는 이런 사안에 대해 승인하는 간접적인 통제권만을 가진다는 것이다. 또한, 수상과 의회 간의 교착 상태에 대해 헌법이 황제에게 비상권을 주었기 때문에 의회의 권한은 제한되었다.

제국의회는 양원제로, 상원(Bundesrat)은 각 주의 주정부 대표단으로 구성되었으며, 이는 직선으로 선출되지 않았다. 프러시아는 상원 58석 중에서 17석을 할당받아 실질적으로 입법 제정에서 거부권을 가졌다. 하원(Reichstag)은 직선에 의해 선출되었지만, 선거권은 제한되었으며, 주요 결정은 상원의 동의가 있어야 했다. 전체적으로 독일제국을 주도한 것은 프러시아이다. 비스마르크는 프러시아의 수상인 동시에 제국의 수상으로 상원에 대표단을 파견하는 프러시아 정부를 주도했을 뿐만 아니라 독일제국에서 제일 투표 수가 많은 주의 수

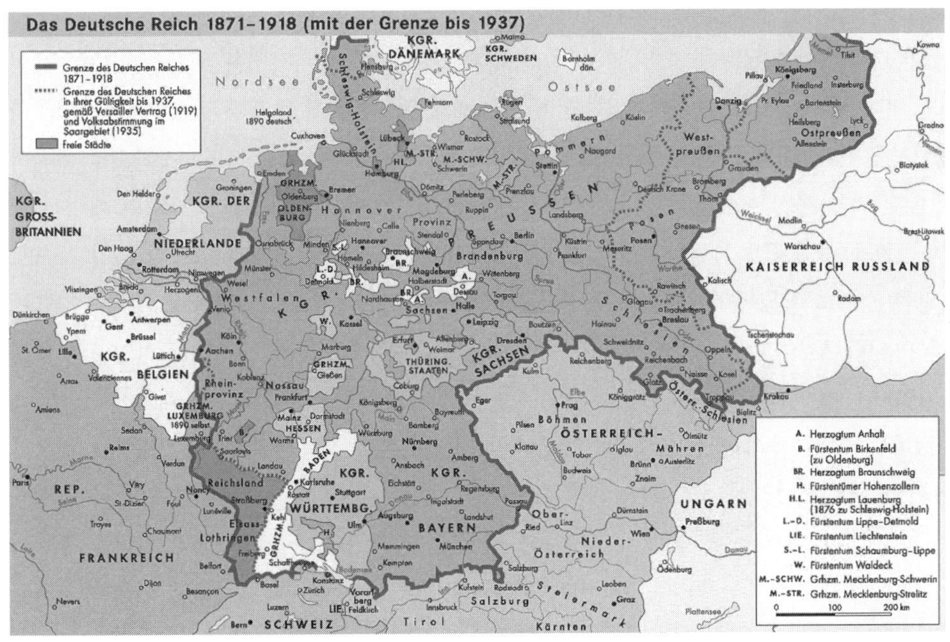

그림 1-7 독일제2제국(1871~1937)

장으로 상원의장의 역할까지 했다.

권력 체계는 프러시아와 수상의 주도라는 특징을 보이지만, 전체주의 체제나 독재 체제와는 거리가 있다. 독일제국은 헌법적으로 '권위주의적 민족국가(autoritäres Nationalstaat)'는 아니었다. 체제에서 보이는 연방주의 요소는 특히 교육, 국내 치안과 질서(경찰)가 주의 소관과 책임이라는 특성도 있다.

4) 제1차 세계대전과 제2제국의 붕괴

1871년 이후 새 제국은 의심할 바 없이 유럽대륙에서 가장 강력한 군대를 가진 국가로 변모했다. 독일은 급속한 산업화와 도시화를 이루었으며, 경제에서 전례 없는 발전을 이루었다. 하지만 제2제국을 건설하면서, 비스마르크와 프러시아는 유럽 내에서 많은 적을 만들어 냈다. 특히 프랑스는 1870년 보불전쟁에서 알자스와 로렌을 빼앗겼다. 러시아는 독일의 팽창을 두려워했다. 비스마르크는 러시아-프랑스 동맹을 막아낼 수 있었지만, 그의 후계자는 그렇지 못했다.

독일의 독주는 어느 국가도 막지 못했다. 실제로 독일의 민족주의적 팽창은 빌헬름 2세에 의해 주도되었다. 빌헬름 2세는 1888년 독일제국의 3대 황제로 즉위했다. 그는 사적으로 비스마르크와 갈등했는데, 즉위 후 자신의 세계 정책에 반하는 정책을 주장하는 그를 해임했다. 비스마르크가 퇴임한 이후, 제국 독일은 빌헬름 2세의 세계 정책을 통해 제국주의 국가로 변모했다. 대양 해군을 주장하는 티르피츠(Alfred von Tirpitz)를 해군 장관으로 기용하고 함대 법을 제정하여 영국과 군함 건조 경쟁을 벌였으며, 이는 차후 영국과의 대결은 피할 수 없게 사전 프로그램화되었다. 또한, 적극적인 국외 시장 개척과 식민지 확장 등으로 독일은 스스로 고립되어 갔다. 이런 팽창적 정책은 독일은 지리적으로 유럽의 중앙지역에 있으며, 1871년 독일제국의 탄생부터 주변 강국으로부터 둘러싸인 정치구조적인 특성에도 기인한다.

영국과 프랑스에서는 정치적으로 중산층이 성장하며, 정책에서 온건적인 영향을 행사하는 반면, 프러시아가 주도하는 독일제국은 귀족, 군대, 대농장주 등 봉건귀족이 국내 정책을 주도했으며, 이들은 팽창적 국방 및 외교정책을 지지했다. 또한, 자신의 권력을 유지하며, 사회 통합을 하고자 했다. 1871~1914년 독일은 여전히 전통적 엘리트에 의해 통치되었으며, 중산층은 사회경제적인 문제에 영향력을 행사하지 못했고 권력에서 제외되었다.

제1차 세계대전은 독일의 취약성을 최종적으로 드러낸 전쟁이었다. 의회의 자유주의, 사회주의, 그리고 가톨릭 정치정당들은 영국, 미국과 같은 나라와의 전쟁을 환영하지 않았다. 이들은 궁극적으로 자신도 헌법을 가진 민주주의 국가가 될 것을 기대했다. 1914년 전쟁으로 19세기의 사회 질서가 무너지고, 혁명을 경험하게 되었다. 이 전쟁으로 유럽의 세계 주도권이 끝나게 되었으며, 미국은 1917년 전쟁에 참여한 뒤 세계 강국으로 부상했다. 구소련에서는 사회주의 건설이 시작되었고, 독일 · 이탈리아 · 일본에는 '극단적 시대(Zeitalter der Extreme)'의 씨앗이 뿌려졌다.[15]

전쟁의 지속으로 식량과 자원의 부족이 나타났다. 이는 연합국의 봉쇄로 심화되었으며, 급기야는 파업이 일어났고, 노동자들은 고통 때문에 이런 시위와 파업에 참가했다. 1917년에 생산의 극대화를 추구하는 군부에 의한 독재정권이 출현했다. 이들은 경제, 사회, 정치의 주요 문제를 결정했다. 그러나 군대가 다시는 승리 소식을 전하지 못하게 되자, 장군들은(가령 Erich Ludendorff) 황제에 휴전하도록 자문했으며, 결국 황제를 버렸다. 의회 지도자들은 공화국을 선포함으로써 서유럽 국가들과 휴전 교섭을 시도했다.

5) 바이마르공화국(1919~1933년)

독일 항복의 결과로 이루어진 공화국 선포와 황제의 망명은 무르익어 가는 혁명의 분위기 속에서 이뤄졌다. 러시아의 볼셰비키 성공을 염두에 두고, 독일 마르크스주의자들은 온건한 사회민주당(SPD)에서 일부 떨어져 나가 1916년 공식적으로 좌파 정당조직인 스파르타쿠스단(Spartakusbund)[16]을 결성했고, 이는 후에 1919년 공산당(KPD)이 되었다. 노동자와 군인들은 볼셰비키 모델에 근거하여 주요 도시에서 모임을 결성했고 바이에른에서는 얼마 지속되지는 않았지만, 소비에트 사회주의 공화국이 선포되기도 했다. 이렇듯 독일은 공산주의 혁명의 격랑에 잠시 빠져 있었다.

보수와 중산층의 자유주의자들은 사회민주주의자들과 연합하여 공산주의자들의 봉기를 분쇄했다. 많은 보수주의와 민족주의자들은 공산주의자들의 혁명 가능성에 충격을 받았으며, 적어도 단기적으로는 의회제 공화국을 받아들일 준비가 되었다. 1919년 작은 도시 바이마르에서 헌법이 준비되었으며, 후에 헌법기초위원회에 의해 비준되었다. 1919년 7월 31일 국민회의는 새 헌법을 262 대 75(불참 84)로 통과시켰으며, 이는 독일의 첫 자유민주주의의

15) 제1차 세계대전에서 제기되는 주요 질문은 전쟁 원인의 책임이 누구에게 있는가였다. 제1차 대전에 관한 역사 기술과 미국, 영국 등에서의 연구 소개는 다음 참조. Hirschfeld(2000), Der Erste Weltkrieg in der deutschen und internationalen Geschichtsschreibung, *APuZ* B29-30: 3-12.

16) 결성의 주도자는 Karl Liebknecht, Rosa Luxemburg, Clara Zetkin, Franz Mehring이다.

시도였다.

바이마르헌법은 헌법학자와 법률가들이 기초했으며, 세계에서 가장 민주적인 헌법의 하나로 여겨졌다. 바이마르헌법은 보편적인 선거참정권, 비례대표제, 국민투표, 청원, 방대한 시민 권리를 수용했다. '비스마르크헌법'과 달리 바이마르헌법은 2부에서 많은 기본권 조항을 포함하고 있다. 바이마르헌법의 몇몇 조항은 현재의 독일 헌법에 그대로 남아 있다(권영선, 1976).

바이마르헌법에 따른 독일 국가는 대통령, 정부, 하원, 상원, 법원으로 되어 있으며 이중적 행정부 제도를 도입했다. 즉, 수상은 정부수반으로 대통령이 임명하며, 하원의 신임을 받는다. 정부는 수상과 수상이 추천하는 장관으로 구성된다. 장관들도 의회에서 선출하는 것이 아니라 대통령이 임명한다.

대통령은 국가의 수반으로 직선으로 선출된다. 48조에서 대통령은 국가의 평화를 위해 국민의 기본권을 제한할 수 있고 공공의 안전과 질서를 위해 필요한 수단을 동원할 수 있다고 규정했다. 또한, 대통령은 계엄령을 선포할 수 있었는데 많은 역사가와 정치학자들은 이런 조항이 바이마르헌법의 주요 결점이라 지적했다.

바이마르공화국은 매우 어려운 여건과 환경에서 출발했다. 전쟁 패배, 세계전쟁의 결과에 따른 정치적 불안정과 소외, 경제 후퇴, 실제적 정책 경험이 없는 정치 리더십은 새 국가 탄생과 더불어 주요한 '출생의 결점'이었다. 게다가 전쟁 패배로 말미암은 배상은 독일에 엄청난 재정 부담을 주었다. 전후 독일의 배상 문제에서 1921년 5월 1일, 배상위원회가 독일에 1,320억 마르크의 배상금을 금으로 갚을 것을 결정했다. 또한, 영토의 15%와 인구의 10%를 빼앗겼다. 제1차 세계대전 후 배상 문제는 독일 국민의 자존심에 상처를 주었으며, 외국의 식민지와 투자는 모두 상실했고 전함과 상선의 다수도 마찬가지였다. 보수주의자들과 민족주의자들은 공개적으로 새 체제에 반대했다. 군대는 제1차 세계대전에서 독일의 패배가 자유주의자, 사회주의자, 공산주의자들의 등에 칼을 맞아 패배한 것이라는 미토스(mythos)를 부추겼다. 일부는 공화국이 유대인과 자유주의자의 음모라고 믿었다. 이는 바이마르 체제가 완전히 범죄자에 의해 발명된 것이나 다름없다는 것이었다. 관료와 특히 사법부에서 민주주의 반대 세력들은 전혀 축출되지 않고 여전히 자기 지위를 유지했다. 이와 비슷하게 좌파의 공산주의자들과 일부 사회주의자들은 바이마르공화국을 사회주의 혁명으로 가는 단지 짧은 중간 단계 정도로 보았다. 이들은 1918년의 급진적인 혁명의 실패로 잠시 혁명이 연기된 것으로 여겼다.

바이마르공화국은 초기의 기대와 달리 곧 쿠데타 시도에 직면했다(1920년 일명 카프

[Kapp] 폭동). 쿠데타의 중심 세력은 베르사유 평화조약에 의해 해체하기로 되어 있던 의용단과 국방군 내의 급진적인 우익 민족주의자들이었다. 1923년 작센 주에서 공산주의자들이 혁명을 시도했다. 히틀러가 뮌헨에서의 쿠데타를 시도하는 일도 일어났다(1923). 경제적으로 인플레이션은 중산층의 모든 저축을 쓸어갔다. 프랑스는 전후 배상을 지급하지 않는다는 이유로 라인란트를 점령했다. 1920년대 중반의 이와 같은 상황에서 바이마르공화국은 안정되지 못했다. 미국의 장기 차관과 배상금 탕감은 전후 부채에 어느 정도 도움을 주었으며, 경제 회복에 도움이 되었다. 보수주의자들은 서서히 체제를 정당한 것으로 받아들이기 시작했다. 1925년 선거에서 제1차 세계대전의 영웅인 힌덴부르크(Paul von Hindenburg, 1847~1934)가 대통령으로 선출되었으며, 많은 보수주의자와 민족주의자들을 규합했다.

결정적으로 1929년 미국에서 시작된 세계공황은 독일을 궁지로 내몰았다. 1931년까지 독일 가정의 절반이 영향을 받아 실업가정이 되었다. 투표자들은 공화당 정당을 버리기 시작했다. 1919~1932년 사이에 바이마르공화국 체제를 인정하는 사회민주주의당, 자유당, 가톨릭당 들의 유권자 지지율은 76%에서 33%로 떨어졌다. 이런 이탈에서 득을 본 정당은 우파의 나치와 좌파의 공산주의자들이었다. 나치당은 예로 지지율이 1928년 2.6%에서 1932년 7월에는 37.3%로 증가했다. 1930~1933년 기간에 어느 정당도 하원에서 다수석을 확보할 수 없었다. 1932년에 바이마르 체제를 전복하려는 좌우의 두 정당, 나치와 공산당이 양대 세력을 형성했다. 이런 상황에서 의회는 교착 상태에 빠져 더는 활동을 하지 못했다. 1932년에 의회는 단 13일간 활동했으며, 5개 법안을 의결했다. 나이가 많은 대통령 힌덴부르크는 의회민주주의에 대해 모호한 태도를 취했으며, 헌법 제48조에 따라 자신에게 주어진 긴급명령권(decree)으로 통치했다. 1930년에 그는 3번의 긴급명령권을 발동했으나, 1932년에는 66번이나 사용했다.

6) 나치의 권력 장악

1932년에 나치당은 하원에서 합법적으로 제1 정당이 되었다. 보수주의자들과 민주주의자들은 나치당이 우파정부를 구성하기를 원했지만, 히틀러(Adolf Hitler)를 정부의 수반으로 하는 이들은 그 요구를 거부했다. 독일 정치는 체제를 반대하는 극우파와 극좌파로 나뉘었다. 극우파는 나치당이 주도했으며, 극좌파는 공산주의자와 사회주의자에서 분파된 자들이 주도했다. 이런 정치의 양극화로 국가는 분리되며, 볼모로 잡힌 중간계층은 독일공화국을 구하는 데 결정적인 역할을 할 수 없었다. 일부 보수주의자들은 정치 협상을 통해 힌데부르크로 하여금 히틀러를 새로 구성된 보수·민족주의자 정부의 수상을 맡도록 요구했다. 이에 힌덴부르크는 동의했고, 1933년 1월 30일에 히틀러는 수상이 되었다.17)

1933년 2월 27일 나치 독일 정권의 수립 과정에서 핵심적인 사건이라 할 수 있는 국회의사당 방화사건(Reichstagsbrand)이 발생했다. 히틀러는 의회에 '전권 위임법'을 제출했으며, 당시 사회민주당과 공산당의 당원, 지지자가 체포되면서 이 법은 자연스럽게 통과되었다. 의회는 이 때문에 소멸했고 바이마르공화국도 최후를 맞이하면서 제3제국이 등장했다.

여기서 제기되는 기본 질문은 왜 독일이 고도로 발전된 현대 사회였음에도 원시적이고 인종주의적이며 민족주의적인 나치의 호소에 이끌렸는가이다.18)

몇몇 역사가는 히틀러의 집권을 비정상적인 독일 역사와 정치 발전과는 관련이 없는 특이한 사건으로 본다. 이런 견해를 가진 학자들은 독일과 유럽의 내전 상황을 직시하면서, 유럽 상황이 군소정당에 우호적으로 작용했고, 의회에서 다수당이 형성되는 것을 어렵게 했다고 본다. 다수 분석가는 바이마르의 이중 정부 체계를 원인으로 지적한다. 이는 의회가 상대적으로 약하며, 반면 대통령은 강력한 권한을 가진 체제라는 것이다. 바이마르공화국 헌법의 이상주의적인 이면에 내재해 있는 구조적 모순에 대한 지적이다.

평범한 정치 지도력, 체제에 대한 신뢰와 지지의 결여, 힌덴부르크와 같은 주요 정치가의 행태, 서방 세력의 탐욕 등도 또한 나치 독재의 출현에 기여한 요소로 언급된다.

영국과 미국의 역사가들은 제3제국의 기원에 대해 다른 접근법을 취한다. 이들은 나치즘을 예측할 수는 없었지만, 독일의 역사적 발전과 정치문화의 논리적인 산물이라고 보고 있다(Bertram Schafner, Leonard Krieger). 이들은 프랑스나 영국에서 일어난 것과 같은 자유주의적 중산층 혁명이 독일에서 없었음을 지적한다. 이의 증거로 독일의 통일은 헌법적 절차가 아니라, 비스마르크의 '피와 철'의 정치를 통해 일어났다는 점을 든다. 그래서 이들은 권위주의적인 문화에 대한 강조, 상급자에의 복종, 질서와 기율에의 가치, 가정과 학교에서의 자녀 양육에서 권위적 특성 등을 든다. 게다가 독일의 전통적 정치철학, 특히 어떤 사회조

---

17) 히틀러를 왜 제국 수상에 임명했는가는 중대 질문이다. 바이마르헌법은 다수당 대표자를 수상으로 임명해야 하는 것을 강제하지는 않지만, 의회의 통치와 정국 안정을 위해서 힌덴부르크는 히틀러를 수상으로 임명할 수밖에 없었고, 꼭두각시(Marionette)는 아니었다고 본다. Wolfram Pyta 인터뷰 Von Hindenburg ZG Hitler (http://www.welt.de/kultur/article1534449/Der-Reichspraesident-war-nie-eine-Marionette.html) (저서 *Hindenburg-Herrschaft zwischen Hohenzollern und Hitler.* München, 2007).

18) 제3제국의 탄생과 만행(민족 학살) 그리고 패망에 이은 과거 청산 문제 등은 전후 독일의 발전 시기에 따라 논의가 시기별로 지속적으로 이어져 온 부분이다. 이에 대한 논의는 본고의 범위를 넘어선다. bpb의 역사·정치·교육 자료와 다음 문헌 참조. Reichel(2001); König, Kohlstruck, & Wöll (Hsrg.) (1998); Eschebach(2005); Steinbach(1981).

직보다 우위에 국가를 두며, '국가주의'의 강조, 집단주의, 유대인과 같은 소수에 대한 불관용, 자유주의적 개인 전통의 결핍 등은 나치즘의 토양이요 선구자로 지적되었다(Richard Hamilton). 이는 독일의 군국주의적인 전통을 지적하는 것이다.

바이마르공화국의 실패와 나치의 등장에 대한 설명으로 독일 중산층의 분열과 내적 모순을 든다.[19] 이는 자본계층이 중공업, 수출산업, 중산층으로 나뉘었음을 보여준다. 각 그룹은 자신들이 원하는 공화국의 유형에 대해 서로 다른 견해를 가졌으며, 어느 정도 수준에서 노동자와 노동자의 주요 정당인 사회당과 협력을 해야 할지를 몰랐다. 내부 분열은 공화국 내내 자본가 그룹을 괴롭혔다. 이러한 견해에 따르면 나치즘이나 파시즘은 자본주의 체제의 필연적인 결과가 아니라, 오히려 독일 중산층이 1930년대, 경제와 정치 위기에 대한 대안적 해결에 실패한 것에 기인한다.

사회경제적 구조와 민족사회주의 간의 관계에 대한 강조에서 보면, 나치의 성공은 독일의 상층, 중간층의 지지로 설명된다. 이런 견해를 밝히는 자들은 사회주의혁명과 자신들의 지위 상실에 대한 두려움 때문에 히틀러에게 정치적 · 재정적 지원을 했다고 본다. 1932년에 독일의 실업자는 6백만 명에 이르렀고, 고통받는 독일인은 바이마르공화국을 부정하며 나치에 문제 해결을 기대했다.

7) 나치 제3제국과 제2차 세계대전

1933년부터 1945년까지 나치 지배 하의 12년은 '제3제국'이라 불린다. 제3제국은 히틀러가 1933년 1월 30일 제국 수상에 임명되면서부터 시작되어, 1945년 5월 7일 독일이 조건 없는 항복을 선언하면서 종지부를 찍었다. 히틀러 치하의 제3제국은 대중의 열정적 지지, 산업화한 대량 살상, 팽창 욕망, 인종주의, 반유대주의, 선전 선동, 정치 · 사회조직의 획일적 통합, 공공생활에의 사상 침투, 그리고 제2차 세계대전의 획책과 패망 등으로 설명될 수 있다.

제3제국은 나치당의 시작에서 연유한다고 봐야 한다. 나치당(NSDAP: 국가(민족)사회주의 독일 노동자당)은 전후 독일의 혼란한 사회경제 상황에서 태동한 많은 급진민족주의자와 인종주의자 정당운동 중 하나이다. 1919년 뮌헨에서 창설한 나치당은 처음에는 주목을 받지 못했으며, 궁극적으로 히틀러의 극단적인 리더십으로 사라졌다. 히틀러는 제1차 세계대전 동안에 독일군에 지원병으로 참가했다. 전쟁 전 그는 빈에서 예술을 전공하면서 범독

19) 바이마르공화국 해체 과정에 대해서는 다음 참조. 카를 디트리히 브라허(Karl D. Bracher, 바이마르공화국의 해체, 이병련 외 옮김, 2011). 바이마르공화국은 여러 요인에 의해 단계적으로 해체되어 갔음을 보여준다.

일 민족주의에 빠졌으며, 반(反)유대, 반마르크스적인 우파의 견해를 받아들였다. 뛰어난 언변의 선동가로 히틀러는 민족사회당의 주도권을 차지했고, 1920년대 초에는 뮌헨에서 극우파로 가장 잘 알려졌다. 1923년에 나치당은 제1차 세계대전의 영웅 루덴도르프(Erich Ludendorff)를 끌어들이며, 다른 민족주의자 그룹과 동맹하여 뮌헨정부를 정복하고자 시도했다. 뮌헨정부는 히틀러에게 혐의가 있었지만 그를 매우 관대하게 처리했다.

2년간 감옥(억류) 시기 히틀러는 『나의 투쟁(*Mein Kampf*)』이라는 책을 통해 정치적 계획을 했다. 이 책은 1928년에 출간되었으며, 나치운동에서 자주 언급되지만, 거의 읽히지 않는 '바이블'이었다. 히틀러는 뮌헨사건을 통해 성공하기 위해서는 당이 법적인 정당성을 가져야 함을 알게 되었으며, 권력의 합법적 장악이 나치에게 관료, 사법 및 군대의 지지를 확보해 줄 것으로 알았다. 따라서 국가의 재건, 재무장, 증오받는 베르사유 조약 폐기, 노동계층을 위한 사회경제 개혁을 약속하는 프로그램으로 나치는 '민족그룹(Volksgemeinschaft)'의 모든 회원에 호소했다. 나치당은 특히 거대노동과 거대 기업 사이에 작은 규모의 자영업자와 예술가들, 그리고 작은 규모의 농업가, 중산층, 비고용된 대학 졸업자, 자신의 상황의 원인으로 체제를 비난하는 중퇴자들 등 독일 사회의 소수 그룹에게 매력적이었다. 그러나 정당의 잘 짜인 선전 프로그램과 조직에도 대공황 전까지는 영향력이 미미했다. 1929년이 되어서야 나치당은 급격히 반공화국 전선에서 가장 강력한 세력이 되었다.

1933년 1월에 히틀러가 제국의 수상으로 임명되며, 당해 3월 의회와 헌법의 기능을 한때 중지하는 '위임법'이 제정되면서, 일당 지배의 독재적 통치가 시작되었다. 히틀러와 나치당이 추구하는 것은 독일 생활의 전 영역에서 나치당의 유형으로 '합치화(Gleichschaltung)'하는 것이다.[20] 1934년 말까지 이 프로젝트는 대부분 완성되었다. 주요 사회 · 경제 · 정치제도는 나치 통제에 들어왔으며, 정당은 수직적이며 중앙집권적인 구조에 맞추어져 재조직되었다. 지도자 원리는 히틀러의 통치를 아무 조건 없이 받아들이며 순응하는 것으로 모든 조직의 집행에서 최고의 법이요 권위이며 평가 기준이 되었다.

대부분 나치 통합 노력은 합법성을 가장하여 이루어졌다. 1933년 2월 제국의회 화재사건은 공산당을 불법화하는 대통령의 비상 발의로 이용되었으며, 동시에 나치당으로 하여금 제국의 분열자를 파괴할 수 있도록 허가해 주었다. 후에 반혁명적인 SA(나치 돌격대) 지도자들과 심지어 '적'을 살해한 수백 명의 살인자도 사면되었으며 그들의 행동은 합법화되었다. 이런 적들을 제거하는 위법과 조직적인 법의 조작은 집단수용소를 통한 6백만에 이르

20) 참조: NSDAP의 선거 선전광고(플래카드)는 독일 사회의 문제들, 해결 방안, 대안으로서 NSDAP와 히틀러를 보여주고 있다(http://www.wahlplakate-archiv.de).

는 유대인의 '궁극적 제거(extermination)' 간에 본질에서는 차이는 없다.[21)]

나치가 정복한 지역에서는 나치의 공포를 경험했다. 히틀러의 '새 질서(New Order)'를 세우기 위해, 유럽 시민은 탄압을 받았고 살해되었으며, 여자와 아이들까지도 수용소에 감금되었다. 유대인은 수용소로 이동되어 살해되었다. 이런 처형에 적극적인 행동대원은 친위대(SS)였다. 이들은 전쟁에의 동원, 지속적인 선전에의 종속, 체제의 테러에 대한 두려움, 비밀경찰(Gestapo), 국민 간의 정보원 활동을 동원했다.

인종적 '우월성'에 기초한 엘리트에 의한 통치, 대중의 선동과 조작, 유대인과 기타 열등한 민족의 제거는 히틀러 이데올로기의 '창조적 핵심'에 속한다. 국가사회주의와 히틀러의 금권정치에 대한 반대는 지도자에 대중적인 지지를 얻어내도록 고안되었다. 정당의 선전을 통한 '강한 국가와 통치 원리'는 히틀러의 자본주의, 사회주의, 이익단체, 개혁과 혁명을 이끄는 정책 아이디어였다.

나치 체제는 처음부터 침략전쟁의 수행 목적으로 전 독일인의 동원을 지향했다. 군사적 팽창은 독일 민족의 '삶 공간(Lebensraum)'의 확보에 그치지 않고, 일당 독재와 민족공동체의 정당화를 가져왔다. 주요 유럽대륙 국가들의 내적 취약성과 분열, 미국의 고립과 소련의 불명확한 태도를 보고, 히틀러는 오스트리아, 슈데텐란트(Sudetenland)를 성공적으로 병합해 갔다. 1942년이 되어서 스탈린그라드에서 소련군은 전세를 역전시킬 수 있었다. 군사적인 승리와 외교정치는 국내에서 나치 체제 지배를 견고화시켰다. 반면에 소수로 분열된 반대 그룹은 히틀러의 체제에 도전할 형편이 되지 못했다. 1944년 6월에 들어서 군 장교의 쿠데타와 같은 시도와 적극적인 반대가 있었다. 히틀러에 대한 살해계획은 실패하여 그 결과 오히려 야당 그룹은 더 탄압을 받았다.

제3제국은 미국, 영국, 소련, 프랑스와 연합국의 공격으로 1945년 5월에 붕괴했다. 이런 패배와 항복에 대해 1918년과 같은 '음모론(stab-in-the-back legend)'은 없었다. 나치 체제의 붕괴, 전쟁의 패배, 연합군의 독일 점령은 독일의 미래에 불확실성을 가져왔다. 독일은 새로 시작하는 출발점(Point Zero)에 섰다.

---

21) 나치 독일에 의한 유대인의 학살(Holocaust)을 설명함에 다양한 학설과 방대한 자료가 있다. 일반적으로 기능주의 입장(Hans Mommsen, Martin Broszat), 가해자(Nazi perpetrators)에서 접근이 있다(R. L. Millen et a., eds, *New Perspectives on the Holocaust: A Guide for Teachers and Scholars*(New York, 1996), G. Reitlinger, *The Final Solution: The Attempt to Exterminate the Jews of Europe, 1939-1945*(New York, 1953), P. Longerich, *Politik der Vernichtung: Eine Gesamtdarstellung der nationalsozialistischen Judenverfolung*(München, 1998). 반면 D. J. Goldhagen(*Hitler's Willing Executioners: Ordinary Germans and the Holocaust*(Vintage, 1997))은 부제가 말해 주듯이, 유대인 학살은 히틀러와 그 주변인들이 저지른 가해자의 입장에서 일어난 범죄로 보는 주장에 대해, 가해자는 나치의 세뇌를 받은 자들이 아닌 지극히 정상적인 독일인임을 말하고 있다.

그림 1-8 아유슈비츠 수용소 막사 내부 그림(위 왼쪽), 비르케나우 수용소 내 가스실과 소각로(위 오른쪽), 그리고 독일의 과거 어두운 역사에 사죄하는 브란트 수상(아래)[22)]

22) 아우슈비츠 집단수용소는 나치 독일의 대학살의 상징이다. 아우슈비츠 수용소로 이송된 100만 명 이상의 사람 중 유대인 20만 명, 폴란드인 15만 명, 집시족 2만 3천 명, 소련군 전쟁포로 1만 5천 명 등 총 40만 명이 수감번호를 부여받았다. 이 중 50% 이상이 기아, 강제노동, 가혹행위, 사형, 질병, 고문 등으로 사망했다. 또한 다른 수용소 등으로 이송된 약 20만 명의 수감자 들은 대부분 그곳에서 사망했다. 아우슈비츠 수용소가 해방되었을 때 7천 여명만이 생존해 있었다(아유슈비츠-비르케나우 박물관 소개 자료). 빌리 브란트 수상은 1970년 12월 7일 폴란드를 방문하여 희생자 기념비 앞에서 무릎을 꿇어 독일의 과거 어두운 역사에 대해 사죄했다. 독일은 이날 폴란드가 점유한 오데르-나이세 라인(Oder-Neiße-Linie)을 폴란드 서부 국경으로 인정하는 바르사바조약을 체결했다(자료: Bundesbildstelle).

8) 연합군의 점령과 분단

1945~1949년 기간에 독일 점령국은 독일의 영토를 축소하고, 4개 지역(Zone)으로 나누었다. 그리고 이 지역에 두 개의 국가를 세웠다. 영국 · 프랑스 · 미국의 지역에 서독을, 그리고 소련 지역에 동독을 수립했다. 1938~1941년에 나치에 의해 합병된 모든 지역은 원래의 소유 국가로 되돌려졌다. 대표적으로 프랑스에 알자스 로렌(Alsace-Lorraine), 체코슬로바키아에 슈데텐란트(Sudetenland), 유고슬라비아에 슬로베니아(Slovenia)가 반환되었다.

얄타회담에서 동프러시아, 슐레지엔(Schlesian)을 포함하는 오데르 나이세(Oder-Neiße)의 동부지역은 '일시적으로' 소련과 폴란드 행정구역으로 했다. 이 지역의 최종적인 결정은 독일과 연합국 측의 최종 평화조약을 통해 결정하도록 했다.[23] 이 지역에 살던 대부분의 독일인은 1945년 이후 소련과 폴란드군에 의해 추방되어 서독에 대부분 정착했다. 이런 추방 과정에서 많은 사람이 죽거나 살해되었다. 보상 없이 추방된 이들은 패전국 독일에서 새로 시작해야 했다. 전후 독일 사회로의 1천만 명이 넘는 이주자들의 사회 통합은 1949년 성립된 서독에 가장 큰 도전이며 과업이었다.

전쟁 동안 연합국 측은 전후 독일 정치에 대해 다음과 같은 노선을 결정했다.

- 독일은 비나치화한다(denazified). 모든 나치 체제의 조직은 해체되며, 나치와 정부의 최고권력자는 범법자로 재판을 받는다. 그 이하 정당 활동가는 감옥형(fines, imprisonment)으로 처벌한다.[24]
- 독일은 비무장화한다(demilitarized). 침략전쟁을 수행할 능력을 영구히 제거한다.
- 전후 독일은 민주사회(democratic society)를 지향한다. 이를 위해 광범한 정치교육을 도입하며 전후 기간에 실행한다. 교육 체제를 완전히 개혁하며, 민주화 교육 프로그램을 도입한다.
- 이전 제국은 분권화한다(decentralized). 연방제도 하에서 주요 정치 책임은 주(Länder)와 지방정부에 둔다.

---

23) 독일은 1991년에 소련과 폴란드와의 각 조약을 통해 상실된 지역의 영구 포기를 인정했다.

24) 비나치화는 점령지에서 서로 다른 방식과 강도로 진행되었다. 소련 점령지역에서는 사회주의 건설과 맞물려 더 신속하고 광범위하게 이루어졌다. 서방 3개 지역에서는 1949년 12월 31일까지 250만 명이 조사되었다. 806명이 사형 판결을 받았고, 이 중 486건이 집행되었다. 비나치화에 대한 연구는 각 점령지역별로 되며, 사법부와 아데나워 정부의 비나치화는 주요 주제이다. 제3제국에 충성을 맹세한 사법부의 판사와 공무원은 1933년 10월 1일 기준으로 2만 명이 된다. "우리는 독일 국민의 영혼에 대해, 독일 법률가로서 세상 마지막 날까지 총통을 따를 것을 맹세한다"(Wir schwören bei der Seele des deutschen Volkes, dass wir unserem Führer auf seinem Wege als deutschen Juristen folgen wollen bis an das Ende der Tage). 비고: Perels(2002).

9) 독일연방공화국의 성립

전후 독일의 처리에 관해 전시 중에 이루어진 합의는 1945년에 서구와 소련 간의 이해 차이로 공동의 점령정책이 불가능해짐으로써 급속히 와해되었다. 소련 점령지역에서는 공산당원이나 친소련계에 의해 통제되는 지방정부가 급히 구성되었다. 모든 공장은 해체되어 소련으로 수송되었다. 남은 국가사업은 국유화되거나 농업은 집단화되었다. 이는 이미 폴란드와 헝가리에서 소련이 유사하게 이룬 조치였다.

이런 조치는 소련 점령지역을 공산국가 사회로 전환하는 계획에 따른 것이며, 정치적으로나 이념적으로 서구는 받아들일 수 없었다. 1948년에 이르러, 독일에서의 모든 정치적·경제적 협력이 불가능함이 명백해졌다. 이러한 소련의 위험에 직면하여 서구연합은 소련 점령지역을 배제하는 전후 독일 국가를 구상하기 시작했다.

서독은 미국, 소련, 영국 지역을 포함했다. 프랑스는 이런 계획에 주저했다. 중앙집권화된 독일이 다시 유럽대륙에서 프랑스와 경쟁하지 않을까 하는 두려움 때문이었다. 그러나 프랑스는 1948년에 독일의 위험보다 소련의 위험을 더 심각하게 인식했다. 3개 서유럽지역은 공동의 경제정책과 공동 통화를 발표했다. 소련은 이런 조치에 반대해 베를린에의 접근을 금지함으로써 대응했다. 이것이 이른바 1948년 6월에서 1949년 5월까지 계속된 베를린 봉쇄이다. 소련은 분리된 동독을 구상하고, 동베를린을 수도로 했다.

1940년대 말에 미국이나 소련은 서독이나 동독이 자신들이 통제하지 못하거나, 자신들의 이해 관계에 반하는 정책을 허용하지 않는다는 것을 명백히 밝혔다. 이들은 각기 자신이 원하는 국가를 원했다. 즉, 미국을 위한 자유민주주의적인 국가와 소련을 위한 공산주의의 노동자 국가였다. 군사적인 갈등 없이 통일된 국가를 이루는 것은 불가능해서 두 강국은 두 국가의 체제 유지로 나갔으며, 각기 자신의 보호 아래 사회경제 정치적 특성이 있는 국가를 만들었다. 아이러니하게도, 독일 분단은 양쪽 국가가 비교적 자신의 블록 내에서 상당한 권력을 가진 국가가 되게 했는데, 이는 통일된 단일 국가로서는 그렇게 짧은 시간에 이룰 수 없는 수준이었다.

전후 운명적인 독일의 발전은, 비록 독일 지방정부가 1946년 이후에 지방 수준에서 수립되었다고 하지만, 독일의 직접적인 참여가 거의 없는 상황에서 이루어졌다. 서구, 특히 미국 점령의 원래 의도는 지방 수준에서부터 단계별로 독일을 민주화시키는 것이었다. 독일은 강한 지방자치 전통이 있었기 때문에 지방정부와 주정부의 수립은 서독이라는 국가의 성립과 중앙정부 수립 이전에 이루어졌다.

대부분 독일인은 국가 운명에 대해 관심을 두지 않았으며, 또한 나치즘에 대해서도 무관심하거나 책임 의식이 있지 않았다. 이런 상황에서 정치는 말할 것도 없었다. 독일의 가장 시급한 현실적 문제는 식품, 의류, 주거 등 생존의 문제였다. 주택들의 절반은 폭격으로 파괴되었으며, 하루에 필요한 열량을 채울 식량이 없었다. 물리적인 생존 문제 이후에는 사회적인 일상생활, 가령 학교에로의 복귀, 직업, 사업의 개시, 직장 구하는 문제, 고아, 가정의 돌봄 등과 같은 문제가 대두했다. 1945년에서 1949년에 일어난 일련의 사건은 서독의 탄생에 중요한 역할을 했으며, 이는 정치에 대한 대중의 무관심 가운데서 이루어졌다.

1948년 6월 1일 연합군 당국은 주정부 장관들과 더불어 프랑크푸르트에서 회동했다. 이는 1948년 9월 1일까지 헌법기초의회를 구성하도록 했으며, 제헌의회는 다시 서유럽 3개 지역을 위한 헌법 초안을 작성하도록 위임을 받았다. 이 헌법은 승인을 위한 의원이 선출되기 전에 마련되었다. 주총리 중 어느 사람도 분리된 서독 국가 성립을 원치 않았으며, 헌법이 독일 분단을 고착화할 것이라고 염려했다. 주총리들은 만들어진 헌법 초안을 헌법이라고 부르기보다, '기본법(Grundgesetz; Basic Law)'이라고 명명했는데, 이는 새로 성립될 국가의 임시적 성격을 강조하기 위함이었다. 얼마간의 지연 후에, 주들은 마침내 헌법 초안을 위한 위원회를 구성하기로 했고, 9개월 후인 1949년 5월에 헌법 초안이 완성되었다. 기본법은 영원성에 대한 이미지를 갖지 않게 하려고, 국민투표가 아닌 주(州)의회의 승인을 통해 결정하도록 요구했다. 이런 입헌 과정은 연합국의 허락을 받음으로써 가능했다. 그러므로 서독 헌법은 서독 국민의 승인을 통해 이루어진 것이 아니라는 주장도 할 수 있다.

기본법의 승인 선언은 축하를 받기에는 어려웠다. 당시 전국 여론조사에 따르면, 성인의 40%가 헌법에 관심이 없으며, 33%는 약간 관심을 두며(moderately interested), 단지 21%만 매우 관심을 가진 것으로 조사되었다. 1949년 또 다른 조사에 따르면, 단지 51%가 서독의 수립에 찬성했다. 같은 수의 사람들은 서독의 수립에 반대했다. 23%는 반대, 13%는 무관심, 13%는 결정하지 못했다고 답했다(Allensbach, *Jahrbuch der öffentliche Meinung, 1947-1955*, Vol.1: 161). 서독은 1949년 5월 23일부로 다시 탄생했으며, 동독은 1949년 10월 7일에 수도를 베를린으로 하여 독일 인민공화국(GDR)을 선포했다.[25] 동독은 1990년 10월 통일되기까지 존속했다.

---

25) 독일 분단과 두 정부 수립 과정은 다음을 참조. 박청평(2004), 독일 군정 시기의 정치적 발전 추이, 경주사학회, 경주사학, 23: 181-222.

2 동독 성립과 몰락

서독과 동독은 제3제국에 의한 전쟁 폐허에서 시작했다. 이는 산업경제의 파괴에서뿐만 아니라, 사회와 인간의 파괴에서의 시작이었다. 전후 미국과 소련은 자신들의 점령지역에 서독지역에는 자유주의 공화국을 동독지역에는 공산주의 독재라는 두 모델의 국가를 세우며 지원했다. 그러나 동독지역은 공산주의에 대한 실제적인 반대가 일어났다. 동독 주민의 서독으로의 탈출, 그리고 1961년 베를린 장벽이 증거이다. 동독에 남은 주민은 체제에 다양한 방식으로 각기 적응해 갈 수밖에 없었다. 비밀경찰, 21개 소련군단(division), 지속적인 생활 수준의 개선은 이런 적응을 이끌었다.

동독은 탄생에서부터 서독과 비교하여 영토에서, 인구에서 훨씬 작은 규모에서 출발했다. 영토는 서독의 절반 수준이며, 인구는 1961년 베를린 장벽이 세워진 이후에 어느 정도 안정적으로 되었으나 여전히 서독 인구의 1/4 수준이었다. 동독은 서쪽으로는 엘바 강, 동쪽으로는 오데르와 나이세 강, 북으로 발틱 해, 남으로는 체코공화국으로 경계를 짓는다. 동독은 서독보다 덜 산업화되고, 덜 도시화한 지역이었다. 북부 지역은 주로 농업 지역이며 남부는 산업화되었지만, 서독의 루르나 라인-마인 지역과 비교가 안 되었다. 서독과 달리 동독은 전후 독일 경제의 재건에 중추적인 이바지를 한 마셜 플랜으로부터 혜택을 받지 못했다. 오히려 동독은 소련이 산업시설을 해체하며 기계들이 소련으로 실려가는 것을 지켜봐야 했다. 물론 이는 히틀러의 파괴에 대한 보상이었지만, 동독 산업의 또 다른 파괴였다. 동독은 소련을 모델로 하여, 다른 위성국가들과 같이 민간 부문의 산업 영역을 대폭 축소하고자 했다. 자산과 산업은 국유화되어 '인민'의 이름으로 국가 통제하에 놓였다. 농부들은 자신의 토지를 내놓아, 더 큰 집단농장의 형태로 바꿔야 했으며, 장비와 시장의 문제를 국가에 의존하게 했다.

1) 동독 사회주의 건설(1949~1961년)

동독 40년간 역사는 주요 단계별로 시기를 나누어 볼 수 있다.[26)]

– 1945~1949년 국가 성립 이전의 초기

26) 동독의 역사는 서독과 대치되는 자유와 독재로 대조되어 기술된다. '독재의 이상 세계(heile Welt der Diktatur)'는 대표적으로 억압 체제로 국가와 사회의 특성을 보여준다(Wolle, 1998).

- 1949~1961년 베를린 장벽 건설
- 1961~1970년 사회주의 안정기
- 1971~1985년 호네커 통치
- 1985~1989년 공화국 위기
- 1990~ 동독 붕괴와 통일

1949년부터 1961년까지 동독 체제(regime)는 소련을 모델로 하여 사회주의 국가를 건설하려고 했다. 1950년에만 동독 법정의 검사와 판사는 실제로 정치 재판으로 78,000명 이상에게 감옥형을 선고했다.

동독은 명백히 공산당(SED)과 몇 개의 위성정당, 그리고 대중조직으로 구성된 '국민전선(National Front)'이 통치했다. 공산당(SED)을 제외하고, 이들 정당이나 대중조직의 누구도 독자적인 권력을 행사하지 못했다. 이들의 지도자, 당 간부들은 협력의 대가로서 주거, 자동차, 생활용품 등에서 특별대우를 받았다. 이들은 동독 비밀경찰(Stasi)이나 소련국가안보위원회(KGB)와 연계되어 일했다. 위성정당의 재정은 국가로부터 전폭적으로 보조되었다. 이런 지원을 통해 위성정당은 조직을 운영하고, 신문과 필요한 호텔, 시설들을 유지했다.

2) 비밀경찰

이 기간에 체제 유지를 위한 주요 제도는 국가안보국(Ministerium für Staatssicherheit, 일명 슈타지)이다. 소련의 KGB와 비교되는 슈타지(Stasi)는 자신을 정당의 '창과 방패'로 여겼다. 슈타지 근무자는 9만 명에 이르며, 비공식(unofficial) 협조원이나 특수 임무 수행 비밀요원은 50만 명에 이른다(Gieseke, 2001: 54f.). 슈타지는 한마디로 국민 전체의 삶을 감시했다(나치의 게슈타포는 6만 5천 명이다). 본부는 베를린에 있었으며, 베를린에만 3만 3천 명이 근무했다. 15개 지역사무소를 운영했으며, 사무소마다 1,700명에서 4,000명이 있었다. 이외 슈타지는 자체 주요 시설, 군사기지, 대학 및 병원을 소유했다. 슈타지의 행동 원리는 다음과 같았다. 1) 모든 사람은 잠재적으로 위험하다, 2) 따라서 가능한 모든 정보를 알고 있어야 한다, 3) 안전(Sicherheit)은 법보다 우선해야 한다.

정보원, 통신 감청, 전자감시 등의 다양한 방법을 동원해 슈타지는 6백만 명 이상의 파일을 모았다. 이는 성인의 2/3에 해당하는 수치이다. 심지어 9세 학생을 통해 자신의 선생이나 동료가 동독을 비판하거나 서독을 찬양하는지를 관찰하도록 했다. 후에 밝혀진 바에 의

하면 슈타지는 서독에서도 활동했으며, 2백만 명 이상의 서독인에 대한 기록물이 발견되었다. 슈타지는 동독 체제 유지의 가장 주요 수단이었다(http://www.bstu.bund.de).

3) 1953년 봉기

1953년 스탈린 사후 동독 정부는 '새 방향 전환 프로그램(New Course)'을 시작했다. 비밀경찰의 활동은 줄어든 반면에 더 많은 소비재 구매를 가능하도록 하여 물가 안정을 꾀했다. 1953년 6월에 정당의 강경파들은 노동자에게 생산량 증가를 밀어붙이고자 했다. 이는 주로 동베를린을 중심으로 전국에서 일어난 시위의 도화선이 되었다. 이는 소련의 동유럽 위성국가에서 일어난 최초의 사건이었다. 1955년 폴란드, 1956년 헝가리, 1968년 체코슬로바키아에서 봉기가 일어났다.

소련은 6월 노동자들의 봉기에 맞서 탱크를 동원하여 진압했다. 이런 개입이 없었다면 동독 체제는 붕괴했을 것이다. 당은 이 봉기를 파시스트의 작품으로 비난했다. 1,400명이 체포되었으며, 장기형을 받아 투옥되었다. 이 사태 이후 동독 체제는 노동자의 생산량 증가를 다시 줄였다. 소련은 체계적으로 동독을 수탈해 가던 전후 보상 프로그램을 정지시켰다.

1951년에 동독은 소련 모델에 따른 첫 5개년 계획을 시행했다. 이것의 목표는 1955년까지 1936년의 생산 수준을 두 배로 향상시키는 것이었다. 그러나 나라 경제는 서독과 비교하면 훨씬 뒤처졌다. 1950년대에 들어서면서부터 육류, 설탕, 버터, 식용유가 배급되었다.

두 번째 계획(1956~1960)은 생활 수준에서 어느 정도의 향상을 가져왔으며, 경찰의 강제도 줄어들었고, 2만 명 이상의 정치 수용범이 출감되었다. 1958년에 배급제는 아주 없어지고, 강제된 농업 통합이 1960년에 완성되었으나 여전히 육류, 버터, 우유 등이 부족했다.

동독인은 계속하여 탈출했는데 1949부터 1960에 걸쳐 거의 3백만 명이 주로 베를린을 이용해 탈출했다. 동독 정부는 소련의 동의를 얻어 할 수 없이 '생각할 수 없는 일', 베를린 장벽[27]을 구축했다. 이는 처음에는 철조망으로 만들어졌으나 후에 넘기 어려운 철근 콘크리트 담으로 대체되었다. 동서베를린 국경 간에는 지뢰가 매설되었고, 자동화기가 설치되었다.

국경수비대는 국경을 무단으로 넘는 자는 사살하도록 명령을 받았다. 외교적인 시위가 있었지만, 서방은 장벽 건설을 막기 위한 어떠한 조치도 취하지 않았다. 서독인의 실망에도, 서방은 베를린을 두고, 소련과 새로운 대결을 원치 않았기 때문에 어떤 행동도 취하지

27) 베를린 장벽의 총길이는 1,378km로서 28년(1961.8.13~1989.11.9)간 지속되었다. 희생자는 136~245명으로 추산된다.

그림 1-9 베를린 장벽과 희생자 추모

자료: Landesarchiv Berlin.

못했다.

4) 동독 안정기(1961–1970년)

장벽 건설 후, 동독의 울브레히트(Walter Ulbricht)는 더 나은 생활 수준을 약속하며, 개인 회사의 자유, 봉급 인상 등을 포함하는 새 경제 체제(Neues Ökonimisches System)를 발표했다(bpb: Die DDR in den sechziger Jahren). 이는 노동자들에게 보너스를 주며, 기업의 자율성을 확대해 주었다. 전체 노동생산성은 증가했고, 주거·생활용품 등의 생활 수준은 어느 정도 나아졌지만, 동독인의 생활 수준은 여전히 서독보다 한참 뒤처졌다. 1968년에 새 헌법 제정을 통해 시민의 자유와 권리에 대한 보장을 꾀했다. 동독은 스포츠를 통해, 특히 올림픽에서 많은 금메달을 따는 것으로 국가 이미지를 개선해 나갔다.

동독지역에 남은 사람들은 체제에 어느 정도 순응과 동조를 해 갔다. 사람들은 일종의 사회계약을 받아들인 것이다. 즉, 1) 일반적으로 자유롭고 개인적인 수준의 보장, 2) 소비와 생활 수준에서의 사회복지와 같은 일정 수준의 보장, 3) 사회 안전으로 직업, 건강 의료, 연금 등의 보장, 4) 어느 정도 사회적 이동의 보장이다. 반대로 국가 체제가 요구하는 사회계약은 노동, 당과 국가의 권위에 대한 공식적 인정이다.

베를린 장벽 이후 서독은 동유럽 국가들과의 관계 정상화를 꾀했으며, 이는 동독을 곤란에 빠뜨렸다. 서독은 1970년에 동독의 보호자격인 소련과 조약을 체결했다. 이 조약에서 두 국가는 국경을 존중하며, 경제·문화·정치 관계를 발전시킬 것을 합의했다. 그러나 조약이 발효되기 전에, 서독은 서방의 지원을 받아, 소련과 점령 3국은 서베를린에 대한 협의를 먼저 결정해야 한다고 요구했다. 서독은 베를린 시의 독립을 원했으며, 베를린의 접근을 소련이 보장해 주기를 원했다.

1971년 9월 3일 '베를린 조약'이 완성되었고, 이는 동독을 통과하는 베를린의 접근을 보장하며, 시 운영의 결정에 동독 참여가 배제되었다. 동독 권력자들은 이런 베를린 조약의 합의를 반대했고, 울브레히트는 1971년 당과 국가의 총리 자리에서 사임했다.

5) 호네커 집권기(1971–1986년)

호네커(Erich Honecker)는 오랫동안 청년조직(Freie Deutsche Jugend: FDJ)의 당수(1946~1955)이자 안전국의 장이었다. 1961년에 호네커는 베를린 장벽 건설의 주요 책임을 졌다. 소비재 공급의 개선과 복지국가로의 확대, 서유럽 국가와의 접촉 증가가 이 시기에 일어났다. 호네커는 경제정책과 사회정책은 서로 연계되어야 한다고 강조했다. 즉, 산업에서 생산의 증가는 바로 국민의 생활 수준 향상으로 이어져야 한다는 것이다. 동독은 경제건설을 위해 서유럽에서 차관을 들여왔다. 이는 특히 서독의 지원으로 이루어졌다. 호네커는 곧 자기 체제를 민주화시키며, 자국민의 서독 방문을 허용하면 할수록, 서독은 이에 더 많은 경제적·인도적인 지원을 하는 것을 알았다.

1972년에 기본조약이 두 국가 간에 체결되었다. 기본조약은 사실상 서독에 의한 동독 국가의 인정이다. 이 협약 전에 본은 서독이 독일의 유일한 합법정부이며, 동독을 인정하는 국가와의 외교를 거부하는 할슈타인 독트린을 견지해 왔다. 기본조약은 이런 정책을 포기하는 것을 의미한다. 곧 두 독일은 유럽연합의 회원국으로 가입했고, 동독은 150개국 이상의 나라와 외교 관계를 맺었다.

1975년에 동독은 유럽의 평화 안전에 관한 헬싱키 회의에 참석했으며, 인권에 대한 헬싱키 협약의 조약국이 되었다. 그 이후 많은 동독 시민은 동독을 떠나는 이유로 이 협약을 근거로 제시했다.

호네커가 통치하는 기간에 정당은 개신교와 타협(modus vivendi)을 했다. 동독 개신교는 당의 통제를 덜 받았다. 정부는 몇 가지를 양보했다. 특히 신부의 교육을 위한 지원이며, 교회 재산에 대한 보장이었다. 개신교는 반면에 체제의 기본적인 전제들, 가령 일당 지배, 계획경제 등과 같은 것에 도전하지 않기로 했다. 반체제 인사가 어느 정도 교회의 보호를 받는 것이 허용되었다. 그러나 기독교인에 대한 차별은 지속했다. 기독교인의 더 높은 수준의 교육과 고용은 제한되었다.

동독인의 생활 조건을 향상하고자 하는 호네커의 노력은 급격히 외국의 부채를 증가시켰다. 그러나 동독은 부유한 서독을 두고 있었으며, 1980년대에 서독 지원에 대한 동독의 의존은 계속 증가했다.

1984년에 동독 거주민 3,500명의 서독 이주가 허용되었다. 서독인의 동독 방문도 역시 증가했다. 동독 비밀경찰은 교회의 보호를 받는 평화와 환경운동과 같은 소수의 반대운동을 감시했다. 이들의 지도자는 체포되어 이 중 일부는 서독으로 넘겨졌다. 그러나 이런 소수의 운동은 근절되지 않았다.

6) 소련의 개방과 동독 체제 위기(1985~1989)

소련의 개방과 개혁의 기간, 동유럽에서 동독은 고르바초프(Mikhail S. Gorbachev)의 개혁정책을 가장 두려워했다. 동독에서 시행되는 사회주의(Socialism)는 경제와 사회의 통제 이데올로기였으며, 동독 생존의 정당성이 되어 왔다. 만약 동독이 자신의 체제를 포기한다면, 서독과의 통일에서 대안이 없게 된다. 분리된 '동독' 독일을 만들어 내는 시도는 실패한 것이다. 동독 주민은 매일 서독 TV를 시청했으며, 서유럽 옷을 입으며, 서유럽 문화를 받아들였다. 1980년대부터 또한 서유럽으로의 여행도 급격히 증가했다.

먼저 동독 정당 간부는 고르바초프의 개혁과 동독과의 관련성을 부정했다. 이웃이 방금 새로 벽지를 발랐다고 해서, 우리도 이를 따라할 필요는 없다는 것이 초기의 반응이었다. 개혁가들이 동독 리더십에 대해 '시멘트 머리'라고 부르는 데에는 이들의 비합리적이며 비현실적인 이해 관계를 반영하고 있는 것이다. 사회주의, 장벽 그리고 봉쇄된 국경 없이 동독은 존재하지 못하는 것이다. 이런 점에서 이들의 계산은 옳았다.

호네커는 개혁에 대한 반대와 비판을 완화하고자 했다. 이는 경제 조건을 향상하며, 서독과 문화 관계를 증가시키고, 더 많은 동독인의 서독 방문을 허용하는 것이었다. 동독이 붕괴하기 2년 전인 1987년에 호네커는 동독의 수상으로서는 처음으로 서독을 방문했다. 이는 당시 15년간 상호 관계의 최정점이 되는 방문이었다. 1987년에 연금자 연령대인 1백만 명의 동독 주민에게 서독 방문을 허용했다. 이는 1985년에는 5만 명 수준이었다. 동독 정부는 또한 수천 명의 정치범과 다른 수용범을 사면했다. 동독은 사형제를 폐지한 최초의 공산국가가 되었다. 1988년에 동독은 처음으로 홀로코스트에의 유대인 학살에 관한 책임을 인정했으며, 보상에 대한 특별 조치를 발표했다.

소련의 변화와 동독 정부의 인권에 대한 약속에 고무되어 환경과 평화단체들의 활동이 증가했다. 동독 체제는 이전에는 대량의 체포로 대응했으나 관용하기 시작했다. 1988년에 독일공산당 탄생의 설립자 로자 룩셈부르크(Rosa Luxemburg), 카를 립크네히트(Carl Liebknecht)의 죽음에 대한 70주년 기념행사 참가자들은 감옥에 갇히거나 서방으로 축출되었다. 몇 달 후 개신교 지도자와의 만남에서 호네커는 이 사건에 대해 정보를 잘 받지 못했다며, 사태에 대해 사과를 했다. 서독 방문 허용은 계속 유지되었다. 1988년도까지 동독인 5백만 명이 서구를 방문했으나 국경을 넘는 도망자에 대한 총살 명령은 지속했다. 1989년 한 동독 청년이 베를린 장벽을 넘다 총을 맞아 사망했다. 이는 동독 체제 하에서의 마지막 희생자가 되었다.

서독의 다양한 지원에도 소비재의 공급과 경제는 악화만 되어 갔다. 그러나 당 지도자는 야당과의 어떤 대화도 거부했다. 호네커는 단호히 장벽은 앞으로도 50년, 100년은 지속할 것이라 했다. 이런 가운데 교회 지도자와 위성정당의 지도자들은 동독 체제를 공식적으로 비판하며 변화를 요구했다.

7) 동독 대탈출과 공산주의 붕괴

소련의 고르바초프 하의 개혁이 공산주의 붕괴의 토대가 되지만, 1989년 동독을 평화혁명으로 이끈 직접적인 도화선은 5월에 오스트리아와 국경을 맞대고 있는 헝가리가 국경을 개방하고서부터이다. 그해 여름에 헝가리에서 휴가 여행을 보낸 일부 동독인은 방해를 받지 않고 오스트리아로 갈 수 있다는 것을 알았다. 이는 당연히 오스트리아를 거쳐 서독으로 가는 것이다. 8월에 헝가리 정부가 동독 국민이 국경을 건너는 것을 금지하자, 수백 명의 동독인이 부다페스트에 있는 서독 대사관에 망명했다. 며칠 후에 이들은 국제적십자의 감시하에 서독으로 수송되었다.

1989년 8월 19일 헝가리 · 오스트리아 국경을 개방하는 범유럽적인 축제에 거의 700여 명의 동독인이 파티에 참석하여 탈출을 감행했다. 대탈출이 시작된 것이다. 그달 말까지 4천 명 이상이 헝가리를 통해 탈출했으며, 추가로 2천 명이 동독에서 서독으로 가는 허가를 신청하고 기다렸다.

체코슬로바키아(현 체코공화국)는 또 다른 탈출구가 되었다. 9월 초에 여행 중이던 100여 명의 동독인이 국경을 넘는 것이 허용되었다. 1989년 9월 10일에 헝가리는 1969년에 체결한 동독인의 국경 통과를 허용하지 않는 동독과의 조약을 정지한다는 결정을 했다. 헝가리는 서쪽 국경을 모두에게 개방한다고 선언했다. 그달 말까지 2,500명의 동독인이 이 길을 따라 서독으로 떠났다. 동독은 헝가리로의 여행을 금지함으로써 대응했다. 이런 조치는 다시 체코, 그리고 폴란드로의 탈출구를 불러왔다.

40주년 기념과 고르바초프 방문 일주일 전에, 호네커 체제는 1989년 9월 30일에 프라하, 바르샤바의 서독 대사관에 망명한 6천 명의 동독인은 동독으로부터 추방되는 형식으로 서독으로 갈 수 있음을 선언했다. 그러는 사이에 헝가리로부터의 탈출은 계속되었다. 10월 말까지 추가로 2,400명이 서독으로 탈출했다. 탈출은 지속하여 6천 명이 프라하를 떠난 바로 닷새 동안에 7,600명이 프라하 대사관에 나타났다. 이들에게도 기차로 동독을 통해 출국하는 것이 허용되었다. 이들은 추방되는 것이었다. 기차는 라이프치히, 드레스덴에 정차했으며 경찰과 비밀경찰은 이런 '자유 기차'에 더 올라타는 것을 막았다. 체코 국경을 개방한 수일 내에 10,000명이 추가로 동독을 떠났다.[28)]

이런 대량 탈출을 막지 못하는 체제의 무능력을 보면서, 반체제 그룹이 조직화하기 시작했다. 9월 중순에 '신포럼(Neues Forum)'이 결성되었으며, 이는 정부에 승인을 요청한 첫 '야당 그룹'이 되었다. 신포럼은 동독의 15개 정부지역(government district) 중 11곳에 조직을 세웠다. 정부는 이 조직을 '반국가(anti-state)'로 선언하고 승인을 거부했다. 이런 정부의 조치를 무시하고, 신포럼은 첫 회의를 9월 24일에 라이프치히에서 열었다. 이들은 동독 내의 모든 반체제 그룹의 '보호자(umbrella)'라 선언했다. 9월과 10월에 다수의 독자적인 그룹이 동독 내에서 결성되었다.

증가하는 반대운동 그룹과 개신교는 동독 국민이 거리의 평화 시위에 참가할 것을 촉구

---

28) 동독 주민의 통독 전후 서독지역에로의 이주 현황과 관련된 논의는 다음 참조. 김창권(2010), 독일 통일 이후 구동독지역 인구 이동 및 인구 변화와 한반도 통일에 주는 정책적 시사점, 경상논총, 28(1): 28-55.

했다. 반대운동 그룹의 가장 큰 중심지는 라이프치히였으며, 이곳에 월요일 저녁마다 니콜라스 교회 앞에서 '평화기도회'가 열렸다. 기도회 다음에는 시내로 향한 평화 시위를 했다. 이런 월요 시위는 각 도시로 번져 나갔으며, 동독 전체는 '우리는 국민(민족)이다(Wir sind das Volk, we are the people!)'의 구호로 채워졌다. 그리고 '우리는 여기에 머문다(Wir bleiben hier!)'로 변화되었다. 이는 독일의 전체 역사에서 풀뿌리와 같은 민주혁명이 시작된 것이다.[29)]

1989년 10월 7일 정부 40주년 행사는 동베를린과 다른 주요 도시에서 일어난 대규모 시위로 압도되었다. 당과 정부 매체는 시위자들을 난폭자로 비난했고, 경찰과 안보국은 시위를 진압・억압하려 했다. 고르바초프는 호네커에게 '늦게 도착하는 자는 벌을 받는다'는 러시아 속담을 들어 개혁의 때가 왔음을 말했다. 그러나 그의 경고는 무시되었다. 기념행사 10일 후에, 호네커는 자신의 정당을 포함, 사방으로부터 비난을 받으며 사임했으며, 크렌츠(Egon Krenz)가 후계자가 되었다. 크렌츠는 야당에 더 많은 양보를 하도록 압력을 받았다. 그러나 그는 호네커 체제의 정책 일부를 방어했다. 일주일 뒤, 크렌츠는 제기되는 모든 문제의 책임을 노쇠한 전임자 호네커에 돌렸다. 그는 헌법 1조에 따라 보장된 사회주의 '정당 지도 원리'를 어떤 상황에서도 포기하지 않을 것이라고 강조했다. 그러나 크렌츠는 그 뒤에 헌법에 보장된 당의 특권을 양보할 수 있다고 했다. 공산당 내에서 지도층에 대한 반

그림 1-10 동독 국민이 들고 시위한 피켓들(왼쪽)과 무너진 베를린 장벽(오른쪽)
자료: Deutsches Historisches Museum, Berlin

29) 1989년 11월 9일 19시를 기점으로 동독의 서독과의 국경이 개방됨으로써 베를린 장벽이 무너졌다. 분단의 상징인 포츠담 광장이 11월 12일 개방되었고, 브란덴부르크 문의 통행은 11월 22일부터 이루어졌다.

대는 다시금 체제를 약화시켰다. 많은 당원이 새로 구성된 야당 그룹을 지지했다. 1989년 10월과 12월 사이에 5백만 명 이상이 SED를 탈퇴했다. 정당 내의 분열과 고르바초프의 군대 개입에 대한 반대 때문에 정당은 혁명에 대해 어떤 조치도 취할 수 없었다. 이런 가운데 당은 대중의 참여에서 신뢰성을 찾고자 노력하기 시작했다.

독재주의는 장벽이 무너지자 더는 지속할 수 없었다. 1989년 11월 9일에 베를린 장벽을 포함해 동독의 국경 봉쇄가 풀렸다. 이는 체제를 구하고자 하는 마지막 몸부림이었다. 세계가 바라보는 가운데 동독인은 서베를린과 서독으로 몰려들었다. 그러나 동독 개혁은 너무나 늦은 것이었다. 고르바초프가 말한 개혁에 늦은 벌이 주어졌다. 동독 체제가 양보하면 할수록 동독인은 더 많은 것을 요구했다. 양자 모두 서독과의 통일을 불가결한 것으로 받아들였다. 시위자는 '우리는 국민이다'에서, '우리는 한 국민이다(Wir sind ein Volk!)'라는 구호를 외쳤다.

제 5 절 독일 통일과 그 이후

1 독일 통일 과정

본(Bonn)은 실제로 동독의 붕괴에 대해 어떤 준비나 대비책을 갖고 있지 않았다. 장벽의 붕괴 이전에 정부 차원에서 통일 준비를 위한 위원회나 정부 팀도 없었다. 어느 사람도 통일이 그렇게 빨리 이루어질 줄은 생각하지 못했다. 이는 특히 소련과 동독의 관계를 볼 때 더욱 그러하다. 분명히 통일의 열쇠는 소련이 쥐고 있었다. 독일 지도자들은 서독의 이웃 서구 국가들이 독일 통일이 유럽연합과 동유럽에 어떤 의미가 있게 되는지를 염려하고 있음을 알았다. 마지막으로 공개적으로 말은 하지 않았지만, 통일된 독일이 또다시 유럽을 주도할지도 모른다는 '두려움'이 있었다.

서독은 이런 문제들을 부정하지 않으며, 이에 대해 빠르게 대응해 나갔다. 1989년 말에 동독은 거의 붕괴 일보 직전이었다. 비공산주의자, 야당 그룹 인사가 정부에 임용되었으나, 동독에서 서독으로의 탈출은 국경의 개방이나 자유화로 멈추어지지 않았다. 분명한 것은 이런 추세는 양 지역에 인구학적으로, 경제적으로 재앙이 되는 것이다.

11월 말에 서독 수상 콜(Helmut Kohl)은 이런 과정을 통제하고자 노력했다. 의회에서 콜 수상은 10개 항목에 걸친 '10개 조항' 프로그램을 발표했다. 여기서 양 독일 간의 '국가연합(Staatenbund)'을 거쳐 '연방국가(Bundesstaat)'로 가는 일련의 협약을 제시했다. 두 국가는 독자적으로 앞으로 거의 10년간 동등 수준을 유지한다는 제안이 서독의 정치 야당으로부터 지지를 이끌어 냈다. 그러나 서독의 동맹국 일부는 이런 문제에 대해 사전 협의하지 못했기 때문에 독일 수상이 너무 앞서 간다고 생각했다.

1) 동독의 야당

규모가 작은 몇몇 정치그룹이 공산주의를 무너뜨리는 혁명의 불씨가 되었다. 이들은 원래 서독과의 빠른 통일을 원치 않았다. 정치와 이념의 차이에도, 내재적으로 탄생한 이런 동독의 야당들은 일종의 공통 견해를 공유하고 있었다. 그것은 첫째, 시위와 혁명에서의 비폭력이다. 비폭력의 전술은 서유럽에서 평화운동의 방식이다.

둘째, 이들은 비(非)정치적이며 때로는 반(反)정치적이었다. 이들은 정치 권력보다 문화와 사회적 문제들을 우선시했다.

셋째, 야당에는 전체 야당 세력을 이끌어갈 상징적인 인물이 부재했다. 이는 폴란드의 바웬사(Lech Walesa), 체코의 하벨(Vacla Havel)과 견줄 만한 인물이 배출되지 못한 것이다. 이것은 그간 SED 체제가 반대 인물을 투옥하며, 정치 인물을 분리해 내며, 상징적인 인물로 성장하는 것을 방해해 온 데에도 기인한다.

넷째, 야당 그룹은 시간이 지날수록 추구하는 목표, 구성원 간의 갈등으로 분열되어 갔다. 가령 일부 그룹은 사회주의 혁신을, 다른 그룹은 환경과 평화를 강조했다. 이는 다시 통일 문제와 통일의 속도에서 의견이 갈리었다.

다섯째, 대부분 야당 그룹 인사는 동독에서 문화, 예술가, 작가, 학자, 목사 등 지식층에 속한다. 이들은 나름대로 동독의 공식적인 체제에 순응하는 문화, 대응하는 하위문화(sub-culture)를 만들어 냈다.

이런 차이에도 다음과 같은 기본적인 의제를 갖고 있었다.

첫째, 야당 그룹은 인간적인 사회주의적 동독을 원했다. 이들에게 사회주의는 이상적인 이념으로서, 실패한 것이 아니라 적절한 기회를 갖지 못했다고 보았다. 야당들은 또한 동독에 가치로서 보존할 만한 것들이 있다고 보았다. 이에 대한 예로 가령 낮은 주택 임대, 완전고용, 무료 의료제도, 값싼 대중교통 이용, 광범위한 케어제도(day-care program) 등이 있다. 야당은 자본주의와 사회주의 간의 제3의 길을 모색했다. 이런 제3의 길은 실제로 1960

년대, 1970년대에 동유럽에서 폴란드와 헝가리에서 실제로 추구했지만, 대안으로서의 제3의 길은 찾지 못했다.

둘째, 야당은 새로운 동독은 시민의 직접 참여, 다당제, 비밀경찰 폐지, 법치, 군사비 지출 삭감을 포함하는 민주 체제가 되어야 함에 동의했다. 이들은 민주적으로 통제되는 경제체제를 갖춘 동독을 원했다. 실제로 야당 그룹에는 경제전문가가 없어 공산 정부가 붕괴했을 때 경제 문제에서 대안을 명확히 제시하지 못했다.

셋째, 야당은 독자적인 동독의 지속을 원했다. 일부 행동가들은 동독이 새로운 국가로 전환하며, 국민의 지지를 얻기까지 장벽은 어느 정도까지는 지속해야 한다고 보았다.

그러나 동독 국민의 대다수는 이런 야당의 사회주의 비전에 감명받지 못했다. 베를린 장벽이 무너지고, 국경이 열림에 따라, 동독 국민은 자신들이 얼마나 국가의 선전에 속았고, 동독이 그간 얼마나 환경에 오염되었으며, 낮은 생산성으로 산업이 경쟁력이 없는가, 건강의료 체계가 얼마나 부실한가 등을 보게 되었다. 또한, 자신들의 침해된 인권의 실상도 보게 되었다. 이런 것들은 분명 국민에게 동독은 국가로서 존속할 어떤 가치도 없음을 확신하게 했다. 이보다 상황을 악화시킨 것은 동독인은 서독인과 같은 수준의 생활 수준을 가능한 한 빨리 누리기를 원했다는 점이다. 이는 가령 자동차 소유를 비롯하여 서구 의류, 최신의 전자제품, 파리, 런던, 로마로의 자유여행이 있다.

동독의 자생적인 혁명가들은 실제로 자신들의 비전, 꿈을 전달하는 것 외에 다른 것은 줄 수 없었다. 이들은 공산 정부가 붕괴하고 물러난 그 자리를 메워나가지 못했다. 이런 빈 곳은 서독의 정당들에 의해 채워졌으며, 그들은 번영과 통일을 약속했다. 서독 정당들의 약속은 동독인의 지지 때문에 가능해졌다. 1990년 초에 동독인의 90%가 통일을 지지했다. 이로써 적극 통일을 원치 않았던 동독의 야당은 소수 세력으로 전락했다.

1990년 3월 18일 동독 의회의 선거는 조속한 통일을 위한 국민투표와 같은 선거가 되었다. 이 선거에서 놀랍게도 조속한 통일을 주장하는 동독 기민당을 중심으로 하는 '독일연합(Alliance for Germany)'이 승리했다.[30)]

2 통일 이후 독일

1989~1990년 동독에서 시작된 평화혁명은 1990년 10월 3일 독일 통일로써 완성되었다.

30) 독일 통일 과정과 연방제도에 관해 다음을 참조(정재각, 2011: 415-450).

동독은 더는 존재하지 않으며, 5개 신연방주가 되어 서독에 가입했다. 이런 통일은 정치, 사회, 경제, 문화, 국제정치 등 모든 면에서 다양한 수준으로 새로운 의미를 가져다 주었다. 통일로 인해, 신시민(구동독)뿐만 아니라, 구시민(구서독)도 혁명의 영향을 받을 수밖에 없었다. 우선 동독지역에서 통일은 경제적으로 실업, 실업에 대한 불안, 주택비 증가, 대학 등 학교의 재구조화, 수없는 새로운 법규, 사회적 소외, 경쟁, 증가하는 범죄율 등의 문제를 가져왔다. 긍정적인 측면은 자동차의 새로운 구매, 전화, 서구 상품 소비, 외국 여행, 값싼 바나나 구매 등이 있었다. 동독에서 시작된 평화혁명은 사회 전체로서의 혁명일 뿐만 아니라, 개개인의 수준에서도 혁명일 수밖에 없었다. 국가가 일자리를 마련해 주고, 지정해 주었는데, 이제 스스로 일자리를 찾아 나서야 했기 때문이다. 서독의 시민은 동독이 필요로 하는 재원을 제공해야 하며, 서로 40년간의 분리에 따른 문화적인 차이, 가치적인 차이도 극복해야 했다.

1) 경제

동독 경제는 동유럽과 러시아에 일종의 모델이었다. 동독의 산업생산품은 동유럽 국가에서 널리 사용되었다. 선박 건조, 기차 산업은 거대한 소련 시장을 갖고 있었고, 이에 대한 수요는 언제나 있었다. 동독 상품은 디자인이나 질에서 좀 떨어지지만, 구매력을 가졌고, 동유럽 국가들에게는 달러 없이도 구매할 수 있는 상품이었다. 그러나 동독 경제는 동유럽 붕괴와 더불어 급속히 변화되었다. 동독지역 기업들은 동유럽 지역으로부터 상품 구매에 대해 경화(硬貨, hard currency)를 요구했다. 그러나 잠정적인 동유럽 소비자들은 경화를 가지고 있다 해도, 오히려 질이 더 좋은 서구 제품을 원했다. 서구 제품도 동독 제품보다 비싸지 않았다.

동독의 산업경제는 1990년 7월의 화폐조약 이후 손을 쓸 수 없는 상태에 빠져들었다. 동독 산업의 거의 60% 정도가 문을 닫았으며 남녀 노동자 9백만에서 살아남은 자는 1992년에 610만 명에 불과했다.

통일 20년이 지난 지금 동독의 경제는 혼합적이다. 1990년과 1991년 사이에 국내총생산(GNP)이 30% 감소했으나, 그 이후에는 빠르게 회복되어 갔다. 1991~1996년 사이의 성장률은 서독지역보다 높거나 비슷했는데 이 기간의 순성장률(net growth)은 8% 정도로, 서독지역의 2%와는 크게 대조된다(1992년 11.38%; 1993년 12.60%; 1994년 12.10%). 이런 급성장은 건축, 특히 공공 부문에서의 투자 증가와 은행, 보험 등 서비스업의 투자 증가에 기인한다.

그러나 1996년 이후에 성장률은 다시 급감했으며(1996년 2.00%; 2000년 1.95%; 2008년 1.10%), 서독과 비슷한 낮은 수준에 수년간 머물렀다. 이는 양 지역의 경제 격차가 1996년 이후 다시 급격히 벌어졌음을 의미한다. 건축의 투자 감소, 수출 지향 기업의 부재는 이러한 저성장의 배경이 된다.

통일 후의 독일은 기간산업에 집중적인 투자를 했다. '통일 독일 수송계획(Verkehrsprojekte Deutsche Einheit)'은 17개 철도, 고속도로, 그리고 수로 수송 건설을 포함하는 것으로 1991~2009년까지 750억 유로가 투자되었다. 투자된 도로 길이 20만km가 넘는다.[31)] 현재 동독지역은 세계에서 가장 현대적이며 효율적인 수송 체계를 갖춘 지역의 하나가 되었다. 1995년도까지 동독지역은 전 세계에서 최고의 철도 건설 중심지였다.

단일의 최대 인프라 투자는 체신이다. 1990년 1월 1일에 동독에서 전화 가입 회선은 180만 정도였고, 가입 신청은 120만으로 대기 기간은 무려 20년까지 되어 있었다. 동베를린은 2가구당 1가구에 전화가 있었고, 그 외 드레스덴 등 도시는 100가구당 13가구만 전화가 개통되었다. '텔레콤 2000' 프로젝트하에 1997년 말까지 250억 유로가 텔레콤에 투자되었다. 동독지역은 현재 실제로 서독지역보다 우수한 기술의 통신 체제를 가졌다. 동독에서 서유럽으로의 가스 공급 체계도 원래의 계획보다 4년이나 앞당겨져 1995년에 완성되었다.

이런 모든 종류의 투자에 돈을 대는 사람은 서독의 납세자이다. 통일에 따른 재정 지원은 각 조사기관에 따라 차이가 나며, 다만 처음 기대한 것 이상으로 비용이 많이 들었다는 점에서 일치한다(Weidenfeld & Korte, 1999: 369.). FU Berlin의 조사는 1990~2009년까지 통일에 투입된 재정 1조 6천억 유로, IWH는 1조 3천억 유로로 본다.[32)] IWH 조사에 따르면, 2005년 기준으로 동독인 1명에 대한 서독인의 부담액은 4,666유로이다.

이러한 엄청난 양의 재정이전과 사회간접시설의 획기적인 개선에도 불구하고, 전 동독지역 경제는 여전히 서독 수준의 아래에 있다. 철도, 전화 및 체신과 같은 몇 가지 국가 소유 영역 중 자동차 영역을 제외하고 여전히 어두운 그림자가 드리워져 있다. 이는 지속적으로 높은 수준의 실업률에서 잘 드러난다. 실업은 16% 내지 19%에 이른다. 동독지역의 기업은 젊고 숙련된 기술자가 서독으로 이주해 오는 양질의 노동 인력의 수급 문제를 갖고 있다.

---

31) Unterrichtung durch die Bundesregierung. Verkehrsinvestitionsbericht für das Berichtsjahr 2010, Drucksache 17/8700 vom 20. Februar 2012.

32) Die deutsche Einheit kostete 1,6 Billionen Euro(독일 통일은 16조 유로 비용이 들었다). In: *Frankfurter Allgemeine Zeitung*. 21. August 2009; Greive, Martin & Müller, Uwe(2009). Seit Mauerfall flossen 1,3 Billionen Euro gen Osten. auf(장벽 붕괴 후 12조 유로가 동으로 흘러갔다): Welt online. 7. November 2009.

1988~2006년 사이에 동독지역의 인구는 1,670만 명에서 1,350만 명으로 20% 감소했다. 이 기간 사망률이 출생률을 넘어, 순 이주자는 120만 명으로 줄어든다. 이런 이주자들은 젊고, 교육을 잘 받은 여성들이 많다. 1991~2005년 사이에 30세 이하 40만 명의 여성이 동독을 떠났다. 같은 기간의 남성 270만 명과 크게 대조된다. 이런 인적 자원의 손실은 당연히 동독지역의 경제에 부정적 영향을 미쳤다.

서독에서 동독에로의 재정이전 비율은 GDP로 보면 4.5%이다. 따라서 서독인의 생활 수준을 하락시키지 않고 이런 재정이전을 가능하게 하기 위해서는 더 높은 성장률이 요구된다. 그러나 실제로 지난 20년간 이런 기대하는 높은 성장률은 없었다.[33)]

서독의 재정이전의 반은 증액된 세금으로 조달되었으며, 반은 차입으로 이루어졌다.[34)] 1991년 이후 세금은 5.5%의 연대세(Solidaritätszuschlag)를 포함한다. 이는 소득세에 붙으며, 1991년 6월 1일에서 1992년 6월 30일까지 지속했다. 1993~1994년에 정지되었다가 다시 1995년 1월에 재도입되었다. 석유와 가스에 대한 세금이 1991~1993년간 63% 올랐다. 1991~1995년에 보험에 대한 세금이 7%에서 15%로 올랐다. 1991년 이후 서독지역 가정에 대한 재정 부담은 이전의 액수로 계산하면 총 2,300억 달러를 넘는다. 이런 재정 부담은 수입이 있는 모든 층에 골고루 부과되었다. 즉, 소득에서 상층이라고 해서 하층보다 더 많은 세금을 낸 것은 아니다.

통일을 통해 이익을 받은 그룹이 있으면, 반대로 손해를 보는 사람이나 그룹이 있게 되는데 가장 이득을 본 사람은 연금 수급자이다. 1991~1998년까지 동독인 남성 연금은 평균 서독의 수준으로 보면, 47%에서 103%로 올랐고 여성 연금도 80%에서 135%로 올랐다. 이런 이득은 동독인의 오랜 고용 기간에 연유한다. 동독의 남성들은 서독지역의 남성들과 비교해 평균적으로 6년은 더 일했다. 여성은 평균 9년이 더 길었다. 연금제도가 주로 기여금보다 근무 기간을 기초로 하여 이루어지기 때문에 동독인들이 더 수혜를 받은 것이다. 또 하나의 고려할 점은 통일 당시에 동독지역 인플레이션이 서독지역보다 높아 생활비가 더 많이 들었다는 점이다. 재정적으로 볼 때 이런 연금 수급자들은 통일 후에도 직업을 유지한 자, 또는 새로 직업을 찾은 사람보다 더 많은 혜택을 받은 결과가 되었다.

---

33) 동독지역에 대한 막대한 재정 지원에 대한 논의에서 서독 주민에게는 경제적 희생을 가져왔지만, 이를 통해 동독 주민의 생활 및 노동 조건이 향상되었고, 결국 서독으로의 이주자가 많지 않게 되어 결과적으로 사회 혼란이 야기되지 않은 점도 지적된다.

34) 통일 비용과 재원 조달 논의는 다음 참조: 전상진 · 강지원 · 원진실(2007), 통일에 대비한 한국의 통일 비용 재원 조달 방안에 관한 논의, 한 · 독사회과학논총 17(3): 9-44; 제5장 독일의 재정과 예산, III. 통일재정 운용계획 참조.

이런 통합 과정에서 독일 통일의 문제점들이 드러났다. 가령 독일의 보편적이고 관대한 복지제도에 동독인을 통합시켰다는 것이다. 일하는 사람보다 퇴직한 연금 수급자에 더 많은 복지 혜택을 주는 보상 체계는 장기적으로 유지되거나 작동될 수는 없다. 1990년 이후 대부분 서독에서 동독으로의 재정이전은 투자보다 소비에 더 많이 쓰였다. 두 번째 단계의 이전 프로그램인 연대Ⅱ는 2005년에 시작되어 2019년에 끝난다. 연대Ⅱ는 인프라에 대한 투자와 새로운 기술 개발에 초점을 맞추었다.

구동독지역의 거시경제 동향이 2001년에 들어서면서 변화하기 시작했다. 그 변화는 붕괴한 제조업의 회생에서 찾을 수 있는데, 이는 총 가치 창출에서 제조업 비중의 회복과 외국 수출의 꾸준한 증가로 나타나고 있다. 구서독지역의 국내총생산(GDP)은 1990~2008년 동안 약 1.5배로 늘어난 반면, 구동독지역은 약 3배로 늘어났다. 구동독지역이 전 독일 GDP에서 차지하는 비중은 1990년 약 7%에서, 2008년에 11.5%로 늘어났다(임홍배 · 정병기 · 송태수, 2011: 93).

2) 환경

통일 이전의 동독지역은 환경적으로 심각하게 훼손된 상태였다. 서독인의 기준으로 보면 환경은 재앙 수준이었다. 물, 토지, 공기 오염 수준은 유럽에서 가장 높았다. 통일 후 환경오염을 가장 많이 유발하는 공장들은 폐쇄되었으며, 광범위한 투자와 지원으로 환경이 상당 수준 개선되었지만, 경제적 이유로 공장이 문을 닫는 등 여전히 개선해야 할 점들이 많이 남아 있다.

통계를 보면, 1991년에 동독지역의 강과 수로의 3%만이 환경적으로 문제가 없었으며, 호수는 1%만이 오염되지 않은 상태였다. 강, 수로, 호수의 80% 정도는 생물학적으로 죽었거나 고위험 수준으로 오염되어 있었다. 동독의 엘베 강은 체코에서 독일로 흘러 북해로 들어가는 주요 강으로 이는 유럽에서 가장 오염이 심한 강 중 하나였는데, 최근까지 드레스덴 근처 공장은 오염된 물을 강으로 흘려보냈다.

공기 오염과 관련하여 라이프치히 지역은 가을과 겨우내 심각한 스모그를 겪었다. 라이프치히 북쪽 30마일에 떨어진 비터펠트(Bitterfeld) 지역에 사는 어린이들은 다른 지역에 비해 2~3배 높은 호흡기 질환을 겪었는데 주원인은 발전, 화학공장, 난방을 위해 쓰이는 갈탄으로 말미암은 공기 오염이었다. 국내 연료에서 동독은 에너지 사용에서 70%를 석탄에 의존했다. 이는 8%의 석탄 사용률을 보였던 서독과 크게 비교된다. 동독은 석유, 가스 또는 고열의 석탄은 수입해야 했다.

동독의 화학산업은 갈탄의 주요 소비자로 연료, 윤활유, 비료, 살충제, 의학 제품, 합성섬유 등의 생산이 기술이 뒤진 설비들을 통해 생산되었다. 동독의 대표적인 승용차인 '트라비' 에 쓰이는 플라스틱도 갈탄에서 재료를 얻었다.

구동독지역에서 가장 심각한 환경 훼손의 하나는 우라늄 광산이다. 튀링겐, 작센주의 우라늄 광산은 광범위한 환경오염을 불러왔다. 1946년 동독 · 소련의 협력 업체는 철저한 감시하에 소련에 핵무기와 핵발전에 필요한 우라늄을 제공했다. 1946년부터 1990년까지 220,000톤이 소련의 무기공장과 발전소에 수송되었다. 결과적으로 1,200km^{2}가 높은 수준으로 오염되었다. 통일 이후 300개의 광산, 3,000개의 방사선에 오염된 쓰레기 하치장, 19개 처리시설, 다수 보관시설에 4천여 명의 전문 인력을 투입하여 정화했다. 이런 정화 처리는 2006년에 완성되었으며, 약 100억 달러가 투입되었다.

환경 정화의 주요 핵심 대상은 물과 공기의 질이었다. 현대적인 물 처리시설이 상황이 시급한 곳에 설치되어 강, 호수, 그리고 수로의 질이 개선되었다. 공기는 훨씬 개선되었다. 1989~1995년 사이에 아황산 배출은 45% 감소했으나 서독지역에 비해 여전히 높다. 1992년에 서독지역보다 공기 미세분자(dust particles)는 9배 이상 많았다. 1989년에 먼지 배출(dust emission)은 서독지역보다 19배나 높았다. 2000년까지 갈탄 발전소는 폐쇄되거나 환경 기준에 맞게 현대화하도록 했다. 2001년에 정부는 갈탄이 가정에서 에너지원으로 쓰이지 않고, 서독지역과 같이 천연가스를 쓰고 있다고 보고했다. 동독지역 정부는 풍력과 같은 재생 에너지에 관심을 두며 투자를 하고 있다.

표 1-4 동독지역의 수질오염(1991)

항목	강, 수로(%)	호수(%)
생물학적으로 죽음	42	24
심각하게 오염	36	54
보통 오염	19	21
환경적으로 살아 있음	3	1

자료: Der Bürger im Staat 41, 3 (August, 1991): 162.

3) 동독인과 서독인 사이의 심리적 장벽

동 · 서독인은 1949년 이후 40년간이나 서로 다른 체제에서 살아왔다. 동독인은 서독인을 대부분 부자, 잘났으며(arrogant), 모든 것을 다 아는(Besser-Wessis), 이기적이고, 물질적이며, 조작적인(manipulative) 사람들로 여기며, 자신들의 나라를 식민지로 여긴다고 본다. 동독인은 독일이 역사적인 운명으로 갈리게 되었으며, 공산주의 체제에 어떤 책임이 있다고 보지 않는다. 통일된 지 12년이 지난 이후 2002년 조사에서도 동독인의 45%가 여전히 제2류 시민으로 대접받고 있다고 여긴다고 답했다.

반면 서독인은 동독인이 게으르고, 번영이 희생과 노력에서 이루어졌음을 알지 못한다고 보았다. 일부 서독인은 통일 비용을 대기 위한 세금 증액, 재정적자에 대해 분개한다. 이들은 동독인이 제2차 세계대전 이후에 했던 것처럼, 어떤 희생 없이 '모든 것을 받기만 원한다'고 본다.

동독의 국가 소유 재산을 정리하는 책임을 진 신탁청에 대한 비판은 동독인의 비판이 서독인보다 2배나 높다. 신탁청을 직업학살자(job killer)라고 본다. 동독인의 50%는 서독 기업들이 동독의 기업을 살리기보다, 오히려 잠재적인 경쟁 기업을 파괴하려고 했다고 본다. 반면 이런 견해를 가진 서독인은 20%에 불과하다.

통일에 따른 심리적 부담은 서독인보다 동독인이 훨씬 크다. 동독인은 자신의 국가를 잃었으며 자신의 정체성(Identität) 일부를 상실했기 때문에 자신의 정체성을 새로 정립해야 하며, 과거의 가치, 신념들을 버려야 한다. 그리고 다시 서구적인(서독적인) 가치 체계를 받아들여야 한다. 심지어 비공산주의자들도 동독의 빠른 정체성 상실에 후회하며, 자신들의 역사 속에서 사회주의, 반파시즘과 같은 것에서 자신의 정체성을 찾으려 한다. 동독인들은 서독인들보다 자신들의 경제적인 미래에 대해 더 염려하는데 새로운 질서와 환경에 적응하기가 어려운 구세대일수록 더욱 그러하다. 이런 사회로의 새로운 적응이 쉽지 않은 가운데 일어나는 폭력과 같은 범죄에 주목하게 된다. 1997년에 우익그룹에 의해 보고된 폭력의 절반이 동독지역에서 일어났다. 동독지역의 인구는 서독의 17%에 불과하다. 동독지역 거주 외국인 비율은 2%이지만 서독지역은 10%에 이른다. 이런 인구 구성 요소를 고려하면 우익 폭력이 서독지역보다 동독지역이 2배 이상 높다. 이런 우익 그룹의 행동들은 통일에 따른 심리적 · 경제적 압박에 그 원인이 있다고 전문가들은 지적한다. 동독의 젊은이들은 상대적으로 교육을 덜 받았고 급진적인 우파의 선동에 취약하다. 반유대주의, 민족주의, 외국 노동자에 대한 적대감은 대학에 진학할수록 낮아진다.

3 통일에 대한 독일 국민의 인식

1) 통일은 옳은 결정이었는가?

통일 후 20년이 지난 2009년 "통일은 옳았는가?" 하는 질문에 독일 국민의 긍정적 답변은 증가했다.[35] 통일에 대한 지지는 오히려 서독지역보다 동독지역에서 더 높게 나타나고 있다. 전 독일인의 86%가 옳았다고 답했다. 서독지역 85%, 동독지역은 91%가 현 시점에서 바라본 통일에 관한 결정은 옳았다고 보았다. 잘못된 결정이라는 질문에 서독인은 12%, 동독인은 8%가 답해, 전체 11%가 잘못된 결정, 그리고 3%는 모른다고 답했다.

국민의 구성별로 볼 때 통일에의 지지는 골고루 높다. 여성 84%, 남성 89%가 옳았다고 답변했다. 18~24세 층에서의 긍정적인 답변은 90%로, 이는 60세 이상의 긍정적인 답변 92%와 비슷하다. 35~59세의 여성은 긍정 비율이 좀 낮은 78%이다. 교육 수준에서 볼 때 교육 수준이 낮은 층의 긍정 답변은 75%로 교육이 낮을수록 긍정 비율도 낮다. 정당 소속에 따른 정치 층별로 보아도 차이가 없다. 녹색당 94%, CDD/CSU 92%, FDP 91%, SPD 85%, 좌파(Linke) 83%이다.

2) 통일을 통해 누가 이익을 얻었는가?

통일로 인해 누가 가장 많은 이익을 얻었는가?(Wer hat-alles in allem-am meisten von der Wiedervereinigung profitiert?)라는 질문에 대한 의견은 매우 차이가 났다. 통일을 통해 이익을 본 사람은 동독인이라는 데에 서독인의 60%가 동의한다. 통일이 자신에게 이익이 되었다는 데 대한 동의는 18%이고, 양쪽 모두 이익이라는 데에는 8%가 동의했다. 12%는 통일을 통해 이익을 얻은 것은 없다고 본다. 이로써 통일로 득을 본 사람은 자신들보다 동독인이라는 의견을 서독인이 갖고 있음을 볼 수 있다.

같은 질문에서 서독인이 통일로 인해 이익을 보았다는 의견을 가진 동독인은 34%이며, 동독인이라는 데에는 23%이다. 27%는 양쪽 모두 같게 이익을 보았다고 본다. 14%는 양쪽 모두 아니라고 본다.

---

35) Forschungsgruppe Wahlen, 조사 기간 2009.10.27~29일, 조사 대상 1.207명.

3) 통일 독일의 정치사회에 대한 조사

통일의 평가, 정치사회의 각 영역에 관한 조사가 꾸준히 진행됐다. 라이프치히대학은 통일 20년을 맞아 사회조사를 했다.36)

첫째, 다른 국가 정체와 비교하여 '민주주의의 이념'에 대한 지지는 전체 조사 대상자의 40.4%가 매우 찬성, 상당히 찬성 36%이다. 동서 지역으로 구분하면, 매우(sehr) 찬성에 대해, 동독 23.8%, 서독 45.8%이며, 비교적(ziemlich) 찬성에 동독 40.2%, 서독 34.6%이다.

둘째, 실제 민주주의에 대한 찬성과 만족에 대한 질문에서 찬성자는 오히려 수치가 떨어진다. 전체 질문자에서 매우 만족은 9.9%이며, 비교적 만족 47.9%이다. 동서지역으로 구분해 보면, 매우 만족에 대해 동독 2.8%, 서독 12.1%이다. 비교적 만족에 대해 동독 32.3%, 서독 52.5이다. 비교적 불만족에 대해 동독 47.2%, 서독 28.0%, 매우 불만족에 대해 동독 17.7%, 서독 7.4%이다.

셋째, 국가의 사회정책에 대한 만족에서 현 사회정책에 대해 만족하는 비율은 1/3에 불과하다. 42.8%는 불만족이며, 19.4%는 매우 불만족이다. 불만족에 대한 지역별로 보면, 매우 불만족에 대해 동독 29.3%, 서독 16,4%이며 불만족(weniger zufrieden)에 대해 동독 45.4%, 서독 41.9%이다. 매우 만족에 대해 동독은 2.6%, 서독은 4.6%이며, 만족은 동독

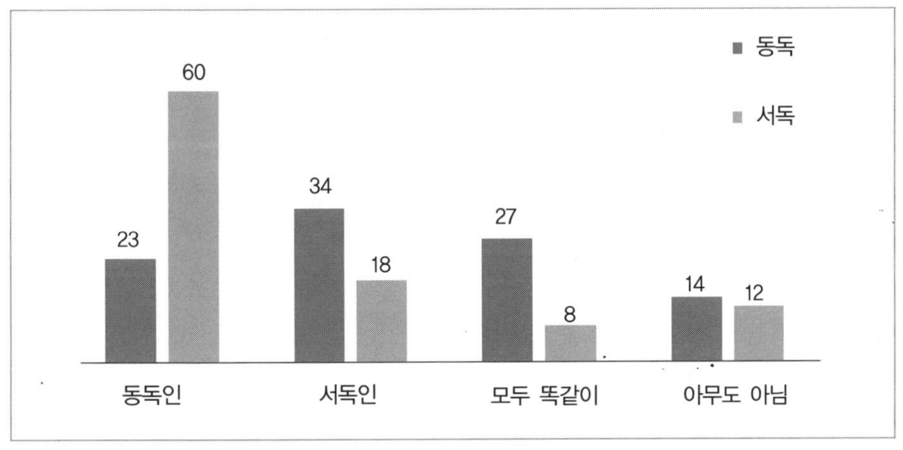

그림 1-11 독일 통일을 통해 누가 이익을 얻었는가?

자료: Forschungsgruppe Wahlen: Politbarometer-Extra 20 Jahre Mauerfall, 11/2009.

36) Pressmitteilung 20 Jahre Wiedervereiniung, 2009.9.20; 조사 기간 2009년 여름, 조사 대상자 2,512명, 연령 14~94세; 조사기관 USUMA.

표 1-5 2007년 사회 인식 조사

	질문	서독지역(연령)		동독지역(연령)	
		14~24	35~50	14~24	35~50
1	서독인은 동독인이 처한 상황을 이해하는 데 노력이 부족하다	35	55	62	61
2	서독인의 신연방주에 대한 기여는 동독인에 의해 낮게 평가받고 있다	54	64	48	50
3	동독에 자랑스러워할 만한 것이 아무것도 남지 않은 것은 유감이다(schlimm)	40	43	60	61
4	사회주의는 좋은 이념이지만, 지금까지 단지 나쁘게 시행되었을 뿐이다	36	44	47	73
5	독일 통일에 대해 수혜자와 손실자로 나누어 이야기하는데, 본인은 어느 쪽인가?				
	수혜자(Gewinner)	41	29	45	57
	손실자(Verlierer)	15	25	15	20
6	'오늘 장벽이 새로 세워진다면' 어느 지역에서 살기를 원하는가?				
	서독지역	86	90	59	51
	동독지역	2	2	35	37
7	서독의 정치사회의 조건을 동독과 비교하면, 오늘의 독일은 어느 영역에서 특히 강점을 갖는가?				
	개인 자유	83	85	83	85
	생활 수준	72	68	66	74
	경제	71	82	62	75
8	동독은 오늘날 독일과 비교하여 어느 영역에서 강점이 있는가?				
	사회보장	26	48	47	92
	교육제도	29	46	57	79
	범죄 예방	31	54	57	78
9	실제 독일에서 기능하는 민주주의에 대해 얼마나 만족하는가?				
	매우(sehr)	7	8	7	3
	상당히(ziemlich)	67	46	46	41
	약간 아님(weniger)	22	36	36	51
	전혀 아님(gar nicht)	4	10	10	5

* 조사 기간 2007.10.22~24; 조사 대상자: 1,004명.
* 단위: %, 찬성과 반대에서 찬성 비율.

자료: Spiegel, 45/2007, 74ff. (TNS Forschung).

22.7%, 서독 37.2%이다. 사회정책에 대해 동독인의 불만족은 서독보다 훨씬 높게 나타났다.

넷째, 연금정책에 대한 만족은 동서독 지역 모두 불만족이 높게 나타났다. 질문자 전체의 77%가 불만족을 나타냈다. 연금정책에 매우 만족하는 비율은 동독 1.2%, 서독 2.0%이며, 만족은 동독이 16.4%, 서독은 22.6%로 동서 간에 차이가 가장 작게 나타나고 있다.

다섯째, 동독은 비법치국가(Unrechtstaat)였는가에 대한 질문에서 질문자의 2/3는 이에 동의하고 있다. 완전 동의한다는 부문에서 동독인 24.0%, 서독인 44.2%, 이보다 아래의 단계에서 동의한다는 수준에서는 동독 16.8%, 서독 28.8%이다. 동독이 비법치국가였다는 것에 대해 전혀 동의하지 않는다는 부문에서 동독인은 11.0%인 반면, 서독인은 1.3%였다. 동독인은 동독을 불법국가로 덜 인식하는 반면, 서독인은 그 반대로 동독을 비법치국가로 여긴다.

4) 사회 인식에 대한 통일 전후 세대 간 비교(2007년)

통일된 지 16년이 지난 2007년에 통일 전후 세대 간 기성 세대를 동서지역으로 나누어 사회조사를 했다. 통일에 대한 사회정치 각 부문별 평가를 보면, 세대 간의 차이, 지역 간 차이를 볼 수 있다(<표 1-5> 참조).

동서독인 간에 차이가 가장 많이 나는 부분은 사회주의에 대한 인식이다.

동독인의 연령(35~50세)이 높을수록 '사회주의는 좋은 이념이지만, 지금까지 단지 나쁘게 시행되었을 뿐이다'라는 인식을 갖고 있다(73%).

현재의 민주주의에 대한 만족도는 서독지역이 동독지역보다 높다.

서독과 동독의 체제 비교에서 동독은 복지제도와 교육제도에서 강점을 갖고 있는데 반해, 서독은 개인의 자유의 보장에서 강점을 갖고 있다고 보았다.

제 2 장 헌법 기반과 통치기구

독일은 수차례의 정치적 격변을 겪었다. 20세기에만 해도 6번의 정치 체제(Regiemwechsel)의 변화를 경험했다. 제1차 세계대전 후에 군주공화국에서 바이마르공화국으로의 변화가 일어났다. 이는 민주주의로의 전환이었다. 그러나 바이마르공화국은 정치적인 불안정으로 14년 후인 1933년에 독일 민족주의 독재자에 의해 전복되었다. 이는 독일을 대내외적으로 파국으로 몰아갔다. 독일은 1945년 나치 독재의 붕괴로 연합군에 점령되었고 4년 반 동안 불안한 체제와 격변을 겪었다. 서독은 전쟁 말기에 서방 연합 점령군에 의해 연방적 헌법 민주주의 국가를 준비했다. 이는 연합군의 점령국(Besatzungsmächte), 기민당(CDU) 민주주의 세력, 그리고 자유주의자들 간의 연대로 이루어졌다. 1949년 독일이 건국됨에 따라 국가 체제를 갖게 되었다. 소련 점령지역에는 소련 군사정부(Militäradministration)가 들어섰고, 이들은 동독 사회주의통일당(SED)이 정권을 잡도록 지원했다. 같은 해에 독일민주공화국(DDR)이 탄생했고, 이로써 독일은 분단되었다. 동독지역을 점령하고 있는 소련 군대, 소련의 지원을 받는 독일통일사회당(SED) 정부는 서독 국민에게 분명한 경계와 두려움을 가져다 주었다.

1949년 5월 23일 기본법이 헌법으로 채택됨으로써 독일 국가의 틀이 마련되었다. 기본법은 기본 권리, 사회의 가치 규범, 정치의 원리를 담고 있다. 기본법은 행정, 입법, 사법의 구조, 운영 방식, 협력 방식을 규정했으며, 또한 유권자의 선거 참여 보장과 방식에 대해서도 규정하고 있다. 서독에서 민주화가 뿌리를 내린 데에는 헌법의 기여가 크다.

독일은 높은 수준의 법치성을 특징으로 가지고 있는 국가이다. 실질적인 법치국가는 제2차 세계대전 후 독일에서 형식적 법치국가에 대한 반성에 기초한다. 법률의 형식적 합법성뿐만 아니라 실질적 정당성의 계기를 중시함으로써 법률의 내용이 정의에 합치되기를 요구한다. 독일 기본법은 제1조 제1항에 인간의 존엄과 가치를 규정하고, 제1조 제3항에 기본권 규정이 모든 국가 권력을 구속함을 명시함과 동시에, 이를 담보하기 위해 헌법재판제도를 규정하고 있다. 헌법재판소는 법률 위헌심사와 결정을 통해 정치, 사회, 경제에서 법질서와 체계를 확립해 나갔다.

이처럼 헌법이 추구하고 보장하는 원리를 통해 독일 사회와 정치가 움직이기 때문에, 기본법의 원리는 독일 사회와 정치행정을 이해하는 데 중심적인 역할을 한다.

제 1 절 독일의 헌법적 질서

1 기본법 제정과 정치적 합의

많은 세력이 서독의 헌법 제정에 영향을 미쳤다. 제2차 세계대전의 승리자인 서구 연합군과 소련 간의 갈등이 없었고, 그 후 동서의 냉전이 없었다면, 먼저 서독으로 제한한 민주주의 부분 국가로의 결정은 생각할 수 없었던 일이다. 서독의 헌법 제정에는 서구 연합군 국가들이 주도권을 잡았고, 많은 당사자와 좌우를 대변하는 그룹이 함께 관여했다. 이들이 민주자유국가, 공화국, 연방국 등과 같은 헌법구조의 기초를 놓은 것에 대해서는 이론이 없으나 독일이 강대국으로 재탄생하는 것을 이들이 막고자 했음은 분명했다. 초안, 자문과 의견, 헌법의 탄생, 의회에서의 수용과 결정은 독일의 헌법 전문가와 정치가들의 작품이다. 헌법의 이름을 '기본법(Grundgesetz)'이라 부여한 것은 독일이 분단된 동안이라는 헌법의 임시성을 강조한 것이다.

기본법은 새 독일을 제한하려는 연합군과 주정치가(Landespolitiker)들의 노력 또한 보여준다. 강한 주정부, 약한 중앙정부, 장차 강력한 권력국가로서의 잠재성 봉쇄 등은 바로 양측이 추구하는 정치적 노선이었다. 기본법의 건축자들은 자유민주주의 정치구조, 민주주의의 헌법화, 기본 권리의 강조 등 서유럽과 북미의 자유주의 헌법 전통을 연계했다. 1919~1975년 사이에 독일에서 일어난 정치적 사건이 주는 교훈과 바이마르공화국의 헌법이 갖는 구조적인 취약점을 극복하는 것, 그리고 동독의 사회주의와 경계를 짓는 것 등은 헌법 제정에 간과할 수 없는 점들이었다.

이런 배경 속에 연방대통령의 지위를 제한하며 연방수상의 권한을 강화하는 헌법안이 만들어졌고, '기본권 국가'로서 헌법재판소가 헌법의 수호자와 해석자로서 설치되었다.

기본법은 서로 다른 세력들의 균형을 보여준다. 왜냐하면, 서독의 일부 국가를 위한 헌법이 정치적 정당, 주(州)의회 그리고 서구 연합국의 동의를 얻어야 했기 때문이다. 헌법기초회의(Verfassungsconvent) 자문에 의결권을 가진 주의 대표자가 참석했다. 헌법기초회의에서 좀 더 복잡한 것은 헌법제정위원회(Parlamentarischer Rat)에서의 의견 형성이다. 헌법제정위원회는 기본법의 마련에 책임을 지고 있었다. 위원회는 1948년 9월 1일에 처음 회의가 소집되었으며, 1949년 5월 8일에 '임시안(Provisorium)'으로서 2/3의 찬성으로 기본법을 의결했다.[1)]

헌법제정위원회는 서구 지역의 11개 주의회에서 선출된 65명과 베를린 대표 5명으로 구성되었다. 베를린 대표는 연합국의 지휘하에 있기 때문에 대표자들은 의결권을 갖지 못했다. 헌법기초위원회의 의견 형성은 독일 내의 정치와 서구의 군사정부 대표자(Militaer-gouverneuren)와의 지속적인 대화를 특징으로 한다. 군사정부 대표자는 위원회의 실행에 대해 감독하는 기능을 가졌다.

헌법제정위원회 내의 정당정치적 권력 분할은 2개 정당에 돌아갔다. 기민당/기사당(CDU/CSU), 그리고 사민당(SPD)이 각각 27명이며, 자유민주당(FDP) 5명이다. 독일당(De-tusche Partei), 중앙당(Zentrum), 공산당(Kommunitische Partei)이 각각 2개 의석을 차지했다. 절대 다수를 위해서는 필수불가결한 것은 아니지만, 2/3를 위해서는 대연합(grosse Koalition)이 필요했다. 이런 대연합의 실현을 위해서는 기민당/기사당(CDU/CSU), 사민당(SPD) 외에 자유민주당(FDP)의 연합이 필요하다. 이런 연합은 헌법의 개정에서도 마찬가지이다.

사민당과 기민당/기사당(CDU/CSU) 간의 균형적 세력 관계도 타협을 요구했다. 사민당은 사회의 기본 권리를 포기하며, 기민당도 보수적인 사회적 원리를 고집하는 것에서 벗어나는 것이다. 사민당(SPD)은 사회주의적인 요소로 규정되는 헌법적 질서를, 기민당/기사당(CDU/CSU)은 제도적인 민주주의를 구현하며, 개인의 자율권을 기초로 하는 경제를 강조했다.

기본법에는 연방과 주 간의 상호 의존인 연방 원리가 규정되었다. 그 밖에 교회와 노동

---

1) 기본법의 제정에 관해 수많은 문헌과 연구가 있다. Feldkampf, Michael F. (1999). *Die Entstehung des Grundgesetzes für die Bundesrepublik Deutschland 1949.* Stuttgart; Stern, Klaus (2000). *Das Staatrecht der Bundesrepublik Deutschland, Bd.V: Die geschichtlichen Grundlagen des deutschen Staatsrechts,* München, 1244ff., 1277ff.

조합은 기업 단체나 공무원집단보다 헌법에 따라 한층 더 보장됐다. 1949년 기본법에 국방과 비상 상황은 배제되었다.

 헌법 질서 원리와 실제

독일 기본법은 인간의 존엄과 존중을 기본법의 첫째 조항으로 "절대적이고, 실현 방법에 따라 임의로 처분할 수 없는, 새로운 질서의 최고 원리"(Hesse, 2001: 77)로 규정하고, 이 기초 위에 통치 질서 원리를 세우고 있다. 기본법 제20조, 제28조에서 '공화국, 민주주의, 사회적 법치국가, 연방국가'로서 규정하고 있다.

헌법은 정치 경영에 대한 기본 규칙을 정하는바, 이런 규칙이 준수되거나, 지켜지지 않는가는 헌법의 실제(Verfassungswirklichkeit)를 조사함으로써 알 수 있다. 독일의 헌법 실제는 먼저 독일의 분단과 제2차 세계대전 후 서구 점령국의 '고권(Oberhoeheit)'을 특징으로 한다. 독일은 기본법을 통해 탄생했지만, 기본법의 지리적 적용 범위는 동구 세력에 의해 서구 연합국이 정한 주권을 통해 제한됐다. 서구 점령군의 권한은 1949년 5월의 점령군 지위(Besatzungsstatus)에 기초한다. 이런 지위를 통해 자국의 권리보다 점령국 권리가 우선되었기 때문에 독일행정권은 제한되었다. 점령국 지위에는 최고의 권력이 부여되었는데 헌법적으로 보장된 기본 권리에 관여, 외교 및 대외정책, 보상의 문제, 산업문제, 카르텔 해체(Dekartellisierung), 군사정책, 그리고 점령군의 안전 문제 등이다. 헌법의 고권(Hohehiet)은 점령국(Besatzungsmächte)에 있다. 기본법의 개정에는 점령국의 명시적인 동의가 필요했으며, 일반 법안도 마찬가지였다.

독일뿐만 아닌, 점령 행정당국 고문관들에 의해 비판된 이런 점령국의 지위는 1951년 3월 폐기(Auserkraftsetzung)를 통해 연합군의 유보권 일부가 개정되었다. 그러나 연합군의 법적인 권한은 1955년 독일조약(Deutschlandsvertrag)의 발효를 통해 비로소 효력을 잃었다. 독일조약은 독일과 미국·영국·프랑스 간에 맺어진 조약으로 독일의 NATO 가입과 더불어 연합군의 점령국 지위를 끝낸다는 협약이다. 이 시점부터 연합국 고위위원회(Allierte Hohe Kommission) 및 주위원회 사무소(Dientstelle der Landeskommissare)가 해체되었다. 그러나 점령국은 독일의 내외 문제에 대해 독일 주권을 제한했다. 이런 연합군의 유보 조항은 2+4 협약, 그리고 1990년 9월 12일 서독, 동독 그리고 4개 전승국(미국, 소련, 영국, 프랑스)의 협약으로써 완전히 소멸했다. 2+4 협약은 독일이 외교정책과 외교 문제에서 완전한 주권을 회복하는 것으로 이웃국가, 특히 폴란드와 통일 독일 간의 문제 해결도 이에 포함된다.

주권의 제한에도 기본법은 독일에 정치적 활동의 장을 마련해 주었으며, 이는 지속해서 독일의 정치적 경험과 축적을 가능하게 했다. 여기서 살펴볼 점은 과연 독일의 기본법이 추구한 기본 원리의 실제는 어떠했는가의 문제이다.

1) 법치국가

기본법의 기초자들은 유럽과 북미의 헌법이론과 실제를 따라 법치국가를 규정했기 때문에 민족주의 독재국가와는 완전히 단절되었다. 법적인 통제와 정치 권력의 제한은 법치국가의 주요 이념으로 권위주의 국가인 리바이어던(Leviathan)의 출현을 예방했다. 법치국가는 우선하여 국가의 권력이 헌법과 법에 구속됨을 말한다. 이것은 소련이나 동독과 같이 국가정당에 구속되거나, 또는 나치국가 지도자의 명령에 구속되는 것과는 차이가 난다. 법치국가는 더 나아가 국가 권력의 분립과 균형을 말하는데 입법－사법－행정이 분리되어 하나의 기관이나 지도자 한 사람에게 집중되는 것을 막는다. 또한, 법치국가는 입법과 행정의 행위에 대한 법적이고 사후적인 통제를 말하기도 하는데 이런 통제는 독립된 사법부의 판결을 통해 이루어진다. 법치국가는 또한 소급 금지(Rückwirkungsverbot)를 말한다. 어느 사람도 당시의 법에 저촉되지 않는 한 처벌되지 않는다. 기본법에서 규정하는 법치국가 원리는 시민 기본권의 보장을 말한다.

법치국가에 대한 서로 다른 이해가 정립되었다. 사람들은 법치국가를 민주적 법치국가와 동일시한다. 그러나 19세기 중반까지 독일에서 법치국가는 본질에서 귀족주의나 군주주의 형태의 국가에서 헌법을 가진 헌법국가(Verfassungsstaat)를 의미했다.

독일어권에서 누가 처음 '법치국가(Rechtsstaat)' 개념을 썼는가는 분명하지 않으나 공법학자이며 후에 독일제국 법무장관이 된 몰(Robert von Mohl, 저서: *Die Polizeiwissenschaft nach den Grundsätzen des Rechtsstaats*)이 귀족국가에 반하는 헌법을 가진 국가로서의 법치국가를 처음 사용한 것으로 보고 있다(Sarcevic, 1991: 14). 1848~49년 혁명 이전에, 그리고 이 혁명에서 법치국가는 국민 주권과 민주주의 이념과 연계되었으며, 헌법적·군주주의적 법치국가가 독일의 헌법 논의를 제1차 세계대전 말까지 지배했다. 민주주의적 법치국가가 독일에서 처음으로 바이마르 제국헌법(Weimare Reichsverfassung)으로서 성취되었다. 독일연방공화국의 헌법 기초자들은 이 바이마르공화국의 헌법 원리를 따랐다. 기본법은 민주주의적 법치국가만을 규정한 것이 아니라, 사회적 법치국가(Soziales Rechtsstaat)를 또한 규정하고 있다. 기본법 28 I에 따르면, 시민과 사회민주주의 세력의 타협이 헌법제정위원회에서 이루어졌다. 자유민주주의 법치국가와는 달리 사회주의 법치국가는 자유와 재산권 보장 이상을 보장한다. 이는 사회적 평등의 실현을 목적으로 재산권 질서에 대한 개입을 허용하고 있다.

법치국가의 토대 위에 국가 권력이 제한되며, 이를 통해 국민의 기본권 보장과 보호가 이루어진다. 법치국가의 수준에 대해 수많은 보고서와 분석이 있으며, 그 가운데 국제 간의 비교가 있다. 가령 1972년 이후 매년 프리덤 하우스(Freedom House)는 기본권의 보장, 자유를 세계적으로 비교하여 발표한다. 법치국가에 대한 높은 수준의 칭찬이 있지만, 형식 면에서 그리고 힘없는 사람들이 충분히 보호받지 못하고 있다는 비판이 있다. 다른 사람들은 위험의 예방과 과도한 안보 의식이 실제로 법치국가의 구조를 훼손시킬지 모른다고 두려워한다. 또 다른 사람들은 충분히 구축된 법치국가가 정치적인 토양을 허물지 모른다고 생각한다. 이는 카를 슈미트(Carl Schmidt)와 같은 권위주의적 · 보수주의적 그룹의 관찰자뿐만 아니라, 다른 사람들도 본질에서 정치적으로 결정하고 정해야 할 사항까지 확대된 법치국가가 관장한다고 보는 것이다. 이는 확대된 법치국가는 법의 상위적 지배(Oberherrschaft)를 가능케 하며, '판사들과 함께하는 통치(Governing with Judges)' (Sweet, 2000) 혹은 심지어 '판사들을 통한 통치(Regieren durch Richtern)'를 낳으며, 판사국가(Richterstaat)로 끝난다는 것이다. 멀리 보면 법을 통한 정치 권력의 고착과 '법의 정치 도구화(politische Instrumentierung des Rechts)' 간에 긴장이 있을 수 있는데, 법은 동시에 정치적 목적을 가능케 하며 실현하는 도구로서도 기능하기 때문에 입법자들은 이를 이용한다.

2) 공화국

기본법에 기초하는 '공화주의 법치국가(Republikanisches Rechtsstaat)'(기본법 제28조)는 원래 공동체(Gemeinwesen)를 지칭한다. 정치적 지배에 헌법적인 지배 질서와 공동 의지에 따라 행사되는 국가 형태의 이론이 적용되었다. 공화주의적 법치국가는 귀족국과 같은 집단 지배나 독재국가와 대비된다. 좁은 의미에서 공화국은 국가의 권력이 헌법에 구속되며, 국민의 주권에 기초한다는 자유국가(Freistaat)를 말한다. 그리고 공화국은 국가의 수뇌(Staatsoberhaupt)가 정해진 기간, 위임으로 선출되는 국가 형태를 말한다. 이런 국가는 국가의 수뇌가 유산이나 선거를 통해 전 생애 동안 통치하는 귀족정(Monarchie)과 구별된다. 이같이 군주적 통치 권력을 배제한다는 좁은 의미에서 공화제적 국가 형태는 오늘날 사실상 문제가 되지 않는다(Hesse, 2001: 79).

공화국의 원리는 각 연방주 전체에 어떤 유보나 제한 규정 없이 수용되었다. 하지만 1950년대 초에 황제 세대를 경험한 일부 그룹은 공화국보다 군주국을 더 높이 평가했으며 또 나치 민족주의의 이상을 더 선호한 그룹도 있었다.

3) 민주주의

기본법의 헌법적 질서에서 '민주주의 원리'가 최우선적 결정 요소의 자리를 차지한다. 헌법구조에서 민주적 질서는 "합치 원리, 다수결 원리, 국민의 정치 참여와 의사 형성, 다수에 의한 지배의 정당화와 소수자의 균등한 기회 보호, 정치 과정의 자유와 개방성"이 있다.

기본법은 민주적인 국가 헌법을 요구하는데, 이는 내각제의 정부 제도를 가진 민주주의이다. 내각제 정부는 의회를 통해 구성되며, 의회를 통해 해산된다. 이런 정부 체계는 바이마르헌법이 강력한 대통령제를 둔 것과 차이가 난다. 대통령이 정부의 일에 대대적으로 개입하는 미국의 대통령제나 프랑스의 준(準)대통령제와도 다르다. 기본법은 제도적으로 강한 연방수상과 약한 연방대통령제를 두고 있는데 이는 아데나워의 집권 기간에 쓰기 시작한 '수상민주주의(Kanzlerdemokratie)'의 헌법적인 기본 구조이다(Niclauss, 2004).

기본법은 직접민주주의를 반대하며(antiplebiszitaere Haltung des Grundgesetzes), 대의제 민주주의를 우선시한다. 기본법은 정치에서 정당의 적극적인 활동을 규정하며 보장한다. 기본법 21조는 정당은 "국민의 정치적 의사 형성에 참여한다"고 규정하고 있다. 또한, 기본법은 정당의 내부 질서를 강조하는 것으로 민주적 원칙에 따른 당내 민주주의, 자금의 출처와 사용, 그리고 재산을 공개하는 정당자금에 관한 규정을 두었다.

기본법의 입안자들은 안보에 대한 민주주의를 강조한다. '군사(militante)' 혹은 '군사민주주의(wehrhafte Demokrateie)'로서 이런 원리는 전문가 논의에서 이루어졌다. 특히 헌법에 적대적인 조직의 금지를 고려했고, 헌법재판소의 판단에 따라 헌법 적대자의 기본권을 제한하는 항목을 만들었다.

그 밖에 연방공화국의 민주주의는 기본권에 의존한다. 즉, 자유 시민의 권리 인정, 인권의 인정이다. 기본권에 의한 구속은 국가 권력의 행사와 다수의 권력자의 행사를 제한하는 것이다. 민주주의적 결정은 기본권을 존중해야 한다. 가령 기본권을 침해하는 다수 의결과 같은 다수 독재(Mehrheitstyrannie)는 허용되지 않는다. 동독의 SED 국가와 같은 '인민민주주의(Volksdemokratie)'는 기본 권리와 일치하지 않는다(Schroeder, 1999).

독일의 국민 지배는 형식에서 '다수민주주의와 합의민주주의(Mehrheits-und Konkordanz-demokratie)'의 혼합이다. 다수민주주의는 정당 간의 경쟁과 선거를 통해 제도화되었고, 합의민주주의는 연방과 주 간의 연계와 기본법의 개정에 규정되었다. 기본법 개정은 연방하원과 상원 2/3의 동의가 있어야 한다. 그 밖에 기본법은 대의민주주의를 강조한다. 헌법 기초자들은 직접민주주의를 선동가를 위한 특권(eine Prämie für jeden Demagogen)으로 보았다. 이는 바이마르공화국에서의 국민 참여 결정, 나치 시대의 경험, 그리고 동독에서의 경험에서 나온 것으로, 오늘날까지도 이에 대해서는 거의 이의가 없었다. 반면 직접민주주의적 요소는 연방 주와 지방자치단체에서 도입되어 시행되어 왔는데 이는 남독일 제도에서 볼 수 있으며, 시장은 주민을 통해 직선으로 선출된다. 여기에서는 특히 노동계, 학교, 연구지원 또는 사회정책에서 두드러지는 지방자치의 전통이 있다.

반면 민주주의 실제는 현실의 급한 필요와 지금의 이익을 따르며, 장기적인 미래의 문제는 게을리한다는 비판적인 소리가 높다. 이는 정부와 야당이 유권자의 지지를 얻기 위한 경쟁에서 장기적인 정책을 게을리하며, 성공적인 공약을 제시하여 믿게 한다는 것이다. 또한, 16개의 주의회가 4~5년의 주기로, 선거를 치르며, 보통 4년마다 연방선거 때문에 독일의 정치는 다른 단일국가와는 달리 '지속적 선거 열기(Dauerwhalkampffieber)'에 놓여 있다는 것이다. 지속적인 선거는 의회의 임기를 단축하게 한다. 이런 경향은 1972, 1982, 2005년의 연방하원의 조기 해산에서 볼 수 있다.

4) 연방주의와 제도

기본법에서 중요하게 여기는 것은 연방국가로서의 헌법적 질서를 규정하는 것이다. 헌법 기초자들은 기본법 79 Ⅲ 연방국가 규정을 영구 조항으로 명했다. 따라서 연방주의는 기본법 1항과 20항에서와 같이 기본 원리로 규정되어 있다. 정치적 기본 원리로서 연방주의는 "다르고 원칙적으로 동등한 권리를 갖는, 지역적인 정치적 단위들의 자유로운 통합(Einigung)을 표현하며, 공동의 협동작용을 하도록 결합한다"(Hesse, 2001: 139). 따라서 연방적 질서는 회원국의 다양성, 특수성을 폐지함이 없이 정치적 통일을 이룬다.

연방국가 규정은 중앙집중의 국가를 반대한다. 연방국가는 영국, 프랑스 그리고 스웨덴과 같은 단일 국가와는 달리 주들로 구성된다. 단일 국가는 수직적인 국가 권력의 분할과는 거리가 멀다. 헌법 기초자들은 연방국가에 대한 정당의 참여를 국가 전통에 연계시켰다. 기본 노선은 특히 권력의 분산, 소수자 보호, 이질적 사회의 통합, 그리고 소속 주의 상대적

자율성과 참여권의 보장이다.

스위스나 미국과는 달리 독일은 깊숙이 뿌리 내린 전통을 바탕으로 한 행정부 중심의 연방국가이다. 연방주는 연방상원(Bundesrat)을 통해 연방의 입법 과정에 참여하도록 했는데, 헌법의 변경이나 동의를 해야 하는 입법에서 연방주들은 거부권을 행사할 수 있다. 이러한 독일의 연방상원은 미국이나 스위스의 상원과는 달리, 국민이 선출한 의원으로 구성되는 것이 아니라, 주정부의 대표자로 구성된다. 이 대표자들은 자유대표가 아닌 위임대표로서 활동한다. 연방상원은 연방국가의 수직적 권력 분립에 수평적 권력 분립의 역할을 한다. 연방상원의 연방의 의사 형성 과정에 참여는 권력 분립에서 연방정부와 연방하원에 대해 균형적 요소로 작용하며, 지방정부의 행정 집행을 고려하면 행정적 요소를 이용하는 것이다.

헌법 기초자들은 연방국가에 사회정치적 의무를 부과했다. 즉, 기본법 20조에 규정한 '사회적 연방국가(sozialer Bundesstaat)'가 그것이다. 이로써 기본법을 구성하고 있는 다섯 번째의 주요 원리는 사회적 연방국가로서, '사회적 국가 목표(soziales Staatsziel)'는 정치의 주요 활동의 장이 된다.

연방주의는 실현되었지만, 점점 중앙집중화의 경향을 띠며, 연방과 주간의 밀접한 연계를 가져왔다. 세원과 경제력에서 주 간의 차이가 통일 이후 즉 1990년 이전보다 더 커졌지만, 다른 한편 주 간의 재정력의 지속적인 균형화(Nivellierung)를 가져왔다. 1990년 이전에 경제력과 조세력의 주 간 차이는 온정적(massig)이며, 높다 해도 중간 수위였다. 동베를린과 동독 주들의 가입으로 경제력과 조세력에서의 차이가 벌어졌다. 이들 신연방주는 경제적으로 취약한 것이 원인이 되었다.

반면에 독일연방주의는 통일 이후에 '단일적 연방국가(unitarische Bundesstaat)'로 남아 있다. 단일적 연방국가는 전체 연방지역에서 생활 수준의 균등화(Gleichwertigkeit)에 깊게 관여하며, 법과 경제의 연방적인 단일화를 추구한다. 독일연방주의의 특징으로 1960, 1970년대에 확대된, 그리고 2006년 연방주의 개혁으로 이루어진, 정치 연계(Politikverflechtung)이다(Scharpf, Reissert, & Schnabel, 1976). 강제적인 정치 연계는 주의 주요 정치적 업무 영역에서 연방의 정치와 연계한다. 이는 특히 국가의 재정, 공동 업무의 계획과 실행과 같은 입법 제정이 해당한다. 이런 정치적 강제 협력을 놓고, 2006년 연방주의 개혁은 입법과 공동 업무 영역의 연계를 완화하고자 했다(정재각, 2011: 59ff).

5) 사회적 국가

국가활동(Staatstätigkeit)은 기본법 제20조와 다른 기본법 조항을 통해 '사회적 국가 목표'라는 의무를 지닌다. 사회적 국가 원리(Sozialstaatsprinzip)는 기본법에 명시적으로 언급된 것은 아니지만 표명되어 있다. 즉, 기본법 제20조는 명확히 '사회적 연방국가'를 명시했으며, 제72조는 '연방 지역 내에서의 동등한 생활 관계의 확립'을 연방의 경쟁 입법의 전제 조건으로 말하고 있다. 심지어 1994년까지는 '생활 수준의 일치성(Einheitlichkeit der Lebensverhältnisse)'을 요구했다. 이런 헌법 규정은 실제 정치에서 사회적 국가의 목표를 어느 정도까지 국가 기본 규범(Staatsfundamentalnorm)으로 볼 것인가 하는 문제를 낳는다. 이를 사회정책의 의무로 확고하게 규정하는 것은 "법의 수단을 가지고, 권리의 신장(Entfaltung der Rechte)을 위해, 그리고 개별 개인의 권리를 보호함에서" 실현하는 것이다. 이런 목표에는 삶을 보호하는 것이 속한다. 그럼에도 이런 목록은 매우 광범위하며, 재정적으로도 비용이 매우 높을 수밖에 없다. 즉, 의무는 물질적 보장의 의미에서 존립의 기본적 보장, 교육·돌봄·요양 같은 기본적인 개인 서비스의 보장, 멀리는 의존의 감소와 조정(die Mindeurng und Kontrolle von Abhänigkeit)을 포함한다. 이들 보장은 불평등을 예방하며 조정한다.

입법가들이 주로 힘써 일한 부분은 기본법에서 정한 사회적 국가 목표(soziales Staatziel) 영역이다. 기본 노선은 특히 물질적 빈곤에 대한 예방, 삶의 전환(Wechselfaelle)의 경우에의 보장, 보상, 자립에의 지원, 사회 서비스 수요자에 대한 부조를 통한 지원 등이다. 입법자들은 사회적 국가 의무를 적극 확대했다. 사회적 국가의 원리는 사회주의 모델을 정하고 있지 않으며, 정치에 또한 세부적인 사회 정책적 서비스를 명령하지는 않는다. 그러나 이는 국가로 하여금, 모든 국민에게 인간다운 삶과 존립을 보장하라고 요구한다. 이러한 이유로 정부와 야당은 세계적으로 야심 찬 그리고 비용이 많이 드는 복지국가의 확립을 추구했다.

6) 열린 국가

독일의 헌법은 '열린 국가(öffener Staat)'를 지향한다. 이는 기본법과 병립 가능한 범위에서 주권을 대내외의 초국가적 기구에 위임한다는 것을 말한다(기본법 제24조, 제23조). '열린 국가'로서 독일은 국제 간의 문제에서 참여하는 이점을 갖게 된다. 왜냐하면, 열린 국가는 경제정책, 외교정책 또는 환경이나 이주자의 규제와 같은 한 국가의 영역을 넘어서는 문제에서 자신의 견해를 내세우며 관여할 수 있기 때문이다. 열린 국가는 독일의 헌법에서 새로운 개념이다.

열린 국가로 독일은 1949년 이후 서구 세계에로의 재등장과 가입, NATO 가입, 유럽연합에 가입을 했다. 헌법에 따라 독일은 국가의 주권을 국가 내외의 초국가적 기구에 위임하여 서구로의 편입, 국제적인 사안에 대한 참여 등의 이점을 누려왔다. 하지만 민주적이지 않은, 즉 구조적인 민주주의 결함(strukturelle Demokratiedefizit)이 있는 유럽연합과 같은 기구에 위임하는 것은 문제가 된다. 유럽연합의 민주주의 결함은 행정과 비교하면 입법이 취약하다는 데 있다.

기본법은 해당 당사자에 따라 다르게 평가한다. 많은 사람이 기본법이 국민투표를 통한 결정이 아니므로 그 정당성에 의문을 가지며, 사법의 우선성과 주와 연방 간의 복잡한 권력균형 문제를 지적하고, 국민 참여적 요소의 결핍을 비판한다.

그러나 기본법이 성공적인 역사를 써왔기 때문에 비판보다는 긍정적인 평가가 더 많다. 관찰자의 대다수는 기본법에는 정치·경제·사회에 대해 안정적이며, 신뢰할 만하며(zuverlässig), 예상 가능한 규칙이 있다고 평가한다. 초기의 정당성에 대한 불안정한 요소는 후의 높은 선거 참여와 민주주의에의 동의를 통해 상쇄되었다. 그 밖에 바이마르공화국과 비교해 볼 때 기본법에 기초한 독일은 지금까지 헌법적인 단절을 경험하지 않았으며, 단지 헌법의 일부에 대한 다툼이 있었다. 기본법에서의 군 문제(Wehrverfassung)가 그 예이다. 1966~1969년 대연정에서의 비상조치법(Notstandverfassung)으로 높은 파고가 있었다. 독일 통일에 대한 헌법적 논의에서는 다수가 기본법을 옹호했고, 소수자들은 새로운 헌법 제정을 옹호했으며, 그 밖에 재정 균등화의 문제에서는 시대적으로 뒤져 개정이 필요한 것으로 나타났다.

기본법은 국가의 권력 행사, 정치 체계, 행정과 정책 조정 능력을 지속해서 보여줬으며, 이는 전체적으로 기본법이 긍정적으로 평가받는 요소로 작용한다. 통일 20년 후 기본법이 과연 독일 국가의 정치 질서의 기본으로서 여겨지는가에 대한 질문에 조사자 74%가 이에 동의한다(서독지역 77%, 동독지역 65%). 독일의 자유와 법치에 대한 지지는 85%에 이른다(서독지역 88%, 동독지역 74%)(Vorländer, 2009: 14-15).[2)]

2) '민주주의를 통한 정치 실제'에 대한 만족과 수행(Performanz)은 기본법에 대한 지지보다 낮다. 이에 대한 긍정적 평가는 서독지역 71%, 동독지역 31%로 양 지역 간 차이가 크게 난다.

제 2 절 독일 국가통치 조직

1 연방대통령

1) 선출과 지위

독일의 국가원수는 연방대통령(Bundespräsident)이다. 기본법 입안자들은 바이마르공화국에서 대통령과 수상의 이원 행정구조 때문에 발생했던 문제들을 피하고자, 입법 과정에서 의회와 수상에 부차적으로 연방대통령직을 만들었다. 연방대통령은 연방하원 의원과 각 주에서 선출된 같은 수의 주 대표로 구성되는 연방총회의(Bundesversammlung)에 의해 선출된다(기본법 제54조). 각 주 선거인단 수는 인구 수에 비례하며, 주의회를 구성하고 있는 의석 수 비율에 따라 선거인단이 결정된다. 연방총회의는 연방대통령의 선출을 위해서만 구성되는 일시적인 헌법기관이며, 이에 관해 1959년「연방 총회에 의한 연방대통령의 선출에 관한 법률(Gesetz über die Wahl des Bundespräsidenten durch die Bundesversammlung)」이 제정되었다.

연방총회의에 의해 5년 임기로 연방대통령을 선출하는 것은 바이마르 체제의 직선제와 차이가 나는 점이다. 기본법 제1조에 의하면 연방하원 의장은 연방총회의 개최 시각과 장소를 정하도록 하고 있다. 또한, 제2조는 각 주의 인구 수에 근거하여 주의회가 선출할 각 주 대표의 수를 정하도록 하고 있다. 연방대통령의 임기는 5년이며, 1회에 한해 재임이 가능하다.

연방대통령의 권한에 관한 법적 근거는 기본법이 되며, 연방대통령은 기본법이 정한 이외의 권한을 갖지 못한다.

연방대통령은 입법 제정에서의 권한과 역할이 있다(제82조). 그러나 연방대통령은 미국이나 다른 나라 대통령처럼 의회에서 의결한 법안에 대한 거부권을 갖지 않으며, 다만 결정된 법안에 서명함으로써 공포한다. 연방대통령은 대외적으로 독일연방공화국을 대표하며(제59조), 연방수상과 연방장관, 연방법원 재판관 기타 고위 공무원에 대한 임명권(제63조, 제64조, 제69조)을 가진다. 연방대통령은 의회의 결정과 내각의 임명안을 확인하지만, 이는 단지 기본법 규정에 따라 올바르게 구성되어 있는지만 검토하는 것이다. 연방하원이 연방수상을 불신임할 때 연방하원에 대한 해산권(제81조)을 가진다. 2005년 여름의 경우처럼 의회를 예외적으로 조기에 해산시킬 수 있다.

2) 연방대통령과 주요 내용

첫 연방대통령 호이스(Theodor Heuss, 1949~1959)는 저널리스트였고, 바이마르공화국 당시 좌파정당의 의원으로 활동했다. 그는 자유민주당의 설립과 기본법 제정에 중요한 역할을 했다. 그는 두 번의 임기 동안 초당파적으로 활동했으며, 국내외에서 독일이 민주주의 국가로 새로운 신뢰와 상징성을 얻는 데 이바지했다. 그의 후임자 뤼브케(Heinrich Lübke, 1959~1969)는 농업부 장관이었으며 호이스에 의해 만들어진 전통을 따랐다. 그는 1969년 연방선거에 맞추어 조기에 2번째 임기를 마쳤다.

SPD 소속의 세 번째 대통령 하이네만(Gustav Heinemann, 1969~1974)은 1969년 자민당의 지원으로 선출되었다. 그는 절대 과반수 획득자가 없는 가운데 3번째 재선거에서 다수표를 얻어 당선되었다. 하이네만은 정치철학이 중도좌파 쪽으로 치우친 당시 정치 상황에서 활동했다. 그는 과거 독일의 재무장에 반대하여 내무장관을 사임했으며, 기민당을 탈퇴한 경력을 갖고 있다. 그는 재임 기간 동유럽 국가에 대한 외교정책을 지지했으며, 독일 사회에서 혜택받지 못하는 사람들에게 관심이 있었다.

1974년 셸(Walter Scheel, 1974~1970)은 외교부 장관 경력으로 4대 대통령에 선출되었다. 연방대통령으로서 그는 정치적 개입 차원에서, 몇몇 안건에 대해 승인하는 것을 거절했으며 승인을 연기하기도 했다. 그러나 그의 정치적 노력은 연방수상과 의회에 의해 막혔다. SPD와 FDP가 다수를 차지한 연방의회는 1979년 선거에서 끝났다.

카스텐스(Karl Carstens, 1979~1984)는 1979년 5월 5대 대통령으로 선출되었다. 그는 CDU의 의장, 수상청과 외교부 고위공무원의 경력을 가졌다. 그의 재임 기간에 중요한 결정은 1982/83년 콜 수상의 불신임 투표의 패배로 연방의회를 해산한 것이다.

CDU는 이전의 서베를린 시장인 바이츠체커(Richard von Weizsäcker, 1984~1994)를 대통령으로 지명했다. 변호사로서 그는 개신교에서 선도적 존재로, 기민당에서 중도적인 구성원이었다. 그는 1985년 5월 8일 제2차 세계대전 종결 40주년 기념 연설에서, 이날을 패배의 날(Tag der Niederlage)일 뿐만 아니라, 해방의 날(Tag der Befreiung)이라고 연설함으로써 국제적인 지지를 받았다(Rede zum 40. Jahrestag des Kreigsendes am 8.Mai, 1985). 반면 그는 보수층으로부터 비판을 받았다. 그는 독일의 정당국가(Parteienstaat)에 대해 비판적이었으며, 가장 초당파적이었다. 1989년 재선거에서 그는 유일하게 상대 후보가 없었다.

헌법재판소 의장인 헤르초크(Roman Herzog, 1994~1999) 6대 대통령은 콜(Helmut Kohl) 수상의 개인적인 선택이었다. 그는 기독교민주당의 첫 번째 후보로 선택된 것은 아니었다. 동독 출신 후보를 지명하길 원했지만 적당한 후보자를 찾지 못했다. 헤르초크는 21세기에 맞는 독일 정치 경제의 변화를 요구했다. 그는 두 번째 임기를 사임했다.

1999년 5월에 노르트라인-베스트팔렌의 장관과 1987년의 SPD의 수상 후보였던 라우(Johannes Rau, 1999~2004)가 7대 대통령으로 선출되었다. 2002년에 라우는 이민에 관한 연방의회의 투표에서 논란의 중심에 섰다. 그는 이민법 개정안을 승인했는데, 입법 과정의 문제 때문에 헌법재판소는 법률안을 무효로 했다. 라우는 연방대통령으로는 처음으로 이스라엘 의회(Knesset)에서 독일어로 연설했다.

2004년에 기민당과 자민당은 연방의회에서 다시 다수가 되었고, 쾰러(Horst Köhler, 2004~2010)를 8대 연방대통령으로 지명했다. 그는 금융문제 전문가였으며, IMF의 수장이었다. 그는 비정치적인 이미지를 가지며, 정치적 경력을 국내가 아니라 국외에서 쌓은 첫 대통령이 되었다.

수상 슈뢰더(Gerhard Schröder)는 2005년 7월 의회에 대통령에 대한 신임투표를 요구했다. 그리고 연방대통령 쾰러에게 의회 해산을 요구했다. 쾰러는 두 명의 전임자 1972년 하이네만과 1982년 카스텐스와 같은 상황을 겪었다. 그는 일 주간의 고심 끝에 TV 연설로 의회를 해산한다는 결정을 발표했다.

전반적으로 쾰러는 모든 당을 대상으로 하여 정책 비판을 했다. 그는 슈뢰더 수상의 어젠다 2010을 지지했다. 그는 너무 정치적이라는 비판을 받았다. 2008년 5월 세계 금융위기와 관련 국제 금융사들을 괴물(monster)로 표현했다(*Der Tagesspiegel*, 15. Mai, 2008).

독일은 국가의 이해 관계가 있을 때에, 가령 자유무역의 길을 지키기 위해 군사적인 개입이 필요하다는 인터뷰가 논란이 되자 2010년 5월 31일 기자회견을 통해 즉시 사퇴를 발표했다.

불프(Christian Wulff, 2010~2012)는 3번째 선거에서 다수표를 얻어 당선되었다. 당시 51세로 그는 연방대통령 중 가장 나이가 적었다. 그는 재임 기간 사회 통합을 역설했으며, 독일 사회의 다문화를 지원했다. 그는 2011년 가을 은행 대출 등 스캔들에 휘말려 사퇴했다.

2012년 3월 18일 가욱(Joachim Gauck, 2012~)이 11대 연방대통령으로 선출되었다. 그는 동독 출신이면서 당적을 갖고 있지 않다.

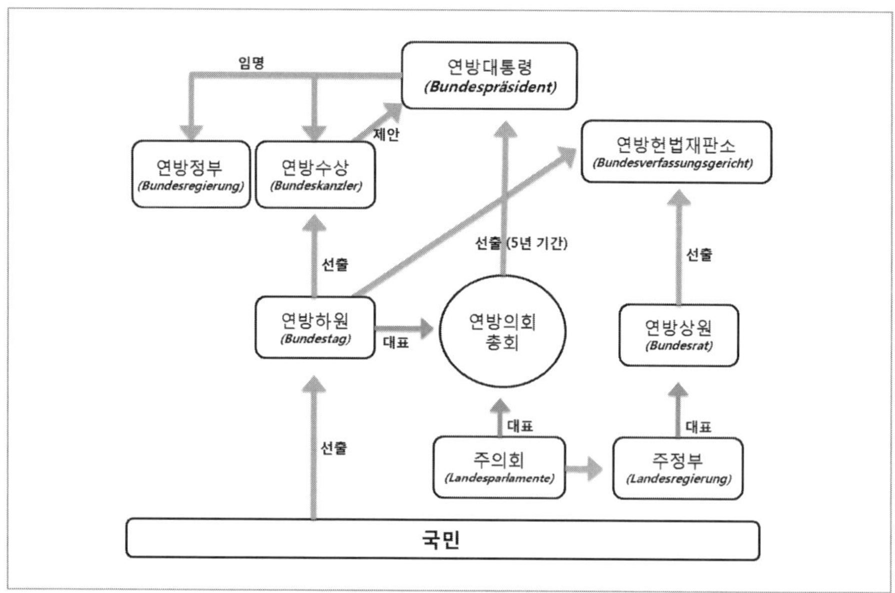

그림 2-1 통치기구 간의 상호 관계

2 연방하원

1) 의회의 기능

독일 연방하원(Bundestag)은 국민에 의해 직접 선출된 의원들로 구성되는 독일의 최고 의사결정기관으로서 국민을 대표하는 기관이다. 연방하원 의석 589개의 절반은 정당의 연방주 명부에 대한 투표(제2투표)를 통해 배분되고, 나머지 절반은 299개 지역선거구의 후보자에 대한 투표(제1투표)를 통해 배분된다.

연방하원은 기본법이 정하는 연방법률안 제출권(제76조)과 의결권(제77조)을 가진다. 1949년 이래로 연방하원에 약 10,000개의 법안이 상정되었고, 이 중 6,600개 이상의 법안이 통과되었다. 이 가운데 대다수는 개정안이었다. 대부분 법안은 연방정부에서 회의에 올린 것이며, 하원에서 통과되는 법안은 대체로 연방정부가 상정한 법안이다.

연방하원은 연방수상의 선출(제63조)을 통해 연방정부의 구성에 참여한다. 이러한 점에서는 독일 의회도 다른 의회와 다를 바가 없다. 독일에서는 수상이 선출되는 데 반해 영국이나 다른 의회 민주국가에서는 국가원수가 수상을 임명한다는 차이가 있지만, 큰 차이는 없다. 연방하원은 연방수상에 대한 불신임 결의권(제67조)을 가진다. 연방하원은 또한 헌법재판소 재판관의 과반수를 선출하며(제94조), 연방총회를 통해 연방대통령의 선출에도 참여한다. 베를린 제국의사당에 소재한 연방하원은 영국 의회와 같은 토론식 의회와 운영위원회 중심인 미국식 의회 간의 중간 형태를 띤다(정재각, 2011: 제2편 연방하원 참조).

2) 구조와 조직

연방하원의 주요 조직은 정당들의 의회기관과 교섭단체이다. 교섭단체는 의회 구성원으로 모두 같은 정당 소속원으로 조직된다. 정당 교섭단체의 크기는 그들이 대표하는 위원회의 크기와 위원회 의장의 수, 사무실의 크기와 직원의 수 등에 따라 결정된다.

독일 의회위원회는 영국이나 프랑스에서보다 더 중요하지만, 미국 의회보다는 덜 중요하다. 이는 독일 의회는 연설 중심과 상임위원회를 중심으로 하는 일 중심의 중간 유형에 속해 있기 때문이다. 연방하원은 22개의 상임위원회를 가지고 있다. 미국의 시스템과는 다르게 독일 위원회들은 의장직을 공유한다. 또한, 독일 위원회들은 입법안을 거절하지 않는다. 위원회의 활동은 적이 아닌 정부의 공동 책임자로서 일하는 이미지를 갖고 있다.

표 2-1 연방하원의 조직과 활동

(단위: 회)

	1987~90	1990~94	1994~98	1998~02	2002~04
총회	236	243	248	253	149
(평균 시간/분)	6:59	7:25	7:24	7:46	
원로회의	94	87	84	88	46
상임위원회 회의	21	23	22	23	21
(조사위원회 포함)	2,297	2,584	2,479	2,848	1,490
국정조사위원회	2	3	2	1	1
조사위원회공청회	5	4	5	5	
	235	301	253	336	
교섭단체회의	4	3	4	5	4
(상임단 포함)	829	708	777	1,120	511

자료: Peter Schindler, 1999: 3692-95; Statisches Jahrbuch.

3) 의회의 의원

연방하원의 의원은 정치 엘리트로서 특성이 있다. 수상과 거의 모든 정부장관, 모든 주 장관들은 그들만의 서열이 있다. 따라서 구성원들의 사회적 배경은 조직의 성격을 보여준다.

연방하원 구성원의 사회적 배경은 1949년의 첫 하원의원과 2005년에 선출된 16대 의원 간에 확연히 변화되었다. 첫 의회의 거의 절반은 직업정치인으로 구성되었다. 이들은 1949년 이후 빠른 속도로 떨어졌고, 1961년까지 의회 의원의 15% 정도가 이러한 배경을 가진 사람들로 충당되었다. 1961년 이후, 그리고 1969년과 1972년 이러한 비율은 더는 증가하지 않았다.

1980년대의 의회에서 두드러진 진출 그룹은 공무원과 이익단체 리더였다. 이 두 그룹이 의회 구성원의 60%를 차지했다. 그리고 공무원의 비중은 인구 대비 다섯 배나 많이 대표한다. 영국과 미국과는 달리, 독일 공무원은 공무원을 사직하지 않고도 법제관으로 선출될 수 있다. 실제로 기존의 공무원 규정은 공직에 있을 것을 권장한다. 법제관으로 선출되기를 희망하는 정부 공무원은 선거 캠페인 기간에 6주간의 유급 휴가를 받는다. 만약 선출된다면, 그는 입법 기간 동안 추가로 휴가를 받는다. 게다가 의회에서 떠나 있는 동안 공무원은 연금을 받고 일반적인 승진을 한다.

산업, 농업, 그리고 노동에 대한 이익단체 리더들은 의회의 또 다른 주요 파트너들이다. 노동자, 주부, 농부, 그리고 전문 직종의 종사자는 의회 진출에 어려움을 가진다. 이들은 직업이나 경력에서 임시 휴가를 받을 수 없고, 의회의 활동과 관련된 직종의 사람들과 비교했을 때 불리한 지위에 있다.

1990년 통일에 따라 의회에 들어온 이전의 동독 의원들은 서독 의원들과는 뚜렷이 구분되는 직업적 배경을 가지고 있었다. 현재 수상 메르켈(Angela Merkel)을 포함하여 동독 의원의 1/3이 자연과학자, 엔지니어, 물리학자이거나 화학자이다. 이러한 위치에 있는 동독인들은 과거 공산당과 비밀경찰조직과 거리를 두었었다. 반면 변호사와 공무원, 그리고 지식인과 대학교수들은 여러 방면으로 슈타지(Stasi)와 연관되어 있었다. 통일 20년이 지난 후에도 여전히 동서독 지역 의원들 간에는 차이가 나타나고 있다. 17회기(2009년)를 보면, 동독지역 의원 91명, 서독지역 의원 523명으로 구성되어 있다. 공무원의 비율은 서독지역 30.5%, 동독지역 27.5%이며, 공무원 가운데 김나지움을 포함한 교사는 동독지역은 1명인데, 반해 서독지역은 37명에 이른다. 자영업(Selbständige)의 경우 서독지역은 54명(10.3%)이지만, 동독지역은 6명(6.6%)에 불과하다. 변호사는 서독지역 64명, 동독지역 4명으로 직업군에서 차이를 보여준다. 이와 같은 동서독 지역 출신 의원의 직업 배경의 차이는 앞으로도 지속할 것으로 보인다.

4) 베를린 시대의 연방의회

1990년 통일 이후 연방하원이 공식 수도인 베를린으로 옮겨야 하는지 아니면 본에 남아야 하는지에 대한 논쟁이 시작되었다. 서독이 임시수도를 본에 정함으로써 의회도 본에 자리를 잡았다. 의회 건물이 없어 의원들은 학교 건물을 집무실과 회의실로 사용했다. 1970년까지 동료 의원 한두 명과 함께 교실을 사무실로 공유하여 사용했다. 본은 인구 30만 명으로 실제로 통일된 국가의 수도로서 기능하기에는 부족했다.

본은 서독의 출발, 유럽 사회의 통합, 전후 발전의 상징이 되었다. 반면 베를린은 과거 군국주의, 권위주의, 전체주의의 역사적 상징을 하고 있다. 프러시아의 황제와 히틀러는 모두 베를린에서 전쟁을 벌였다. 베를린의 지지자들은 과거 몇몇 개인의 행동으로 베를린 도시 전체를 비난해서는 안 된다고 반박했다. 1991년 6월 20일, 11시간의 논쟁 후에 표결에 들어갔다. 투표는 당의 규율에 구속되지 않았으며, 개인적 판단에 맡겨졌다. 베를린에 대한 찬성은 의회 역사상 가장 중요한 것이다. 베를린을 수도로 정한 결정은 동독을 연방공화국에 이른 시일 안에 통합되게 한다는 의회의 집념, 독일의 장기적 발전을 대변한 것이었다.

과거 황제들과 히틀러가 군사적 힘을 통해 유럽 지배를 시도했던 도시라는 베를린의 이미지를 탈피하기 위해 베를린을 개방적이며 국제적인 도시로 새롭게 디자인했다. 제국의회의 건물을 개축하여 개방성과 투명성을 높였다. 포스터(Norman Foster)의 제국의회의 유리돔 디자인은 연방의회가 민주주의 광장으로, 국민의 접근성·역사성을 표현하며, 연방의회가 베를린을 상징할 뿐 아니라, 의회와 정치가 국민에 가까이 있게 했다. 수상실과 대통령실, 그리고 다른 정부기구들은 많은 예술작품으로 꾸며졌다. 1995년부터 2005년까지 베를린 예술사업의 예산은 미국 정부가 지난 35년 동안 지출한 총액을 초과한다. 전 세계 140명 이상의 예술가들이 공공건물에 새로운 그림을 만들었다. 미국의 유명한 예술가 켈리(Ellsworth Kelly)의 조각품이 베를린 미국대사관, 연방의회에 설치되었다.

연방하원은 민주주의 체계와 국민 사이에서 확고한 자리를 확보하고 있다. 독일인 다수는 하원을 꼭 필요한 존재이며 중요한 정치적 기관이라고 여긴다. 독일 의회는 유럽 주요 나라의 입법기관보다 높은 신뢰를 받는다. 이러한 발전에도 의회는 여전히 자율성에 도전을 받고 있다.

유럽연합은 국가적인 법 제정에서 중요한 역할을 한다. 독일의 농업정책은 주로 유럽의 공동 농업정책이다. 많은 국가재정정책은 회원국의 과세와 지출 능력을 제한하는 유럽통화제도의 안정성 협정에 구속된다. 외국 무역 문제는 주로 유럽 차원에서 결정된다.

3 연방상원

1) 기능과 권한

연방상원(Bundesrat)은 주를 대표하는 기관으로서, 연방하원이 제1원이라면 연방상원은 제2원이라 할 수 있다. 연방상원에는 주정부 대표들이 속하지만, 각 주를 대표하는 기관으로서의 연방상원은 상원(senate)이라 불리는 다른 연방국가의 제2원과 동일한 기능을 한다. 연방상원은 주총리, 주장관, 시장 등으로 구성되며, 이들은 주정부에서 선출한다. 따라서 연방상원의 구성은 주 선거 때마다 정당 분포가 달라진다.

연방상원은 법률 제정 절차에 참여할 권한과 관련하여 연방법률 발안권(제76조)을 가지며, 기본법의 개정(제79조 제2항)에는 상원의 동의가 있어야 한다.

연방법은 기본적으로 주행정부 조직에 의해 집행되기 때문에 비용이 많이 드는 주요 법안에 대해서는 각 주가 동의권 또는 거부권을 행사하게 된다. 이 경우 연방상원이 입법기관으로서의 연방하원과 동등한 지위를 가진다고 할 수 있다. 연방상원의 동의를 거쳐야 하는 법안(Zustimmungsgesetz)은 전체 법안의 50% 정도를 차지한다. 2006년 9월부터 연방제도 개혁을 통해 연방과 주의 담당 영역이 새롭게 규정되었다. 개혁의 목표는 연방과 주의 정치적 책임을 분명하게 하며, 결정 과정의 투명성을 높이기 위해 서로의 연계(Verflechtung)를 완화하는 방향으로 이루어졌다.

2) 주의 이해 관계 대변

상원의 목적은 국가적인 입법 과정에서 연방 주의 이익을 대표하는 것이다. 이것은 과거 제국의 상원 전통의 연속이다. 각각의 주는 상원에서 인구 크기에 따라 3개에서 6개의 투표권을 가지며, 상원의 의결권 총수는 69개이다. 인구가 가장 많은 4개 주는 6개의 투표권을 받고, 헤센은 5개, 중간 크기의 주들은 4개, 그리고 가장 작은 4개의 주는 각각 3개씩 받는다. 독일 통일에 따라 4개 주 바덴-뷔르템베르크, 바이에른, 노르트라인-베스트팔렌, 니더작센은 7백만 이상의 인구 수를 가진 주로서, 의석 수를 늘려 받는 데 성공했다. 따라서 과거 5표에서 6표로 늘어났다. 이로써 인구 수가 많은 4개 주는 전체 24표로 최소 봉쇄표(Sperrminorität)를 가짐으로써, 연방상원의 총 표수에서 1/3을 가지게 되었다. 이들 주가 반대하는 한 기본법 개정은 불가능하다. 투표 수 분배에 대해 상원의 의원 정수의 불균형이 비판받고 있다. 브레멘은 23만 3천 명당 1개 투표권을 갖지만 노르트라인-베스트팔렌은 280만 명당 투표권 1개를 가진다.

각 주의 대표는 반드시 주정부의 결정을 바탕으로 주 단위로 투표해야 한다. 주가 연정에 의해 통치될 때 주는 연방정부의 정당을 지지한다. 이러한 문제는 일반적으로 정당이 연립정부를 세울 때 사전에 합의한다. 이러한 합의는 만약 주정부가 상원의 투표권에 동의할 수 없다면 기권하는 것으로 정한다.

상원은 교육, 정책 문제, 정부와 조직의 재정 문제, 토지의 사용, 그리고 대부분의 교통운수 문제에서 동의권을 갖고 있다. 독일 정부 초기에 이런 동의 법률이 전체 법에서 차지하는 비율은 40% 정도였다. 이는 후에 50%로 증가하여, 지금은 60%에까지 이른다. 이런 상원의 동의가 있어야 하는 법률의 비율이 높아져, 2006년 개정을 통해 동의를 요구하는 법을 50%로 감축하기로 했다. 정책결정 과정에서 프로세스의 영향력은 1949년부터 증가했고, 특히 1972년에는 더 정치적인 장이 되었다. 이러한 역설적인 발전은 1) 의회 구성원의 큰 변화, 2) 상원이 가지는 거부권을 행사할 수 있는 지역의 영향력과 결정, 3) 1972년과

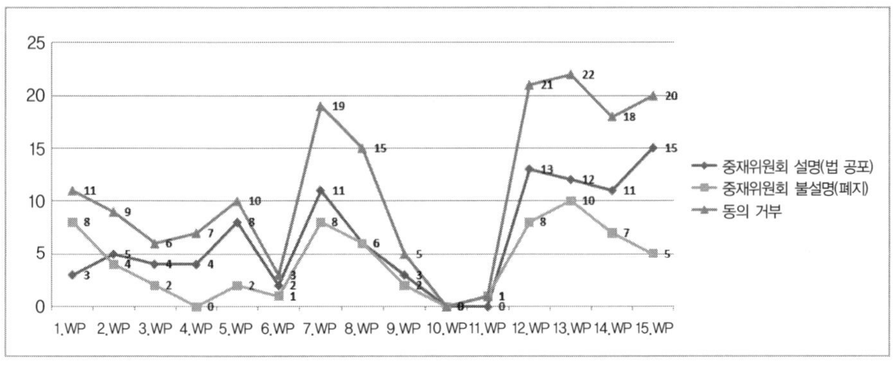

그림 2-2 연방상원의 동의 거부(1949~2005)

자료: Bundesrat(Hrsg.), Die Arbeit des Bundesrates im Spiegel der Zahlen. Statistische Angaben für die Zeit vom 7. September 1949 bis zum 20. September 2006.

1982년, 1991년과 1998년, 그리고 1999년과 2005년 사이에 보인 독일 정부의 구성에서 보여주었듯이 두 의회 간의 당 조정에 기인한다. 초기에 상원은 정치 입안 기구라기보다는 입법기관으로서의 성격이 강했다. 이는 "정책과 입법의 중간"에 있었다. 연방상원은 기본적으로 국가가 법을 어떻게 시행해야 할지에 대한 관점에서 정부 입법을 감시해야 했기 때문이다(정재각, 2011: 제2편 연방상원 참조).

3) 분리된 의회 통제

1972년부터 1982년까지, 1991년부터 1998년까지, 그리고 1999년부터 2005년까지 하원과 상원은 서로 다른 정당이 지배했다. 비록 하원에서는 야당이었지만 기민당은 1972년부터 1982년까지 상원의 다수당이었다. 이 기간에 기민당/기사당(CDU/CSU) 대표는 상원이 절대적 거부권을 가지는 영역에서, 연방정부에 대해 주요 안건을 강제하고, 제안된 정부 법안을 완벽히 차단하고자 했다. 그러나 이런 노력은 주로 법안을 지연시키거나, 정부에 압력을 가해 법안을 바꾸는 데에 집중되었다.

1991년과 1998년 사이에 처지가 바뀌었다. 사민당이 상원의 다수당이 되었다. 사민당은 다수를 통해 다양한 정부계획들을 막거나 바꾸도록 압력을 넣었다. 1993년 연대 협정은 사회민주당이 만들자마자 바로 통과되었다. 1994년 하원에서 통과한 낙태법을 거절했다. 이 법안은 첫 임신에서 낙태를 원하는 여성에게는 불리했기 때문이다. 1994년 헌법위원회에 의해 제안된 헌법 개정은 하원에서 통과시켰음에도 상원에서 차단했다.

2000년과 2001년에 기민당은 자신의 세력을 되찾고자 했다. 그러나 정당 규율은 하원에서보다 상원에서 약하다. 주정부들은 자신의 주에 가장 이익이 되는 것과 정당에 이익이 되는 것 사이에서 선택할 때에는 주 차원에서 이익이 되는 결정을 택했다. 2000년도에 CDU 지도자들은 CDU 주정부가 사민당・녹색당의 세금 개정에 반대할 것을 기대했지만 CDU가 통치하는 주들은 오히려 SPD와 연합했다. 슈뢰더 연방정부는 세금 패키지에 투표하는 것에 대해 3개 주를 설득했고, 이들의 지원을 받아 세금 개정 패키지는 통과되었다.

2005년 11월 이후로 기민당과 사민당 연합으로 독일은 더는 '분점 정부'가 아니었다. 대연정 기간의 주요 업적은 2006년의 연방제도 개혁 법률이었다. 연방 법률에 거부권을 행사할 수 있는 주의 권한은 감소했고, 연방정부는 교육을 포함한 많은 영역에서 권한을 포기했다.

2006년 연방제도 개혁을 통해 동의를 요구하는 법의 수를 급진적으로 줄이고자 했지만,

표 2-2 연방상원의 동의가 필요한 법률

내용	기본법
연방의 기타 경합적 입법, 법규명령, 일반행정명령, 주의 연방위임행정, 연방 고유의 중급 및 하급관청 설치, 연방과 주의 경비 부담, 재정행정, 부담 조정	기본법 74a, 80, 84-85, 87, 104a, 108, 120a
주 또는 지방자치단체의 수입이 되는 조세, 주 간의 재정 조정, 구 제국의 재산, 지역 변경에 따른 재산 처리	기본법105-108, 109, 134-135
공동 업무	기본법 91
연방재판소의 주재판소를 통한 재판권 행사	기본법 96
주의 영역의 변경, 유럽연합에서 주의 권리에 해당되는 사안	기본법 29조7항
방위상의 긴급사태, 입법비상사태	기본법 115, 81

여전히 상원의 동의를 요하는 법률의 목록은 길다. 연방제도 개혁Ⅱ가 성공한다면 상원의 입법 제정에서 거부 권한은 훨씬 축소된다.

4 연방정부

오늘날 독일 연방정부는 연방하원과 더불어 독일 정치 체계에서 국가 운영의 중심을 이룬다. 의원내각제에서는 제도적으로 입법부와 집행부 간의 권력 융합 현상이 발생한다. 하원이 집행부를 구성하고 집행권을 행사할 집행부의 장인 연방수상을 선출한다. 이 원리는 행정을 입법안에 두고, 그것이 계속해서 민주적으로 선거에 의해 조정되는 의회에 책임을 지도록 하는 것이다. 이는 입법부·행정부의 조직은 분리하되 기관 구성과 활동과 존속에서 상호의존성을 전제로 하는 정부 형태 원리가 된다.

오늘날 독일은 정부 구성에서 정당 체제가 다당제로 변화되고 고착되었기 때문에 단독정부 수립은 불가능하다. 연립정부 구성에서 정책적인 합의를 이끌어 내야 한다. 권력이 한 사람이나, 한 정당으로 독점적으로 주어지지 않는다.

1) 수상의 지위와 권한

연방정부(Bundesregierung)는 연방수상과 연방장관들에 의해 구성된다(기본법 제62조). 연방수상은 연방정부 내에서 유일하게 선출되는 자리이다. 기본법에서는 연방수상은 연방대통령의 제안으로 연방하원의 비밀투표로 선출되고(기본법 제63조), 연방장관들은 연방수상의 제안으로 연방대통령이 임명하도록 되어 있다(기본법 제64조).

실제로 연방수상은 정당의 결정 사항이다. 다수당에는 연방수상을 세울 수 있는 권한을 준다. 수상 선출을 위해서는 1당이 의회 다수를 구성하지 못하기 때문에, 정당 간 연립이 필요하다. 수상 선출에 앞서 연정을 이루려는 정당들은 정당 간의 부처 배정, 부처 존속 및 신설 등에 대해 상세한 논의를 거치게 된다. 이러한 연정 협상 결과는 연정 협정으로 문서로 만들어진다. 이러한 과정을 거친 후에야 비로소 연방수상이 선출된다. 집권당 간의 협상은 연방정부의 주요 정책에 관한 사전 결정이다.

연방수상은 주요 부처의 수장인 장관을 임면할 권한을 가지며, 부처의 수와 관할권도 결정할 수 있다. 연방수상은 정책 방향 결정권을 가진다. 이는 곧 정부의 주요 업무를 지정할 수 있는 수상의 권한이 법적 구속력을 가진다는 것이다. 각 연방장관은 독립적으로 자신의 부서 업무를 수행한다. 연방수상은 연방정부장관 간의 의견 차이를 해결한다.

연방정부 의사규칙(Geschäftsordnung der Bundesregierung)은 연방수상이 정부의 수반으로, 정책의 기본 노선을 결정하고(Kanzlerprinzip), 연방장관은 이 기본 노선에 구속되도록 하고 있다(규칙 제1조 이하).

연방수상은 자신이 집권당의 지지를 받고 있는지 확인하기 위해 연방하원에 언제든지 신임투표를 요구할 수 있다. 신임투표에서 수상이 패할 때에, 연방하원의 해체 및 새로운 총선 실시 여부에 대한 결정권은 연방대통령에게 있다. 연방대통령은 연방하원에 진출한 정당들에 새로운 정부 구성을 시도할 것을 촉구할 수도 있다. 연방수상의 권력과 리더십은 헌법에서 규정된 권한과 정당의 운용에 따라 결정된다. 수상의 권력은 강력한 정당에 기반을 둘 때 극대화된다(유진숙, 2008: 233).

2) 정부의 안정

독일의 기본법 구상에서 의회 대표자들은 과거 경험을 비추어 수상의 권한을 강화했다. 바이마르헌법에서의 행정부 구조와는 달리 연방수상은 집행 권력을 연방대통령과 공유하지 않는다. 연방수상은 내각장관을 지명하거나 해임하게 할 수 있으며, 정책 기준을 정하기 때문에 수상의 권력은 바이마르헌법보다 더 강하다. 기본법의 입안자들은 바이마르공화국 때보다 의회가 수상에게 반대하는 것을 더 어렵게 만들어 놓았다. 수상을 반대하기에는 의회의 다수만으로는 충분하지 않다. 수상이 해임되기 전에 야당은 새로운 수상을 찬성하는 다수를 만들어야만 한다. 이러한 건설적인 불신임 투표는 바이마르 수상을 해임한 불안정한 의회 연합으로부터 수상을 보호하기 위해 추가되었다.

불안정한 바이마르의 다당제와 달리, 전후 서독의 정당 체계는 두 거대 정당으로 안정적인 정국 운영이 이루어졌다. 긍정적인 불신임 투표는 단지 두 번 시도되었다. 1972년 4월 기민당(CDU)은 브란트(Billy Brandt) 수상에 대해 불신임 투표를 제기했고, 그들 의회의 리더인 바젤(Rainer Barzel)을 새로운 수상으로 지명했다. CDU의 리더는 자민당에 불만을 품은 의원들이 브란트 제거에 찬성하고 자신을 지지한다고 확신했다. 하지만 그 발의는 의회의 비밀투표에서 2명의 기권으로 실패했다. 실제로 한 명 혹은 두 명의 CDU 의원이 기권하거나 브란트를 위해 투표했다.

표 2-3 연방수상과 선출

선출된 수상	정당	선거일	선거 사유	야당 후보	찬성률	연립정당 찬성률
Konrad Adenauer	CDU	1949.8.14	연방선거	Kurt Schumacher(SPD)	50.2%	96.7%
Konrad Adenauer	CDU	1953.9.6	연방선거	Erich Ollenhauer(SPD)	62.6	91.3
Konrad Adenauer	CDU	1957.9.15	연방선거	Willy Brandt(SPD)	55.1	95.4
Konrad Adenauer	CDU	1961.9.17	연방선거	Willy Brandt(SPD)	51.7	83.4
Ludwig Erhard	CDU	1963.10.16	아데나우어 퇴임	Willy Brandt(SPD)	55.9	90.6
Ludwig Erhard	CDU	1965.9.19	연방선거	Willy Brandt(SPD)	54.8	92.5
Kurt George Kiesinger	CDU	1966.12.1	에르하르트 퇴임	Willy Brandt(SPD)	68.5	78.1
Willy Brandt	SPD	1969.9.28	연방선거	Kurt G. Kiesinger(CDU)	50.6	98.8
Willy Brandt	SPD	1972.11.19	연방선거	Rainer Barzel(CDU)	54.2	99.3
Helmut Schmidt	SPD	1974.5.16	브란트 퇴임	Helmut Kohl(CDU)	53.8	98.5
Helmut Schmidt	SPD	1976.10.3	연방선거	Helmut Kohl(CDU)	50.4	98.8
Helmut Schmidt	SPD	1980.10.5	연방선거	Franz-Josef Strauss(CSU)	53.5	98.2
Helmut Kohl	CDU	1982.10.4	불신임	Helmut Schmidt(SPD)	51.5	91.8
Helmut Kohl	CDU	1983.3.6	연방선거	Hans-Jochen Vogel(SPD)	54.4	97.5
Helmut Kohl	CDU	1987.1.25	연방선거	Johannes Raus(SPD)	50.9	94.1
Helmut Kohl	CDU	1990.12.2	연방선거	Oskar Lafontaine(SPD)	57.1	95.0
Helmut Kohl	CDU	1994.10.16	연방선거	Rudolf Scharping(SPD)	50.3	50.3
Gerhard Schröder	SPD	1998.9.27	연방선거	Helmut Kohl(CDU)	52.7	52.7
Gerhard Schröder	SPD	2002.9.22	연방선거	Ermund Stoiber(CSU)	50.6	50.6
Angela Merkel	CDU	2005.9.18	조기 연방선거	Gerhard Schröeder(SPD)	64.7	64.7

*비고: 찬성표는 전 국회의원 수의 득표율을 말함. 연립정당 찬성률은 연립정부를 구성하는 정당 의원 수의 득표율을 말함.

자료: www.wahlrecht.de

기민당은 그러나 1982년 10월 자민당의 도움으로 슈미트(Helmut Schmidt) 수상을 불신임하여 콜(Helmut Kohl)을 수상으로 선출하는 데 성공했다. 헌법 제68조는 수상이 신임투표 요구를 허용한다. 이 조항은 헌법 제67조 "건설적인 불신임 투표"와는 달리 수상으로 하여금 다수를 안정화하여 자신의 위치를 강화시킬 수 있게 해 주었다. 만약 수상이 불신임 투표에서 진다면, 그는 사임할 수 있고, 대통령에게 의회 해산을 요청할 수 있다.

2001년 슈뢰더 수상은 법률의 특정 부분을 가지고 신임 투표에 부치는 최초의 지도자가 되었다. 그는 아프가니스탄에 군대를 배치하자는 의회의 의견을 신임투표에 부쳤다. 슈뢰더 수상은 2001년 9·11 사건 이후 문명 세계에 대한 테러를 비난했고, 아프가니스탄에 독일군 파병을 하겠다고 했다. 이에 대해 연정의 파트너인 녹색당의 지도부는 독일군 병력 투입에 반대했다. 슈뢰더 수상은 녹색당과의 연립정부에 연연하지 않고 아프가니스탄 파병 문제를 내각에 대한 불신임 투표와 연결했다. 슈뢰더 수상은 아프가니스탄에 군대 파견을 반대하는 사람들에게(연정 상대인 녹색당) '반테러 전쟁에 독일의 참여'와 '정부의 생존' 중 하나를 선택하라고 강요했다. 녹색당은 결국 연정을 위해, 연정을 위해서는 독일군 파병을 수용할 수밖에 없었다. 슈뢰더는 2001년 11월 6일 신임투표에서 이겼다. 의회의 사회민주당 위원 중 한 명, 그리고 4명의 녹색당 위원이 반대했다. 사민당의 독일군 파병은 사민당 슈뢰더 정부의 외교정책과 보수 기민당과 차별성이 없을 정도의 독일 외교를 보여주는 사건이 되었다.

4년 후 2005년에 슈뢰더는 새 연방선거를 위해 다시 불신임 투표를 이용했다. 주요한 주선거에서 실패함에 따라 슈뢰더와 그의 측근은 더는 통치할 수 없다고 결정했다. 그는 투표자들에게 정부 지속에 대해 명확히 하라고 요구했다. 그는 자신의 당이 의도적으로 기권하자 투표에서 졌고, 새 연방의회 선거를 대통령에게 요청했다.

3) 내각 구성

내각을 구성하는 데 연방수상은 1) 자신의 연정 상대에게 한 약속, 2) 자신의 정당 내의 다양한 파벌들의 요구, 3) 다양한 후보자의 자격과 관련하여 각 부처의 정책과 요구를 고려해야 한다. 실제 내각 구성에서 처음 두 개의 기준이 세 번째 기준보다 내각 선출 과정에서 더 중요하게 고려된다. 연방정부의 부처장관의 수는 13개에서 22개로까지 늘어나기도 했다. 내각의 부처 수는 정당 내부의 고려 사항 및 연정과 관련 있다. 중요한 파벌이나 개인의 요구가 수용된다.

2005년 기민당/기사당(CDU/CSU)과 사민당의 대연정 정부는 두 개의 정당을 만족하게 하는 데 어려움이 있다.[3] 먼저 사민당(SPD)은 수상 메르켈에 지원한 대가로, 내각 구성원과 부처에 우선권을 요구했다. 이는 비록 SPD가 CDU/CSU보다 득표 수에 비해 적지만, CDU/CSU보다 2명의 장관을 더 차지했다. 따라서 내각 14명의 장관 중 8명은 SPD, 6명은 CDU/CSU로 분배되었다. CSU는 단지 6자리 중 2자리를 받았다.

메르켈 정부 II기의 내각 구성은 CDU 8명, CSU 3명, 그리고 FDP 5명이다. 경제기술부 장관 뢰슬러(Philipp Rösler)를 제외하고 모두가 연방의원이다. 수상은 내각보다 우위에 있다. 수상과 장관 사이의 정확한 책임 분담은 이론적으로는 정하기 어렵다. 수상은 장관들에게 공식적인 명령을 하지 않는다. 수상 가이드라인을 전달하는 의사소통은 주로 내각회의, 비공식적인 접촉 등을 통해 이루어진다. 일반적으로 내각에서 장관들의 위치는 매우 중요하다. 재임 장관들은 내각에서 지위를 갖기 때문에, 수상의 계승자로서 기회를 가진다.

5 연방헌법재판소

연방헌법재판소(Bundesverfassungsgericht)는 독일 전후 민주주의의 특징적인 제도이다. 기본법 제94조는 연방헌법재판소가 다른 헌법기관으로부터 독립한 독자적 헌법기관임을 규정하고 있다. 조직과 재판 절차는 기본법 제93조와 제94조가 명시하고 있고, 연방 법률로는 연방헌법재판소에 관한 법률(Gesetz über das Bundesverfassungsgericht)이 있다.

1) 연방헌법재판소 구성

연방헌법재판소는 헌법재판소장과 부소장 1인을 포함한 16인의 재판관으로 구성된다. 구성원의 반은 연방상원에서 선출되고 나머지는 연방하원의 특별위원회에서 선출되며 연방대통령이 임명한다.

연방의회는 12인의 의원으로 구성되는 재판관선출위원회(원내교섭단체 비율에 근거한 동트(d'Hondt) 방식[4]으로 12인이 구성됨)에서 2/3 이상(8인 이상)의 찬성으로 재판관을 선

3) 두 정당의 정책 합의에 대해서는 다음 참조. 신두철(2007), 2005년도 독일 대연정의 정책 합의와 정치적 의미, 한・독사회과학논총 17(1), 2007.6: 241-259.

4) 비례대표제에서 득표 수를 의석 수로 변환시키는 방법으로, 일반적으로 대정당에 유리한 의석 배분법이다.

출한다. 연방상원은 투표 수의 2/3 이상 찬성으로 선출한다. 재판관은 40세 이상이어야 하고, 연방의회 의원의 피선거권이 있어야 하며, 독일 법관법 기준에 따른 자격이 있어야 한다. 재판관의 정년은 68세, 임기는 12년이며, 연임할 수 없다.

각 재판부는 6인 이상의 재판관이 출석해야 하고, 법률에 다른 규정이 없는 한 참여 재판관의 과반수 찬성으로 결정한다. 가부 동수인 경우는 합치하는 것으로 결정한다. 다만 기본권 실효심판, 정당의 위헌 여부 심판, 탄핵심판은 재판부 소속 재판관 전원의 2/3 이상이 찬성해야 한다.

2) 연방헌법재판소의 권한

연방헌법재판소의 권한은 1) 규범 통제, 2) 정당의 위헌 여부 심판, 3) 탄핵심판, 4) 기관소송, 5) 연방국가적 소송, 6) 헌법소원심판으로 나뉜다.

연방헌법재판소에는 각각 8명으로 구성된 2개의 독립된 재판부(Senat)를 두며, 담당 영역을 가진다. 제1재판부는 추상적 규범 통제(연방법률 또는 주법률의 기본법과의 형식적·실질적 합치 여부 등), 헌법소원(지방자치단체의 헌법소원과 선거법 영역상의 헌법소원은 제외)의 심리를 관장한다.

제2재판부는 기본권 실효심판, 정당의 위헌 여부 심판, 선거심사, 탄핵심판, 기관쟁의 등을 관장한다. 그 밖에 제1재판부에 속하지 않는 규범 통제 절차와 헌법소원심판의 심리를 관장한다.

연방헌법재판소의 주요한 권한은 법률의 위헌심사권이다. 연방헌법재판소는 민주적 절차에 따라 의결된 법안이 기본법에 어긋난다고 판단될 경우, 이를 무효화시킬 수 있는 권한이 있다. 이런 연방헌법재판소의 판결은 입법 제정의 효력을 가진다. 연방헌법재판소는 전체 법원 체제에서 헌법 해석과 관련한 독점적 지위를 갖고 있다.

제 3 편 독일의 행정 체계와 조직

제 1 장 독일의 행정조직

제 1 절 행정 개념과 조직

1 공공행정 개념

공공행정(Die Öffentliche Verwaltung)은 외적으로 다양하게 나타난다. 공공행정이 일상생활에서 나타나는 것을 보면 거리 청소에서부터 범인 검거에 이르기까지 다양해서, 공공행정을 단일 개념으로 규정하는 것은 어렵다.

첫째, 공공행정의 개념을 넓은 의미에서 국가행정으로 규정하면, 사회 영역에서의 행정과 구별된다. 행정 기술적인 측면에서는 모든 행정이 공공 영역과 사적 영역에서 발견되지만, 공공행정은 조직, 기능 및 법적 수준에서 하나의 배타적인 단일성을 가진다.

둘째, 사적 영역과 구별되는 공공행정은 조직적, 실질적, 형식적 의미에서 개념의 차이가 있다.

- 조직적 의미에서 행정은 행정 주체, 행정기관, 그 밖의 행정시설물의 총체로 구성되는 행정조직을 말한다.
- 실질적 의미에서의 행정은 행정이 주체가 되는 것을 뜻하며, 국가 활동의 하나로 행정 업무 수행이 있다.
- 형식적 의미에서의 행정은 행정조직의 활동이 실질적 행정적 성격을 갖는 것과는 상

관없이 행정조직(행정청)이 하는 모든 활동을 행정으로 보는 것이다.

행정 업무는 대부분 행정기관에 의해 수행되지만, 행정기관이 행정 업무를 독점하는 것은 아니다. 행정부에 의해 이루어지는 것과는 달리, 의회의 의회행정, 예산계획과 업무, 법원의 사업행정과 같은 행정활동도 있다. 다만 기본법 제92조는 판결을 법원의 배타적인 권한으로 규정하고 있다.

실질적인 의미에서 행정 개념은 소극적 개념과 적극적 개념으로 규정할 수 있다. 소극적 개념은 권력 분립으로 행정을 입법이나 사법이 아닌 여타의 국가 활동으로 보는 것이다. 이와 같은 행정에 관한 개념 규정은 이미 메이어(Otto Mayer)의 부정 내지 축출 형식(Negative-oder Subtraktionsformel)에서 나타난다(Deutsches Verwaltungsrecht, 1895). 반면 적극적인 개념[1]은 행정이 아닌 것만을 나열하는 것이 아니라, 적극 정의를 밝혀야 한다고 보는 것이다. 최근에 이런 두 개념 규정을 서로 조화하려는 노력이 있다. 슈테른(Klaus Stern)은 "'소극적'으로 입법, 정부, 국가 지도적인 계획, 국방 그리고 사법을 제외하고 나서 '적극적'으로 행정을 '법적 기속에 따라 주어진 목적에 따른 구체적인 조치를 통한, 집행권의 기관들과 특정한 법 주체들에게 주어진 자기 책임인 공동체 업무의 지속적 수행"이라고 정의하고 있다(Staatsrecht II, 736ff.)

공공행정의 개념적 정의는 행정의 활동 범위, 업무, 구조, 행정행위 등에 따라 다양하게 나타나기 때문에 행정을 개념화하는 데 어려움이 있다. 이런 개념 규정의 어려움은 사회과학의 특성이기도 하다.

2 행정의 다양성

행정(Verwaltung)은 다양한 역사를 포함하고 있다. '행정'이라는 단어는 중세 독일에서 시작하며, 이는 권력을 가진(in Gewalt haben), 무엇을 준비하다(für etwas sorgen)라는 의미가 있다. 행정의 이런 두 의미는 본질적이다. 공공행정을 이해하는 가장 좋은 방법은 행정행위(Verwaltungstätigkeit)의 전형적인 특성을 분류해 보는 것이다(Schedler, 1993: 15-19).

1) H. J. Wolff. in: Wolff & Bachof, *Verwaltungsrecht* I, 9. Auflage, § 2 Abs. 3.

- 행정의 목표: 행정의 목표는 공공의 필요에 맞는 업무를 이루는 것이다. 이런 업무는 성과 업무(Leistungsaufgabe)와 고전적 업무(Hoheitaufgabe)의 두 유형으로 나뉜다.
- 행위 기초: 공공행정의 행위 기초(Handlungsgrundlage)는 입법자의 계약(Auftrag)이다. 행정은 헌법 또는 정부 결정이 그 행위에 대한 권한을 부여할 때에만 행위할 수 있다. 이러한 법치성(Legalitätsprinzip)은 자의성을 예방한다.
- 행위 유형: 행위 유형(Handlungsform)은 준비(Vorbereitung), 완성(Ausarbeitung), 집행(Vollzug)으로 이루어진다.
- 공공행정의 주체: 공공행정의 주체(Trägerschaft)는 의회와 지방의회와 같이 민주적 정당성을 가진 합의체(Gremien)이다.
- 조직: 조직(Organisation)은 구조와 문화에서 관료 모델에 의해 특징된다. 이는 수직적 구조, 업무 영역과 집행을 구체화한다.
- 재정: 행정에 따른 재정은 주로 세금과 지출(Abgabe)에 의해 이루어진다.
- 행정 서비스: 공공행정을 통해 제공되는 서비스(Güter)는 통상 민간 제공자(Mitbewerber)에 의해서는 제공되지 않는 것이다. 따라서 비용(Preise)은 시장의 기준에 의한 것이 거의 없으며 항상 비용을 커버하지 못한다.
- 공무원: 공공행정의 업무담당자(Mitarbeiter)는 선발 교육 승진 봉급에서 특성이 있는 공공 서비스 종사자이다.

표 1-1 주요 행정의 임무와 목표

행정 임무 유형	주요 내용
질서행정	공공의 안전과 질서 유지(예: 도로교통)
급부행정	국민의 생활환경 보장과 향상(예: 공공시설물 설립과 유지)
생존 배려 (Daseinsvorsorge)	국민을 위한 물질 제공; 경제 · 사회 · 문화 · 법적 급부 제공
보장행정 (Gewährleistungsverwaltung)	사기업에 의해 생존 배려행위가 실행되도록 하며, 이를 안전하게 함.
조정행정 (Lenkungsverwaltung)	경제, 사회, 문화 등 계획과 보조금을 통한 촉진과 육성, 장려금 지급
조세행정	세금 징수, 국가재원 조달
조달행정	행정에 필요한 인적 · 물적 자원 조달

자료: Maurer(2010: 17-19).

이와 같은 공공행정의 각 특성은 실제 행정에서는 서로 다르게 나타난다. 그럼에도 모든 각각의 개별적인 특성은 공통으로 공공행정과 연계되어 있다. 여기서 '공공(Öffentlich)'이라는 것은 모든 이가 접근 가능함(allen zugänglich)을 뜻한다.

현대의 민주주의는 입법, 행정, 사법의 권력 분립을 인정한다. 행정은 행정부(Exekutive) 편에 선다. 행정부는 입법부에 의해 결정될 정치 결정의 집행을 책임지며 정치 프로그램을 구체화한다. 이 같은 행정 집행에 관해 책임을 지는 상층부는 정부(Regierung)이다. 행정부의 행위 영역(Handlungsspielraum) 또는 행정의 행위 영역은 입법부의 정치적 결정(Ausgestaltung)에 따른다.

제 2 절 입법권과 행정 권한

1 입법권

연방국가인 독일은 입법권을 연방과 주에, 그리고 행정권은 연방, 주와 그리고 지방자치단체에 부여하고 있다. 연방은 많은 영역에서 입법제정권을 행사하지만, 행정권 행사는 외교와 국방 등 일부에 제한되어 있다.

1) 연방입법권

독일의 연방과 주(州) 간의 입법 권한의 배분은 기본법 제70조와 제71조에서 규정하고 있다.

먼저 제70조는 연방의 입법 사항으로서 연방의 전속적 입법 사항, 연방과 주 간의 경합적 입법상으로 구분하고 있다.

> 제70조 ① 주는 기본법이 연방에 입법 권한을 부여하지 않는 범위 내에서 입법권을 가진다.
>
> ② 연방과 주 간의 관할권의 범위는 전속적 입법과 경합적 입법에 관한 기본법의 규정에 따라 이를 구분한다.

(1) 전속적 입법권

기본법 제71조는 연방의 전속적 입법 사항을 규정하며, 이에 따라 연방이 전속적으로(배타적으로) 입법 권한을 행사하고, 주는 연방 법률이 명시적으로 수권한 것만 행사할 수 있다. 제73조는 전속적인 연방입법 권한(die ausschließliche Gesetzgebung)을 규정하고 있다. 전속 입법에서 각 주는 연방법률에서 명문으로 위임이 있는 경우에만, 그 범위 내에서 입법의 권능을 가진다(기본법 제71조). 위임에 근거하지 않은 입법은 연방이 입법권을 행사하지 않은 경우에도 위헌이며, 무효가 된다.

표 1-2 전속적 입법 제73조(17개)

- 외교사무, 국방(민간인 보호를 포함)
- 연방에서의 국적
- 거주 이전의 자유, 여권, 출입국, 범죄인 인도
- 통화, 화폐, 조폐제도, 도량형, 표준시
- 관세 및 통상구역의 통일, 통상 및 항행조약, 자유무역에 관한 사항
- 항공교통
- 연방철도(전체 또는 과반수가 연방의 재산에 속하는 것), 궤도 건설, 유지 및 운영
- 우편, 통신
- 특허 및 출판권
- 국제 테러의 위협 예방(주의 관할이 확실하지 않은 경우)*
- 다음 사항에 관한 연방과 주의 협력
- 형사경찰
- 자유 민주적 기본 질서, 연방 또는 주의 존립과 안전의 보호(헌법 수호)
- 연방 목적의 통계
- 무기 및 폭약법
- 전상자 및 전사자 유족의 원호, 전쟁포로였던 자의 부조
- 핵에너지 이용

비고: *법은 연방상원의 동의를 요함.

(2) 경합적 입법권

경합적 입법 사항은 기본법 제72조 제1항에서 규정한다. 경합적 입법(konkurrierende Gesetzgebung)은 연방과 주가 공동으로 가지는 입법이다. 이 경합적 입법 사항의 범위에서 주는 연방이 그 입법권을 행사하지 않는 동안 및 그 한도에서 입법의 권능을 가진다(기본법 제72조 제1항). 이에 따라 경합적 입법 사항을 규정하는 제74조에서 연방이 입법 권한을

행사하는 한, 주의 입법 권한을 배제하게 된다(Hesse & Ellwein, 2004: 227).

한편 경합적 입법 사항에서 연방이 이를 규율하지 않은 경우, 주는 그 사항에 관해 무제한으로 입법권을 행사할 수 있다고 본다. 그러나 해당 사항에 관해 연방이 법률을 제정할

표 1-3 경합적 입법 제74조(32개)

- 민법, 형법, 행형, 법원조직 · 재판절차, 변호사제도, 공증인제도, 법률상담
- 호적제도
- 결사 및 집회의 권리
- 외국인의 체류 및 거주권
- 난민 및 추방된 자의 사무
- 공적 부조
- 전쟁으로 인한 피해와 그 복구
- 전몰자묘지, 전쟁 희생자 및 폭력적 지배의 희생자의 묘지
- 경제법(광업, 공업, 에너지경제, 수공업, 상업, 영업, 은행, 증권거래소, 사법상의 보험제도)
- 경영참가제도, 근로 보호 및 직업 소개를 포함한 노동법, 사회보험(실업보험 포함)
- 교육보조, 학술연구 조성
- 기본법 73조, 74조에 문제되는 공용 수용
- 토지, 천연자원 및 생산 수단의 공유 또는 다른 공공적 형태로의 이관
- 경제상의 권력적 지위의 남용 방지
- 농림업 생산의 촉진, 식량 확보, 농림업 생산물의 수출입, 원양 · 연안어업, 연안 보호
- 토지거래, 토지법(개발부담금법 제외)과 농업소작제도, 주택문제, 토지개발제도, 이주정착제도
- 공공에 대한 위험성을 가지는 인간 및 동물과 관계되는 전염병 대책, 의료업허가, 약제 · 치료제 · 마취제 및 독극물의 거래
- 병원의 경제적 안정과 병원 치료수가의 규제
- 식료품, 기호품, 생활필수품, 사료와 농림업의 종자 및 묘목의 거래 보호, 식물의 병충해 대책, 동물 보호
- 원양 · 연안 항해, 항로 표지, 내수항해, 기상통보, 해양항로, 일반운수에 이용되는 내륙수로
- 도로교통, 자동차제도, 원거리 교통을 위한 육로의 건설 · 유지, 자동차의 공도 이용에 대한 요금 징수
- 산악철도를 제외한 연방철도 이외의 궤도
- 오물 제거, 공기의 청정 유지, 소음 방지
- 국가배상책임*
- 인공수정, 유전자정보의 연구와 인공적 변경, 장기 이식의 규율
- 주 · 자치단체 및 기타 공법상 단체의 공무에 종사하는 자, 판사의 지위 및 의무(이력 봉급은 제외)*
- 수렵제도
- 자연보호 및 경관 조성
- 토지배분
- 광역계획
- 수자원관리
- 대학제도의 일반적 원칙

비고: * 법은 연방상원의 동의를 요함.

때에, 그리고 그 새로운 연방의 법률과 접촉하는 주의 법률이 이미 공포되어 있을 때에는 당해 주 법률은 무효가 된다. 따라서 주가 제정하는 법은 연방의 법률에 대한 보완적 기능에 지나지 않게 된다. 일정한 사항에서 연방이 이를 전속적으로 규율한 경우에 주의 입법권이 완전히 소멸하게 된다. 실제로 경합적 입법 사항은 매우 광범해서 연방 입법권 행사의 대상이 되지 않는 경제생활의 영역은 거의 없다. 연방의 주도적인 입법은 연방의 권한을 확대하며, 법 제정에서 단일한 경향을 보이게 된다. 독일에서 입법의 중심은 연방하원이 차지하고 있다.

(3) 연방제도 개혁과 입법권 조정

연방국가에서 연방과 주의 협력은 항상 논의와 개혁의 대상이 된다. 독일에서는 연방제가 개혁을 지연시킨다고 지속해서 비판하며, 개혁을 요구받고 있다. 연방상원과 하원은 2003년 10월부터 연방국가의 질서 문제와 현대화 필요성 때문에 연방제도개혁위원회를 운영해 왔다. 이는 연방과 주의 행위 능력과 결정 능력 개선, 행정사무의 효율성과 합목적성의 제고, 정치적 책임의 귀속성을 명확히 하고자 함이었다.

2006년 연방제도 개혁과 기본법 개정에서 입법권이 새로 분배되었다. 연방제도 개혁의 하나는 구 기본법의 '대강 입법권(Rahmengesetzgebung)'의 폐지이다.

연방은 구 기본법 제75조 대강 입법권에 따라 연방은 공무원의 법적 지위, 고등교육기관, 언론 등에서 주에 입법에 대한 지침을 내릴 수 있었다. 이에 따라 주는 일정 기한 내에 주법을 의무적으로 제정해야 했다(구 기본법 제75조 제3항).

개혁의 또 다른 조정은 경쟁적 입법권의 목록 조정이다. 제72조 제2항에 따라 요구 조건의 적용 범위가 제한되었다. 연방은 균등한 생활 조건을 위해, 또는 전국적인 법적 통일을 위해 연방 차원의 법 제정이 필요하다는 것을 먼저 증명해야 한다.

제72조 제3항에 따른 이탈권(Abweichungskompetenz)이 제정되었으며, 이는 연방과 주의 법 권한에서 권한을 분배하는 것이다. 주는 기존에 연방이 정한 대강 입법권의 여섯 가지 영역에서 연방법과 합치되지 않는 법(abweichende Regelung)을 제정할 권리를 갖게 되었다. 즉, 6개의 경합적 영역(수렵제도, 자연보호 및 경관 조성, 토지배분, 광역계획, 수자원관리, 대학제도의 일반적 원칙)에서 신법의 우선 수용 원칙(Anwendungsvorrang des jüngeren Gesetzes)이 확립되었다. 이는 주정부가 이 입법 영역에서 연방 법률과 다른 내용의 주 법률을 제정할 때에, 해당 주에서는 신법인 주 법률이 적용된다. 반면 다른 주들은 연방 법률이 적용된다. 그러나 이 영역에서 연방상원의 다른 결정이 없는 한 연방 법률은 공포 이후

최소 6개월 이후에 효력을 갖도록 규정하고 있다. 이런 조치는 주의 자율성을 높여주며, 주 정부에 주법률을 제정할 기회를 주고자 함이다.

2) 주 입법권

기본법 제70-74조에서 연방의 입법권을 규정하고 있어, 연방의 입법권에 속하지 않는 사항과 그리고 연방이 입법권을 행사하지 않는 한 주의 입법권이 된다. 주의회는 주법의 입법권을 행사하며, 주의 입법 영역은 교육과 문화에 관한 사항, 언론과 방송, 경찰에 관한 사항 등이다. 연방제도 개혁 I에 따라, 경쟁입법권에서 인신 구속, 주택법(Heimrecht), 영업 폐점 시간, 음식점, 오락시설, 전시, 박람회, 시장 관련법, 계단 청소는 주의 입법권으로 이전되었다. 대강 입법권에서 주의 입법권으로 이전된 것은 공무원의 임금 규정이다.

3) 지방자치단체 입법권

연방과 주와 달리 지방자치단체는 국가가 아니므로, 지방의회는 국가 권력을 갖고 있지 않으며, 법률 제정 권리를 갖고 있지 않다. 그러나 기본법 제28조에 따라 지방자치가 헌법적으로 보장되며, 자치권을 보장하고 있어, 지방자치단체의 고유사무에 대해 조례 제정을 통해 입법권을 행사할 수 있다.

2 행정 권한

기본법 8편 '연방법률의 집행과 연방행정'에서 행정에 관한 규율을 포함하고 있다. 이 규율은 연방과 주 간의 행정 권한(Verwaltungskompetenz)의 분배와 연방의 행정청과 행정 주체의 조직을 규정하고 있다. 행정 권한과 조직에 관한 이 규율은 기본법 제30조의 권한 분배에 관한 일반규율, 기본법 제28조 제2항과 자치단체의 자치행정 보장, 몇 개의 특별규정(기본법 제108조, 제120 a조)을 통해 보완된다.

1) 연방행정 권한

연방은 기본법에 따라 수권되어 있거나, 혹은 수권되어 있는 한도 내에서만 권한을 행사할 수 있다. 이와 관련된 기본법의 규정들은 다른 형태로 조직 문제와 결합해 있거나, 특정 행정청의 규율을 따르도록 하고 있어 분류가 단순하지 않다. 그럼에도 연방행정 권한은 네 가지로 분류된다(Maurer, 2010: 433-432).

(1) 필수적 연방행정

기본법은 몇몇 행정을 연방행정의 필수행정으로 강제 규정하고 있다. 외무, 연방재정행정, 연방수로 행정과 해운(기본법 제87조 제1항 제1호), 국방행정(기본법 제87b 제1항 제1호), 항공행정(기본법 제87d 제1항), 철도행정(기본법 제87e조 제1항 제1호), 우편과 전신 분야에서의 국가 업무(기본법 제87f조 제2항 제2호)이다. 이와 같은 행정에 따른 비용은 연방이 부담한다.

(2) 임의 연방행정

다른 분야에서 연방행정에 관한 강제규정이 없으나 연방행정이 허용되는 영역이 있다. 연방국경 보호(기본법 제87조 제1항 제2호), 방위 체제(기본법 87b 제2항)가 임의 행정의 예가 된다.

(3) 연방행정청 설립을 통한 행정

연방은 기본법 제87조 제3항에 의해 연방의 입법권 하에 있는 연방 상급행정청, 영조물(Anstalten), 공법단체를 설립할 수 있다. 또한, 연방은 엄격한 조건에서 연방 자체의 중급 및 하급 행정청을 설립할 수 있다. 이러한 연방행정청을 통한 행정은 위임된 업무를 수행한다.

(4) 연방의 감독권 하의 행정

연방은 감독권과 영향권을 통해 주들이 연방 법률을 집행할 때, 관리와 감독의 형태로 개입하게 된다. 따라서 주는 연방의 강한 영향을 받게 된다. 연방은 조직, 담당과 절차에 대한 법률적인 규율을 정하고(기본법 제84조 제1항), 일반행정규칙을 제정하며(기본법 제84조 제2항), 집행의 적법성을 검토할 권한을 가진다(기본법 제84조 제3항, 제4항). 또한, 연방은 집행의 합목적성을 검토하고, 이에 상응하는 지시를 내릴 수 있다(기본법 제85조 제3항, 4항). 연방헌법재판소의 판결로는 주의 장관들은 연방장관의 지시가 내용상 위법이라고 생각할지라도 그 지시를 준수해야 한다. 이 경우에 주장관은 연방장관의 지시에 대해 지시

권한의 실행이 위헌이라고 의심될 때 소송을 제기할 수 있다.

2) 주의 행정 권한

주들은 연방이 권한이 없는 사안에 대해 관할권을 가진다. 주법률 집행은 주 고유의 업무이다.

연방법률의 집행에서 주는 연방법률을 주 자체 업무로서 집행한다. 기본법에 따르면 연방법률 집행은 1) 기본법 제84조에 의한 주를 통해 주 자체의 업무로서 집행, 2) 기본법 제85조에 따라 연방의 위임으로 주를 통한 집행, 3) 연방 자체의 행정청이나 연방 자체의 행정 주체들에 의한 연방 자체에 의한 집행이다(기본법 제86조, 제87조), 4) 공동 과제에 따른 행정(기본법 제91a조). 연방법률 집행은 위 세 가지 모두의 경우 주는 1)과 2)의 경우에 연방법률을 집행한다.

나아가서 주들은 헌법이 달리 규정하고 있지 않은 한 모든 행정 업무를 스스로 실행한다. 이는 입법과는 달리 행정에서 주들에게 유리하게 규정되어 있는 부분이다.

공간계획, 경제 촉진, 사회 형성과 같은 분야에서는 연방국가의 참여를 더 많이 요구하고 있어 중앙정부의 개입과 영향력도 상승하게 된다.

3) 지방자치단체 권한

게마인데(Gemeinde)와 란트크라이스(Landkreis)는 주에 속한 행정의 하위 단계이다. 따라서 자치행정은 주행정의 연장선에서 볼 수 있다. 그러나 자치단체는 지역공동체의 행정 업무를 자신의 책임하에 규율하고 처리할 권리를 가진다. 이와 같은 자치단체의 자치행정권은 기본법 제28조 제2항에서 헌법적으로 보장하며, 주 또한 지방자치법 등의 규정을 통해 추가로 보장한다.

자치단체는 자치행정 외에 법률을 통해 위임된 국가의 업무를 수행한다. 기본법 제83조 규정에 따라 위임된 연방법률은 주가 직접적인 주행정청을 통해 수행하거나, 아니면 간접적인 주행정의 조직으로서 자치단체를 통해 수행한다. 주는 어떤 행정 주체가 법집행의 관할을 갖는가에 대해 자체적으로 결정한다.

제 3 절 연방행정

조직

모든 기관(Behörde)은 공동조직인 국가(Staat)의 부분으로 기관의 내부 조직(eine behördeninterne Organisation)을 가진다. 조직은 자신을 구성하는 '규정된 단위체(eine verfasste Einheit)이며, 또한 조직의 구성원이 조직의 목표에 따라 어떻게 행동해야 하는가, 조직의 목표 달성을 위해 행동해야 하는 것 등에 관한 규정을 정한다.

공공행정의 업무(Aufgaben)는 법과 행정규정에서 발생한다. 따라서 업무는 행정에서 요소(Element)이며, 여기에 기타 요소와 조직이 구성된다. 업무의 분류와 인식은 모든 기관에서 사전에 정해지는 전제 조건이다.

구조적 조직(Aufbauorganisation[Strukturorganisation])은 업무, 권한, 자원(Ressourcen) 및 지시, 그리고 지시·결정구조(Weisungs-und Entscheidungsstrukturen)를 포괄한다. 업무는 이러한 영역 안에서의 행위 영역(Handlungsfelder)과 권한(Kompetenzen)이며, 자원은 이런 과업을 실행하는 재정, 인력, 정보 등의 모든 수단을 말한다. 지시적 결정구조는 조정 권력(Steuerungsmacht)을 정한다.

구조적 조직은 각 기관의 전체 업무 유형에 따라 서로 다르게 구성되어야 한다. 조직 구성은 전체 업무와 부문 영역을 고려하여 다음의 원리에 따라 이루어진다(Mattern & Reinfried, 1982: 97).

- 목적성(Zweckmäßigkeit): 한 기관의 구조조직은 추구하는 목표를 언제든 달성할 수 있게 되어 있어야 한다.
- 경제성(Wirtschaftlichkeit): 자원의 투입(Mitteleinsatz)은 일의 성과와 관련하여 이성적 관계 속에서 이루어져야 한다.
- 균형(Gleichgewicht): 조직은 안정적(stabil)이어야 하며, 그러나 변화된 요구에 대응할 수 있도록 충분히 변화적(elastisch)이어야 한다.
- 조정(Koordination): 조직 단위체 간의 관계는 마찰을 피할 수 있도록 구성되어야 한다.

이런 네 가지 원리가 구체화하면 할수록 기관은 그만큼 더 잘 기능한다(funktionieren).

조직은 외부조직과 내부조직으로 구분하며, 이로써 각 내부조직과 외부의 다양한 공공영역에 속한 조직 간의 관계를 구별한다.

2 외부 행정구조

독일 행정의 기본 구조(Grundstruktur)는 19세기 초에 구성된 전통과 독일연방공화국에 근거한다(Püttner, 1989: 97).

독일연방공화국에서는 연방, 주, 지방자치단체의 의회가 정당성을 가지며, 각 단위체에 속한 자신의 행정을 집행하고, 이에 속한 하위 행정청(Behörden)과 기관 시설(Einrichtungen)을 감독한다.

기본 구조는 연방 주의 관계에서, 그리고 주 내에서는 특별성과 다양성이 존재하며, 특히 도시 주(Stadtstaaten)와 대륙 주(Flächenstaaten)에서 그러하다.

개별의 큰 단위체 안에서도 행정구조의 기본 틀은 복잡하며 다양하다. 연방과 주와 지방자치단체는 공통으로 적용되어야 하는 기본 요소가 있으며, 이는 행정구조의 특징을 이룬다.

연방과 주에서 행정의 전체(Gesamtheit)는 각 행정청(Behörden)으로 나뉜다. 즉, 행정은 수직적 구조의 단일 지도(Leitung)로 있게 되며, 이에는 단계적인 기관구조(Behördenaufbau)가 있다.

최고행정청(Oberste Behörden)은 작은 단위의 기관으로서 국민대표기관에 인접하게 하거나, 또는 헌법기관 하위에 두며, 수뇌부(Spitze)를 구성한다. 상위기관 바로 아래 구성되는 기관은 전 국가 영역을 담당하게 되며, 이는 두 번째 단계(die zweite Stufe)를 구성하게 된다.

중간행정청(Mittelbehörden)은 최고행정청이나 상급 행정청 아래 있으며, 국가 영역의 부분을 감당하며 [그림 1-1]과 같은 단계를 구성한다.

마지막으로 하위 행정청(Unterbehörden)은 중간행정청 하위에 놓이며 중간기관 영역의 일부를 관리하게 되는 것으로, 가장 낮은 하위 단계를 구성한다. 하지만 이러한 하위 행정청(Nachgeordnete Behörden)은 항상 있어야만 하는 것은 아니다. 각 상위기관의 구조에서 이런 하위기관이 없을 수 있다. 즉, 상위기관 바로 아래 중간기관으로 끝나거나, 중간 및 하위기관이 마지막 단위체로 통합될 수도 있는데, 이는 하위행정의 구분이 이 두 단계에서 목적이 적합하지 않은 경우이다. 입법가는 '목적성'에 따라 조직을 결정한다. 연방과 주에서

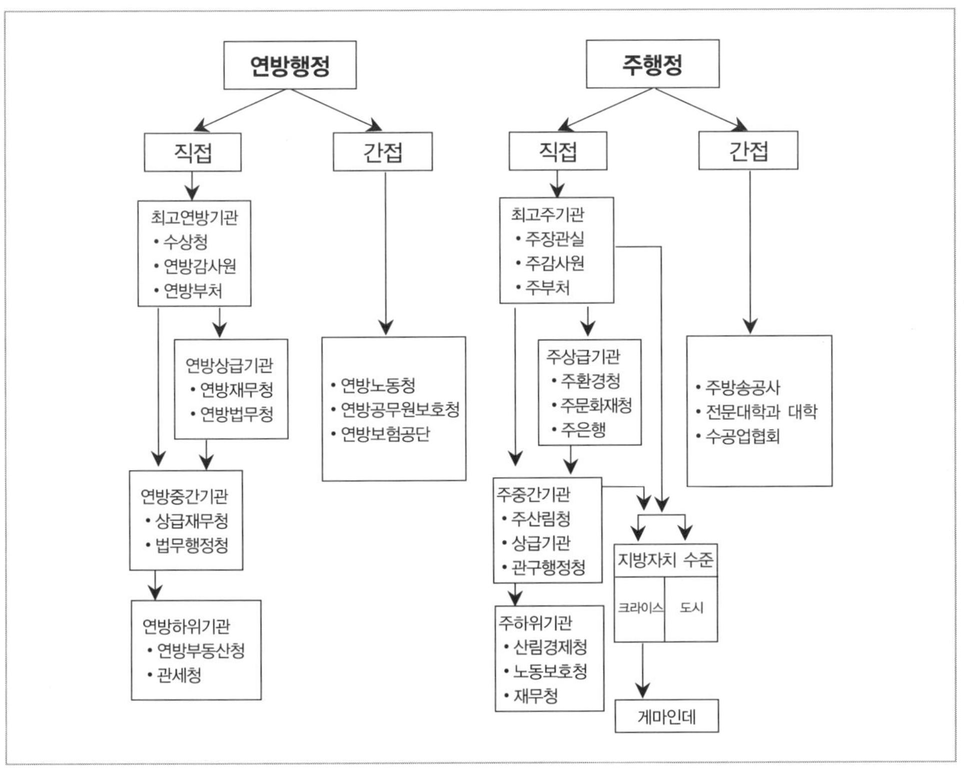

그림 1-1 독일의 연방행정과 주행정

표 1-4 독일의 행정 주체와 행정 수준

(단위: 개)

	행정개혁 이전 (1964)	행정개혁 이후 (서독) (1981)	통일 이후 (2006)	2012년
연방	1	1	1	1
주	11	11	16	16
정부관구 Regierungsbezirke	11	26	22	19
지역단체 Landkreise	33	237	323	295
자치독립시 kreisefreie Städte	425	91	116	107
자치단체 Gemeinde	24,411	8,513	12,312	11,250

자료: Statistisches Bundesamt에서 정리.

기관의 구조에 대한 근거가 개괄적(grob)으로만 명시되어 있기 때문이다. '최고행정청'은 서로가 구속적이지 않으며(unverbunden), 정부나 의회를 통해 조정된다.

지방자치 수준에서의 행정구조는 비교적 단순한데, 이는 전체 게마인데나 크라이스 행정이 한 행정청(eine Behörde) 아래에 조직되어 있기 때문이다. 따라서 하위 행정청은 크라이스에는 없고 게마인데에는 도시구청(Stadtbezirken)이나 지역단위체(Ortschaften)가 존재하는데, 이는 이들이 행정기관으로서 조직될 때이다(Püttner, 1989: 101).

3 연방행정 조직

연방행정은 헌법에 규정된 연방과 주 간의 권한 배분 구조 때문에 수직적 구조에 집중된다. 따라서 중앙 상위 단계는 매우 집중적으로(stark) 포진되어 있고, 반면 중간이나 하위층에는 적은 기관이 존재한다. 연방행정조직은 두 가지 측면에서 주행정과 구분할 수 있다.

- 연방은 일반행정청을 두고 있지 않으며, 다만 특별행정청만을 가진다.
- 연방은 일부 예외를 제외하고 자체의 직접 하부 행정기관이 없는 상급 단계의 행정청만을 가진다.

기본적으로 연방행정은 직·간접적인 국가행정(die unmittelbare und mittelbare Staatsverwaltung)으로 조직된다. 직접행정의 기관은 국가기관(staatliche Behörden)이며, 조직에서 자율적이다. 간접행정기관은 조직과 법적 수준에서 자율적인 외부에 독립되어 설립된 행정단위체(ausgegliederte Verwaltungseinheiten)이다.

3) 연방정부와 부처행정

(1) 연방수상

독일 정부는 의원내각제로, 연방대통령을 국가원수(Staatsoberhaupt)로, 연방수상을 정부수반(Regierungschef)으로 하는 2명의 행정수반 체제로 되어 있다. 그러나 헌법은 과거 바이마르공화국의 경험에 기인하여 연방대통령보다 연방수상에게 실질적인 통치권을 주고 있다. 연방수상은 연방대통령의 제안으로, 토의하지 아니하고 연방하원에서 선출된다.

연방정부의 법적 구조는 세 가지 원리인 수상 원칙(Kanzlerprinzip), 내각 원칙(Kabinetts-prinzip), 부처 원칙(Ressortsprinzip)으로 나뉘며, 이 3원리는 서로 부분적으로 충돌하기도 한다.

연방수상은 정부수반으로서 다음과 같은 권한을 가진다.[2)]

- 연방정부 구성
  연방장관은 연방수상의 제안으로 대통령이 임면한다(기본법 제64조). 연방수상만이 연방정부 내에서 선거를 통한 정당성을 가지며, 연방하원은 수상으로 하여금 특정한 장관을 해임하도록 강제하거나 또는 해임할 수 없다. 연방의회는 기본법 제68조에 따라 연방수상을 불신임할 수 있다.
- 연방수상의 기본 방침 결정권(Richtlinenkompetenz)
  연방수상은 국정에 대한 기본 방침을 정하며, 이에 관한 책임을 진다(기본법 제65조). 기본법은 연방수상에게 정부 방침 결정에 관한 권한을 부여하며, 수상은 장관의 임면권을 통해 장관의 거취를 결정할 수 있으므로, 수상은 자신의 국정 방침을 견지해 나갈 수 있다. 연방수상은 기본법 제65조에 따라 연방 사무처리의 권한을 가진다.
- 연방수상의 조직권
  연방수상은 연방정부의 정부직무법(Geschäftsordnung der Bundesregierung)에 따라 연방장관의 수와 직무 범주를 결정한다. 수상은 자신에게 주어진 이런 권한을 통해 연방정부의 통일성(Einheitlichkeit)을 꾀하며, 직무 능력(Handlungsfaeigkeit)을 촉진하게 된다. 그러나 연방수상은 많은 영역에서 실제로 권한을 갖고 있지만, 이런 권한의 사용은 연립정부의 수립과 같은 정치적 상황 때문에 제한된다.

(2) 연방부처와 장관

연방수상은 장관의 수와 부처의 업무 영역을 분명히 한다. 정부 구성은 보통 연립정부를 구성하는 정당 간의 합의로 나타난다. 연방부처의 수는 13~21개 사이이다. 콜 정부의 후반부인 1994년에는 16개 부처, 2002년 슈뢰더 정부에서는 13개로 줄었다. 메르켈 정부(2012)

---

2) 수상의 지위와 권한은 수상민주주의(Kanzlerdemokratie)로서 논의된다. Niclauß, Karlheinz(1999). Bestätigung der Kanzlerdemokratie?, in: *APuZ* 20, 27–38; Haungs, Peter (1986). Kanzlerdemokratie in der Bundesrepublik Deutschland: Von Adenauer bis Kohl, in: *Zeitschrift für Politik*, Bd. 33, 1/1986, 44-66; Jäger, Wolfgang (1988). Von der Kanzler– zur Koordinationsdemokratie, in: *Zeitschrift für Politik*, Bd. 35, 1/1988: 15-32.

에서는 14개 부처이다.

정부부처 간에는 '부처 원칙'이 적용된다. 부처소관주의는 독일 행정조직에서 매우 주요한 특성이다. 각 연방장관은 자신의 방침 내에서 소관사무를 자주적으로, 그리고 자기 책임하에서 처리한다(기본법 제65조). 연방수상의 '기본 방침 결정권'을 통해 부처의 의견이 결정되는 예는 극히 예외적이다. 장관은 부처의 업무가 부처 수준에서 또는 하위기관에서 수행할 것인지를 판단하며, 하위기관을 감독한다. 부처의 조직은 서로 차이가 나는 조직을 가진다. 전통적이고 고전적인 부처에는 내무부, 외교, 법무, 재무, 국방이 속한다. 교육과 연구, 경제 협력, 환경 또는 교통 등은 가장 최근에 생긴 부처들이다. 가족부는 1990년 연방선거 이후에 여러 부처에 소관된 것을 합해 생겨났다.

2) 직접 연방행정

연방과 주의 기관구조(Behördenaufbau)에서 최상층은 중앙층(Zentralstufe)으로 표시된다. 중간의 연방행정은 최상층 연방행정청(oberste Bundesbehörden)과 연방 상위행정청(Bundesoberbehörden)으로 구분된다.

(1) 최고 행정청

최상급인 최고 연방행정청(Oberste Behörden)은 헌법적인 서열을 가진다. 이 기관은 기본적으로 규정된 헌법적인 업무(Verfassungsauftrag)뿐만 아니라 행정 업무도 수행하는데,

표 1-5 연방 최고행정기관

연방 최고행정기관	산하기관
연방대통령실(Bundespräsidialamt)	없음
연방하원의장(기관으로서 행위 시)	
연방하원 사무국	
연방헌법재판소장(기관으로서 행위 시)	
연방감사원(Bundesrechnungshof)	
연방수상실	
연방정부 문화미디어(Beauftragter)	
연방공보처	
• 연방부처	연방상위 · 중급 · 하위 행정기관
연방외무부 외 13개 부처(총 14개 부처)	

이는 수직적으로 하위에 다수 기관을 갖고 있는 연방부처가 예가 된다.

최고 연방기관의 상층(Spitze)에는 국가의 수장인 연방대통령실이 있다. 최고 연방기관에 연방수상실과 함께, 연방부처, 연방공보처, 연방감사원이 속한다. 연방감사원은 연방정부로부터 독립되어 있다. 연방수상실은 기능적인 업무 수행보다는 오히려 정치적 조정과 창구로서의 역할을 한다.

연방의회 행정을 가진 연방의회의 의장단, 연상상원, 연방헌법재판소는 국가의 행정조직에 속하지 않으나, 개념 정의에 따라 최상급 연방행정청으로 분류하기도 한다.

연방부처의 수는 연방수상의 조직명령(Organisationserlass)을 통해 결정되는데, 이 또한 부처의 담당 소관에 해당한다. 장관의 구체적인 수는 각 연방수상의 정치적 고려와 결정에 의존하며 외무, 내무, 법무, 재무, 국방 등 5개 부처는 전통적인 부처로 분류된다.

(2) 연방 상급 행정청

중앙층(Zentralstufe)에 마찬가지로 연방 상위기관(Bundesoberbehörden)이 존재한다. 연방 상위기관은 행정 일부로 각 부처에서 특별히 부과한 행정 업무를 담당하며, 연방지역(Bundesgebiet)에 대한 관할권을 가진 자율기관으로 설치된다. 연방기관의 세분화는 연방법률을 통해 가능하다. 이런 연방기관은 다시금 상위 연방기관 바로 하위에 놓이게 된다. 연방부처나 연방수상청 아래 속하는 경우다. 예로 1974년에 설립되어 군인 대체 복무를 관장한 연방시민청(Bundesamt für Zivildienst)은 가족노인여성청소년부(BMFSFJ) 산하기관이며, 2011년에 업무가 확대되어 가족시민청(Bundesamt für Familie und zivilgesellschaftliche Aufgaben: BAFzA)으로 개명되었다. 연방행정청(Bundesverwaltungsamt)은 연방내무부, 연방카르텔 청은 연방경제기술부처 산하기관이다.

(3) 연방 중급 행정청

독일 국토의 크기로 연방행정 내에 중간기관(Mittelbehörden)을 설치해야 하는 필요성이 생긴다. 연방 중급 행정청(Bundesmittelbehörden)은 연방장관들에 소속된 행정청으로 이루어지며 특정한 행정 업무를 지역적으로 전체 연방을 관장하는 기관이다.

중급 행정청은 하위기관과 관련하여 하위기관을 협조하며 감독하는 행정 이외에 이들의 상고권(Widerspruchsinstanz)을 가진다(Mattern, 1982: 87).

엄밀한 의미에서 독일에는 징세에 관한 정부의 권한이 주정부에 이양되어 있기 때문에 우

표 1-6 하급 행정청이 없는 연방 중급 행정청(Art. 87 GG)

행정청	소재 도시
연방범죄수사국	Wiesbaden
연방보사부	Berlin
연방기업연합청(Bundeskartelamt)	Berlin
운전에 관한 연방행정청	Flensburg
연방통계청	Wiesbaden
연방환경청	Berlin
헌법보호행정청	Köln
독일특허국	München
군사기술과 조달 연방행정청	Koblenz
청소년 유해 출판물 연방검사국	Bonn

리나라의 국세청에 해당하는 기관이 없다. 주마다 독립된 재정관리국(Oberfinanzdirektion)의 지휘 하에 지역마다 설치된 세무서(Finanzamt)가 징수 업무를 담당할 뿐만 아니라 주세무청은 세관(Zollamt)을 지휘하는 기능도 수행한다.

1998년 기준 독일 전역에는 총 500여 개의 세무서와 세관이 있으며, 개별 세무서와 세관은 약 150~300여 명의 직원이 근무한다. 독일 전역에서 세무관서에서 종사하는 인원은 125,000명 정도로 보고되고 있으며, 이 중 10,000여 명 정도가 세무조사 요원으로 본다.

베를린최고재정관리국(Oberfinanzdirektion Berlin)의 최고 통솔권은 주재무성(Landes-finanzfimisterium)이 가지며, 특별한 업무를 수행하는 상급관청(Oberbehörde)이 있다. 그 다음으로는 지역별 조세 징수를 지휘하는 주세무청(Oberfinanzdirektion)이 있으며, 그 산하에 마지막으로 세무서가 있다. 주세무청은 큰 규모의 주에서는 지역을 셋 정도로 나누어 관장하고, 중간 규모의 주에서는 주 전체를 하나의 주세무청이 그리고 작은 규모의 주는 여러 주를 묶어 하나의 주세무청이 관장한다.

(4) 연방 하위행정기관

연방 수준에서 3단계 행정구조는 특정한 분야에만 존재한다.

기본법 제87조 제1항, 제97b조, 제89조에 근거하여 연방은 외무 업무, 연방 재무행정, 연방 국방행정, 연방 수로행정과 항해(Schifffahrt)에 대해 하위행정기관(Unterbehörden)을 가질 수 있다.

비슷한 하위기관을 갖는 것은 연방내무부 산하의 연방국경경비대(Bundesgrenzschutz)이다. 연방국경수비대는 연방지역의 국경경찰 경비(Schutz) 업무를 맡는다. 국경경비대는 2005년 6월 30일 슈뢰더 정부에서 연방경찰(Bundespolizei)로 개명되었다. 업무는 개명과는 상관없이 같다.

3) 간접 연방행정

특정한 연방국가의 업무에 대해 이를 관리할 '연방 직접(bundesunmittelbare)' 법인(Körperschaften), 영조물(Anstalten), 재단(Stiftungen)을 설립할 수 있다. 이들은 업무 영역에서 자율적이고, 지역은 연방 전체를 커버하며, 각 부처의 감독 하에 놓인다. 사회보장기관, 문화 및 교육기관, 연구재단 등이 이에 속한다. 법적으로 이 기관들에 자율적 행정과 책임행정이 보장되며, 법적 감독만이 허용된다. 이들은 국가의 법률에 기속되어 있어 국가에 결속되어 있지만, 국가의 직접적인 간섭(Zugriff)에서 벗어나 있다.

가장 큰 연방 간접 행정기관은 뉘른베르크에 소재하는 연방노동청(Bundesanstalt für Arbeit)이다. 연방노동청은 산하기관을 가지며 주노동청(Landesarbeitsämter)과 지역노동청(örtliche Arbeitsämter)으로 구성된다. 10개 지역청(Regionaldirektionen)을 가지며, 약 11만 명이 근무한다.

간접 연방행정의 또 다른 기관으로는 프로이센문화재단(die Stiftung Preußischer Kulturbesitz), 독일도서관(Deutsche Bibliothek)이 있으며, 이들은 학문과 문화적인 업무를 맡는다.

공공행정기관의 개혁에 따라 연방철도와 연방우체국, 두 거대 행정기관이 민영화되었다. 연방우체국은 우편 서비스(Postdienst), 텔레콤(Telekom), 그리고 우편은행(Postbank)으로 나뉘어, 1995년 1월 1 일부로 민영화되었다.[3] 1998년 제3차 개혁은 1998년 1월 1일부터 발효된 독일의 신우편법(New Postal Act)의 제정과 함께 시작되었다. 신우편법에 따라 우정사업 규제기관을 신설했으며, 경쟁적인 시장 형태로 산업국가 변모했다. 이후 각 주식회사는 상장함에 따라 현재 정부 지분 소유 비중은 50% 미만이 되고 있다.

1994년에 독일연방철도와 구독동의 제국철도(Deutsche Reichsbahn)도 독일철도주식회사

---

3) 독일의 연방우체국은 1990년 1차 개혁(Postal Reform I)으로 우편 서비스, 우편은행, 텔레콤의 3개로 분리하면서 시작되었다. 공사법을 제정하여 공사에 법적인 지위를 부여했다. 1995년 제2차 개혁에서 3개 공사를 상법에 의해 운영되는 정부 출자형 주식회사(AG)인 Deutusche Post AG. Deutsche Postbank AG, Deutsche Telekom AG로 법적인 지위가 변경되었다.

(Deutsche Bahn AG)로 민영화되었다. 독일연방철도의 민영화에 따른 구조개혁은 10년에 걸쳐 3단계의 과정으로 이루어졌다.

첫째, 1990년 10월 3일 통일과 함께 동독의 제국철도와 서독의 연방철도, 그리고 서베를린 철도가 하나의 특별회계로 통합되어 상하 분리의 조직개편이 시행되었다.

둘째, 1994년 1월 1일 정부부처의 형태로 운영되던 연방철도청을 4개 사업본부(장거리 여객, 단거리 여객, 화물, 선로관리) 주식회사와 1개의 특별회계로 전환했다.

셋째, 2단계에서 4개 사업본부가 완전히 독립된 주식회사로 전환되는 단계를 거쳐 일어났다. 이를 통해 철도의 운송에서 인력 절감과 투자 확대를 통한 경쟁력 향상을 도모했다.

그러나 연방은 철도의 공공성을 유지하기 위해 주식의 절반 이상을 보유하고 있다.

표 1-7 부처 이하의 연방행정(nichtministerielle Bundesverwaltung)

	법적 지위	법적 주체	유형	감독	예	
직접 행정청	공법	연방공화국	연방상위청 연방직접청 연방하위청	법-전문 감독	- Statisches Bundesamt - Bundesverwaltungsamt - Bundesnetagentur - Bundesanstalt für Finanyaufsicht - Bundesamt für Migration und Flüchtige - Bundesbeaufgrager für die Unterlagen der Staatsicherheit	
간접 행정청	공법	공공법인	영조물 (Anstalt) 법인 재단(공법)	법감독	- Bundesbank - Bunesangentur für Arbeit - Deutsche RentenversicherungBund - Kassenärtliche Bundesvereniigung - Bundesstiftung Mutter und Kind - Stiftung Preussicher Kulturbesitz - Treuhandanstalt(und Nachfolger)	
사법 형식 연방행정	사법	지분 및 재산 참여의 민법체	유한회사 (OGmbH) 주식회사 (AG) 등록단체 (e.V.) 재단	참여권	- Deute Flugsicherung GmbH - Max-Planck-Gesellschaft - Kreditanstalt für Wiederaufbau - Goethe Institut inter Nationes e.v. - Deutscher Entwicklungsdienst GmbH - Stiftung Warentest	- DFG - GTZ - Post AG - Bahn AG - Telekom AG - DAAD
사법위탁행정	사법	사법상 주체 수탁인 (Beliehener)	유한회사 (GmbH) 주식회사 (AG) 등록단체 (e.V.)	계약	- TV - Verbarucher zentrale "Bundesverband" - Deutsche Gellschaft für Ernährung e.V. - Deutscher Motorzachtverband	

자료: Bogumil & Jann(2009: 95); Döhler(2007: 50) 및 기타 자료 추가.

제 4 절 주행정

주행정(Landesverwaltung)은 주정부(Regierung)와 행정부(Verwaltung)로 구성된다. 주는 연방법률 대부분을 집행하며, 지방자치에 대한 법 제정과 감독을 맡는다. 주의 고유 권리와 행정은 문화, 교육, 학문 연구 지원, 예술, 학교와 대학 건물 건축과 관리, 내무, 언론, 출판, 방송 등이 있다.

주정부의 장관들은 정부와 행정의 기능을 수행하며, 부처를 가진다.

1 주행정의 기본 구조

주행정 조직을 결정하는 것은 주 자체의 고유 권한이며 업무이다. 주는 기본법 제85조 연방위임(Auftrag des Bundes)에 따라 고유한 책임으로서 연방법을 집행한다.

연방국가인 독일에서 주의 행정조직은 서로 법적 근거에서 차이가 나며, 그 형태에서도 차이가 난다. 예로 바덴-뷔르템베르크는 'Landesverwaltugsgesetz'(1984, GBI. S.101), 노르트라인-베스트팔렌은 'Landesorganisationgsesetz'(1980, GVBI, S.528), 자를란트는 'Landes-organisationsgesetz'(1979, ABI, S.147) 등이다. 그럼에도 주의 행정조직에는 구조적인 공통점을 가진다.

첫째, 모든 주에는 일반행정청과 특별행정청을 둔다. 이 구분의 기준은 실질적 관할이다. 즉, 특별행정청은 단지 법률에 따라서 그에게 명시된 특정한 행정 업무만을 수행한다. 반면 일반행정청 관할권은 특별행정청을 포함하여 다른 행정청에 관할권이 없으면 인정받을 수 있다. 일반행정청은 행정 업무의 통일을 꾀하는데, 이는 행정을 단일화하고 권한 분쟁을 예방해 준다. 특별행정청을 설립하는 것은 일방행정청의 업무가 가령 거대화되어 통제 불능과 업무 수행 불능이 되는 것을 피하고자 하는 목적이 있다. 따라서 특별행정청은 특수한 행정 업무에 상응하는 전문 인력과 자원을 가지게 함으로써 업무를 수행하는 장점이 있다. 이런 부서의 설립은 행정 목표를 달성케 해 준다.

둘째, 주 수준에서 행정조직은 보통 상급(주정부, 주총리), 중급(중급행정청장), 하급(하급행정청)의 3단계로 구성된다. 이러한 단계에서 일반행정청은 각 단계 사이에 수많은 행정청이 성립된다.

최고 주기관은 연방과 같은 방식으로 조직되었다. 하위행정의 조직과 지방자치단체와의 연결은 주별로 서로 다르다. 독일에서 중간행정청(Mittelinstanz)을 가진 대륙주, 중간행정청 없는 대륙 주, 도시 주(베를린, 함부르크, 브레멘) 간 구별한다.

브란덴부르크, 메클렌부르크-포어포메른, 자를란트, 슐레스비히-홀슈타인, 튀링겐 등 대륙 주는 중간행정청(Landesmittelbehörden)이 설치되어 있지 않다. 반면 대륙적인 노르트라인-베스트팔렌주는 중간행정청(LOG NRW. 7.8조)을 가지며, 주의 전체나 또는 일부 업무를 관장한다.

대륙 주에서 또한 직접행정과 간접행정을 구별한다. 여기서 주요점은 중간행정청(Landesmittelbehörden)이 지방자치단체행정에 대해 영향력을 가지며 주요 역할을 하는 점이다.

베를린, 함부르크, 브레멘과 같은 도시 주는 국가행정과 게마인데 행정과의 구별을 원칙적으로 하지 않는다. 예외적으로 브레멘하펜시 자치행정(die Kommunalverwaltung der Stadt Bremerhaven)은 브레멘주에서 별개로 존재한다.

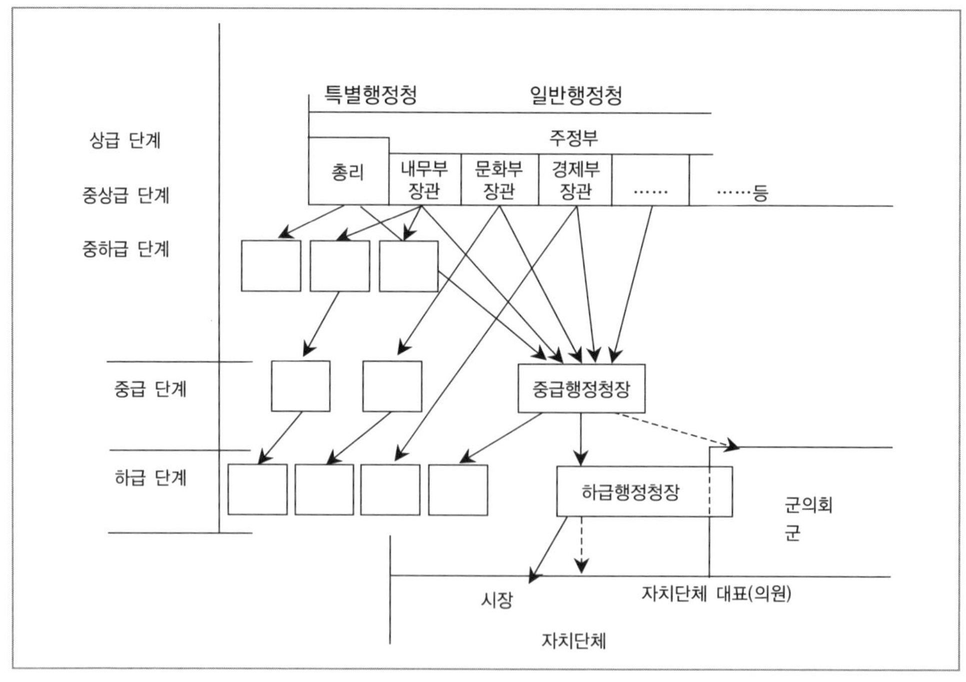

그림 1-2 주행정 구조

2 직접 주행정

주행정조직은 연방행정과 병행구조를 가진다. 주에서도 연방행정과 같이 최상급 행정청(oberste Behörden)과 상급행정청(Oberbehörden)의 상급 단계(Oberstufe)와 중급 단계(Mittelstufe)를 가지며, 주행정조직은 하급 단계(Unterstufe)를 더 갖고 있다. 이 3단계는 직접 주행정(Unmittelbare Landesverwaltung)이 된다.

1) 상급 단계

(1) 최고 주행정청

최고 주행정청(Oberste Behörde)은 주정부, 주총리와 장관들이다. 최고 주기관은 대륙 주에서는 주정부로, 바이에른, 작센, 튀링겐에서는 국가정부(Staatsregierung)로, 베를린, 함부르크, 브레멘의 도시 주에서는 세나트(Senat)로 불린다.

각 주정부의 수뇌는 주총리(지사: Ministerpräsident)이며, 주총리의 기관은 Staatskanzlei로 불린다. 바덴-뷔르템베르크에서는 Staatsministerium으로 불린다. 베를린주의 수뇌는 시장(Bürgermeister)이다. 함부르크에서는 제1시장이 주정부를 지휘하며, 브레멘에서는 세나트의 장(Präsident des Senats)이다. 각 도시 주의 정부수반의 총리실(Führungsinstrumentarium)은 Senatskanzlei로 표시한다.

최고 주행정청은 통치로서 정부 권한(Regierungsinstanz)과 행정 권한(Verwaltungsinstanz)을 가진다. 최상부에서의 행정은 정부 업무와 밀접하게 연결되어 있기 때문에, 이런 두 권한을 분류하는 것은 큰 의미가 없고, 명확히 분류하는 것도 불가능하다.

주의 장관들은 특정 업무 분야를 관장하고 있으며, 때로는 무임소 장관이 있다. 무임 소장관은 정부의 임원이지만, 그 자체가 최상급 행정청은 아니다.

(2) 상급 행정청

주에서 상급 행정청(Oberbehörden)은 연방행정과 같은 중요성을 갖지 못한다. 주들은 오히려 중간층기관(Mittelinstanz)에 권한을 부여하고 있다(이는 소위 주행정청[Landesämter]으로 불린다). 이런 기관의 분류는 주마다 부분적으로 다르다. 가령 노르트라인-베스트팔렌은 상급기관의 권한에 있을 것들을 다수 중간기관에 부여하고 있다.

주 상급행정청은 한 특정 업무만을 담당하며, 지역적으로는 주 전체를 담당한다. 이들은 장관이 처리해야 할 특정한 행정 업무를 처리한다. 주 상급행정청으로는 주통계청, 주형사행정청, 헌법보호행정청, 주보건행정청 등이 있다. 주들은 주의 필요에 따른 특정행정 업무를 위한 주행정청을 두고 있다. 주 감사원(Landesrechungshof)은 상급행정청이 아니라 주의 최고행정청으로서 독립되어 있어 어떤 장관 산하에도 소속되어 있지 않다.

2) 중급 단계

중간 또는 하위 단계(Mitte-bzw. Unterstufe) 조직은 주마다 서로 다르게 조직되어 있다. 규모가 큰 대륙 주에서는 연방행정과 같이 3계층 조직구조로 되어 있다. 이는 가령 중간층기관(Mittelinstanz)을 가진 대륙 주이다.

중급행정청(Mittelbehörden)은 중급행정청장(Regierungspräsidenten)이나 관구정부(Bezirksregierungen)이다. 중간 단계에는 행정 단일화에 대한 기본 원리가 있으며, 이는 가령 관구정부(Regierungsbezirk)의 행정기관에서 수평적인 집중이다. 중간기관은 각 주별로 보면 인구 수나 면적 크기에 따라 설치되어 있다. 가령 자치단체의 상위기관으로서 자치단체조합(Kommunalverbände) 또는 지역관할권을 가진 주관청(Landesbehörde)이다. 관구정부는 7개의 대륙주에서 존재했으며, 니더작센주는 2005년 1월 1일부로 행정개혁의 목적으로 관구를 폐지했다. 관구정부는 평균 3개에서 8개 사이이며, 노르트라인-베스트팔렌주의 뒤셀도르프의 경우 인구는 530만 명으로 가장 인구가 많은 관구에 속한다.

연방에서와 같이 중급행정청은 상급층(Zentralstufe)의 업무 완화와 하위행정기관 조정의 업무를 가진다. 그 외 중간기관은 자치행정기관(Selbstverwaltungsträger)의 감독과 상고기관(Widerspruchsinstanz)이다.

중간기관에는 상급재정청(Oberfinanzdirektionen)이 있는데, 이는 연방과 주에 대한 중간기관 역할을 하며 연방기관인 동시에 주기관으로서의 역할을 한다(Mattern, 1982: S. 89).

3) 하급 단계

주연방기관은 크라이스 수준에서 다수 하위 주행정청을 두고 있다. 크라이스 행정 또는 집행부(Landratsämter), 경찰청(Polizeipräsidenten), 영업감독청(Gewerbeaufsichtsämter), 교육청(Schulämter), 도로건설청(Straßenbauämter), 의료보건청(Gesundheitsämter), 산림청(Forstämter) 등이다.

3 간접 주행정

간접 주행정 영역에는 많은 공공 업무를 맡은 많은 법인(Körperschaften)이 있다. 법인은 주정부의 감독하에 놓이며 주요한 업무를 수행한다. 법인은 법에 근거하여 설립되며 각 직업 그룹에서 멤버십(Mitgliedschaft)은 의무이다. 간접 주행정(Mittelbare Landesverwaltung)에는 산업·상공회의소(Industrie-und Handelskammern), 수공업협회(Handwerkskammern), 법정건강금고(die gesetzlichen Krankenkassen), 주보험공사(Landesversicherungsanstalten), 의사·변호사협회(Ärzte-und Anwaltskammern)가 속한다.

간접 주행정은 이용자(Benutzer)로서의 영조(Anstalten) 행정 업무, 회원(Mitglieder)으로서의 법인(Körperschaften) 행정 업무, 자산(Vermögen)/공공 목적(Nutziesser)으로서의 재단(Stiftungen) 행정 업무로 분류된다.

4 지방자치단체 단계

지방자치단체는 독일연방공화국의 국가구조에서 제3층에 해당한다. 지방자치단체는 국가의 기초로 자치단체의 단계에서는 국가행정청은 없으며 기관 대여의 방법도 존재하지 않는다. 이 단계에 속하는 국가의 수행 업무는 위임사무(Auftragsangelegenheit)이다. 연방과 주는 자치단체에 업무를 위임하며, 이에 상응하는 재정을 지원하고 자치단체는 자치행정 범주에서 고유 업무와 자유 업무를 수행한다.

자치행정(Selbstverwaltung)은 도시와 게마인데의 지역단체 사안이 법의 테두리 안에서 자율 책임하에 계획하는 것을 허용한다.

헌법적으로 보면 게마인데는 주의 층(Ebene der Länder)에 속한다. 주의회는 지방자치법(Kommunalverfassungen), 게마인데 경계(Gemeindegrenzen)를 결정한다. 주정부는 게마인데 행정에 감독권을 행사한다. 지방자치단체는 헌법에서 보장하는 권한을 가진 대표자(Vertretung)를 갖지 못한다.

1) 지방자치단체의 유형

독일에서 지방자치단체의 유형(Arten der kommunalen Gebietskörperschaften)은 아래와 같이 구별된다.

- 군(Landkreis)
- 자치독립시(州자치시)(kreisfreie Städte) – 보통 10만 명 이상 주민, 때로는 수가 적을 수 있음)
- 군 소속 게마인데(kreisangehörige Gemeinde)

크라이스 소속 게마인데는 때로는 도시(Stadt)로서 표시되는데, 이는 다음과 같이 분류된다.

- 대(大)크라이스 소속 도시(Große kreisangehörige Städte) (보통의 크라이스 소속 도시보다 더 많은 업무를 가지며, 인구는 최소 3만 명 이상)
- 크라이스 소속 도시(kreisangehörige Städte) (인구는 적어도 1만 명 이상)
- 자율 게마인데(selbstständige Gemeinde) (인구는 적어도 3천 명 이상)
- 행정공동체에 속한 게마인데(in Verwaltungsgemeinschaften eingegliederte Gemeinde) (각 주별로 서로 다른 명칭을 가지며, 설립 기준도 다르다. 인구는 3천 명 이하이다)

란트크라이스(Landkreis)는 모든 주에서, 그리고 헌법에 규정되어 있는 상급 단계에서 주요한 지방자치단체이다. 란트크라이스는 자치단체의 연합이 아니라 '지자체(Gebietskörperschaft)'이며, 란트크라이스의회(Landrat)는 지역 주민에 의해 선출된다. 란트크라이스는 지역을 넘어 지역과 관련된 사안을 자치행정 업무로 수행한다. 지역단체의 자치행정은 기본법 제28조 제2항 제2문에 의해 보장된다. 예로 브란덴부르크주는 14개 란트크라이스와 4개 크라이스프라이도시로 되어 있다. 란트크라이스의 하나인 슈프레-나이세(Spree-Neiβe)는 30개 게마인데로 나뉜다. 30개 게마인데는 23개의 크라이스 소속 게마인데와 7개 도시로 되어 있다.

행정의 수직적 구조에서 란트크라이스는 '크라이스프라이도시'(자치독립시, kreisfreie Städte)와 같은 수준에 있다. 란트크라이스는 지역단체에 도시와의 연결 기능은 '크라이스프라이도시'보다 더 강하다.

란트크라이스는 크라이스 소속 게마인데에 대해 법적으로 지방자치 감독(Kommunalaufsicht)

의 기능을 가지며 부분적으로는 '감독 전문 및 특별감독권(Fach-und Sonderaufsicht)'을 가진다. 란트크라이스에 속하지 않은 전문 감독(Fachaufsicht)은 주의 특별기관에 의해 이루어지며 기념물 · 유적보호기관(Denkmalschutzbehörde)이 있다. 크라이스프라이 도시는 국가중간기관(staatliche Mittelinstanz)으로서 관구정부(Regierungspräsident 또는 Bezirksregierung)의 법적 그리고 전문 감독 및 특별감독을 받는다.

2) 자치단체의 조직 유형

지방자치단체 관청은 독일 전체에서 거의 동일한 형태로 조직되어 있다. 이런 조직에 대한 권고는 KGSt(지방자치단체연합회)의 권고에 따른다. 물론 작은 게마인데는 대도시와 같이 많은 관청을 갖지 않는다. 여기서 각 자치단체의 차이가 나타난다.

대도시행정의 관청은 8개 업무 분야로 나뉜다. 이 업무 분야는 다음과 같다:

- 그룹 1: 일반행정(Allgemeine Verwaltung)
- 그룹 2: 재무행정(Finanzverwaltung)
- 그룹 3: 법 · 안전 · 질서행정(Rechts-, Sicherheits-und Ordnungsverwaltung)
- 그룹 4: 학교 · 문화행정
- 그룹 5: 사회 · 청소년 · 보건의료행정
- 그룹 6: 건축행정
- 그룹 7: 공공시설행정
- 그룹 8: 경제 및 교통행정

위의 각 그룹에 일련의 기관이 속한다. 기관 설립 시에 지방자치행정 내에서 집행되는 것과 그렇지 않은 것(어느 정도 자치행정 외적으로(ausgegliedert) 조직화된 것)을 통상적으로 구별한다.

지방자치단체는 연방과 주법의 집행에서 주요한 행정 주체(Instanz)이다. 자치행정에서 연방 또는 주법에 의해 규정되지 않으면서, 상대적으로 자율적인 영역은 문화와 스포츠 영역이다.

제 5 절 통일과 신연방주 행정

 체제 전환과 행정

독일 통일에 따른 체제 전환 가운데서 공공행정도 도전에 직면하게 되었다. 당시 동유럽 국가에서 다원적 사회, 사회시장주의, 연방제도와 민주주의가 새롭게 창조된 것과는 달리, 동독에서의 행정개혁은 서독의 제도가 가입 지역(Beitrittsgebiet)으로 확장되는 성격으로 일어났다. 화폐금융조약, 통일조약을 통해 서독의 헌법과 법 체계가 동독지역에 자연스럽게 이전되었다. 따라서 구동독의 체제 전환은 동유럽의 여러 국가와는 달리 '특별 케이스(Sonderfall)'로서 논의되었다.

서독에서 동독으로 이전되는 주요 영역별 대상은 다음과 같이 나눌 수 있다.

- 시장경제제도에서는 소유권, 은행제도, 화폐와 금융제도 등
- 사회제도에서는 언론의 자유, 민주주의 가치와 다원주의 등
- 사회복지에서는 사회보장제도, 실업제도, 건강보험제도, 교육제도 등
- 정치제도에서는 선거 및 정당제도, 의회내각제, 지방자치, 연방제도
- 행정제도로서는 내각제 정부와 행정제도, 회계 원리, 행정법 등

동독에서의 행정개혁은 체제 전환과 연결되어 있다. 즉, 동독 헌법에서 노동자 계급이나 당의 지도권(Führungsanspruch)(제1조 제1항)이 삭제되었다. 국가보위부(Ministerium für Staatsicherheit)가 해체되었으며, 정치적 특권 계급인 카더(Kader)와 노멘클라투라(Normen-klatura)는 자신들이 담당한 지위를 내주어야 했다. 새로 정당성을 가진 엘리트들이 공직에 진입했으며, 행정은 민주적인 행정과 조직으로 대체되었다.

구동독의 행정개혁에서 서독 제도의 이전은 통일에서부터 시작된 것이 아니라, 1989년 동독의 붕괴를 가져온 가을 평화혁명에서부터 진행되었다. 제도 이전은 일종의 동독의 식민지화처럼 일방적인 제도 이식으로 일어난 것은 아니다. 동독 시민의 자율적인 숙의와 결정이 있었다. 이는 일종의 슘페터(Joseph Schumpeter)가 말하는 창조적인 파괴를 통해 제도의 개혁이 일어난 것이다(Derlien, 2001).

동독에서 일어난 주요 정치적 사건은 1990년 3월 18일 동독의 마지막 의회선거이다. 이

선거에는 서독의 선거와 정당제도가 이전되어 시행되었다. 1990년 5월 17일에 동독의 지방자치법이 제정되어, 지방자치제도가 재도입되었다. 1990년 7월 22일 동독인민의회에 의해 결정(27. Tagung der 10. Volkskammer der DDR)된 '주 도입법(Ländereinführungsgesetz)'에 따라 1952년에 폐지된 동독지역에 5개 연방주가 다시 도입되었다. 1990년 10월 3일 통일과 더불어 자유민주주의 행정 체계가 도입되며 구축되기 시작했다.

보구밀(Jörg Bogumil)과 얀(Werner Jann)은 동독에서의 행정통합 과정을 3시기로 구분하고 있다(Bogumil & Jann, 2009: 262). 첫 번째 시기는 통일조약을 통해 서독의 자문을 받는 시기로, 통일 이후 1991년까지 해당한다. 이 시기의 목표는 가능한 한 빨리 서독의 행정 구조를 동독에 이식하여 구축하는 것과 동독 출신의 협력자를 확보하는 것이었다. 두 번째 시기는 신연방주에 주헌법, 주법률, 주행정 제도적 틀을 확립하는 것으로, 이 시기는 1994년에 종료되었다. 마지막 세 번째 시기는 그 이후의 기간으로, 신연방주에 새로 구축된 행정제도가 공고화되며, 환경 적응의 필요에 따라 개혁이 이루어졌다.

서독 행정 체계의 도입에는 서독의 다수 자문단(Berater)이 관여했다. 1990~1994년 서독지역에서 동독지역으로 연방, 주와 자치단체 차원에서 지원을 간 인원은 약 35,000명이다.[4] 이들은 단기 또는 장기에 걸쳐 동독주의 행정 구축에 가담했으며, 한편에서는 주요 상급 지위를 차지했다.[5] 이들 일명 '행정전도단(Verwaltungsmissionare)' 또는 '대여공무원(Leih-beamten)'으로 불리었다. 브란덴부르크의 경우 1992년 말까지 1천 명이, 1994년 말까지 2천여명(350여명은 파견, 650여명은 전근)이 파견되었다. 이 중 절반은 노르트라인-베스트팔렌 출신이다)(Jann, 1997: 56). 이들의 목적은 가능한 동독지역에 최단 시간에 서독과 같은 제도와 상대(Ansprechpartner)를 만드는 것이었다. 이는 1991년에 완료되었다. 그 이후 동독주의 주요 헌법적 기반이 만들어졌으며, 주의 행정 체계가 구축되었다. 이런 제도의 공고화는 주헌법의 제정, 주의회선거가 구성되고 주의회 1기의 임기가 끝나는 1994년에 완료되었다. 이 시기 이후에는 행정문화가 제도와 서로 조화를 이루어가는 시기로 본다(Bogumil & Jann, 2009: 262).

구동독의 행정은 두 가지 점에서 구서독의 행정과 큰 차이가 난다.

첫째는 민주적 중앙집권주의(demokratischer Zentralismus)는 동독 헌법에서 통치 원리뿐

---

4) Deutsches historisches Institut–German History Docs: Verwaltungshilfe zwischen Rheinland–Pfalz und Thüringen.

5) 신영방주에서 구서독 출신의 공무원은 법무부, 내무부, 재정 및 경제 부처에 높다. 법무부의 경우 70%에 이르며 주요 부처 평균 비율은 60%에 이른다. 이는 새로운 행정 구축에 전문지식과 능력의 요구로 보여진다(König, 1992: 554).

만 아니라 행정조직의 원리로서 작용했다. 동독헌법 제47조 제2항은 "노동 인민의 주권은 민주적 중앙집권주의에 기초하여 실현되며, 국가조직의 중추적 원리(das tragendes Prinzip des Staatsaufbaus)"로 규정하고 있다.

민주적 중앙집권주의는 정치조직의 수직적 조직을 전제하며, 정치적 의사 형성은 실제로 중앙집권화된 기구와 조직을 통해 이루어졌다. 구동독의 행정조직은 다른 사회 부문과 마찬가지로 전체의 국가 통일을 촉진하는 원칙인 '민주적 중앙집권주의'에 종속된다. 행정조직은 정치조직에 따라 조직되었으며, 위계적으로 되어 있다. 이런 통치 원리에서 동독의 행정은 '결정'과 '집행'의 일원화로 특징지어진다. 따라서 동독의 헌법과 국가학(Staatslehre)은 권력 분립이나 제2의 국가 권력에 대해 말하지 않으며, 행정부는 다만 '국가 집행 권력'(verfügend-vollziehende Staatstätigkeit)이다. 동독의 관료들은 이런 중앙집권주의가 서독의 연방주의에 비해 우수한 제도라고 받아들였다.

둘째로 카더행정(Kaderverwaltung)이다. 카더에서 가장 중요한 것은 당에 대한 충성심이다. 카더는 당원 가입으로부터 출발하여 후계자 카더(Nachwuchs), 상비군 카더(Reserve)를 거쳐서 최고 단계인 노멘클라투라(Normenklatura)가 될 수 있다(Wagner, 1998: 103). 조직의 간부와 권력의 행정 담당자, 안보 담당자들은 노멘클라투어로 동독 사회주의적 계급구조에서 최고층을 차지한다. 카더는 당성과 정치적 이데올로기의 평가를 받기 때문에 행정의 능력과 전문성은 중시되지 않았다. 동독의 행정문화는 따라서 집단적 노동문화(Kollektive Arbeitskultur)에 기반을 두고 있다. 당의 명령에 따를 때 안전이 보장되고, 행정에 관한 책임은 면제되었다.

2 지방자치제도의 재도입

지방 수준에서 지방자치는 실제로 국가 권력의 한 현지기관(örtliche Organe der Staatsmacht)에 지나지 않았다. 결정은 상위기관에서 이루어지며 일방적으로 전달되는 상황에서, 지방자치는 논의 대상이 아니었다. 게마인데와 크라이스는 국가의 행정 단위로서 국가와 동시에 사회통일당(SED)의 지배를 받았다.

게마인데와 크라이스는 법적으로 존재했으나, 실제로 행정의 하위는 크라이스를 중심으로 되어 있어 게마인데는 의미가 없었다. 1989년에 227개의 크라이스(Landkreis und kreisfreie Städte)가 있었다. 반면 게마인데의 주민 수는 절대적으로 적었다. 7,627개의 게마인데에서 95%가 5천 명 이하의 주민을 가졌으며, 2/3가 500명 이하의 주민을 가지고 있었다. 이처럼 주민 수의 절대적 부족 때문에 게마인데가 실질적인 기능을 하기에는 역부족이었다.

동독지역에서 지방자치의 재도입은 1990년 5월 6일 지방선거와 그 이후 동독인민의회가 1990년 5월 17일 「동독 게마인데와 크라이스의 지방자치에 관한 법」을 제정하면서부터이다. 지방선거는 정치 엘리트의 순환을 가져왔다. 당선자의 3/4은 과거에 정치 경험을 하지 않았으며, 직업 분포에서도 기술과 자연과학 분야의 직업 배경을 가졌다. 단지 10% 정도만이 법학·정치행정의 배경을 가지고 있었다. 동독에서는 주(Land)가 다시 세워지기 전에 지방자치가 먼저 재도입되었고 선거가 치러졌다. 통일 후 1991년에 동독지역에 신연방주가 재도입되고 주의회가 자신들의 지방자치헌법 제정을 다루기 시작했다. 신연방주에서 지방자치법은 서로 차이가 나면서도, 공통으로 시장의 직접선거제도를 도입했다. 이는 당시 독일 남부지역에서만 실시하던 직접민주제도였다.

동독이라는 국가가 기능을 상실했을 때, 게마인데와 크라이스가 유일하게 공공기관으로서 작용했다. 이런 지방자치의 재도입은 국가의 간섭이나 외부의 도움 없이 스스로 자율과 창의적으로 이루어갔다는 점에서 의미가 크다.

3 5개 주 재도입과 주행정 구축

1952년 동독인민의회는 주를 해체하고 14개 광역행정구(Bezirk)로 행정구역을 개편했다. 이 같은 행정개편은 권력의 중앙집권화를 구축하며, 행정의 기능을 국가의 통제에 두기 위해서였다.

동독인민의회는 1990년 6월 15일 「주 도입법(Ländereinführungsgesetz)」을 제정했다. 이런 주의 재도입은 1980년 야당이 요구했다. 1990년 10월 3일 신연방 5개 주가 서독에 가입함으로써 이들은 독일의 '구성국가(Gliedstaat)'가 되었다. 통일 후에 주 통합에 대한 논의가 있었으나 1996년 브란덴부르크주가 베를린의 통합을 반대한 이후에 더 이상 논의되고 있지 못하다.

통일 이후에 각 주에서 새로 구성된 주의회는 주 헌법 제정 의회로서 기능했으며, 주행정의 기본 구조를 정했다. 1992년 5월에서 1993년 10월의 짧은 기간에 주헌법이 제정되었으며, 3개 주에서는 국민투표로써 결정되었다. 주 헌법은 서독 연방주들의 헌법과 비슷하

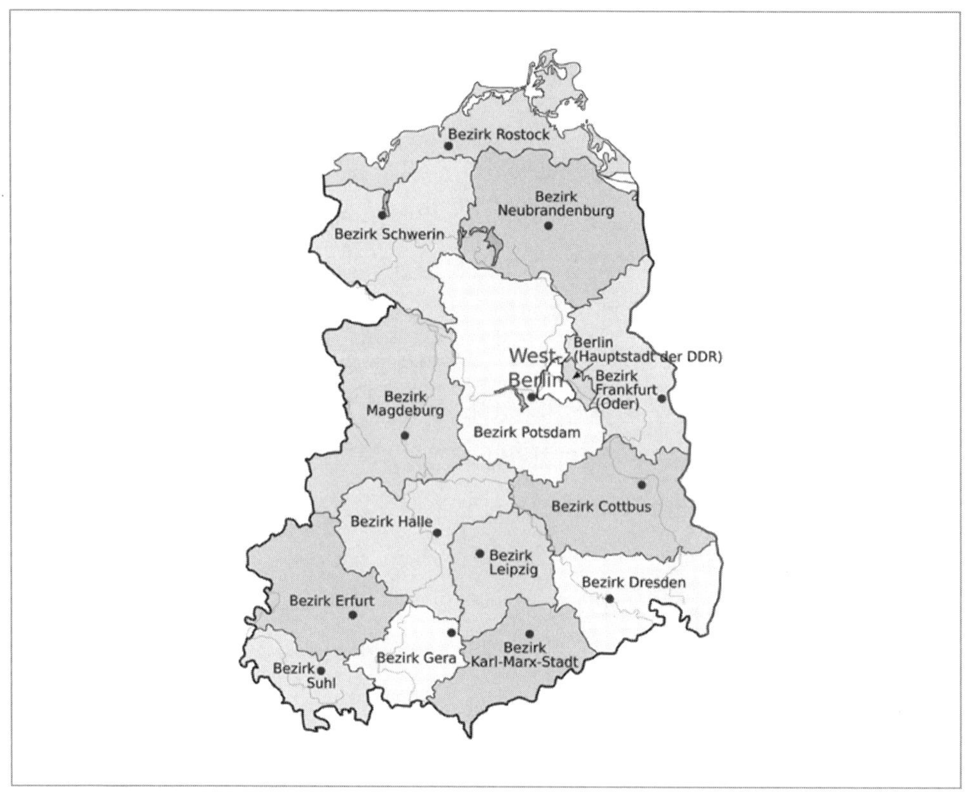

그림 1-3 동독 광역행정구(Bezirk)

다. 행정부는 내각제를 선택했으며, 주의회에서 주총리가 선출된다. 그러나 신연방주의 헌법 초안은 원탁회의에서 이미 논의된 내용을 담고 있으며, 직접민주의 제도가 제도화되었으며, 소수자 보호, 기본 권리의 확대와 보장 등이 강화된 점에서 차이가 있다.

주의회 선거에서 지방의회와 유사하게 당선자의 77%는 신인으로 채워져 엘리트 순환이 이루어졌다. 5개 주의회의 509명 가운데 단지 1%만이 과거 동독인민의회 출신이며, 2명은 서독지역 출신이다. 한편 SED의 후신인 PDS는 주의회에서 지속해서 교섭단체를 구성할 정도로 지지율을 갖고 있다.

각 신연방주는 40년이나 지속된 행정 체계를 새로 구축했으며, 이런 구축에서 '동독'이라는 국가로부터 어떤 도움을 받을 수도 없으며 받을 여건도 되지 못했다. 이런 새로운 주의 행정 구축은 서독지역의 주의 도움을 받아 이루어졌다.

1989년에 서독 주들은 비공식적으로 장차 새로 조직될 동독의 주들과 자매 결연을 맺어

지원했다. 슐레스비히-홀슈타인, 함부르크와 브레멘은 메클렌부르크-포어포메른을, 노르트라인-베스트팔렌은 브란덴부르크를, 니더작센은 작센-안할트를, 라인란트-팔츠와 헤센은 튀링겐을, 바이에른과 바덴-뷔르템베르크는 작센을 지원했다. 이와 더불어 도시 간에도 자매 결연을 통한 지원이 이루어졌다.

신연방주의 주행정 구축은 사실상 제로에서 시작되었으며, 모형은 서독주의 주행정 체계였다. 주총리의 기관으로서 주총리실(Staatskanzlei)이 설치되었으며, 주행정부의 부처가 8~12개의 사이로 설치되었다. 행정부처와 조직의 구축에서 가장 어려움은 행정 경험자가 없다는 점이었다. 동독의 행정고위층은 정치적 이유와 전문성 부족으로 채용되지 못했다. 결국, 행정부처의 고위급과 과장급까지도 서독의 공무원으로 채워졌다. 이런 서독 공무원의 지배는 특히 법무부, 재무부에서 두드러졌다. 고위직으로 올라갈수록 서독 행정인의 비율이 높아졌다(Bogmumil & Jann, 2009: 269). 이와 같은 고위공무원 지위를 서독 출신 공무원이 점유함에 따라, 이른바 동독 식민화(Ostkolonisation)라는 비판도 제기되었다.

통일 후에 동독의 공공기관 근무자는 634,000명으로 이는 주민 1천 명당 39.9명으로 당시 서독의 수준에 비해 약 1/3이 많은 수였다. 현재는 34명인데, 서독지역이 30명 이하인 것을 비교하면 여전히 높은 수치이다. 구동독지역 공무원의 봉급 수준은 1991년에 서독 수준의 84%였는데, 그 이후 단계적으로 같은 수준이 되었다(Statistisches Bundesamt, Statistisches Jahrbücher).

동독의 공무원 채용에서 문제가 된 것은 특히 과거의 정치 행적이다. 동독 행정의 특징의 하나는 카더(Kader)와 노멘클라투라(Normenklatura)로 특징지어진다. 이들은 행정의 수뇌부를 장악하며, 국가와 정당의 통치 권력에 종속되었다. 결국, 행정은 국가 통치와 정당 통치의 수단으로서 기능했으며, 수직적인 명령을 벗어난 자율적인 결정, 법치주의와 경제원리에 의한 결정은 불가능했다.

공무원 가운데 인권이나 법치국가의 원칙을 위반했거나, 국가안전부(Stasi) 등 국가 보안기구에서 종사한 경험이 있는 사람들은 과거의 전력이 드러나면 언제든지 해고되었다. 공직 종사자에게는 특별 해고의 적용 기간에 관한 제한 규정은 두지 않았다(통일조약 부록 I 제19장 영역A 제3절 제1호 제5항). 메클렌부르크-포어포메른의 경우 4,236명이 비밀경찰과 협력한 것이 조사되었으며, 그 가운데 약 1/3인 1,609명이 해직되었다(Bogmumil & Jann, 2009: 270).

작센, 작센-안할트, 튀링겐 주는 주행정 조직을 3층제로 했지만, 브란덴부르크와 메클렌부르크-포어포메른은 중간청인 관구(Bezirkungsregierung) 2층제로 했다. 이런 주의 행정 구

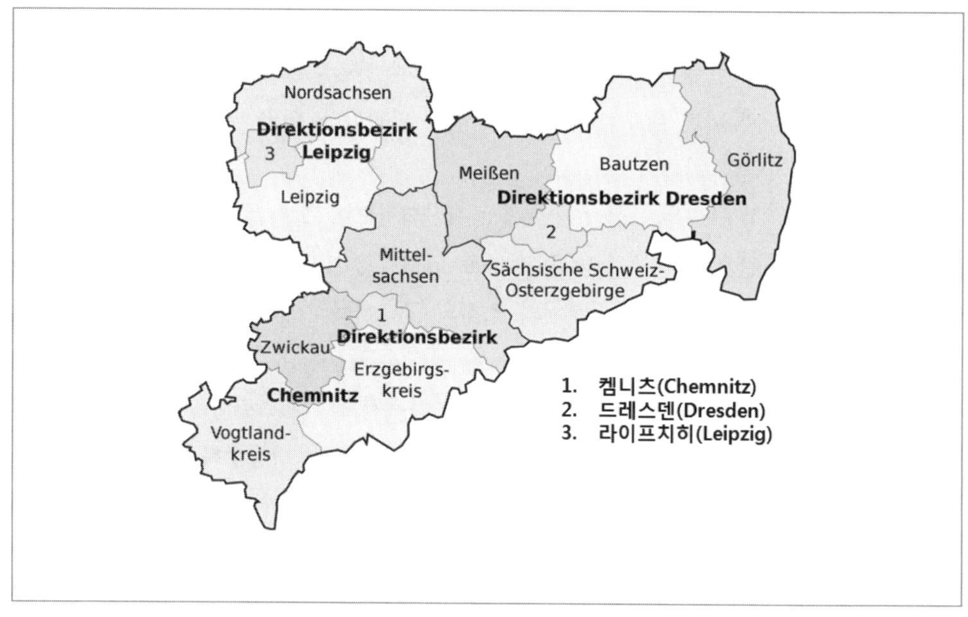

그림 1-4 작센주 관구(Direktionsbezirk)

축에서 관구(Regierungsbezirk)가 논란의 중심에 섰다. 서독지역의 경우 주와 지방자치단체 사이에 중간청(Mittelinstanz)으로 관구정부(Bezkirsregierung, Regierungspräsident)가 설치되었다. 인구 수가 적은 주에 관구 설치의 필요성이 적음에 따라(2004년 작센은 4개 관구를 폐지), 작센과 작센-안할트에만 관구를 설치했다. 작센-안할트는 2003년에 데소(Dessau), 할레(Halle), 마그덴부르크(Magdeburg) 3개 관구를 폐지했다. 작센은 2012년 3월 행정개혁으로 작센관구(Landesdirektion Sachen)로, 켐니츠(Chemnitz), 드레스덴(Dresden), 라이프치히(Leipzig) 3개 시를 관구(Direktionsbezirk)로 했다. 주총리가 임명하는 '관구시장(Regierungspräsident)'은 작센주 행정법 개정에 따라 '주(州)관구시장(Präsident der Landesdirektion)'으로 변경되었다.

통일을 전후하여 동독지역에는 매우 짧은 기간에 지방자치의 제도화, 주의 재도입과 주 행정의 새로운 구축이 일어났다. 서독 행정 체계의 동독지역으로의 이전에 따른 문제와 비판은 동독 제도의 무시와 일방적인 청산(안지호, 2011: 203ff), 개혁의 대상이 된 서독의 제도가 도입되지 않았는가 하는 점과 서독지역에서의 행정개혁의 지체이다. 이런 비판에서 다수는 동독과 서독의 체제 전환 만남은 장기적으로 보면 부담보다는 오히려 기회가 되었다고 본다(Bogmumil & Jann, 2009: 275).

제 6 절 독일 행정의 지속과 개혁

1 독일 행정: 전통과 지속

독일의 공공행정은 모순적인 모습 가운데서도 놀랄 만한 지속성을 보여준다. 독일 행정의 재구축에서 광범위한 인력의 변화와 공공 서비스의 확대가 있었지만, 구조에서 주목할 만한 새로운 것(Neuerungen)은 없었다. 독일 공공행정 역사에서 이런 놀랄 만한 지속성과 이와 결부된 전통에의 연결은 지배 권력 관계의 변화에서 설명되지만, 한편 어떤 면에서 보면, 그만큼 독일 행정이 과거에 훌륭했다는 것을 인정하는 것이 된다. 현대 행정은 과거 황제 시대와 달리 행정의 대상과 범주, 전문화, 행정 기술, 사회 분화, 사회와의 연계 등에서 큰 차이가 나지만 행정의 기본 원리에 질적인 변화는 없다. 이런 지속적인 독일 행정의 특징은 공무원에서 직업공무원, 조직에서 3단계(Dreistufigkeit)와 계선조직(Linienorganisation), 행정 과정에서 법형식성(Rechtsförmigkeit)과 소송 가능성(Justiziabilität), 재정에서 회계 원리(Kameralistik) 등이다.

18세기와 19세기에 독일은 행정정책(Verwaltungspolitik)을 성공적으로 관리했다. 시민사회(bürgerliche Gesellschaft)를 입법기관으로서 의회에 결부시켜 왔으며, 군주와 군주에 의해 구성된 정부에 행정을 위임하는 권력분립론에 근거하여 합리적인 행정 원칙이 더 발전되어 왔다. 통치의 문제나 사회에의 비판은 거의 없었다. 정부와 행정 영역은 자율적이었다. 이런 배경 속에서 독일의 큰 대륙 주(Land)에는 의미 있는 지역 행정조직(territoriale Verwaltungsorganisation)이 태어났다. 동시에 부처 원리(Resortsprinzip)가 만들어졌다.

19세기를 거치면서 분명한 사법(Justiz)과 행정(Verwaltung)의 구분이 이루어졌고, 행정에 재무행정(Finanzverwaltung)이 특별한 자리를 차지하게 되었다. 그 외 행정의 외부와 내부의 구분이 나타났으며, 밖에서도 조망 가능한 전체 행정 모습(Gebilde)이 나타났다. 후에 분리된 것은 원래 기술적인 분야, 가령 우편과 철도 같은 것, 또는 문화와 학교행정과 같은 상호 연계성이 높은 분야이다.

국가행정에서 지방자치단체와 관련하여, 1818년 바이에른 공법(Edikt)에 따라 게마인데는 국가 전체(Staatskörper)의 부분이며, 일반적 국가 목적에 따라 하위에 조직되었다. 게마인데는 국가의 특별한 위치에 놓이고 감독을 받으며, 자신의 특별 권리를 누린다. 물론 후에 게마인데의 업무 분야와 권리는 확대되었지만, 이는 국가의 감독과 지시 권리를 제한시키지는 않았다.

행정 기술적(Verwaltungsgtechnisch)으로 의심할 바 없이 장점들이 생겼다. 보통 이념적으로 일반성(Allgemeinen)을 지향하는 정책과 이해 관계에서 나오는 정책을 구분하면, 행정은 높은 수준에 있다. 공무원은 전문 영역뿐만 아니라, 모든 영역에서까지 전문가가 된다. 공무원의 업무 영역은 방해받지 않으면서 조직되는데, 이런 모습은 19세기에 형성되었다.

공무원은 수직계층과 엄격한 업무 분리, 규칙의 광범한 체계는 통일된 집행(Vollzug)과 빠른 업무 처리를 쉽게 했고 동시에 내부 통제 시스템이 구축되었으며, 외부통제를 제한시켰다. 특별 행정법원의 설치는 행정에 대한 시민 보호와 행정 업무의 필요성으로 일반법원을 대체해 갔다. 행정법원은 현대 국가가 수행하는 큰 업무 처리를 가능케 해 주었다. 이로써 과거의 복지국가(Wohlfahrtstaat)에서 점차 사회국가(Sozialstaat)가 태어났다.

행정의 모습과 체제를 갖춘 독일 행정이 얼마나 생산적(leistungsfähig)인가는 제1차 세계대전에서 보여주었다. 질서(Ordnung)와 국가가 추구하는 성과행정(Leistungsverwaltung)에서부터 큰 어려움 없이 바로 전쟁관리행정(Kriegswirtsschaftsverwaltung)으로 전환되었으며, 이로써 행정은 국가가 원하는 대로 적용되는 도구로서의 모습을 보여주었다. 물론 독일은 여기서 과거 전통에서 오는 행정 부담을 가진다.

새로 구성된 독일(서독)은 몇 가지 예외를 제외하고는 조직, 인력, 업무, 행정 과정 등은 기존의 제3제국 행정과 연계되어 있다. 즉, 1945년 이후 행정은 큰 비판 없이 독일 고유의 전통에 연계하면서, 아주 새로운 상황에서, 행정조직에 적용되는 원리들을 넘겨받은 것이다.

공공행정은 새로운 과제를 수행하기 위해서는 변화해야만 한다. 질서행정의 중요성이 감소된 데 반해, 다른 행정 분야가 전면에 나서게 되었다. 이는 변치 않을 것이라는 행정 원리에 영향을 미쳤다.

2 지속적 과제로서 행정정책

공동체의 상황에 대한 비판과 특히 공공행정에 대한 비판은 지난 수십 년간 독일이 행정정책(Verwaltungspolitik)과 제도관리에 소홀히 했다는 인상을 준다. 여기서 네 가지의 경향이 있는데, 이는 서로가 강화되었고 확대되었다. 공공행정의 확대(Wachstum), 전문화(Spezialisierung), 이에 따른 연계(Verflechtung), 그리고 관료화(官僚化, Bürokratisierung)

이다.

19세기 중반부터 독일에서 공공행정의 확대가 주목받기 시작했다. 공공행정의 확대는 먼저 대도시에서 일어났다. 대도시들은 도시와 도시민에 필요한 서비스 지원을 해나갔으며, 이는 새로운 과제들이었다. 대도시들은 자신의 공공 서비스를 확대하며, 행정도 구축해야 했다. 이런 행정 대상과 행정은 예로 가스제조공장(Gaswerke), 공업지대(Bauhöfe), 병원, 학교행정이며, 기존의 명예직으로의 운영하던 방식은 의회의원(Ratsmitglieder)으로서 감당 능력을 넘어서게 되었다.

인구 증가와 업무 확대는 행정 확대를 가져왔으며, 이는 제1차 세계대전까지 지속했다. 이런 확대는 1945년 이후 서독지역에서 계속되었다. 1950년에서 1989년 사이에는 행정 역사에서 유례가 없는 확대가 이루어졌다. 이 시기에는 사회 변화도 함께 일어났으며, 이 또한 짧은 시기의 변화여서 유례가 없는 것이다. 1970년대 말까지 확대는 지속적인 경제 성장과 이에 따른 세수의 증대 덕분에 우호적이었다. 경제 성장과 세수 증대는 비판을 완화했다.

행정의 확대는 업무 분업(Arbeitsteilung)을 낳았다. 업무 분담은 한편 전문화를 가능케 했다. 1950년대에 작은 규모의 도시에서 관료는 자신의 업무를 상당히 해결할 수 있었다. 건축, 재무, 학교행정 등은 전문적으로 해냈다. 보통 행정인은 전문인으로서 고용되지 않은 영역에서 전문가가 된다. 전문성은 행정의 능력을 강화시키지만, 이것은 확대를 가져오며, 재정뿐만 아니라 그와 결부된 비용도 증가하는 문제가 발생한다.

행정에는 항상 관료화 문제가 따라다닌다. 관료화는 근대 행정의 초기에서 시작되었으며, 관료화 영향은 지난 세월 동안 새로운 최고 수준에 이르렀다고 평가하고 있다. 관료화의 초기는 규칙 준수(Regelhaftigkeit), 문서화(Schriftlichkeit), 자료화(Aktenmässigkeit), 통일성(Gleichmässigkeit), 법치성(Rechtmässigkeit), 검증성(Überprüfbarkeit)으로, 이는 수직적으로 구조화된 행정의 관료적 특징들이다(Weber, 1986: 551ff). 관료제 조직은 주어진 목적의 서비스에서 '합리적 형식'으로 발전되었다. 과학과 기술이 발달함에 따라 이런 조직은 사무실에서 자신의 일 처리도 가능해지며, 사무실에서 외부에 조정하는 것도 가능하게 되었다.

행정관료는 전문가로서 사무실에서 필요한 서류를 만들어 내며, 다른 사람들의 행위를 결정하며 조정까지 한다. 이러한 관료화 형태는 정보와 결정 과정의 자의적인 상향 조정(Hochzonung)을 허락한다. 즉, 사무실은 현장이나 시민 가까이에서가 아니라, 권력과 결정 중심체와 연결되어 있다. 실제 영향의 파악 능력은 점점 공간적 거리로서 적어지는 것이 아니라, 거리는 제외하는 것도 가능케 되었다. 관료사무실에서 서로 다른 실제의 그림을 조정하는 것이다.

독일의 행정개혁은 각 정부에서 지속해서 이루어져 왔다. 그럼에도 독일의 행정개혁은 미국이나 한국에서와 같은 큰 변화보다 전통적인 행정 체제를 유지하는, 독일의 행정 전통성을 훼손하지 않는 행정개혁을 해 왔다(양현모, 2006: 309-316). 이는 연방정부의 부처를 정점으로 상급-중급-하위행정기관의 보수적인 유럽 전통의 행정 체제를 유지하고 있는 데서 볼 수 있다. 또 다른 독일의 행정개혁은 최근 연방제도의 개혁에서 보여주듯이 협조와 합의로 추진되어 온 점이다. 기본법의 구조상 국가 운영의 행정 체계에 관계되는 문제는 연방정부-주정부-지방정부 간의 참여, 합의 및 지원이 있어야 개혁할 수 있다. 이런 구조에 따라 독일에서 행정개혁은 각 주를 중심으로 지방자치단체에서 개혁이 이루어졌다.[6)]

3 행정개혁안들

행정에서 확대, 전문화, 연계화, 그리고 관료화로 이어지는 행정의 발전 경향은 조직에서 볼 때 바로 개혁의 문제를 불러일으킨다. 공공행정에서는 주가 자신의 행정을 구조화하며, 크라이스와 게마인데를 크라이스와 게마인데 규칙(Kreis-und Gemeindeordnung)에 맞추어 범주를 정한다. 주는 행정개혁을 자신의 소관으로 다룬다.

연방은 공공 서비스의 개혁에서 관여한다. 연방은 기본법 제73조 제8항 "연방 및 연방 직할의 공법상의 단체에 근무하는 자의 법률 관계"에 따라 자체의 권한을 가지며, 기본법 제74a에 따라 주에 관여할 권한을 가진다. 이는 기본법 제75조 1항에 따라 대강법으로 나타난다. 이미 이런 중첩은 서로 모순을 만든다. 연방은 행정의 상당한 부분 인원이 주와 게마인데가 고용함에도 '공근무 관계(Dienstrecht)'를 결정한다. 반대로 연방이 공공 과제의 확대와 집중화에 원인을 제공하지만, 부담과 행정개혁의 필요성은 주에 주어진다.

주의 행정개혁 노력은 지금까지 4단계를 거쳐서 이루어졌다.

첫 단계는 법령 정비(Rechtsbereinigung)이다. 바이에른이 처음 시작을 했으며, 1957년에 4권으로 유효한 법의 현황을 종합했다. 여기에 1806년부터 유효하지 않은 법과 규칙 발표(Gesetzes-und Verordnungsblätter)들이 정리되었다. 다른 주들도 바이에른의 사례를 따랐다. 대부분이 조항별 정비(punktuelle Bereinigung)로써 충분했다. 왜냐하면, 이는 다시 반복

6) 각 주별 행정개혁에 대한 소개는 다음 참조: Jock, Christian (Hrsg.) 2011. *Aktivitäten auf dem Gebiet der Staats-und Verwaltungsmodernisierung in den Länder und beim Bund 2008-2010*, Speyerer Forschungsberichte, 267; 각 부문별 행정개혁에 대해서는 다음 참조: Blanke, Bernhard u.a.(Hrsg.) 2010. *Handbuch Zur Verwaltungsreform* (4.Aufgabe), Wiesbaden.

되기 때문이다. 노르트라인-베스트팔렌에서는 한 단계 더 발전되어, 지침(Erlass)과 부분적으로 규칙(Verordnung)은 개별 사안에서 대치되는 법(Gegenteiliges)이 의결되지 않으면 5년 후에는 자동으로 폐기되게 했다. 노르트라인-베스트팔렌의 법령과 규칙 모음은 이로써 현재 적용되는 내용(aktualisierte Bestand)을 담고 있다. 1950년대에 시작된 법령 정비는 관료화, 과규제, 법령화(Verrechtlichung)에 대한 비판에서 이루어진 것이다.

두 번째 단계로 지역적 행정개혁(territoriale Verwaltungsreform)이다. 베를린과 브란덴부르크의 '주의 개편(Länderneugliederung)'의 실패 후에 특히 게마인데와 크라이스 수준에서 행정구역 개편이 중점적으로 일어났다. 부분적으로 국가지역(관구)도 해당했다. 이는 니더작센, 노르트라인-베스트팔렌, 헤센, 라인란트-팔츠에서이다. 행정구역 새 조정계획은 1960년대에 논의되었으며, 비교적 빠르게 구체적 안이 나와 실현되었다. 24,000개 이상의 게마인데가 있었다. 행정구역 개편은 공공 서비스에서 최소 기여를 가져다 주는 역량 있는 행정단위체를 맞는 것이 목표였으며, 이는 한편 자율적 행정 능력을 가능케 해 주는 데 있었다.

제 7 절 행정개혁의 과제

국가는 지속해서 재정위기에 빠진다. 이런 재정 위기는 경제 국면상의 이유보다 구조적인 이유로 발생하는 경우가 더 많다. 따라서 행정개혁에 대한 요구와 이에 따른 전략이 필요하다. 효율성이나 효과성을 높이는 노력이다. 행정의 효율성을 높이는 데 내부나 과정에 대한 개혁안으로는 충분치 않기 때문에 외부적인, 즉 행정조직 자체의 재설계를 하게 된다. 외부적인 행정조직의 개혁은 수평적인 면과 수직적인 면에서의 개혁으로 나눌 수 있다.

행정구조의 효과성을 높이는 촉매는 탈계층화(Enthierarchisierung)에서 찾는다. 이를 위해서는 행정의 단계층(Stufengliederung)에 대한 분석이 이루어져야 한다. 3계층의 행정조직은 중간기관(Mittelbehörde)의 존재 여부에 따라 결정된다.

2계층은 중간기관이 없는 행정조직이며, 상급 특별기관의 주관청(Landesamt) 하에 속하게 되며, 계층 수에서는 차이가 없다.

상급층을 없앰으로써 한 층(Instanz)이 소멸한다. 이를 통해 주 부처는 행정 집행에서 부담을 더 받지만, 행정비용은 감축될 수 있다.

상급기관과 달리 중간기관의 특별한 기능이 있다면, 기관 존립이 의무적인가 하는 점이 있다. 중간기관의 주요 기능 중 하나는 자치단체의 감독이다. 이 기능은 내무부의 해체에 따라 넘겨받았으며, 이는 중간기관이 없는 모든 주에 해당된다.

바덴-뷔르템베르크는 2003년 3월 25일 광범한 행정개혁을 발표했다. 이 개혁에 따라 450개 기관 중 350개가 자율권(Selbständigkeit)을 잃었다. 이 개혁은 행정개혁의 모델로도 제시되었는데, 그 배경은 다음과 같다:

- 이 개혁은 2층 행정개혁 모델(zweigliedriges Landesverwaltungsmodell)에 해당한다.
- 지금까지의 행정개혁에 대한 고려와는 달리 주정부 장관(Regierungspräsidenten)의 권한의 확대이다. 거의 모든 상급기관이 연계된다.
- 이 개혁은 하위의 주행정 수준에서 지방자치 강화를 통해 달성된다. 게마인데는 업무를 위임받으며, 주의 감독을 계속하여 받는다.

행정 영역의 절반 이상에서 연방 전체적으로 3단계 행정에 대한 개혁이 일어났다. 이런 2단계로의 개혁에서 경찰이나 법원은 예외이다. 따라서 행정 영역의 거의 절반은 2층제로 조직되었다. 이에는 대학, 문화기관, 경제, 주택, 도시 건설, 일반 행정 서비스 기관 등이 해당한다. 주 급료청(Landesbesoldungsämter), 데이터센터, 통계청, 교도소도 이에 속한다.

- 이런 개혁은 영토가 큰 주도 해당한다.
- 고권행정(Hoheitsverwaltung), 경찰, 법원, 검찰, 세무, 영업소, 환경, 보건, 부조(Versorgung) 등의 행정은 자체적으로 공법화가 가능하지만, 기관독립(Verselbstständigung)은 하나도 없다. 여기서 예외는 교도소이다.
- 광범한 탈계층화(Enthierarchisierung)가 이루어졌다. 이 개혁 과정은 1990년대에 시작되어 계속되었다. 최근에 바덴-뷔르템베르크, 니더작센, 슐레스비히-홀슈타인에서 있었다.
- 지금까지 개혁의 주요 동인은 주 재정위기였다. 따라서 효율성과 효과성을 높이고자 한다.
- 재원 절약에 대한 필요성은 앞으로도 계속될 것이다. 단기적으로 재정 부담은 세제개혁으로 처방되겠지만, 인구 변화와 사회보장 비용이 문제를 가져오고 있다.

수직 계층적 행정조직 개혁은 따라서 단기적인 것이 아니라, 장기적으로 이루어진다. 상급기관은 이런 점에서 전망이 좋지 않다. 또한, 영토가 큰 주에서는 중간기관도 마찬가지이다.

– 2층제가 전반적으로 받아들여질 것으로 예상된다. 여기서 예외는 경찰조직이지만, 경찰조직도 축소될 것이다. 법원조직과 경찰조직이 유일한 3층제가 될지 모른다.

주(州)기업(Landesbetriebe)이나 주가 참여하는 회사(Landesgesellschaften)는 계속해서 독립(Verselbstständigung)되어 갈 것이다. 이를 통해 전반적인 급부행정(Leistungsverwaltung)의 변화가 일어날 것이다. 여기서 고권행정은 어떻게 발전되어 갈 것인가 하는 문제가 남아 있다.

제 2 장 독일의 지방자치와 행정

제 1 절 독일 연방제도와 지방자치

1 연방주와 현황

1) 독일 연방제도의 발달

독일의 첫 통일은 자발적으로 연방에 가입한 25개 주로 구성된 독일제국이 설립되면서부터이다(1871년). 이러한 독립적인 주들은 크기와 인구가 크게 달랐으며, 총면적의 1% 미만을 구성하는 주가 17개나 되었다. 독일제국의 맹주 역할을 한 프로이센은 면적과 인구가 전체의 2/3를 차지하는 연방의 가장 큰 주였다. 구성 국가 중 몇 개국은 프로이센에 의해 군사적 패배로 연방에 강제로 가입하게 되었고, 새롭게 형성된 연합은 미약했다. 통일에 따른 놀라운 산업적 · 경제적 성장은 비스마르크 하의 프로이센의 지배에 대한 반대를 약화시켰으며, 프로이센의 배타주의자적인 정서를 감소시켰다.

제1차 세계대전 전후에 바이마르공화국이 탄생했으나, 정치적 · 사회적 · 경제적 불안, 전쟁의 패배는 중앙제국의 종결과 구성 주들의 완전한 주권의 회복을 요구하는 바이에른과 라인란트와 같은 다양한 지역단체와 개인들이 나타났다. 프랑스와 같은 외국 정부들은 이런 배타주의를 지원했다. 바이마르 정부를 몰락시키며 정권을 잡은 나치는 주정부를 폐지하고, 중앙행정부 제도를 도입했다.

나치의 붕괴와 전후 서방연합국의 군사 점령에서 지방분권이 다시 희생되었다. 연합국은 모두 어떤 형태로든지 분권화된 전후 독일을 원했다. 연방제도를 경험한 미국은 연방정치 체계를 원했으며, 영국은 미국이나 프랑스보다 중도적임에도 분권화된 전후의 독일을 생각했다. 프랑스는 자신을 위협할 만큼의 힘을 가질 수 없도록, 몇 개의 주로 구성된 완벽히 분리된 제국을 희망했다. 연방제를 강력히 반대하는 독일인들은 대부분 소련 점령지역의 사민당과 기독교민주당에 불과했다.

미국의 영역으로 헤센과 바덴-뷔르템베르크 두 개의 새로운 주가 형성되었다. 프랑스의 영역으로 바이에른, 헤센, 그리고 프로이센의 지방의 지역에서 새로운 주로 라인란트-팔츠가 만들어졌다. 북부에서는 슐레스비히-홀슈타인과 니더작센을 만들기 위해 이전의 독립적인 지역들과 많은 프로이센 지방의 일부 지역이 영국에 의해 재정리되었다. 프랑스가 통치하고 있었던 자를란트 지역은 1955년 국민투표를 거쳐, 1957년 독일에 10번째 주가 되었다. 서부 베를린은 1949년 이후에 사실상 주로서 존재하며 서구 강국들과 이전의 소련연합에 의해 1990년 통일 이전까지 통치되었다. 마침내 1990년 10월 3일 베를린의 분단은 끝이 났고, 동과 서는 이제 하나의 완벽한 독립적인 연방제의 구성주가 되었다.

구동독지역의 새로운 다섯 개의 주는 다양한 전통적인 문화와 역사가 있었다. 메클렌부르크-포어포메른, 작센, 그리고 튀링겐의 세 개의 주는 제2차 세계대전 이전까지 정치 독립체로 존재했다. 소련 점령 당국은 새 주인 작센-안할트를 만들었다.

2) 독일 연방주와 4 맹주

현재 16개 주는 전통, 국토 크기, 인구, 사회, 경제력에서 서로 상당한 차이를 보이고 있다.

면적과 인구가 가장 큰 4개의 주는 노르트라인-베스트팔렌, 바이에른, 바덴-뷔르템베르크, 그리고 니더작센이다. 이 중에서도 노르트라인-베스트팔렌이 인구가 가장 많다(2012년 6월 기준 1,783만 명). 라인 루르지역을 포함하여 독일 인구의 20% 이상 되는 1,820만 주민이 이곳에 살고 있다.

가장 큰 면적과 두 번째로 인구가 많은 주는 바이에른이다. 전쟁에서 온전하게 남은 바이에른은 역사적으로 배타주의적인 경향이 강했다. 이는 현재 기민당(CSU)의 정치정당 체제에서도 나타나고 있다.[1] 비스마르크제국에 1871년 가입한 바이에른은 특별한 혜택을 받

1) 2008년 주 선거 결과. CSU 43.4 %; SPD 18.6 %; Bündnis 90/Die Grünen 9.4 %; Freie Wähler 10.2

았고, 바이마르공화국에서의 분리주의자와 극단주의자 정서의 온상이었다. 비록 다른 주들의 의지에 따라 연방공화국에 마침내 가입했지만, 바이에른은 1949년 기본법을 비준하지 않은 유일한 주정부에 속한다. 바이에른은 한때 가난한 시골 지역이었으나 사실상 독일 분단으로 동쪽의 많은 큰 기업들이 서쪽으로 이전하면서 가장 많은 이득을 보았다. 바이에른은 자신을 서구 유럽연합과 독일의 전통을 지키는 수호자라고 생각한다.

인구가 세 번째로 많은 주는 인구 천만 명의 바덴-뷔르템베르크이다. 바이에른보다 종교적으로 더 균형적인 바덴-뷔르템베르크의 정치는 중도우파적 성향의 강한 정당에 의해 통치되며, 주로 자유민주연합인 CDU에 의해 통치되었다. CDU는 1972~1988년 기간에 주 의석의 절대 과반수를 차지했다. 그러나 CDU와 SPD의 연합정부가 형성되어 통치된 경우도 많았다. 2011년 선거에서 CDU는 녹색당(24.2% 획득)과 연립정부를 구성했다.

니더작센은 네 번째로 인구가 많은 주이자 세 번째로 면적이 큰 주에 해당한다. 또한, 이 주는 강력한 신교도가 지배적이었다.

구서독으로부터 남은 6개의 슐레스비히-홀슈타인, 헤센, 라인란트-팔츠, 자를란트, 함부르크, 브레멘은 각각 인구 7백만 명 이하의 주민이 거주하고 있다. 인구가 작은 도시인 슐레스비히-홀슈타인과 라인란트-팔츠는 1인당 소득이 가장 낮은 주에 속한다. CDU에 의해 종종 통치되기도 했으나 주로 자유민주당에 의해 통치되었다. 하지만 1988년 처음으로 사회민주당(SPD)이 선거에 승리함으로써 슐레스비히-홀슈타인 주에서 다수 의석을 갖게 되었다.

헤센은 몇몇 기독교 거주지를 포함한 가장 산업화한 신교도의 주정부에 해당한다. 일반적으로 사민당의 지지 기반이 강한 지역이다. 또한, 도시국가이자 신도교인 함부르크와 브레멘은 주로 사회 민주당에 의해 통치되었고, 중간 계층의 자민당과 최근에는 녹색당과 연정을 했다. 함부르크에서 SPD는 2011년 1월 20일 선거에서 절대 다수(62석, 주의회 121석)를 획득했다.

함부르크는 연방에서 가장 부유한 도시국가의 주이다. 도시는 통일과 냉전의 해체로부터 이득을 보았다. 이곳은 현재 동구지역으로부터 수입되는 많은 물품이 들어오는 주요 항구도시에 속한다. 엘베 강은 함부르크의 북쪽 바다를 향해 흘러가고 이 강을 중심으로 중요한 업무가 이루어졌다. 이렇게 좋은 항구도시의 입지 조건을 바탕으로 1998년 함부르크는 유럽에서 가장 부자 도시가 되었다.

%; FDP 8.0%; Die Linke 4.3%; ÖDP 2.0%; Republikaner 1.4%; NPD 1.2%; Bayernpartei 1.1%; 기타 0.3%.

가장 작은 주 중 하나인 자를란트(Saarland)는 많은 기독교 인구를 포함한 산업지역이다. 1980년대 중반까지 자를란트는 CDU에 의해 통치되었다. 하지만 그 후 세 번의 선거에서 라퐁텐(Oskar Lafontaine)이 이끄는 SPD가 절대 다수가 되었다. 1999년에 CDU가 다시 권력을 잡았다.[2] 2012년 3월 25일 주 선거에서 CDU 35.2%, SPD 30.6%를 획득했으며, 그간 CDU, FDP, Grüne 3 정당(자메이카) 연립정부가 해체되고, 두 거대정당 CDU와 SPD이 연립정부를 구성하고 있다.

3) 신연방주

연방에 새롭게 포함된 5개의 주는 대체로 규모가 작다. 430만 명의 주민이 거주하고 있는 가장 큰 주로 작센은 16개 주 중에서 단지 6번째이다. 작센은 통일 이전 동독 GNP의 35%를 차지하는 주요 산업의 중심지였다. 현재 신연방주에서 가장 투자가 많은 지역이다.

다른 4개의 주는 작센에 비해 더 작고 덜 산업화했다. 작센-안할트는 정치적 독립체로서 역사가 가장 짧다. 230만 명의 주민이 거주하고 있는 튀링겐은 작센과 작센-안할트보다 복합된 경제를 하고 있다. 이곳은 과거 동독의 하이테크 전자산업의 중심지였다. 서구 국가와 근접해 있기 때문에 동독 지역에서 성장률이 높다. 약 십만 명의 튀링겐 사람들이 헤센과 바이에른으로 매일 통근하고 있다.

브란덴부르크는 북동쪽에 있으며, 인구밀도가 낮다(km^2당 85명).[3] 베를린이 브란덴부르크에 속해 있을 1920년까지 국경에 접해 있었다. 1990년부터 1999년까지 브란덴부르크는 동쪽 주 중에서 SPD의 단일 근거지였다. 1999년 주 선거에서부터 SPD는 CDU와 권력을 나눠 가졌다. 이는 2004년 9월 19일 주의회 선거에서 좌파(Die Linke)가 제2정당으로 등장함으로써 정치 지형이 바뀌었다. 2009년 선거에서 5개 정당이 주의회에 진출했으며, SPD 33.04%(31명), Die Linke 27.15%(26명), CDU 19.79%(19명), FDP 7.20%(7명)을 각각 획득했다.

신연방주 가운데 메클렌부르크-포어포메른은 인구 2백만 명이 채 안 되어, 인구가 가장 적은 주이다. 지역산업은 농업이 중심이며, 조선사업이 세계시장에서 경쟁력을 갖고 있다. 1998년에 SPD와 PDS의 연합정부가 형성되어 새로운 주정부가 형성되었다. 이것은 이전의

---

2) 1999년 CDU 45.5%, SPD 44.4%; 2004년 CDU 47.5%, SPD 30.8%; 2009년 CDU 34.5%, SPD 24.5%; 2012년 CDU 35.2%, SPD 30.6%.

3) 베를린은 연방주로서는 가장 높은 3,947명이며, 인구가 가장 많은 노르트라인-베스트팔렌은 523명이다(2011년 6월 기준).

동독 공산당의 성공으로 통일 이후 처음으로 주 차원에서 PDS에 정부적인 책임을 얻은 것이었다.

브란덴부르크를 제외하고 동쪽의 주들은 1990년에서 2003년까지 주로 서쪽으로 이주했기 때문에 7%에서 9%의 인구를 잃었다. 브란덴부르크의 인구 증가는 베를린 거주자들이 브란덴부르크 교외지역으로 이주했기 때문이다.

표 2-1 독일 지방자치단체 현황(2007)

(단위: 개, 명)

주	주 정부 관구	독립자치시 (kreisfrei)			크라이스 (Landkreise: 광역자치단체)			크라이스 소속 게마인데 (Kreisangehoerigen Gemeinde)				
		총계	인구		총계	인구		총계	독립 게마인데	행정연합		기타
			총계	%		총계	%			총계	단체 수	
바덴-뷔르템베르크	4	9	1,954,015	18.2	35	8,763,404	81.8	1,102	179	272	922	1
바이에른	7	25	3,489,151	28.0	71	8,954,742	72.0	2,031	1,040	314	991	–
베를린	–	1	3,387,828	100.0	–	–	–	–	–	–	–	–
브란덴부르크	–	4	392,239	15.3	14	2,175,468	84.7	417	145	54	272	–
브레멘	–	2	663,213	100.0	–	–	–	–	–	–	–	–
함부르크	–	1	1,734,830	100.0	–	–	–	–	–	–	–	–
헤센	3	5	1,375,034	22.5	21	4,722,731	77.5	421	421	–	–	–
메클렌부르크-포어포메른	–	6	521,512	30.3	12	1,198,141	69.7	866		97	866	–
니더작센	4	8	1,011,548	12.6	38	6,989,361	87.4	1,015	279	140	736	2
노르트라인-베스트팔렌	5	23	7,418,663	41.0	31	10,656,689	59.0	373	373	–	–	–
라인란트-팔츠	3	12	1,009,792	24.9	24	3,051,313	75.1	2,294	37	163	2,257	–
자를란트	–	–	–	–	6	1,056,417	100.0	52	52	–	–	–
작센	3	7	1,504,494	35.0	22	2,291,790	65.0	512	219	114	293	–
작센-안할트	3	3	542,565	21.8	21	1,951,872	78.2	1,115	46	157	1,069	–
슐레스비히-홀슈타인	–	4	609,520	21.5	11	2,219,240	78.5	1,121	99	118	1,022	–
튀링겐	–	6	562,103	23.9	17	1,793,177	76.1	992	118	130	854	–
독일 전체	32	116	26,176,507	31.7	323	56,324,342	68.3	12,311	3,008	1,559	9,302	3
구서독	26	90	22,653,594	32.8	237	46,413,897	67.2	8,409	2,480	1,007	3,928	3
구동독	6	26	3,522,913	26.2	86	9,910,445	73.8	3,902	528	552	3,374	–

자료: Deutscher Städtetag(Hg.), *Statisches Jahrbuch Deutscher Gemeinde*, Köln 2004, 110 및 기타 자료 보완.

4) 베를린: 특별 주

베를린은 독일의 독립된 주정부의 도시국가이자 수도이다. 1990년에 베를린은 통일과 더불어 45년의 분단 끝에 통일되었다. 1961년부터 분단된 장벽으로 나뉘어 미국, 영국, 프랑스에 의해 공식적으로 통치되면서 자유롭게 선출된 정부가 통치하는 도시로서 특별한 지위를 가졌다. 1990년 통일과 더불어 전후 경쟁의 '쇼케이스(showcase)'로서 특별한 지위와 지원의 종지부를 찍었다. 베를린은 현재 가장 부채가 많은 주로 평가받고 있다. 통일 이후 실업률은 두 배가 되었고 인구의 거의 20%는 생활보조비를 받고 있다. GNP는 서독의 60% 수준밖에 되지 않는다. 현재 조세수입으로는 주들의 1/2의 비용만을 감당할 수 있다. 감소하는 인구 때문에 그들의 경제적인 문제가 더 커지고 있다.

2 독일 지방자치와 특성

가장 이상적인 자치행정은 당사자가 자기의 책임하에 자율적으로 행하는 행정이다. 국민에 의한 자치행정은 자치단체의 주민이 독립된 권리와 의무를 진 공법상의 단체로서 법적인 행위 능력을 가진다. 이런 지방자치는 독일 역사에서 시민의 자유 표출로 중세 자유도시의 특권인 도시 시민법부터 시작된 오랜 전통을 갖고 있다. 자치단체의 자치행정은 1898년 프로이센의 도시법에서 시작한다. 도시법의 창시에는 슈타인(Freiherr von Stein)이 있다.

지방자치의 헌법 보장에서 1871년 제국헌법은 게마인데에 대한 언급이 없었다. 반면 각 주 헌법은 자치단체 대표 구성, 자치행정을 규정하고 있었다. 연방 수준에서 헌법에 대한 보장은 제1차 세계대전 후 바이마르헌법 127조에서 이루어졌다. 1935년 게마인데법(Deutsche Gemeindeordung)은 당시 경제 영역 관할을 놓고 게마인데와 민간 간의 다툼을 조정했지만, 자치권을 상당히 위축시켰다. 자치대표의 선출이 폐지되고, 총통의 지도자 원리(Führerprinzip)에 따라 당과 국가의 일치화가 게마인데까지 확대되었다. 전후 1948~1955년에 각 주별로 제정된 게마인데법이 오늘날 독일 지방자치의 토대이다.

자치단체는 독일연방의 행정구조에서 주요한 계층을 형성한다. 독일연방 행정구조는 연방, 주, 자치단체의 3단계를 이룬다. 여기서 지역단체(Landkreis)의 개입 시에는 4단계(연방, 주, 지역단체, 자치단체)로 구성된다. 독일 기본법(제28조 제2항 제1호)은 국가 행정구조에서 차지하는 자치단체의 제도적 보장뿐만 아니라, 자치단체의 업무를 자체 책임에 규율하

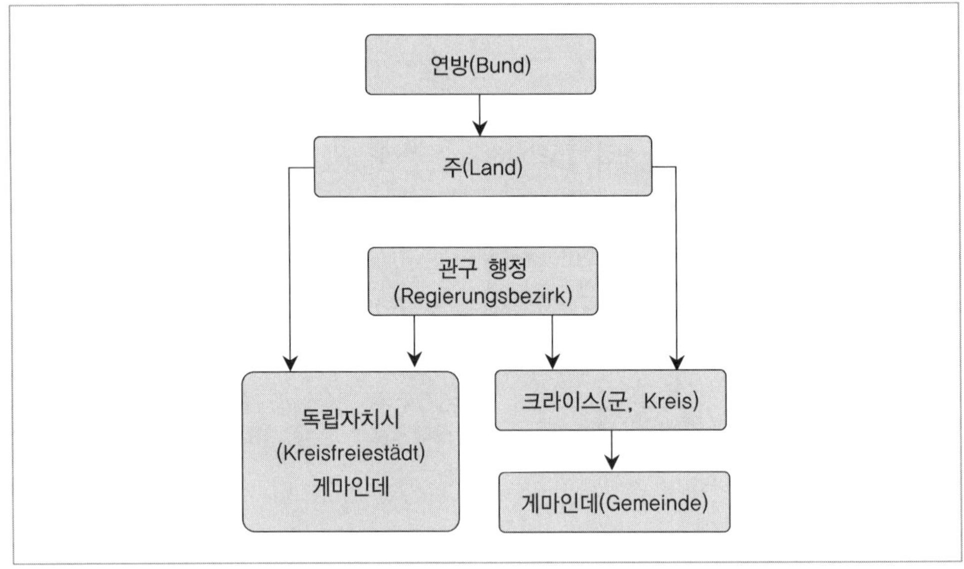

그림 2-1 지방자치단체 체계

는 권리를 보장한다.

독일 지방행정의 특성은 지방자치제도가 주마다 다르지만, 기본적으로 크라이스와 게마인데가 자치권을 누리는 점은 모든 주에 공통적이다. 자치도시와 게마인데는 독일의 행정 체계에서 보면 시민의 일상생활과 가장 밀접하게 연계되어 있다. 자치단체는 주택, 상수도, 에너지를 제공하고, 교육과 문화 서비스를 제공하며, 더 나아가 일자리 창출과 기업 유치활동을 촉진한다. 자치단체는 또한 주민에게 실제적인 사회복지 서비스를 제공한다. 이런 주민에게 직접적인 영향을 미치는 자치단체의 활동은 각각 연방주의 법원(法源)이 서로 다름에도 공통으로 일치하는 부분이다.

1) 지방행정의 단위

지방행정의 상급 단위로는 주정부의 부처를 들 수 있으며, 부처의 책임자인 장관들이 각각 해당 분야의 업무를 책임지고 관장한다. 이러한 지방자치단체와 관련된 부문을 관장하는 부처는 내무부이며, 일반적인 내무행정 관련 예하 기관들에 대한 관리 감독 기능을 가진다. 관리 감독은 주로 법적인 감독이다.

2) 지방행정의 기초 단위와 유형

지방행정의 기초 단위에 크라이스(Kreis)와 게마인데(Gemeinde)가 해당하며, 이 두 가지 외에 그 크기나 의미 또는 역사적인 배경 등의 이유로 독립시와 군에 속하지 않는 도시들이 있다. 이러한 '지역자치단체'는 국가나 주의 간섭을 받지 않고 자치적으로 행정을 수행할 수 있는 권한을 가진다. 해당 지역과 관련된 사안들을 자체적인 책임하에 결정하고 처리한다. 국가나 주로부터 권한을 위임받아 처리하는 위임 과제가 있으며, 이 경우 발생하는 비용은 국가나 주가 부담한다.

(1) 게마인데

수직적인 권력 분립과 행정조직에서 게마인데는 독일에서 가장 하위의 층을 이룬다. 게마인데는 크라이스, 자치독립시 등 상위의 모든 국가행정조직의 하위층이다. 정치 체계에서 게마인데는 영토를 가진 단위이며, 기본법에서도 지역자치단체사무(Angelegenheiten der örtlichen Gemeinschaft)를 규정하고 있다. 지방의회와 지방행정부가 이런 사업을 시행하는 제도적인 정치기관이 된다.

게마인데는 지역단체(Gebietskörperschaften)로서 법인(Rechtspersönlichkeit)으로서 자치 권리를 가진다. 따라서 영토에 대한 고권(Gebietshoheit) 외에 인사·재정·조직·조례·조세에서 고권을 가진다. 게마인데는 또한 지역사업에 대한 전권(Allzuständigkeit)을 가진다. 자치단체의 존립 확보를 위해 입법가들은 자치단체의 파산 보호와 파산 불능(insolvenzunfähig) 제도를 두고 있다(§ 12 Abs. 1 Nr. 2 InsO).

게마인데는 또한 사회학적으로 지역의 정체성과 문화적 공동체로서 지역의 상징성을 가진다. 따라서 게마인데는 역사와 문화 및 전통 등이 따라붙는다. 1970년대 중반에 서독에서 지역개혁(Gebeitsreform) 하에 게마인데의 통폐합이 대대적으로 시행되었다. 이와 같은 게마인데 개혁의 목적은 경제적인 면에서 게마인데의 자치 능력의 확보에 있었다.

(2) 란트크라이스

란트크라이스(Landkreis)는 게마인데와 더불어 국가의 하위 체계를 구성한다. 크라이스는 크라이스에 속한 게마인데(die kreisangehörigen Gemeinde)의 행정사무를 지원하며, 부담에 따른 공평한 재원 분담을 수행한다. 크라이스의 게마인데 지원사업(Ergänzungsaufgabe)은 주로 게마인데 지역을 넘으며, 부담을 공평하게 할 필요가 있는 사업들이다. 크라이스는 자신들의 영향권의 지역 안에서 주민의 이해 관계를 먼저 대변한다. 크라이스의 목적은 자치행정을 통해 주민에 가까이하면서, 행정의 효율성을 높이는 것을 중점 사안으로 한다. 크라이스는 이로써 주(연방)와 게마인데 사이에서 중요 연결 기능을 수행한다.

크라이스의 조직은 각 주의 법률에 따라 상당히 달리 규정되어 있다. 행정개혁으로 신연방주에는 323개의 크라이스가 있으며, 바덴-뷔르템베르크의 경우 35개 크라이스가 있으며, 이에 거주하는 870만 명으로 주 인구의 82%에 해당한다. 크라이스가 차지하는 비율은 주 전체의 97%이다(Deutscher Landlareitag, 2013, 통계자료 Band 110).

란트크라이스의 주요 사업은 의무사업과 위임사업으로 구성된다.

- 사회부조 및 청소년 지원(사회법전 II § 3)
- 유치원 시설 확보 의무(사회법전 VIII § 24)
- 하르츠 IV 집행(사회법전 II)
- 쓰레기 처리(소각장 운영)
- 보건의료(병원 운영, 보건청)
- 공공교통(버스, 통학 지원)
- 환경 및 자연 보호
- 도로행정, 도로관리
- 상업시설 감독, 농수산물 감시
- 축산 영역(축산 보호 및 축산 방역)

크라이스는 연방, 주, 게마인데와 달리 수렵세를 제외하고는 특별한 세원을 갖고 있지 못하다. 크라이스의 주요 재원은 크라이스 소속 게마인데가 내는 분담금(Kreisumlage)이다. 그 외 주로부터의 재정 지원을 받는다. 최근에는 연방과 주가 일부 사무를 크라이스에 이양하는 경향이 있다. 독립자치시도 상호 보장의 사무를 크라이스로 이전하는 경향을 보인다.

란트크라이스의 재정지출의 75~80%는 사회지출(Soziale Sicherung)이다. 투자는 단지 7% 정도이며, 이는 주로 학교시설 투자와 지방도로에 집중되어 있다(Deutscher Kreistag, Kreisfinanzen-Editorial 2011-2012).

(3) 독립자치시

독립자치시(크라이스프라이 도시: kreisfreie Stadt, 바덴-뷔르템베르크는 Stadtkreis)는 행정적으로 크라이스에 속하지 않고 독립되어 있는 시를 말한다. 독립자치시는 자신의 사무와 게마인데의 사무를 처리한다. 독일에서 주요 대표적인 독립시는 프랑크푸르트, 뮌헨, 쾰른 등이 있다. 독립시는 재정에서 게마인데보다 인구가 많으므로 안정적이다. 자치독립시의 시장(Oberbürgermeister)은 크라이스의 시장(Landrat) 지위와 대등하다.

1970년대에 지역 개편에서 많은 작은 자치독립시가 이웃 크라이스에 통합되었거나(Cuxhaven, Freising, Fulda, Gladbeck, Hildesheim, Neu-Ulm, Siegen, Witten) 또는 합병되었다(Rheydt, Wanne-Eickel, Wattenscheid).

독일에서 가장 작은 자치독립시는 인구 3만 5천 명을 가진 라인란트-팔츠의 츠바이어부뤼켄(Zweibrücken)이다(2011년). 반면 인구가 가장 많은 자치시는 뮌헨시로 130만 명에 이른다. 도시국가(Stadtstaat)인 베를린과 함부르크는 도시국가로서 예외적인 자치독립시이다. 브레멘은 브레멘시(Stadt Bremen)와 항구도시 브레멘하펜(Seestadt Bremerhaven)의 두 독립자치시로 구성되었다.

통일 후 신연방주에서도 게마인데와 크라이스의 개편이 있었다. 브란덴부르크에서는 아이젠휴텐슈타트(Eisenhüttenstadt), 슈베트/오데르(Schwedt/Oder)가 1993년 12월 6일에 주변란트크라이스에 편입되었다. 반면 작센에서는 호베르스뵈르다(Hoyerswerda)가 자치독립시로(1996년 1월 1일), 튀링겐에서는 아이젠나하(Eisenach)가 자치독립시로 되었다(1998년 1월 1일). 작센에서는 2008년 8월 크라이스 개혁에서 괴를리츠(Görlitz), 호베르스뵈르다(Hoyerswerda), 플라우엔(Plauen), 츠빅카우(Zwickau)가 자치시의 지위를 잃었다. 메클렌부르크-포어포메른은 2011년 로스톡(Rostock)과 슈베린(Schwerin) 두 개 도시를 제외하고 모든 자치도시를 주변 란트크라이스에 편입시켰다.

본(Bonn)은 1994년 4월 26일에 연방수도(Bundesstadt)로 명칭을 갖게 되었다. 이는 과거 서독의 수도로서의 지위와 공식적인 연방대통령과 수상의 제2 집무지(Zweitsitz), 연방부처의 잔류에 대한 특혜로 이루어졌다.

(4) 자치단체의 목적 연합

자치단체의 연합체는 독일에서 이미 19세기 말에 등장했다. 자치단체연합은 목적 연합(Kommunale Zweckverband)으로 지역단체의 개별적 행정 업무를 공동으로 수행할 목적으로 설립된 자율적 또는 법률적 규정에 따라 설립된다. 주요 사업은 상하수도시설과 관리, 소방서와 응급시설, 공동의 학교 버스 운영, 두 자치단체 사이의 강(江) 경계 조정, 공동 수영장 운영 등이 있다.

노르트라인-베스트팔렌주의 경우 목적 연합은 자치단체연합(Gemeindeverband)으로 규정하고 있다(§ 5 Abs. 2 Gesetz über kommunale Gemeinschaftsarbeit). 이로써 자치단체로서 정관(Zweckverbandssatzung), 구성원(Mitgliedskommunen), 기관(Zweckverbandsorgane), 재정 등을 담은 연합정관(Verbandssatzung)을 가져야 한다.

(5) 관구–지방행정의 연결

관구(Regierungsbezirk)는 일반적으로 주의 중간행정층(Mittelinstanz)으로서 주행정청(Landesmittelbehörde)이다. 관구는 행정조직에서 '분권화되면서 집권화된 관청(dezentralisierte und konzentralisierte Behörde)'으로서 특성을 가진다(Dittrich, 2008: 36). 관구의 행정 주체는 연방주이다. 업무가 지역에 한정되어 있다. 관구의 명칭은 주에 따라 다른 명칭을 사용하고 있다. 바이에른은 'Regierung'으로, 바덴-뷔르템베르크와 헤센은 'Regierungspräsidium', 노르트라인-베스트팔렌은 'Bezirkregierung'으로 불린다. 노르트라인-베스트팔렌, 헤센은 프로이센의 전통에 따라 명칭을 사용하고 있다. 독일 행정기관에서 사람을 딴 명칭(personalierte Namen)은 Regierungspräsidum 외에는 없으며, Regierungspräsident, Regierungspräsidium은 정부(Regierung)를 가리킨다.

관구는 행정조직에서 보면 분권화된 및 집권화된 관청(dezentralisierte und konzentralisierte Behörde)으로서 특성이 있다. 관구의 행정 주체는 연방주이다. 업무가 지역에 한정되어 있다. 주 간의 차이는 명칭 외에 법적 지위와 업무에서 차이가 난다. 가령 바이에른은 헌법 일부에 규정되어 따로 관구에 대한 법이 없다. 노르트라인-베스트팔렌은 관구에 대한 법이 있어 상세히 규정되어 있다. 헤센은 중간층의 기관으로서 규정되었다. 관구는 또한 지역 인구와 크기에 따라 차이가 난다. 그럼에도 공통적으로는 관구는 주정부와 자치단체 간의 중간층기관으로서 역할을 한다는 점이다. 관구가 보고하는 담당 업무는 2,500~3,000개에 이른다.

국가행정조직에서 보면 상위기관인 주행정부와 자치단체인 하위기관 간의 연결고리(Schnittstelle)로서, 주의 주요 업무를 수행하며, 또한 자치단체의 업무를 통합 관리하여 일명 '통합기관(Bündelungsbehörde)'으로 불리기도 한다. 관구는 지방자치단체와 관련하여 기능적인 면에서 광역자치단체와 같이 관할 지역에 있는 지방자치를 지원한다.

전형적인 관구의 과제는 다음과 같다.

- 자치단체 감독
- 재난관리(Gefahrabwehr)

– 경찰
– 국가 업무(staatliche Hoheitsangelegenheiten)
– 측량(Vermessungs-und Katasterwesen)
– 건축 허가
– 학교관리
– 의료건강
– 농업
– 숲

관구는 1949년 31개에서 2012년에 19개로 축소되었다. 관구 설치와 기능에 대해서는 각 주별로 이해 관계가 다르다. 바덴-뷔르템베르크는 2005년 행정개혁을 통해 주정부 부처 사안을 관구로 이전하여 역할을 강화했다. 2007년 노르트라인-베스트팔렌의 경우도 환경, 농업, 직장 보호 등에 관한 업무를 관구로 이전해 통합시켰다. 반면 니더작센은 2005년 1월 1일부로 행정 효율과 인력 감축을 통한 예산 절감을 위한 행정개혁 목적으로 브라운슈바이크(Braunschweig), 하노버(Hannover), 뤼부르크(Lünburg), 베서-엠스(Weser-Ems) 관구를 폐지했다. 이로써 주의 행정조직은 3단층에서 2층제로 개혁되었다(Bogumil & Kottmann, 2006: 29f).

2007년에 카셀(Kassel) 관구(RP) 140년을 기념하여 관구의 역할에 대한 평가가 있었다. 관구는 지역정치가와 단체로부터 긍정적인 평가를 받고 있다. SPD는 주정부와 주 수도(Wiesbaden)와 거리가 멀어서, 관구의 지위와 역할이 중요하다고 평가했다. 녹색당은 관구의 공무원은 주에서 지역의 이해 관계를 더 잘 대변하며, 지역에 공공 부문에서 일자리를 창출하고 있다고 평가했다. 지역 상공인도 또한 관구와의 협력을 높게 평가했다. 여론 조성에서 관구의 역할도 주요하다고 본다(Dittrich, 2008: 369ff.)

제 2 절 지방자치단체의 권한과 사무

1 지방자치단체의 권한

중앙이 지방의 업무나 권한에 개입하게 되는 경우는 1) 지방에서 유효하게 규제할 수 없는 사항, 2) 지방 간에 대립적 이해 관계가 있는 사항, 3) 지방 간에 통일적으로 규제할 사항에 관해 입법권을 갖게 된다. 이런 입법권에 따라 기본법에 규정되지 않는 사항에 대해서도 지방의 사무에 관여할 수 있다. 지방은 중앙의 고유사무를 제외한 국가사무를 스스로 고유사무로 집행하기도 하는데, 이 경우 중앙의 사무를 위임받는 형식으로 대부분 집행한다.

여기서 자치단체가 갖는 권한은 다음과 같다.

- 인사권: 필요한 인력을 선발, 승진, 해고할 때 자치단체는 주(국가)의 간섭을 받지 않고 자율적으로 일을 처리할 수 있는 독립적인 권한을 가진다.
- 예산권: 자치단체는 예산의 확정 및 집행과 관련해 독립적인 권한을 가진다.
- 조직구성권: 자치단체는 자체적인 행정조직을 구성할 때 자율적으로 일을 처리할 수 있는 권한을 가진다.
- 조례제정권: 자치단체는 건축이나 소음 발생 금지 시간, 자치단체 시설 이용료, 농업 종사자의 농로 유지 의무 등과 같은 사안들과 관련하여 필요한 경우에는 조례를 제정할 수 있는 권한을 가진다.
- 조세징수권 : 지자체는 주민으로부터 세금이나 수수료를 징수할 수 있는 권한을 가진다.

주요 징수 대상에 관한 세금 항목은 관내 영업활동을 대상으로 부과하는 영업세, 토지세 및 토지 취득세, 소득세 및 근로소득세 중 일부, 부가가치세 중 일부, 자동차세 중 일부, 기타 소액세 등이 이에 해당한다.

게마인데는 학교 설립이나 병원, 유치원 등의 설립 또는 운영을 목적으로 주 보조금을 지원받는 동시에 이와는 별도로 특정한 목적과 결부되지 않은 재정 지원도 받는다.

2 지방자치단체 사무

연방주가 게마인데와 크라이스의 지방자치법을 주도적으로 결정하며, 주의회는 지방자치법과 지방자치의 한계와 재정을 결정짓는다.

지방자치단체의 행정사무의 법적 근거는 기본법 제28조 제2항에서 "게마인데에는 법의 테두리 안에서 지역의 모든 사무를 스스로 책임하에 처리할 수 있는 권한을 부여한다"고 명시하고 있다. 여기서 "지역의 모든 사무"란 지역 주민의 공동 및 개인 생활에 필요한 모

표 2-2 지방자치단체의 사무 형태

사무 명칭		특징
고유사무	자율사무	지방자치단체가 독자적으로 사무 이행 연방이나 주는 감독권이나 지시권을 갖지 않음
	의무사무	지방자치단체의 의무 사무 연방 또는 주의 감독권과 지시권을 인정함
위임사무		연방과 주로부터 위임받은 사무 연방과 주는 감독권과 지시권을 가짐

든 사무를 의미한다.

한편 지방자치단체의 행정 과제는 원칙적으로 의무 과제와 자율 과제의 두 가지로 크게 나뉜다.[4] 의무 과제는 법률에 따라 그 수행이 의무적으로 정해져 있는 과제를 뜻하고, 자율 과제는 지자체의 재정 능력에 따라 주민을 위해 의무 과제 이외에 자율적으로 추가 수행할 수 있는 과제들을 의미한다. 국가의 감사는 현행법의 준수와 저촉 여부에 해당하는 법적 감사에 한정되며 의무 과제에 대해서는 국가의 지시를 따라야 한다.

이와 같은 사무 구분에서 전후에 지방자치제도를 새롭게 제도화는 환경에서, 1948년 바인하이머(Weinheimer)에서 주 내무장관과 지방자치단체 대표들은 고유사무와 위임사무의 전통적인 이원론을 극복하고자 했다. 바인하이머 초안(Weinheimer Enwurf)은 자치단체가 처리하는 사무를 일원화(monistischer Aufgabenkreis)하여 게마인데 사무(einheitlicher Bereich der Gemeindeaufgaben)로 하고자 했다(Püttner, 1989: 16). 이는 위임사무를 '의무사무'로 하여 위임사무에 대한 국가의 무한한 국가의 감독을 줄이며, 자치단체가 업무 수행만을 기능하는 자치단체의 영역을 확대하여, 자치단체가 민주생활의 중심기관으로 세우고자 하는 데 있었다. 이와 같은 사무 단일 합의 노력에 주들은 서로 일치하지 않았다.

지방자치법(Gemeindeordung)에서 사무 구분에서의 차이를 따라 구분하면 다음과 같다. 일원적 사무군을 하는 주는 바덴-뷔르템베르크(alle öffentliche Aufgabe, 2조), 브레멘(alle kommunale öffentliche Aufgabe, 2조), 헤센(aussschliechliche und eigenverantwortliche Träger der öffentliche Verwaltung, 2조), 노르트라인-베스트팔렌, 슐레스비히-홀슈타인(alle öffenliche Aufgabe in eigener Verantworung, 2조)이다(통일 후 작센도 일원적 사무군에 속한다).

4) 지방자치단체의 사무는 1) 사무의 성격에 따른 분류, 2) 사무 주체에 따른 분류를 할 수 있다. 사무 주체에 따라 위임사무, 고유사무(자발적 사무(자율), 의무사무) 등으로 분류할 수 있다(양현모, 2006: 149-151).

반면에 바이에른(eigene oder übertragende Angelgenheit, 6조), 니더작센, 자를란트(Selbstverwaltungsangelenheit, 5조, Auftrags-angelenheit, 6조)는 전통적인 이원적 사무 구분을 따랐다(통일 후 작센-안할트, 튀링겐, 메클렌부르크-포어포메른). 이와 같은 사무 구분의 합의에 이르지 못한 것은 각 주의 독자적인 법환경과 기본법도 사무일원화를 지향하고 있지 않기 때문이다(Püttner, 1989: 17).

1) 자율사무

자율 과제(freiwillige Aufgabe)는 지방자치단체가 계획에서 집행까지 전적으로 책임을 지고 독자적으로 수행하는 사무이다. 자율 과제는 지방자치단체가 독자적으로 판단하여 시행하며, 이에 대해 연방과 주는 간섭을 할 수 없다. 이러한 자율 과제로는 경제 촉진(공단 조성, 창업 지원), 사회복지시설(양로원, 청소년시설), 문화지원사업(박물관・음악학교・극장・주민축제), 성인교육(시민대학), 스포츠 및 여가 선용을 위한 지원 사업, 근거리 교통시설 확충, 전기 및 가스공급사업, 서민용 주택건설사업 등을 들 수 있다.

게마인데는 공공 수요와 요구의 변화에 따라 자율 과제를 새롭게 수행할 수 있다. 그러나 게마인데는 새로운 자율 과제를 시행할 때에는 의무 과제 집행 후에 재원이 있어야 한다. 지금까지 관례를 보면 게마인데는 자율사업을 포기함으로써 예산 균등을 이루려고 했다. 게마인데는 예산 균형을 맞추어야 하는 의무가 있기 때문에 자율 과제의 확대에서 딜레마가 발생한다. 작센주의 자치단체감독법에 따르면, '자치단체들은 자신의 필요성을 검토하여 필요하면 감축해야 하며, 의무 과제에서도 가능한 예산 절감을 하도록' 요구하고 있다.[5] 슐레스비히-홀슈타인주의 게마인데법은 게마인데가 자율사업을 시행할 때에, '그 사업이 다른 방식, 특히 민간(Private)을 통해 할 수 있는지'를 검토하도록 요구하고 있다.

2) 의무사무

자율사무는 자치단체의 자율에 완전히 맡겨져 있지만, 의무사무(Pflichtaufgabe)는 그 과제의 시행이 의무로 되어 있다. 따라서 자치단체는 그 과제를 시행 여부에 대한 결정권을 갖고 있지 못하며, 다만 과제를 어떻게(Wie) 시행할 수 있는가만 결정할 수 있다. 의무 과

5) Verwaltungsvorschrift Kommunale Haushaltswirtschaft vom 7. Okober 2005 des Sächischen Staatsministeriums des Innern.

제에 대한 책임은 의무 과제에 따라 업무의 집행 수준과 집행 방식에 대해 제한된다. 의무사업에 대한 감독은 집행의 법률 준수(Gesetzmässigkeit) 여부에 한하며, 목적성(Zweckmässigkeit)은 제외된다. 의무 과제는 사무집행의 변동성을 줄이며, 전체의 통일성을 확보하기 위해 그 업무의 지시 사항까지 상세히 규정되어 있다.

지자체의 의무 과제는 각 주에 따라 다르나 다음과 같은 사업은 의무 과제로 게마인데에 속한다.

- 교육, 학교의 건설 및 관리, 9학년 또는 10학년까지의 기초 의무교육 과정과 관련된 학사 업무는 게마인데의 소관이다. 게마인데는 주(州)로부터 보조금을 지원받아 학교 건물을 짓고, 교사의 봉급도 주에서 지급한다. 또한, 10학년 이상의 인문계 고등학교나 실업계 고등학교를 위한 학사 업무는 크라이스(군) 소관이며, 대학교에 관한 학사 업무는 주(州) 소관이다. 한편 유치원은 게마인데가 운영하며, 일반적으로 교회 또는 기타 공공단체들과 공동으로 운영하는 경우가 많다. 따라서 대부분의 유치원 운영구조를 살펴보면 필요한 재정을 게마인데와 주, 그리고 해당 공공단체의 3자가 균등하게 부담하는 형태로 이루어져 있다.
- 토지 이용 및 건축계획
- 도로관리, 청소, 조명관리
- 병원의 건설과 관리, 폐기물 처리
- 관내 공공도로의 건설 및 유지
- 묘지 문제
- 상하수도시설

의무 과제에서 작센주는 '문화관리(Kulturpflege)'를 게마인데와 크라이스의 의무 과제로 했다(제2조, 작센주문화법(Sächsisches Kulturraumgesetz: SächsKRG). 이런 규정은 독일 연방주에서 유일한 규정이다. 문화에 대한 의무 규정은 다른 의무 과제와 달리, 구체적으로 시행해야 할 대상, 수준 등을 강제로 규정하고 있지 않아 '장식적'인 성격을 갖고 있다. 그러나 문화를 자율사업에서 의무사업으로 규정함에 따라 문화에 대한 재정 확보를 통해 지원을 받거나, 또는 현재와 같이 지방재정의 위기에서 문화 지원 삭감에서 보호를 받을 수 있다는 점에서 의미가 있다. 독일에서 자치단체의 문화에 대한 공공 지원은 연 83억 유로이며, 평균적으로 지방자치단체가 43%, 연방주가 47%를 담당한다(노르트라인-베스트팔렌의 경우는 83%에 이름). 연방주의 담당 몫은 약 10% 정도이다(Fatoyinbo, 2011: 20).

3) 위임사무

위임사무는 연방 또는 주에서 제정된 법률의 집행사무로서, 지방자치단체가 연방 또는 주로부터 위임받아 시행하는 사무이다. 기본법 83조는 "지방자치단체는 연방과 주의 사무 일부를 위임받아 집행한다"고 명시하고 있다. 위임사무는 지역의 자치행정 업무와는 달리, 지역을 초월하는 성격을 가진다. 위임사무도 본질에서는 국가의 지시권(Weisungsrecht)과 연결되어 있기 때문에 의무 사업적 성격을 가진다. 자치단체는 단지 집행하는 기능만을 갖게 되며, 국가는 위임사무에 대해 법치성과 더불어 목적성을 통제한다. 자치단체는 위임사무에 대해 법적 감독과 전문 감독을 받는다.

위임사무의 종류를 살펴보면 다음과 같다.

- 각종 신고 및 증명서 발급 업무(여권, 주민등록 관계), 병역 업무
- 공공 안전 및 질서 유지(지역경찰)
- 영업 관련 규정, 지자체를 위한 포괄적인 건설계획과 감독
- 보건위생 관련 규정, 사회 관련 법집행, 교통 관련법 집행
- 재해 예방, 자연 보호, 외국인 관련 업무

위임사무의 특징은 그 내용이 국가 업무에 있다. 위임된 과제는 국가 또는 주가 수행해야 할 소관 업무, 지자체가 이 과제를 대신 수행하는 대가로 국가와 주는 매년 일괄적으로 그 비용을 해당 자치단체에 지급한다. 위임 과제에 관한 책임은 통상 크라이스의 시장(Landrat)에 있다.

표 2-3 자치행정의 구분

자치행정 업무	위임 업무
전체 관할권	법률을 통해 개별적 사건에 지시
자기 책임 하에 업무 수행	외부(국가)의 책임 하에 업무 수행
조례 제정의 권리	특별한 법률의 수권이 없는 한 조례제정권은 없음
자치단체법에 의한 내부적인 권할권 분배	대부분 자치단체대표의 영향을 받지 않고 지차단체 기관이 관할권을 가짐
법적 감독	전문 감독
행정법원과 연방헌법재판소(Art.93 I Nr.4b)를 통한 국가의 침해에 대한 법적 보호	전문 감독의 조치에 대한 법원에 의한 법적 보호는 없음

출처: Maurer(2010: 464).

제 3 절 지방자치단체의 유형

독일 연방주는 지방자치를 주법에서 규정하며, 지방자치법(Gemeindeordnung)으로서 자치단체헌법(Gemeindeverfassung)을 갖고 있다. 이 자치단체헌법은 한국에서 볼 때, 지방자치법과 같은 유사한 내용을 담고 있다. 독일에서 자치단체가 국가 헌법상의 조직 등에서 같은 점이 있다 해도, 자치단체는 국가가 아니므로 자치단체헌법은 헌법에 속하는 것이 아니라, 행정법에 속한다. 따라서 권한 다툼이 있으면 행정법원에서 결정되어야 한다(Maurer, 2010: 455).

지방자치제도는 16개 주가 각기 제정하고 있으나, 그 내용에는 주민의 권리, 지방의회 기능과 권한, 집행부와 구성, 재정, 시민 참여 등을 공동으로 담고 있다.

1990년 통일 이전까지 독일의 자치제도는 유형적으로 4개였다. 영국의 영향을 받은 북독일 유형, 미국의 영향을 받은 남독일 의회 유형이다. 남독일 의회 유형은 일원 체제로서 주민이 직접 선출한 자치단체 대표가 모든 자치 업무를 관장한다. 반면 북독일 유형은 이원 체제로 자치단체 대표와 더불어 집행청으로서 행정청이 있다. 두 유형 사이에 이사회 유형과 시장 유형이 있다.

각 주별 서로 다른 유형의 지방자치제도의 차이는 독일의 역사적인 전통과 문화 외에 제2차 세계대전 후 점령국의 영향을 받았다. 현재 남독일 유형만이 전 독일에 확산되어 채택되었지만, 네 가지 자치단체 유형에 대한 역사적인 고찰과 비교는 여전히 독일의 지방차지제도 개혁을 이해하는 데 분석과 비교점이 되기 때문에 유용하다.

이전 독일의 네 가지 자치단체의 유형에서 나타나는 차이는 다음과 같다.

1) 시장 선거 방식으로 주민 직선인가 아니면 의회를 통해 이루어지는가?
2) 의회 의장의 지위와 권한으로 누가 의회를 소집하고, 의회 일정을 정하며, 회의를 주관하는가?
3) 집행부의 수장으로 누가 의회의 결정을 집행하고 감독하며, 자치단체 공무원의 수장은 누구인가?
4) 외부에 대해 자치단체를 누가 대표하는가?

1 이사회형

이사회형(Magistratsverfassung)은 과거 프로이센 게마인데 자치법에 속하는 독일의 전통적 유형이다. 이는 슈타인(Freiherr vom Stein)에 의해 개발된 이사회형(시장단)에 속한다. 이의 특징은 지차단체행정이 집합체적(kollegial)으로 운영되는 점이다. 이사회 유형은 주민에 의해 선출된 의회(Stadtverordnetenversammlung)를 최고의사결정기관으로 하고 행정은 이사회가 담당한다는 것으로 권력이 엄격히 분리되어 있다는 것을 특징으로 한다. 행정기구로서 이사회는 각국별로 나뉘어 있으며 국장의 책임하에 있는데 시장과 국장의 관계는 수평적이며 동일한 권한을 가진다. 의회는 시장과 이사회의 모든 구성원을 선출한다. 의회와 이사회가 이원적 체제로 자치단체의 권력을 배분하면서 행정사무에 시의회와 이사회가 역할을 적절히 분담하여 처리할 수 있게 되어 있다. 이사회(Magistrat)는 시장을 의장으로 하며, 자치단체 대표들이 선출한 임원들로 구성된다.

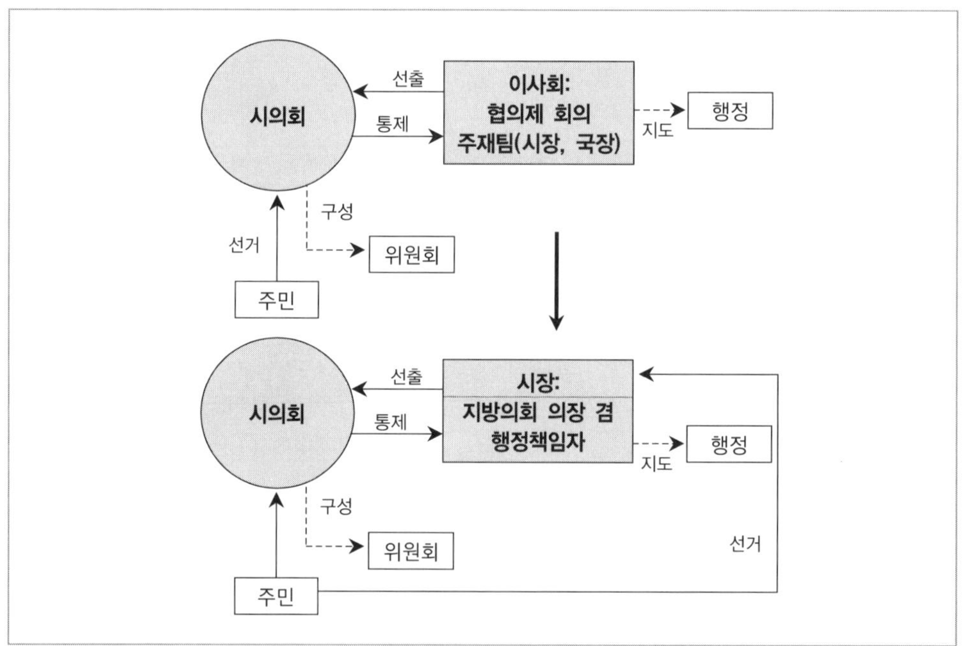

그림 2-2 이사회형

이사회형의 원래의 모형은 다음과 같다.

- 집행기관(지방행정)과 의회(지방의회)가 상호 분명하게 분리된 이중적 구조에 입각한 합의제적 집단지도 체제이다.
- 의회의 경우 주민에 의해 선출된 의회에서 이사회 위원과 이사회 의장을 선출하고, 이사회 의장은 시장이 되며, 시장은 자치단체의 모든 행정을 책임진다.
- 시의회는 대부분 모든 정파를 고려한 명예직 회원으로 구성된다.
- 의회는 자치단체의 모든 사무에 관해 의결권을 가지며, 분과위원회를 구성한다.
- 이사회는 남독일 의회형 시장과 북독일 의회형에서 행정사무총장의 기능을 행사하는 일종의 합의제 행정기관이다. 이사회는 지방의회의 의결 사항을 준비하며, 동시에 지방의회의 의결을 집행하는 기능을 수행한다.

구동독 지역의 거의 모든 주에서 1990년 10월 통일 이후 이사회형 제도를 도입했으나, 현재 브란덴부르크주를 제외한 구동독주들은 남독일 의회형으로 변했다.

슐레스비히-홀슈타인은 1996년에 자치단체법 개정을 통해 남독일형을 도입함으로써 과거의 제도를 폐지했다. 오늘날 헤센과 브레멘하펜(Bremenhaven)이 이사회형 제도를 유일하게 채택하고 있다. 다만 시장의 간선과 직선에서 차이가 있다. 헤센은 1991년 국민투표에 부쳐 헤센헌법 138조 개정을 통해, 1993년부터 시장은 간선에서 직선으로 선출하는 것으로 개혁했다. 이로써 헤센주에서 직선제 선출된 시장의 지위는 더 한층 강화되었다(§ 59 S. 4 HGO 1992; § 71 Abs. 1 S. 3 HGO 1992, 1999; § 125 HGO 1999; § 56 Abs. 1 S. 2 HGO 1999). 헤센은 남독일 의회 유형에 따른 시장의 직선제를 도입했지만, 시장의 임기, 국민소환 등에 차이를 두었다.

2 남독일 의회형

남독일 의회형(Süddeutsche Ratsverfassung)은 제2차 세계대전 이후 미국의 점령지였던 남부의 바덴-뷔르템베르크(1955년)와 바이에른(1952)에서 받아들인 형태이다. 시장직선제에서 볼 때, 전 연방주가 시장의 직선제를 채택하여 남독일 의회형이 주도적인 지방자치모델이 되었다.

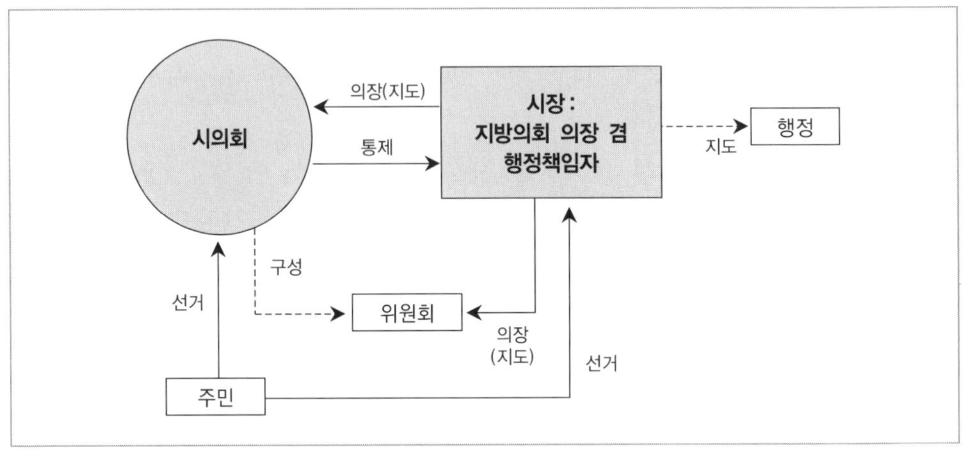

그림 2-3 남독일 의회형

남독일 의회제도의 특징은 시장의 지위와 역할에서 두드러지는데 게마인데의 권한과 임무가 시장에게 집중된다는 점에서 시장의 지위와 권한이 강하다. 시장은 주민 직선으로 선출되며 집행부의 수장인 동시에 의회의 의장직뿐만 아니라 모든 위원회의 의장직을 겸하며 투표권도 가진다.

- 시장은 의회의 의장(Gemeinde– bzw. Stadtrat)으로서 의결권을 가지며, 모든 위원회의 의장이다.
- 자치단체를 외부에 대표하며 법적인 대표자(oberster Repräsentant der Kommune)이다.
- 집행부의 행정수장(oberster Verwaltungschef)이다.

시장은 행정적 권한뿐만 아니라 주민 직선으로 선출된다는 것은 그 지지 기반이 의회가 아닌 시민에 있다는 점에서 시민이 정치 과정에 참여한다는 민주주의 원리로 정치적 역할에 대한 비중도 크다. 바덴-뷔르템베르크주는 의회의원의 임기가 5년인데 반해 시장의 임기는 8년으로 임기 동안 의회를 지배하며 절대적 권한을 행사할 수 있다. 따라서 시장은 독립적 기관의 성격도 가지는 동시에, 시장으로서 자기 책임의 원칙이 분명하다.

통일 이후 구동독의 작센주도 이 제도로 개정했고, 1993년부터 작센-안할트주와 브란덴부르크주도 시장을 의회에서 선출하는 방식에서 주민의 직접선거 방식으로 개정했다. 브란덴부르크 자치헌법의 차이는 의회 의장과 부시장(국장, Beigeordnte)을 의회에서 선출함으로써 의회 의장과 시장의 겸임이 허용되지 않는 데 있다. 작센-안할트 의회는 결의와 자문

위원회를 구성하되, 위원회의 의장(leiten)은 시장이 된다.

표 2-4 지방자치단체 제도 비교

주 명칭	의회			자치단체 대표(Gemeindevorstand)						주민투표제도
	의회 임기	선거제도	봉쇄 조항	임기	직선 실시	소환 여부	의장 겸임	의회위원회 위원장 겸임	외부 법적 대표성	A-주민제안 B-주민발의 R-의회발의 E-주민투표
바덴-뷔르템베르크	5	누적 분할	없음	8	1953	불가	겸임	겸임	대표	A,B,R,E B:10%, E:30%
바이에른	6	누적 분할	없음	6	1952	불가	겸임	겸임	대표	B,R,E B:3-10%, E:30%
브란덴부르크	5	누적 분할	없음	8	1993	가능	불가	불가	의회 의장과 공동대표	A,B,E B:10%, E:25%
브레멘하펜	4	경성 리스트	5%	8		가능	불가	불가	대표	A,B,R,E B:10%, E:30%
헤센	4	경선 리스트	5%	6	1993	가능	불가	불가	의회 의장이 대표	B,E B:10%, E:25%
메클렌부르크-포어포메른	5	누적 분할	5%	7~9*	1999	가능	불가	겸임	시장과 부시장 공동대표	A,B,R,E B:10%, E:25%
니더작센	5	누적 분할	없음	5	1996	가능	불가	불가	대표	A,B,E B:10%, E:25%
노르트라인-베스트팔렌	5	지역구 1명	없음	6	1999	가능	겸임	겸임	대표	A,B,E B:10%, E:25%
라인란츠-팔츠	5	누적 분할	3.03%	5	1994	가능	겸임	겸임	대표	A,B,E B:10%, E:30%
자를란트	5	경성 리스트	5%	8	1994	가능	겸임	겸임	대표	A,B,E B:10%, E:30%
작센	5	누적 분할	없음	7	1994	가능	겸임	겸임	대표	A,B,E B:15%, E:25%
작센-안할트	5	누적 분할	없음	7	1994	가능	불가	겸임	대표	A,B,R,E B:15%, E:25%
슐레스비히-홀슈타인	5	다수제	5%	6~8*	1997/98	가능	불가	불가	대표	A,B,R,E B:10%, E:25%
튀링겐	5	누적 분할	없음	6	1994	가능	겸임	겸임	대표	A,B,E B:20%, E:25%

자료: Kost & Wehling (Hrsg.), 2010, 2.Aufl., 405.

비고: 1. *기본 조례(Hauptsatzung)에서 정하도록 함.

2. 시장 선출에서 주민 직선으로 선출하며, 다만 브레멘하펜은 의회에서 선출함.
3. 자치단체 대표는 바이에른(Erster oder Oberbürgermeister), 브레멘하펜(Magistrat mit Oberbürgermeister), 헤센(Gemeindevorstand(Bürgermeister, Beigeordnete))으로 부르며, 그 외 지역은 시장(Ober)Bürgermeister)임.
4. 튀링겐은 5% 봉쇄 조항이 주헌법재판소의 위헌 판결에 따라 2008.10.18부터 폐지됨.
5. 주민투표 발의와 투표 결정에서 최소 요구 등에 차이가 있음.

메클렌부르크-포어포메른도 1999년 이후 시장을 직선으로 선출하며, 시장은 의회에 속하지 않지만(작센-안할트와 비슷함), 위원회의 의장(leiten)이 된다. 라인란트-팔츠, 자를란트에서 시장이 직선으로 선출됨에 따라, 시장형은 남독일 의회형과 더 이상 차이가 없게 되었다.

3 지방자치제도 개혁과 특징

4개로 분류되던 독일의 지방자치제도 유형이 닮아가는 현상이 1990년대에 독일 전역에서 일어났다. 이런 상호 유사성에서 주도적인 모델을 해온 것이 남독일 유형(Südeutsdeuche Ratsverfassung)이다.

독일에서 지방자치헌법이 서로 동화되는 과정이 일어날 것이라고 아무도 예견하지 못했으며, 그 주도적인 역할을 한 모형에 대해서도 마찬가지이다. 이런 변화에 대해 '남독일 모델의 승리(Siegeszug der süddeutschen Ratsverfassung)'[6]로, 헌법혁명으로 불렸다. 이 개혁의 중심은 행정 지도력으로의 개혁(Weg zur exekutiven Führerschaft)이며, 시장의 권력 강화이다(Bogumil, 2004: 68).

또한, 패전 독일을 분할 점령한 영국은 독일 지방자치단체의 기관 구성 형태를 변혁시키는 데 상당히 큰 영향을 미친바, 노르트라인-베스트팔렌주와 니더작센주는 독일의 전통적인 지방자치단체 기관 구성 형태와는 다른 북독일 의회형(Norddeutsche Ratsverfassung)을 채택하고 입법기관과 집행기관을 분리·운영했다. 즉, 의회에서 선출된 시장(Bürgermeister)은 의회 의장직을 겸임하고 지방자치단체를 대표하나 명예직의 기능만을 수행하게 했으며, 집행기관에 대해서는 의회에서 따로 선출한 행정관(Stadtdirektor)이 지휘·감독권을 갖도록 했다. 북독일 시장형에서는 반면에 행정관리는 어떤 의미에서는 '의회의 집행관(ein Exekutivsekretär des Rates)'과 같은 기능을 가지며, 이들은 기관장(Gemeinde−, Stadt−oder Oberstadtdirektor)으로 호칭했다.

주민이 직접선거로 구성한 의회(Gemeindevertretung: Rat)는 의회의 장을 선출하며, 의장은 시장으로서 지방자치단체를 대표하지만, 이는 명예직이다. 시장은 게마인데 의회를 대외적으로 대표하고, 의회 소집권을 갖고 의회의 일정을 결정할 권한을 가진다. 시장은 다른

---

6) Kost, Andreas, Der Siegeszug der Süddeutschen Ratsverfassung, Ein Überblick über die verschiedenen kommunalpolitischen Strukturen in den Bundesländern. In: *Das Parlament*, Jg. 55 (2005); 1/2).

직업을 겸할 수 있다. 따라서 시장은 게마인데 행정을 통괄하는 권한이 없으며, 동시에 집행부에 대한 지시 권한도 없다. 이러한 의회는 지방자치단체 집행부보다 우월한 위치에 있게 된다. 의회는 게마인데의 지휘·감독자로서 게마인데 행정관을 임명한다. 행정관은 공무원으로 지방자치단체를 담당하고, 시장은 의회만 담당한다. 한편 새 지방자치헌법(Gemeindeordnung)은 노르트라인-베스팔렌 주의회가 1994년 5월 17일 의결했고, 같은 해 10월 17일에 효력을 갖게 되었다. 개혁 이전에는 의회가 명예직인 시장뿐만 아니라, 집행부의 수장인 행정관(Stadtdirektor)도 선출했다. 이는 보통 쌍두마차(Zweigleisigkeit)라 불리는 체제이다.

개혁 이후에는 본업으로서 시장은 정치적인 대표로서뿐만 아니라, 행정 수장의 기능을 가지며, 시민에 의해 직선으로 선출된다. 그 외 직접민주제 요소로 국민발안과 국민투표를 도입했다. 그렇지만 남부 독일형과의 차이로는 시장의 임기가 있다. 즉, 노르트라인-베스트팔렌은 의회의 임기와 더불어 5년으로 연계하고 있다. 이러한 노르트라인-베스트팔렌의 지방자치제 개혁은 주요한 의미를 주고 있다. 첫째는 노르트라인-베스트팔렌주가 독일에서 인구가 가장 많은 주에서 개혁을 담고 있는 점이다. 둘째는 직선제적 요소를 도입한 점이다. 유권자들은 시장 직선제의 도입에 대해 긍정적으로 평가했다(정재각, 2003: 206).

시장 직선제의 도입에 따라 과거의 지방자치제도 분류가 더는 적용될 수 없게 되었다. 자치제도의 분류에서 주요 기준은 1) 시장의 독립성(임기, 소환 가능성), 2) 대표성(의회장 겸임, 외부 대표성), 3) 행정의 조직(단일조직, 합의제), 4) 통제권 등이다.

보벤슐트와 부세(Bovenschulte & Busse, 1996: 74ff.)는 직접민주주(plebiszitär) 요소를 기준으로 분류하고 있다 크네메이어(Franz-Ludig Knemeyer)는 이중적 의회-시장 헌법(duale Rat-Bürgermeisterverfassung)을 주도적인 제도로 세우고 있다(Knemeyer, 1998: 112).

1) 1인 대표하의 이중 의회-시장형(Duale Rat-Bürgermeisterverfassung unter einer Spitze)

이 제도에서 바덴-뷔르템베르크, 바이에른, 노르트라인-베스트팔렌, 라인란트-팔츠, 자를란트, 작센, 튀링겐 등이 여기에 속한다. 권한이 의회와 행정 두 기관으로 분리되어 있으면서, 의회의 장과 행정의 수장을 1인 시장에 분담시켰다.

2) 2인 대표하의 이중 의회-시장형(Duale Rat-Bürgermeisterverfassung unter zwei Spitze)

이 제도에는 브란덴부르크, 메클렌부르크-포어포메른, 자를란트, 작센, 튀링겐 등이 속한다. 시장은 주민의 직선으로 선출되며, 의회 의장은 의회가 선출한 자가 된다.

3) 탈이사회형(unechte Magistratverfassung)

이 제도에는 헤센이 속한다. 시장은 주민에 의해 직선으로 선출되며, 행정집행부에서는 구성원이고 수장(Vorsitzender)이며, 내각은 집단기관(Kollegialorgan)이다. 의회장은 의회에서 선출된 자가 된다.

남독일 의회형에 속하는 이중적 시장-의회형은 강한 시장의 지위로 특징된다(Kost & Wehling, 2010: 10f.). 2인 대표의 이중 시장형은 여전히 의회를 '강한' 의회로 하고 있다. 헤센의 이사회형은 의회내각제에 근접해 있다.

독일 지방자치제도의 개혁은 남독일 의회형으로 개혁되었지만, 시장의 직선을 제외하고는 여전히 의회의장 겸임 여부, 자치단체 대표, 의회위원회 의장 겸임, 행정조직 등에서 차이가 나서 일괄적인 분류는 어렵다.

각 주 간의 새 지방자치헌법 차이는 다음과 같은 요소로 나눌 수 있다.

1) 집행부 권한(Verwaltungsleitung)
2) 집단집행부(kollegiales Verwaltungsorgan) 여부
3) 행정 사안의 자율성
4) 인사권
5) 시장의 긴급결정권(Eilentschungsrecht)
6) 시장의 선거 방식과 임기
7) 시장소환제
8) 의회 의장 겸임 여부
9) 의회 위원회 의장 겸임 여부
10) 시장거부권
11) 자치단체의 외부 대표성
12) 의회의 의사일정 결정권

13) 교섭단체의 법적 지위

위와 같은 분류 기준에 따라 시장(집행부)의 권력과 의회(정치권)의 관계에서 보면, 바덴-뷔르템베르크 시장 권한이 가장 강하다. 반면 브란덴부르크와 슐레스비히-홀슈타인은 행정과 의회 권력이 모두 낮지만, 행정 권력이 의회 권력에 비해 높다.

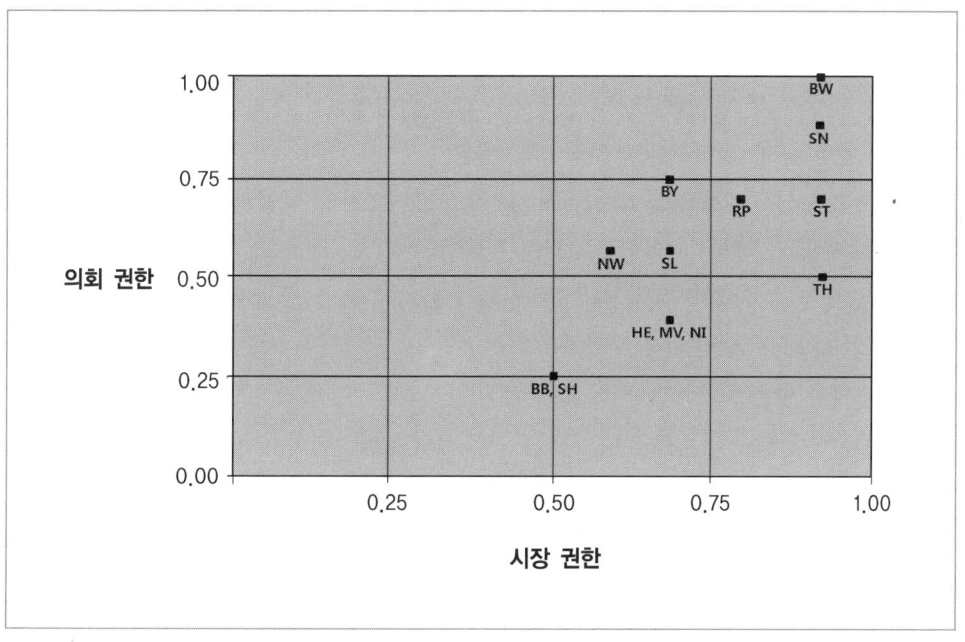

그림 2-4 행정부와 입법부 간의 세력 관계

자료: Kaspar(2006: 30).

비고: 주 약자

BW: 바덴-뷔르템베르크	SN: 작센
BB: 브란덴부르크	SH: 슐레스비히-홀슈타인
NW: 노르트라인-베스트팔렌	HE: 헤센
SL: 자를란트	MV: 메클렌부르크-포어포메른
BY: 바이에른	NI: 니더작센
RP: 라인란트-팔츠	TH: 튀링겐
ST: 작센-안할트	

4 노르트라인-베스트팔렌 주정부와 자치단체 조직

노르트라인-베스트팔렌 주는 인구가 1천 8백 만 명으로, 독일인 5명 중 1명이 살고 있다. 주정부는 11개의 부처로 조직되어 있다. 공무원 수는 5천 명이며, 이 중 800명이 내무부 소속이다. 내무부 산하 치안 담당 공무원 수는 약 5만 명이며, 이 중 경찰이 4만 2천 명이다. 주의 최고 의사결정기관으로서 주지사와 주의 각 부처 장관으로 구성된다. 주 행정기관은 연방정부의 조직과 비슷하며, 또한 주별로 약간씩 차이가 있다.

주지사(시장)는 주의 정책노선을 결정하고 각료를 임명하며 주의 행정을 책임지지만 연방수상이 갖는 군과 외교권은 부여되지 않는다.

대부분 주에서는 '주정부(Landesregierung)'라고 표기하지만, 베를린, 브레멘, 함부르크 시는 '세나트(Senat)', 남부 바이에른주에서는 '국가정부(Staatsregierung)'라고 부른다. 주지사의 호칭은 대부분 주에서 주시사(Ministerpräsident)로 부르지만, 베를린, 브레멘, 함부르크 시는 '시장(Bürgermeister)'이라 부른다.

인구가 가장 많은 노르트라인-베스트팔렌주가 장관의 수가 가장 많으며, 행정조직도 크다. 각 주의 장관의 수와 정부조직 규모는 주의 크기, 인구, 사회적 여건에 따라 다르다. 주 장관은 대부분 주에서는 '주장관(Landesminister)'으로 하는 반면, 베를린, 브레멘, 함부르크 시의 장관은 '세나토어(Senator)'라 하며, 바이에른은 '국무장관(Staatsminister)'으로 부른다.

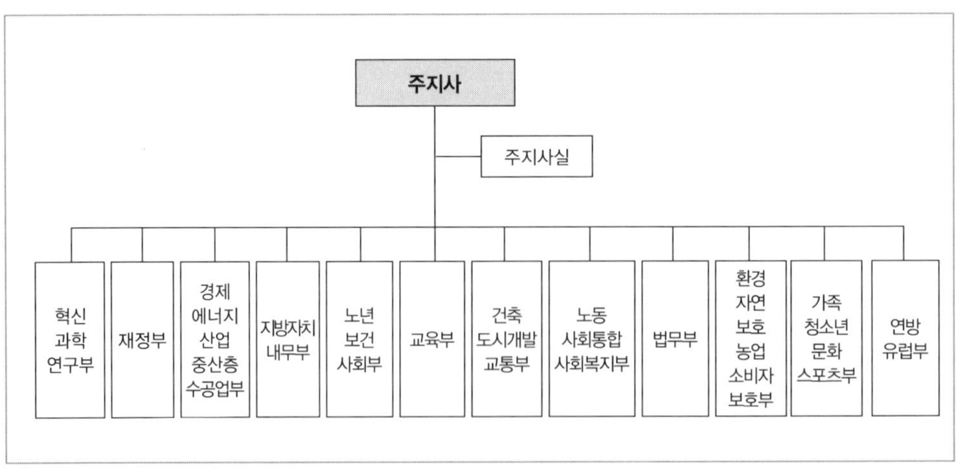

그림 2-5 노르트라인-베스트팔렌 주정부 조직도

내무부는 지방자치단체의 감독권을 가진다. 내무부의 주요 업무를 하는 지방자치단체, 행정에 대한 사무를 관장한다. 노르트라인-베스트팔렌 주헌법 제78조 4항 1은 "주는 게마인데와 게마인데 협의체의 행정의 적법성을 감독한다"고 규정하고 있다. 여기서 감독은 특별감독(Sonderaufsicht)이 아닌 일반감독(allemeine Aufsicht)을 말한다. 주정부를 통한 감독은 법적인 감독을 말하며, 행정의 집행을 감독하지 않는다. 행정 수행 감독(Dienstaufsicht)은 해당 기관이 감독한다. 지방자치단체(Gemeinde)는 법인체로서 활동하기 때문에, 따라서 게마인데 의회, 시장의 활동이 법적인 측면에서의 적법성만을 감독하게 된다.

지방자치단체는 위임사무를 관장하기 때문에, 주정부는 이에 관한 세부 법률을 제정한다. 감독 체계를 보면, 내무부는 주 행정기관(Bezirksregirung)을, 주 행정기관은 다시 자치독립시(Kreisfreie Städte), 크라이스 소속 게마인데(Kreisangehörige Gemeinde)를 감독한다. 상위기관은 하위기관에 대해 감독을 하게 된다. 지방자치 감독 체계에서 상위기관은 하위기관에 대해 특별감독(Sonderaufsicht)을 할 수 없다. 하위기관은 상위기관의 감독이 적법하지 않을 때 소송을 제기하며, 법의 판결은 구속력을 가진다.

노르트라인-베스트팔렌의 높은 많은 인구와 인구밀도로, 다른 주와 달리 더 많은 지방행

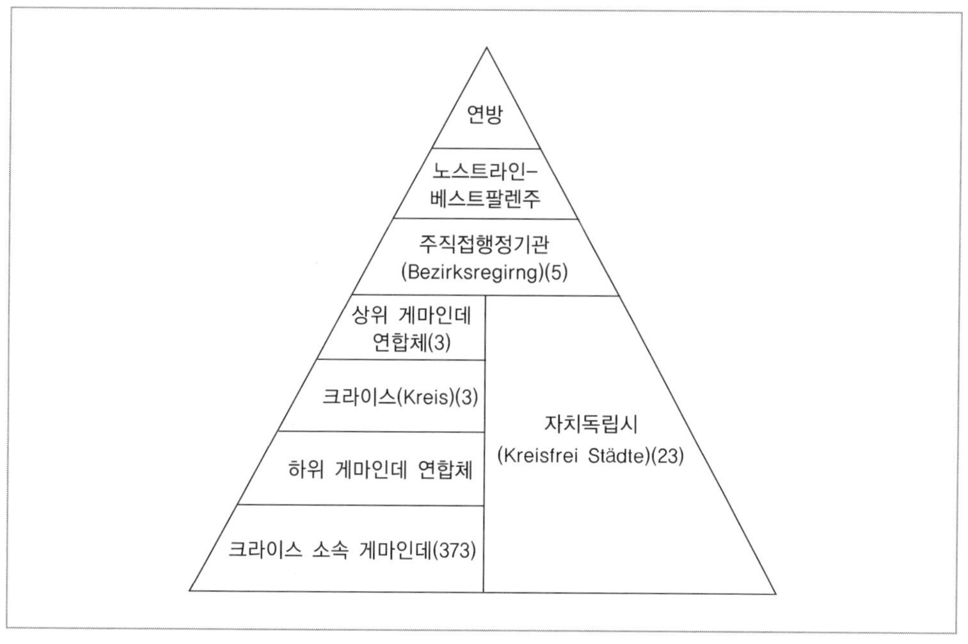

그림 2-6 노르트라인-베스트팔렌 주 행정 체계

정 수요가 필요하다. 1970년대 말에 특히 크라이스에 속한 행정 업무가 인구가 많은 게마인데로 이전되었다. 인구가 많은 게마인데는 노르트라인-베스트팔렌 건축법(Landes-bauordung)에 크라이스 소속 도시(Grosse kreisangehörige Städte)(35개) 중 크라이스 도시(Mittlere kreisangehörige Städte)(129개)로 표시된다. 이 게마인데들은 도시(Stadt)로서의 지위를 가지며, 크라이스의 업무를 자체 업무로 처리한다. 이런 구분은 게마인데 거주 인구가 60만 이상 또는 25만 이상일 때 조정된다. 대(大)크라이스 도시는 업무로서 외국인청(Ausländerbehörde)을 가지며, 또는 응급서비스시설(Rettungswache)을 설립해야 한다. 크라이스도시는 소방서를 운영하며, 또는 재교육시설(Weiterbuildung)의 운영 의무가 있다.

주는 직접행정기관으로서 관구(Regierungsbezirk)는 안스베르크(Arnsberg), 데트몰트(Detmold), 뒤셀도르프(Düsseldorf), 쾰른(Köln), 뮌스터(Münster) 다섯 개가 있다. 각 관구는 자치시, 크라이스, 크라이스 소속 게마인데 등으로 구성된다.

두 개의 자치연합체(Landschaftsverband)로서 라인란트 자치연합체(Landschaftsverband Rheinland: LVR)와 베스트팔렌-립페 자치연합체(Landschaftsverband Wesrfalen-Lippe: LWL)가 있다. LVR은 자치단체행정에서 상위 수준에서 지역 업무를 담당한다. LVR에 13개

그림 2-7 루르지역

자료: Regionalkunde Ruhrgebiet.

크라이스와 13개 자치독립시가 소속되었다. 이로써 LRV는 라인란트지역(Rheinland)의 960만 명의 인구를 관할하며, 15,000명이 고용되어 있다. LVR의 주요 사업은 사회복지, 청소년 지원, 문화사업 등이다. LVR은 독일에서 장애인을 위한 사회복지의 최대 서비스 기관을 운영하고 있다. 41개 장애인 학교와 10개 병원을 운영하고 있다(LVR 자료).

베스트팔렌-립페 자치연합체(Landschaftsverband Westfalen-Lippe: LWL)는 1953년 결성된 공공단체(öffentlich-rechtliche Körperschaft ohne Gebietshoheit)이다. 뮌스터(Münster)에 본부를 두며 베스트팔렌-립페(Westfalen-Lippe)의 18개 크라이스와 9개 자치독립시가 구성원이며, 830만 명 주민을 커버하며, 13,000명이 종사한다. LWL의 사업은 사회복지, 청소년, 학교, 심리치료(psychiatrie), 범죄인 심리치료(연방과 주의 계약에 따라 수행) 및 문화 영역을 담당한다. LWL이 담당하는 사업은 지역의 자치단체의 업무를 광역으로 하는 것에 효율적으로 처리할 수 있는 업무들이다. 35개 장애인학교(시각, 청각장애 포함), 19개 병원 17개 박물관을 운영한다. LWL은 독일 내 최대 장애복지 서비스 자치단체의 하나이다.

지역연합체(Regionalverband)로 루르지역연합체(Regionalverband Ruhr: RVR)가 있다. RVR는 자치단체의 법적인 목적 연합(Zweckverband)으로서, 11개 자치독립시와 4개 크라이스가 소속되어 있다(약 5백만 거주). RVR는 자치단체의 상위 수준에서의 사업을 수행한다. 주요 사업은 지역공원관리(Emscher Landschaftspark, Route der Industirkukr)이며, 2009년 이후 루르 지역(Ruhrgebiet)에 대한 국가의 지역계획(Regionalplannung)을 위임받아 수행한다. 그 외 지역의 경제와 관광 촉진, 메트로폴 루르(Metropole Ruhr)의 PR 업무가 있다.

5 베를린시 정부조직

베를린은 시장을 중심으로 조직된 시정부(Senat), 행정기관(Verwaltung), 주민대표기관인 시의회(Abgeordnetenhaus) 등으로 구성되어 있다.

연방 각 주는 하나의 국가로서 주정부의 구성과 운영을 독립적으로 결정할 수 있는 권한을 가진다. 주정부(Landesregierung)는 주지사와 각 부처장관으로 구성된다. 베를린은 도시주로서 시장(Bürgermeister)과 각 부처장관(Senator)으로 구성되어 있다.

베를린의 시장과 각 부처장관은 시의회에서 선출된다. 일반적으로 독일 주정부에서는 주지사가 각 부처장관을 직접 임명할 수 있다. 그러나 베를린, 브레멘, 함부르크 등 도시주의 경우 부처장관을 직접 선출할 수는 없다. 즉, 도시주의 경우 위상은 주정부에 해당하지만,

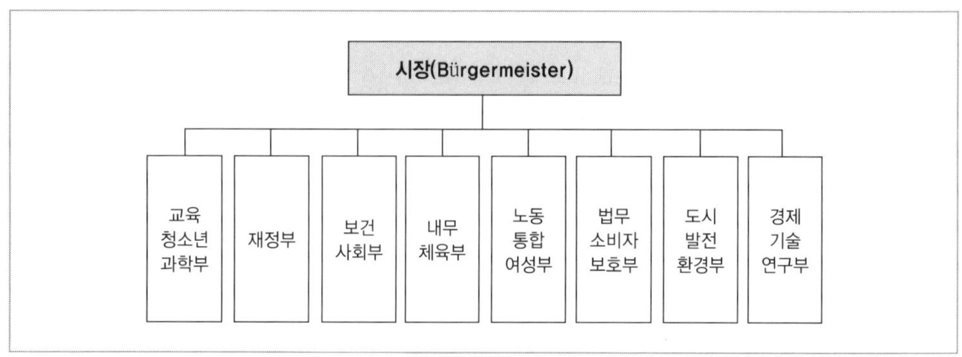

그림 2-8 베를린시 행정조직도

권한은 주지사보다 약하다.

베를린시의 행정구조는 시 전체를 관할하는 행정기관과 자치구(Bezirk)를 관할하는 자치구 행정기관으로 구성되는 2층제이다. 시 행정기관은 직접행정기관(Unmittelbare Berliner Landesverwaltung)과 간접행정기관(Mittelbare Berliner Landesverwaltung)으로 구성된다.

직접행정기관으로는 베를린시에 속한 각 부처와 산하기관을 포함한 시 소속의 행정기관이 있다. 간접행정기관에는 공법에 따라 운영되는 은행·방송국·대학·법인체 등이 포함되며, 이들 기관은 베를린시의 관리 감독을 받아야 한다([그림 2-8] 참조).

베를린 시의회(Abgeordnetenhaus)는 베를린시의 주민대표 기관이다. 베를린 시의회는 법률에 의해 최소한 130명 이상으로 구성되어야 한다. 의원의 60%는 지역구에서, 40%는 비례대표로 선출된다. 원내교섭단체는 의원 수의 5%를 얻어야 구성할 수 있다(현재 7명 이상)(Art. 30 Abs.1 VvB). 현재 베를린 시의회는 총 149명의 의원으로 구성되어 있다. 정당별로 보면 SPD 47, CDU 38, Grüne 29, Linke 19, Piraten(해적당) 15, 무소속 1명이다.

베를린 시의회 의장은 의회에서 다수당의 제안으로 과반수의 동의를 얻어 선출된다. 시의회의 주요 기능으로는 시장과 장관의 선출 기능, 입법 기능 및 예산법안(Hauhaltsgesetz)에 관한 결정 기능, 시정부의 감독 및 감시 기능 등이 있다.

베를린 자치단체인 구정부(Bezirk)는 자치단체장인 구청장(Bezirksbürgermeister)을 중심으로 구행정기관(Bezirksverwaltung)과 구민대표기관인 구의회로 구성되어 있다. 구정부는 13개로 구성되며, 이 가운데 6개 구는 통합된 구이다. 베를린의 구정부 기능이나 위상은 독일의 다른 지방자치단체와 비슷하다. 그러나 베를린 구정부는 「기본법(Grundgesetz)」에서 보장하고 있는 독립적인 지방자치권을 행사하지 못한다. 따라서 자치단체에 부여된 계획고권이 베를린 구정부에게는 부여되어 있지 않고 단지 계획의 수립권만 인정되고 있다.

도시계획에 관한 권리는 대부분 베를린시가 갖고 있다. 예로 베를린의 장기발전계획인 도시발전계획(STEP), 토지이용계획(F-Plan), 녹지경관계획(Landschaftsprogramm) 등은 베를린시의 권한이다. 반면 도시계획에서 가장 중요한 법정 계획인 지구상세계획(B-Plan)은 자치구에서 계획을 수립하고, 구의회의 심의를 거친 후에, 베를린 도시계획청(Senatsbauverwaltung)의 법적 검토라는 단계를 거쳐 승인된다. 자치구 차원의 기본계획인 생활권 발전계획(BEP)도 베를린시의 승인과 결정 절차를 거쳐야 한다.

이런 점에서 볼 때 베를린 자치구는 도시계획 수립에서 볼 때 한정된 권한만을 행사한다. 1992년 독일 수도가 베를린으로 이전됨에 따라 연방정부와 베를린 시정부가 베를린 도심의 수도계획을 위해 계약한 '수도 계약(Hauptstadtvertrag)'을 했다. 수도 계약은 베를린시가 독일의 수도로서 연방의회와 연방정부의 기능을 할 수 있도록 협력하는 것이며, 이 계약에 따라 베를린의 도심부에 대한 계획 수립 및 결정권은 예외적으로 연방정부와 베를린 시정부에 부여되어 있다.

제 4 절 지방자치단체의 재원 조달

1 지방세

국가와 마찬가지로 자치단체에서도 재정은 주요 문제로 논의된다.[7] 독일의 지방자치단체는 지방세를 통해 평균적으로 전체 자치단체 예산의 3분의 1가량을 충당한다. 지방세는 자치단체의 가장 중요한 수입원 중의 하나이다. 지방세 징수는 게마인데의 구조나 시장의 능력에 따라 현실적으로 차이를 보인다. 예를 들어 산업지역은 농업지역보다 당연히 더 높은 조세수입을 올리게 된다.

1) 근로소득세 일부

독일에서 징수되는 전체 근로소득세 중 15%가 게마인데의 몫이다. 이 비율은 연방과 주,

7) 지방자치 재정은 제5장 '독일의 재정과 예산'에서 내용이 일부 중복되나, 지방자치 수준에서 가능한 해당 사안을 기술함.

그리고 지방자치단체 간의 협의로 결정된다. 이렇게 해서 지방자치단체에 할당된 전체 액수 중에서 각 게마인데가 어느 정도를 지원받게 되는가 하는 것은 해당 게마인데 주민 전체 소득에 달려 있다. 이러한 근로소득세의 장점은 전반적으로 실질적인 경기의 영향을 많이 받지 않기 때문에 고정적인 '봉급'과 같은 효과가 있다는 점이다. 독일 국민의 소득이 높아질수록, 또한 게마인데 내의 고용이 증대될수록 이 항목을 통한 세수는 증가하게 된다. 그래서 자치단체장인 시장은 기업을 유치하기 좋은 여건을 만들기 위해 많은 노력을 기울인다.

2) 영업세

영업세(Gewerbesteuer)는 기업의 영업 수익에 대해 부과하는 세금이다. 기업이 수입을 많이 올릴수록 해당 자치단체의 세수도 그에 따라 증가한다. 영업세는 전적으로 자치단체에 귀속되며, 경기 변동의 영향을 많이 받는다.

영업세는 독일 자치단체의 평균적으로 세수의 35% 정도를 차지한다. 자치단체는 이 영업세에 대해 정해진 세율에 따라 부과한다. 자치단체는 이 영업세의 일부를 연방과 주에 돌려주며, 대신에 자신의 지역에서 거둬들인 소득세의 15%를 받는다. 소득세는 자치단체의 수입의 약 40%를 차지한다. 따라서 바로 영업세와 소득세가 자치단체 세수의 3/4이 이 두 세목에서 나온다. 자치단체의 기타 세원은 2,2%가 되는 부가세이다. 이 부가세는 자치단체 재정의 약 6%를 차지하고 있다. 또한 재정 수입의 17%를 차지하는 부동산세가 있다. 그 외 제2주택, 견세(dog tax) 등이 있으나, 이는 자치단체에 따라 다르다.

3) 토지세

모든 토지에 대한 조세징수권은 게마인데가 가진다. 세금의 액수는 토지의 활용 형태에 따라 달라진다. 농지에 대한 조세율은 매우 낮으며, 가장 높은 세금을 부과하는 대상은 산업용 토지이다. 건물의 크기와 용도에 따라 세금의 액수 또한 다르다.

4) 토지취득세

토지 매도 시에는 매도가격의 2%를 세금으로 내야 하며, 이렇게 징수한 금액 중 43%는 게마인데에, 57%는 해당 군에 귀속된다.

표 2-5 독일 지방자치단체의 재정 수입(2004년 기준)

구분	수입원	총수입에 대한 비율
자체수입	지방세(영업세, 토지세, 견세, 견세, 경마세, 유흥세, 1가구 2주택세, 사냥세, 수렵세)	33.3%
	사용료(Gebühren)	11.3%
	수수료(Verwaltungsgebühren)	
	분담금(Beiträge)	
재정지원금	소득세, 거래세의 일부분	32.7%
	자동차세의 일부분	
차용금	부채	2%
기타 항목	경영수익금, 이자수입 등	20.7%

자동차세 중 일부도 게마인데에 귀속된다. 게마인데에 허가된 자동차 수에 비례하여 징수 세금 중 일부를 교부받게 되며, 이렇게 확보된 재원은 도로 건설이나 주차장 등 차량 관련 부문에 투입된다.

2 세율

독일 조세제도의 특징은 자치단체마다 각각 다른 세율 체계를 가진다는 것이다. 이는 각 자치단체가 자율적으로 세율을 정하므로, 자치단체 간 경쟁을 유도한다. 게마인데 의회는 영업세와 토지세 산출법에 근거하여 세율을 결정할 수 있다. 자율적인 세율 결정을 통해 각 게마인데는 경기부양책과 기업 유치에서 완급을 조절하게 된다. 왜냐하면, 자치단체의 재정 규모는 얼마나 많은 세원을 갖고 있는가에 달려 있기 때문이다. 지방자치단체의 재원은 토지와 부동산을 통해서뿐만 아니라, 납세자의 능력에도 달려 있다. 따라서 지역 주민의 소득, 지역 내의 경제력, 기업, 경기 상황도 자치단체의 재정에 주요한 변수로 작용한다.

전통적으로 자치단체의 세원은 영업세와 부동산세이다. 이 두 세원은 자치단체의 실제 가치와 긴밀히 연계되어 있다. 가령 한 지역의 자치단체가 주거, 교통, 환경 등에서 투자 가치가 높다면 당연히 부동산과 대지값은 오르게 마련이다. 마찬가지로 영업세는 기업의 수와 경제 상황에 의존하기 때문에 변수가 크다. 반면에 자치단체는 기업의 유치를 위해 상호 무분별한 경쟁을 벌일 우려도 있다. 자치단체는 세제 혜택과 토지 제공에서 상호 경쟁을 통해 기업을 유치하며, 일자리를 창출하고자 한다. 유럽연합은 가격 문제에서 이런 기업에 직접 혜택을 주는 가능성을 제한하고 있다. 따라서 연방은 자치단체가 넘을 수 없는 최소한의 영업세를 규정하고 있다.

 국가의 재정보조금

독일에서 지방자치제도에서 국가보조금이라고 하면 일반적으로 주(州)보조금을 의미하며, 연방 차원의 보조금을 뜻하는 경우는 매우 드물다.

목적보조금은 주가 게마인데에 지원하는 재원이다. 대표적인 것으로 학교 건물 신축, 유치원, 도로 등에 투입되는 교부금으로 이는 미리 규정된 목적을 위해서만 활용할 수 있다. 국가가 목적보조금을 지급하는 경우에는 구체적인 개별 사안에 관한 재원 활용 세부 규정을 결정한다.

 지방재정 조정

독일은 자치단체 간의 재정력을 보전하여 단체 간의 차이를 극복하고자 노력한다. 독일 자치단체는 1956년 이후 기본법의 개정을 통해 소속 연방주가 자치단체에 공동 세원을 주도록 하고 있다. 이 교부금의 범주와 액수는 각 주의 소관이다. 이러한 재정의 균등은 주정부 간의 재정력의 차이를 보완해 주는 역할을 한다. 여기서 재정 조정을 시행하는 목적은 다음과 같다.

- 재정 조정 시스템을 통해 지자체의 재정 능력이 전반적으로 향상됨과 동시에 자치단체의 자립도를 높인다.
- 입지 조건의 차이에 따라 발생하는 게마인데 간 소득 격차 조정이다.
- 채무가 없는, 재무구조가 건실한 게마인데가, 예를 들어 자연재해나 관내 큰 기업의 도산 때문에 재정적인 어려움에 빠졌을 때 도움을 받을 수 있다.
- 각 지역의 생활 수준을 비교적 균등하게 유지할 수 있다.

이러한 재정 균등은 본질에서 세 가지 방법을 통해 이루어진다.

첫째는 일반적 교부금으로 이는 재정력의 차이를 보완해 주며, 둘째는 공공교통, 병원,

학교, 소방 등과 같이 특별한 재정 균등, 셋째는 도로 건설과 같이 특별 목적에 연계된 교부금으로 나뉜다.

여기서 정치적으로 주목을 받는 것은 특별한 사업에 지원되는 특별교부금이다. 이 교부금을 통해 연방이나 연방주는 하위인 지방자치를 통제하려 하고 있기 때문이다. 또한, 이런 특별교부금은 사업의 100%를 지원해 주지 않기 때문에 제약을 받고 있다. 상위기관은 이런 특별교부금 제공을 통해 자치단체를 조정하며 통제할 여력을 가진다.

이런 교부금을 통해 1950년대 말에 주택과 도로 건설, 교통 등에서 많은 사업이 대대적으로 이루어졌다. 물론 이런 교부금을 받는 자치단체는 손해를 보는 것은 아니다. 이런 특별교부금을 통해 자치단체의 자율권이 제약을 받는다고 단정할 수는 없다. 왜냐하면, 자치단체는 사업의 선정, 우선순위 결정, 신청 등에서 스스로 결정을 하기 때문이다. 자치단체장은 이런 특별교부금을 받기 위해 많은 정보를 수집하며 또한 노력한다. 이런 성공적인 사업은 물론 단체장의 지위와 역할을 강화시켜 준다.

5 지방자치단체의 부채

독일은 실제로 통일을 겪으면서 구동독지역의 낙후, 환경오염 등으로 많은 재정적인 부담을 추가로 갖게 되었다. 또한, 주택 · 도로를 중심으로 하는 모든 기간시설이 재정비되어야 했다. 이런 동독지역의 재건에 들어간 재원은 1991~2003년간 총 1조 3천억 유로로 추산된다(IWH). 독일 전체에서 보면 자치단체가 갖는 부채는 7%에 이르며, 65%는 연방에, 그리고 28%는 주에 해당한다. 독일 지방자치단체는 재정 면에서 만족스럽지 못한 상태를 보여주며, 자치단체가 상위기관의 감독을 받아야 하므로 자치의 자율성이 훼손되고 있다.

지방단체의 재정 악화는 많은 영역에서 민영화의 압력으로 나타나고 있다. 한편 유럽연합도 법의 적용에서 지방자치단체의 업무에 개입하고 있다. 이는 가령 일정 이상의 액수에서 사업 발주에 대해서는 유럽 전체를 대상으로 사업 공모를 할 것을 규정하고 있다. 유럽연합의 법 제정 문제에 연방주는 개입하나, 자치단체는 제외되어 있다.

자치단체는 헌법상 하위 단체이기 때문에 국가의 감독(Staatsaufsicht)과 자치단체의 결정에 대해 주 승인의 유보성을 갖고 있는데, 특히 재정과 크레디트 차입에서 그러하다. 따라서 주정부는 자치단체에 대해 재정의 긴축을 요구하기도 하며, 최악은 자치단체의 지출을 감독할 감독관(Staatskommissar)을 파견하는 것이다. 이러한 예는 특히 노르트라인-베스트팔렌주에서 볼 수 있다. 노르트라인-베트팔렌주는 자치단체가 예산 균형을 이루지 못하면, 이는 재정균형 원칙(Gebot des Haushaltsausgleichs)을 지키지 못한 것으로 간주하여, 균형 예산을 세워야 한다(Holtkamp, 2011: 15). 감독청은 해당 자치단체의 예산균형계획이 불충분할 경우, 예산을 인정하지 않을 수 있다. 이때 해당 자치단체는 임시예산(Nothaushaltsrecht)을 운영해야 한다. 이런 임시예산이 편성되면 지속사업을 위해서만 차입을 할 수 있으며, 새로운 자율사업을 할 수 없다.

2006년에 노르트라인-베트팔렌주에서 임시예산을 운영한 자치단체는 114개였으며, 이는 전체 25%에 해당한다. 하지만 산업 생산의 부진과 실업의 지속에서 자치단체의 수입이 획기적으로 개선될 전망이 적으며, 의무 과제 등을 수행하는 여건에서 재정이 약한 자치단체의 임시예산 편성은 일상(Normalfall)이 되고 있다. 임시예산 편성에서는 자율사업을 새로 할 수 없기 때문에 자치단체의 자율성을 제한할 위험이 있다. 외부의 지원 없이 재정 적자에서 헤어날 길이 없는 단체는 딜레마에 빠진다(Anton & Diemer, 2009: 18). 몇몇 도시는 새로운 차용의 유혹에 대해 "새로운 빚은 없다"는 맹세를 선언하고 있다.

독일의 자치단체는 재정적 위기와 도전에 직면해 있다. 2011년 연방통계청을 따르면 지방 재정수입은 5.2% 증가한 1,917억 유로로, 수입에서는 긍정적인 발전을 보여주는데, 이런 수입의 증대는 영업세(Gewerberstuer)의 증가 덕분이다. 이와 같은 세수의 증대는 당분간

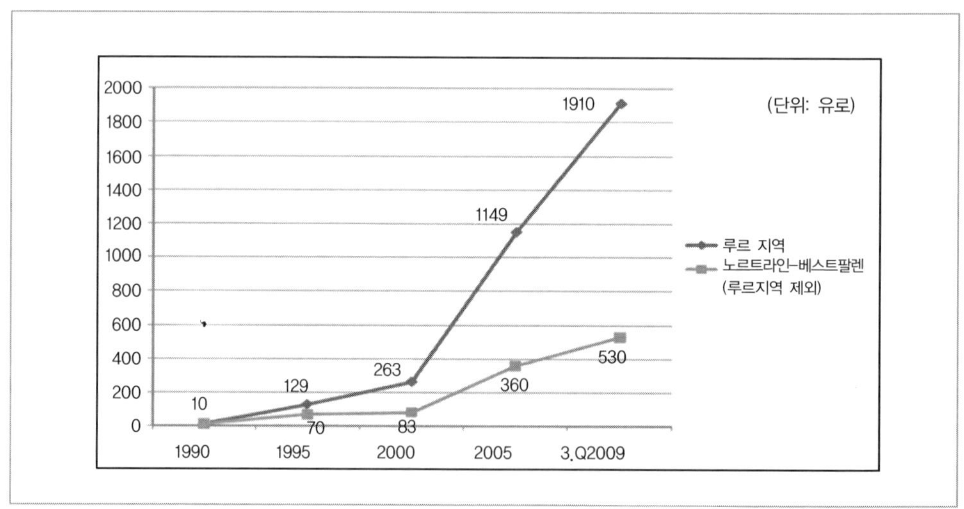

그림 2-9 루르 자치단체의 유동성 금융 차입(Kassenkredite)

자료: Holtkamp(2011: 17).

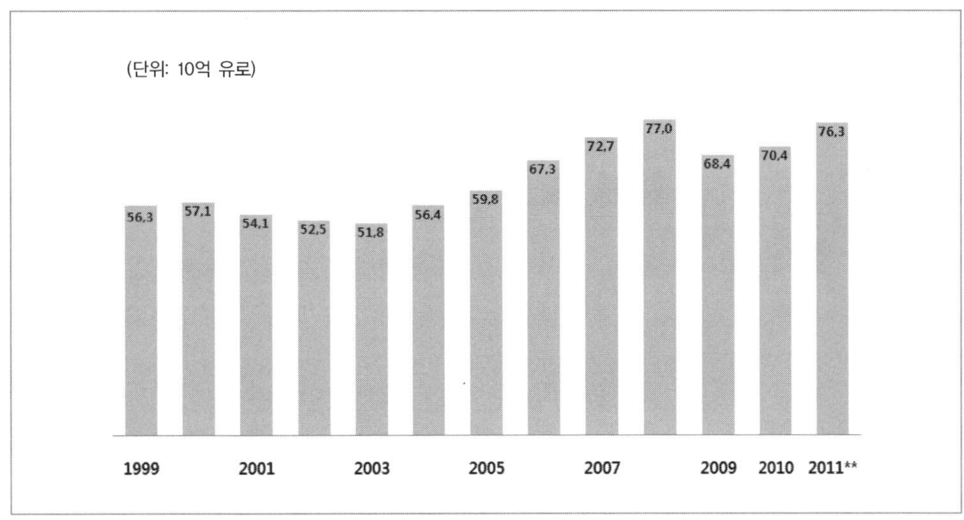

그림 2-10 게마인데 수입

* 게마인데 수입(netto)에는 도시주의 게마인데 조세수입이 포함됨. 2011년은 추정치임.
자료: 연방통계청.

지속될 것으로 추정된다.

자치단체의 세수 증가에도 불구하고 지출 또한 증대되어 왔다. 2011년에는 지출에서 특히 사회복지 부문에서 2.8% 증가하여 433억 유로이다. 게마인데와 게마인데 연합의 지출은 전년도와 비교하여 1.9% 증가한 1,935억 유로이다. 이와 같은 지출의 증가는 앞으로도 지속할 것으로 보이며, 이는 특히 사회복지 지출과 연관되어 있어 감축은 실제로 어려운 여건이다. 지방자치단체는 또한 에너지 사용과 효율성에 투자로 인해 투자예산이 필요하다.

지방예산에서 유동성 금융재원(Kassenkredite)이 문제가 된다. 유동성 금융재원은 지방재정집행에서 유동성을 확보하기 위해 일시적으로 차입하는 재원조달금의 성격을 가지며, 회계연도에서 주어진 한도 내에서 조달할 수 있다. 각 주는 지방자치헌법에 이를 규정하고 있다.[8)]

유동성 금융재원은 단지 행정예산(Verwaltungshaushalt)에만 항목(비공공재원 영역)에 속하며, 부채(Schuldenaufnahmen)와는 달리 편성된다.

유동성 금융재원은 원래 수입과 지출에서 일시적인 유동성 확보를 위한 차입이다. 그러나 은행으로부터의 차입이 지속적인 예산 지출로 사용되기 때문에 결과적으로 목적 외의

8) §87 Nr. 24 und 26 ThüGemHV, §46 Nr. 18 GemHVO LSA a.F., §45 Nr. 18 GemHVO NRW a.F., §61 Nr. 24 und 28 GemHVO BW, §98 Nr. 43 KommHV－Doppik Bayern, §41 Nr. 19 und 21 GemHV Brandenburg, §58 Nr. 21 und 31 GemHVO－Doppik Hessen.

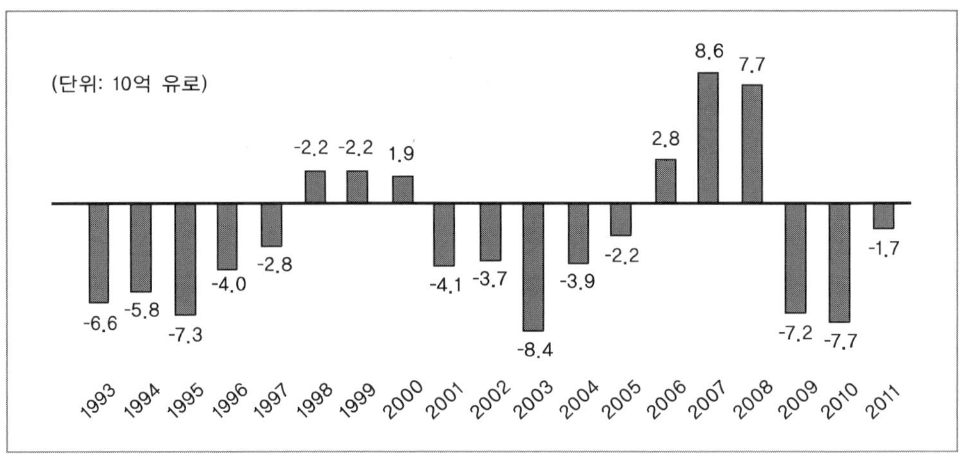

그림 2-11 지방자치단체 재정수지 결산(Kernhaushalte)

자료: 연방통계청.

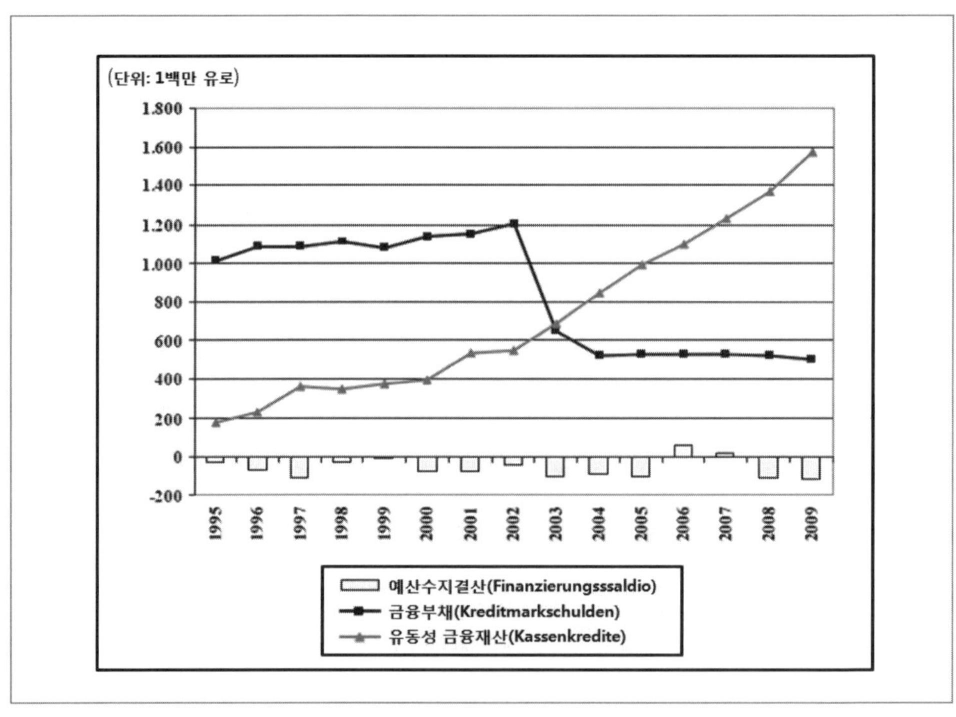

그림 2-12 지방자치단체 재정 현황

자료: Herrmann(2011: 109).

외부자금이 된다. 그 결과 지방자치단체에서 유동성 금융재원이 폭발적으로 증가되었다(Herrmann, 2011: 53ff.).

지방예산에서 유동성 금융재원의 원인 중의 하나는 예산의 수입과 지출에서 영업세 몫의 변동이 있다. 수입 편에서 영업세 수입은 경기의 흐름에 민감하며 변동의 폭이 크기 때문에 일시적으로 재정 편성과 예산지출에 영향을 미친다. 예산지출 면에서 공공인력의 인건비, 사회복지 및 청소년 지원 등이 영향을 미친다. 전체적으로 게마인데와 게마인데 연합은 지난 15년간 높은 수준으로 유동성 금융재원을 들여왔고, 재정적자의 일정 부분을 차지하게 되었다. 2011년에 유동성 금융재원은 450억 유로였다(2010년 393억 유로). 그러나 실제로 이런 차입을 통한 유동성 확보 자금은 지방자치단체의 또 다른 재정 문제이다.

제 5 절 지방자치단체의 당면 과제

지방자치헌법 개정으로 기관 구성을 중심으로 하는 제도(polity)와 과정(politics)의 변화를 통해 지역 주민은 그만큼 자신의 문제들에 대해 스스로 결정할 능력을 갖추게 되었다. 남독일 유형을 갖지 않은 지방자치단체는 지난 50년간 경험해 온 자치 유형에서 벗어나, 새로운 자치헌법이 규정하고 있는 정치 과정에 익숙해져야 한다. 또한, 지방자치단체는 현재 당면한 정책적인 문제들을 해결해야 한다. 이런 정책은 재정의 악화, 실업의 증가, 구동독 지역 지원에 대한 재정 부담, 영업 및 소득세의 감소, 투자 감소에 따른 미래의 불확실성 등의 문제가 있다.

도시에서 재정적자는 지속적이다. 이는 더 나은 공공 서비스에 대한 요구 증가와 불충분한 세금 분배 시스템과 연결된 비용이 증가하기 때문이다.

자치단체들의 정책에서 사람들은 주나 국가 수준의 문제보다 지역 문제에 더 관심을 둔다. 투표에서 후보자는 당보다는 개인적인 성품을 더 중요시한다. 따라서 지역 후보자의 직업적 명망은 지방선거의 주요 요소이다. 바덴-뷔르템베르크주에서는 지역의 의사, 변호사, 세무사, 건축가, 경찰, 그리고 지역에서 유명한 상인들은 선거에서 유리하다. 대부분의 후보자는 특정 공동체에 대한 그들의 생각을 강조하거나 그들의 소속 정당을 덜 강조하려고 노력한다.

많은 지역적 이슈들은 국가적인 정치와 동떨어져 있으며, 비공식적 연합들이 국가 혹은 주 차원에서 고려되지 않고 형성된다. 구동독지역에서 PDS는 지속적인 유권자의 지지를 받으며(정병기, 2011: 331f), 연립을 통해 정부에 참여한다. 서독지역도 마찬가지로 CDU, SPD는 녹색당과의 연합이 일반적인 것이 되었다.

제 3 장 독일의 전자정부

제 1 절 전자정부 개념과 행정

1 전자정부 개념

오늘날 정보통신기술의 혁신적인 발전은 행정에서 전자정부를 가져왔다. 전자정부(E-Government)는 행정의 내부 흐름을 근본적으로 바꾸어 놓았으며, 외부로의 개방을 불러오고 있다. 시민뿐만 아니라 경제 영역에서도 관련된 행위자들은 자신의 업무 처리를 매우 신속하게 할 수 있으며, 전자정부는 이런 행정 과정의 투명성을 높여주는 데 이바지한다. 시민은 한편 정책 과정에 직접 참여할 기대를 한다.

독일어권에서 사용되는 전자정부는 전자상거래(E-Commerce)를 이용하여, 정보기술(IT)을 통해 공공행정에 적용되는 과정을 말한다. 그러나 전자정부는 정보기술을 통한 행정적인 일 처리를 넘어서는 의미가 있다. 전자정부는 행정에 효과적이며 효율적인, 또한 이와 관련된 시민 편의적이며 투명한 일 처리를 하는 기회를 제공한다.

전자정부는 독일에서 정보기술을 통한 통치(Regieren)와 행정(Verwalten)의 맥락에서 사용된다. 이로써 전자정부는 공공행정 내에서뿐만 아니라 시민, 기업 및 비정부조직과 국가와의 관계에서 과정을 말하고 있다. 이는 따라서 전자정부는 단순한 행정 서비스(E-Administration, E-Service로 지칭됨)를 말하는 것뿐만 아니라, 전자민주주의(E-Democracy)도 관련되어 있다. 전자민주주의는 정치정보의 교환, 전자 참여(E-Participation)에서 선거의 전자적 처리(E-Voting)까지 새로운 정보기술의 투입을 말한다. 전자 참여는 행정과 정치에서 제공되며, 이제 시민이 참여한다. 전자 참여의 논의는 대의 민주주의에 대한 대안을 찾는 것이 아니라, 대의민주주의의 안정과 강화에 있다.

OECD(2003)는 전자정부를 좋은 정부의 의미에서 '좀 더 나은 통치를 이루는 도구(a tool to achieve better government)'로서 규정한다.[1] 전자정부는 good-governance의 원리들, 가령 정당성, 법치성, 투명성, 통합, 그리고 새로운 요구에의 적응, 참여, 협의(consulation)의 적용을 뛰어나게 가능케 할 잠재성을 가진다.

용어 E-Governance는 좀 더 포괄적인 개념으로, 발전과 관계된 가운데서 상용되었다. 정책분석의 개념으로서 거버넌스는 국가 기구의 효율성과 공공행정의 의미에서 분석되며, 이는 특히 투명성, 공동 결정, 인권, 그리고 시민사회와 연계되어 있다. 전자정부의 실제에서 오늘날 이런 전체적인 목표는 부분적으로 시행되었다. 전자정부는 독일에서 먼저 행정 서비스에 집중되며, 이는 정보기술의 투입으로 행정과 이용자에 편의성 제공을 염두에 둔다. 전자행정(E-Administration)과 전자정부(E-Government) 개념은 독일에서 동의어로 사용된다. 반면에 전자민주주의(E-Democracy)에 대한 요구는 계속 논의되고 있다.

표 3-1 독일 정보사회 지표

인터넷 이용 가구 비율 : 82%(2010)
인터넷 이용 기업 비율 : 97%(2010)
일주일에 최소 1회 이상 인터넷을 사용하는 개인 비율 : 74%(2010)
브로드밴드(광대역) 서비스 이용 가구 비율 : 75%(2010)
브로드밴드 서비스 이용 기업 비율 : 89%(2010)
지난 3개월 사이 온라인 주문·구매를 한 개인 비율 : 48%(2010)
지난해에 온라인으로 수주한 경험이 있는 기업 비율 : 18%(2009)
인터넷을 통해 공공기관과 교류한 개인 비율 :
- 정보 입수 34.6%, 서식 다운로드 19.9%,
- 작성한 서식 제출 13.0%(2010)

인터넷을 통해 공공기관과 교류한 기업 비율 :
- 정보 입수 54%,
- 서식 다운로드 57%,
- 작성한 서식 제출 52%(2009)

자료 : Eurostat.

1) OECD. The e-government imperative: main findings, Policy Brief, Public Affairs Division, Public Affairs and Communications Directorate, OECD, 2003.

문헌에서 볼 때 전자정부는 두 가지 영역으로 나뉜다: 정부 대 시민(Government-to-Citizen/G2C, 전자세금고지서 발급, BAföG 변제), 정부 대 기업(Government-to-Business/G2B, 예: 전자 지원 신청), 정부 대 정부(Government-to-Government/G2G, 예: 재무부와 주민청(Einwohnermeldeamt) 간의 전자 소통), 시민, 기업, 비정부기관은 이런 행정을 현대화하는 전자정부로부터 혜택을 받는다. 행정에서 중요한 것은 내부에 근거를 둔 새로운 외부 소통만이 아니라, 오히려 외부 소통을 통한 내부의 일 처리, 구조의 최적화에 있다.

독일은 국가구조가 연방적 구조이기 때문에, 전자정부에서는 다시금 이중적 지출, 권한의 중첩 또는 기술적인 모순이 해결되어야 한다. 전자정부는 확실히 협력적 연방주의 또는 거버넌스를 촉진할 가능성을 가진다. 이는 모든 정부의 층(layers) 간의 지속적인 협력을 가능케 하며 보장해 준다.

2 전자정부와 행정

오늘날 전자정부의 현주소는 정부 활동에서 일면을 볼 수 있다. 가령 정부 수준에서 보면 먼저 지방정부는 온라인으로 관광객을 위한 광고를 하며, 행정서식을 제공하며, 행사에 대한 일정을 공지한다. 주정부는 정책에 대한 정보를 제공한다. 연방정부는 정부 소개를 넘어 사회적 연대까지도 이루어 이를 선거 목적으로 이용한다. 이는 외부에서 볼 수 있는 전자정부의 일부분이다. 반면 전자정부를 통한 행정 내부의 현대화가 있다. 전자정부 전략 목표 설정은 정보통신기술을 통해 새로운 공공기관의 형성과 최적화를 구현하고자 한다. 가령 결재 과정을 투명하게 보여주는 행정 내부 시스템의 구축을 볼 수 있다. 이런 목적을 위한 새로운 제도의 디자인과 조건의 창출이다. 이런 조직, 재정 그리고 인사적인 개념 외에 요구되는 것은 법적, 정치적, 그리고 문화적 요소들을 고려하는 것이다.

정보사회에서 행정의 능력을 지키며, 향상하기 위해 행정 현대화에 대한 상당한 동인(impulse)이 요구된다. 힐(Hermann Hill)은 전자정부의 지원과 촉진을 위해 다음 같은 행정 현대화를 집약하여 말하고 있다(Hill, 2002: 31).

- 전자정부는 행정행위(Verwaltungshandeln)의 효과성과 효율성을 실현할 수 있게 해준다. 전략적인 그리고 계획적인 행위는 개선된 정보 이용과 정보 사용(Verarbeitung)을 통해 쉽게 된다. 적절한 조직 과정은 비용의 절감을 주며, 이는 시민, 기업, 비정부기구만 아니라 행정 자체도 해당한다.

- 전자정부는 현대화(Modernisierung) 테제 강화를 해 준다. 행정의 서비스 지향은 이로써 새로운 차원을 맞게 된다. 민간 영역과의 협력에서 새로운 모델을 만들어 주며, 이로써 서비스 제공 역량에서 시너지 효과를 가져온다.
- 전자정부는 현대화 접근의 시각 확대를 가져온다. 조정 모델은 결과에 관심을 갖지만, 현대화 접근은 과정의 개선에 초점을 맞춘다. 전자정부는 행정적인 것 외에 정치민주적 요소를 고려한다.
- 전자정부는 행정행위의 재창조(Reinventing)에 이바지한다. 전자정부는 새로운 조직 형태, 새로운 공공 서비스 유형 창출(가령 one-stop 기관)을 만들어 낸다.

전자정부로서 행정은 장소와 시간의 구속에서 벗어나며, 지금까지의 정보의 이용에 따르는 이용자의 연결과 통합에서 훨씬 자유롭게 된다. 여기에 정보와 지식관리는 지식과 정보, 외부 사안을 전자행정관리로 통합하는 데 필요하다. 시민, 기업 간, 서로 다른 행정층 간 행정 협력의 새로운 형태는 서로 긴밀히 연결되어 있어 분리해 다룰 수 없다.

이런 행정부에 대한 요구와 기능에 대한 전자정부의 잠재성을 높이기 위해 기술, 조직, 인력 등이 상호 적절하게 유기적으로 연계되어 작용해야 한다. 전자정부는 참여자들이 이런 전략을 충실히 이행하며, 이용의 편의성에 확신할 때 성공적으로 작동하게 된다. 이런 행위의 성공적인 조건은 다시금 행정의 내부 일 처리 조직과 과정, 인력의 발전, 동기와 책임성의 부여, 지휘부와의 긴밀한 협력에 다시금 긍정적인 영향을 미치게 된다. 정보기술(IT)에 관련된 활용은 단순한 하드웨어와 소프트웨어의 조작을 넘어서야 한다. 정보기술의 급속한 발전에서 볼 때 시의적절한 정보기술의 지속적인 숙지는 자율적인 운영에 필요하다. 가령 E-learning 프로그램을 통해 이런 일 처리와 구조의 합당한 형성을 지원할 수 있다.

본질적인 행정개혁과 관련하여 전자정부는 현대적이며, 고객 중심, 그리고 서비스 중심 지향의 행정을 목표로 한다. 온라인을 통한 서비스는 정보, 소통, 서비스 제공, 시민 참여는 시민과 기업의 요구에 부응한다.

3 전자정부와 민주주의

공공의 전자민주주의 제공은 모든 정치 수준에서의 참여를 강화시키며, 이로써 행정결정의 투명성과 수용성을 높이는 것을 목표로 한다. 인터넷은 시민, 행정, 정치 간의 정보 교환을 위한 매체로서 기능할 수 있다.

새로운 행위자나 개인을 위한 것과 같이, 기존의 조직을 위한 좀 더 새로운 그리고 단순한 정보 활용과 전달이 제공된다. 또한, 인터넷을 통한 소통적인 여론 형성에도 새로운 질적 변화가 일어난다. 인터넷은 자체조직(Selbstorganization), 정치적 어젠다에 대한 주제 창출, 이해 관계 표출에도 새로운 기회를 제공한다. 특정한 주제를 중심으로 하는 연합의 기회도 제공한다. 정치적인 시민 행동이나 공공 논의의 제안(Initierung) – 가령 어젠다 세팅 – 은 큰 조직 가담 없이도 시민에게 가능하게 되었다.

첫 시험적인 프로젝트가 모든 행정 수준에서 시행되었다. 2002~2003년 연방행정부에 의한 평가는 성공적인 요인으로 정치적인 진실성, 정책에서의 적실한 시점 선정, 대상 그룹 지향적인 조치와 제공에 대한 공지 등을 들었다.

이에 반해 인터넷은 비록 복잡한 결정 관계에서는 적합하지 않지만, 그래도 정치결정 과정에서 참여 수단으로 허용된다. 여기서 이동사회(mobile Gesellschaft)의 지지자들은 전자투표(E-Voting)를 적절한 투표행위 형태로 여긴다. 우편투표자의 증가와 더불어 전자투표의 신속한 집계, 원치 않는 무효 투표의 가능성을 감소시키는 것, 참여 자유 기회를 넓히는 것 등이 논의된다. 전자투표는 심지어 투표율을 높이거나, 또는 정치 부패의 극복책으로까지 여겨진다. 물론 이에 대한 실증적 연구 증거는 없다. 전자투표는 대의제 선거제도에서 초기에 지나치게 높이 평가되었다.

전자투표에서 타협할 수 없는 전제 조건은 헌법상의 선거 기본 원리를 지키는 것이다. 이는 바로 정치의 정당성과 연계되어 있다. 2005년 연방선거가 헌법성(Verfassungsmassigkeit)에 불합치한다는 판결이 있었다. 이는 선거에 컴퓨터의 투입은 헌법에 맞지 않음을 분명히 했다. 선거 결과는 모두에게 전문적인 지식 없이도 모두가 이해 가능해야 한다는 것이다 (BVerfG, 2BvC 3/07, 2BvC 4/07, 2009.3.3.). 전자투표에서 중요한 문제는 여전히 투표의 진실성과 결과의 계산이다. 전자투표의 과정뿐만 아니라 결과의 집계에 대한 신뢰 문제를 해결하는 것은 쉽지 않으며, 또한 전자투표를 한 투표자에게 투표의 비밀을 보장하는 문제도 있다.

국가의 과제는 전자정부를 이용하는 조건들을 충족시키는 데 있다. 시민은 인터넷에 대한 접근과 미디어 이용의 능력을 갖춰야 한다. 미디어 이용 능력은 단순한 정보기술의 이용이 아니다. 이는 책임감과 자신의 결정에서 새로운 미디어를 이용할 줄 아는 능력을 포괄한다.

미디어 능력(Medienkompetenz)은 디지털 격차(digital divide)를 감소시키는 지표(parameter)가 된다. 디지털 격차는 정보에의 접근과 기술을 가진 사회의 이용자와 여러 가지 이유 때문에 정보 접근을 갖지 않은(또는 원치 않은) 자 간의 격차이다. 기회 균등과 이런 차이의 극복은 사회정책의 중요한 방향이 된다. 미디어 능력은 여기서 부분적으로는 민주주의 능력으로도 이해된다. 기존의 접근과 이용의 장벽을 제거하기 위해서는 사회 전체적인 노력이 필요하다. 예로 정치적인 시도(Initiative)는 슈뢰더 수상의 '모두에게 인터넷을(Internet für Alle)', 민간 수준에서는 'Iniatiative D21', 공공재단과 민간 협력으로 'Stiftung Digitale Chancen'이 있었다.

전자정부에서 또 다른 전제 조건은 안정성이다. 전자정부의 이용에서 안전이 보장되지 못하면, 완전한 이용은 제한될 수밖에 없다. 전자서명법(Signaturgesetz)은 전자서명의 광범위한 이용을 위한 형식적 조건들을 만든다. 전자서명에 대한 이런 법적 규정은 전자적인 법적 보장 및 전자상거래 안전에 대한 신뢰를 구축하는 데 필요한 조건이다.

전자민주주의를 논의하는 주요 영역은 공론(Öffentlichkeit), 참여(Partizipation), 정당성(Legitimation)의 민주주의 세 영역이 된다. 가령 참여의 경우에서 전통적인 시위는 거리의 데모에서 이루어지나, 지금은 온라인에서 먼저 E-활동으로 나타난다.

제 2 절 독일 전자정부의 추진 개요

독일에서 전자정부는 1990년대 이후 많은 시험 프로젝트가 연방, 주 그리고 지방자치단체에서 시행되고 있다.

1 연방 수준에서 전자정부 전략

연방정부는 2000년에 시행된 'Initiative BundOnline 2005'를 2005년까지 완성했다. 이 프로젝트는 기존의 부처별로 소관으로 매우 제한된 범주에서의 전자정부 영역과 부처 산하 소관 부분을 조정 결합했다. 이 결합한 분산-집중 구조(dezentral-zentral Struktur)는 주와 지방자치단체의 많은 전자정부 프로그램에 길잡이 역할을 했다.

분산적 접근에서 'BundOnline 2005'는 지금까지의 권한계층(규정: Kompetzenordnung)을 따르며, 각 담당 부처에 개별 계획의 실행에 관한 책임을 넘겨준다. 총 440개 이상 행정 서비스가 연방의 100개 이상의 기관을 통해 연계되어 제공된다. 분산적 집행은 연방정부의

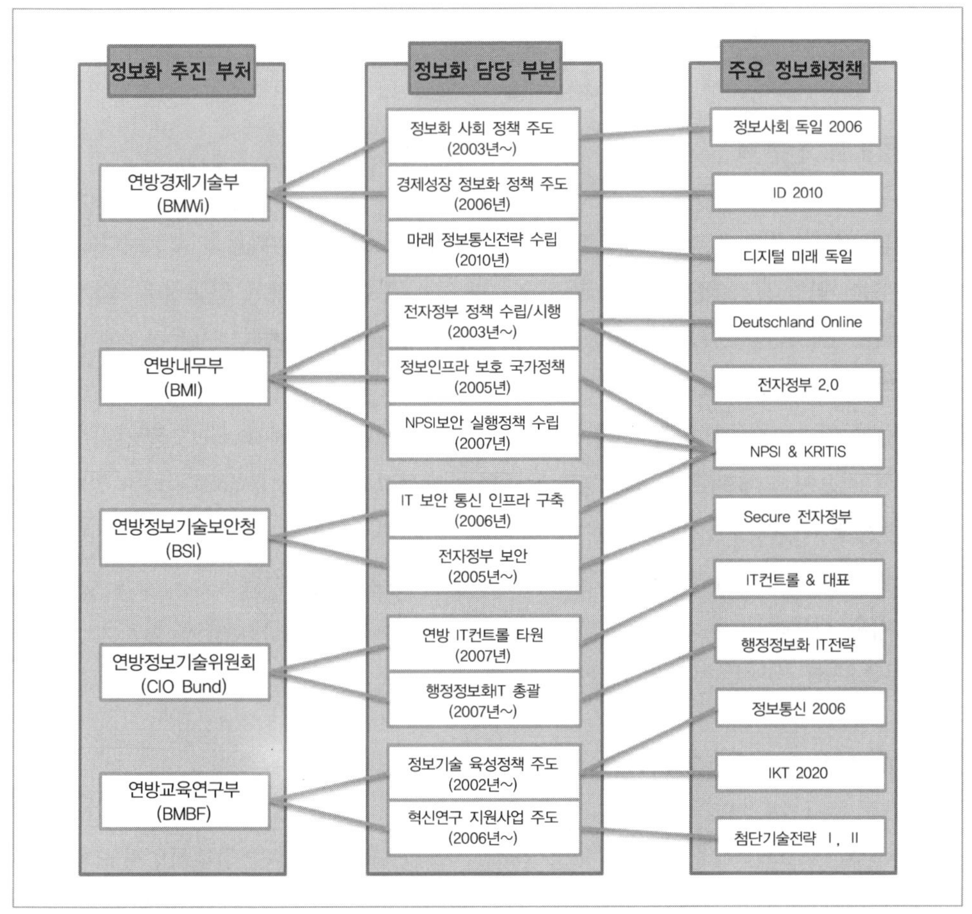

그림 3-1 독일 연방정부 정보화 추진 부처와 담당 업무

비고: 그림에서 정보화 추진은 추진기관 소개와 업무는 부처별 분류에 따른 담당 업무를 보여줌.
자료: 방송통신위원회(2010: 34).

결의에 기초하여 내무부의 프로젝트 그룹을 통해 중앙에서 조정된다.

BundOnline 2005는 독일의 전자정부를 한 단계 높은 수준으로 끌어올리는 데 공헌했다. 이로써 독일도 산업 국가들의 국제적 발전에 동참하게 되었다.

2006년에 연방정부는 전자정부 2.0(E-Government 2.0)을 구체화함으로써 발전을 꾀했다. 이는 행정 영역(Handlungsfelder), 포트폴리오(Portfolio), 정체성(Identifikation), 소통(Kommunikation)으로 구성된다. 예를 들어 행정 영역의 범주에서 행정 영역을 넘어서 경제와의 단절 없는 일련의 과정으로 연결된다.

2 전자정부 추진기관

1) 연방 IT 전문관

독일의 전자정부는 2008년 이후 IT 전문관(IT-Beauftragten)의 위원회 책임이다. 2007년 연방정부는 '연방 IT 조정(IT-Steuerung des Bundes)'안을 결정하고 연방정부 정보전문관(Beauftragte der Bundesregierung für Informationstechnik)을 임명했다. 연방 결정에 따라 두 위원회가 새로 구성되었다: 정보기술전문관위원회(Rat der IT-Beauftragten der Ressorts [IT-Rat])와 연방 정보기술 조정그룹(die IT-Steuerungsgruppe des Bundes). 연방정부 정보기술관의 기능이 구체화했다. 연방정부 정보기술 전문관은 전자정부를 포함하여 연방 IT문제에 관련한 주, 지방자치단체, 경제단체들의 협의 파트너이다. 위원회의 의장(Bundes-Chief information officer)과 연방의 IT 조정 그룹은 연방내무부에 속한다.

정보기술 전문관과 두 위원회는 행정 서비스를 개선하며, 정보혁신을 추진하고, 행정적 업무 능력을 확보하며, 행정의 효율성 강화를 목적으로 한다.

2) IT 계획위원회와 조정위원회

연방정부는 2007년 12월 5일 'IT 조정 연합(IT-Steuerung Bund)'을 결정하면서 IT 계획위원회(IT-Planungsrat)와 IT 조정위원회(IT-Steuerungsgruppe des Bundes) 두 위원회 조직을 만들었다. IT 계획위원회는 독일의 연방제도의 정치 체계에서 IT와 전자정부를 위한 협력위원회로 조직되었다.

(1) IT 계획위원회

연방주의 개혁 II는 2009년 기본법 91c 개정을 통해 연방과 주의 IT 조정의 법적 기초를 마련했다. 기본법의 개정에 따라 정보기술이 헌법에 언급되었으며, 이로써 IT의 조정 결정 구조를 효과적이며 신속하게 할 수 있게 되었다. 기본법 91c조의 실현을 위한 IT 국가조약(IT-Staatsvertrag zur Ausgestaltung von Art. 91c GG)이 IT 계획위원회(IT-Planungsrat)의 법적 근거이며, 이 조약은 위원회의 업무 영역을 정하고 있다.

IT 계획위원회의 업무 영역은 4개로 되어 있다.

- IT 조정으로 연방, 연방주에서 제기되는 정보기술에 대한 문제들을 조정한다.
- IT 기준(Standards)으로 전문성을 넘어서는 IT 안전과 운용 등의 결정이다.
- 전자정부 프로젝트(E-Government-Projekte)로 전자정부의 프로젝트를 조정한다.
- 망 연결(Verbindungsnetz)로 IT-Netz법에 따라 연방기관을 연결하는 망의 계획과 개발이다.

2010년 4월 1일에 IT 계획위원회가 설립되었으며, 지금까지의 연방과 주의 IT 관련 위원회는 해체되었다. IT 계획위원회는 가령 지금까지의 '전자정부차관회의(Arbeitskreis der Staatssekretäre für E-Government in Bund und Ländern)', 협력위원회(Kooperationsausschuss von Bund und Ländern für automatisierte Datenverarbeitung: KoopA ADV), 모든 주요 소위원회(Untergremien)인 DOL 조정그룹(Lenkungsgruppe) 등의 업무를 위임받아 수행하게 되었다.

IT 계획위원회는 연방, 주, 지방자치단체 간 IT와 전자정부에서 협력하며, 행정 서비스의 이용자, 기업을 지원한다. IT 계획위원회에는 연방정부와 주정부의 정보관이 속하며, 각 주의 정보기술 대표자가 속한다. 위원회회의에는 지방자치단체의 상위단체(Spitzenverbänden)가 참석한다.[2)] 의장직은 연방과 주정부 간에 매년 번갈아 맡는다(2010년 연방,

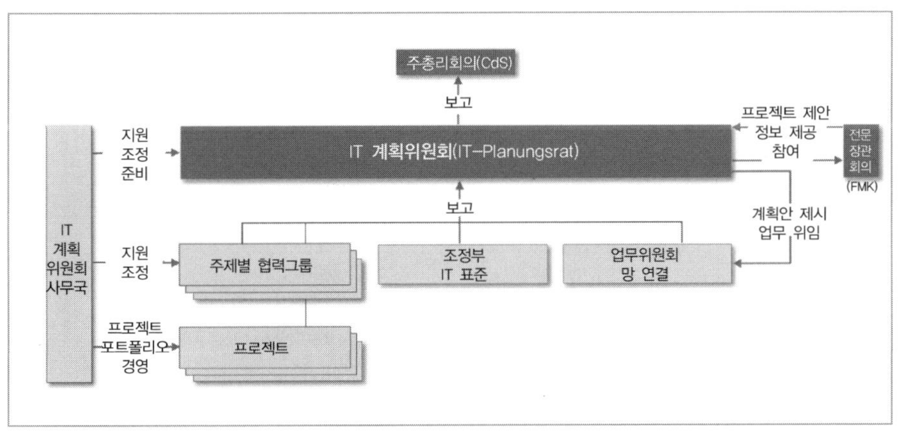

그림 3-2 IT 계획위원회

비고: *국가조약(Staatsvertrag)에서 정한 업무 관계에 따른 조직. CdS(Chefs der Staatskanzeleien)는 주총리회의로 열림. FMK는 전문장관회의로 연방, 주정부 장관과 4개 지방 상위단체가 참여함.
자료: IT-Planungsrat 자료.

20110년 바덴-뷔르템베르크, 2012년 연방).

IT 계획위원회 사무국(Geschäftsstelle IT-Planungsrat)은 위원회 업무를 지원하는 중심기관이며, 이는 연방내무부 산하에 조직되었다. 따라서 IT 계획위원회 사무국은 과거의 Deutschland-Online 사무국(Geschäftsstelle Deutschland-Online)을 대체한다.

(2) IT 조정위원회

IT 조정위원회(IT-Steuerungsgruppe des Bundes)는 IT 계획을 조기에 조정하여 정치적으로 결정한다. IT 조정 그룹은 다음과 같은 업무를 담당한다.

- 연방의 IT 계획안 승인
- 조정위원회의 주요 안건 상정
- 연방 IT 전문관이나 IT 조정위원회의 결정에 출동되는 정책안과 조치에 대한 이의제기

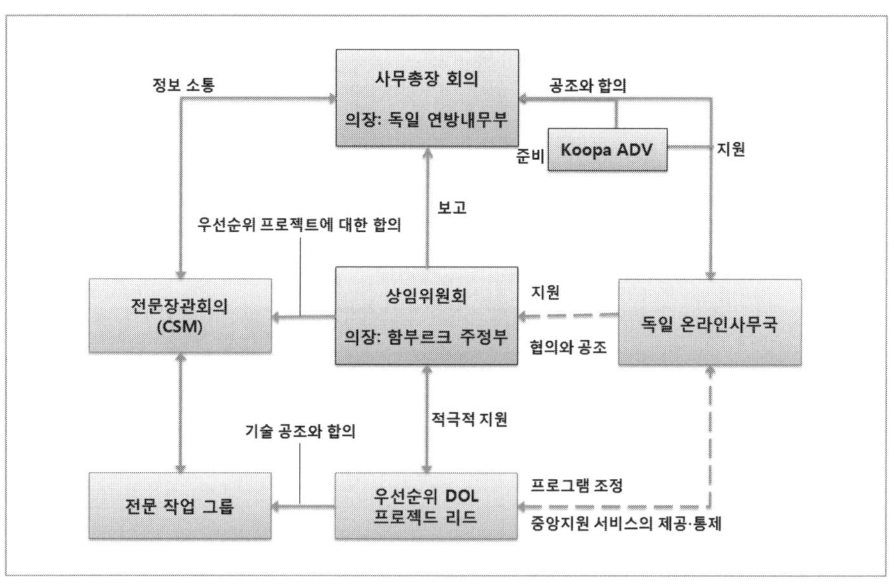

그림 3-3 독일 전자정부 추진 체계(2010년 이전)

자료: 정보진흥원(2010: 54).

2) 4개 단체는 다음과 같다. Deutscher Städtetag, DStGB(Deutscher Städte-und Gemeindebund), Deutscher Landkreistag, Der Bundesauftragte für den Datenschutz und die Informationsfreiheit.

IT 조정위원회는 국가의 거대 IT 프로젝트에 참여하며, 영향력을 행사할 수 있다. IT 조정위원회는 통상 2개월마다 열린다.

IT 계획위원회 설립 전까지 Deutschland-Online 전자정부는 전자정부차관회의(E-Government-Staatssekretäre)가 맡았으며, 이의 의장직은 연방내무부가 맡아 총괄했다. 초기 전자정부 추진은 함부르크 주정부가 의장을 맡은 차관-조정 그룹에 의해 주되었다. 이 그룹에는 지방자치단체의 상위단체(Spitzenverbände)도 참가했다. 독일 온라인 사무국(Geschäftsstelle von Deutschland-Online)은 연방내무부에 사무실을 두고 전자정부 추진전략 기구 사무를 담당하며, 전자정부 추진에서의 계획, 경험 교환 등을 담당한다. 프로젝트 담당자와 자문가들의 정기적인 회합을 지원했다.

3) 연방경제기술부(BMWi)

IT에 관한 관할권은 원칙적으로 '연방경제기술부(Bundesministerium für Wirtschaft und Technologie: BMWi)'가 담당하고 있다. 연방경제기술부는 정보통신 기술과 미디어 및 우편에 관한 규제권을 담당하며, IT에 관한 전반적인 정책권을 행사한다. 2010년 기준으로 연방경제기술부는 경제와 기술에 관한 197개의 법률을 관장한다. 따라서 '연방의 정부부처' 중에서 IT에 관한 전반적·원칙적인 정책권은 연방경제기술부가 행사한다고 볼 수 있다.

연방경제기술부는 9개국으로 되어 있고, 이 가운데 정보 관련 업무는 6국 VI '통신 및 우편정책(Kommunikations-und Postpolitik)', 7국 VII '기술정책(Technologiepolitik)'이 관장한다.

4) 연방내무부(BMI)

연방내무부는 독일에서 국내 안보를 총괄한다. 이 가운데 연방내무부는 주요 기반 보호(CIP), 주요 정보통신 기반 보호(CIIP) 등 업무를 수행한다. 내무부의 가장 중요한 임무는 독일의 안전 보장이다.

연방내무부는 11개국을 두고 있다. 연방내무부의 IT 지도국(IT-Direktors)은 IT 전략, IT 정책, IT 보안과 관련된 업무를 통합 관장한다. IT 지도국은 연방의회, 국제 수준에서 연방내무부 관련 업무를 조정한다. 연방내무부의 중요한 업무 중 하나는 정보기술 분야에서 안전(Sicherheit)이다. 이에는 전자서명 또는 인터넷 안전의 문제 등도 포함된다. IT 지도국에서는 연방정보기술보안청(BSI)에 대해 직무 감독(Fachaufsicht)을 한다.

IT 지도국의 업무는 다음과 같다.

- 제1과: IT와 전자정부에 대한 기본적인 사항; 네트워크 정책, IT계획위원회(IT-Planungsrat)에 관한 업무
- 제2과: 연방의 IT 업무 조정, IT 투자
- 제3과: IT 보안
- 제4과: 여권과 증명서, 식별 시스템(Identifizierungssysteme)
- 제5과: 연방의 IT 인프라와 IT 보안관리
- 제6과: BMI의 IT 조정, IT 수평적 업무 조정

O국(Abteilung O)은 행정현대화(Verwaltungsmodernisierung), 행정조직의 혁신, 관료주의 개혁을 수행해 오고 있다.

V국(Abteilung V)은 헌법, 행정법 및 EU법, 국제법 관련 사항을 담당한다.

5) 연방정보기술보안청

독일의 연방정보기술보안청(BSI)은 지난 1991년 설립되었고, 연방내무부에 속한다. BSI는 정보사회의 IT 안전에 관한 중립적인 자율적 기관이다. 연방정보기술보안청은 공공 부문, 기업 부문, 개인 부문에 대해 IT 분야의 안전을 증진하는 조언 및 지원자로서 역할을 수행하기 위해 물리·수학·컴퓨터 분야의 전문가 약 500명이 활동하고 있다.

정보기술의 급속한 발전에 따라 모든 영역에서 안전의 문제가 시급히 대두했다. BSI는 정보사회에서 이러한 안전 문제를 다룬다.

BSI는 5개국으로 구성되었으며, 그 가운데 4개국이 정보안전 관련 업무를 맡는다. BSI의 주요 업무는 다음과 같다(BSI-Gesetz: Gesetz zur Stärkung der Sicherheit in der Informationstechnik des Bundes).

- 사이버상의 안전, 컴퓨터 바이러스, 인터넷 보안, 주요 정보통신 기반·IT 기반시설 보호
- IT 자문과 지원, IT 기술의 발전 및 방향 분석
- IT 기술 사용에 따른 위험 조사 및 정보보호 기술의 개발
- IT 시스템의 안전에 대한 평가 및 인증
- 생산자, 유통업자, 소비자에게 IT 기술의 사용 관련 조언
- 전자정부 지원

- 독일 CERT(Computer Emergency Response Team für Bundesbehörden, CERT-Bund) 운영)(http://www.cert.dfn.de)
- 국제 보안 기준에 기초한 IT 시스템 인증

독일의 CERT는 IT 네트워크와 시스템에 대한 공격의 문제에 대응할 필요에서 2001년부터 조직·운영되고 있다.

BSI 침투센터에서는 공격 탐지에 관한 연구 업무를 수행하며, 시스템의 공격에 대해 효율성을 테스트한다. 인증 시스템에 BSI는 정부기관들에 정보보안의 안전성에 대해 인증을 하는 업무를 수행해 오고 있다.

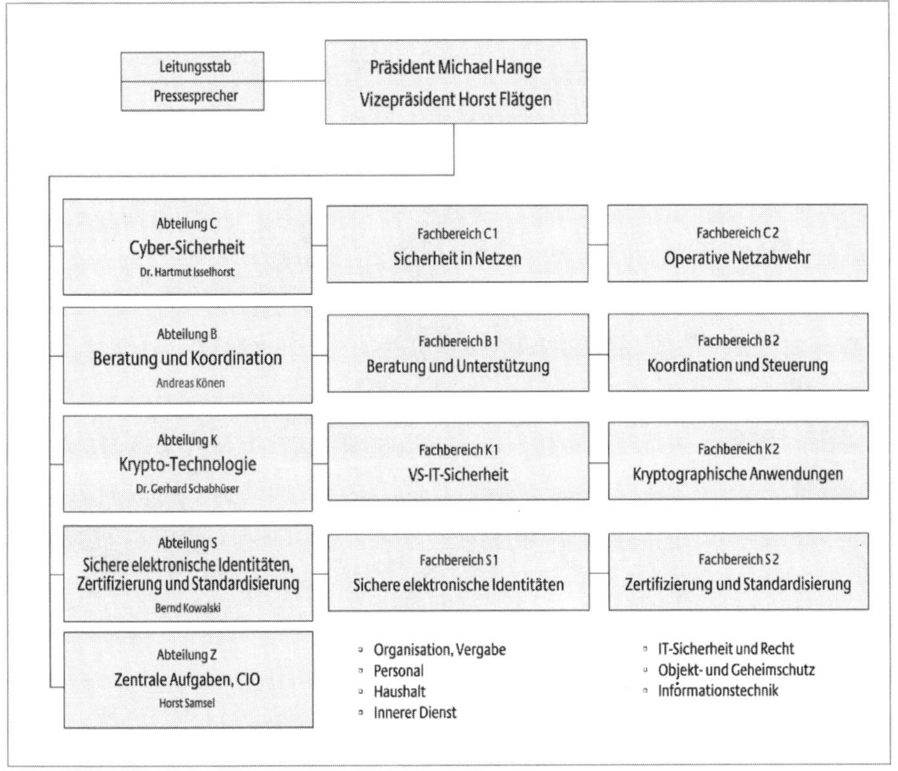

그림 3-4 연방정보기술보안청(BSI) 조직

비고: C국(사이버-안전), B국(자문과 조정), K국(감시-기술), S국(전자신분, 허가, 표준화), Z국(총무)
자료: BSI 업무조직 자료(2012.9.1 검색)

6) 연방통신망청

연방통신망청(Bundesnetsagentur)은 우편통신규제청(Regulierungsbehörde für Telekommunikation und Post)이 2005년 7월 13일 연방통신망청으로 개명함으로 탄생되었다. 우편통신규제청청은 1998년 1월 '연방 우편통신(BMPT)'과 연방 우편통신청(Bundesamt für Post und Telekommunikation: BAPT)을 통합하여 설립되었었다.

연방통신망청은 이처럼 두 기관의 기능을 통합 개칭한 것이다. 이 새로운 기관에는 2006년 1월 1일부터 기존의 통신, 가스, 우편 업무 이외에 철도에 관한 업무도 담당하게 되었다.

연방통신망청은 전기, 가스, 우편, 철도에서 규제 완화 자유 경쟁을 도모한다. 연방통신망청은 또한 소비자들을 위한 상담기관으로 발전했으며, 소비자들에게 유익한 주제들에 대한 정보를 제공하고 있다. 연방통신망청은 통신 및 우편에 관한 조정위원회를 두고 있다. 통신 우편 서비스에 관한 법적 문제를 다루는 연방통신망청의 정보 관련 업무는 다음과 같다.

- 통신 영역에서 소비자 이익의 보호와 통신 비밀의 보호
- 기회 균등적 경쟁의 확보, 통신 서비스와 통신망 그리고 그에 속하는 설비와 서비스 영역에서 지속적인 통신의 자유 경쟁시장의 지원
- 효율적인 기반시설 투자의 지원과 개혁에 대한 지원
- 유럽연합의 내수시장 발전 지원
- 통신 서비스의 모든 영역을 망라한 적절한 가격으로의 기본 공급의 확보
- 공공설비에서 통신 서비스 지원
- 지급할 수 있는 가격으로 통신 서비스와 우편 서비스의 모든 영역을 망라한 기본적 공급의 확보
- 통신망 개발계획(2011년 이후 새 과제로 부여)

연방통신망청은 다음과 같은 역할도 수행하고 있다.

- 표준화(Standardisierung)의 범위에서 문제 해결
- 주파수 정리
- 주파수 분배
- 전파 관리
- 전화회사에 전화번호 분배, 전화번호 오용 방지
- 전파 방해 해결

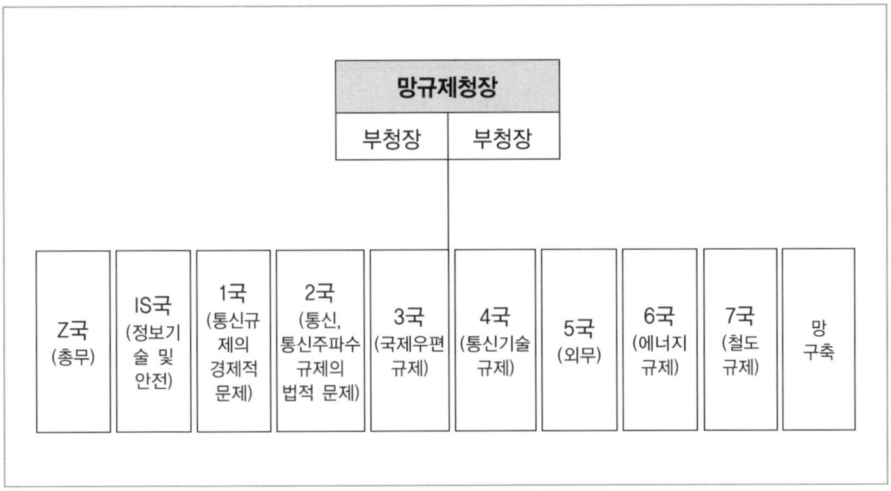

그림 3-5 연방통신망청 조직

자료: Bundesnetzagentur 조직 내부도(2013년 기준).

7) 민관 협회와 회의

(1) 국가 정보통신기술회담(IT–Gipfel)

연방경제기술부에 의해 설치되었고, 2006년 이래 매년 회담(Kongress)을 개최했다. 이는 '정보기술 본거지(IT–Standort)'로서 독일연방정부의 경쟁력 강화를 위한 정책 및 산업의 강화를 목적으로 하고 있다.

IT–Gipfel 산하 9개의 분과위원회(AG)가 있다.

AG 1: IKT(정보 · 커뮤니케이션 기술) 독일 산업입지

AG 2: 미디어 통합, 서비스와 네트워크 미래

AG 3: IT 공공 서비스, 전자정부

AG 4: IT와 인터넷 안전과 신뢰

AG 5: 정보사회를 위한 고급 기술전략

AG 6: 중소기업

AG 7: IKT와 건강

AG 8: IT 서비스와 소비자

AG 9: E–정의(Justice)

2006년 1차 포츠담 정상회담에서는 메르켈 수상 등 220명이 참가하여 정보통신 기술 육성 분야 12개 및 프로그램을 확정했다. 전자정부 실현을 위한 온라인 행정 서비스 추진을 의무화했다.

2007년 12월 하노버(Hannover)에서 개최된 2차 회담에서는 500여명이 참석했으며, 독일 연방정부 차원에서 정보 전문관직을 신설하고 전문관을 신설하여 정부 차원 IT 전략 수립 및 모든 IT 사업의 조정 및 관리 역할을 부여했다. 전문관을 'IT 최고정보이사(CIO)'로 불렀다.

2008년 11월 3차 다름슈타트(Darmstadt) 회담에서는 현대적인 공공행정, 연구의 선두, 중소기업 강화 등을 주요 의제로 삼았다.

2010년 12월 드레스덴(Dresden)회의에서는 독일의 정보기술의 수준을 확인했다.

2011년 12월 뮌헨회의에서는 '사회웹에서 비즈니스웹(Vom Social Web zum Business Web) 등이 다루어졌다.

2012년 7차 회의는 11월 에센(Essen)에서 개최되었다.

(2) D21 이니셔티브(Initiative D21)

D21 이니셔티브정보화 사회 구현을 위한 독일 최대 규모의 정치경제 간 파트너 네트워크이다. 1999년 당시 독일 IBM 회장 리스베르거(Alfons Rissberger)와 연방수상 슈뢰더의 지원으로 성립되었고, 독일연방, 주정부, 지방자치단체, 기업, 연구기관 등 200여개 기관이 회원으로 참가하고 있다. 400여 명이 명예직으로 활동하며, 100여개 기업과 기관이 프로젝트를 지원한다.

(3) 독일연방 정보산업·통신·뉴미디어협회(BITKOM)

독일연방 정보산업·통신·뉴미디어협회(Bundesverband Informationswirtschaft, Telekommunikation und neue Medien e.V.: BITKO)는 독일 내에서 같은 분야 1,700개 이상의 기업을 대변하는 최대 규모의 협회이다. 이 협회에는 국제적인 기업, 중소기업 등 거의 모든 기업이 포함되어 있다.

BITKOM은 IT 환경과 제도 개선, 전략적인 ITK 정책을 추진한다. ITK 정책 내용은 중소기업 지원과 강화, 혁신 추진과 일자리 창출이다. ITK 정책에서 교육, 연구, 공공 영역, 노동시장 영역에서 통합 추진을 통한 성장을 도모한다.

BITKOM 협회 소속 기업은 1,350억 유로 매출과 500억 유로를 수출했다. BITKOM은 독일 IT 산업 시장의 약 90%를 차지한다(2012 BITKOM 내부 자료).

독일 정부와 공공 분야에서는 연방정부, 주정부, 지방정부와 협력하며, IT정책 결정에 의견 표명과 공청회를 개최한다. 경제정책, 교육, 시스템 통합을 통한 현대화 등에 관심을 두며, 독일 경제 및 세계시장 발전 현황, 성장 추이, 지표 등에 관한 정보를 제공한다. BITKOM은 ITK 산업과 관련하여 1,300개 회의를 계획 개최하며, 이에 20,000명의 전문가가 참가한다.

정보화 정책의 추진 체계를 분야별로 정리하면 [그림 3-6]과 같다.

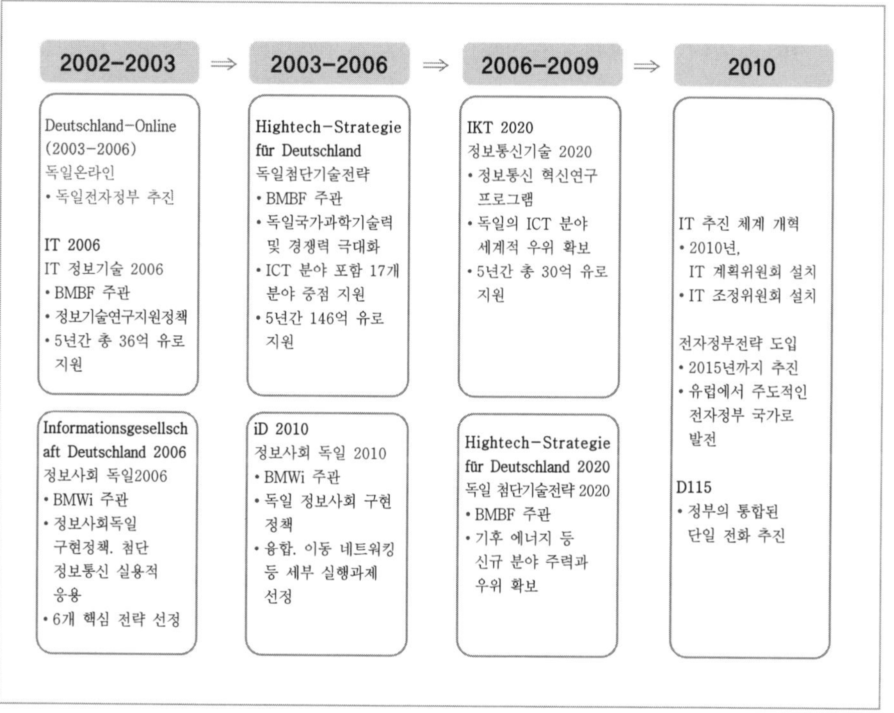

그림 3-6 정보화 정책 주요 내용

비고: 2010년, IT 계획위원회 설치; IT 조정위원회 설치.

자료: 정보진흥원(2010: 56).

3 독일-온라인

2003년 독일의 온라인 프로젝트(Deutschland-Online)를 기초로 하여 연방과 주정부의 총리들은 2006년 회담에서 "매년 지속적인 액션 프로그램을 통해 협력과 조정을 목표로 행정 비용을 줄여나갈 것"을 합의했다. 필요한 기준이 되는 '모델'을 만들어 냄으로써 행정 수준을 넘어서 통일적으로, 그리고 막힘 없는 온라인 서비스를 제공하는 것이다.

2006년 9월 13일 독일연방내각은 '미래를 위해: 행정을 위한 혁신(Zukunftsorientierte Verwaltung durch Innovation)'전략을 채택했다. 이는 연방정부의 행정을 현대화하고 관료주의를 줄이며, 공공 분야 서비스의 질과 효율성을 높이고자 하는 전략적 목적이 있다. 이 전략의 핵심 사항은 행동계획 i2010에 따라 개발한 'eGovernment 2.0'이다.

이 프로그램은 거버넌스 모델을 도입했으며, 다음과 같이 4개의 영역에서 전략목표를 가졌다. 1) 연방정부 서비스의 양과 질 개선, 2) 공공행정 당국과 기업 커뮤니티 간의 전자적

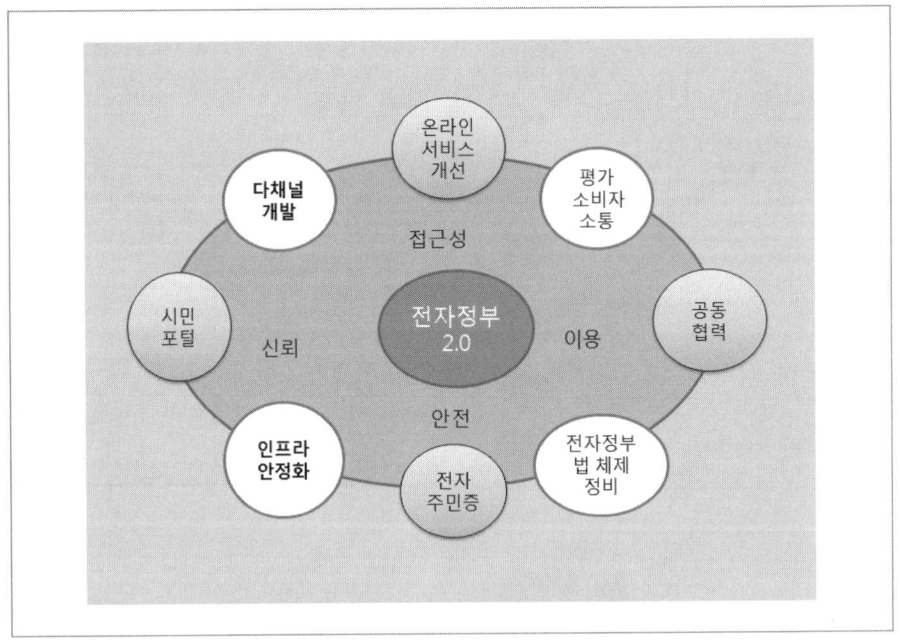

그림 3-7 eGovernment 2.0의 전략적 목표

자료: BMI(2006).

협력 구축, 3) eID 카드 도입, 4) 시민, 기업, 공공 당국을 위한 안전한 의사소통 인프라 구축이다. 2010년 5월 20일에 발표된 '전자정부 2.0 최종보고서'에 따르면 이 프로젝트는 성공적으로 완료된 것으로 평가되고 있다(BMI, Abschlusbericht E-Government 2.0 Das Programm des Bundes).

 국가 전자정부 전략(2010~2015)

2010년 9월 24일, IT 계획위원회는 자국 전자정부의 발전을 위해 '국가 전자정부 전략(National eGovernment Strategy)'을 채택했다. 이 전략은 행정, 정치, 과학, 기업 분야의 다양한 이해 관계자들과의 협력으로 마련되었다. 전략을 마련하는 과정에서 온라인 자문을 통해 시민의 참여를 유도하는 데 중점을 두었다.

독일의 국가 전자정부 전략은 연방, 주, 지역 차원의 전자정부 활동 및 노력을 위한 공동의 방향을 제시함으로써, 독일이 2015년까지 전자정부 분야에서 주도적인 유럽 국가가 되는 것을 목표로 한다. 이 전략의 비전에 따라 전자정부는 다음과 같은 여섯 가지 목표를 가진다.

1) 영역 A: 시민, 기업, 공공행정을 위한 이용 가능성 강화

잠재적 이용자인 시민과 기업은 전자정부의 서비스를 알아야 하며, 접근과 이용 가능성이 확보되어야 한다. 특히 시민의 디지털 · 미디어 능력과 더불어 변두리, 시골 지방까지도 광대역 보급을 개선해야 한다. 접근에 어떤 방해가 없어야 하며, 이용 조건이 쉬워야 한다.

행정에 접근이 쉬워야 한다. 모든 행정 사안은 인터넷을 통해 전자로 해결되도록 해야 한다. 행정은 e-Government 능력(Kompetenz)을 갖추고 있어야 한다.

2) 영역 B: 비용 효과와 효율성

공공행정 당국이 빠르고 효율적인 양질의 서비스를 제공할 수 있도록 프로세스망을 구축해야 하며, 이 망은 고객 중심의 접근법을 따르는 전자적 수단에 의해 지원되어야 한다. 프로세스들은 최대한 디지털화되어, 계층을 넘어서며 고객 중심이 되어야 한다. 기업들은 사전에 행정 업무를 고려한다. 연방 및 주정부는 디지털 기술의 의무적 사용을 보장하기 위해 적절한 법적, 기관적, 기술적 조치를 실시한다.

3) 영역 C: 데이터 보호 및 투명성

데이터 보호, 보안, 투명성은 시민이 전자정부를 허용하고 신뢰하고 적극 사용하는 데 중요한 전제 조건이다. 국가 전자정부 전략은 특정한 행정 서비스를 제공하는 데 절대적으로 필요한 데이터를 수집, 처리하는 데 특히 중점을 둠으로써, 데이터 투명성과 보안을 보장하는 것을 목적으로 한다. 정보는 최소한으로 수집되어야 한다.

4) 영역 D: 사회적 참여

법이 허용하는 타당한 한도 내에서, 정책 그리고 계획 및 의사결정 과정에 시민과 기업이 적극 참여하도록 지원한다. 참여의 영향 및 결과는 시민과 기업에 투명하게 공개되어야 한다. 연방, 주, 지방의 행정 당국은 시민의 참여에 대한 기술적 제한이 없도록 해야 한다.

5) 영역 E: 미래 혁신과 지속 가능성

연방, 주, 지방의 행정 당국은 고객 중심의 양질의 전자정부 서비스를 제공함으로써 변화를 위한 혁신과 개방성의 역량을 지원해야 한다. 독일은 전자정부 연구에서 선두자가 되고자 노력한다. 전자정부는 환경의 변화에 대해 대응하며, 이에 지속적으로 이바지해야 한다.

6) 영역 F: 강력한 IT 지원

IT 시스템의 개발은 단순하고 단계적인 접근법을 따라야 한다. 솔루션은 가능한 한 단순함을 유지해야 하며 동시에 범위성(Skalierbarkeit, scalability)이 제공되어야 한다. 전자정부와 관련된 데이터 · 콘텐츠, 기본 서비스 및 애플리케이션, 인프라가 번들화되어 다른 사용자에 의해 재사용될 수 있어야 한다. 가장 좋은 모델은 널리 보급되어야 한다. 전자정부는 위기 상황에 대처 능력이 있어야 한다.

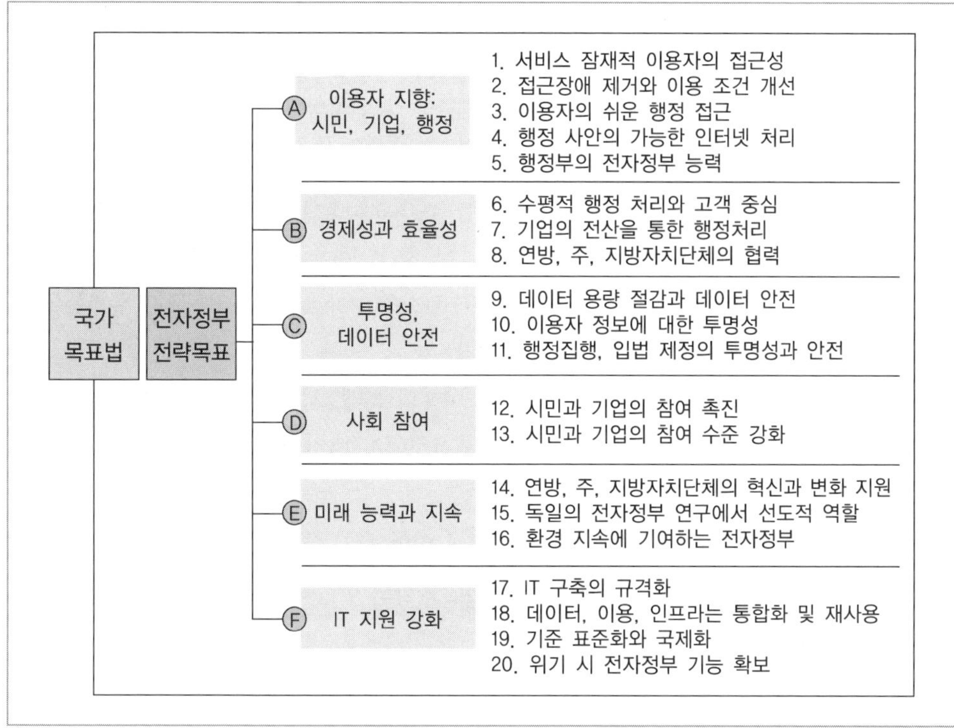

그림 3-8 국가 전자정부 전략

자료: IT-Plannungsrat, Nationale E-Government-Strategie Beschluss des IT-Planungsrats vom 24. September 2010, 17.

제 3 절 전자정부 법률 체계

1 전자정부

1) 기본법 제91c조와 제91d조

독일 전자정부의 전체 프로젝트(Deutschland-Online) 관리는 내무부의 '독일 온라인 사무국(Geschäftsstelle Deutschland-Online)' 소관으로 되었다. 우선적인 프로젝트로서 연방주와 연방에 의해 2008년에 Verein DOI-Netz가 설립되었다. 이는 커뮤니케이션망의 계획, 제공, 경영을 조정한다. 연방, 주, 자치단체의 행정망은 이 망을 통해 서로 연결된다. 2009년 연방제도 개혁과 더불어 연방은 연결망(Verbindungsnetz)에 대한 전속적 입법권(die ausschliessende Gesetzgebungskompetenz)을 가진다.

최근의 프로젝트 실천의 주요 분야는 표준화(Deutschland-Online Standardisierung) 외에, 자동차 분야(Deutschland-Online KfZ-Wesen), 신고(Meldewesen), 인력 표준(Personen-standardswesen), 유럽연합 서비스 법적 사안(EU-Dienstleitungsrichtlinie), 국가 무기등록 구축(Aufbau eines Nationalen Waffenregisters)이다.

이런 행정층(Ebene)을 넘나드는 프로젝트는 비용의 분배, 시행에 따른 책임 소재의 문제를 제기한다. 이에 법적인 근거가 없거나, 또는 시행에서 법적인 책임 소재를 찾기가 어려울 때 더욱 그러하다.

행정층을 넘는 IT 현대화와 전자정부는 2009년 연방제도 개혁의 대상이었다. 기본법 91c와 91d의 도입으로 구조적 질서가 만들어졌으며, 독일의 헌법사에서 21세기의 주요한 정보기술을 담게 되었다.

2009년 8월 1일부터 적용되는 독일 기본법 제91c조의 내용은 다음과 같다.

기본법 제91c조

(1) 연방과 주(州)는 그 과제 수행에 필요한 정보기술적 시스템에 관한 계획 · 수립 · 설치 및 운영에서 협조할 수 있다.

(2) 연방과 주(州)는 협정에 따라 자신들의 정보기술적 시스템 사이의 통신에 필수적인 기준과 보안 요건을 확정할 수 있다. 제1문에 따른 협업의 기초에 관한 협정은 그 내용 및 정도에 따라 특정된 개별적 과제에 관해, 협정에서 정하는 가중다수(加重多數)의 동의가 있으면, 상세 규정이 연방과 주에 대해 효력이 발생함을 규정할 수 있다. 이러한 협정은 연방하원의 동의와 관여한 주(州)의 국민대표의 동의를 필요로 한다; 이 협정을 폐기할 권리는 배제될 수 없다. 협정에서는 비용 분담도 규정한다.

(3) 주(州)는 그 밖에도 정보기술적 시스템의 공동 운영 및 그를 위해 정해진 시설의 설치를 협정할 수 있다.

(4) 연방은 연방과 주의 정보기술적 망의 연결을 위해 하나의 연결망을 수립할 수 있다. 연결망의 수립 및 운영에 관한 상세한 것은 연방상원의 동의를 얻은 연방법률에서 정한다.

기본법 제91d조

연방과 주(州)는 자신들의 행정의 이행 능력을 확정하고 촉진하기 위해 비교연구를 수행할 수 있고 그 결과를 공표할 수 있다.

기본법 제91c조는 IT 관련 기관의 의사결정 절차를 단순화하여, 해당 기관과 절차의 효율성을 개선하고 신속하게 함으로써 변화하는 기술 발전에 적극 대처함을 목적으로 하고 있다. 연방과 주는 행정 능력을 확정하며 지원하기 위해 비교연구를 시행할 수 있으며, 결과를 공개할 수 있다.

기본법 제91c조는 정보기술 체계와 특히 전자정부에 필요한 표준화와 안전(Sicherheit)의 계획, 설립, 운영에서 연방과 주의 협력을 규정하고 있다. 이로써 정보기술 체계와 설립에 공동 운영의 근거가 마련되었다. 제91d조는 연방 및 각 주가 직접적이고 효과적인 벤치마킹을 통해 행정의 효율성을 높이고 투명성을 실현함으로써, 더 나은 공공 서비스를 제공할 수 있게 하는 법적 토대가 된다. 이러한 규정들은 행정의 현대화를 위한 주요한 법적 근거가 된다.

2) 연방 및 주 IT 네트워크 연결에 관한 법

기본법에서 규정한 전자정부에 대한 목표들은 「연방 및 주 IT 네트워크 연결에 관한 법(Law on Linking up Federal and Land IT Networks: IT-NetzG)」(2009. 8.10.)과 '주간협약(Inter-Länder Agreement)'을 통해 추진된다. 이 협약에 따라 앞서 소개한 바와 같이 IT 계획위원회(IT Planning Council, IT-Planungsrat)가 발족했으며, 이는 핵심 네트워크 인프라의 기술적 요건을 개발하는 임무를 수행한다.

2 정보자유법

2006년 1월 1일부터 발효된 「정보자유법(Informationsfreiheitsgesetz: IFG)」은 2005년 6월에 연방하원에서 의결되었고, 연방상원도 2005년 7월 이에 동의했다. 정보자유법은 시민에게 연방정부 정보에 접근할 수 있는 권리를 준다. 이 법은 각 행정기관으로 하여금 온라인을 통해 다양한 행정 서비스를 하도록 강제하는 '인터넷 조항'이 있다. 그러나 정보 자유는 기본법

(5조)에서 말하는 의견 표명의 자유, 언론의 자유를 말하지 않는다. 주(州)의 「정보자유법」을 가진 함부르크는 정보 자유를 투명성(Transparz), 브란덴부르크는 기록 열람(Akteneinsicht)과 같이 좁은 의미로서 정보 자유를 규정하고 있다.

정보 접근은 원칙적으로 완료된 프로젝트에 한한다. 정보 접근 예외 규정은 보안상으로 민감한 사안, 시민의 안전에 잠재적인 위험이 되는 사안, 연방정부의 재정적 이해 관계까지 광범위하다.

3 연방정보보호법

「연방정보보호법(Bundesdatenschutzgesetz)」은 개인정보 처리 때 발생하는 개인 권리 침해로부터 시민을 보호하기 위해 1977년에 제정되었다. 헤센주는 세계 최초로 1970년 정보 보호에 관한 법을 통과시켰으며, 이후 1977년에 연방 차원에서 정보보호법이 제정되었다. 그러나 독일은 1983년 인구조사에 대한 연방헌법재판소의 판결에 따라, 개인의 정보 보호에 문제가 있음을 알게 되었다. 헤센주는 이에 따라 종합적인 개인 정보를 보호하는 법을 1986년에, 연방은 1990년에 제정했다.

「연방정보보호법」은 2002년에 EU데이터 보호지침(EU Data Protection Directive(95/46/EC)과 통합시키는 개정을 했으며, 2009년에 다시 개정되었다.

정보 보호에서 당사자는 다음과 같은 권리를 가진다(제6조).

- 본인의 저장된 정보에 대한 열람
- 정보 저장의 목적, 정보 입수 경로
- 잘못된 정보에 대한 보고
- 제3자에 정보 제공 거부
- 정보의 삭제 및 접근 금지
- 정보감독기관에 대한 민원 제기

4 전자서명법

「전자서명법」이 2001년 5월 22일부로 발효되었다. 이 법은 디지털 서명과 동등한 법적 효력을 갖는 전자서명을 사용하는 데 필요한 안전한 인프라를 규제한다. 이 법은 전자서명에 대한 EU 지침(EU Directive 1999/93/EC)을 실행하고, 「정보통신서비스법」(1997)의 일환으로 도입되었던 디지털서명법을 대체했다.

5 전자상거래법

「전자상거랩법」(2001)은 EU 전자상거래 지침(2000/31/EC)을 실천한 것이다. 「전자상거래법」은 원격서비스법(Tele Service Act, 1977)과 원격서비스데이터보호법(1977), 독일 민법전 조항의 일부를 수정하여 만들어졌다.

6 전자(정보)통신법

1) De-Mail 서비스 규제 및 기타 수정법

De-Mail은 인터넷에서 암호화를 통한 보호 및 검증된 방식으로 시민, 공공기관, 기업 간에 전자문서 교환을 가능케 하기 위한 통신 프로젝트이다.

「De-Mail 서비스 규제 및 기타 수정법(Act to Regulate De-Mail Services and Amendments to other Legislation)」(2011)은 De-Mail 제공업체의 등록에 대한 법적 요건을 규정하고 있다. De-Mail 제공업체는 보안, 기능, 상호 운용성, 데이터 보호에 대한 높은 수준을 충족시켜야 한다. 이 법안의 초안은 2010년 10월 13일 연방내각에 의해 채택되었으며, 2011년 5월 3일부로 발효되었다. 보안, 기능, 상호 운용성에 대한 상세한 규정은 연방정부와 De-Mail 제공업체들에 의해 마련되었다.

2) 전자(정보)통신법

「전자(정보)통신법(Telekommuniationsgestz)」(2004)은 11개 장으로 구성되어 있다. 제7장은 정보통신 서비스 급부 제공자에 대해 통신 비밀(제1절)과 정보 보호(제2절) 및 공적 안전의 보장(제3절)을 위한 요구 사항을 규정하고 있다.

전자 조달

독일의 정부 조달 시장 규모는 3천 6백억 유로로, 총 30,000여 공공기관에서 연간 1백만 건의 조달 계약을 체결하는 것으로 추산된다. 독일 정부는 2006년 11월에 정부조달규정(Vergabeverordnung: VO)을 개정하여 EU 내 조달지침(Vergaberichtlinie, 004/17/EG, 지침 2004/18/EG, 지침 2005/51/EG)을 국내법인 「조달현대화법(Gesetz zur Modernisierung des Vergaberechts)」으로 수용했다. 이 법의 제정으로 「독일경쟁제한방지법(GWB)」이 개정되었으며, 이 법의 4편은 공공 조달을 담고 있다. 공공 조달을 시행령으로 규정하는 정부조달규정은 상품조달규정(VOL), 서비스조달규정(VOF) 및 건설서비스조달규정(VOB)으로 구분해 운용되고 있다.

독일의 정부 조달 입찰공고는 EU 지침에 의해 EU 전자조달 시스템에 영문으로 게시되며, 독일 내 관보, 각종 일간지 및 전문지에 발주 내용이 공시된다. 전자 조달로 'eVergabe-online'을 운용하고 있다.

8 공공정보 재사용법

「공공정보 재사용법(Re-use of Public Sector Information, Informationsweiterverwendungsgesetz: IWG)」(2006)은 공공행정의 범위를 넘어서 새로운 정보 제품과 관련 서비스를 창출하기 위해 정보를 재사용하는 것을 규제한다. 이 법의 제3조는 공공 분야 정보의 재사용이 이용자에게 비차별적, 동일 조건, 그리고 비독점적이어야 한다고 규정한다. 이 법은 2006년 12월 19일부로 발효되었다.

유럽연합위원회(European Commission)는 PSI(Public Sector Information; 2003년 11월 공공정보 재활용 지침[EU PSI Directive 2003/98/EC])을 결의하여, 정보 공개와 재활용의 진흥을 통해 혁신, 경쟁력 향상을 꾀하고 부수적으로 그에 관련된 신규 산업 개척이라는 경제적 효과까지 도모하고자 했다.

제 4 절 독일의 전자정부 발전 전망

전통적인 행정개혁과 지금까지의 법적 · 조직 지향적 변화 과정이 정지와 변화 과정의 교차로서 특징된다면, 전자정부는 기술적 속성으로 역동성과 지속적 변화로 특징된다. 정보기술 발달의 짧은 주기는 지속적인 그리고 조직에서의 적응 과정을 요구한다. 예를 들어 표준과 체계는 지속해서 일치되며 발전적으로 진행한다. 이로써 투입된 과정의 지속적인 적응은 이는 또 다른 새로운 과정을 촉발하며 촉진한다. 내부의 온라인 서비스가 완전하게 모두 제공된다 해도, 기술적인 혁신은 새롭게 나타나며 진행된다. 이로써 행정 과정은 함께 새로운 단계에 진입하게 된다. 새로운 과정(Neuerungen)은 기술적인 매개와 정치적 매개로 발생한다.

1 소프트웨어

전자정부는 소프트웨어에 대해 안정된 체계에 대한 요구, 서로 다른 발전의 내적 작동성(Interoperabilität), 공동의 통합된 이용 목표를 요구한다. 연방정부행정청(Bundesverwaltungamt)은 2006년에 '연방IT관리소(Bundestelle für Informationstechnick: BIT)'를 세워 IT 이용의 전문화와 표준화를 도모했다. 연방행정청은 BIT의 경험을 살려 2007년에 소프트관리를 위한 '오픈소스소프트웨어관리소(Kompetenzzentrum für Open Source Software)'를 설립했다. 이는 연방행정에 필요한 소트프웨어를 지원 강화하는 목적이 있다. 각 기관의 소프트웨어 이용의 경험을 통해 개선책을 찾아주며 지원한다.

2 M-Government

이동 컴퓨팅(Mobile Computing)같이 앞으로의 커뮤니케이션 방식이 진전되어 가는 범주에 따라, 공공행정에 이동통로(Kanaele)를 통한 서비스 제공에 대한 압력은 증가할 것이다. 전자정부를 위해 사용된 미디어 외에 다른 접근, 가령 모빌폰과 같은 것이 더 이용될 것이다. 행정 과제는 이런 가능성을 시민에 제공하는 것이 될 것이며, 여기서 행정은 장소에 구애됨이 없이 자신의 서비스를 시민에게 직접 주게 된다.

3 안전화된 신분 확인

전자정부의 광범위한 이용에 대한 전제 조건이면서 도전은 네트워크에서의 안전한 신분 확보(Identizizierung)이다. 연방정부의 De-Mail-Projekt는 신뢰할 만한 구속력이 있는 전자 정보의 이용이 가능하게 하는 것이다. 이용자들은 안전이 확보된 커뮤니케이션 공간이 주어질 때에 어떤 의심 없이 정보를 이용하게 된다. 이런 제공은 신원의 확인을 통해, 안전화된 기록물(De-Safe), 이용자 편의성을 가진 전자신분(De-Ident)으로써 보완된다.

4 행정 수준과 종합적 전자정부 구조의 구축

독일과 같은 연방국가에서 전자정부는 특별한 요구에 대응해야 한다. 미래 지향적인 전자정부는 모든 행정 수준(연방, 주, 지방자치단체)을 포함하며 통합하여 운영할 수 있어야 한다. 서로 다른 행정층에서 제공되는 행정 서비스는 통일되면서도, 원스톱(one-step) 제공과 접근이 가능해야 한다. 이런 접근은 망(netz)의 연결만으로 이루어지지 않는다.

시민과 경제를 위한 모든 이런 통합된 접촉점(Kontaktstelle)은 행정소(Stelle)와 행정층(Ebene)의 서비스와 IT 통합을 요구한다. 기업들은 전달 서비스(Transaktionsdienstleistungen)에서 비용 절감이라는 효율성을 얻는다.

전자정부와 연계된 개발은 공동으로 이루어져야 하며, 과정이 통합될 때 기능하다. 이는 서로 다른 권한 배분에 근거하여 특별히 정치적 조정이 필요한 영역이다.

라인-넥타(Rhein-Necktar) 대도시를 중심으로 연방적 · 협력적 및 경제 중심의 전자정부가 시범적으로 시행되고 있다. 이 시범사업은 행정의 범주를 넘어서는 수준에서이다. 이 사업에 단일 행정번호 D115, 행정 단일 포털, 전자조달, 정보와 신고를 위한 단일 과정 P23R 등이 시행되고 있다. 연방은 바덴-뷔르템베르크, 헤센, 라인란트-팔츠와 더불어 이 프로젝트를 지원한다.

제 4 장 독일의 인적자원관리*

제 1 절 독일 관료제의 발달 과정

독일 전통행정의 뿌리는 관료제(Bürokratie)에 있다. 베버(Max Weber)에 의하면, 관료제는 규정된 관청의 권한, 직무의 서열, 서류행정, 직업공무원제도 등을 특징으로 한다. 그러나 유럽의 일반적인 근대 국가로의 이행 과정과는 달리 300개가 넘는 중소 연방국가로 분열되었던 독일의 경우에는 이웃국가인 영국이나 프랑스에 비해 근대 국가로의 이행이 상대적으로 늦었다. 특히 19세기 시민혁명의 좌절과 독일제국의 성립은 근대화 발전을 어렵게 만들었다. 산업화와 기술의 발전, 그리고 인구 성장에도 불구하고 독일제국은 입헌군주제 모델과 프로이센 관료제를 그대로 유지시켰던 것이다. 독일제국은 이러한 토대 위에서 제국 권력의 정당성은 국가의 목표로부터 나온다는 권위주의적인 행정국가(Verwaltungsstaat)를 발전시켰다. 법규화된 구조, 명확한 관할권 분류, 수직적 제도화, 경직된 관료제를 특성화함으로써, 19세기 독일 행정에서 합리화와 수직적 구조화가 더욱 강화된 것이다.

후발 자본주의 국가로서 독일은 국가 발전을 위한 중심축으로 정부관료제를 염두에 두고 발전시켜 왔다. 영국의 산업혁명이나 프랑스의 산업화에 비해 경제의 상대적 후진성과 산업자본가 계급의 미성숙, 여전한 토지 귀족 중심의 지배계급 체계와 정치적 민주주의 제도의 미발달 등 열악한 상황에서 독일은 국가관료제가 위로부터의 개혁을 선도하는 세력으로 등장하여 국가 발전과 함께 시민사회로의 전환을 이끌어 냈다. 실제로 현대 독일 사회에서

* 이 장은 심익섭 동국대 교수가 집필했다.

는 시민사회의 성숙으로 정치 · 경제 세력이 성장할 때까지 상대적으로 높은 교육 수준과 행정 경험, 그리고 풍부한 정보를 바탕으로 한 독일의 고위관료가 국부의 주창자로 각인되어 국가사회 발전의 주도 세력으로 기능했다. 이러한 전통으로 지금도 독일은 알게 모르게 국가 개입, 즉 정부관료제의 영향력이 상대적으로 강한 복지국가 전략을 취하게 되었다.[1)]

19~20세기 독일 행정의 또 다른 특징은 행정의 효율성과 전문성 차원에서 크게 발전했다는 점이다. 상업화와 인구 팽창은 당연히 더 많은 관료를 필요로 했으며, 더불어 독일 사회는 관료들에게 더욱 높은 교육 수준을 요구했다. 나아가 관료의 업무는 갈수록 법규화되었으며, 관료가 되기 위해서는 어려운 국가시험이 필수적이 된 것이다. 이때 관료들은 다양한 교육을 받았던 17~18세기 제너럴리스트(generalist) 지향 관료들과는 달리 주로 법률교육을 통해 전문화되는 스페셜리스트(specialist)를 지향했다는 점에서 차이가 있다. 행정을 법의 적용으로 이해하는 법치국가 개념에서 관료교육이 이루어졌다는 것이다. 법률문화가 만연하고 관료들은 공식화된 관할권 내에서만 법적 의무를 수행하다 보니, 이는 결국 관료를 사회와 점점 멀어지게 만드는 결과를 초래했다. 특히 이러한 경향은 19세기 독일의 법실증주의와 맞물리면서 더욱더 모든 행정사무를 오직 법적으로만 다루고 수단 합리성만을 강조하게 만들었다.

이론적으로 볼 때 독일의 정부관료제는 현대 행정학 발달에 초석이 된 전통적 관료제이론 형성에 지대한 공헌을 했다. 베버의 이념형으로서의 관료제이론(Bürokratietheorie)이 그것인데, 최초로 관료제를 이론화시킨 베버의 연구 대상이 바로 독일제국을 탄생시킨 프로이센의 공무원제도였다는 것이다. 특히 베버는 관료제모형을 통해 정부관료제의 능률성, 헌신, 반부패 가능성 등의 모습을 제시함으로써 산업사회의 보완 및 대안으로 관료제이론을 승화시키는 데 결정적으로 기여했다(Weber, 1986: 122ff). 관료제이론이 베버에 의해 정립되면서, 독일의 정부관료제는 전형적인 관료제의 실제(Praxis)는 물론 정교한 이론(Theorie)으로까지 승화되면서 오늘날까지도 가장 정교한 정부관료제의 전형을 보여주고 있다고 할 수 있다.

독일제국 행정이 법률에 절대적으로 종속되고 관료교육은 곧바로 법 교육을 의미한 것과

1) 물론 이러한 정부관료제의 주도와 강한 정치성은 논란의 대상이 되어 왔고, 실제로 권위주의적인 나치정권은 제3제국의 도구로서 정부관료제를 이용하기도 했다. 그러나 제2차 세계대전 후 독일은 나치정권에 도구화되었던 관료제의 폐해를 극복하고, 바이마르공화국 이래 확립된 관료의 정치적 중립성을 철저한 규범으로 정립시키면서 정부관료제의 비정파성 확립으로 새로운 합리적 독일 관료제를 탄생시켰다. 즉, 구동독의 계획주의 경제로부터 구서독의 자본주의 경제 메커니즘을 완성하면서, 시장 중심의 자본주의를 공동제 중심의 복지국가로 승화시키는 데 정부관료제가 중요한 역할을 담당하도록 한 것이다.

는 달리 바이마르공화국 시대 행정에서는 인적 구속과 군주에 대한 충성이 국가와 헌법에 의한 구속으로 대체되는 변화를 보였다. 그동안의 수직적인 군사문화, 부르주아 위주의 관료 충원과 관료 동질성의 견고화로부터 이념적인 민주화를 근간으로 하는 혁신적인 변화를 보인 것이다. 그러나 바이마르공화국 자체의 태생적 한계로 인해 형식적인 선구적 민주화와는 달리 실제로는 관료들 스스로 여전히 입헌군주제를 선호하는 마인드로 인해 국민에 대한 서비스 정신에는 분명한 한계가 있었다. 바이마르공화국 행정(관료)의 역할이 역설적으로 입헌제 유산의 보전에 기여하면서 결국 나치의 '제3제국'이 탄생하게 되었다. 군주 세력과 관료제의 정치적 융합이 독일제국을 탄생시켰다면, 나치 세력과 공화국에 실망한 국민과 관료제의 연합이 파시즘을 형성하는 중심축이 되고 만 것이다.

제2차 세계대전 후 연합국은 정치적인 나치 청산에도 불구하고 행정관료의 법적 지위나 과제 및 관할권 등은 그대로 유지시켜 행정의 연속성을 인정했는데, 결과적으로 독일 행정의 연속성은 관리 능력 극대화를 통한 성공적인 전후 복구를 가능케 한 원동력이 되었다. 21세기 독일 관료제의 발전 과정은 지난 20세기 두 번에 걸친 세계대전과 동·서독 분단, 그리고 재통일이라는 어느 나라도 경험하지 못했던 1백 년의 역동적인 역사 속에 고스란히 남아 있기도 하다. 특히 동독의 서독으로의 통합이라는 재통일 관점에서 보면 베버의 관료제이론과 구동독 사회주의 행정의 직접 비교 입장이 매우 중요한데, 여기서는 동독 행정의 특징인 조직 원리로서의 민주집중제와 인사행정의 핵심인 카더(Kader)[2] 행정이 키워드가 된다. 베버의 관료제와 비교하여 동독 인사행정의 핵심인 카더들이 어떻게 선발되고, 어떤 교육을 받으며, 당과의 관계는 어떠한지가 중요하다는 것이다.

일찍이 베버가 이념형으로서의 관료제이론을 정립한 것처럼 독일의 정교한 행정 시스템의 전통은 인사제도에서도 전 세계적으로 영향을 주고 있다. 특히 독일의 정부관료제는 현대 행정학의 발달에 초석이 된 고전적 행정이론 형성에 지대한 공헌을 했다. 인사행정과 관련하여 특히 독일은 현대 공무원제도의 한 축인 '직업공무원제도(Berufsbeamtentum)'를 탄생시키고 발전시킨 대표적인 국가로 인정받고 있다. 공무원제도는 독일 인사행정의 핵심 제도로서 오랜 역사적 전통을 가지고 있다. 독일 공무원제도의 근간은 이미 18세기 이전으로 거슬러 올라가는데, 그 주요 특징은 철저한 신분 보장, 특히 법에 의한 신분의 규정이다. 이후 독일의 공무원 제도는 바이마르공화국 시대를 거치면서 종신고용, 연금제도, 징계제

2) 카더는 사회주의 국가들에서 보편적으로 나타났던 지도자, 특히 사회 각 분야에서 노동자 계급 출신의 간부, 전문가들을 총칭한다. 이들은 정치적, 나아가 전문적 능력을 통해 각 해당 분야에서 종사한다.

도 등 직업공무원제의 여러 발전적 요소를 도입했으며, 이를 통해 현대 독일 관료제는 더욱 발전했다.

제 2 절 독일의 인사행정제도

독일 공무원은 제도적으로 볼 때 '공공 부문 근로자'와 개념적으로 혼용하고 있어서 구분이 쉽지는 않으나, 공직자의 신분이나 직능에 따라 직업공무원(Beamte), 계약공무원(Angestellte), 노무원(Arbeiter) 등 독특한 '라우프반(Laufbahn: 경력)' 개념으로 크게 구분한다. 일반적으로 공무원으로 불리는 사람은 독일에서 '직업공무원'을 말하는데, 여기에는 법관과 군인이 포함되며, 이들은 종신공무원(Beamte auf Lebenszeit)으로서 전통적인 독일의 직업공무원제도에 해당하며 신분상 공무원법(법관법, 군법)의 적용을 받는 사람들이다. 이들은 국가의 공복(公僕)으로서 하나의 사회적 신분이라는 전통이 남아 있고 파업이 제한적이라는 특성을 지닌다. 이에 대해 '전문공무원'으로도 불리는 계약공무원은 공공 부문에 근무하는 공직자인 것은 같으나 전문적인 사무직 근로자들을 말한다. 그리고 단순노무직인 '노무원'은 공공 부문에서 근무하는 단순·기능직 근로자들을 의미하는데, 이들은 신분상으로 볼 때 계약공무원과 유사하다. 즉, 노무원과 계약공무원은 공직자이긴 하나 직업공무원과 달리 신분상 공무원법의 적용을 받지 않으며, 대신 국가와 노동계약을 체결한다.

중요한 것은 전문성이나 특수성에 따라 직무상 구분된다는 것인데, 일정 부분 지위에 따라 승진 계급이 제약받기도 한다. 이러한 공직구조는 공무원이 고위직을 독점하고, 전문공무원이나 단순노무직은 형식상 계약제로서 중하위직에 배치된다는 비판도 있다. 실제 직능별 공무원 비중을 보면 전체 공공 인력에서 차지하는 직업공무원 비율은 약 30% 수준을 유지하고 있으며, 나머지 70%의 공공 인력은 계약직인 전문공무원과 단순노무직이 차지하고 있다. 이들은 직업공무원과는 달리 그들의 권익 보호를 위해 노동조합을 결성하고 임금이나 처우 등에 대한 단체협상권과 파업권을 가진다. 독일 인사행정에서는 이들을 모두 합쳐 공공 부문 근로자 또는 넓은 의미의 공무원이라 부른다.

본래 독일에서는 공공 부문 근로자제도가 없었기 때문에 과거에는 모든 공공사무를 공무원이 담당했다. 그러다가 19세기에 들어와서 이 제도를 도입하여 점차 그 범위를 넓혀 나갔다. 공공 부문 근로자제도를 도입한 일차적인 목적은 평생고용 원칙의 배제에 따른 탄력적

표 4-1 독일 공무원제도의 구조

직급군	직급	요구되는 학력
단순직 공무원	A2(A1)~A6	초등학교 졸업(총 9년 수학)
중급직 공무원	A6~A9	중등학교 졸업(총 10년 수학)
상급직 공무원	A9~A13	전문대학 졸업(고등학교 수학 이상)
고급직 공무원	A13~A16B1~B11(간부급)	대학교 졸업

고용의 가능성, 그리고 이에 따른 국가 예산의 절감이었다. 오늘날에는 공무원보다 더 많은 수의 공공 부문 근로자가 연방, 주 그리고 지방자치단체에서 근무하고 있다. 또한 그 사무 영역도 상당히 넓어져서, 최근에는 공무원과 공공 부문 근로자 간 사무 영역의 구별이 거의 없어지고 있는 상황이다. 본래 공무원은 주로 외교, 안보, 경찰, 세무, 관세, 교육행정 분야와 연방과 주의 최고행정기관 등 국가의 중추기관에 주로 근무했고, 공공 부문 근로자의 경우 주로 사회복지, 주민 지원, 기술 지원, 연구 분야 등의 업무를 담당했다. 그러나 현재 이 구별이 거의 없어져서 많은 공공 부문 근로자가 연방과 주의 최고행정기관에 근무하고 있으며, 나아가 세무, 관세, 교육행정 분야의 업무를 담당하고 있다.

독일 공무원은 전통적으로 학력을 기준으로 임용이 제한되는 네 개의 직급군(職級群)으로 구성되어 있다. 한편 이 직급군은 독일 일반직 공무원의 계급별 인력구조의 경우 <표 4-1>에서 보듯이 A1부터 A16까지 총 16개 등급으로 세분화되어 있다. 프로이센 관료제에 기원을 둔 독일 공무원은 총 16단계의 계급을 각각 4계급씩 나누어 다시 크게 네 가지 카테고리화된 직급군으로 분류한다. 교육 수준이라는 독특한 기준을 바탕으로 한 공무원 채용 단계부터의 등급 분류는 졸업증이 특정 직무에 대한 기능의 능력을 입증하는 필수적인 조건으로 간주한다.[3] 이에 따라 가장 높은 13~16계급에 해당하는 고위공무원(Höherer Dienst)은 대학 졸업과 특별한 시보 과정을 요구하며, 상급공무원(Gehobener Dienst)은 전문대학 졸업과 특별훈련을 요구하고, 중급직 공무원(Mittlerer Dienst)은 중등학교나 레알슐레(Realschule: 직업학교) 졸업을 요구하며, 1~4계급에 해당하는 가장 낮은 단순직 공무원(Einfacher Dienst)은 특별한 자격증 없이 초등학교와 직업학교 수준이면 된다.[4] 그동안 독

3) 직군별 임용 가능한 계급은 단순직 공무원의 경우 A2(실제 최하위 A1은 존재치 않음), A3, A4이며, 중급직 공무원은 A5, A6(비기술직), A6, A7(기술직)이고, 상급 공무원은 원칙적으로 A9, 고위공무원은 A13 계급에 최초 임용이 가능하다(§23 Beamtenbesoldungsgesetz).

4) 고위공무원(Höherer Dienst) 13~16계급에는 Staatssekretär, Unterstaatssekretaer, Ministerialdirektor, Ministerialdirigent, Ministerialrat, Regierungsdirektor, Oberregierungsrat, Regierungsrat 등의 직급이 속한다. 그리고 9~12계급의 상급 공무원(Gehobener Dienst)에는 Amtsrat, Regierungsamtmann,

일 공무원은 철저한 직급제를 고수해 왔으며, 이는 재통일 이후에도 지속되고 있다.

현재 독일 공직자는 연방과 주정부 및 지방자치단체(게마인데)를 포함하여 총 약 450만 명 정도이다(2010년 말 기준: www.bmi.de 2012.7.5). 이 중 계약공무원과 노무원이 약 2/3 이상을 차지하며, 정작 종신직인 직업공무원은 약 1/3 수준에 머물러 있다. 즉, 160만 명 정도만 공무원 신분이며, 260만 명은 계약직 및 단순노무직이고, 185,700명의 군인으로 구성된다.

한편 최근의 통계를 독일의 공무원 신분 소속에 따라 정리하면 <표 4-2>처럼 직접행정기관에 약 400만 명이 근무하고 있다(89%). 이러한 직접행정기관 근무 공무원 이외에 독일에는 '간접행정기관'에 근무하는 공무원들도 있다(전체 공무원의 약 11%인 50만 명). 연방공무원만을 보면 직접 연방근무자(Unmittelbarer Bundesdienst)는 457,264명(공무원과 판

표 4-2 독일 공공 부문 인력 정원 (단위: 명)

구분		공무원과 법관	군인	계약근무자	합계
연방	직접 연방근무자	129,556	185,752	141,983	457,264
	간접 연방근무자	36,571		255,305	291,876
	합	166,127		397,288	749,140
주		1,253,453	―――――	687,243	1,940,696
지방자치단체		184,637	―――――	1,114,040	1,298,677
간접 근무자(연방 제외)		40,134	―――――	512,667	552,801
합		1,644,351	185,725	2,711,238	4,541,314
연방철도		42,702	―――――	2,121	44,823
우편		88,600	―――――	―――――	88,600
총계		1,775,653	185,725	2,713,359	4,674,737

* 비고: 1. 군인 중에는 직업군인과 함께 기간병 포함.
2. 간접 연방근무자 속에는 사회보장 업무, 연방노동 업무, 연방은행, 공법인, 특별행정기관, 공법상 법인 소속 근무자 등이 포함됨.
3. 지방자치단체에는 목적단체(Zweckverband)들이 포함되는데, 이들 목적 조합에는 공적 업무를 수행하는 지방자치단체 소속의 연계 업무 수행기관들이 포함됨.

* 자료 : Bundesinnenministerium, 2012(2010. 6. 30 현재 통계).

Regierungsoberinspektor, Regierungsinspektor 등의 직급이 있으며, 5~8계급의 중급직 공무원(Mittlerer Dienst)에는 Regierungshauptsekretär, Regierungsobersekretär, Regierungssekretär, Regierungsassistant 등의 직급이 포함된다. 특별한 자격 요건이 필요 없는 1~4계급의 단순직 공무원(Einfacher Dienst)에는 Amtsmeister, Hauptamtsgehilfe, Oberamtsgehilfe, Amtsgehilfe 등의 직급이 있다.

표 4-3 독일 공공 부문 인력 변화 추이

(단위: 명)

구분	1991	1995	2000	2005	2010	변화 추이 (1991~2010)	
						변화	%
연방	652,000	545,300	502,100	481,400	457,300	−194,700	−29.9%
공무원/법관	115,300	134,100	132,600	130,600	129,600	14,300	+12.4%
계약근무자	279,000	217,900	182,900	165,700	142,000	−137,400	−49.2%
군인	257,300	194,300	186,600	185,100	185,700	−71,600	−27.8%
전일근무자	628,000	521,600	465,600	427,500	405,200	−223,600	−35.6%
부분근무자	23,200	24,700	36,400	53,800	52,000	28,800	+124.1%
주	2,572,000	2,453,400	2,273,300	2,076,900	1,940,700	−631,300	−24.5%
공무원/법관	1,072,400	1,227,100	1,252,500	1,261,800	1,253,500	181,100	+16.9%
계약근무자	1,499,500	1,226,400	1,020,800	815,000	687,200	−812,300	−52.2%
지방자치단체	2,051,400	1,801,500	1,572,000	1,337,800	1,298,700	−752,700	−36.7%
공무원	170,500	178,900	178,600	183,200	184,600	14,100	+8.3%
계약근무자	1,881,000	1,622,600	1,393,300	1,154,500	1,114,000	−767,000	−40.8%
간접공직근무자 (간접적)	325,100	449,900	488,000	652,400	844,700	519,600	+159.8%
공무원	31,800	47,300	52,300	67,900	76,700	44,900	+1412%
계약근무자	293,400	402,600	435,700	584,500	768,000	474,600	161.8%
총계	5,600,400	5,251,200	4,835,300	4,548,400	4,586,100	−1,1014,300	−18.1%
공무원/법관	1,390,100	1,587,400	1,615,900	1,643,600	1,687,100	297,000	+21.4%
계약근무자	3,953,100	3,469,500	3,032,700	2,719,700	2,713,400	−1,239,700	−31.4%
군인	257,300	194,300	186,600	185,100	185,700	−71,600	−27.8%

* 비고: 1. 통일 이후인 1991년 이후 자료임.
2. 이 통계에서 우체국 근무자는 제외한 것임.
3. 계약공직자 속에는 계약공무원과 단순근무자를 포함한 것임.

* 자료 : Bundesinnenministerium 2012.

사 129,556명, 연방군대 185,725명, 계약직 141,983명)이고, 간접 연방근무자(Mittelbarer Bundesdienst)는 291,876명(공무원과 판사 36,571명, 계약직 255,305명)이다(www.bmi.de 2012.7.5).

이들 공직자를 소속 정부별로 구별해 보면 다음과 같다.

① 연방 소속 공무원: 연방부처와 각급 연방행정관청 근무 공무원으로 연방군 포함(55만 명, 약 11.5%)

② 주 소속 공무원: 주정부 소속 공무원으로 대표적으로는 경찰과 교육공무원(216만 명, 약 45%)

③ 지방자치단체 소속 공무원: 선출직 공무원과 지방행정기관 근무 공무원(149만 명, 약 31%)

독일 공공 부문 인력은 <표 4-3>에서 보듯이 전후 지속적으로 증가했다. 1950년 2,885,000명에서 1980년 6,634,000명으로 230% 증가했는데(양현모, 2006: 199), 이는 전후 30여 년간 일반 노동력 증가율이 24%였음에 비추어볼 때 공공 부문의 증가 속도가 매우 빨랐음을 의미한다. 이후 통일 직전인 1990년에는 서독지역에서만 약 492만 명으로 감축 관리되며 조정되었다가 통일이라는 특수 상황 이후 첫해(1991년)에는 다시 670만 명까지 급증한다. 그러나 이후에는 다시 지속적으로 감소되어, 지난 2005년 480만으로 구조조정되고 있는 상황이다. 그럼에도 불구하고 오늘날 독일 고용인구 4명 중 1명이 공공 부문에서 일하고 있는 것으로 나타나는데, 이는 독일의 전통적인 사회적 시장경제(Soziale Marktwirtschaft) 원리와 복지국가 정책을 반영하는 것으로 볼 수 있다. 한편 독일 전체 공직자 중에서 여성이 차지하는 비율은 1960년만 해도 약 28%에 불과했으나, 2005년에는 52%로 폭발적으로 증가했다.

제 3 절 행정윤리와 공직윤리

전후 독일연방공화국 정부 수립 당시 행정개혁 과정에서 전통적인 공무원제도 폐지 주장이 제기된 바 있었다. 히틀러 집권 시 다수의 공무원이 히틀러와 나치 정부에 기여했다는 이유 때문이다. 또한 독일 공무원제도가 관료주의와 권위적인 행정문화의 원천이라는 이유도 비판 대상이었다. 그러나 현재까지 독일 공무원제도의 근간은 그대로 유지되고 있는데, 그 이유 중 하나는 공무원은 국가와 국민의 봉사자로서 기능을 수행한다는 국민적 공감대가 있었기 때문이다. 공무원은 국민과 국가를 위해 헌신적으로 봉사해야 한다는 원칙과 공무원의 책임성 원칙은 정치적 중립성 원칙과 함께 독일 공무원제도의 중요한 원칙 중 하나인 것이다. 독일 공무원에게 부여되는 일차적인 의무는 '국가와 국민에 대한 봉사 및 성실 의무'이다. 반면 공공 부문 근로자의 일차적 의무는 민간 부문 근로자의 의무와 같은 '성실 근로의 의무'이다. 즉, 계약직 공무원의 경우 국가에 대한 봉사의 의무보다는 사용주가 고용한 목적에 따라 성실하게 근무하는 것이다.

전반적으로 독일 국민은 정부관료제에 대해 대체로 만족하고 있다. 전통적인 정부 주도의 국가 발전 논리를 체계화한 '관방학(官房學)'의 뿌리가 있기 때문이기도 하지만, 실제 현대사의 격변기에서도 정치 같은 다른 분야와는 달리 독일 국민들의 관료제에 대한 신뢰는 견고하게 유지하고 있다는 것이다. 여기에는 한국이나 영·미 국가들처럼 정치인들의 '관료 때리기(bureaucrat bashing)' 현상을 찾아보기 어렵다는 데서 찾을 수도 있으나, 좀 더 근본적으로는 독일 관료제가 철저하게 정치적 중립성을 견지해 왔다는 데 있다. 실제 독일 관료제에서 소위 '정치공무원(Politische Beamter)'의 숫자는 매우 적으며, 정권 교체와 거의 무관하게 행정 메커니즘은 작동하고 있다는 특성을 보인다. 한편 독일에서 공무원의 기본적인 의무를 보면 성실 근무의 의무, 공익과 정치적 중립의 의무, 청빈의 의무, 상급자에 대한 지원·자문·복종 의무, 비밀 유지의 의무 등이 있으며, 이에 대해 공무원의 권리로는 정치활동의 자유권, 단결권, 생활권 등을 제시할 수 있다.

독일에서 공무원(Beamte) 또는 공직자(Öffentliche Dienst)라는 용어는 법적으로 일반 법률상에 정의가 내려져 있다.[5] 그러나 일반 법률상에 내려진 정의는 그 범위에서 개별 법령에 귀속된 특정 사안으로 한정된다는 한계가 있다. 실제로 공무원의 기원이 헌법에 기초한 전통에 있기 때문에, 사실상 공무원이라는 용어는 법령에 따른 정의와는 다소 거리가 멀다고 할 수 있다(Lecheler, 1997: 501-503).[6] 독일기본법(Grundgesetz: GG)에서는 공무원의 개념과 공직구조를 다음과 같이 언급하고 있다. 즉, 기본법 제33조 제4항은 "고권적 권한의

5) 연방공무원법(Bundesbeamtengesetz, BBG) 제158조 제5항 및 고용보호법(Arbeitsplatzschutzgesetz) 제15조 제2항 참조.

6) 독일기본법상에 '공무원'이라는 용어의 적용은 과거에 공무원이라는 용어가 가진 한계를 조금이나마 극복하는 데 기여했다. 즉, 공무원은 공법에 법적 근거를 두고 있는 기관, 지방자치단체 또는 재단이 직접 고용한 사람들을 총칭한다. 따라서 공무원은 사실상 공법에 기초해 특별 지위를 보장받은 법(독일재판관법 제3조)과 군인(군인법 제1조 제1항), 봉급을 수령하는 피고용 사무직원, 공공기관이 고용한 기타 피고용인들을 포함해 공무원의 지위를 부여받은 사람들을 지칭한다.

행사는 원칙적으로 공법상의 근무 관계와 성실 관계에 있는 공직 근무자에게 계속적인 업무로써 위임된다"고 규정하고 있으며, 이 규정에 따라 공무원 근무 관계를 "공법적 근무-성실 관계"라고 헌법적으로 확정하고 있다. 이때 공무원과 비공무원 간의 행정 담당자로서의 구별을 전제함으로써 독일 공직 근무구조의 이원화제도(Zweispurigkeit)가 나타나게 된다(Lecheler, 1997: 503-504).

독일 공무원제도의 다음과 같은 특징은 이미 언급한 여러 전통적인 제도적 특징과 함께 현대 독일 인적자원관리 정책을 이해하는 주요한 특성들이다.

- 국민의 공복(公僕)으로서 봉사와 성실의 원칙
- 정치적 중립의 원칙
- 공공선의 책임 정신과 공동의 이익(공익성) 강조
- 직무 수행의 독립성과 전문성의 중시
- 직업공무원제도를 지향하는 종신고용제
- 직급제도, 계급제도의 인정
- 공무원에 대한 국가의 책임 원칙

그러나 독일 행정문화, 특히 관료 행태라는 측면에서 눈여겨볼 부분이 있다.

첫째, 사회보다 국가가 우월하다는 국가주의 전통이 강해 국가 주도의 경제사회 발전이나 민주주의보다 앞선 관료주의를 용인하는 행정문화가 여전히 남아 있다는 점이다.

둘째, 관료 세계에 압도적인 법학 전공은 독일 행정 특유의 법치주의적인 행정문화를 확산시켰다.

셋째, 지난 20세기 두 번에 걸친 세계대전 등 역사적 파행에 기인하기는 하지만 갈등 회피의 정치행정문화와 모든 것을 법에 의존하려는 규정문화가 여전히 강세를 보이고 있다.

나아가 출신 배경이나 교육 수준 등 우월성으로 독일 공무원들의 관료엘리트주의 속성이 매우 강하다는 점도 주목해야 할 사안이다. 이러한 것들이 독일 관료의 행정윤리 형성에 기여했으며, 이는 국가 발전의 원동력이 되기도 했고, 다른 한편으로는 현대 글로벌 리더 국가를 위해서는 장애물로 다가오기도 하는 양면성을 보이고 있다.

여기서 독일공무원법에 명시되어 있는 독일 공무원의 주요한 의무와 권리를 구분해 보면 다음과 같다.

 의무

1) 성실 근무의 의무

독일 공무원의 첫 번째 의무는 성실하게 근무해야 한다는 것이다. 성실하게 근무하기 위해 공무원은 무엇보다도 정해진 시간에 출근하여 근무를 시작해야 하며, 상급자의 허락 없이 근무지를 이탈할 수 없다. 물론 근무 형태 또는 근무지의 형태에 따라 정시 출근 및 근무지 이탈 금지의 원칙이 적용되지 않는 경우도 있다.

2) 공익과 정치적 중립의 의무

공무원은 공무 수행 시 일차적으로 공익을 염두에 두어야 하며 절차가 공명정대해야 한다. 특히 공무원은 공무 수행과 관련해서 정치적 중립을 유지해야 한다. 그러나 이 규정이 곧 공무원은 정당에 가입할 수 없으며, 정치에 관여할 수 없다는 것을 의미하는 것은 아니다. 독일 공무원은 정당에 가입할 수 있으며, 정치활동의 자유도 보장받고 있다. 다만 정치활동은 근무 이외의 시간에 한하며, 공무 수행과 관련해서는 정치적 중립을 유지해야 한다.

3) 청빈의 의무

공무원은 공무 수행과 관련해서 사리사욕을 취해서는 안 되며, 원칙적으로 타인으로부터 선물 또는 기타 사례를 받을 수 없다.

4) 상급자에 대한 지원, 자문, 복종 의무

공무원은 공무 수행에 관해 상급자의 지시를 따라야 하며 동시에 상급자의 직무를 지원해야 한다. 그러나 이 복종 의무 규정은 무조건적인 복종을 의미하지 않는다. 상급자의 지시가 위법적이라고 판단될 경우 이를 상급자에게 인지시켜야 하며, 그럼에도 불구하고 당사자가 이를 고집할 경우 기관장에게 고지(告知)해야 한다. 만약 기관장이 상급자의 지시가 위법이라고 결정할 경우 당연히 상급자의 지시는 무효화되며, 위법적인 지시가 아니라고 최종 결정되더라도 이로 인해 해당 공무원은 어떠한 불이익도 당하지 않는다.

5) 비밀 유지의 의무

공무원은 공무상 획득한 정보에 대해서는 비밀을 유지해야 한다.

2 권리

1) 정치활동의 자유권

공무원은 기본법에서 허용하고 있는 범위 내에서 정치적 활동의 자유를 보장받고 있다. 그러나 공무원은 정치적 활동을 가급적 자제해야 하며, 특히 공무 수행과 관련해서는 정치적 중립 원칙을 준수해야 한다.

2) 단결권

공무원도 다른 국민과 마찬가지로 자신의 이익을 위해 단체를 조직할 수 있으며, 이 단체를 통해 그들의 요구를 표출할 수도 있다. 그러나 단체행동권은 부여되지 않는다.

3) 생활권

공무원은 공무를 수행하면서 경제적으로 그 누구에게도 의존하지 않을 권리가 있다. 따라서 국가는 공무원과 그의 가족에게 경제생활에 필요한 만큼의 합당한 보수를 지급해야 하며, 질병과 상해 그리고 후생에 대해서도 책임을 져야 한다.

제 4 절 인사정책: 인적자원관리

1 법적 기초

공무원(군인 및 법관 포함) 신분에 관한 법률의 제정권은 일차적으로 연방에 있다. 그러나 연방공무원의 의무와 권한, 그리고 기타 고용 조건 등을 명시하고 있는 연방공무원법(Bundesbeamtengesetz)은 연방 소속 공무원에 대해서만 적용되는 것이 아니며, 16개「주공무원법」의 기초가 되고 있다. 따라서 연방공무원법은 실제 전국의 공무원에게 적용되는 셈이다. 마찬가지로 연방공무원의 보수와 후생에 대해 규정하고 있는「연방공무원보수법(Bundesbesoldungsgesetz)」과「공무원후생법(Beamtenversorgungsgesetz)」또한 주와 지방자치단체 소속 공무원들에게도 동시에 적용된다. 결론적으로 독일 공무원의 권리와 의무, 보수, 후생, 그리고 기타 근로 조건을 명시하고 있는 연방 법률은 연방 소속 공무원들은 물론 주와 지방자치단체 소속 공무원들에게도 동일하게 적용된 자는 것이다. 따라서 연방공무원법, 연방공무원보수법, 공무원후생법 등 연방에서 제정된 법률은 당연히 주의 동의를 필요로 하는데, 동의 절차는 연방상원을 통해 이루어진다.

연방하원을 통과한 법률은 다시 주 대표들로 구성된 연방상원을 통과해야 비로소 그 효력을 발생하기 때문이다. 또한 이들 법률은 제정 과정에서부터 여러 공무원 이익단체(공무원 노조)의 의견을 수렴하는데, 이들 공무원 이익단체는 법안 제정 단계에서부터 법안에 대한 심의에 참가하여 그들의 의견을 제시하기도 한다. 주요 공무원 이익단체에는 연방 차원의 독일공무원연합회(Deutsche Beamtenbund), 독일법관연합회(Deutsche Richterbund e.V.), 독일행정법관연합회(Bund Deutscher Verwaltungsrichter und Verwaltungsrichterinnen) 등이 있다, 주 차원에서도 역시 많은 공무원 이익단체가 있는데, 대표적인 것은 경찰노조, 교원노조 등이다.

2 공무원 신분의 구분

독일 공무원의 신분은 다음과 같은 기준에 따라 분류할 수 있다.

1) 소속에 따른 구분

① 연방 소속 공무원 : 연방부처 및 각급 연방행정관청에서 근무하는 공무

② 주 소속 공무원 : 주 각 부처 및 주행정기관 소속 공무원으로서, 대표적인 주 소속 공무원으로는 경찰공무원, 교사 등이 있다.

③ 지방자치단체 소속 공무원 : 주민 직선을 통해 당선된 지방자치단체장과 지방의회에

서 선출된 행정 각 부서장(Beigeordneter), 그리고 지방행정기관에 근무하는 공무원

2) 직업공무원과 명예직 공무원의 구분

(1) 직업공무원

공무원직을 본업으로 수행하는 자이며, 직업공무원은 다시 다음과 같이 구분할 수 있다.

① 종신직 공무원(Beamte auf Lebenszeit)

일반적 개념의 직업공무원이다. 종신직 공무원에게는 법률에 의해 특정한 의무와 권리가 규정되어 있으며, 징계 또는 법원의 판결에 따른 파면 결정에 의하지 않는 한 평생고용의 원칙이 적용된다. 일반적으로 공무원 채용고시에 합격하여 일정 기간 동안의 교육과정(교육생 공무원 기간)과 시보 기간(시보 공무원 기간)을 마친 후 평생직 공무원으로 임용된다.

② 임시직 공무원(Beamte auf Zeit)

특정 과업의 수행을 위해 일정 기간(일반적으로 2~5년) 동안 공무원에 임용되어 근무하는 공무원이다. 계약 기간이 경과하면 공무원 신분 또한 상실하게 된다.

③ 교육생 공무원(Beamte auf Widerruf)

교육생 공무원이란 공무원 신규채용 후 교육을 받는 기간 동안의 공무원 신분을 의미한다. 이 기간 동안에는 교육 성적 등 기타 사유로 인해 채용 자체가 복잡한 절차 없이 취소될 수 있다는 의미로, '채용이 취소될 수 있는 공무원'이라는 뜻이다. 교육 기간은 아래와 같이 각 직급군에 따라 상이하다.

- 단순직 공무원 : 6개월
- 중급직 공무원 : 2년~2년 6개월
- 상급직 공무원 : 3년
- 고급직 공무원 : 2년~2년 6개월

④ 시보 공무원(Beamte auf Probe)

시보 공무원이란 교육을 마친 공무원이 근무처에 배치되어 일정 기간의 시보 기간을 거치는데, 이 기간 동안의 신분을 의미한다. 시보 기간 역시 공무원 직급군에 따라 다르다.

- 단순직 공무원 : 1년

- 중급직 공무원 : 2년
- 상급직 공무원 : 2년 6개월
- 고급직 공무원 : 3년

⑤ 선출직 공무원(Wahlbeamte)

선출직 공무원이란 선거를 통해 당선되어 공직에 근무하는 공무원을 의미하는데, 주민직선을 통해 당선된 지방자치단체장과 지방의회에서 선출된 지방정부의 각 부서장(국장, Beigeordneter)이 이에 해당된다. 그 밖에 선거에서 당선되어 공직에 근무한다고 해도 선출직 공무원은 아니다. 예를 들어 연방수상, 주지사 등은 선거를 통해 선출된 후 공직에 근무하지만 이들의 공식 신분은 공무원이 아닌 직업정치가이다. 선출직 공무원은 임기 기간에 한해 공무원의 신분을 유지하며, 원칙적으로 공무원법의 적용을 받는다. 또한 이들은 공무원법 이외에 지방자치법의 적용을 받기도 한다. 지방자치법은 자치단체장과 지방정부 각 부서장의 의무와 권리에 대해 규정하고 있기 때문이다.

⑥ 정무직 공무원(Politischer Beamte)

정무직 공무원이란 연방 또는 주정부가 그들의 정치적 목적을 달성하기 위해 임용한 공무원으로서, 국무차관(Staatssekretär), 관리관(Ministerialdirektor) 등 주로 연방과 주정부의 최고위직 공무원이 이에 속한다.

(2) 명예직 공무원

명예직 공무원에는 지방의원, 명예직 자치단체장 등 주로 지방자치단체의 공직자들이 해당되며, 연방 차원에서는 해외 주재 영사관의 명예영사를 예로 들 수 있다.

3 신규채용

독일 국민은 누구나 자신의 의지, 능력, 자격에 따라 공무원의 신분으로 공직에서 근무할 수 있다. 그러나 연령이 32세를 초과한 자는 원칙적으로 공무원 채용고시에 지원할 수 없다. 단, 장애인의 경우 40세까지 지원이 가능하며, 자식의 양육 또는 장애인 가족의 부양으로 인해 시험 시기를 놓친 자에게는 특별한 배려가 가능하다. 또한 독일 이외 유럽연합(EU) 국가의 국민들도 제한적으로 개방된 직위에 한해 독일 공무원의 신분으로 근무할 수 있다.

특수한 정보기관처럼 근무 내용과 근무처의 성격상 오직 독일 국적 소유자에 한해 허용되어야 하는 직위가 있기 때문이다. 그러나 이들 직위는 확정되어 있는 것은 아니며, 상황에 따라 변할 수 있기 때문에 요구가 있을 때마다 심사를 통해 정해진다.

독일 공무원의 신규 채용 방법 중 특이한 점은 직급군에 따라 상이한 채용 요건이 제시되며, 이 요건을 충족해야 채용고시에 지원할 수 있다는 점이다. 다시 말해, 공무원으로 임용되기 위해서는 우선 자신이 원하는 직급군에서 요구하고 있는 채용 전제 조건을 먼저 충족해야 한다는 것이다. 그 요건에는 소양, 자질, 학력 등 여러 가지가 있는데, 이 중 가장 기본적인 것은 지원자의 학력이다. 각 직급군에서 요구하고 있는 채용고시 지원자 학력은 이미 언급한 바 있다. 그러나 최근 탄력적인 인사제도를 추구한다는 취지에서 이들 학력 요건이 다소 완화되고 있다. 따라서 채용고시 응시자가 각 직급군에서 요구하고 있는 학력을 충족시키지 못하는 경우에도 해당 직급군의 공무원 채용고시에 응시할 수 있는데, 이 경우에는 해당 응시자가 학력이 부족해도 이 직급군의 공직 업무를 성공적으로 수행할 수 있다는 점을 증명해야 한다. 이에 대한 최종적 판단은 연방 또는 각 주에 설치된 중립적인 인사기관(연방의 경우 '연방인사위원회[Bundespersonalausschuss]')에서 담당한다.

4 승진

독일 공무원이 상위 직급으로 승진하기 위해서는 원칙적으로 공무 수행과 관련하여 우수한 근무 성적 및 능력을 보여야 한다. 공무원 승진은 인사평가 결과를 바탕으로 하는데, 평가는 원칙적으로 매 5년마다 실시된다. 평가는 근무 성적, 자질, 발전 가능성 등에 대한 종합적인 평가이며, 평가의 결과는 승진은 물론 전보, 교육 등 기타 인사 자료로도 활용된다. 그러나 이러한 승진제도의 원칙에도 불구하고 지금까지는 근무 성적이나 자질에 따른 승진보다 근무 연한에 따른 승진제도가 보편화되어 있었다. 대과가 없을 경우 일정한 기간이 되면 직급군 내에서 자동적으로 승진되었던 것이다. 그러나 2005년 공무원 인사개혁에 따라 근무 성적과 자질에 따른 승진이 강조됨으로써 이후 평가 결과에 기초한 승진제도가 정착 · 시행되고 있다.

승진은 원칙적으로 동일 직급군 내 상위 직급으로의 승진만 가능하지만, 승진 대상자가 탁월한 근무 성적과 전문성 및 기타 자질을 보일 경우 상위 직급군으로의 승진도 불가능한 것은 아니다. 그러나 상위 직급군으로의 승진은 승진 대상자의 근무 성적과 자질에 대한 자세한 심사가 이루어진 후에 가능하다. 이 심사는 승진 대상자가 근무하는 행정기관이 아닌 독립적 기관(연방인사위원회 등)에서 담당한다. 따라서 상위 직급군으로의 승진은 매우 어렵다고 할 수 있으나, 앞으로 성과주의 승진제도가 더욱 강조되고 있기 때문에 상위 직급군으로의 승진도 점차 활성화되는 추세이다. 이 밖에 상위 직급으로 승진하는 소위 '직급승진'이 아닌 동일 직급에서 보수 호봉만 올라가는 '호봉승진' 제도도 있다.

5 징계

공직 임용권자[7]는 공무 수행 과정에서 의무 규정을 위반한 공무원에 대해 징계할 수 있다. 공무원 임용권자는 공무원의 의무 규정 이행 여부를 항시 파악하고 있어야 하며, 만약 공무원이 의무 규정을 위반했을 경우, 징계 절차를 밟아 해당 공무원에 대한 징계 여부 및 징계 수위를 결정한다.[8] 독일 공무원제도상 징계의 종류에는 견책, 벌금, 감봉, 강임(降任), 그리고 파면 등 다섯 가지 종류가 있다. 이 중에서 파면은 중징계로서, 징계 대상자가 심각한 규정 위반을 했을 경우에만 해당된다. 한편 이미 퇴직한 공무원에 대해서도 임기 중 행했던 중대한 의무 규정 위반 사실이 밝혀질 경우 징계할 수 있는데, 이 경우 징계의 종류에는 '연금 삭감'과 '연금 박탈'이 있다.

징계의 종류 중 견책, 벌금, 감봉 그리고 연금 삭감 등은 일종의 '행정행위'로서, 임용권자가 직접 징계처분을 할 수 있다. 징계 대상자가 만약 임용권자의 징계처분에 대해 불복할 경우 당사자는 법원(행정법원)에 항소할 수 있다. 그러나 강임, 파면, 연금 박탈 등에 대해서는 임용권자가 직접 징계처분을 할 수 없다. 이들 징계는 행정법원의 판결로써 결정된다. 따라서 만약 징계 대상자가 행정법원의 판결에 불복할 경우 상급 법원에 항소해야 한다. 한편 징계 대상자가 파면이 예상되는 심각한 규정 위반을 했을 경우 임용권자는 징계 대상자에 대해 징계 절차가 진행되는 동안이라도 담당 업무를 일시 중지시키는 것은 물론 공무원 신분도 일시적으로 박탈할 수 있다. 공무원 신분을 일시적으로 박탈당한 징계 대상자는 징계 절차가 끝날 때까지 보수를 최고 50%까지 삭감당할 수 있다.

7) 여기서 임용권자란 특정 자연인이 아닌 법인으로서 연방의 경우 통상 연방내무부 장관이며, 주의 경우 주 내무부 장관 또는 재정부 장관이다. 지방자치단체의 경우 보통 자치단체장을 의미한다.

8) 한국의 경우 임용권자가 징계를 요구할 경우 징계위원회가 구성되어, 이 징계위원회에서 징계 여부 및 징계 수위를 결정하는 반면 독일의 경우 공무원에 대해서는 징계위원회 구성 없이 임용권자가 직접 징계 여부 및 징계 수위를 결정한다. 물론 이 경우에도 징계에 관한 조사 및 심의가 이루어진다.

 교육훈련

공무원 훈련에는 '채용 후 교육'과 '재교육'이 있다. 채용 후 교육이란 일정한 직급에 채용된 공무원, 즉 교육생 공무원을 대상으로 실시하는 교육을 의미하는데, 직급군에 따라 6개월부터 3년까지 교육 기간이 다르다. 연방과 주에서는 교육생 공무원을 대상으로 하는 교육을 위해 여러 교육기관을 설립·운영하고 있는데, 연방은 연방의 주요 사무인 일반행정, 외무행정, 병무행정, 재무행정, 안보행정, 복지행정 등을 교육시키는 전문 교육기관을 운영하고 있다. 반면 주에는 주의 주요 사무인 경찰행정, 조세행정, 교육행정 등을 전문적으로 담당하는 교육기관이 있다. 교육기관 역시 각 직급군에 따라 고급직 공무원에 대해서는 '독일국립슈파이어행정대학원(Deutsche Universität für Verwaltungswissenschaften Speyer)'에서 교육을 실시하며, 상급직 공무원은 주별로 설치된 행정전문대학(Verwaltungsfachhochshule), 그리고 중·하급직 공무원에 대해서는 각 주의 행정학교(Verwaltungsschule)에서 교육시키고 있다.

재교육은 종신직 공무원으로 임용되어 근무하고 있는 자들을 대상으로 실시하는 교육으로, 공무 수행에 필요한 지식, 기술 및 기타 능력을 향상시키기 위한 교육이다. 특히 공무원에게는 환경 변화에 따라 새로운 업무 기법 및 지식이 요구되는데, 이에 대한 기법과 지식은 재교육을 통해 습득하게 된다. 공무원 재교육은 여러 재교육 기관에서 실시되는데, 대표적인 재교육 기관은 연방내무부 소속 '연방행정아카데미(Bundesakademie für öffentliche Verwaltung)'이다. 한국의 '중앙공무원교육원'과 거의 유사한 성격을 가진 이 기관은 주로 연방 소속 공무원(특히 고급직 공무원)을 대상으로 재교육을 담당하는데, 교육생들에게 공무에 필요한 각종 법률, 규정은 물론 IT 기술, 외국어 등을 교육시키고 있다. 이 밖에 재교육을 담당하는 연방교육기관으로는 연방재정아카데미, 연방국방·방위기술아카데미 등이 있다. 각 주에서도 주 소속 공무원의 재교육을 위해 여러 교육기관을 설치하여 운영하고 있다. 종합하면 독일의 공직자 교육은 임용교육과 임용 후 실시되는 재교육으로 구분되며, 교육자의 직급이나 교육 내용 등도 상당히 세분화되어 있다.

7 파견 및 전보

임용권자(정부)는 공무상 필요에 따라 또는 당사자가 원할 경우 공무원을 자신이 근무하고 있는 행정기관 내의 다른 근무처는 물론 다른 행정기관, 나아가 다른 행정 주체의 행정기관으로도 파견 또는 전보 조치할 수 있다. 예를 들어 연방 소속 공무원을 주 소속 행정기관에 파견 또는 전보 조치할 수 있다는 것이다. 공무상 필요에 따라 공무원을 파견 또는 전보 명령을 발령할 경우 임용권자가 당사자의 동의를 구할 필요는 없으나, 3개월 이상 파견할 경우 기관에 설치되어 있는 '인사문제대표자회의(Personalrat)'의 동의를 얻어야 한다(3개월 미만은 동의 없이 가능). 인사문제대표자회의는 각 행정기관에 설치되어 있는 공직자들의 이익 대표기관이다.

그러나 현재 수행하고 있는 업무와 전혀 다른 업무를 수행하게 되는 직위로의 파견, 기존 직위보다 낮은 직위로의 파견, 장기간(5년 이상) 동안 다른 행정 주체로의 파견 등의 경우 당사자의 동의가 있어야 하며, 현재 근무하고 있는 기관의 하급기관으로 전보할 경우 또한 당사자의 동의가 있어야 한다. 이 밖에 임용권자는 필요에 따라 공무원을 독일 내의 다른 행정기관뿐만 아니라 국제기구, 나아가 사회단체 등으로 파견시킬 수 있는데, 이 경우에도 당사자의 동의가 있어야만 가능하다. 한편 공무원은 자신이 원할 경우 일시적으로 국제기구(UN 등), 국제 NGO, 나아가 민간 회사 등에서도 근무할 수 있는데, 이 경우 '무보수 특별 휴직'을 신청해야 한다. 이 특별 휴직 기간 동안 공무원으로서의 법적 신분은 유지되지만, 공무원으로서의 의무와 권리는 주어지지 않는다.

8 후생복지

독일 공무원들의 보수 수준은 일반직(A)의 경우 <표 4-4>와 같다. 한편 정치공무원에 해당하는 B(별정직)의 경우 <표 4-5>와 같다. A 그룹은 전형적인 직업공무원제도로서 호봉제가 적용되는데, 같은 방식으로 C 그룹(교수 등 교육직)과 판·검사직(R)에도 2년마다 승급되는 호봉제도가 존재한다(<표 4-6> 참조).

독일의 모든 직장인은 고용보험, 연금보험, 건강보험, 상해보험 등 4대 보험에 의무적으로 가입해야 하나 공무원은 예외적으로 이들 보험에 가입할 필요가 없다. 그 이유는 국가가 이 모든 사항에 대해 담보해 주기 때문이다. 우선 공무원은 정년이 보장되는 신분이기 때문에 실업의 위험이 없다. 따라서 고용보험에 가입할 필요가 없다. 또한 공무원은 정년퇴직 후 정부로부터 법률에서 정한 연금을 받게 되기 때문에 별도로 연금보험에 가입할 필요가 없다. 연금보험에 가입했더라도 정년퇴직 후 정부의 연금과 보험회사의 연금을 동시에 수

표 4-4 독일 일반직 공무원(A) 보수규정(2011. 8.1 기준)

보수 그룹	기본 급료(월, 유로 EURO)							
	1호봉	2호봉	3호봉	4호봉	5호봉	6호봉	7호봉	8호봉
A2	1.703,24	1.743,05	1.783,91	1.814,54	1.846,20	1.877,86	1.909,50	1.941,16
A3	1.771,65	1.813,51	1.855,38	1.889,08	1.922,78	1.956,47	1.990,17	2.023,86
A4	1.810,47	1.860,48	1.910,52	1.950,35	1.990,17	2.030,00	2.069,82	2.106,59
A5	1.824,75	1.887,04	1.937,07	1.986,09	2.035,11	2.085,14	2.134,15	2.182,15
A6	1.865,59	1.938,10	2.011,62	2.067,78	2.125,98	2.182,15	2.244,44	2.298,56
A7	1.962,60	2.026,93	2.111,70	2.198,49	2.283,24	2.369,02	2.433,35	2.499,67
A8	2.081,05	2.158,67	2.267,92	2.378,20	2.488,48	2.565,06	2.642,67	2.719,26
A9	2.252,60	2.329,19	2.449,69	2.572,22	2.692,70	2.774,40	2.857,12	2.937,78
A10	2.417,00	2.522,18	2.674,33	2.825,45	2.976,58	3.081,77	3.186,93	3.292,12
A11	2.774,40	2.930,64	3.085,84	3.242,08	3.349,30	3.456,51	3.563,73	3.670,95
A12	2.974,55	3.159,37	3.345,21	3.530,03	3.658,70	3.785,31	3.912,95	4.042,64
A13	3.488,16	3.661,75	3.834,33	4.007,92	4.127,39	4.247,89	4.367,35	4.484,78
A14	3.587,22	3.810,84	4.035,49	4.259,12	4.413,30	4.568,52	4.722,71	4.877,92
A15	4.384,71	4.586,90	4.741,09	4.895,28	5.049,47	5.202,64	5.355,81	5.507,95
A16	4.837,07	5.071,93	5.249,61	5.427,28	5.603,94	5.782,65	5.960,31	6.135,95

표 4-5 공무원(B) 보수표(월, EURO)

보수 그룹	기본급군
B1	5.507,95
B2	6.398,38
B3	6.775,17
B4	7.169,32
B5	7.621,69
B6	8.051,58
B7	8.466,15
B8	8.900,13
B9	9.438,27
B10	11.109,85
B11	11.541,79

표 4-6 공무원(R) 보수표(월, EURO)

보수 그룹	기본급군							
	1호봉	2호봉	3호봉	4호봉	5호봉	6호봉	7호봉	8호봉
R1	3.488,16	3.824,12	4.161,09	4.459,26	4.756,41	5.054,58	5.350,70	5.650,91
R2	4.238,69	4.456,20	4.672,68	4.968,80	5.266,97	5.564,12	5.862,28	6.160,46
R3	6.775,17							
R4	7.169,32							
R5	7.621,69							
R6	8.051,58							
R7	8.466,15							
R8	8.900,13							
R9	9.438,27							
R10	11.587,75							

령할 수 없다. 그러나 문제는 건강보험이다. 독일에는 법률에서 규정하고 있는 의료 서비스만을 담보하는 '법정 건강보험(GKV)' 제도만 존재하는 것이 아니라, 이보다 질 좋은 의료 서비스를 담보하는 많은 '민간건강보험(PKV)' 제도도 있는데, 공무원들도 이 민간건강보험에 가입할 수 있기 때문이다. 만약 공무원이 민간건강보험에 가입하기 원할 경우 국가는 보험료 일체가 아니라 일부만을 지원하고 있는데, 공무원 개인의 보험료 50%, 배우자의 경우 70%, 자녀의 보험료 80%를 지원하고 있다. 만약 정년 퇴직자가 민간건강보험에 가입했을 경우에는 보험료의 70%를 지원한다.

9 정년

독일 공무원의 정년은 원칙적으로 직급에 관계 없이 만 65세이다. 그러나 경찰직, 소방직, 교정직에서 근무하는 공무원의 경우 높은 노동의 강도 및 위험성 때문에 정년은 만 60세이다. 한편 공무원법은 조기 퇴직을 허용하고 있는데, 만 63세 이후 공무원은 누구나 조기 퇴직을 신청할 수 있다.[9] 특히 장애인과 건강상의 이유로 인해 정상적인 근무를 수행하

9) 조기 퇴직할 경우 매년 자신의 연금에서 3.6%를 삭감당한다. 그러나 그 삭감액이 원래 자신의 연

지 못하는 공무원의 경우 60세에 퇴직을 신청할 수 있다.[10] 조기 퇴직자는 정년 퇴직자들보다 연금에서 차별받지 않는다. 이 밖에 독일 공무원은 '노년 단축근무제'를 이용할 경우 건강한 사람도 실질적으로 60세에 퇴직할 수 있다.

10 공공 부문 근로자제도: 계약공무원과 노무원

1) 노동계약 방법

공무원이 국가 법률에 의해 임용되는데 반해, 공공 부문 근로자는 국가와의 노동계약을 통해 임용된다. 국가와 공공 부문 근로자 사이에 체결된 노동계약의 형식과 내용은 민간 부문에서 사용자와 근로자 사이에 체결된 노동계약의 형식 및 내용과 동일하다. 국가와 공공 부문 근로자와의 노동계약은 국가와 근로자 개개인 간에 직접 이루어지는 것이 아니라 그 대리인을 통해 이루어지는데, 보통 연방의 경우 연방정부를 대표하는 연방내무부 장관과 공공 부문 근로자를 대표하는 노동조합 사이에 이루어진다. 공공 부문 근로자의 이익을 대변하는 독일의 대표적인 노동조합은 '독일서비스업종사자노동조합연합회(Ver.Di)'이다. 주의 경우도 연방과 마찬가지로 주정부와 노동조합 사이에 노동계약이 이루어진다. 지방자치단체 노동계약 체결 과정도 주의 경우와 동일하다. 모든 지방자치단체가 개별적으로 고용계약을 체결하지 않고 대신 독일 전체 지방자치단체를 대표하는 단체인 '지방자치단체사용자연합회(VKA)'를 통해, 근로자 측(노동조합)과 노동계약을 체결한다.

2) 후생복지제도

독일의 공공 부문 근로자는 다른 민간 부문 근로자와 마찬가지로 고용보험, 연금보험, 건강보험, 상해보험에 의무적으로 가입해야 한다. 그러나 보험료를 지급할 때 공공 부문 근로자가 자신과 가족의 보험료를 전액 부담하는 것이 아니라, 임용권자가 일부 부담한다. 그 액수는 공공 부문 근로자의 소득에 따라 차이가 있으나, 기본적으로 보험료의 50% 정도이

금액의 10.8%를 초과하지는 않는다.

10) 1999년을 기준으로 해서 독일 공무원 중에서 65세 정년 퇴직한 사람은 9%(일반행정직 공무원)와 16%(소방관, 경찰직, 교정직 공무원)에 불과하다. 63세에 조기 퇴직한 공무원은 약 25% 정도이다. 반면 공무원의 약 50%가 건강상의 이유로 조기 퇴직했다(Bundesministerium des Innern, 2003: 84).

다. 단, 상해보험의 경우 예외적으로 근로자가 보험료 전액을 부담해야 한다.

3) 고용계약의 종료

임용권자와 공공 부문 근로자의 고용계약은 다음과 같은 경우 종료된다.

(1) 임용권자와 공공 부문 근로자 쌍방의 합의에 의한 계약 해지

임용권자와 공공 부문 근로자 사이의 고용계약은 임용권자와 공공 부문 근로자 쌍방의 의사가 있을 경우 해지될 수 있다. 보통 공공 부문 근로자가 퇴직 의사를 밝히고, 임용권자가 이에 동의했을 경우 고용계약은 해지된다.

(2) 정년

공공 부문 근로자가 만 65세가 되었을 경우 고용계약이 종료된다. 공공 부문 근로자도 공무원같이 65세 이전의 조기정년이 가능한데, 조기정년의 조건은 공무원의 경우와 동일하다.

(3) 계약 만료

공공 부문 근로자에 대한 고용계약 기간이 정해져 있을 경우, 이 계약 기간이 만료되면 고용계약은 종료된다.

(4) 교육 기간 및 시보 기간 중 해고

공공 부문 근로자의 경우 일정 기간의 교육 기간과 보통 3~6개월(공공 부문 사무원 6개월, 공공 부문 노무자 3개월)의 시보 기간이 있는데, 이 기간 동안 근로자의 교육 성적 또는 근무 성적이 극히 나쁠 경우 해고될 수 있다.

(5) 해고

임용권자는 교육 기간 및 시보 기간이 경과했다 하더라도 공공 부문 근로자를 해고할 수 있다. 물론 이 경우 해고에 대한 정당한 사유가 제시되어야 하며, 인사문제대표자회의의 참여와 동의가 있어야 한다. 해고에는 크게 정상적 해고(Ordentliche Kündigung)와 비정상적 해고(Ausserordentliche Kündigung)가 있다. 정상적 해고와 비정상적 해고와의 주요 차이점은 유예 기간의 유무 및 해고의 사유에 있다.

제 5 절 독일 공무원의 노사관계

19세기 이래로 공법과 그에 기초한 관료제를 근간으로 국가 체제를 유지하고 있는 독일에서의 공무원 노사관계는 국가 업무가 지니는 공공성으로 인해 노사관계의 중요성이 지속적으로 강조되어 왔다. 예를 들어 일반적 노사관계와는 달리 공무원의 단체교섭권과 단체행동권을 금지하고 있는데, 이는 공무원의 사적 이해 관계에 대한 집단적 추구를 배제함으로써 국가 업무의 연속성과 안정성을 도모하려는 의도이다. 그러나 이러한 제도에 대한 반대급부로, 국가는 공무원의 지위와 노동 조건에 대한 결정에서 공무원이 집단적으로 자신들의 의사를 표현하고, 의사결정 과정에 참여할 수 있는 제도적인 장치를 마련하고 있다. 이를 위해 독일의 대표적인 일반노조인 독일노동조합총연맹(DGB) 산하의 공무원노조(Gewerkschaft für Öffentliche Dienste, Transport und Verkehr: ÖTV), 독일사무원노조(DAG), 교사, 경찰, 우정 등의 공무원을 대변하는 다양한 노동조합이 있다.[11)]

독일의 공무원 노사관계는 이원적 구조의 독특한 성격을 지닌다. 즉, 독일 공무원노조가 민간의 DGB와 밀접한 관련을 유지시키면서 발전해 왔으며, 여기에 정부가 중요한 역할을 수행하고 있다는 것이다. 이러한 전통은 이미 1950년대부터 기민당(CDU)의 아데나워 정권 때부터 형성되었다. 즉, 공무원과 관련된 정책결정에 대표성이 있는 공무원 노조 및 상급단체가 공식적으로 정책 결정에 참여할 수 있는 통로를 보장해 준 것이다(Stevens & Stevens, 2001: 38).[12)] 따라서 독일 공무원 노사관계는 제도적으로 보장이 되어 있지 않더라도 공무원의 지위와 근로 조건에 영향을 미칠 만한 사안에 대해서는 노동조합 상급단체를 적극적으로 활용할 수 있는 메커니즘이 구축되어 있는 것이다.

1 공무원 노사관계 제도 형성 과정

'독일공무원연맹(DBB)'이 조직된 것은 러시아의 볼셰비키혁명이 성공한 1918년이었다.

11) 공공 부문의 노조 가입률은 민간 부문보다 상당히 높은 것으로 나타나고 있다.
12) Stevens & Stevens(2001)는 노조의 대표부가 중요한 의사결정에 참여하는 모델을 고유한 독일모델(Germanic Model)로 파악했다.

이는 각 사업장마다 근로자의 사회적 · 경제적 이익을 실현하기 위한 근로자평의회(Betriebsrat)를 설치하는 데 합의한 당시 사회적 분위기를 반영한 것이다. 이 연맹은 1933년~1945년 나치정권 하에서 사회단체 활동이 금지된 시기를 제외하고는 활동을 계속해 오고 있다(정창화, 2010: 185). 제2차 세계대전 이후 독일의 노동자들은 노선별 노조, 직능별 노조, 소업종별 노조, 신분별 노조의 약점을 극복하기 위해 "산별 단일노조 원칙"에 합의하고 16개의 산별 노조를 설립했다. 그리고 이들 산별 노조들이 모여서 1949년 상급단체인 DGB를 설립했다(박장현, 2003: 68). 2000년대 이후 독일 노총은 5개 산별노조를 공공서비스노조로 통합시켜 8개 산별 노조와 총 900만 명의 조합원을 확보한 거대 노조로 재편했다. 그러나 1949년 당시 공무원들에게는 산별 노조 원칙이 관철되지 못했으며, 당시 절반 정도의 공무원들은 별도로 직능별 또는 소업종별 노동조합을 설립한 후 DBB라는 상급단체를 구성했다(박장현, 2003: 68).

특히 중요한 것은 이러한 이원화된 공직구조의 근거하에 독일의 공직근무자(Angehörigen des Öffentlichen Dienstes)는 공무원(Beamte)과 비공무원인 사무원(Angestellte) 등 이원적으로 구성되어 있다는 것이다. 즉, 사무원(노무원 포함)은 근무계약(Dienstvertrag)에 의해 그 관계가 성립하고, 이들의 보수는 임금협약(Tarifvertrag)에 의해 정해지며, 공무원과 달리 연금에 대한 국가의 보장 의무가 없다(김선욱, 2002: 7; 정창화, 2010: 188). 또한 공무원의 경우 법적인 신분 보장(종신제)과 생활보장(봉급 및 연금)이 주어지는 동시에 엄격한 정치적 중립성과 공정성이 요구되며 파업 금지 등 기본권에 제한이 가해지는 반면에, 비공무원인 사무원은 단결권 · 단체교섭권 · 단체행동권을 모두 가진다. 다만 이들 사무원이 노동쟁의에 참가함으로써 공공 질서의 구체적인 장애(특히 국민생활에 필수불가결한 생존 · 생활 분야)를 일으키는 경우에는 노동쟁의법의 일반 원칙인 정당한 쟁의 행사 및 비례 원칙에 의해 쟁의의 참가는 허가되지 아니한다(김선욱, 2002: 8; 정창화, 2010: 188). 이러한 공무원과 사무원의 차이는 독일 공무원성의 특수성에서 비롯되어, 공공 분야 노사관계에 중대한 영향을 미치고 있다.

2 공무원 노사관계제도 실태

독일 공무원의 노사관계는 법 · 제도적인 측면에서의 엄격한 제한과 비제도적이고 비공식적인 측면에서의 다양한 협의 및 합의를 특징으로 하는 이중성을 갖고 있다. 즉, 제도적 규제가 갖는 노동3권의 제한을 비제도적인 협의 및 합의로 보완해 주고 있는 것이다. 제도적 영역과 비제도적 영역이 결합되어 있으며, 각 영역의 주체가 국가와 노동조합으로 분리되어 있는 것이다. 그 결과 공무원 노동조합의 전략적 선택은 비제도적(비공식적) 영역에서는 대립적인 형태로 나타나지만, 제도적(공식적) 영역에서는 제도화로 수렴되고 내부화되는 안정적인 모습을 보인다(이승협, 2006: 338). 또한 독일 공무원의 노사관계는 영역과 주체라는 두 차원을 교차시켜서 접근할 필요성이 있다. 이는 공무원노조와 국가 사이에 이루어지는 현실적인 관계의 형성, 유지, 변화의 과정을 제대로 반영할 수 있는 장점이 있다. 결국 독일의 공무원 노사관계는 국가(정부 주도)와 민간(노동조합 주도), 그리고 제도와 비제도 간의 정치적 교환을 통해 그 관계의 이중성을 표출하고 있다.

1) 이원적 공무원 노사관계제도

독일에서는 공무원성(公務員性, Beamtentum)에 근거하여 공무원 노사관계가 이원적인 구조로 되어 있다. 즉, 제도화된 공식적 영역뿐만 아니라, 비제도화된 비공식적인 영역에서도 노사관계가 활발하게 이루어지고 있다. 제도화된 공식적 영역에서 이루어지는 공무원 노사관계는 단체교섭권과 단체행동권이 금지되어 있기 때문에, 비제도적이고 비공식적인 차원에서의 로비, 정보 교환, 협의, 합의 및 협정의 과정이 중요한 역할을 하고 있다(이승협, 2006: 343). 이러한 이원적 노사관계 구조 속에서 독일 공무원들은 자신들의 이해를 대변하기 위해 직종별 조합 또는 산별 노조에 가입하고 있는데, 이는 노선을 달리하는 2개의 상급단체에 속해 있다. 여기서 공무원노조의 상급단체[13]란 독일노동조합총연맹(DGB)과 독일공무원연맹(DBB)이며, 민간의 공동결정제도를 공공 분야에서 제도화한 직장평의회(Personalrat)도 중요한 역할을 담당하고 있다([그림 4－1] 참조).

[그림 4－1]에서 보듯이 거시적·산별 노사관계를 규율하는 단체협상과 미시적·사업장별 노사관계를 규율하는 공동 결정을 복합시켜 이원적 구조가 독일 공무원 노사관계의 특수성이라고 할 수 있다. 이때 단체협상은 산별 노조와 사용자단체 사이에서 이루어지는 반면에 공동 결정은 사업장(기관)별로 사용자(기관장)와 직원평의회 사이에 이루어진다. 그러나 직원평의회는 단체협약을 체결할 수 있는 권한을 가지고 있지 않다. 단체협약을 체결하는 권한은 산별 노조에만 부여되어 있다. 그 대신에 직장평의회는 법률과 단체협약을 벗

13) 공무원 노조의 상급단체에 대한 법적 근거는 독일연방공무원법(Bundebeamtengesetz)에서 찾을 수 있는데, 동법 제94조는 "공무원노조의 상급단체는 공무원의 권리와 관련된 일반적 규정을 입법하는 과정에 참여할 수 있다"라고 명시하고 있다.

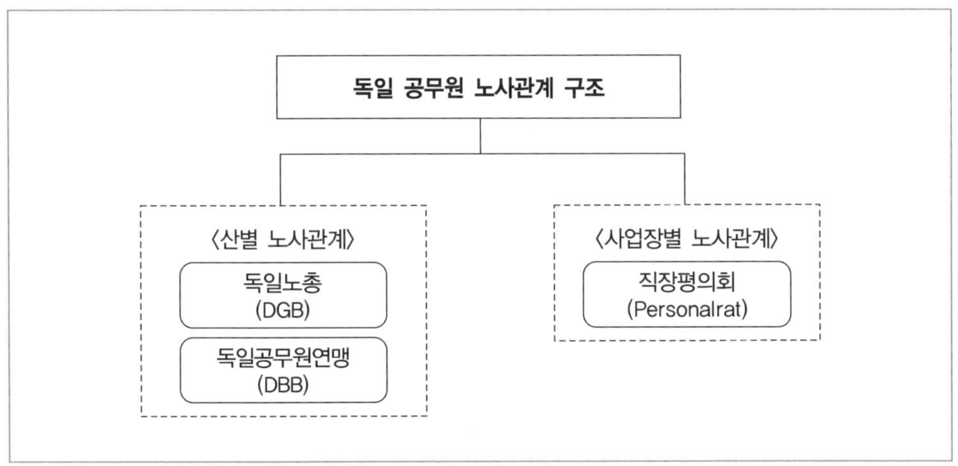

그림 4-1 독일 공무원 이원적 노사관계 구조

어나지 않는 범위 내에서 사용자와 사업장 간 협정을 체결할 수 있다(박장현, 2003: 78).

2) 독일노동조합총연맹(DGB)과 독일공무원연맹(DBB)

독일노총(DGB)은 현재 8개의 산별 노조가 가입되어 있는 독일의 최대 총연맹이며, 국가의 사회경제정책에 대해 근로자 전체의 이해를 대변하고 있다. 독일노총 소속 8개 산별 노조 중에서 공무원은 직종에 따라 6개 산별 노조에 가입하고 있다. 독일 공무원은 6개 DGB 산하 산별 노조에 약 46만 여명이 가입하여 활동하고 있다(<표 4-7> 참조). 단일 직종인 경찰노조(14만 여명)와 교육·연구노조(12만 여명)를 제외하면, 대부분의 공무원은 서비스노조(Ver.di)에 가입되어 있다. 따라서 실질적으로 서비스노조가 독일노총의 공무원 노사정책을 주도하고 있다.

독일노총은 공무원정책을 담당하는 별도의 기구를 구성하여 운영하고 있다. 독일노총의 연방상임집행위원회의 의결을 거쳐 구성된 연방공무원위원회(Bundeskommission für Beamtinen und Beamte)가 독일노총의 공무원 관련 문제를 중점적으로 다루고 있다. 독일노총의 각 지역지부도 동일한 종류의 위원회를 독일노총의 지역지부 아래 설치하여 해당 지역의 공무원 정책을 다루고 있다(이승협, 2006). 이때 독일노총은 공무원이 가입된 산하 산별 노조 및 직업조합 사이에서 발생하는 조직간 이해 관계의 충돌을 조정하고 중재하는 역할을 수행한다. 특히, 독일공무원연맹(DBB)과 마찬가지로 DGB도 공무원의 지위 및 노동 조

표 4-7 독일노총(DGB)의 공무원 조직 현황

(단위: 명)

산하 노조	생산직/사무직	공무원	청소년/기타
농업환경 산별 노조 (IG BAU)	215,968	1,080	119,247
광산화학 에너지노조 (IG BCE)	700,746	307	–
교육 및 연구노조 (GEW)	79,789	121,173	50,938
금속노조 (IG Metall)	2,300,563	–	–
음식숙박노조 (NGG)	205,795	–	–
경찰노조 (Gew. der Polizei)	25,847	142,076	–
철도노조 (TRANSNET)	82,727	27,019	117,944
서비스노조 (Ver. di)	1,936,618	173,328	70,283
DGB 전체	5,548,053	464,983	358,439

* 2007년부터 생산직 사무직은 분화하지 않고 통계 작성함.

자료: 독일노총(DGB) 자료실(2008년 12월 31일 현재)
(http://www.dgb.de/dgb/mitgliederazahlen/mitglieder.htm)

건에 영향을 미치는 공무원 관련 법안의 제정 및 개정과 공무원급여정책(Besoldungspolitik)에 적극적으로 관할권을 행사하고 있다. 또한 총연맹으로서 사용자인 정부의 정책에 대해 공무원의 이해 관계를 대변하고 있다. 이러한 DGB의 개입은 공무원의 집단적 노사관계와 관련된 모든 권리를 제한하는 대가로 부여받은 총연맹의 공무원법 관련 참여권(Beteiligung-srecht)의 적극적 행사를 통해 이루어진다.

독일공무원연맹(DBB)에는 42개 공무원노조 및 공무원직업조합에 가입한 약 127만 여명이 활동하고 있다. 이 중에서 공무원성에 근거한 공무원은 약 92만 명에 달하며, 나머지 36만 명은 노동법에 규율을 받고 있는 현업직 종사자(사무직/생산직)가 가입하고 있다(<표 4-8> 참조). 독일노총과 비교해 보면, 상대적으로 공무원 조직률이 높으며 사무직과 생산직의 조직률은 낮게 나타나고 있다. 독일노총의 49만 여명과 독일공무원연맹의 92만 여명을 합하면 약 141만 여명이 노동조합에 가입하고 있다.

표 4-8 독일공무원연맹(DBB)의 공무원 조합원 현황

(단위: 천 명)

국가기관 종사자	1998	2000	2002	2004	2005
공무원	851	870	880	920	919
사무직	309	303	300	308	315
생산직	24	32	44	42	42
합계	1,184	1,205	1,224	1,270	1,276

자료: Deutsches Beamtenbund(2006).

[그림 4-2]처럼 DBB의 조직 체계는 국가행정 체계에 부응하여 동일하게 연방-주-자치단체(게마인데)의 조직 체계로 구성되어 있다. 노동조합총회(Gewerkschaftstag)는 매 5년마다 개회되며, 총회에서 연맹규약 개정 및 연방집행위원회 구성을 위한 위원 선출 등을 실시한다. DBB는 연방공무원법 제94조에 근거하여 공무원의 지위 및 근로 조건에 영향을 미치는 공무원 관련 법안의 제정 및 개정과 공무원 급여 문제에 적극적으로 개입한다. 이러한 개입은 단체교섭권과 단체행동권을 제한하는 대가로 부여받은 공무원 관련 법안 입법 과정에의 참여권을 적극적으로 행사하는 것이다. 또한 DBB는 참여권 행사를 통한 공무원 관련 법안 작성 이전에 연방내무부와 비공식적인 토론을 함으로써, 사전에 연방내무부와 연방

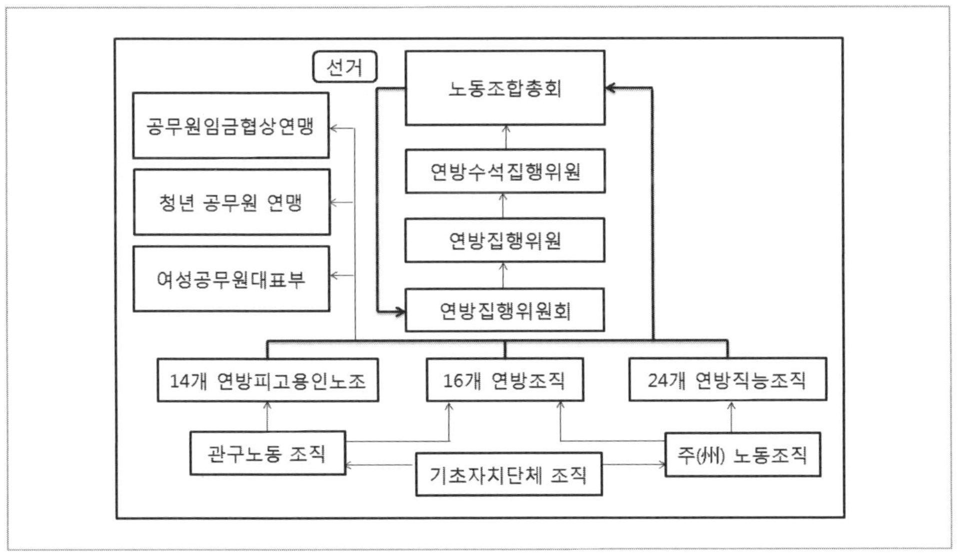

그림 4-2 독일공무원연맹(DBB) 조직도

* 자료: 독일공무원연맹(DBB): http://www.dbb.de/dbb-beamtenbund-2006/3145.php.

재무부가 협의하여 법안을 작성하도록 하고 공무원노조 상급단체의 대표에게 제시하여 협의하여 어느 정도 단체교섭과 유사한 절차를 밟고 있기도 하다(김정한 · 오학수 · 이상민 · 채준호, 2007).

한편 독일 공무원은 연방직장평의회법(BPersVG)과 주정부직장평의회법(Personalvertre-tungsgesetz der Länder)에 근거하여 구성된 직장평의회(Personalrat)를 통해 공무원과 관련된 정책결정 과정에 참여할 수 있는 권리가 부여되어 있다. 직정평의회법은 1955년에 제정되었으며, 1974년 연방직장평의회법 및 주정부직장평의회법으로 개정되어 현재에 이른다. 직장평의회법에는 동일한 국가기관에 종사하는 공무원과 현업직 종사자 누구나 평의회에 출마할 수 있으며, 비밀 · 보통선거에 기초해 직장평의원을 선출한다. [그림 4-3]처럼 직장평의회는 민간 부문의 종업원평의회와 마찬가지로 행정 영역에서 공무원과 관련된 사항에 대한 의사결정 과정에 참여하여 공무원의 이해 관계를 대변한다(이승협, 2006).

이러한 직장평의회는 기초자치단체 수준의 하급기관, 자치주 수준의 중급기관, 그리고 연방 수준의 상급기관으로 구성된다. 이러한 단계별 평의회는 권한 분장이 분명하고 업무상 긴밀한 연계가 되어 있다. 직장평의회 선거는 4년마다 전국적으로 동시에 실시된다. 특히 독일 공직구조의 특수성 때문에 선거도 공무원, 사무직원 그리고 생산직원 등 세 부분으로 실시된다. 이것은 특정 신분집단의 독점을 방지하고 민주적 대표성을 보장하기 위한 것이다. 신분별 평의원 수의 할당은 신분별 직원 수에 비례하여 결정되며, 평의원의 남녀 비는 남녀 직원 수에 비례하여 실시하고 있다. 또한 평의원 및 평의회의 임기는 4년이지만, 평의원 및 평의회가 자신의 권한과 의무를 심각하게 위반했다고 판단되면, 직원은 1/4 동의 또는 해당 기관을 관할하는 노동조합의 요청이 있을 경우 행정법원이 평의원을 평의회로부터 제명하거나 평의회를 해산할 수 있다(박장현, 2003: 81-82).

직장평의회의 권한은 사안에 따라 정보요청권, 공동영향권, 공동결정권을 행사할 수 있다. 참여의 정도는 복지 등 일반적인 노동 조건의 경우에는 공동결정권(Mitbestimmungsrecht)에 해당하는 높은 수준의 참여가 가능하다.[14] 그러나 직무 수행과 관련된 사항은 행정 감독자

14) 공동결정제도는 다음의 세 가지 유형으로 구분할 수 있다. 첫째, 노동자의 경영 참가 형태에 의한 유형이다. 이에는 1) 노사간 집단적 규칙 설정에 의해 이루어지는 단체협약과 2) 노동조합과는 다른 성격의 노동자대표, 즉 근로자협의회(Betriebsrat), 직장평의회(Personalrat) 등이 있으며, 3) 기업 내의 노동자 및 노동조합의 대표가 경영자와 함께 회사의 의결기관 및 집행기관에 참여하여 직접적으로 회사의 의사결정을 담당하는 공동결정법과 경영조직법이 있다. 둘째, 노동자의 경영기관 참가 비율에 의한 유형이다. 경영기관 참가는 경영기관에의 구성 비율을 기준으로 한다. 이에는 1) 자본가 측과 노동자 측의 2 대 1의 경영기관 참가 유형으로 경영조직법이 적용되는 기업의 감사회는 감사 중에서 1/3은 노동자 대표로 구성되고 2/3는 출자자 대표로 구성된다. 2) 노사대등의 경영기관 참가 유형으로 몬탄(Montan)공동결정법의 적용을 받는 기업의 감사회는 노사

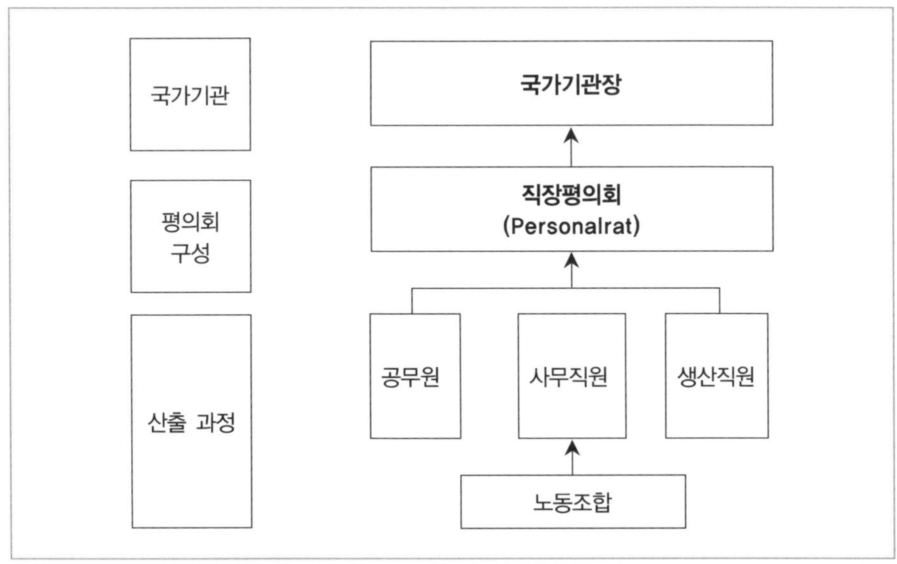

그림 4-3 독일 공무원노조 직장평의회 구성

자료: 이승협(2006: 349).

의 지시권이 인정되어 정부 및 청문권과 같은 낮은 수준의 권한만이 주어지고 있다(이승협, 2006: 349). 공동결정제도가 적용되는 직장평의회는 민간의 공동결정제도와는 차이가 있다. 즉, 민간 부문의 종업원평의회와 회사 측 사이에서 분쟁이 발생할 경우에는 중재위원회에 회부되며 결정이 날 경우 그 결정에 따라야 한다. 그러나 공무원 직장평의회와 해당 기관 사이에서 분쟁이 발생한 경우, 중재위원회에 회부하여 내려진 결정은 그 주체가 누구냐에 따라 상이한 효력이 발생한다. 즉, 분쟁의 주체가 현업직 국가기관 종사자일 경우에는 해당 기관은 중재위원회의 중재안을 반드시 이행해야 한다. 그러나 분쟁의 주체가 공무원일 경우 해당 기관은 중재위원회에 중재안에 반드시 따라야 할 의무가 없다. 즉, 이 경우 중재안

동등의 대표, 1명의 중립감사로 구성된다. 3) 자본가 측이 우위를 차지하는 1대 1의 경영기관 참가 유형으로 공동결정법의 적용을 받아 기업의 감사회는 출자 대표자와 노동자 대표가 1대1의 비율의 동수로 구성된다. 그러나 감사회의 의장은 출자자 대표 중에서, 감사회의 의장대리는 노동자대표 중에서 선출되며, 감사회의 의장은 결의 시에 2표를 가질 수 있어 실질적으로는 자본가 측에서 우위를 차지한다. 셋째, 공공결정의 방식에 의한 유형이다. 이에는 두 가지 세부 유형이 있다. 1) 1972년 경영조직법상의 공동결정: 대표자들이 자체적으로 법적 기구를 구성하여 특정한 결정을 위해 사용자와 공동 결정하는 경영상의 공동결정(Betriebliche Mitbestimmung) 방식, 2) 기업적 공동결정(Unternehmensmitbestimmung) 방식인데, 이는 1952년 경영조직법상의 공동결정으로 기업가적 결정 과정에서 감사회에 노동자 대표를 참가시킴으로써 경영 의사결정에서 내부 견제 기능을 행할 수 있고, 기업 목적의 실현에 자본과 노동의 협조를 유도하기 위한 것이다.

은 해당 기관에 대한 권고적 성격만을 지니게 된다.

제 6 절 인사행정 개혁과 시사점

독일의 행정개혁은 전후 지속적으로 이루어져 왔으나, 특히 지난 1990년 재통일 이후에는 전 세계적인 개혁 경쟁과 맞물리면서 지금까지 경험하지 못했던 과감한 개혁 조치가 단행되기도 했다. 독일에서 전통적인 행정개혁운동의 근간은 한마디로 '행정의 현대화(Modernisierung des öffentlichen Verwaltung)'로 요약된다. 파격적이되 독일의 관료제적 전통대로 점진적인 개혁전략을 선호한다는 것이다. 그러나 재통일에 따른 인사개혁은 누구도 경험하지 못한 사실로서 큰 의미를 가진다.

한마디로 구동독의 노멘클라투라적 정부관료는 자본주의적 실적관료의 개념에 부합하지 않는 '정치화된 무능한 공무원'으로 간주되었다고 할 수 있다. 따라서 이들을 어떻게 전문성과 부패하지 않은 도덕성을 갖추면서 동시에 연방헌법에 충실한 '독일 공무원'으로 전환시킬 것인지가 정치행정적으로 중요 문제가 되었던 것이다. 1990년 10월 독일연방정부는 210만 명에 달했던 동독 공무원 중 약 560,000명을 인수했다. 나머지 인력은 주정부나 지방정부에 이전되거나, 여러 이유로 공직을 떠나게 되었다. 그 이유로는 통일이라는 체제 전환에 따른 숙정을 중심으로 이전 기관 폐지, 인력 수요 부족, 불충분한 자격 등을 지적할 수 있으며, 또한 많은 경우 정치적인 이유로 공직 변동이 있었다.

1990년대 연방 차원에서 추진된 공직자 인사개혁의 초점은 승진・보수제도의 개혁과 인력 감축이었다. 이 중 공직자(공무원과 공공 부문 근로자) 보수제도의 개혁은 1980년대 이후 꾸준히 제기된 내용으로, 그 핵심 내용은 성과 중심의 보수 체계 구축이었다. 다시 말해서, 개인의 근무 성과에 관계없이 직급과 근무 기간에 따라 보수를 지급하는 기존의 제도를 대신해서 동일 직급이라 하더라도 근무 성과 및 자질에 따라 보수를 차등 지급하는 제도를 도입하는 것이었다. 또한 근무 기간에 따라 자동적으로 승진하는 제도를 폐지하고 근무 성과와 자질에 따라 차별적으로 승진하는 제도를 도입하는 것이었다. 공직 내부의 경쟁을 유도하여 결과적으로 행정의 효율성과 효과성을 높이자는 의도였던 것이다. 이를 위해서는 일차적으로 공무원법, 공무원보수법 등을 개정해야 했으며, 공무원이 아닌 공공 부문 근로자에 대해서는 성과보수의 내용이 포함되어 있는 새로운 노동계약을 체결해야 했다.

그러나 결과적으로 공직자 승진제도와 보수제도의 개혁은 공직자들의 반대 등으로 말미암아 커다란 성과를 보지 못했다. 단지 1997년 연방 및 주 공무원 복무규정의 개정을 통해 호봉 승진에 한해 일부 성과주의를 인정했으며, 직무와 관련해서 특출한 근무 성적을 낸 공무원에게 성과수당을 지급하는 정도였다. 직급과 연령을 골자로 하는 공직자 보수제도 그 자체에는 커다란 변화가 없었다. 이 밖에 근무 기간에 따라 자동적으로 승진하는 제도 또한 그대도 유지되었다.

연방 소속 행정 인력의 감축 노력 또한 큰 효과가 없었던 것으로 평가된다. 1992년 연방에는 약 38만 1천 명(연방군 제외)의 공직자가 근무했었는데, 1998년 약 31만 명으로 약 7만 명 정도가 감축되었다. 연방 인력의 수를 감안해 볼 때 얼핏 적지 않은 인력이 감축되었음을 알 수 있다. 그러나 감축 내용을 자세히 보면 실제 개혁의 효과는 그리 크지 않다는 점을 알 수 있다. 왜냐하면 감축된 인력 7만 명 중 약 85%인 6만 명 정도가 모두 연방국방부 소속 인력이었기 때문이다. 통일 이후 변화된 안보 상황에 따라 연방국방부는 과감한 인력 감축을 추진해야 했는데, 이 과정에서 비단 병력뿐만 아니라 일반 군속까지도 감축된 것은 당연했다. 결과적으로 연방국방부를 제외한 다른 연방부서 및 산하 행정기관의 인력 감축은 적극적으로 추진되지 못했음을 알 수 있다(Jann, 2004: 79).

이 밖에도 연방정부는 탄력적인 근무 체제를 구축하기 위해 공직자들의 재택근무 확대, 단축근무제 확대를 적극 추진하다는 계획을 세웠으나, 이들 제도 역시 크게 활성화되지는 못한 것으로 평가된다. 예를 들어 1994년 단축근무를 하는 연방공직자의 수는 전체 연방공직자의 약 4%에 불과해서 주(19.9%)와 지방자치단체(22%) 소속 단축근무자를 수보다 훨씬 적었다(Jann, 2004: 88).

한편 1990년대 주 차원에서 추진했던 인사개혁의 방향은 인력의 감축, 성과 중심의 승진 · 보수 체계 구축, 공직자의 업무 능력 향상, 주민에 대한 서비스 능력 향상 등 다양했는데, 이 중에서도 여러 주에서 관심을 가지고 적극적으로 추진했던 과제는 주 소속 인력의 감축이었다. 성과 중심의 승진 · 보수 체계 구축 또한 개혁의 주요 내용임에는 틀림이 없었으나, 주 단독으로 추진할 수 있는 사항은 아니었다. 공직자 승진과 보수제도는 독일 전역에서 동일하게 적용되어야 하기 때문에 개혁 또한 연방과 지방자치단체가 연계되어 추진되어야 했기 때문이다.

모든 주에서 인력 감축에 관심을 가진 주된 이유는 당시 주 소속 공직자가 독일 전체 공직자 수의 약 50% 이상을 차지하며, 주 총 예산의 약 37% 정도가 인건비로 지출되고 있기 때문이다. 심각해지고 있는 재정적자 문제를 해결하기 위해서는 인력 감축이 필수적인 과제였던 것이다(Jann, 2004: 93). 특히 과도한 인력으로 재정 문제가 심각한 구동독 신연방주의 경우 공직자의 인력 감축이 최대의 과제였다. 이들 신연방주의 경우 통일과 함께 구동독 공직자들이 다수 공직자로 재임용되어 공직자의 수가 구연방주보다 상대적으로 많았기 때문이다.

공직자 감축은 그 수에서는 어느 정도 성과가 있던 것으로 평가된다. 1991년에 주 소속 전체 공직자는 약 257만 명이었는데, 2001년 약 218만 명으로 약 39만 명이 감소되었기 때문이다. 그럼에도 불구하고 인건비 지출 규모는 같은 기간 오히려 약 37% 증가하여 개혁의 의미를 퇴색하게 했다(Jann, 2004: 94). 인력 감축에 관심을 집중한 나머지 인력과 예산의 연계를 소홀히 한 결과였다.

한편 지방행정 차원에서의 인사개혁의 추진 방향과 내용은 다음과 같은 특성으로 요약할 수 있다.

- 공직자 간 경쟁 유도
- 성과에 따른 보수의 차별 지급
- 탄력적인 인사관리(임용, 보직 등에서) 도입

특히 인력정책상의 문제점으로는 독일 공무원 사회의 고학력 추세 현상이다. 고위직 공무원이 갈수록 확대되고, 상대적으로 단순직 공무원은 큰 감소를 보인다는 것이다. 이는 물론 교육, 보건 의료 부문처럼 고학력 인력의 수요 증가라는 산업사회의 전문화 경향의 변화에서 비롯된 것이기는 하지만, 상대적으로 단순한 농업이나 공업 분야의 인력 수급과 관련해 독일 국가 차원에서 고민하고 있는 부분이기도 하다. 중장기적인 국가 차원의 인력정책을 중시하는 독일의 전통에서 볼 때 고위직이나 고학력으로의 치우침 현상은 전체 사회의 균형 발전과 사회공동체의 지속적인 유지 발전 차원에서 중요한 변수이기 때문이다. 결국 독일 인사행정 개혁의 핵심에는 이러한 배경이 깔려 있다고 할 수 있다.

무엇보다도 행정국가 시대에 공공행정의 정치적 책임성 확보와 관련하여 독일과 같은 '관료 지배(Beamtenherrschaft)'의 가능성은 중요한 문제라고 할 수 있다.

지금까지 살펴본 것처럼 독일은 관료제도의 모국이라고 알려져 있다. '군주는 국가의 제1 머슴'이라는 말로 독일 관료제를 정립시킨 2012년 탄생 300주년을 맞는 프로이센의 프리드리히 대왕(Friedrich II) 이래로 독일은 전통적인 관방학과 관료제도를 통해 빠르게 국가 발전을 이끌어 냈고, 그로부터 국민의 행복 증진을 견인해 내는 전통을 세움으로서 관료제의 견고한 자리매김이 가능했다고 할 수 있다. 이러한 관료제적 전통은 19세기 비스마르크에 의한 통일국가의 완성(1871)과 이어지는 국가 발전 과정에서의 독특한 독일식 '행정국가'를 만들어 낼 정도로 견고한 관료제 발전을 이루었다. 이때 관료제를 이론적으로 정립한 행정학의 대부인 베버(Max Weber)의 학문적 성과는 독일 관료제를 정상으로 자리매김하게 한 결정적 계기가 되기도 했다. 이러한 배경으로 20세기 제1차 세계대전으로 제국관료제의 파괴와 히틀러에 의한 바이마르공화국 관료제의 붕괴, 그리고 전후 동서독 분단과 재통일이라는 극단적인 국가적 혼돈의 와중에도 독일 관료제는 여전히 국민적 신뢰를 유지하고 국가 발전의 구심점 역할을 지속할 수 있었다.

국가행정, 그리고 그를 이끌어 가는 구심체로서의 관료제도가 총체적 혼란기에도 궁극적으로 전체 국가의 통일성을 유지시키고 국가사회 발전을 이끄는 주역이 될 수 있음을 독일 관료제를 통해 타산지석으로 삼을 필요가 있다.

제 5 장 독일의 재정과 예산*

제 1 절 재정과 예산

독일의 재정과 예산은 구조적으로는 오랜 역사와 함께 발전된 지방분권의 철학에 연계되어 있으면서, 기능적으로는 그때그때의 시대적 상황에 따른 변천을 보여주고 있는 가운데, 최근에는 1990년 통일 이후 구동독지역의 개발과 보전을 위한 재정 수요의 충당과 밀접한 관련이 있는 것으로 나타나고 있다.

독일의 재정과 예산은 지금도 지방분권의 기본 가치라 할 수 있는 지방재정 조정을 통해 구동독지역의 자유로운 시장경제의 확립, 사회간접자본의 개선과 확충, 환경 보호, 심지어는 공산 체제 아래 공정성과 창의력을 상실한 구태의연한 행정문화의 극복을 위한 재정의 수요까지 감당함으로써 양 지역 간의 형평 발전까지 의도하고 있다.

독일의 재정과 예산은 통일 이후 양 독일의 사회경제적 통합을 위한 재정의 확보계획과 함께 기존의 여러 세출 영역에서는 긴축을 의도하면서, 경제 절약적인 성과 위주의 예산계획을 유지 발전시켜 왔다. 그리고 이미 그동안의 재정 수요에 대응하여 포화 상태에 놓여 있던 채무관리에도 많은 노력을 기울이고 있는 실정이다.

---

* 이 장은 이승철 한남대 교수가 집필했다.

1 재정운용계획

통일과 더불어 최근 유럽의 경제위기는 독일 연방정부로 하여금 막대한 재정 수요에 대한 재정 확보 수단을 강구하도록 하면서, 좀 더 현실적인 재정운용계획을 갖추도록 요구하고 있다.

이러한 맥락에서 독일의 재정운용계획은 통일재원의 확보와 함께, 통일 이후에 새롭게 유발되고 있는, 예를 들어 원전 폐지에 대한 조건보조금, 국방 의무 폐지에 따른 방위산업의 쇠퇴로 인한 실업보조금, 교육보조금의 추가 확대 등의 재정 수요를 감당해야만 하는 과제를 안고 있다. 여기에 덧붙여 오늘날 유럽의 경제와 재정위기의 상황에서 유럽연합의 지위를 유지하기 위한 건전재정의 확보와 운용계획도 필연적이라 할 수 있다.

이러한 독일의 재정운용계획은 세출 규모와 이에 필요한 세입원과 규모를 시계열로 명확히 분석 파악하면서([그림 5-1] 참조), 특히 중장기적으로 재정의 건전 운용에 초점을 맞추고 있는 가운데, 무엇보다 채무관리에 관한 부분을 명시적으로 제시함으로써 주의를 환기시키고 있는 점이 특징이라 할 수 있다.

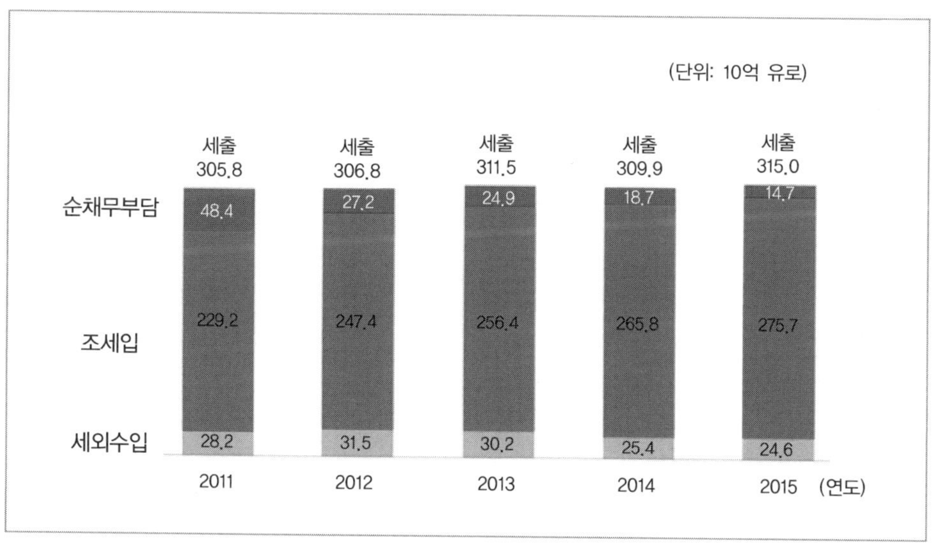

그림 5-1 독일 연방재정 운용계획(2011~2015)

자료: Bundesministerium der Finanzen.

 재정의 구조와 규모

재정의 구조는 조세입과 세외수입으로 구성되어 있다.

1) 조세입

독일의 조세구조는 다음과 같은 다섯 가지, 즉 공동세, 연방세, 주세(州稅), 지방자치단체세, 교회세 등으로 나누어 설명해 볼 수 있다.

(1) 공동세

공동세(Gemeinschaftsteuer)는 특정 조세에 관해 연방과 주, 지방자치단체 등 각 주체가 아예 처음부터 조세의 일정 지분씩을 나누어 갖는 것이다.

공동세는 연방과 주, 지방자치단체 간의 합리적인 세원 배분과 이로 인한 재정 조정으로 말미암아 각각의 역할 분담에 따른 고유의 숙원사업을 해결할 수 있고, 특히 지역 간의 형평 발전을 도모해 볼 수 있는 중요한 장점을 제공한다. 무엇보다 지방의 입장에서 기하급수적으로 증분하고 있는 주민으로부터의 행정 수요를 자주적으로 해결할 수 있는 주요 재원으로 활용할 수 있어, 주민의 삶의 질의 제고와 함께 사회적 형평성을 확립할 수 있는 소득재분배 장치로서의 기능을 담당한다.

독일의 공동세 규모는 전체 조세입에서 약 4분의 3 이상의 큰 비중을 차지하고 있다. 이는 독일의 재정운용계획에서 공동세로 인한 지방의 실질적인 자주재원의 확보와 함께, 연방과 주, 지방자치단체 간의 재정 조정을 통한 균형 발전에 상당히 중요한 덕목이다(<표 5-1> 참조).

공동세의 종류와 지분은 다음과 같다.

- 법인세 : 연방 50%, 주 50%
- 근로소득세를 포함한 소득세 : 연방 42.5%, 주 42.5%, 지방자치단체 15%
- 거래판매세[1]: 연방 53.9%, 주 44.1%, 지방자치단체 2%
- 자본수익세[2] : 연방 44%, 주 44%, 지방자치단체 12%

---

1) 부가가치세(Mehrwertsteuer)로 대변되는 'Umsatzsteuer'를 의미한다.
2) 이자 또는 양도소득으로부터 발생하는 수익을 의미한다.

(2) 연방세

연방세는 연방정부 고유의 조세로서, 분리 체계에 의거, 연방이 배타적으로 징수하는 조세이다. 연방세의 종류는 다음과 같다.

- 전기세
- 중간생산재세
- 샴페인세
- 항공세
- 담배세
- 에너지세
- 보험세
- 연대할증세
- 커피세
- 핵연료세
- 주세(화주)
- 자동차세

연방세 중 가장 특이한 조세는 바로 연대할증세(Solidaritätszuschlag)라 할 수 있다. 연대할증세는 독일 통일 비용의 보완, 걸프전에 대한 유럽 지분 분담, 동남 유럽 국가의 지원을 위해 근로세, 소득세, 법인세의 기존 세율에 대해 5.5%를 추가로 과세하는 조세이다.[3)]

이 조세는 1991년 도입 당시 7.5%의 추가 세율이 적용되면서 1년 동안의 한시적인 과세기간을 갖고 있었는데, 1993년 폐지되었다가 세수 감소로 인한 재정적자가 심화되자 1995년 재도입했고, 이후 1998년 5.5%로 세율이 인하되었다. 2011년 기준 연대할증세의 규모는 127억 8천만 유로에 이르는데, 이는 전년 대비 9.1% 증분한 상황에서 전체 세수입 중 2.4%, 전체 연방세 중 12.8%의 큰 비중을 차지하고 있다.

특히 이 조세는 부유한 정도에 따른 카테고리에 따라 급간별로 차별적으로 과세된다. 따라서 이는 부유세(Reichensteuer)로 인식되며, 일부 위헌의 소지가 있는 것으로 저항을 받고 있다. 연방세인 'Alkopopsteuer'는 독한 술을 약한 음료에 섞어서 만든 주류(Alkopop)에 부과하는 과세로서, 일반 화주에 부과하는 주세보다 4배나 높은 세율을 가지고 있다. 늘어만 가는 청소년들의 술 소비를 개선하기 위해 마련된 세제로서, 2004년 7월 1일 입법 공포되었다. 자동차세(Kraftfahrzeugsteuer)는 원래 주세였는데, 2009년 7월 1일 이후 연방으로 이관되었다.

(3) 주세

주세(州稅)는 주정부 고유의 조세로서, 분리 체계에 의거 배타적으로 주정부가 징수하는 조세이다. 주세의 종류는 다음과 같다.

---

3) 연대할증세법(Solidaritätszuschlaggesetz) 제4조 제1문 참조.

- 상속/증여세
- 경마/복권세
- 부동산(토지) 취득세
- 도박장세
- 맥주세
- 소방세

주세는 전체 조세에서 차지하는 비중이 자체적으로는 2011년 기준 2.5%에 불과하나 (<표 5-1> 참조), 공동세에 의한 지방재정 조정 이후 전체 주세의 비중은 39.4%에 이르고 있어, 독일의 재정 운용이 지방의 재정력에 관한 자주성의 확립과 이로 인한 형평 발전에 기본 개념을 설정하고 있는 것으로 이해할 수 있다([그림 5-2] 참조). 원래 주세였던 재산세(Vermögensteuer)는 1997년 1월 1일 이후 폐지되었다.

(4) 지방자치단체세

지방자치단체세는 지방자치단체 고유의 조세로서, 분리 체계에 의거 배타적으로 지방자치단체가 징수하는 조세이다. 지방자치단체세의 종류는 다음과 같다.

- 영업세[4]
- 도박자판기세
- 이중주택보유세
- 토지세
- 사냥/수산세
- 애견세
- 유흥세
- 주류소매허가세
- 음료세

지방자치단체세의 규모 역시 그 자체적으로는 매우 미미하나, 공동세에 의한 지방재정조정 이후의 규모는 2011년 기준 13.1%에 이른다. 그뿐만 아니라 이 규모는 향후 더욱 증분될 전망을 보여주고 있다.

기초자치단체의 자주적인 재정력의 확보가 큰 의미를 부여하고 있는 가운데, 중앙인 연방(42.2%)보다는 지방이라 할 수 있는 주와 지방자치단체(52.5%)의 조세입의 규모가 더 크게 나타나고 있는 것([그림 5-2] 참조)은 우리나라 지방재정의 취약한 실정과는 매우 대비되는 현상을 보여주고 있어 시사하는 바가 크다.

(5) 교회세

교회세는 주정부가 입법 징수해서 교회에 배분한다.

---

4) 특히 영업세는 연방과 주정부를 위한 재정할당(Umlage)의 대상이 된다.

(6) 유럽연합의 재정 지원 재원

유럽연합의 재정 지원 재원은 농업관세와 수출관세를 포함한 관세(Zölle)와 부가가치세의 일정 지분, 국민총소득의 일정 지분 및 설탕세로 구성되어 있다. 관세는 원래 연방세였는데, 1975년 유럽연합으로 이관되었다.

표 5-1 조세 유형별 세입구조

(단위: 천 유로)

조세 유형	회계연도		전년 대비
	2011	2010	
공동세	410.455.630 (77.8)	378.781.725 (77.5)	8,4
근로소득세	139.749.312	127.904.117	9,3
세액사정 이후 소득세	31.995.670	31.178.895	2,6
세액사정 이전 소득세(이자양도소득보상 제외)	18.135.568	12.982.358	39,7
이자 및 양도소득에 대한 보상세(이자분 포함)	8.019.753	8.709.125	–7,9
법인세	15.634.068	12.041.036	29,8
거래판매세	190.032.940	180.041.555	5,5
거래판매세	138.957.369	136.459.248	1,8
수입거래판매세	51.075.570	43.582.306	17,2
영업세할당분	3.669.779	3.108.536	18,1
가산된 영업세할당분	3.218.540	2.816.103	14,3
연방세	99.133.853 (18.8)	93.425.633 (19.1)	6.1
에너지세	40.036.169	39.838.120	0,5
담배세	14.413.750	13.492.271	6,8
주세(독주)	1.149.434	1.990.309	8,0
독주혼합주세	1.646	2.447	–32,7
샴페인세	454.336	421.506	7,8
중간생산재세	15.695	21.524	–27,1
커피세	1.208.303	1.001.889	2,6
보험세	10.754.523	10.283.892	4,6
전기세	7.246.874	6.171.223	17,4
자동차세	8.422.258	4.487.893	–0,8
항공세	905.112	–	*.*
핵연료세	922.484	–	*.*
연대할증세	12.708.731	11.712.915	9,1
기타 연방세	2	–47	*,*
수입세	2.535	1.691	49,9

주세	13.095.485 (2.5)	12.146.252 (2.5)	7,8
재산세	−4.022	1.273	−*.*
상속세	4.245.909	4.404.309	−3,6
토지취득세	6.365.521	5.290.426	20.3
경마복권세	1.420.474	1.412.148	0,6
스포츠복권세	10.208	10.228	−0,2
기타 경마세	156	5	*.*
소방세	365.442	325.571	12,2
맥주세	702.152	712.518	−1,5
기타 주세	9	7	27,6
관세	4.570.848 (0.9)	4.377.596 (0.9)	4,4
총계(지방자치단체세 제외)	(100) 527.255.815	(100) 488.731.206	7,9

(2011 총세입 규모: 646,146,832, 지방자치단체세입 84,645,235; 13.1%).
자료: Bundesministerium der Finanze.

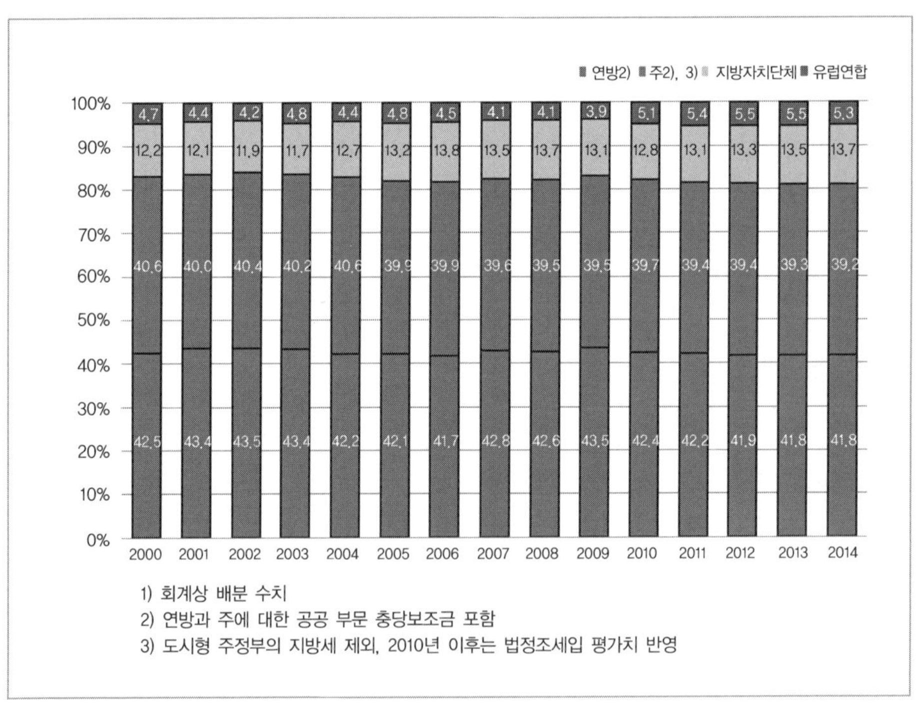

그림 5-2 총 조세입 중 연방, 주, 지방자치단체 및 유럽연합의 비중 추이(2000~2014)

자료: Bundesministerium der Finanzen.

결국 2011 총세입은 646,146,832(단위: 천 유로)의 규모를 보이는 가운데, 공동세원을 포함한 각 주체, 즉 연방의 세입은 272,673,963: 42.2%, 주정부 254,581,852: 39.4%, 지방자치단체 84,645,235: 13.1%의 비중을 갖고 있는 것으로 표현할 수 있다.

2) 세외수입

세외수입은 조세로부터의 수입 이외의 부분에서 발생하는 수입원이라 할 수 있다. 독일의 세외수입은 우리나라의 경우와 유사한 측면도 있지만, 몇몇 부문에서는 매우 특이한 점을 보여주고 있는데, 국책은행의 수입 초과분으로부터의 수입, 민영화로 인한 매각 수입, 보증에 대한 대가수입, 행정사무의 위임에 대한 대가로서의 기부금 수입 등이 그것이다(<표 5-2> 참조). 특히 유사 조세로서의 성격을 갖는 동전 수입은 동전의 제작가격과 유통가격의 차이에서 발생하는 수입을 의미한다.5)

표 5-2 연방세외수입(2011)

	단위: 10억 유로
• 유사 조세입(동전 수입)	0,4
• 행정비용 수입	7,7
(수수료, 벌금)	6,9
• 경제활동 및 재산으로 부터의 수입(이자 제외)	5,6
(공기업 및 기타 관련 기업(연방은행 등)으로부터의 수입)	5,5
(임대차수입)	0,1
• 공유재산 매각 양도 및 자본 회수	3,4
(민영화 비중)	2,6
• 보증권 행사 수입	0,3
• 이자수입	0,5
• 투융자 회수	1,4
• 보조금 수입	8,9
(연방노동 부문 위임사무로 부터의 기부금 수입)	4,8
총계	28,1

자료: Bundesministerium der Finanzen.

5) 예를 들어 10유로짜리 동전은 은 18그램으로 제작하는데 생산가격은 3유로, 유통가격은 10유로인 상황에서 나머지 7유로가 세금과 비슷하게 징부의 수입으로 제공되는 것을 의미한다. 그런데 그 사이 은 가격이 상승하여 2010년 말 10유로짜리 동전의 생산가격이 14.40유로까지 치솟자 2011년부터 구리와 니켈의 합금으로 제작하기로 했는데, 그 생산가격은 단지 85센트에 불과하여 이제는 9.15유로의 동전 수입을 기대할 수 있게 되었다.

독일에서의 세외수입은 다만 반복하여 조달할 수 있는 예측 가능한 안정적인 수입이 있는가 하면, 불규칙하고 임시적인 상황에서 발생하는 부분도 있어 해당 세외수입의 관리에 상당한 주의를 기울이고 있다. 안정적인 수입의 신장세를 추구하는 반면, 불안정적인 수입에 대한 의존도는 줄여나가는 인위적인 관리가 필요하다고 보는 것이다. 그렇지만 세외수입은 일반적으로 수익자 부담의 원칙에 의거 징수되기 때문에 부담에 대한 저항이 약할 뿐만 아니라, 행정의 자주적인 노력으로 얼마든지 탄력적으로 신장시킬 수 있는 장점을 갖추고 있기 때문에 재정력의 향상 차원에서 항상 지속적인 관심의 대상이 되고 있다.

3 지방재정 조정

독일에서는 지방자치단체의 재정력의 형평성을 도모하면서 균형 발전을 이루기 위한 지방재정 조정(Finanzausgleich) 장치가 발달되어 왔다. 특히 지방재정 조정 장치는 통일 이후 구동독지역의 재정력의 개선을 위해 탁월한 기여를 했다고 판단되기 때문에, 매우 주의를 기울여 살펴볼 필요가 있다.

독일의 지방재정 조정 장치를 공동세와 할당으로 나누어 설명하고자 한다.

1) 공동세

독일의 세제와 재정 운용 체계는 비스마르크 시대 이래 정립되어 크게 분리 체계(Trennsystem)와 연계 체계(Verbundsystem)로 구축, 발전되어 왔다고 볼 수 있다.

분리 체계는 국세와 지방세를 분리해서 각 주체가 고유의 과세권을 부여받는 것을 의미한다. 분리 체계는 원래 중앙의 과세 권한을 강조하기 위해 발전되어 온 것으로서, 조세의 규모에 관해 국세의 비중이 지방세에 비해 현저하게 높아 중앙인 연방정부의 독점적인 성격이 강하게 내재된 것으로 파악해 볼 수 있다.

연계 체계는 분리 체계의 보완 차원에서 연방과 주정부 간의 수직적인 연계에서 연방정부가 각 지방자치단체의 형평성 있는 재정력의 확보를 위해 일정 재원을 차등 교부하여 보조하는 것을 의미한다. 그러나 분리 체계는 연방정부에 의해 각 지방자치단체가 자체 재정력의 확보에 상대적인 경쟁력을 확보하지 못했고, 연계 체제는 연방의 일방적인 배분 시스템에 따라 상대적으로 지방자치단체가 고유의 재정력 수요를 주장할 수 없었다는 평가를 받아 왔다.

이에 독일은 1969년 재정개혁을 통해, 특히 연계 체계의 발전된 모습으로 혼합 체계(Mischsystem)를 도입하게 되는데, 이는 특정 조세에 대한 과세 지분을 지방재정 조정의 차원에서 연방과 주, 각 지방자치단체가 아예 처음부터 나누어 갖는 것을 의미한다.[6] 혼합 체계는 '공동세(Gemeinschaftssteuer)'라는 제도로 운용되면서, 연방과 주 및 각 지방자치단체의 안정적인 재정력의 확보와 특히 각 지방자치단체 간의 재정력의 형평성을 도모하기 위한, 이른바 지방재정 조정의 수단으로서[7] 매우 중요한 가치를 갖게 되었다.

독일은 조세 체계에서 국세와 지방세의 분리 체계를 기본으로 하면서도, 특정 조세에 대해서는 혼합 체계를 병용 채택함으로써 재정 조정을 통한 각 주정부 및 지방자치단체의 재정력의 안정과 형평성을 도모하고 있는 것이다(Münch & Meerwaldt, 2009: 3).

혼합 체계의 주요 대상 세원은 이른바 공동세원(Gemeinschaftssteuer)으로, 법인세(Körperschaftsteuer), 근로소득세(Lohnsteuer)를 포함하는 소득세(Einkommensteuer), 부가가치세(Mehtwertsteuer)로 대변되는 거래판매세(Umsatzsteuer), 자본수익세(Kapitalertragsteuer) 등으로 구성되어 있다.[8]

공동세로서의 법인세는 연방과 주정부가 각각 반씩 나누어 갖는 것을 원칙으로 하고 있다.[9] 그러나 각 주정부에서는 각 지방자치단체에 공동세의 일정 지분을 교부해야만 하며(müssen), 기타 다른 주정부 차원의 조세도 전부 또는 일정 지분을 교부할 수 있도록(können) 하고 있다. 이러한 맥락에서 각 지방자치단체의 재정력의 형평성과 재정 수요의 안정적인 해결을 보장하기 위해, 공동세로서 근로소득세를 포함한 소득세는 우선 지방자치단체에 15%를 배정하고, 나머지 85%에 대해 반씩을 재정 조정의 차원에서 연방과 16개 주정부가 함께 나누어 가진다.[10]

그렇지만 주정부에 배정된 42.5%는 각 주정부의 개별적인 상황에 따라 차등 배분되기 때문에, 각 주 간의 배분 규모에 대한 경쟁다툼이 있게 된다.

지방자치단체에 배정된 소득세의 15% 역시 각 지방자치단체 주민의 소득세에 대한 담세력에 따라 각 지방자치단체마다 차별화되어 다시 나뉘기 때문에,[11] 세수 확보를 위한 각

---

6) Revenue Sharing의 의미를 갖는 것으로 이해하기도 한다.
7) 지방자치단체의 재정력의 형평성 제고에 관한 지방재정 조정에 대해 독일기본법은 명문으로 규정하고 있다. 독일기본법 제107조 참조.
8) 독일기본법 제106조 제3항 참조.
9) 독일기본법 제106조 제3항 Satz 2 참조.
10) 주정부가 자체 지분에 대해 직접 과세한다. 지역과세(örtliches Aufkommen)에 관해서는 독일기본법 제107조 제1항 Satz 1 참조.

지방자치단체 사이의 경쟁 또한 앞으로 끊임없이 지속될 전망이다.

거래판매세는 연방 53.9%, 주정부 44.1%, 지방자치단체 2%의 비중으로 나누어 가진다. 거래판매세 또한 주정부에 배분되는 지분은 원칙적으로 주민의 수에 비례하여 각 주에 귀속되지만, 예를 들어 각 종 조세로부터의 주민당 세입이 주의 평균 세입에 못 미쳐 각 주의 세입·세출 규모에 영향을 미칠 경우, 주가 가질 수 있는 지분의 최고 4분의 1까지 추가로 그 지분을 확대할 수 있다. 환언하면, 연방과 각 주의 세입과 세출의 비율이 근본적으로 변경될 때에는 거래판매세의 몫은 얼마든지 각 주마다 탄력적으로 새로이 정해질 수 있는 것이다.[12] 지방자치단체 또한 1998년 1월 1일 이후 거래판매세의 일정 지분을 배분받을 수 있게 되었지만, 역시 각 지방자치단체의 지역적 특성이나 재정경제적인 측면을 고려하여 배분되기 때문에[13] 항상 갈등이 상존한다고 보아야 한다.

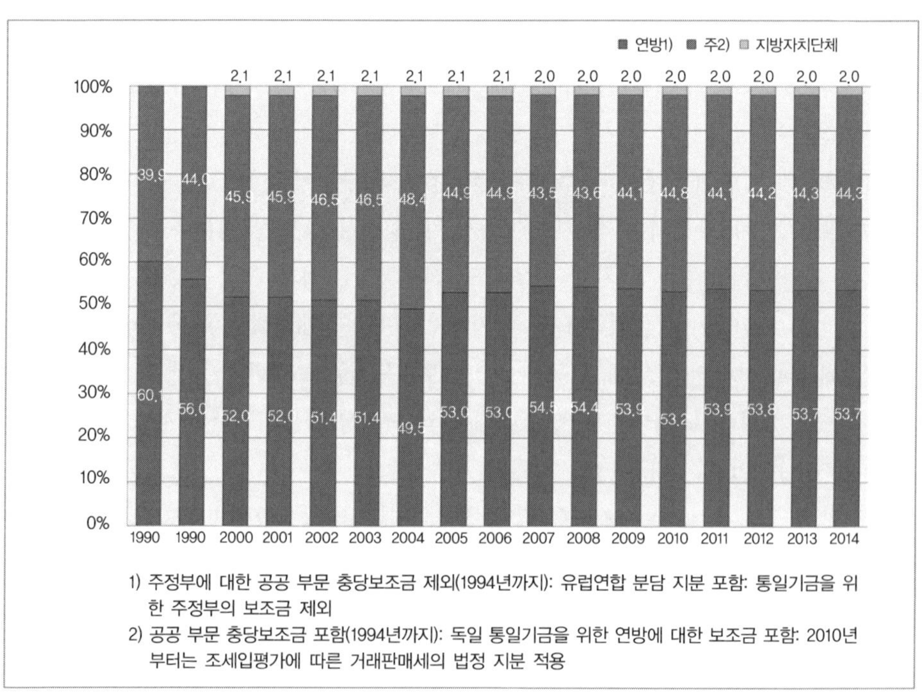

그림 5-3 연도별 거래판매세(공동세) 비중(1990~2014)

자료: Bundesministerium der Finanzen.

11) 독일기본법 제106조 제5항 참조.

12) 독일기본법 제106조 제4항 1문 및 독일기본법 제107조 제1항 참조.

13) 독일기본법 제106조 제5a항 참조.

결국 공동세원의 배분에 관해서는 연방과 주정부 간의 갈등, 주정부 간 또는 지방자치단체 간의 경쟁 관계가 항상 내재되어 있다고 보아야 한다. 그리고 이로 말미암아 배분 기준에 대한 논의가 끊임없이 지속되는 가운데, 연방상원은 2년마다 한 번씩 각 주정부 간의 지분을 의결하게 된다. 지방재정 조정 장치로서의 공동세제가 돋보이게 된 계기는 바로 통일 이후 구동독 지역의 재정력의 향상을 위해 큰 역할을 담당했다는 것이다. 1995년 새로이 마련된 연방재정법에 따른 주정부에 대한 거래판매세의 탄력적인 증분은, 양독 간의 재정력의 형평성의 창출에 상당한 기여를 한 것으로 판단하고 있다. 왜냐하면 연방정부는 통일의 완성을 도모하기 위해 1993년 이래 자신의 거래판매세에 대한 지분을 줄이는 인내를 감당하면서, 전체 주정부에 대한 지분을 과거 38%에서 44% 정도로 상향 조정했기 때문이다.

구동독지역의 현실과 여건을 바탕으로 실질적인 재정력 형평성의 확보를 위해 거래판매세에 대한 주정부의 지분 확대와 각각의 재정력에 따른 차등 배분은, 실제 구동독 지역으로의 만족할 만한 재정 이전을 위한 전략적인 지방재정 조정 장치였다고 평가받고 있다 (Münch & Meerwaldt, 2009: 4).

2) 할당

연방정부는 각 주의 상이한 재정력을 조정할 의무를 가진다. 그리고 이를 위해 연방정부는 각 주에 지방재정 조정을 위한 재원을 교부하기도 하지만, 각 주에서도 상호간의 지방재정 조정을 위한 재원을 분담해야 한다. 각 주와 지방자치단체 사이에서도 마찬가지이다. 이때는 각 지방자치단체 또는 지방자치단체조합의 재정력과 재정 수요를 고려해야 한다.

이와 같은 재정 운용 체계를 수직적이며 수평적인 지방재정 조정이라 일컬으며, 이러한 취지에 따라 각 주에는 지방재정 조정을 요구할 수 있는 조정의 청구권과 조정에 응해야 할 의무와 분담의 기준이 법적인 차원에서 마련되어 있다. 부연하면, 연방, 주정부, 각 지방자치단체 사이에서 상호간의 재정력의 격차 해소를 통한 균형 발전 또는 특정 사업의 완성을 위해 각 재정력에 따라 누진적으로 비용 분담을 지정하는 할당(Finanzausgleich-Umlage) 재원 체계를 마련하고 있는 것이다.[14)]

누진 분담이란 재정력이 좋은 곳은 많이 부담하면서 적은 혜택을, 재정력이 좋지 않은 곳에서는 적은 부담과 많은 혜택을 가져갈 수 있도록 객관적으로 분담을 조정하는 것을 의

14) 독일기본법 제107조 제2항 참조. 다만, 특정 정책의 수혜 또는 갈등관리 차원에서 담당하는 기여분담금(Beiträge)제도와는 구별되어야 한다.

미한다. 따라서 이 장치는 각 주정부 간 또는 지방자치단체 간의 재정력의 격차 해소와 함께 형평 발전을 도모할 수 있는 중요한 소득재분배 장치라 할 수 있다.

이와 같은 공정 분담을 통한 재정력의 형평성 확보와 함께 지역 간의 차별 없는 균형 발전을 꾀하고자 하는 노력은 연방과 주정부 간, 또는 주정부 간, 주정부와 지방자치단체 간, 지방자치단체 간, 심지어는 도시 내에서의 구역 간에서도 이루어지고 있다.

그러나 독일의 재정 형평을 위한 할당에서 특기할 만한 사실은 바로 지방자치단체에 할당된 재원이 주정부로, 또는 계속하여 연방으로 재원이 이전되기도 한다는 것이다. 이는 독일의 지방자치단체가 공동세제와 같이 나름대로의 자주적인 재정력을 갖출 수 있는 발달된 제도를 구비하고 있는 가운데 이른바 역교부가 가능하기 때문이다.

 중기재정계획

독일에서의 중기재정계획은[15] 연방과 주정부에서는 1967년, 지방자치단체와 지방자치단체조합에서는 1974, 1975년에 각각의 지방예산법에 의거 도입되었다. 그러면서 연방과 주정부, 지방자치단체의 중기재정계획이 상호간에 통일된 모습을 갖추면서 연동되도록 했다. 그런데 중기재정계획은 연방에서는 연방 차원이 아닌 각 행정부가 마련하고 있는 반면, 지방자치단체에서는 독립적인 차원에서 스스로 사업상의 우선순위와 재원 조달계획을 갖춘 중기투자계획을 마련하도록 하고 있다.

따라서 상·하위 계획 간의 상호간 조정의 필요성이 대두된 가운데, 이를 위해 연방에 '재정계획심의위원회'를 설치 운영하고 있다. 여기에는 연방 재정, 경제장관뿐만 아니라, 각 주의 재정장관 및 각 지방자치단체의 대표가 위원으로 참여하고 있다.

중기재정계획은 당해 연도를 기준으로 차기 회계연도까지의 재정 운용과 예산편성을 중점적으로 고려하면서, 이후의 3개 회계연도를 미래 지향적으로 조망하고 예측하여 총 5개 회계연도를 한 묶음으로 포함하여 수립하는 것이다. 중기재정계획은 법적 근거에 의해 계획의 수립을 의무화하고 있지만, 실제 집행을 위한 구속력은 부여되어 있지 않기 때문에 의회의 결정을 필요로 하지는 않는다.

그럼에도 불구하고 중기재정계획은 다음과 같은 중요한 장점을 갖추고 있으면서, 단기

15) 독일기본법 제109조 제3항, 경제의 안정 및 성장 촉진에 관한 법(Gestz zur Förderung der Stabilität und des Wachstums der Wirtschaft: StWG) 제9조~제14조 참조.

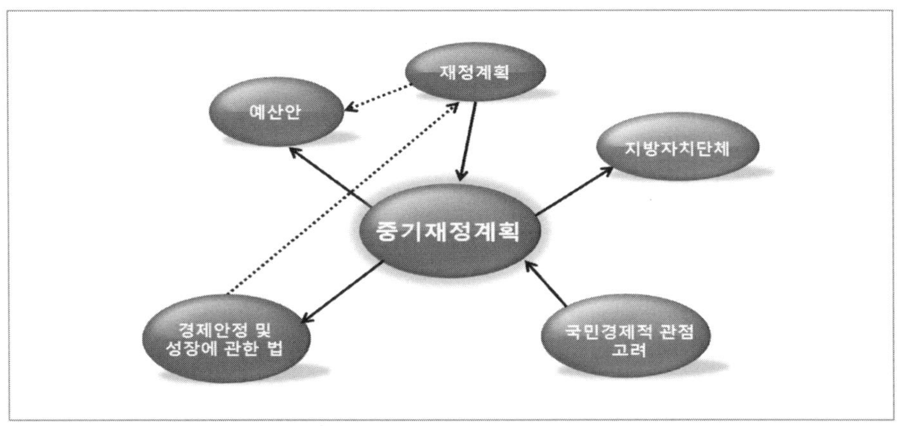

그림 5-4 중기재정계획의 환경

자료: Bundesministerium der Finanzen.

회계연도상의 재정계획으로부터 빗어질 수 있는 여러 하자를 극복할 수 있기 때문에 그 자체로서 큰 의미를 지닌다 할 수 있다.

① 세입과 세출에 관한 중기적인 예측과 판단으로 적정 공급과 수요에 관한 최적의 모형을 시계열 차원에서 설정할 수 있다.

② 중기적인 안목에서 사업상의 우선순위를 구체화할 수 있고, 또한 같은 맥락에서 중복투자를 제어할 수 있음으로써 좀 더 경쟁 지향적이며 경제 절약적인 재정과 예산의 운용을 기대할 수 있다.

③ 계획의 완성을 위한 다양한 수단과 조치에 관해 미리 상호 협력하고 조정할 수 있는 환경을 제공할 수 있다.

④ 중기적인 차원에서 국민경제 및 재정정책을 조망하면서 민간 부문의 기대에 따른 공공정책과 사업계획을 수립할 수 있고, 특히 경기 변동에 따른 국민의 제반 요구와 수요를 재정 및 예산정책에 미리 반영할 수 있다.

⑤ 정부행정의 사업계획을 중기적인 전망에서 공개하여 제시함으로써 다양한 의견의 수렴과 함께 신뢰를 구축할 수 있고, 특히 이로 말미암아 차후의 재정과 예산의 운용을 더욱 성과 있게 추진할 수 있다.

결국 중기재정계획은 수요에 대한 정부정책의 목표와 사업계획을 미래 지향적으로 조망할 수 있기 때문에, 재정과 예산에 관한 합목적적인 운용과 함께 좀 더 생산 지향적이며 시너지화한 성과를 보장해 줄 수 있다. 특히 결손과 낭비의 위험에 대한 사전 예방을 꾀할 수 있어 책임행정 체계를 구축할 수 있다.

그러나 무엇보다 중기재정계획이 갖는 중요한 함의는 계획성과 계속성을 바탕으로 한 투자계획과 이에 따른 성과 지향적인 환류 효과를 시계열 차원에서 공개함으로써 목표 달성을 위한 조정과 협력을 구할 수 있다는 것이다. 중기재정계획상의 여러 사업이 로드맵 차원에서 단계적으로 지속적이며 안정적인 성취를 보여준다면, 궁극적으로 국민들로부터 행정에 대한 신뢰와 함께 정당성을 확보할 수 있는 중요한 계기가 될 수 있다.

5 채무관리

독일의 재정운용계획에서 채무관리는 매우 중요한 의미를 지니고 있다. 왜냐하면 채무관리는 독일의 통일 비용과 밀접한 관련이 있으면서, 해마다 채무관리를 위한 재정의 규모가 전체 세출에서 차지하고 있는 비중이 만만치 않기 때문이다. 채무관리 재정 규모는 2011년 기준 361억 유로에 이르고 있는데, 이는 전체 세출 대비 11.7%에 해당되는 규모이다.

독일의 재정운용계획에서 채무관리 재정 규모는 향후 2014년에는 약 481억 유로에 이를 것으로 전망하고 있는데, 이는 전체 세출에서 약 16.0% 정도의 큰 비중을 차지할 것으로 판단하고 있다([그림 5-5] 참조). 이러한 배경에서 독일은 2004년 이래 채무관리를 위한 연방보조금(Zuschuß)을 없애면서([그림 5-6] 참조), 신규 채무의 발생에 대해서는 해마다 법적으로 다른 상한선을 규정하는 등 채무관리에 상당한 주의를 기울이고 있는 실정이다.[16)]

또한 연방에서 채무의 발행 규모, 형식이나 조건 등 모든 채무의 내용에 관한 관리 권한은 연방재무부에 귀속되어 있지만, 채무에 관한 통제 관리를 위해 '연방채무관리위원회(Bundesschuldausschuß)'라는 별도의 독립적인 기관을 설정하여 엄격한 관리 감독 권한을 부여하고 있다. 이 기관은 연방회계감사원(Bundesrechnungshof)의 장이 위원장이 되는 가운데, 연방의회와 연방상원에서 각 3인씩을 파송하여 구성한다. 이러한 모습은 모두 독일 연방정부가 상환계획과 이자관리 등 채무관리에 관한 매우 엄밀한 구조와 계획을 갖추고 있음을 단적으로 보여주는 예라 할 수 있다.

---

16) 기본적으로 적용되는 예산 관련법 이외에 해마다 상황에 따라 적용되는 당해 연도 예산법(Das jährliche Haushaltsgesetz)을 별도로 규정하게 되는데, 이곳에서 예를 들어 한 사안당 1천만 유로, 그러면서 한 회계연도 내에서 5백만 유로의 채무 부담만을 가능하게 하는 등, 상한선을 규정하고 있는 것이다.

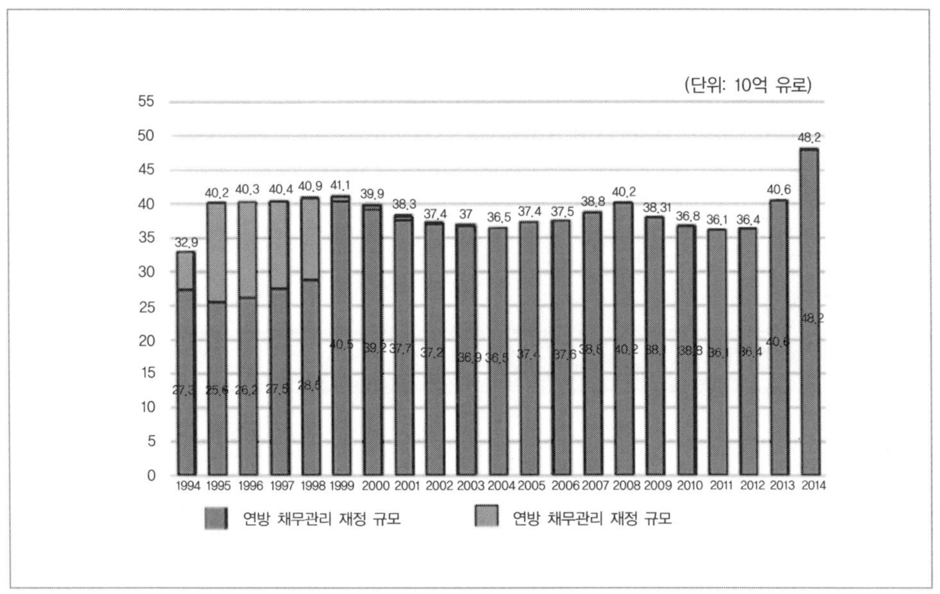

그림 5-5 연방 채무관리 재정운용계획(1994~2014)

자료: Bundesministerium der Finanzen.

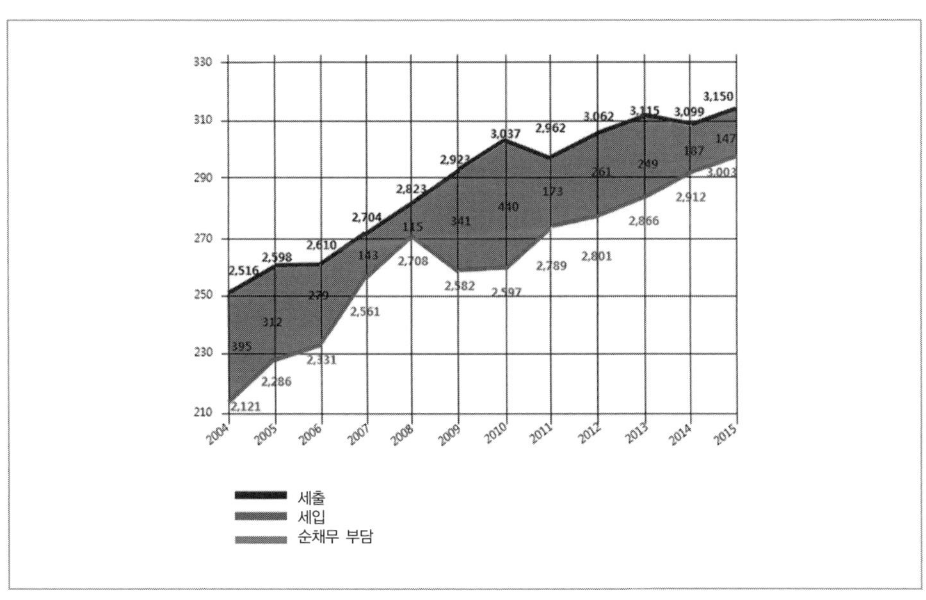

그림 5-6 채무 부담 감소계획

자료: Bundesministerium der Finanzen.

결국 독일의 채무 설정은 2005년 독일의 새로운 통일재정 운용계획과 관련한 세2차 연대협정 이래로 감소를 보이기 시작했는데, 2008년 글로벌 재정위기가 발생하면서 다시 큰 증분을 보이다가 이후 점진적으로 작아지고 있는 모습을 보이고 있다. 연방정부는 세출입 대비 결손에 관한 채무의 설정 규모를 향후 2015년까지 147억 유로 수준으로 관리해 나갈 계획이다([그림 5-6] 참조).

제 2 절 예산

1 예산의 구조와 규모

2012년 독일의 연방세출예산은 전년 대비 0.1% 증분한 총 3,062억 유로인데, 세입으로부터의 충당 비중은 91.5%에 그치고 있다([그림 5-7] 참조). 그리고 이는 연방 고유의 배타적인 세입과 공동세원 중 연방의 지분을 합한 규모로부터 산출된 것이다. 따라서 실제 각 주정부와 지방자치단체, 유럽연합의 예산까지 모두 합하면 독일 전체의 한 해 예산 규모는 위 규모보다 약 두 배 정도 더 큰 크기를 보인다.

2012년 전체 연방예산에서는 노동·사회 부문이 가장 큰 비중을 차지하고 있는데(41.3%)([그림 5-8] 참조), 이는 그만큼 사회보장 부문을 가장 중요한 정부의 영역으로 판단하고 있기 때문으로 풀이된다. 채무관리에 383억 유로, 전체 연방예산 중 12.5%를 배정하고 있어, 독일 통일과 글로벌 경제위기로 인한 채무관리가 연방예산에서 매우 큰 우선순위를 지닌 것으로 파악할 수 있다.

2 예산순환절차

예산의 순환 과정을 편성(Aufstellung), 집행(Vollzug), 회계검사(Haushaltskontrolle)의 과정으로 나누어 살펴보기로 한다.

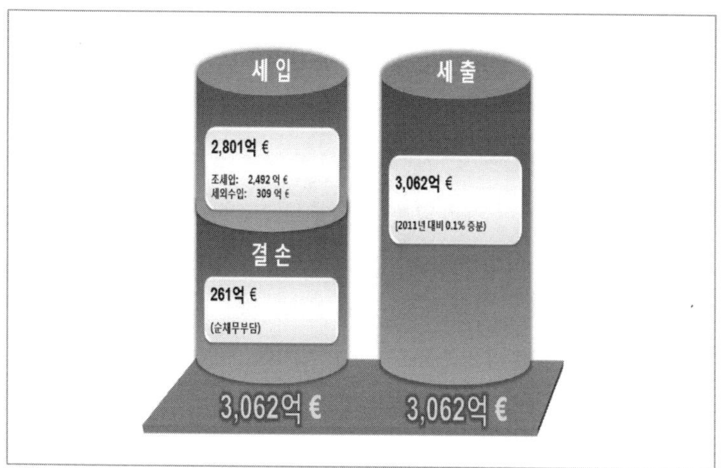

그림 5-7 2012 독일 연방예산

자료: Bundesministerium der Finanzen.

(단위: 10억 유로)

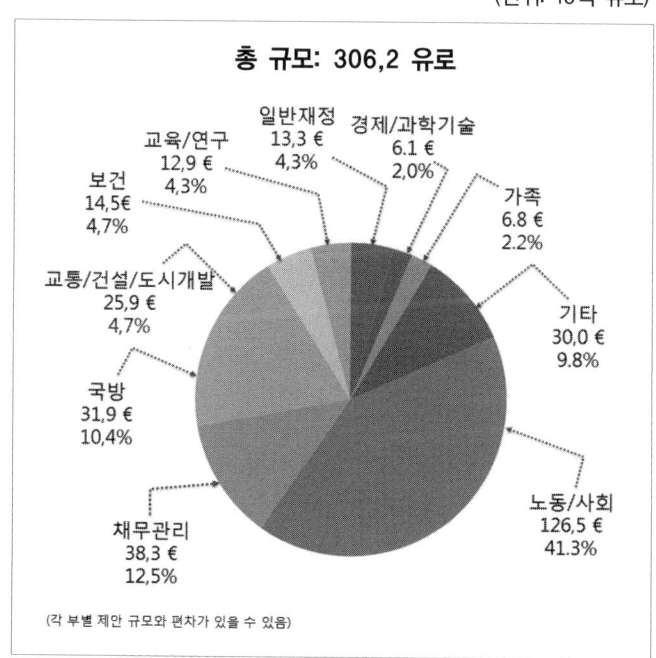

그림 5-8 2012 독일연방 세출예산 구조

자료: Bundesministerium der Finanzen.

1) 예산의 편성

독일의 예산편성 과정에서 가장 중요한 과제는 관련 세입, 즉 조세입 등 가용 재정력에 대한 판단이라 할 수 있다. 왜냐하면 국민의 재정 분담에 대한 요구와 이에 대한 국민의 의무라는 개념 사이에는 상당한 다툼이 있을 수밖에 없기 때문이다. 우선적으로 세입의 가능 규모를 판단하고 이에 따른 적정 예산을 형성하면서, 소위 양입제출과 양출제입의 형평성을 추구하는 것이야말로 바로 건전 재정 운용과 함께 경제 절약적이며 성과 있는 예산관리로 나타날 수 있다는 기본 개념을 갖추고 있는 것이다.

연방예산안의 편성 절차는 회계연도 개시 1년 전부터 중기 경제 발전에 따른 연방정부의 사업계획의 수립과 더불어 시작된다고 볼 수 있다. 그러면서 연방정부의 연간사업계획에 관한 보고와 함께, 개괄적인 재정계획과 연방예산에 대한 연방내각의 결정이 있게 된다.

이후 연방재무부가 마련한 예산편성편람에 의거 각 행정부처가 예산안을 제출하게 되는데, 이 과정에서 연방재무부와 각 행정부처 간의 예산안에 관한 조정 논의가 이루어진다. 그러나 조정이 여의치 않을 경우 각 행정부처는 연방내각에 조정을 제청할 수 있고, 이와 관련하여 연방재무부 또한 이의를 제기할 수 있다. 물론 연방재무부의 이의 제기는 내각에서 다수결에 의해 거부될 수 있다. 이 부문에서 연방재무부의 이의 제기 자체가 각 행정부처의 권한에 관한 독립성과 상호간의 형평성을 저해하는 것이라는 비판의 논의가 있지만, 재정정책과 예산의 공정 배분에 관한 연방재무부의 고유한 권한에 비추어 충분히 납득할 수 있다는 견해도 대응해서 맞서 있는 실정이다. 이와 관련하여 각 행정부처의 조정에 대한 이의 제기 자체도 같은 맥락에서 이해할 수 있는 것이어서, 이는 종합적으로 연방 전체의 발전 차원에서 연방재무부의 입장과 각 행정부처의 개별적인 의견이 상호 조정될 수 있다는 관점에서 의의를 찾는 것이 중요하다.

조정이 끝나게 되면 재정계획과 함께 연방예산안에 관한 연방내각의 사전 결정이 있게 되고, 이후 바로 연방하원과 연방상원으로 이관된다. 이 과정에서 연방의회가 예산안의 세출을 증액하거나 또는 새로운 세출을 포함하거나 초래할 수 있는 내용에 대해서는 연방정부의 동의를 필요로 한다.[17] 세입의 감소를 포함하거나 세입의 감소를 초래할 수 있는 내용에 관해서도 동일하다.

연방정부는 이를 바탕으로 연방예산안에 관한 의결의 연기를 요구할 수 있는데, 이 경우

---

17) 일부 주의회에서는 관련 재정의 확충 등을 위해 세원의 확보를 조건으로 세입의 증액을 의결하기도 한다. 물론 이와 관련하여 주정부의 동의와 재의 요구도 포함되어 있다.

6주 이내에 연방의회에 의견을 표명해야 한다. 그럼에도 불구하고 연방의회가 이를 의결할 경우 연방정부는 4주 이내에 재의결을 요구할 수 있다.[18] 이러한 맥락에서 연방정부의 연방의회에 관한 우월적 지위에 관한 논란이 있으나, 이 역시 성과 있는 공정예산의 편성 과정에서 상호간의 노력하는 과정으로 이해하는 것이 더욱 바람직할 것이다.

연방예산안은 연방하원에 이어 연방상원에서 심의 결정되면 관보에 공포되고, 회계연도는 개시된다. 만일 회계연도 개시 전까지 예산안이 확정되지 못할 경우 준예산에 의거 사전집행이 가능하고,[19] 특정 항목인 경우 예비비나 차입에 의한 채무행위로 집행이 가능하게 할 수 있다. 부연하면, 예산안 확정 이전에 사전집행이 가능할 만큼의 조세입, 세외수입 또는 적립금으로부터의 세입이 확보될 수 없다고 판단할 경우, 긴급예산편성권을 규정하고

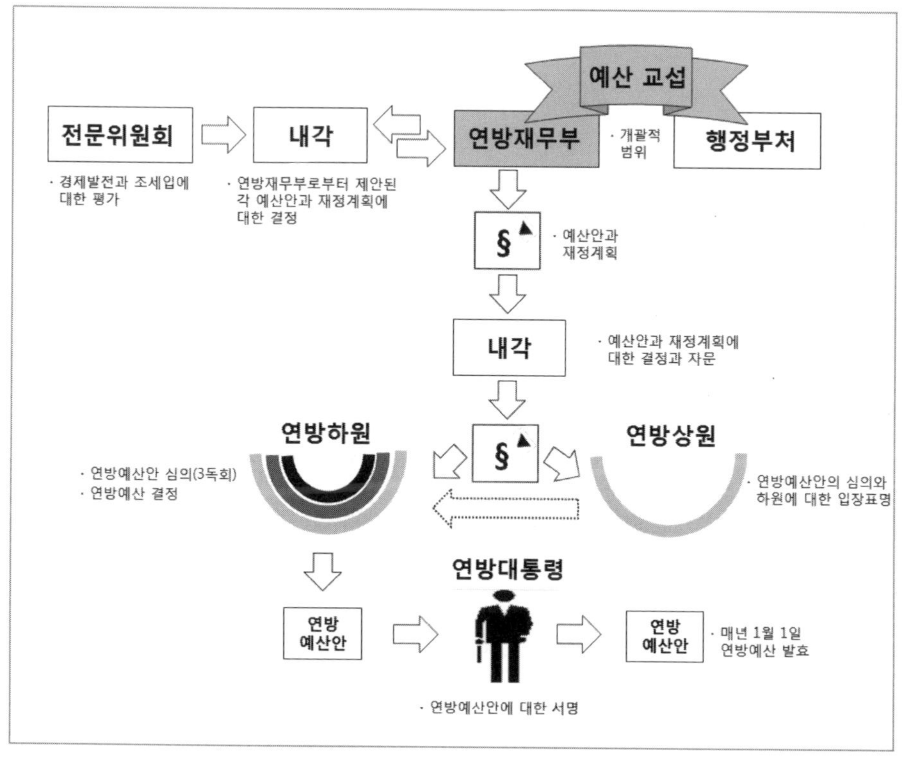

그림 5-9 연방예산 형성 절차

자료: Bundesministerium der Finanzen.

18) 독일기본법 제113조 참조.
19) 독일기본법 제111조 참조.

표 5-3 독일 연방예산의 시기별 형성 과정

연도	월	내용
2011년	10월	중기경제 발전에 따른 연방정부의 사업계획 수립
	11월	중기적 차원의 조세입에 관한 평가
	12월	중기재정계획(2012~2016)과 2013 예산안에 대한 연방재무부의 지침 회람
2012년	1월	연방정부의 연간계획에 관한 보고
	3월	개괄적인 재정계획과 연방예산에 관한 연방내각의 결정
	3월	각 행정부처의 공람 및 각 행정부처의 예산안 제안
	4월	예산안에 관한 연방재무부와 각 행정부처의 협의
	4월	중기경제 발전에 따른 연방정부의 사업계획 구축
	5월	각 부문으로부터의 중기 차원의 조세입에 대한 예측
	5/6월	연방재무부와 각 행정부처의 수장 간의 예산안 조정 논의
	7월	연방예산과 재정계획에 관한 연방내각의 결정
	8월	연방하원과 연방상원으로 예산안 이관
	9월	연방하원 제1 독회
	9월	연방상원 제1차 자문
	9월	예산위원회(Haushaltsausschusβ) 심의 시작
	10월	경제 발전 및 조세입 규모에 관한 단기예측과 연방정부의 사업계획 심의
	11월	재정계획위원회 개최
	11월	예산위원회의 수정과 조정
	11월	연방하원의 제2, 제3 독회
	12월	연방상원 제2차 자문 심의
	12월	연방재무부의 예산지침 전달 및 연방관보에 공포
2013년	1월	연방예산안 발효
	9월	연방재무부의 회계감사지침 전달
2014년	1월~3월	연방예산안과 정부재산에 관한 회계조사 분석
	4월	연방하원, 연방 상원, 연방회계감사원 및 연방재무부에 회계조사 분석자료 송부
	11월	연방회계감사원의 연방예산 및 재산회계에 관한 확정 및 연례보고서 제출
2015년	2월	연방상원에 의한 연방예산안 종료
	7월	연방하원에 의한 연방예산안 종료

기준: 2013 회계연도

있는 가운데 심지어는 특정 항목의 전년도 예산안의 최종 총액의 4분의 1까지 차입하여 필요 재원을 형성할 수 있는 것이다.[20)]

---

20) 독일기본법 제111조 제2항 참조.

2) 예산의 집행

예산의 집행 단계에서 가장 중요하게 보는 관점은 관련 세입이 충실하고도 안전하게 그리고 지속적으로 유입되고 있는지에 대한 관찰과 세출이 경제 절약적으로 성과 있게 집행되고 있는지에 대한 통제 감독이라 할 수 있다.

연방재무부는 전반적인 예산의 집행 흐름을 감시하면서, 세입 측면에서 관련 조세입이나 기타 세외수입, 분담금 등이 예정한대로 순조롭게 유입되고 있는지에 대해 주의깊게 지켜보아야 할 뿐만 아니라, 관련 세입의 일정 부분이 과소 또는 과대 계상되어 예산의 집행에 혼란을 줄 수 있는지에 대한 판단도 지속적으로 수행해야 하는 것이다. 예를 들어 경기 침체 등의 위기로 말미암아 예정되었던 세입이 확보되지 못했을 경우, 그러면서 다른 예산 단위로부터의 보완 또는 대체가 어려울 경우 관련 부처는 일단 차단 조치(Sperre)를 내리면서 연방재무부와 협력하여 예산의 수정 보완이나 채무부담행위와 같은 조치를 취하게 된다.

역으로 경기 과열에 의한 예기치 않던 세입의 증분은 전반적인 예산의 형성에 미칠 수 있는 영향은 제한적일 것으로 보이나, 만일 이로 말미암아 관련 부처에서 추가로 과잉 세출을 의도할 경우 연방재무부는 같은 맥락에서 차단 조치를 내리면서 예산의 균형성을 확보하기 위한 조치를 취할 수 있다.[21)]

그러면서 예산의 세출집행 부문과 관련해서는 경제 절약성과 효율적 배분에 따른 생산성을 지향하여 예산집행에 관한 성과주의(Erfolgskontrolle)를 강조하고 있다. 이러한 맥락에서 예산의 기관이기주의적인 집행이나 특정 시기에 집중적으로 집행하는 것을 허용하지 않는다. 특히 연방재무부는 이러한 관점을 더욱 현실화하기 위해 예산 집행상의 관리에 관한 예산 감독 항목을 매뉴얼화하여 실제로 운용하고 있다.

연방예산의 집행 과정에서 특정 예산 항목에 대한 성과의 극대화를 위해 초과 지출이 필요할 경우, 이와 관련한 다양한 조치를 강구할 수 있다. 사안의 지속성이 유지된다면 차기 회계연도까지 연장하여 계속비 사업으로 이를 인정할 수 있고, 다른 예산 항목과 대체 활용될 수 없다면 추가경정예산을 고려할 수도 있는 것이다. 그러나 계속비 사업이나 추가경정예산이 고려되지 못할 정도로 사안이 긴급한 경우, 연방재무부는 특별 권한 아래 관련 예산을 수정 보완하여 초과 편성할 수 있다. 다만 예산의 초과 편성에 관해서는 이미 예산의 초기 편성 단계에서 정부나 의회 쪽 모두가 이러한 현상을 전혀 예기치 못했을 경우에 한하

---

21) 연방예산법(Bundeshaushaltsordnung: BHO) 제41조; 경제의 안정 및 성장 촉진에 관한 법(StWG) 제6조 참조.

며, 특히 이와 관련한 연방재무부의 특별 권한은 그 이전에 이미 의회의 동의 요건을 만족시킬 수 있는 선에서 검증을 하고 난 이후에 행사될 수 있다고 보고 있다.

3) 결산과 회계감사

연방정부는 회계연도가 끝난 이후 연방의회에 결산을 제출해야 한다. 연방정부의 결산에 관해서는 결산서를 의회에 제출하기 이전에 수행하는 회계감사가 중요하다.

회계감사는 '연방회계감사원'에 의해 수행되는데, 이 기관은 소위 '제4권(Vierte Gewalt)'으로서의 지위를 가지면서, 엄격한 독립성을 보장받고 있다. 그리고 물론 연방의회에서도 결산을 위한 회계감사를 한다. 이를 위해 예산위원회의 하위기관으로 회계감사위원회를 구성하고, 연방회계감사원의 감사 결과에 대한 중요 이슈와 현안을 논의한다. 특히 최근에는 회계감사의 투명성을 보장하기 위해 예산에 복식부기제도(Doppelte Buchführung: Doppik)의 도입을 권장하고, 일부 주에서는 이미 이를 현실화하고 있는 실정이다.

3 회계연도

독일의 예산운용계획에서 특이한 점은 회계연도를 반드시 1년으로 한정해서 제한 운용하는 것이 아니라는 것이다. 회계연도는 법적으로 1~2년의 단위 기간을 설정할 수 있다고 보장하고 있다. 실제 독일의 몇몇 주정부, 예를 들어 작센, 작센-안할트, 슐레스비히-홀슈타인, 라인란트-팔츠 등에서는 최근 1990년대 이래 2년을 한 단위로 하는 회계연도(Doppelhaushaltsjahr)제도를 채택 운용하는데 이는 예산을 매 2년마다 새로이 편성하는 것이다. 여기에 덧붙여 연방재무부는 개별적인 사안에 따라 회계연도를 다르게 설정할 수도 있다.[22)]

4 일반회계와 특별회계

독일의 예산제도에서 또 하나 특이한 점은 일반회계 이외에 특별회계를 채택하지 않고 있다는 것이다. 특별회계는 물론 특정 사업을 특정 세입과 특정 세출에 근거하여 효율적으

22) 연방예산법(BHO) 제4조 참조.

로 운영하면서 성과와 평가를 강조할 수 있는 장점을 갖출 수 있다. 그렇지만 특별회계의 설치로 인해 재정의 구조가 복잡해지면서 유사 사업이 중복 투자될 수 있어 재원의 낭비가 있을 수 있고, 특히 회계 간 내부거래가 빈번히 이루어짐으로써 예산의 공정한 합목적성을 기하기 어려운 가운데, 회계관리에 관한 일관성이 저해되면서 전반적인 예산 운용의 효율성과 생산성이 상실될 수밖에 없는 단점 또한 노출하고 있다.[23] 독일은 이와 같은 양자 간의 논리에서 후자의 관점을 더욱 중하게 판단하고 있는 것이다.

그렇지만 독일은 통일 비용을 조달하면서, 물론 한편으론 정부 간 재정력의 이전으로 일반회계에서 공식화하면서 이루어지기도 했지만, 또 다른 한편으로는 통일기금이나 채무변제기금과 같은 광의의 특별회계를 운영하기도 했다.

5 정부보조금과 투자

1) 보조금

연방 또는 주정부는 공공행정 이외의 분야에서 정부의 중요 정책과 밀접한 이해가 있는 전략적인 분야 또는 공익 지향적인 민간기업의 사업 등을 대상으로 보조금(Zuwendung)을 지급할 수 있다.[24] 특히 국가 발전과 공공의 이익을 추구하기 위한 경제사회 정책적인 측면에서 정부의 지원 없이는 해당 목적을 수월하게 달성할 수 없을 경우가 이에 해당된다. 여기에는 연구개발, 스포츠, 문화, 환경 보호, 보건, 교육 등의 분야로부터 사회복지 공익시설, 교회, 정당, 사회보험 등의 분야까지 광범위하게 포함되어 있다(<표 5-4> 참조).

보조금은 직접적인 자금 지원 이외에 조세의 감면과 같은 우대 조치, 채무 부담이나 보증과 같은 형식을 통해서도 집행될 수 있는데, 직접적인 예산 지원에 의한 보조보다는 조세의 감면 등에 의한 간접적인 보조가 훨씬 큰 비중을 차지하고 있다([그림 5-10] 참조). 보조금의 설정에는 물론 사전에 엄격한 심사가 이루어지며, 연방회계감사원의 감사 대상이 된다.[25]

보조금은 성격상 다음과 같이 분류해 살펴볼 수 있다.

---

23) 우리나라에서도 2010년 7월 10일 경기도 성남시는 판교 신도시 조성사업 특별회계에서 5,400억 원을 공원 조성 등 일반회계 예산으로 사용했는데, 결국 특별회계로부터의 차입금을 갚을 수 없다며 모라토리엄, 즉 지급유예를 선언한 바 있다.

24) 보조금은 1967년 이래 변동된 바가 없다. 경제의 안정 및 성장 촉진에 관한 법(StWG) 제12조 참조.

25) 연방예산법(BHO) 제91조 제1, 2항 참조.

표 5-4 보조금 추이 (단위: 10억 유로)

		2009			2010			2011			2012		
	부문	재정 원조	조세 감면	총계	재정 원조	조세 감면	총계	재정 원조	조세 감면	총계	재정 원조	조세 감면	총계
1	식품/농업/ 소비자 보호	991	393	1,384	1,071	497	1,568	933	496	1,429	717	497	1,214
2	산업경제 (교통 제외)												
2.1	광산	1,485	0	1,485	1,425	0	1,425	1,473	0	1,473	1,424	0	1,424
2.2	경제적 에너지 이용/ 신재생 에너지	558	0	558	432	0	432	418	0	418	383	0	383
2.3	과학기술 및 혁신 촉진	378	0	378	576	0	576	775	0	775	485	0	485
2.4	특정 경제 영역에 대한 원조	4,159	0	4,159	782	0	782	177	0	177	16	0	16
2.5	지역구조 개선 조치	500	715	1,215	447	530	977	456	540	996	390	425	815
2.6	기타 조치	436	8,837	9,273	417	9,083	9,500	327	8,067	8,394	303	8,328	8,631
	2. 총계[1]	7,516	9,552	17,068	4,079	9,613	1,3692	3,626	8,607	12,233	3,001	8,753	11,754
3	교통	264	1,871	2,135	273	2,041	2,314	541	2,100	2,641	535	2,150	2,685
4	주택	812	2,876	3,688	1,013	2,105	3,118	1,008	1,403	2,411	1,108	753	1,861
5	저축 촉진 및 재산 형성	440	524	9,64	515	576	1,091	525	657	1,182	486	699	1,185
6	기타 재정 원조 및 조세입 지원[2]	0	3,216	3,216	0	3,728	3,728	0	3,861	3,861	0	3,918	3,918
	1~5 총계[3]	10,023	18,432	28,455	6,951	18,560	2,5511	6,633	17,124	23,757	5,847	16,770	22,617

1) 총계상 편차가 있을 수 있음
2) 중요한 경제적 영향을 미칠 수 있을 민간 부문에 대한 조세입 지원
3) 조세 감면 지분이 포함됨

자료: Bundesministerium der Finanzen.

(1) 공공 부문 지원 보조금(Zuweisung)

투자 성격을 갖지 않는 정부보조금으로서 정부행정 이외의 공공 분야 또는 행정위임사무와 같은 대상에 지원된다. 여기에 특정 기관이나 특정 사업을 대상으로 특정 목적을 의도적으로 달성하기 위한 보조금을 지원하기도 하며(Zweckgebundene Zuweisung), 특히 연방과 주정부 간의 재정 결손으로부터 빚어질 수 있는 공공사업의 보완을 위해 보조금을 지원하기도 한다(Ergänzungszuweisung).

(2) 민간 부문 지원 보조금(Zuschuß)

이는 정부행정 이외의 공익성을 갖춘 공공 분야의 사업을 수행하는 과정에서, 특히 민간 부문에 대해 정부가 공공예산으로 지원금을 보조하는 것이다. 보조금은 일회성 지원에 그치기도 하지만, 다년간에 걸친 계속사업에 지원되기도 한다. 그런데 민간 부문, 사법인들은 본래의 공적 활동과 임무의 범주 안에서는 주어진 보조금을 충분히 활용할 수 있지만, 보조금의 집행 과정에서 또는 결과가 만약 정부가 원하는 사업 목적과 다르게 오·남용되었다면, 이자까지 포함한 보조금을 모두 회수당할 수 있다는 데 유의해야 한다.

(3) 경제 성장 촉진 보조금(Subvention)

국가 발전을 지향하는 차원에서 무엇보다 경제 분야에 집중하여 지원하는 보조금이다.[26] 경제 성장의 추구와 함께 제반 경제 분야에서 생산성의 향상을 촉진하기 위해, 특히 생산기

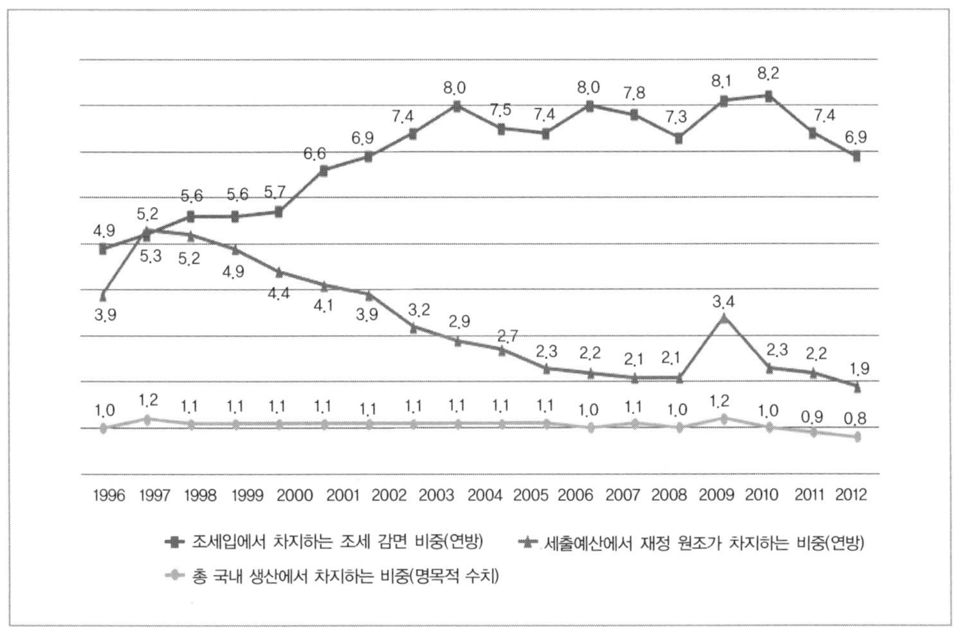

그림 5-10 보조금 구성 요소별 비중

자료: Bundesministerium der Finanzen.

---

26) 경제의 안정 및 성장 촉진에 관한 법(StWG) 제12조 참조.

술과 시설의 발전을 위해 보조하는 것이다. 연방정부는 매 2년마다 정기적으로 관련 보고서를 제출해야 한다(Subventionsbericht).

2) 정부 투자

연방정부는 주 또는 지방자치단체에 투자재원을 지원할 수 있는데, 이는 연방 내에서 경제력 및 재정력의 격차 해소를 통해 균형 발전을 꾀하고자 할 경우 또는 경제 성장을 촉진하고자 할 경우 가능하다.[27] 다만 기간은 한정적인 가운데, 지원 비율은 정기적으로 갱신되면서 해마다 축소하는 계획을 갖추도록 요구하고 있다.

또한 연방정부는 국가의 중요한 이익과 연계하여 연방이 추구하는 목적을 최선의 차원에서 경제적으로 달성할 수 없을 경우, 새로이 출범하는 사법인 또는 기존의 사법인으로 조직화된 기업에 전략적으로 투자할 수 있다.[28] 물론 투자 범위는 제한적으로 설정되어 있고, 투자에 따른 통제도 가능하다. 부연하면, 이는 감독기관이나 또는 이에 준하는 감시기관을 통해 연방의 이익과 관련하여 일정한 영향력을 행사할 수 있을 경우, 나아가 비록 다양한 법적 다툼이 있다 하더라도 적어도 상법에 의한 결산에 대한 감사보고서가 채택되어 경영에 대한 투명성과 함께 통제가 가능할 경우 투자가 가능함을 의미한다.

연방정부가 기업에 참여하여 기업의 지분을 높이거나 또는 양도할 경우 연방재무부의 승인을 필요로 한다. 특히 연방재무부의 승인이 있을 경우, 연방정부가 과반수 이상의 지배력을 가진 기업을 통해 또 다른 기업의 4분의 1 이상의 지분 확보를 위한 투자가 가능하다.

정부 투자(Investition)는 민간 부문에서도 재원 조달의 관점에서 매우 바람직하다는 판단을 얻을 수 있다. 그러면서 민간 부문의 공공 부문에 대한 관심의 제고와 함께 민간 부문의 활성화를 공공의 지원 아래 이룰 수 있다는 장점을 갖출 수 있다. 그러나 정부 투자 부문에서는 분명 공익성이라는 본질을 갖추어야 함에도 불구하고, 민간 부문 고유의 수익성이 과다하게 주장할 경우 정부 투자는 본연의 의의를 상실할 우려가 있다. 또한 정부 투자를 얻기 위한 민간 부문의 과도한 경쟁이라든지, 담합 또는 소외 역시 정부 투자의 본질을 왜곡할 수 있다. 그렇지만 이와 같은 공익 지향적인 민간 부문에 대한 정부 투자는 또 다른 측면에서 민관 협력의 중요한 수단으로 인식되고 있기 때문에, 그 활성화에 더 큰 주의를 기울이고 있는 실정이다. 정부 투자 부문의 유형과 규모는 <표 5-5>에서 잘 살펴볼 수 있다.

---

27) 독일기본법 제104b조 참조.
28) 연방예산법(BHO) 제65조 참조.

표 5-5 연방투자 지출 내역(2009~2014)

	2009	2010	2011	2012	2013	2014
	단위: 10억 유로					
1. 연방고속도로	–	–	6.6	2.2	–	–
2. 연방국도사업	5.9	5.3	4.9	4.9	4.9	4.9
3. 개발 원조	4.6	4.8	4.9	4.6	4.5	4.5
4. 연방철도	4.1	4.3	3.9	3.9	3.9	3.9
5. 보증 담보	0.6	2.1	2.0	2.0	2.0	1.8
6. 교육 연구	1.8	1.7	1.7	2.0	2.1	2.0
7. 지방 도로 건설 보수	1.6	1.7	1.7	1.7	1.7	1.7
8. 주택 건설 보수	1.0	1.3	1.1	1.1	1.0	1.1
9. 대학 건설 보수	0.9	1.0	1.0	1.0	1.0	1.0
10. 연방수도사업	1.1	1.0	0.9	0.9	0.9	0.9
11. 지역 경제구조 개선	0.9	0.7	0.6	0.6	0.5	0.5
12. 도시계획	0.6	0.7	0.7	0.6	0.4	0.3
13. 환경자연 보호	0.4	0.6	0.8	0.8	0.7	0.7
14. 부동산 토지관리	0.4	0.6	0.7	0.6	0.5	0.5
15. 농업구조 및 해안 보존	0.5	0.4	0.4	0.4	0.4	0.4
16. 치안	0.3	0.4	0.3	0.2	0.2	0.2
17. 문화	0.2	0.2	0.2	0.2	0.2	0.2
18. 국방(민방위 포함)	0.3	0.2	0.3	0.2	0.2	0.2
19. 종일학교 투자계획	0.6	–	–	–	–	–
20. 기타	1.1	1.3	1.2	1.3	1.2	1.1
총계	1.1	28.3	33.8	29.0	26.4	26.0

자료: Bundesministerium der Finanzen.

제 3 절 재정운용계획

통일 독일의 재정운용계획은, 특히 시기적으로 다음과 같은 3단계로 나누어 살펴볼 수 있다.

1 제1단계(1990~1994년)

1990년 5월 16일의 연방과 주정부 간 협정, 1990년 5월 18일 제1차 주정부 간 협정에 따라 마침내 1990년 8월 31일 통일조약(Einigungsvertrag)이 완성되었는데,[29] 여기에는 다음과 같은 중요한 내용이 포함되어 있었다.

① 독일기본법 제104a조 이하에서 규정하고 있는 재정 원칙을 구동독지역에 적용한다. 이는 연방의 재정 지원과 구동독지역의 재건을 위한 비용 분담을 의미한다.

② 1994년 12월 31일까지 정부 간 지방재정 조정을 통해 동서독 간의 재정력의 편차를 없앤다.

③ 독일통일기금(Fonds 'Deutsche Einheit')을 설정하여 1994년까지 1,600억 DM을 구동독지역에 지원한다.

독일은 통일 세 달 전인 1990년 7월 1일, 화폐와 경제 및 사회 통합을 실현하기 위한 협정을 체결했다. 구동독의 재정과 예산, 특히 통화를 통합 관리하면서,[30] 한편으론 통일기금을 조성하고, 또 다른 한편으로는 양독 간의 재정 조정을 통해 통일 이후 5년 이내에 구동독의 사회경제적인 수준을 서독의 수준으로 향상시키고자 시도한 것이다.

통일을 사전 계획하면서 서독 측은 1989년 초 동독의 인구는 서독의 약 20%, 조세입은 약 6%, 경제생산성은 약 30% 수준으로서, 서독 측이 재정 지원을 하지 않는다면 1990년 기준으로 구동독의 생활 수준은 오히려 현재 대비 약 25~30% 수준으로 급격히 낮아질 것으로 분석하면서, 연방 차원의 통일기금의 설치와 주정부 간의 재정 조정을 통해 구동독지역의 재정력의 개선과 함께 양독 간의 재정력의 형평성을 이루고자 한 것이다.

'독일통일기금'은 1990년 설정된 것으로, 이 기금은 연방 차원에서 분단 해소로 인해 얻게 되는 상대적인 예산 절감액이라 할 수 있는 200억 DM, 정부의 채권 발행 등으로 마련된 950억 DM으로 구성되었다.[31]

---

29) 독일 통일은 공식적으로 1990년 10월 3일 이루어졌으나, 이미 1990년 4월부터 정부의 행정권 인수가 시작되었다. 그리고 1990년 12월 2일 통일 독일의 하원선거가 실시되었다.

30) 서독과 동독의 마르크화는 1989년 10월 1: 9.17에서 1990년 6월에는 1:2.86으로 구동독의 마르크화가 급속하게 상승했다. 1990년 7월 1일 통화 및 경제사회의 통합이 시작되면서, 유가증권 1:1.8, 채무 1:2, 연금과 임대차 비용, 임금 등은 1:1로 환산되었다. 그리고 주민 1인당 15~59세까지 총 4천 DM, 14세 이전 2천 DM, 60세 이상 6천 DM까지 1:1 로 현금 교환이 가능했다. 경제적이라기보다는 정치적인 이유가 컸던 것으로 분석하고 있다.

31) 통일기금은 지금도 존속되고 있다. 이 기금에 대한 채무상환은 연방과 주정부가 모두 반씩 분담했다. 1995년 이후 구동독지역의 경제 발전과 함께 스스로의 발전에 대한 재정 분담이 가능해지

그런데 통일이 되었을 때 구동독의 부채는 무려 3천억 DM에 달한 가운데, 통일 이후 동독의 산업을 점검해 본 결과 90% 이상이 폐기 대상이었다는 사실로 미루어볼 때 이미 통일기금을 기초로 한 동독으로의 재정이전은 성과를 거두기가 어렵다는 점을 반증하고 있었다(Mäding, 1992: 183-213).

결국 통일기금은 1992년 총 규모 1,463억, 1994년 1,620억 DM으로 확대되었는데, 그 재원은 연방의 재정 지원과 함께 주정부와 지방자치단체의 재정 조정 장치(주정부 60%, 지방자치단체 40% 분담), 채무 부담 등으로 보완되었다. 그러면서 구동독으로의 재정이전은 1991년 1,060억 DM으로부터 1995년에는 1,560억 DM까지 증분되었지만(<표 5-6> 참조), 그 이면에서 정부 부문의 재정 결손은 1989년의 35억 DM에서 1995년에는 250억 DM까지 이르게 되었다(<표 5-7> 참조). 그리고 연방의 채무 규모는 2005년 383억 유로(750억 DM)까지 이르게 되었다.

결국 이러한 맥락에서, 에너지세, 담배세, 거래판매세에 대한 세율 인상과 함께, 1991년 소득세, 법인세에 대한 연대할증세와 같은 새로운 세원의 도입 등 다양한 재정 보완 조치가 강구되었다.

표 5-6 통일 이후 구동독으로의 재정이전 추이

연도	총액
1991	1,060억 DM
1992	1,150억 DM
1993	1,290억 DM
1994	1,390억 DM
1995	1,560억 DM

자료: Bundesministerium der Finanzen.

고, 또한 연방 차원에서 지방재정 조정의 장치를 통해 구동독지역의 주정부들에 대한 재정 지원이 가능해지자 이 기금의 역할은 자연스럽게 축소되면서 현재는 기존 채권의 상환 역할에 그치고 있다.

표 5-7 통일 비용 부담으로 인한 정부 부문 재정결손액 추이

연도	총액
1990	35억 DM
1991	40억 DM
1992	170억 DM
1993	160억 DM
1994	150억 DM
1995	250억 DM

자료: Bundesministerium der Finanzen.

제2단계(1995~2004년)

1993년 3월 13일 연방수상과 주지사들 간의 회담에서 소위 '연대협정(Solidarpakt)'을 의결하고, 이에 따라 1993년 6월 23일 「연방재정견실화계획의 실현을 위한 법(Gestz zur Umsetzung des Föderalen Konsolidierungsprogramms)」이 입법되었다. 이 계획에 의거 다음과 같은 관점을 충족시키고자 했다.

① 1995년부터 구동독지역에 주정부 간 지방재정조정제도를 도입 적용한다. 그리고 이때부터 공동세인 거래판매세의 연방과 주정부 간의 배분 기준을 63:37에서 56:44로, 주정부에 대한 배분 기준을 상향 조정하여 더욱 많은 재원을 구동독지역으로 이전할 수 있게 한다.

② 연방에서는 주정부 간 재정결손을 보완하기 위한 충당보조금(Bundesergänzungs-zuweisung: BEZ)을 설정하고, 주정부 간 지방재정 조정을 위한 재원에서 집중적으로 99.5%를 조달하기로 한다. 이 부문으로부터 구동독지역의 주정부들은 향후 10년간 206억 DM을 추가 지원받을 수 있도록 한다.

③ 신탁관리청과 채무청산기금(Kreditabwicklungsfonds)[32]에서 관리하고 있던 채무 및 일부 오래된 지역주택관리 부문으로부터 채무들은 잔존 채무 상각을 위한 '구동독채무변제기금'에서 통합 관리하도록 한다.

'구동독채무변제기금'은 1995년 일부 연방보조금과 연방은행의 일부 초과 수익금을 재원

32) 1991년 1월1일부터 1993년 12월 31일까지 존재했다.

으로 하여 설정되었는데, 이는 주로 구동독의 채무, 특히 경쟁력을 상실한 공기업의 민영화를 통한 민간 부문의 경제 부흥, 일자리 창출과 신규 투자 등을 담당했던 '신탁관리청(Treuhandanstalt)'의 관련 채무,[33] 일부 주택 관련 기업의 채무, 구동독 지방자치단체의 사회간접자본의 확충을 위한 채무 등을 변제하기 위해 마련된 것이다.[34]

 제3단계(2005년 이후)

제2차 연대협정 시기이다. 1993년부터 2004년까지 적용되었던 지방재정 조정을 위한 관련 조치들이 미흡한 결과를 보이자, 결국 2019년까지 지방재정 조정을 위한 관련 조치가 위임되어 있던 2001년 12월 20일의 연대협정의 지속을 위한 법(Solidarpaktfortführungsgesetz)의 범주 내에서 다음과 같은 조치를 마련하게 된다.

① 지방재정 조정을 위해 재정 지원을 담당할 수 있는 지방자치단체에서는 가능 분담 재원의 72.5%까지 교부 지분을 상향 조정해야 한다.

② 지방 재정력에서 차지하는 분담 비중을 과거 50%에서 64%로 확대해야 한다.

③ 주정부 간 재원 조정에서 인구 수가 비교적 많은 도시형 주정부, 베를린, 함부르크, 브레멘에는 기타 주의 재원 조정 기준 대비 135%를 설정하고, 인구 수가 비교적 적은 구동독의 주정부에는 105%까지 추가 할증 지원을 할 수 있도록 한다.

④ 2019년까지 재정 결손의 보완과 함께 구동독지역의 발전을 촉진하기 위해 충당보조금(BEZ)의 규모를 1,565억 유로(3,060억 DM) 규모로 책정하기로 한다. 이 중 1,053억 유로(2,060억 DM)는 구동독지역의 경제 발전을 위해 각 주정부를 통해 지원하고, 512억 유로(1,000억 DM)는 연방 차원의 목적예산(Zweckgebundene Haushalte)으로서 사회간접자본의 확충 등 각 부문별 특정 목적을 달성하기 위해 활용한다. 그리고 구동독지역을 위해서는 2020년 이후 같은 맥락에서 새로운 특별 규정을 만들기로 한다.

---

33) 1990년 '신탁관리청'이 설립된 1989/1990년도 당시 동독에는 1만 4천여 개의 기업이 있었고, 그 가치는 모두 1조 2천억 DM 정도의 규모인 것으로 파악하고 있었다. 그런데 그 규모는 1990년 9월 '신탁관리청'에 의해 6천억 DM 규모 정도로 다시 평가되었다. 이런 배경 등으로 말미암아 1994년 12월 31일 '신탁관리청'이 해체될 때 약 2천억 DM 정도의 재정 결손을 남길 수밖에 없었다. Wikipedia, *Kosten der Deutschen Einheit*, p. 4. 그뿐만 아니라 신탁관리청에 의한 구조조정으로 오히려 상당한 실업률의 증분이 있었다는 지적이 있다(정용길, 2008: 8-9).

34) 구동독의 채무 규모는 1990년 말 255억 DM 정도였으나, 1992년 양독 통화 전환에 의거 통합한 결과 총 917억 DM에 달한 것으로 파악되었다.

독일의 통일재정은 기금 설정, 연방과 각 주정부 간의 지방재정 조정, 조세의 신규 설정과 세율 인상, 연금과 사회보험에 대한 할당, 채무의 확보, 유럽연합의 보조금 등으로 설정되었지만, 그 규모에 관해서는 정확하게 밝혀진 바가 없다. 다만 각 기관마다 고유의 평가기준에 따라 통일 이후 2009년까지 해마다 약 1천억 유로 정도가 증분한 가운데, 총체적으로 대략 9천 5백 억 유로에서 1.6조 유로 정도가 소요된 것으로 판단하고 있다(<표 5-8> 참조).

<표 5-8>은 각 연구기관별 독일 통일 비용의 규모를 소개한 것이다.

표 5-8 독일 통일 비용 규모

시기	규모(10억 유로)	연구기관
1991~1995	607~888	세계은행
1991~1998	600~750	경제연구소[1]
1991~2003	950	할레대학 경제연구소
1990~2004	1,100~1,200	베를린 자유대학
1990~2009	1,600	베를린 자유대학
1990~2009	1,300	할레대학 경제연구소

자료: [1]Wikipedia, *Kosten der Deutschen Einheit*, pp. 6-7; Brockhaus, Infothek.

독일의 통일 비용은 대부분 구동독의 연금과 실업보험과 같은 사회보장 부문에 투입된 가운데, 양독 통화 체제의 통합, 사회간접자본의 개선 및 확충, 기업활동의 촉진, 채무 상환, 심지어는 구소련군의 철수 비용35) 등에 이르기까지 매우 광범위하게 사용되었다.

그렇지만 이러한 재원이 투자재원으로 활용되지 못하고 실업자 수당이나 연금 등의 지원으로 활용됨으로써, 상대적인 박탈감을 느낀 서독 측 납세자들의 반발을 야기했다. 그리고 연대할증세 등 조세의 추가 부과와 함께 거래판매세 등의 세율 인상은 상대적인 임금의 인상 요구로 이어지고 실업자가 증대되는 등 독일 재정에 큰 부담을 남기게 되었다. 또한 연방의 예산 절감 과정에서 주로 사회복지 부문의 예산을 절감했기 때문에, 특히 저소득층의 불만이 확산되었다. 그뿐만 아니라 구동독 행정에서 만연한 부정부패와 방만한 예산의 오·남용도 통일 비용의 불필요한 증분에 한 축을 담당했다.

---

35) 구소련 이전지역 주택건설 비용 78억 DM 및 조기 이전에 대한 보너스 5억 DM 포함, 총 125억 DM에 이른 것으로 파악하고 있다.

결국 연방정부의 통일재정 운용계획은 양독 간의 재정력의 격차 극복을 통한 균형 발전과 사회적 형평성을 이루는 과정에서 상당한 시행착오가 있었음을 알 수 있다. 그리고 이와 같은 맥락에서 아직도 많은 부분에서 2019년까지 더욱 보완해야 할 것으로 판단하고 있다. 더불어 이러한 문제의 궁극적인 해결은 앞으로 연대협정의 취지에 따라 연방의 미래 지향적인 선도와 함께, 주정부와 지방자치단체 간의 지속적인 역할과 비용의 분담에 구속되어 있음을 잘 인식하고 있다.

제 4 절 시사점

최근 독일의 재정과 예산은 독일의 통일 과정과 매우 밀접한 연관이 있다. 우선 관련 세출 수요를 감당하기 위한 세입의 구조에 큰 변화가 있었다. 그리고 통일 비용을 충당하는 과정에서 관련 조세입이 원활치 않았던 관계로 상당한 채무의 발행이 있었다. 독일의 재정과 예산은 이러한 변화에 대응하면서, 특히 중장기적인 조망 아래 새로운 세입을 발굴하고 기금을 조성하면서 통일 이후 양 독일의 재정력의 형평성 제고와 함께 균형 발전에 심혈을 기울이는 모습을 보이고 있다.

그리고 이러한 과정에서 가장 돋보이는 역할을 담당한 부분은 바로 공동세를 중심으로 한 지방재정 조정 장치라 할 수 있다. 통일 이후 구동독지역의 사회경제적인 수준을 서독의 수준까지 거의 형평하게 이르게 할 수 있었던 가장 근본적인 정책 수단이었고, 실제 기여한 바도 지대했기 때문이다.

고유의 분리 체계와 함께 각 과세 주체가 특정 조세에 대한 일정 지분을 갖고 있는 공동세제 아래 수직적이며 수평적인 지방재정 조정 장치를 통해 균형 발전을 의도하고 있는 모습은 독일의 오랜 지방분권의 역사와 무관하지 않다.

분권으로 인한 지방자치가 발전하면서 각 지방자치단체에 대한 재정의 자치권을 보장하면서 상호간의 균형 발전을 궁극적인 국가 발전의 본질로 삼았던 철학이, 오늘날 통일로 인한 여러 난제의 해결에 기본 개념으로 작용한 것이다.

따라서 우리도 국가 발전을 위한 건전재정 운용을 도모하면서 통일과 같은 큰 목적을 달성해 내기 위해서는, 재정과 예산의 운용에서 중앙집권적이라기보다는 비용과 역할 분담을 위한 분권 지향적인 사고를 점진적으로 정립해 나가면서 사전 준비하는 것이 더욱 바람직하다는 생각이다.

 지방재정 조정과 공동세

독일의 경우 연방과 주정부 간의 조세 분담을 통한 수직적인 재정 조정과 함께 지방정부 간의 재정력에 따른 수평적인 재정 조정 장치가 활성화되어 있다. 이러한 모습은 연방과 주정부 사이에서 수직적으로 이루어지지만, 궁극적으로 이는 지방 재정력의 형평성 도모와 함께 균형 발전을 이루기 위한 수평적인 지방재정 조정 장치로서의 가치 또한 매우 크다. 그리고 이러한 맥락에서 독일의 통일 과정에서 구동독지역의 재정력의 확충을 위한 수직적이며 수평적인 재정 조정 장치로서 크게 기여한 것으로 판단하고 있다.

특히 국세와 지방세의 분리 체계 아래, 국세의 비중이 지방세에 비해 현저하게 높아 중앙정부의 독점적인 성격이 강하게 내재된 상황에서, 이러한 공동세가 가지는 특성은 지방자치의 발걸음을 시작한 우리에게 큰 시사점을 줄 수 있다. 지방정부의 고유의 자주적인 재정력의 확보를 통한 균형 발전에의 동반 참여, 그리고 이를 바탕으로 한 시너지화한 국가 발전을 위해 공동세는 분명 큰 의미를 가지고 있기 때문이다.

우리나라에서도 공동세라는 표현이 나오고 있다. 2008년 서울특별시는 자치구세인 재산세를 서울시와 자치구 공동으로 과세한 이후, 이 재원을 인구 수 등 일정 기준에 따라 재정 조정의 차원에서 자치구에 다시 차등 교부하면서 이를 공동세라 칭한 바 있다. 원래 서울시와 자치구 간에 5:5로 과세권을 설정하기로 했으나, 이로 말미암아 세수가 감소되는 자치구의 반발로 인해 2008년 40%, 2009년 45%, 2010년 50%로 단계적으로 적용한 바 있다.

그런데 공동세란 예를 들어, 특정 조세에 대해 서울시와 자치구가 각각의 지분으로 나누어 갖는 것으로 파악했을 때, 서울시는 자체 조세원의 참여 없이 상급 자치단체의 우월적 지위에서 단순히 기초자치구의 조세원만을 가지고 재정 조정에 나서는 모습을 보이고 있기 때문에, 이는 엄격한 의미에서 공동세라 할 수 없다. 다만 하위 자치단체인 구세에 대한 과세권의 분할로 말미암아 변형된 공동세라 주장할 수는 있겠지만, 공동세의 본질에 비추어 이러한 해석은 무리라 할 수 있다.

그리고 또 다른 측면에서 과세권의 분할에 의한 비용 분담으로 말미암아 서울시의 공동세는 오히려 수평적인 재정 조정을 위한 할당(Umlage)으로 해석할 수 있지만, 할당 또한 조세의 분할에 의해서가 아니라 재정력에 따른 비용 분담으로 이루어지기 때문에 이 역시 주장하기가 쉽지 않다. 재정력의 형평성을 확보하기 위한 할당장치는 특히 고유의 과세권을 침해하지 않는 차원에서, 주어진 조세 체계에 구속되는 모습을 보이고 있는 공동 세제를 보완할 수 있는 장치로 평가받고 있음을 인식해야 한다.

그렇지만 할당 장치는 독일에서 균형 발전을 위한 비용 분담의 차원에서 누진 분담과 차등 지원의 원칙 아래 지방재정 조정을 통한 형평 발전을 도모하기 위한 이상적인 장치로 기능하고 있기 때문에, 할당이라는 개념은 우리에게 시사점을 줄 수 있다는 판단이다.

특히 재정 형평을 위한 할당 장치는 지역 간의 빈부 격차로 인한 양극화를 해소할 수 있음은 물론, 통일과 같은 비용이 많이 소요되는 국가 차원의 대형 사업 또는 지방자치단체 간의 대규모 광역행정사업의 추진 과정에서 시너지화한 투자 효과를 기대할 수 있는 유용한 장치로서 평가받고 있기 때문에 우리가 많은 관심을 기울여야 할 부문이라 할 수 있다.

정부 차원에서 민간 부문의 경제 활성화를 통한 지역 발전을 위해 보조금을 설정하고, 특히 민관 협력을 위해 정부투자제도를 갖추고 있는 모습 역시 지역 간의 사회적 형평성을 제고하기 위한 중요한 지방재정 조정 장치로서 평가받을 수 있음에 유의해야 한다.

결국 공동 세제를 기반으로 한 지방자치단체의 자주재원의 확충과 함께 수직적이며 수평적인 지방재정 조정의 장치를 통해 균형 발전을 이루도록 노력하는 모습을 통해 총체적인 국가 발전을 이끌어 낼 수 있다는 인식의 확산이 필요하다고 본다.

2 회계연도

우리나라에서 채택하고 있는 단일 회계연도 제도는, 특히 이미 집행된 예산에 대한 검증과 평가 작업을 논의할 시간도 없이 항상 시간의 제약을 받으면서 차기 회계연도에 대한 새로운 예산의 확보에만 몰입하게 하는 부정적인 측면을 야기하고 있다. 결산에 대한 개념이 희박한 가운데, 신규 예산의 확보에만 관심을 갖는 것은 바람직하지 못하다는 것이다.

물론 회계연도의 끝과 시작이라는 기로에서 이미 집행된 예산에 관한 심도 깊은 검증을 논의한다는 그 자체가 어려운 일일 수 있겠지만, 가능하다면 예산의 결산을 기초로 검증과 평가 작업을 마친 이후 좀 더 생산 지향적인 차원에서 엄밀하게 새로운 예산을 편성하는 것이 옳다는 것이다.

이러한 의미에서 중기적인 재정계획 아래 시계열 차원에서 집행의 경험과 성과를 분석하면서 좀 더 과학적인 사업상의 우선순위의 확립과 재원 조달 방안의 구체화를 토대로 한 발전 지향적인 차기 회계연도의 예산편성을 위해 복수 회계연도(Doppelhaushaltsjahr)를 제도화하는 방안을 적극 모색해 보아야 한다.

3 기금과 특별회계

독일 통일 당시 연방정부는 통일 비용의 마련을 예산 절감, 특히 그동안의 분단에 따른 비용의 극복으로 인한 상대적인 관련 예산의 잉여와 채무행위로써 조달하겠다고 선언했으나, 구동독지역을 위한 현실적인 재정 수요는 예측 이외의 초과 부담을 필요로 했다. 그리고 이러한 배경에서 원칙적으론 일반회계 이외에 특별회계를 인정하지 않고 있지만, 통일기금과 같은 특별회계를 운영한 바 있다.

물론 실제에서 기금의 운용은 일반회계에 미칠 수 있는 영향력을 사전에 배제할 수 있는 긍정적인 측면을 기대할 수도 있지만, 또 다른 한편으로는 통일 비용을 일반회계 이외의 분야에서 운용하게 함은 통일 비용에 대한 정확한 추계를 곤란하게 할 뿐만 아니라, 예산 운용의 투명성을 저해할 수도 있기 때문에, 우리나라에서도 통일 비용에 관한 재정 및 예산회계에 관한 공정한 시스템을 갖추도록 미리 준비해야 한다는 지적이 있다(박용주·배상빈, 2000: 145-146).

4 채무관리

독일에서의 채무 형성은 통일의 완성이라는 정치적 의미에서 비롯된 것이라고는 하지만, 그 부담에 대한 전가 때문에 상당한 비판에 직면해 있는 것도 사실이어서 독일의 재정과 예산에서 채무관리는 매우 중요하게 다루어지는 사안이다. 채무의 설정에 대한 상한선이 상황에 따라 제시되면서, 채무의 상환과 이자의 지급에 대한 투명한 계획이 전제되고, 이러한 내용들이 궁극적으로 재정과 예산에 공개 반영되어 시계열적으로 적극적인 관리가 되고 있는 모습은 시사하는 바가 크다.

채무의 발행은 물론 엄격한 제도적 장치와 조건 아래 집행되고 있지만, 그럼에도 불구하고 채무관리에 관한 엄격한 관리 감독을 위한 별도의 독립된 통제기관을 설정하고 있는 것도 독특해 보인다.

우리도 글로벌 재정 경제위기로 말미암아 상당한 국채가 발행되었고, 같은 맥락에서 예산의 조기 집행 등으로 말미암아 지방채도 상당한 규모에 이르고 있기 때문에,[36] 좀 더 신뢰받을 수 있는 체계적인 채무관리에 관한 인식을 높여야 한다.

5 통일 비용

독일 통일의 과정에 비추어 우리나라의 통일 비용을 어떻게 마련해야 하는지에 대한 방법론은 충분히 유추해 볼 수 있지만, 반면 그 규모를 정확하게 산출하기는 무척 어려운 일임에 틀림없다. 왜냐하면 우선 북한의 사회경제적인 수준과 재정력에 대한 엄밀한 검증이 어렵고, 어느 정도 수준에서 남북한 간의 사회경제적인 형평성을 이루어야 하는지에 대한 결정이 남아 있기 때문이다.

통일 비용은 사회간접자본의 개선과 확충, 산업의 발전을 통한 지역경제의 활성화, 통화 및 물가의 안정, 고용과 실업문제 등 사회보장정책의 구현, 심지어는 이주민의 해결 문제와 함께 북한의 채무 상환에 이르기까지 감당해야 할 영역이 매우 광범위하다. 그리고 여기에 덧붙여 독일의 경우 구동독지역으로의 재정이전이 커지면 커질수록 서독 측 주민들의 불만도 그만큼 고조되었다는 사실도 알아야 한다.

따라서 통일 비용에 관해서는 5년 정도의 중기계획과 30년 정도의 장기적인 계획 아래 남북한 간의 사회경제적인 형평성을 이루기 위한 지원 체계를 갖추도록 하면서, 특히 북한의 자립을 도모하기 위한 투자환경 조성에 초점을 맞추어, 점진적인 경제 발전과 함께 스스로 관련 비용을 분담할 수 있는 전략을 마련해야 한다.

같은 맥락에서 통일 이전부터 독일에서 실행해 왔던 것처럼, 남북한 간의 지방자치단체 및 경제 교류를 활성화하여 가급적 분단 비용을 천천히 줄여나가는 노력을 해야 한다. 분단보다는 통일에 대한 기대 효과로 인한 예산 절감 가능 부분을 예측하고 활용한다는 계획을 수립하면서 이를 공개하고 관련 내용을 긍정적으로 함께 공유한다면, 이는 통일 비용의 형성에 대한 우호적인 유인 요인이 될 수 있음과 동시에 관련 저항도 쉽게 극복할 수 있을 것이다.

---

36) 2012.5.31.국회에 제출된 2011회계연도 국가 결산보고서에 의하면, 국가 채무는 총 420.7조 원(지방채무 17.8조 원 포함) 규모로서, GDP 대비 34%에 이른다. 이는 전년 대비 28.5조 원, GDP 대비 0.6% 증가한 수치이다. 그렇지만 여기에 공무원 · 군인연금 충당 부채를 포함하면 총 774조 원 규모인 것으로 나타나고 있다.

그러면서 철저한 사전 준비와 함께 자연스럽게 기금을 확보하는 방안을 구상해야 한다. 이는 주어진 조세 체계 내에서 특정 조세에 관한 일정 지분이나 또는 종속세로 구성하거나, 또는 통일 관련 이벤트를 수익사업으로 전환하여 안정성 있게 지속적으로 추진한다면 별 저항 없이 자발적인 차원에서 관련 재원을 형성할 수 있다고 본다.

그리고 부득이한 경우 채무의 발행을 고려할 수 있다. 그렇지만 채무의 발행은 국가재정상의 부채를 현저하게 증분시키는 결과를 초래할 수 있고, 특히 그 부담이 국민에게 직접적으로 전가될 수도 있기 때문에 상당히 유의해야 한다.

제 6 장

독일의 행정통제

통제(Kontrolle)는 법칙에 맞게(ordnungsgemäss) 행위를 했는가에 대한 심사(Überprüfung)이며, 통제 대상을 전제로 한다. 통제는 최적화(Optimerung)를 찾는 통제하는(controlling) 것과는 차이가 있다. 행정에서 통제는 원래 계획한 대로 행했는가에 대한 조사이다(Püttner, 1989: 663f.). 행정통제는 "행정 목적이 효과적으로 달성되고 있는지를 행정관리층이 결정하는 수단"(Marshall E. Dimock)으로 행정 성과가 계획대로 이루어지도록 시정 조치를 취하는 것을 의미한다(신두범 · 오무근, 2003: 487-488).

독일 행정에서는 다양한 통제와 방식이 있다. 행정에 대한 통제는 일반적으로 내부통제와 외부통제로 구별되며, 외부통제는 다시 사법통제, 의회통제, 감사원을 통한 회계통제, 여론통제로 나뉜다. 행정의 통제는 다음과 같은 특징을 가진다(김중규, 2003: 1067).

- 목표 달성의 수단인 점
- 계획과 불가분의 관계를 맺는 점
- 행정책임을 확보하기 위한 것이라는 점
- 강제성 수반
- 시정 조치를 위한 일종의 환류(feedback) 과정인 점
- 목표 달성의 극대화를 목표로 하는 점
- 계속적인 과정

행정통제에서 기준은 시대에 따라 변하나, 민주정부에서 따라야 할 기준은 시민의 자유와 공공의 목적에의 봉사가 있다(이종수 · 윤영진 외, 1999: 189-190). 행정통제에서 자유와 평등 간의 불일치에서 합의가 형성되어야 하며, 관료의 공익에 반하는 행동은 통제된다.

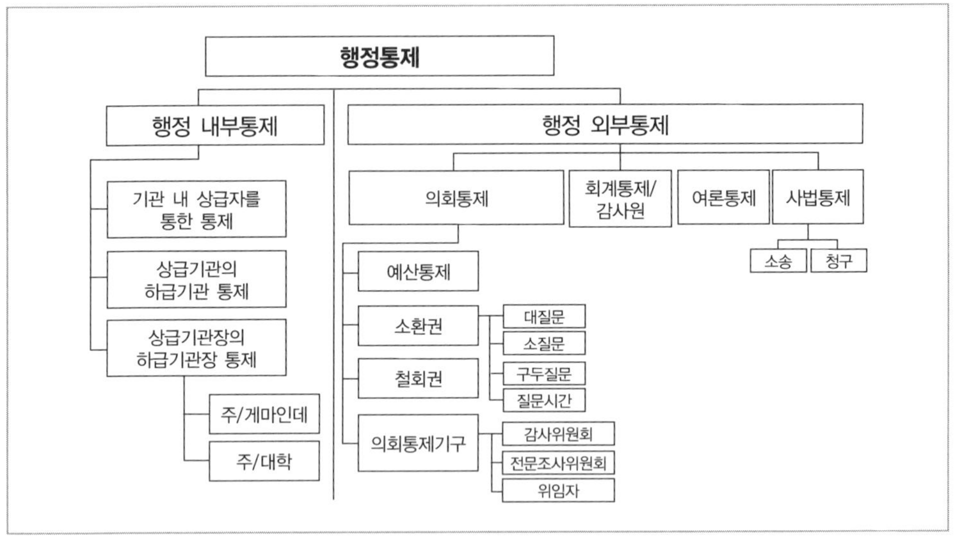

그림 6-1 독일 행정의 통제구조

제1절 사법통제

1 법국가성과 재판

독일은 법치국가이면서 헌법국가이기 때문에, 모든 행정작용은 기본법의 헌법 질서에 구속된다. 이는 입법 제정자인 의회와 집행부로서 행정부도 마찬가지이다. 법국가성(Rechtsstaatlichkeit)은 국가 권력의 행사가 헌법에 기초하며, 형식과 내용(materielle)에서 헌법에 부합하게 가결된 법에 따른 인간의 존엄, 자유, 정의 그리고 법안전(Rechtsicherheit)의 실현 목적으로 한해 공권력 행사가 허용되는 것(zuverlässig)을 의미한다(Stern, 1984: 781). 따라서 법국가성은 기본권, 권력 분립, 모든 국가기관의 법구속(Rechtbindung), 법안전, 공권력에 의한 법 침해에 대한 법원을 통한 보호 등을 광범하게 포용한다.

법국가성의 통제는 제3의 권력인 사법부의 판례(Rechtsprechung) 준수에 따른다. 사법부의 판례로서 권력은 기본법에서 주도적인 지위를 가진다. 기본법 제19조 4항에 따라 누구나 그의 권리가 공권력에 의해 침해를 받았다고 보는 경우에는 법원에 소송을 할 수 있다. 기본법 제93조는 헌법소원을 보장하며, 기본법 제92조는 판사에게 사법권의 행사 권한을 주고 있다.

독일에서 재판권(Gerichtbarkeit)은 단일하지 않으며, 다양한 재판의 방법이 있다. 이는 크게 두 가지로 나뉜다.

- 연방헌법재판소와 주헌법재판소를 통한 헌법재판이다.
- 5개의 전문재판(Fachgerichtbarkeiten)이다. 민사와 형사재판, 행정재판, 재무재판, 노동재판, 사회재판이다.

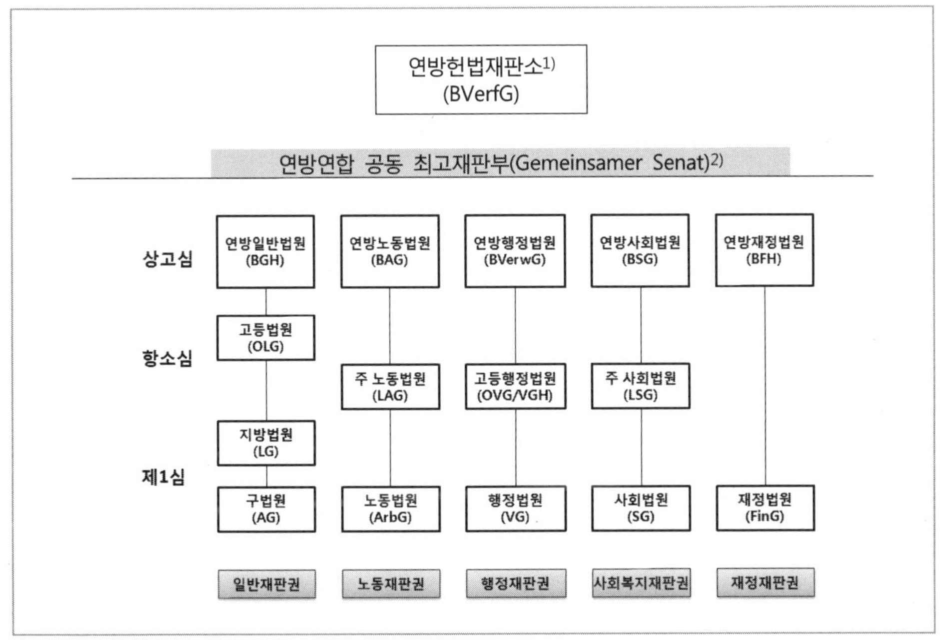

그림 6-2 독일의 재판 구조

1) 초상고심(Superrevisionsinstanz)을 의미하지 않음.
2) Gemeisamer Senat der Obersten Gerichtshöfe des Bundes는 기본법 제95조3에 따라 재판의 통일성을 이루기 위해 설치된다. 이는 독립된 재판소가 아니라, 일종의 협의체(Vermittlungsorgan)로 운영된다. 재판소는 카를스루에(Karlsruhe)에 소재한다. 운영에 대해서는 연방일반법원의 판례 통일 유지에 관한 법률(RsprEinhG)이 있다.

헌법재판

입법가와 국가기관에 대한 헌법의 지배와 우선성(Vorrang)은 헌법재판권의 뿌리이다. 연방헌법재판소는 헌법재판의 권한을 가지며, 연방의 최고재판소이면서 동시에 헌법기관의 특성이 있다. 헌법재판소는 법이 기본법에 따라 적법하게 의결되며 공표되었는지를 심사하며, 기관의 헌법 침해를 감시하며, 기관 간의 분쟁을 조정하며, 정당의 금지를 결정한다. 연방헌법재판소의 주요 권한은 구체적 규범통제(die konkrete Normenkontrolle), 추상적인 규범통제(abstrakte Normenkontrolle), 기관 간의 분쟁, 헌법소원이다. 연방헌법재판소는 헌법수호자(Hüter der Verfassung)[3]의 지위를 가지며, 기본권의 실현에 책임을 진다. 헌법재판소는 다른 헌법기관, 가령 연방대통령, 연방하원, 연방상원, 연방정부와 같은 수준에 놓이며, 때로는 이런 헌법기관을 제한할 수 있다.

연방헌법재판소는 자신이 스스로 활동하는 것이 아니라, 법적인 근거에서 소송이 의뢰된 경우이다. 재판의 결정은 비공개회의(Beratung)를 통해 이루어진다. 재판소 구성은 재판관 8명씩으로 구성되는 2개 원으로 구성된다. 재판관 임기는 12년이며, 연임은 없다. 재판관은 연방하원과 연방상원이 각 절반씩 선출된다.

연방과 주 간의 재판고권(Gerichtshoheit)은 전문 재판소별로 나뉘어 있으며, 최고재판소는 연방재판소가 된다. 다른 부문은 통상 주 재판이 된다. 이로써 주 수준에는 21,498명의 재판관이 있으며, 반면 연방 수준에는 444명만이 있다(Bundesamt für Statistik, 2008).

재판소 하위조직은 서로 다르지만, 3개의 요소를 가진다. 판사는 직업으로서의 판사와 명예직으로 활동하는 판사로 나뉜다. 판사들은 자신들의 활동에서 독립적이며 다만 법에 구속된다. 직업판사는 평생 기간으로 임명되며, 명예판사는 일정 기간 임명된다.

3 행정재판

공법(Das öffentliche Recht)은 헌법, 형법, 소송법, 행정법, 경찰법, 학교법, 공무원법, 사회법, 조세법으로 나뉜다. 여기서 행정법 관련 행정재판(Verwaltungsgerichtbarkeit)은 역사

3) Tagungsbericht-Kelsen, Schmitt und "der Hüter der Verfassung": Weimar, 1931, In: H-Soz- u-Kult 27.08.2006.

적으로 법치국가를 확보하는 수단으로서 나타났다. 이는 국가의 권한을 법에 구속하는 것이며, 다른 한편에서는 국민의 자유 권리(Freirechte)를 확보・보장하는 것이다.

19세기 중반까지 독립법원을 통한 행정통제는 시행되지 않았으며, 19세기 후반에 들어서 비로소 시작되었다. 행정행위에 대한 최초의 법적 규정은 1849년 헌법 초안에 나타났다. 그러나 1848년 헌법은 제정되지 못했으나, 그 이후 독립적 법원을 통한 행정재판의 요구는 계속 이어졌다. 1863년에 바덴(Baden)에 독일 최초의 행정재판소가 설립되었다. 1875년에 프로이센(Preussen)이 뒤따랐다. 그 이후에 독일 전역에 독립적인 재판기구(ordentliche Gerichte)로서 행정재판소가 설립되었으며, 행정재판을 통한 행정통제가 자리 잡혔다.

독일 전역을 관장하는 단일 규정은 1949년 기본법 제정과 그 이후 1960년의 행정재판법(VwGO) 제정과 더불어 비로소 제도화되었다. 그 이후 행정재판법은 수차례에 걸쳐 개정되어 오늘에 이르고 있다. 1996년 11월 1일 행정재판법은 행정재판의 기간 단축과 신속한 재판 촉진을 목적으로 크게 개정되었다.

행정재판법은 모든 공공권리의 분쟁에 대한 행정재판에 대한 전반 규정(Generalklausel)을 담고 있으며, 사회법이나 재정법과 같이 법을 통해 관장되는 소송 방법(Rechtweg)이나 헌법소원을 다루지 않는다. 행정재판법은 행정재판의 조직, 대상, 과정을 담고 있다. 행정재판은 다음과 같이 구축되어 있다.

- 제1심(Instanz)으로는 52개의 행정재판소(Verwaltungsgerichte)가 있다. 행정재판소는 대부분 주 내의 행정 경계 내에 소재한다. 재판소(Senat)는 각 3명의 직업재판관과 2명의 명예재판관으로 구성된다.
- 제2심으로는 16개의 고등행정재판소(Oberverwaltungsgerichte)가 있다. 이는 일부 주에서는 Verwaltungsgerichtshöfe으로도 불린다. 재판소는 각 3명의 직업재판관으로 구성된다.
- 제3심으로서 연방행정재판소가 있다(라이프치히 소재). 재판소는 각 5명의 직업재판관으로 구성된다.

행정재판은 기관의 조치들을 법과의 일치(Vereinbarkeit)를 근거로 판단한다. 행정재판은 법적 통제만을 하며, 행정의 합목적성심사(Zweckmässigkeitsprüfung)는 배제된다. 따라서 자유재량 판단(Ermessens-und Abwägungsentscheiden)은 행정재판에서 제한적으로 이루어진다.

행정재판은 기능과 조직에서 자율적이며, 인력에서도 독립적이다. 연방행정재판소는 10

개의 상소심 재판부(Revisionssenate)와 4개의 특별재판부, 2개 병무재판부(Wehrdienstsenate), 징계 재판부(Diszplinsenate), 전문 재판부(Fachsenate)로 구성된다. 인적 구성은 재판관 56명(27%), 재판연구관(6%), 고위직 9명(4.5%), 준고위직 34명(17%), 중위직 14명, 단순직 12명, 계약직 근무자 67명(33%)로 구성되었다(법원 내부 자료). 행정재판소는 당사자의 소송이 있는 경우에 행위하며, 구체적인 사안을 다룬다. 여기서 대중적 공소(Popularklage)가 아니라 개인적 권리 보호가 다루어진다. 특별한 법령심사로서 규범법령심사(Normenko-trollverfahren)가 있으며, 이는 법령(Rechtsvorschriften)을 심사한다. 이는 상급 행정재판소(Oberverwaltungsgeichte)에서 이루어진다.

독일 연방행정재판상의 소송은 행정행위의 취소를 구하는 취소소송(Anfechtungsklage), 행정행위의 발급을 요구하며, 여타의 직무의 행위 이행과 중지를 구하는 이행소송(Leistungsklage), 행정행위의 무효화를 구하며, 공법상의 법률 관계 존부의 확인을 구하는

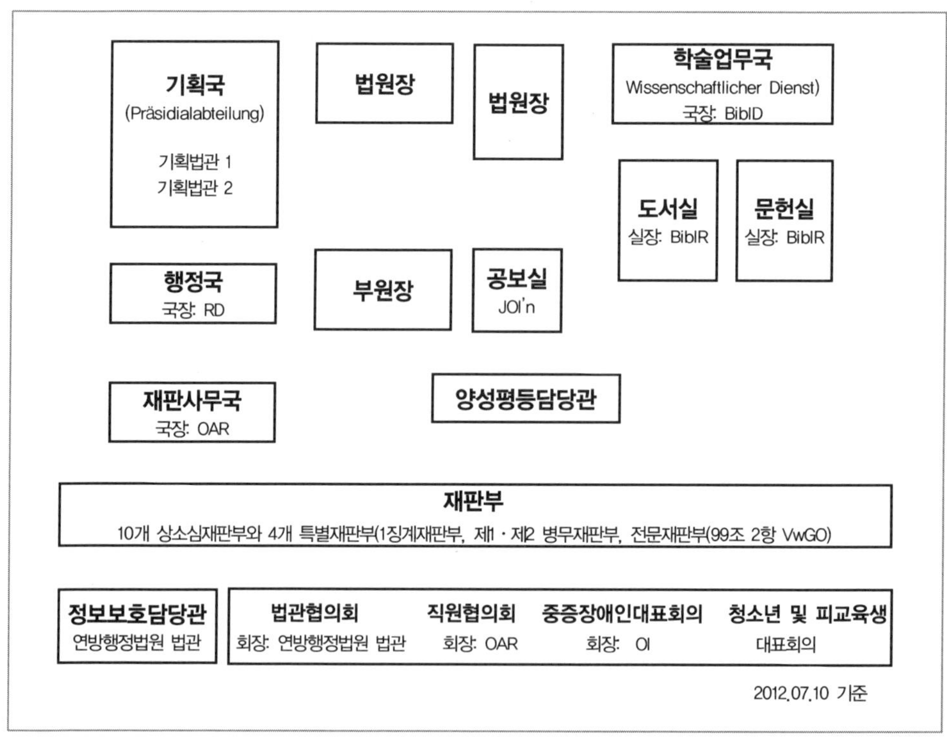

그림 6-3 연방행정법원 행정조직

자료: 연방행정재판소 조직도(http://www.bverwg.de/media/archive/8252.pdf)

확인소송(Festellungsklage), 규범통제 수단(Normentrollesklage) 등 다양한 소송 유형이 인정되고 있다. 행정재판에서 12개월 이상이 걸리는 행정소송이 증가하고 있다. 따라서 행정재판이 종종 임시적인 법 보호 수단으로서 이용된다. 그 밖에 소송 과정을 단순화하고 재판관 수를 확대함으로써 소송 시간을 단축하려는 노력이 있다.

 행정재판 현황

연방행정재판소에 접수된 소송건(Verfahrenseingänge)은 2009년에 1,698건이다. 이는 2008년 1,752건과 비교하여 3% 감소한 것이다. 2008년 전년 대비 16.6% 감소에는 미치지 못한다.

연말 계류 건(Anhänging am Jahresende)은 762건으로 2008년 773건보다 1.4% 감소했다.

2009년 접수 1,698건을 재판부별로 보면 상소 재판부(Revisionsenate) 1,548건, 징계 재판부(Diszplinarsenate) 2건, 병무 재판부(Verdienstsenate) 148건이다.

표 6-1 연방행정재판 통계

(단위: 건)

연도	접수 건 (Eingänge)	완결 (Erledigungen)	연말 계류 건 (Anhängig am Jahresende)
2005	1,899	1,944	746
2006	2,147	2,030	864
2007	2,102	2,097	870
2008	1,752	1,848	773
2009	1,698	1,709	762

자료: 연방행정재판소 통계.

재판 기간은 상고심 기간(Revisionsverfahren)과 항소심 기간(Beschwerdeverfahren)으로 나눌 수 있다.

2009년 재판 판결을 받은 상고심 기간은 평균 12개월 26일이다. 2008년은 10개월 10일이었다. 2005년 11개월 16일에 비해 기간이 늘어나는 추세이다. 항소심 기간은 2009년 3개월 21일로 이는 2008년 8개월의 기간보다 줄어들었다. 연방행정재판소에 접수되는 항

표 6-2 재판 판결 기간(상고심)

연도	월	일
2005	11	16
2006	10	24
2007	10	27
2008	10	10
2009	12	26

자료: 연방행정재판소 통계.

고심(Beschwerdeverfahren)의 절반인 49.4%가 3개월 이내에, 76.8%가 6개월 이내에 해결되었다. 2008년의 기간에는 47.3%가 3개월 이내에, 75%가 6개월 이내에 행정 판결을 통해 해결되었다.

제 2 절 행정통제

1 행정 내부통제

행정부 자체 내에서의 행정통제(adminitrative Kontrolle)가 이루어진다. 행정 내부통제는 자체통제로서 상급자를 통한 하급자의 통제, 상급기관을 통한 하급기관의 통제가 있다. 행정 내부의 자체통제는 행정의 자체 정화를 목적으로 하며, 이로써 행정의 법치성과 합목적성에 대한 공공의 이해에 부합하고자 한다.

행정기관의 내부통제는 감독(Aufsicht)으로 이루어진다. 행정감독은 부처감독(Ministeralaufsicht), 연방감독(Bundesaufsicht), 지방자치감독(Kommunalaufsicht)으로 나눌 수 있다. 이의 공통점은 수직적 조직에 의해 통제되는 감독 기능이다. 이런 감독은 수직 감독의 정도(Intensität)와 각 감독 기능에 따른 행정의 협력적 요소의 범주에서 차이가 난다.

감독에서 가장 많이 확산된 보편적인 형식인 부처감독은 부처의 정책 의도를 실현하는가이다. 규범 유지를 따지는 법적 감독(Rechtaufsicht)이 있는 반면, 전문감독(Fachaufsicht)에서는 행정행위의 합목적성을 다룬다. 직접 행정조직(unmittelbare Verwaltung) 내에서 부처

감독은 법적 감독과 더불어 전문감독이 이루어진다. 반면 간접 조직행정(mittelbaren Verwaltung)에 대한 감독은 대부분 '국가와의 간격(Staatsferne)'으로 인해, 통상적으로 법적 감독이 이루어진다.

감독 수단의 중심은 부처 수준에서는 법규범에서 기간 적용에 이르기까지 영(令, Erlass)이다. 여기서 협조(Bitte), 의뢰(Wunsch), 지시(Weisung) 간의 명확한 구별은 어렵다. 감독은 이론적으로 하위행정의 전 기능 영역(Funktionsbereiche)을 대상으로 한다. 자율적인 행정은 위임되지만, 반면 인사, 조직, 예산 관계 등은 상위 해당 부처의 동의를 필요로 하며, 이는 유보된다.

감독의 수직적 관계의 집중도는 과제의 특수성에 달려 있다. 연방환경청이나 연방 카르텔청과 같은 기관은 상당히 기관 자체의 자율적인 결정 영역을 갖고 있는 반면에, 주 수준의 행정조직에서는 수직적 감독 체계가 지배적이다. 연방과 지방자치의 감독(Bundes-und der Kommunalaufsicht)의 경우에 자율적으로 정당성을 가진 단체(Gebietskörperschaften)가 감독을 받으며, 여기서 수직적인 체계는 상당히 완화되어 있다. 기본법 제84조 제2항에 따르면 연방은 주의 연방법의 적법한 집행을 감시한다. 연방상원의 동의를 받아(기본법 제85조 제5항) 연방은 주에 지시를 내릴 수 있다.

2 연방주의 지방자치단체 감독

국가의 지방자치 감독(Kommunalaufsicht)은 각 주의 감독기관을 통한 지방행정행위에 대한 통합 개념으로 이해되며, 게마인데에 대한 감독은 각 주의 소관이다. 주의 헌법과 지방자치법에 따라 주는 게마인데의 행정의 합법성(Gesetzmässigkeit)을 감독한다. 연방은 지방자치에 대한 직접적인 관여할 권한을 갖고 있지 못하며, 연방 수준에서의 지방자치연방 감독권(Bundeskommunalaufsicht)은 없다(BVerfGE 8, 122, 137, BVerfGE 26, 171,181). 독일의 행정연방주의로 인해 법집행의 상당 부분은 지방 수준에 위임되어 있으며, 다만 주가 연방과 주의 전체 책임성을 고려하여 지방자치단체에 대한 감독을 함으로써 연방 전체에 우호적인 '연방 신뢰(Bundestreue)'를 이룬다.

지방자치 수준에서 감독의 종류는 법적 감독(Rechtaufsicht), 전문감독(Fachaufsicht), 특별감독(Sonderaufsicht)으로 나뉜다. 법적 감독은 법적합성을 통제하며, 지시가 없는 자율사업을 대상으로 한다. 전문감독은 위임사업(국가사업)에 대해 이루어진다. 전문감독은 법적합성뿐만 아니라, 행정행위의 합목적성도 대상이다. 특별감독은 일반적으로 법에 규정한 국가의 예방적 감독권(präventive Aufsichtsbefugnis)으로서 행해진다. 법적 감독과 전문감독은 예방적(präventive)이며, 억제적(repressive)으로 행사될 수 있다. 게마인데에 대한 자문(Beratung), 허가 유보의 경우에 자치단체의 행위의 허용(Genehmigung)은 예방적 감독에 해당된다. 반면에 이의 제기, 폐지권 사용, 게마인데 의회 해산, 시장 임기 조기 종료 등은 억제적 통제로 분류된다(Brünig & Vorgelgesang, 2000: 107ff.).

법적 감독은 각 주별로 서로 다른 기관을 통해 이루어진다. 바덴-뷔르템베르크의 경우 법적 감독기관은 지방정부(Landratsamt)이며, 하위행정기관(untere Verwaltungsbehörde)으로 기능한다. 시와 대도시(Stadtkreis, Grosse Kreisstädte)는 상위 기관인 관구(Regierung-spräsidium)가 감독한다. 상위 법감독기관(Oberste Rechtsaufsichtehörde)은 주 내무부(Innenministerium) 감독을 받는다(§119BW). 튀링겐의 경우에 크라이스에 속한 게마인데(kreisangehörige Gemeinde)에 대한 법적 감독기관은 지방정부이며, 하위 국가행정기관으로서 기능한다.

상위 감독기관(Obere Aufsichehörde)은 주관청(Landesverwaltungsamt)이다. 크라이스프라이도시(kreisfreie Städte)와 란트크라이스(Landkreise)에 대한 법적 감독기관은 주관청(Landesverwaltungsamt)이다. 최고 법적 감독기관(Oberste Rechtaufsichtshehörde)은 내무부이다(§ 118 Tür). 상위 법적 감독기관과 최고 법적 감독기관은 감독 수단을 직접 이용할 수 없다. 이들 기관과 그 외의 법적 감독기관 간에는 상하 관계가 있다. 상위 감독기관은 하위 감독기과에만 행정지시(Verwaltugnsvorschriften und Weisungen)를 내릴 수 있다. 상위 법적

표 6-3 지방자치감독기관 구조 유형

구분	기관
최고 감독기관 (Oberste Aufsichtbehörde)	주내무 장관(Landesinnenminister)
상위 감독기관 (Obere Aufsichtbehörde)	Regierungspräsidium / andre Oberbehörde
하위 감독기관 (Untere Aufsichtbehörde)	Landrat/Landkreis: Kreisangehörige Städte und Gemeinde
	Bezirkunsregierung: Kreisfreie und grössere kreisangehörige Städte

* 3단계 감독기관을 갖는 주는 바덴-뷔르템베르크, 바이에른, 헤센, 노르트라인-베스트팔렌이다. 중간의 감독기관이 없는 2단계 감독기관을 갖는 주는 브란덴부르크, 니더작센, 메클렌부르크-포어포메른, 슐레스비히-홀슈타인, 자를란트이다. 독일에서 감독기관구조는 단일적이지 않다.

감독기관의 개입권(Selbsteintrittrecht)은 다만 법으로 규정되어 허가되었을 경우에 한한다.

법적 감독의 수단(Mittel)은 '가장 적은 관여 원칙(Prinzip des geringstmöglichen Eingriff)'에 따라 이루어진다. 가장 하위 단계인 정보제공권에서 마지막 단계인 지방의회 해산이나, 시장 임기 조기 종료까지 있다. 억제적인 법적 감독의 수단은 다음 단계로 이루어진다.

① 정보제공권(Informationsrecht)

② 이의제기권(Beanstandungsrecht)

③ 명령권(Anordungsrecht)

④ 대집행(Ersatzvornahme)

⑤ 수임인 임명(die Bestellung eines Beauftragten)

⑥ 게마인데 의회 해산(die Auflösung des Gemeinderats (Rats, Gemeindevertretung))

⑦ 시장 임기의 조기 종료(die vorzeitige Beendigung der Amtszeit des Bürgermeistes)

주의 감독 기능에도 지방자치단체들은 상당 부분에서 자율(Autonomie)을 가진다. 감독권 행사(Aufsichtsausübung)는 기소법정주의(Legalitätsprinzip)가 아니라 편의주의 원리(Opportunitätsprinzip)가 적용된다. 즉, 법적 · 전문적 감독은 본질에서 게마인데의 결정 능력(Entschlusskraft), 책임성(Verantworungsfreude)이 침해되지 않도록 행사되어야 한다. 바덴-뷔르템베르크(§118 Abs.3 BW), 바이에른(Art.108 Bay), 브란덴부르크(119 Bran), 헤센(135 Hess) 등 전 연방지방자치법은 기소편의주의를 규정하고 있다. 지방자치단체는 지역, 조직, 인사, 계획, 재무, 조례(Satzungs) 고권을 가지며, 또한 주의 권리 침해에 대해 헌법소원이나 행정소송을 할 수 있다.

제 3 절 재정통제

독일에서 감사의 역사는 매우 오래되었다. 1714년 빌헬름 1세(Friedrich Wilhelm I)는 프로이센 감사원(Preussiche Generalrechenkammer)을 설립했다. 감사원은 베를린에 소재하는 자율적인 중앙기관이며, 왕의 직접 통제하에 있었다. 1871년 독일 황제 시기에 독일제국의 단일 감사원(Rechnungshof)이 설립되었다. 감사원 설립의 제도화에서 보여주는 특징은 감사는 의회의 사안이 되었으며, 의회는 감사원의 도움을 통해 좀 더 정부를 통제하게 되었다는 점이다.

기본법에 따라 현재 연방과 16개 주에 17개 감사원이 국가의 재정통제로서 행정통제를 수행한다. 유럽연합의 수입과 지출에 대해서는 유럽연합감사원이 담당한다.

 감사원 지위와 조직

기본법 제114조 제1항은 연방재무장관이 정부예산 집행에 결산을 연방하원과 상원에 제출하도록 규정하고 있으며, 제2항은 사법적 독립기관으로서 연방감사원의 설립과 목적, 심사 기준을 규정하고, 이에 따라 연방감사원법(BRHG)이 제정되었다.

연방감사원은 최고 연방기관이며, 행정(Verwaltung)과 독립적이다.[4] 감사원은 행정부나 입법부의 지시를 받지 않으며, 권력 분립 체계에서 독자적인 기구로 존재한다. 감사 내용과 감사평가는 법의 범주에서 하며, 의회의 감사 요구를 가능한 고려한다.[5]

감사원은 의장, 부의장, 각 부서장, 감사원(Mitglieder)으로 구성되며, 이들은 판사와 같은 독립성과 권리를 가진다. 따라서 이들은 대체될 수 없다. 연방정부는 감사원장을 추천하며, 연방 상하원은 회의 없이 감사원장을 비밀선거로 재적 인원 과반수를 얻은 자를 선출한다. 연방대통령이 당선자를 원장으로 임명하며, 임기는 12년이며 재임은 금지된다.

조직에서 감사원은 감사원 산하의 지방사무소(Rechungsprüfungsämter)를 두며, 이의 도움을 받는다. 지방사무소는 연방감사원의 하부 관청으로서의 지위가 아니라, 연방감사원 내(im Hof)의 사무소이다.

2 연방감사원 사무와 심사

감사원은 일반적으로 국가의 예산 운영과 경제 운영(Haushalts-und Wirtschaftsführung)

---

4) 한국에서 독일연방감사원(Bundesrechnugshof)은 한국 감사원의 독립성 보장과 관련하여 논의되어 왔다. 독일연방감사원의 경우 우리 감사원의 직무감찰은 없으며, 주로 회계감사를 수행한다. 이런 의미에서 연방회계원으로도 번역된다. 여기에서는 한국의 감사원과의 대응기관으로서 감사원으로 번역한다.

5) 연방감사원은 본/베를린 법에 따라, 프랑크푸르트에서 본(Bonn)으로 이전했으며, 포츠담에 외청을 두고 있다. 감사원은 9개 감사국과 57개 감사과로 구성되었다. 전체 인원 1,300명 정도의 절반은 본에 있는 연방감사원에 근무하고 그 외는 지방사무소에 근무한다.

을 법치성(Rechtsmässigkeit), 완전성(Vollständigkeit), 정확성(Richtigkeit)의 규칙성(Ordnungsmässigkeit)에, 그리고 비용과 목적 관련의 경제성(Wirtschftlichkeit)에 따라 심사한다. 각 감사원은 자신의 관할에 있는 예산을 감사한다. 모든 감사원은 서로 독립적이며, 상하 관계와 질서는 존재하지 않는다. 다만 다양한 단체(Gebietskörperschaften)의 예산을 공동감사로써 할 수 있다.

연방감사원은 연방정부의 결산을 심사한다. 결산심사는 연방재무장관이 제출한 결산서이다. 예산과 운영에서 경제성과 질서 위반에 대한 심사는 집행이 종료된 것만 대상으로 한다. 이는 집행이 완결되기 전에 심사를 하면 행정부의 자율성과 성격을 침해하는 것이 되기 때문이다. 다만 연방감사원이 자문 활동이나 행정의 효율성을 위한 연방위원(Bundesbeauftragter für Wirtschaftlichkeit in der Verwaltung)으로서 활동하는 경우에는 진행 중인 행정 과정에 참여할 수 있다.

연방감사원의 심사 대상에서 최고기관은 연방대통령, 연방수상, 연방의회, 연방법원 등 주요 연방기관의 수입과 지출이 심사 대상이 된다. 연방독립행정청(연방검찰청, 연방카르텔청, 연방환경청 등)도 심사 대상이 된다. 그 외 연방재원이나 기금이 투입된 연방의 공기업, 재단, 민영회사(연방철도, 연방주식회사, 통신주식회사)도 연방감사원의 심사 대상이다.

3 감사와 보고

연방감사원의 심사는 현지 실사를 원칙으로 하며, 피감기관은 감사원의 정보 제공 요구와 협력에 응해야 한다. 피감기관에 대한 심사 방식이 문제가 될 때에는 행정소송의 대상이 될 수 있다.

감사원은 감사 주제와 감사 대상을 선정할 때 시간적 근접성, 재정 관련 의미성, 통제 업무의 보편성 등 주요 세 가지 요소를 고려한다. 감사원은 통상 선별적(stichprobeartig) 감사를 한다. 그 밖에 감사에는 프로젝트 감사, 중점감사, 수평감사(Querschnittsprufüng), 프로그램 감사(Programmprüfung)가 있다. 감사 결과는 통상 상위기관에 설명하며, 감사보고는 감독기관(Aufsichtsbehörde)에도 보내진다.

연방감사원은 연간보고서를 의회에 제출하며, 심사 결과를 의회와 일반에게 공개한다. 감사원은 보고서는 분량이 많으므로, 주요 내용을 요약한 요약본을 언론보도문(Pressemitteilung)으로 발표한다. 2012년 연간보고서에 대해 감사원은 언론보도문을 통해 8개 부문에서 예산의 낭비를 지적했다. 감사원이 지적한 첫 번째 예산 낭비 사례는 아동수당(Kindergeld)을 지급하는 가족금고(Familienkasse)의 난립으로 말미암은 행정 비용이다. 아동수당 지급을 담당하는 금고는 8,500개로, 매년 1억 7천만 유로에 이른다며, 아동수당을 지급하는 복지 서비스 체계를 재조직을 할 것을 주문했다(Pressemittteilung, 2012.4.17).

2011년 감사보고서에서 연방감사원은 연방재정이 여전히 '염려되는(angespannt)' 상황이라 했다(Pressemitteilung, 2011.11.15). 연방의 재정적자는 13조 유로에 이른다. 2012년 연방이 이자로만 지급하는 액수는 384억 유로이다. 감사원은 정부재정의 가능한 절약 가능성을 찾아, 부처별로 예산 지출의 중점 영역, 구조, 재정적 위기를 진단했다.

감사원은 언론보도문에서 예로 연방교육연구 부처와 연방교통건축 도시개발 부처에서 예산감축안을 제시했다. 특히 연방운하해운행정청(Wasser und Schifffahrtsverwaltung des Bundes)기관에 종사하고 있는 인력 15,500명은 너무 많고, 비경제적으로 운용되므로 조직 개혁을 요구했다. 연방운하해운행정청은 4개의 관청(연방수로건설청, 연방수리청, 연방항해수리행정관서, 연방항해사고조사소)로 구성되었으며, 중급 관청으로 독일 전역에 7개의 운하항해지부(WSD)가 설치되었다. 7개의 중급 운하항해지부 밑에 다시 총 39개의 운하항해행정관서(WAS)가 설치되었다. 그 외 5개 출장소가 있다. 연방감사원은 또한 연방운하해운행정청이 IT 계약에서 단가보다 높게 책정하여 지급했으며, 구매한 기계도 충분한 시험을 거치지 않았다고 지적했다.

그 외 기타 사안에서 연방감사원은 연방군대의 탄약관리를 지적했다. 연방군대는 약 40년 동안에 탄약 1억 160만 유로에 해당하는 2억 270만 탄(Patronen)을 보관하고 있다. 이 중 적어도 40%가 잘못 관리되거나 보관되어 이는 말 그대로 4천 6백만 유로가 녹슬어 썩은 것이다. 연방감사원은 2012년에 이미 탄약관리를 지적했음을 언급했다.

연방감사원은 '특별한 의미가 있는 사안'에 대해서는 언제든지 특별보고서를 낼 수 있다. 연방예산법(BHO) 제99조는 특별한 의미가 있는 경우에 연방감사원은 연방 상하원과 연방정부에 언제든지 보고를 할 수 있도록 규정하고 있다. 2012년 연방감사원은 특별보고(2012.7.17)에서 기본 사회보장(Grundversicherung), 청소년 생계 지원(Unterhaltsvorschuss), 주거수당(Wohngeld)의 사회 보장에 대한 지출에서 행정심사 과정이 비효율적이며 투명하지 않음을 지적했다. 복지행정 전달 체계의 개혁을 통해 160만 유로를 절감할 수 있다고 보고, 불필요한 심사 단계의 폐지를 제시했다.

의회나 또는 정부로부터 협의 목적(Beratungszwecke)으로 자문할 수 있다. 이런 자문활동은 연방감사원의 국가행위에 대한 심사와 사후의 책임에서 모호성을 유발한다는 비판이 제기된다. 감사 결과의 상당 부분은 연간보고서에 포함되지 않는다. 이는 많은 부분이 감사 기간이나 감사 시에 해결되거나 설명되기 때문이다.

연방감사원의 활동에 관한 보고는 법적인 효과를 갖지 않으며, 다만 정보 제공으로서의 효과를 가진다. 그러나 감사원의 영향력은 감사원의 질서 위반, 경제성 심사를 통한 주장에 있으며, 공공기관이 감사원을 두려워하는 데 있다. 감사원을 통한 여론에의 영향력도 있다.

제 4 절 의회통제

정부의 의회통제는 의회 발전 역사에서 중심적인 역할이었다. 정부의 의회통제는 정부의 행동을 검사하며, 행동을 들여다볼 연방의회의 권리를 말한다. 의회통제는 다음 세 가지로 분류할 수 있다.

- 정치적 방향통제(politische Richtungskontrolle)로서 여당과 야당은 각각 이를 통제한다.
- 효율성통제(Effizienkontrolle)로서, 이는 정부가 목표에 맞게 그리고 수단을 경제적으로 이용하는가에 대한 질문이다.
- 법적 통제(Rechtskontrolle)로서 정부의 행위가 법의 테두리 안에서 이루어지는가를 조사한다.

연방의회는 행정에 대해 전반적인 통제권을 행사하며, 행정의 업무 성취, 법칙성, 경제성 등 모두를 통제할 수 있다. 그러나 의회의 통제는 전반적인 체계적인 통제를 하지 않으며, 사안적 통제(punkutelle Kontrolle)를 한다. 이는 의회가 행정부 전반에 걸쳐 통제할 수 있는 능력을 갖추고 있지 못하기 때문이다. 또한 의회는 행정부에 대해 가령 국가 수준에서 보면 제재 수단을 갖고 있지 못하다. 의회와 정부는 집권당으로서 서로 얽혀 있어, 집권당은 통제 수단을 비공식적으로 한다. 따라서 조사위원회, 자료조사, 의회 질문은 야당에 의해 정부 견제와 감시 수단으로 이용된다.

의회의 가장 강력한 통제 수단은 의회조사위원회(Untersuchungsaausschuss)이다. 기본법 44조에 의거하여, 조사위원회는 의원 1/4의 요구로 구성된다. 질문(Anfragen)과는 달리 조사위원회는 정보 수집 기능을 할 수 있다. 의회는 증인의 발언(Zeugenaussagen)을 요구할 수 있으며, 기관에 정보 요구를 할 수 있다. 이런 의회조사위원회는 대부분 부패 혐의 같은 경우에 열린다. 조사위원회는 주로 야당에 의해 이루어진다. 조사위원회의 문제점은 비록 조사위원회가 성립된다 해도, 의회 다수가 정부 사람들이라는 데 있다. 즉, 여당은 스스로 조사위원회에서 불리한 증언을 하지 않으며, 불리한 결과를 원치 않는다. 결과적으로 조사위원회의 칼날은 무디어질 수밖에 없다. 또한, 조사위원회는 법원이 아니므로, 제재를 강제할 수단을 갖고 있지 못하다. 조사위원회의 성립은 바로 문제를 여론에 공개하고, 공론화하는 데 영향력이 있다. '여론의 눈' 앞에서(vor den Augen der Öffentlichkeit) 질문을 받고, 답하는 것 자체가 영향력이며, 통제로 평가된다. 따라서 행정통제의 유효한 수단은 여론이 된다.

언론매체들은 여론을 형성하며, 이해집단은 사안에 입각한 전문적인 여론을 조성한다. 여론은 정부에 압력 수단으로 이용되기도 한다. 여론의 압력을 받으면 행정부는 정당화를 하게 된다. 그러나 각 여론의 영향을 받는 행정부는 각기 영역에 따라 다르기 때문에, 전문적 여론(Fachöffentlichkeit)을 통한 통제도 있음에 주목해야 한다.

대부분 주와 지방자치단체는 옴부즈만제도(Bürgerbeauftragte, Ombusman)를 도입했다. 옴부즈만제도의 취지는 의회나 법원이 행정통제의 기능을 제대로 하지 못하는 경우, 옴부즈만을 통해 시민의 권리나 이익의 침해를 방지하려는 데 있다. 메클렌부르크-포어포메른은 1995년에 옴부즈만제도를 도입하여 22,000건을 처리했다(www.buergerbeauftragte.mv-de).

제 5 절 행정통제와 부패

행정통제는 행정이 그 원래의 존립 목적에 맞는 행위를 하도록 유도한다. 행정 담당 주체인 공무원은 주어진 법규와 기준을 근거로 행정행위를 하면서 국가와 법이 정한 목적을 추구해 간다. 이 과정에서 이탈은 원래의 목적 추구에 차질을 초래한다. 행정에 대한 통제는 이런 위험성을 막는 수단으로 작용한다. 행정통제는 행정책임을 확보해 주지만, 통제 실패는 부패로 연결된다.

선진국과 후진국을 나누는 기준에 국가의 부패 수준이 적용된다. 독일은 앞서 기술한 다양한·외부와 내부통제를 통해 부패를 예방하고 있다. 독일에 본부를 두고 있는 국제투명성기구(TI)는 매면 국가별 부패 인식지수를 발표하고 있다. 부패 인식지수는 0점(부패 아주 심함)에서 10점(부패 거의 없음) 사이의 점수로 표시되며, 상위 국가에는 덴마크, 뉴질랜드 서유럽국가와 아시아에서 싱가포르가 속한다. 반면 3점 이하 국가들은 부패 정도가 상당히 심한 나라로, 이에 소련권 국가와 우간다, 나이지리아 등 아프리카 국가들이 속한다.

부패는 국가의 정치행정의 문화와도 관련이 있다. 이는 행정의 내부통제에서 통제의 제도나 수단이 있으나, 낮은 기관과 개인에 대한 통제만 이루어지며, 상위 기관과 권력에 대한 통제가 이루어지지 않는 경우이다. 행정의 실제적인 통제는 언론과 사법권의 독립과도 연결되어 있다.

한국은 부패지수와 순위에서 2010년 39위(5.4), 2011년 43위(5.4), 2012년 45위(5.6)로 순위가 떨어졌다(http://www.transparency.org). 반면 독일은 2010년 15위(7.9), 2011년 14위(8), 2012년 13위(7.9)로 국가별 순위에서 향상되었다.

제 4 편 독일의 사회복지와 공공정책

제 1 장 독일의 사회복지와 재정

제 1 절 독일의 복지국가 유형

사회보장은 사회구성원의 생활에 위험이 발생했을 때 이를 보호하며, 삶의 기회의 형평을 촉진한다. 사회보장은 실업, 노년, 재해, 질병 또는 임신 등에서 소득 분배에 개입하며, 필요에 따라 사회복지 서비스를 제공한다.

1 독일의 사회복지 역사와 발전 과정

오늘날 독일의 사회복지제도는 19세기 말 비스마르크(Otto Eduard Leopold von Bismarck)의 사회보장에서 시작한다. 독일에서 본격적인 사회복지의 도입과 특징은 당시 독일의 자본주의적 생산 활동과 연관되었다. 19세기까지 독일 사회에서는 가족 중심의 생산 활동, 상호부조, 지역 중심의 빈곤 지원을 지속해 왔다. 그러나 산업화로의 경제 발전과 생산 방식의 전환은 사회적 위험이 근본적으로 변화되었고, 전통적인 사회보장의 유형으로는 더 이상 사회 문제를 감당할 수 없는 상황에 이르게 되었다.

자본주의를 통한 산업화, 도시화, 그리고 무엇보다 노동을 중심으로 하는 노동자의 출현으로 새로운 사회문제가 대두했다. '사회국가(Sozialstaat)' 개념을 처음 사용한 사람은 슈타인(Lorenz von Stein)이다. 그는 1848년에 '사회민주주의의 해결 단어(Lösungswort der sozialen Demokratie)'를 언급했고, 이후 1876년 후에 '사회적 국가(sociales Staat)'[1]를 법치 국가와 더불어 필요하다고 했다. 슈타인은 노동자계급과 소유계급(Besitzenden) 간의 증가하는 대결의 결과로서 사회의 양극화를 통한 사회 불안과 폭력적 대결을 염려했다. 그는 헤겔(Georg W. Hegel)의 국가이론에 기초하여, 당시 프랑스의 혁명 경험을 통해 국가의 사회개혁 필요성을 제시했다(Hartmann, 1978: 65-95). 이는 독일에서의 계급 투쟁 심화에 따른 경고이며, 프랑스, 영국과 같이 되지 않으려면 사회문제에 국가가 개입하여 문제 해결을 해야 한다는 것이다.

비스마르크는 사회정책을 통해 사회문제의 해결, 노동자의 생활보장을 도모하며, 다른 한편으로는 노동자의 정치 세력화를 억제하고자 했다. 제국의회는 준비와 논의를 거쳐 1883년 질병보험법을 제정했으며, 노동자 대중을 위한 보험이 의무화되었다. 1884년 사고로 말미암은 노동력 상실에 대비하는 재해보험법이 제정되었다. 1854년의 광부법을 기초로 하여, 1889년에는 연금보험법이 도입되었다. 당시에 직업 중심으로 지원하는 금고 형식의 규정이 있었지만, 전 국가적이며, 의무적인 체계적인 사회보장제도는 비스마르크가 추진한 일련의 법 제정을 통해 비로소 복지국가의 원리로서 제도화되었다. 이러한 법적 제도화와 그 원리는 오늘날에도 적용된다. 노동자 보장(Arbeiterversicherung), 보험료 납부(Beitragsfinanzierung), 자율행정(Selbstverwaltung), 의무 가입(Pflichtversicherung)은 비스마르크 하의 사회보장의 본질적인 원리이다.[2] 비스마르크 하의 사회보장을 위한 법 제정은 국가로 하여금 지금까지와는 달리 국민의 존립 보장 책임을 의무로 지게 했다는 점에서 역사적인 의미가 있다.

비스마르크의 법제도와 사회보장은 사회 변화(산업화, 도시화, 인구 증가, 전통적 지원 보호장치 소멸)뿐만 아니라, 지배 엘리트의 이해 관계에 따라 변한다. 바이마르 시대에 들어서면서부터 경제난과 극심한 인플레이션으로 사회보험제도는 처음 위기를 맞았다. 1922~23년의 급격한 인플레이션과 1928년에 시작된 세계 공황의 영향으로 경제난과 실업률의 증가하며, 재정위기 등이 있었으나 사회보장은 파산에까지는 이르지 않았다. 1920년 「제국부양

---

1) Stein, Lorenz, "Geschichte der sozialen Bewegung in Frankreich von 1789 bis auf unsere Tage," Bd. II: "Die industrielle Gesellschaft, der Sozialismus und Kommunismus Frankreichs von 1830 bis 1848," Darmstadt 1959, 1-118;
- Der Begriff der Arbeit und die Principien des Arbeitslohnes in ihrem Verhältniß zu Socialismus und Communismus, in: "Zeitschrift für die gesammte Staatswissenschaft," Bd. 3, 1846, 233-290;
- Blicke auf den Socialismus und Communismus in Deutschland und ihre Zukunft, in: "Deutsche Vierteljahrsschrift, 1844," 1-61. 비교: Heinig, 2008: 56f.

2) 이런 사회보장 원리는 사회복지국가가 발전 원리에서 정치적 유산(Politikerbe) 또는 경로의존(Pfadabhänigkeit)으로 해석된다.

(원호)법(Reichsversorgungsgesetz)」 제정을 통해 전쟁희생자와 유족들에 보훈적인 지원을 제도화했으며, 1924년에 공적부조법(Öffentliches Fürsorgesetz)을 제정함으로써 공적부조의 기틀이 마련되었다. 1927년 실업보험인「직업보도 및 실업보험에 관한 법률(AVAVG)」이 제정되어, 독일은 4대 보험의 법적 토대를 갖추었다(Döring, 2004: 27). 이 법 제정에 따라 연방노동청(Bundesagentur für Arbeit)의 전신에 해당하는 제국노동청(Reichanstalt für Arbeitsmittlung und Arbeitslosenversicherung)이 13개 주노동청(Landesarbeitsamt)과 361개 지부를 산하로 하여 설치되었다.

나치 시대에는 사회보장 체계의 중앙집중화 계획을 꾀했으나, 실제로는 기존의 법적 체계와 제도가 유지되었다. 사회보장제도의 기본 구조가 유지된 것은 무엇보다 권력자들이 사회보장제도를 정치적인 도구로 이용하는 데 한계가 있어 그만큼 관심을 두지 않았기 때문이다.

제2차 세계대전 이후 독일의 경제복구와 사회정책은 경제 부흥을 통해 급속히 회복되었으며, 사회보장의 확대는 1970년도까지 지속했다. 1957년 연금법이 개혁되어, 연금이 주요 사회 보장정책으로 확산되어갔다. 1961년 연방사회부조법(Bundessozialeshilfegesetz)이 개정되었다. 의료보장, 청소년 지원, 병원 진료 등에서 정책이 심화하며 성공할 수 있었던 요인에는 독일 경제 부흥의 영향이 컸다.

아데나워(Konrad Adenauer) 집권기인 1957년에 연금보장이 크게 개혁되었다. 아데나워는 여당 SPD의 동의하에 적립 방식(Kapitaldeckungsverfahren)을 부과 방식(Umlageverfahren)으로 개혁했다. 이는 일명 세대 간의 계약(Generationsvertrag)으로 평가되며 실제적인 소득 발전과 연동되게 했다. 그러나 보험료는 큰 폭(60% 증가)으로 인상되었다.

CDU와 SPD의 대연정기인 1969년에 지금까지의 수동적인 노동정책에 노동촉진법(Arbeitsföderungsgesetz)이 제정되어 적극적인 노동정책을 펴도록 했다.

1973/74년 석유 파동으로 인한 경제 위기로 처음으로 사회복지정책의 전환점이 되었으며, 사회보장 지출 감축이 처음으로 일어났다. 경제 침체 외에 인구의 고령화, 의료비 증가, 출산율 저하 등으로 사회보험에 대한 재정적인 문제가 대두했다. 각 정당 간, 연방과 주/지방자치단체 간에 사회보장 체계와 개혁은 논쟁적인 주요 정책 사안이었다(정재각, 2003: 85).

 통일 이후의 사회복지와 개혁

1990년 독일 통일과 더불어 경과 조치 일부를 제외하면,[3] 서독의 사회보장 체제가 동독

지역으로 확대 적용되었다. 이는 동독 주민에게는 낮은 수준에서의 평등(Egalisierung)과 중앙집권화(Zenralismus)로 특징되는 사회주의 국가 하에서의 사회보장 체계와의 급격한 단절이며 변화였다.

동독의 사회보장제도는 단일 사회보험으로 국민의 사회적 위험에 대해 기본적 수요를 감당하는 제도였다. 사회보험기금은 보험 가입자의 본인 부담액과 기업 또는 협동조합의 부담액, 국가보조금 등으로 구성되었다. 통일 전에 국가의 사회보조금은 50%에까지 달했다. 사회보장 체계의 완전한 통합은 1992년 1월 1일을 기해서 이루어졌다.[4]

동서독의 사회보장 통합은 재정적인 측면에서 보면 사회복지 각 영역에서의 지출이 급속히 증가한 것을 말한다. 1990년대 중반에 경기 침체로 실업이 증가했다. 사회복지에의 또 다른 도전은 인구 구성의 변화이다. 이는 국가가 사회복지 지출을 감축하는 반면, 보험 납부료는 증액하는 요인이 되었다. 이에 단적인 예는 적 · 녹 연정에서 1998년 연금개혁(일명 리스터 연금, Riester-Rente)으로 사적 보험을 강화한 것이다. 노동시장에서는 하르츠 개혁(Hartz-Rerform)이 있다.

현재 '하르츠 4(Hartz 4)'와 '연금 67(Rente mit 67)'은 오늘날 사회복지 국가의 축소(Abbau)의 상징, 또는 신자유주의로의 전환으로 비판되고 있다. 이는 사회복지의 경영과 조직의 측면에서의 비판이다.

연금제도 개혁의 주요 방향과 내용은 다음과 같이 요약된다(BMAS, Rentenversicherung).

- 연금보험료의 억제이다. 보험료는 1891년에 1.7%로 시작했다. 1970년 17%에서 1999년에 20.3%까지 올랐다. 개혁 방향은 보험료율을 2020년까지 최고 20%의 수준에서, 2030년까지 최고 22%를 초과하지 않게 한다(2004년 개정). 이는 보험료율의 안정화를 이루는 것이다. 2012년 보험료는 19.6%이다.
- 인구 변화를 고려한 연금 계산이다. 인구 통계의 부양비(지속성 계수)를 고려하여 연

---

3) 동독의 사회보험제도는 강제적이었으며, 국민은 동독 노동조합연맹(Freier Deutscher Gewerkschaftsbund)이 관리하던 사회보험이나, 동독 정부가 관리한 동독 국가보험에 가입했다. 동독국가보험은 협동조합 구성원과 자영업자를 위한 것이었다. 통일 과정에서 정부보조금은 1990년 7월 경제 · 통화 · 사회 통합에 따라 먼저 공공예산으로부터 분리되었다. 사회보험기관 중에 연방고용청만이 1990년 10월 3일 정치 통합 시점을 기준으로 동서독의 양 지역에 관해 재정적 책임을 지게 되었다. 동독에는 실업이 공식적으로 존재하지 않았기 때문에 별도의 실업보험제도는 없었다. 동독의 의료보험기관들도 1991년까지 구서독기관과는 재정적으로 분리되어 있었고, 연금보험도 재정적으로 완전한 통합이 되지 않았다.

4) 커쉬바우머(Judith Kerschbaumer)는 *Das Recht der gesetzlichen Rentenversicherung und der Deutschen Einheit*(2011)에서 독일의 연금의 역사적 발전과 통일에 따른 연금 통합의 과정, 내용과 문제 및 대안을 상세히 기술하고 있다.

표 1-1 주요 국가의 사회보장제도 도입 연도

	산업재해보험	의료보험	연금보험	실업보험
독일	1884	1883	1889	1887
덴마크	1898	1892	1891	1907
벨기에	1903	1894	1900	1920
오스트리아	1887	1888	1907	1920
영국	1897	1911	1908	1911
프랑스	1898	1928	1910	1905
스웨덴	1901	1891	1913	1934
네덜란드	1901	1931	1919	1916
이탈리아	1898	1943	1919	1919
일본	1911	1927	1941	1947
미국	1930	1965	1935	1935
스위스	1918	1911	1946	1982

금의 세대 간의 부담을 조정했다.

- 보충 개인연금 도입이다. 이는 공적연금의 삭감을 보충하기 위한 것으로, 사적연금에 재정적 지원을 한다(리스터[Riester]보조금, 아이헬[Eichel]보조금).
- 공적연금 급여를 통한 소득대체율 수준을 장기적으로 유지하는 것이다. 또한, 매년 연금 수급을 수정가처분소득으로 하여 연금 수급을 조정하는 것이다.

역사적인 전체 맥락에서 독일의 사회복지국가의 원리와 체계는 지속했다. 비스마르크 모델의 제도적인 원리와 사회보장(생활 수준과 안정 보장, 사회 연대성, 세대 간의 공정성, 재정의 안정화 등)은 독일제국, 바이마르공화국, 나치 체제, 서독 성립, 그리고 독일 통일 등 일련의 체제(Regim) 변화 이후에도 변함이 없다.

3 기본법에서의 사회적 국가

기본법 20조 1항은 독일연방공화국을 '사회적 연방국가(sozialer Bundesstaat)' 또는 제28조 1항은 '사회적 법치국가(sozialer Rechtsstaat)'로 규정한다. 이와 같은 사회적 국가 원리에 대한 헌법적인 제정과 수용은 독일의 헌법 역사에서 전례가 없는 일이다.[5] 따라서 사회국가의 구체적인 정책 형성은 입법권자에게 과제로 주어졌었다. 기본법은 또한 '사회적(Soziales)'인 것의 과제 수행을 어떻게 각기 다른 행정 수준, 즉 연방과 주에 분배할 것인가에 관한 결정을 전혀 하고 있지 않았다. 오히려 기본법을 통해 연방주가 중심이 되어 사회적 의무를 갖도록 할 수도 있었다. 그러나 전후 독일의 상황으로 사회복지 문제는 중앙국가적 과제가 되었다. 이후 국가 수준에서 대대적인 사회보장 체계가 구축되었으며, 사회적 국가(Sozialstaat)는 '단일적 국가를 강화하는 것'으로서 헌법 판결에서도 인정되었다. 이는 기본법에 규정된 '균등한 생활 조건'의 창출이라는 이념에도 적용된다(기본법 제72조 2항).[6] 이런 배경 속에 연방이 사회보장의 문제를 다루는 입법 제정의 권한을 갖게 되었으며, 사회정책에서의 연방 권한이 강화되었다.[7]

사회보장과 관련하여 국민은 수십 년간 사회정책 과제가 상위 수준에서 이루어져야 한다는 기대를 견지했다. 이는 주와의 결합(Verbund)에서 연방을 통한 입법 제정도 포함한다. 1969년 재정헌법 개정에서 공동행정관리는 정치책임자들에게서는 더는 논쟁이 되지 않았다. 왜냐하면, 증가하는 공공지출의 독자적인 해결을 위한 본질적인 기여와 부담 차이는 수용되지 않았고, 그 대신 기본법의 연방적 질서와 관계 없이 점점 균등화되는 공공 기여는 당연한 것으로 여겨졌기 때문이다(BT-Drs. 5-2861, 11).

1976년 연방하원의 헌법 개정 조사전문위원회(Enquete-Kommission)의 최종보고서는 주가 아니라 연방이 "가까운 미래와 장래에 국민에게 정의로운(gerechte) 사회정책의 몫을 보장"하기 위해 충분한 자원을 준비하라고 요구했다.[8] 통일 후에 즉시 지원 프로그램(Soforthilfeprogramm)도 "가능한 빠른 생활 수준의 균등에 도달하기 위해"라는 목적으로 주장되었다.[9] 여기에는 국민의 단일화된 삶의 인식(Lebensgefühl)이 표현되었고, 이는 기본법에서 말하는 '사회적 국가의 특별한 단일적 전제적 인식(spezifisches unitarisches Vorverständnis des Sozialstaates)'에 들어맞는다.

---

5) 1950년대에 사회국가 원리의 내용과 그 규범성에 대한 논쟁에서, 기본법상의 사회국가 규정은 '대상이 없는 단순한 백지 규정', 또는 '프로그램적 규정'이라는 비판이 제기되었다. 반면 헌법상의 사회국가 규정은 법치국가의 틀 속에서 실질적 정의를 위한 사회국가적 요구를 반영한 것으로 구체화를 통해 사회적 국가가 달성될 수 있다고 보았다. 비고: 김상겸(2005: 59-61).

6) 균등한 생활과 관련 복지 수준과 차별에 대한 고전적인 연구는 Hradil, *Soziale Ungleichheit in Deutschland*(2001)가 있다. 물질적 복지 권력, 품위(Prestige) 외에 교육, 건강, 노동, 주거, 환경, 여가 여건의 차원을 포함시켰다.

7) 정재각, 독일연방제도 연구, 한국행정연구원, 2012, 제3편 제1장 사회정책 참조.

8) Schlussbericht der Enquete-Kommission, "Verfassungsreform" des Deutschen Bundestages, BT-Drs. 7/5924, 1976.12.9, 150.

9) Materielen zur Deutschen Einheit und zum Aufbau in den neuen Bundesländern, Deutscher Bundestag, BT-Drs. 12-6854, 1994.02.08, 233.

사회정책에 관한 입법은 기본법에서 경합적 입법목록(기본법 제74조 제1항 7, 10, 12, 13)이 되었다. 실제로 연방주들은 독자적인 사회정책의 역할을 위임받기는 어려웠다. 연방은 거의 틈새 없는 사회법(Sozialrecht)을 가지며, 몇 개 주의 경우에는 사회복지 서비스의 기능을 수행할 가능성을 갖고 있다(Manow, 2005: 245ff.).

4 독일의 복지국가 유형

독일의 복지국가의 유형은 보수·조합주의적 복지국가(conservative-corporalist welfare state)로 분류된다. 사회보장의 비율을 보여주는 사회지출 비율(Sozialschutzquote)은 1995년 28.3%, 2005년 29.7%, 2007년 27.7%이며, 2007년 기준으로 스웨덴, 프랑스, 벨기에, 덴마크, 네덜란드, 오스트리아 다음에 위치한다(<표 1-2> 참조).

복지국가에 대해 제기되는 질문은 1) 복지국가는 시장의 개입을 어느 수준까지 해야 하는가? 또는 할 수 있는가? 2) 복지국가는 자본주의 변혁을 어느 정도 추구할 수 있는가, 또는 추구해야 하는가? 3) 복지국가는 어떤 종류의 평등을 실현할 수 있는가, 또는 해야 하는가? 등에 집중됐다. 이런 질문에 대해 전통의 자유방임주의 경제학자 스미스(Adam Smith)는 국가 규제가 최소한으로 이루어지고, 완전경쟁시장이 자유롭게 작동하게 되면, 최대한의 능률이 확보되어 사회적 부가 극대화되며, 시장경제의 원리에 따라 분배의 평등도 극대화된다고 보았다. 윌렌스키(Harold L. Wilensky), 헥셔(Eli Filip Hecksher), 미쉬라(Ramesh Mishira)는 복지국가는 혼합경제나 관리경제(governed economy)를 통해 자본주의를 수정하거나 자본주의가 초래하는 문제를 완화하는 것이지, 자본주의 그 자체를 변혁시키거나 것은 아니라고 했다. 코르피(Walter Korpi), 에스핑 앤더슨(Gøsta Esping-Andersen)은 복지국가는 자본주의 변혁 혹은 사회민주주의 실현을 위한 수단으로 보았다. 이는 복지국가는 노동계급의 삶의 전체를 안정시키고, 이들의 연대성을 증진시키기 때문이다.

복지국가의 사회정책에 대한 연구 흐름은 제1단계(1960~70년대) 시기로, 이 시기의 비교연구들의 목표는 복지국가 자체를 설명하기보다는 거시사회학적인 변수를 통해 복지국가의 발전을 설명하고자 했다.

제2단계(1980년대)에는 복지국가 기원의 결정 요인을 본질적인 주제로 삼아 연구가 이루어졌고, 기존의 산업화 이론을 대체하는 권력자원론이 등장한 시기였다. 이 시기에 권력자원론의 논의(Korpi, Esping-Andersen, Stephens 등)는 복지국가 발전의 동력과 관련된 사회

표 1-2 EU 국가 사회보장 지출 비율(1990~2007) (단위: %)

	1990	1995	2000	2005	2007
벨기에	–	27.4	26.5	29.6	29.5
불가리아	–	–	–	16.0	15.1
덴마크	28.2	31.9	28.9	30.2	28.9
독일	–	28.3	29.3	29.7	27.7
에스토니아	–	–	13.9	12.6	12.5
핀란드	24.6	31.5	25.1	26.8	25.4
프랑스	27.3	30.3	29.5	31.4	30.5
그리스	–	19.9	23.5	24.6	24.4
아일랜드	18.8	13.9	13.9	18.2	18.9
이탈리아	24.0	24.2	24.7	26.4	26.7
라트비아	–	–	15.3	12.4	11.0
리투아니아	–	–	15.8	13.1	14.3
룩셈부르크	21.4	20.7	19.6	21.7	19.3
몰타	–	16.1	16.9	18.6	18.1
네덜란드	31.1	30.6	26.4	27.9	28.4
오스트리아	26.0	28.8	28.4	28.9	28.0
포르투갈	–	21.0	21.7	25.3	24.8
폴란드	–	–	19.7	19.7	18.1
루마니아	–	–	13.0	13.2	12.8
스웨덴	–	33.6	30.1	31.5	29.7
슬로베니아	–	–	24.2	23.0	21.4
슬로바키아	–	18.5	19.4	16.5	16.0
스페인	19.8	21.6	20.3	20.9	21.0
체코	–	17.4	19.5	19.2	18.6
헝가리	–	–	19.6	21.9	22.3
영국	22.4	27.7	26.4	26.3	25.3
사이프러스	–	–	14.8	18.4	18.5
EU15	25.4	27.6	–	–	–
EU25	–	–	26.5	27.3	26.4
EU27	–	–	–	27.1	26.2

자료: bpb: Material zum Wohlfahrtsstaat.

적 갈등과 연대의 메커니즘을 밝히려는 시도를 촉발시킴으로써 1990년대의 개별 복지국가의 발전에 관해 제도적 혹은 역사적 맥락에 관한 연구를 진작시키는 계기가 되었다. 반면 국가 간 체계 차이에는 상대적으로 관심이 저조한 것이 특징이다.

제3단계(1990년대)의 시기에는 국가 간 비교연구에서 유형적 분석이 주도했다. 여기서는 발전 정도에 따라 국가들을 분류하지 않으며, 이념형적 범주 안에서 나라들을 재분류할 때 나타나는 차이점들에 관심을 둔다(Esping-Andersen, 1990). 이 시기는 에스핑-앤더슨의 복지국가 유형론이 비교연구를 주도한 시기로 특징된다.

에스핑-앤더슨의 복지국가의 이념형은 복지국가 이념형의 세 가지 지표에서, 1) 탈상품화의 정도, 2) 사회계층화의 형태, 3) 국가 · 시장 · 가족 간의 관계 등이다. 탈상품화의 지표를 구성하는 지표로서 크게 세 가지를 들고 있다(Esping-Andersen, 1990: 47). 첫째, 권리 부여 조건과 관련되는 것으로서 사람들의 급여에의 접근성(access to benefits)을 결정하는 규칙(규정)들(예를 들면, 자격 조건과 관련한 규정과 수급상의 제약)이다. 둘째, 소득 대체(income replacement) 수준이다. 셋째, 소득 대체 수준에 필수 조건인 법적으로 명시된 수급 범위(the range of entitlements)이다.

이와 같은 탈상품화 지표를 통해 에스핑-앤더슨은 OECD 18개 국가의 노령연금(old-age pensions), 질병급여(sickness benefits), 그리고 실업보험(unemployment insurance)에 적용하여 탈상품화에 의한 복지국가 유형 구분을 했다. 즉, 이는 개인이 노동시장에 의존하지 않고 생계를 꾸려나갈 수 있는 상황을 권리로서 보장해 주는 탈상품화(Decommodification)를 위해 국가가 얼마만큼 개입하고 있는가에 따라 복지국가 체제 유형(regime type)으로 분류한 것이다.

사람들의 급여에의 접근성이 쉬울수록, 소득 대체 수준이 높을수록 그리고 수급 범위가 포괄적일수록 탈상품화의 정도는 높아진다. 복지국가의 잠재력을 노동의 탈상품화에 있으며, 탈상품화를 노동자의 사회적 시민 권리로 본다. 반면에 탈상품화 개념은 국가복지정책이 모든 노동자에게 미치는 영향을 이해하는 데에는 부정확한 개념으로 비판된다. 또한, 성인지적 관점이 없으므로써 여성의 다양한 지위를 반영하지 못한다. 이는 논의의 전제가 "노동자와 사용자 간 갈등"인 반면, "남녀 간 갈등"이 아니므로 몰성적(sex-blind) 접근 방식, 개념 구성상 문제 등도 있다.

지난 20세기 후반에서 시장민주주의 체제에서 사회 지출의 크기를 결정하는 요인이 무엇인가에 대한 설명은 지속해 왔다. 지금까지의 가설과 설명은 사회경제론, 근대화론(민주화론), 권력자원론, 제도론, 국제가설론에 이르고 있다. 1960년대에 사회 지출은 정치적 가치

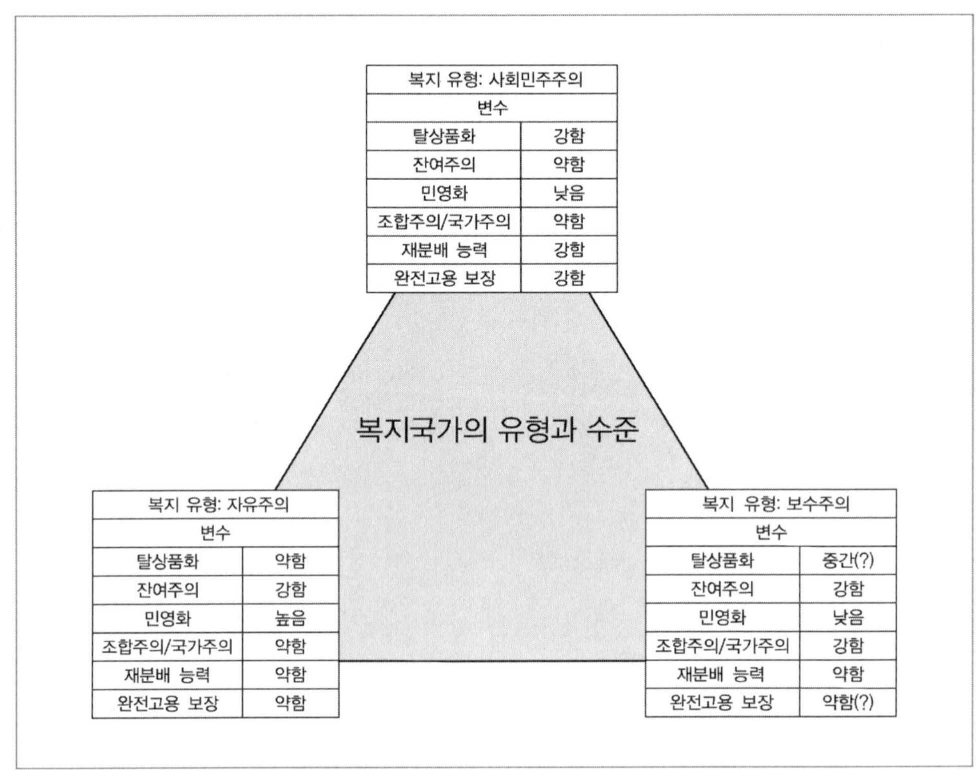

그림 1-1 에스핑-앤더슨의 복지국가 유형

자료: Esping-Andersen(1990: 58ff); bpb: Material zum Wohlfahrtsstaat.

선호와 관계없이 발전되어 왔다고 보았다(Zöllner, 1963: 115). 그러나 코르피나 에스핑-앤더슨은 권력자원론 입장에서 사회보장제도와 지출은 다름 아닌 사회복지를 추구하는 의회세력과 노동조합의 역할이 주요하다고 보았다. 여기에 각 정당차이론을 통해 내각에 사회정당의 득표와 내각의 참여율을 제시했다. 제도론을 주장하는 이론가들은 국가제도의 차이(연방주의, 중앙집권제도, 비례제도 등)를 제시한다. 국제가설론은 세계시장에의 통합과 경제의 개방성이 국가의 사회보장에의 개입을 가져왔다고 본다.

이러한 사회보장 지출(Sozialschutzquote)에 대한 접근은 단순한 모델에 기초하고 있다. 즉, 사회보장 지출과 그 지출을 설명하는 독립변수이다. 반면 비교연구에서 변수를 많이 다룰 때에는 가설을 세우며, 가설을 검증하는 한계를 가진다. 슈미트(Manfred Schmidt)는 1960~1979년, 1980~1995년의 기간에 21개 국가조사에서 개인별 사회복지 지출의 크기를 결정하는 요인들을 밝히고 있다(Schmidt, 2001: 40ff). 다음과 같은 경우에 사회복지 지출이 높다.

① 사회복지제도가 제도화된 기간이 길수록
② 한 국가의 경제가 발전할수록
③ 실업이 전년도에 비해 높고, 실업보장이 갖추어져 있을 때
④ 공공 부문(가령 공무원의 처우)에서 지출이 높을수록
⑤ 연립정부에서 사회복지정책에 합의할수록
⑥ 거부권 행사자의 수와 역할이 작을수록
⑦ 좌파 정당이 정부에 참여가 많을수록
⑧ 종교적 중간 노선 정당(예: 기독민주당)이 정부의 참여가 높을수록

유럽 연합국가에서는 마스트리히트조약과 사회복지정책과도 상관성이 있다. 재정 균등 요구로 사회복지 지출이 여러 국가에서 감소되고 있다.

①~⑧의 요소들의 반대는 사회복지 지출이 적거나 또는 사회정책이 단기간 시행되거나 중단되는 요인이 된다.[10)]

제 2 절 시장경제에서 사회정책

사회정책은 사회 위험을 제한하며, 사람들의 소득, 생활, 보장(Versorgung)의 문제에서 지원을 통해 안정과 향상을 지향한다. 이런 조치를 통해 사회정책은 시장과 자본의 경제 질서 틀에서 움직인다. 경제제도의 경험들로 비추어볼 때, 시장경제는 높은 경제활동을 보여주며, 사유재산을 바탕으로 하는 생산 수단과 소비의 자율, 자유시장 가격, 경쟁, 성과 지향의 보장 등 생산 요소의 효과적인 배분을 낳는다. 시장경제 질서의 능력은 생산과 생산성의 지속적인 향상, 높은 수준의 사회적인 소득과 복지 수준, 서비스와 자원의 제공 등에 있다.

반면 스스로 작동하는 시장경제는 위기를 가져올 수 있으며, 실업이 불가피하고 불균등한, 사회적으로 수용이 어려운 소득과 자산의 분배와 연계되어 있다. 경제 자체의 이익은 사회의 이해 관계를 그대로 반영하지 않는다. 오히려 통제되지 않은 시장 기제는 사회 문제를 만들어 내며, 심화시킨다. 또한, 사회 문제의 보장과 필요한 사회 서비스의 구축과 서비스 제공을 해내지 못한다. 사회정책을 통해 비로소 이런 경향을 억제하게 되며, 시장을 보

10) 이와 같은 요인을 감안할 때에는 슈미트는 99%의 설명력(Erklärungstreffer)을 가진다고 본다(설명하는 변수 간 상관성 r=0,64) (Schmidt, 2001: 42).

완하며 교정한다. 사회정책은 다음과 같은 기능을 한다.

- 노동시장과 같은 시장에의 법적인 규제를 통해 시장 참여자의 행위공간이 제한된다.
- 시장에서 충분한 소득을 벌지 못하거나, 저소득자는 사회정책의 재정 지원을 통해 소득 보정(Ausgleich)이 이루어진다. 이는 소득분배의 조정을 이룬다.
- 보건의료, 사회복지, 교육 등과 같은 분야에서 수요에 따른 무료 서비스 제공을 통해 국가는 서비스 제공의 생산자나 재정 지원자로서 작용한다.
- 국가는 사회 서비스나 기관 설립을 위해 세금을 거둬들인다.

자본주의 시장에서 사람들은 노동, 이익 또는 자산을 통해 수입을 얻는다. 이러한 시장에 의존한 소득분배는 차별을 가져온다. 이에 관한 사례는 다음과 같은 것에서 볼 수 있다.

- 노동시장에 접근하지 못하는 사람은 시장을 통해 소득을 벌 기회를 갖지 못한다. 가령 노동하지 않는 유아, 청소년 또는 직업교육을 받고 있는 청소년 등이 있다. 장애인이나 또는 장기적으로 질병이 있는 사람, 육아나 환자를 돌보기 때문에 노동에 참여하지 못하는 사람도 있다.
- 시장을 통한 소득분배는 노동 관계, 병, 사고, 재해, 실업, 노령 등으로 인해 소득보장이 되지 않는다.
- 노동시장의 성공을 기준으로 분배되는 소득은 한 사람이 필요로 하는 충분한 소득을 고려하지 않는다. 가령 시장은 육아나 병으로 말미암은 노동 이탈에 대해 소득보장을

표 1-3 시장경제에의 사회정책 개입 유형과 영향

	시장규제	소득분배	사회 서비스 제공
	↓	↓	↓
개입 유형	법을 통한 제한 및 질서 규제	저소득층에 재정 지원	사회 서비스 무료 제공 수요와 공급 조정
수단	법	재정	국가 자체 생산 또는 민간 생산자 지원
영향	시장행위자에 영향	시장 수입의 조정	시장과 가격기제 통제
사례	노동, 보험, 간병시장	사회보장에 재정 지원, 사회부조, 아동보조금, 기초보장	보건의료, 사회복지, 교육

자료: Bäcker u.a.(2010: B.1, 94).

하지 않는다.

- 국민의 많은 사람은 노동 없이 자신의 생존을 보장할 만큼 자본을 갖고 있지 못하다.

따라서 이러한 시장에서 발생하는 소득에 대한 보장 결함이 시정되지 못하면, 당사자뿐만 아니라 이는 다시 전체 사회와 경제에 부정적인 영향을 미친다. 따라서 사회정책은

- 사회적인 위기나 문제를 예방하는 정책
- 국민이 사회적 문제를 해결할 수 있도록 하는 전제 조건을 만드는 정책
- 사회적 문제의 영향을 균등화시키는 정책
- 개인이나 그룹의 삶의 상황을 보장하며 개선하는 조치와 서비스 제공이다(Bäcker u.a., 2010: B.1, 43).

국가의 사회정책은 시장의 소득분배 결여 때문에 기능한다. 시장에서 소득을 벌지 못하거나, 그 소득이 충분치 못할 때에 국가는 이에 사회정책을 통해 개입하며, 시장의 역기능을 수정한다. 이런 소득의 분배는 높은 소득 수준을 가진 사람에게는 부담으로 작용하며, 낮은 소득의 사람에게는 혜택을 준다. 이러한 소득의 재분배는 빈곤을 없애고, 소득 손실의 경우에도 소득보장을 해 줌으로써 인간적인 삶의 보장과 지속을 돕는 데 있다.

제 3 절 사회보장과 재정

1 사회복지 계정

사회급여(사회복지 서비스, Sozialleistung)는 국민의 존립과 생활에 필요한 기본 필요를 충족시키고 보장하기 위해서 제공되는 서비스급여(Dienstleistung), 재정급여(Geldleistung), 현물급여(Sachleistung)로 분류된다. 이런 서비스 제공과 기본 필요에 대한 정의는 각 사회의 가치와 합의에 의존하기 때문에 이는 사회와 시대 조건에 따라 변화한다. 독일은 이런 복지 서비스를 법으로 제도화하고 있다. 복지에 대한 법 권한은 연방주의로 인해 연방과 주에 나뉘어 있다.

사회급여와 복지재정, 경제에 미치는 영향을 파악하기 위해 연방정부는 정기적으로 복지계정(사회예산, Sozialbudget)을 만든다. 이 복지 계정에는 공적으로 지원되거나 법적 근거

를 가지는 거의 모든 사회보장의 기여가 종합적으로 망라된다.

모든 사회급여는 복지 계정에 포함되며, 복지 계정은 다음과 같이 나뉜다.

- 직접 소득보전(Einkommensübertragung)이다. 이는 수급의 권리를 가지며, 또한 연금, 실업수당 또는 기초보장과 같은 소득에 영향을 준다(direkte monetäre Transfers).
- 간접 지원이다. 조건을 충족시키는 사안에서 세금 감면을 제공하거나, 또는 이런 세금 감면을 통해 소득을 높여준다(indirekte monentäre Transfers).
- 사회복지의 현물 서비스와 복지 서비스이다. 이런 서비스는 당사자에게는 재정적 지원과 같은 혜택이 된다(Realtransfers)

복지 계정은 제도별(institutional), 기능별(funktional) 기준에 따라 분류된다. 제도적 분류는 어떤 기관과 수행기관(Träger)에 의해 이루어지는지를, 그리고 이런 제도의 비중은 전체 체계에서 차지하는 비중이 얼마나 되는지를 보여준다.

복지 계정에서 '제도(Institutionen)'는 다음과 같은 사안을 보여준다.

- 연금보장, 의료보장, 산업재해보장, 간병보장, 실업보장인 다섯 개의 법정 사회보장자의 다양한 사회복지급여
- 보육수당/부모수당(Erziehungsgeld/Elterngeld), 주택수당(Wohngeld), 직업훈련 지원
- 공무원 체계 내 사회복지로서 공무원 그룹의 보장, 연금과 지원을 통한 공무원 가족 지원
- 법적으로 규정된(가령 병가에서의 임금 지원) 또는 자율적 또는 협약에 따른(가령 기업노령보장[betriebliche Altersversorgung]) 고용주의 기여(Arbeitergeberleistung)
- 농민에 대한 지원이나 자영업자의 보장과 같이 특별한 계층 소속자에 대한 기여
- 전쟁희생자에 대한 지원 같은 보상
- 사회부조와 청소년 지원

<표 1-4>는 1991~2008년까지의 제도별 복지 계정을, [그림 1-2]는 영역별 복지 계정(2010년)을 보여준다. <표 1-4>에서 2008년 기준으로 제도에 따른 사회급여에서 보이는 특징은 다음과 같다.

- 사회보장제도에서 중요한 의미가 있는 것은 사회보장(Sozialversicherung)이다. 모든 사회복지 서비스의 64.0%가 사회보장을 통해 이루어졌다. 사회보장 가운데서 연금보장이 33.8%로 가장 높으며, 그 뒤로 보건의료보장 22.0%이다. 육아수당, 실업자 지원, 사회부조, 구직자 지원, 주택보조금 등 '지원과 부조제도(Förder-und Fürsorgesystem)'가 18.6%를 차지한다.

표 1-4 제도별 복지 계정

(단위: 1백만 유로)

	2010	1991	1995	2000	2005	2007	2008	2009p	2010s
	사회예산(총)	397.335	523.259	606.134	667.918	674.824	691.802	745.059	760.596
1	사회보장 체계	252.674	344.258	396.714	426.097	429.133	439.343	464.332	471.174
11	연금보장	133.180	184.853	217.429	239.877	241.561	244.813	250.232	253.742
12	보건의료보장	92.682	122.163	132.060	142.124	151.863	158.865	169.138	173.965
13	수발보장	–	5.279	16.668	17.831	18.273	19.071	20.269	21.383
14	산재보장	7.640	10.244	10.834	11.228	11.007	11.907	11.844	11.898
15	실업보장	35.640	48.641	49.696	44.272	31.217	28.734	39.587	36.182
2	특별 체계	3.568	4.709	5.733	6.776	7.106	7.257	24.308	24.965
21	농민노년보장	2.457	3.177	3.271	3.180	3.052	3.012	2.963	2.881
22	보험조합	1.111	1.432	1.958	3.008	3.431	3.534	3.644	3.746
23	민간노후보장	–	–	–	–	5	50	100	150
24	민간의료보험	–	–	–	–	–	–	16.891	17.454
25	민간수발보험	–	99	504	588	618	661	710	734
3	공무원 체계	35.807	42.317	50.106	53.303	51.345	53.348	56.243	58.036
31	연금	23.287	28.591	33.632	36.930	37.687	39.072	40.992	42.391
32	가족	5.866	6.442	7.036	6.102	2.923	2.955	3.047	3.071
33	부조	6.654	7.883	9.438	10.871	11.335	11.921	12.204	12.574
4	기업 체계	43.474	50.550	53.501	56.569	58.722	60.944	62.341	63.523
41	급여계속 지급	23.344	28.408	26.743	25.542	26.612	28.500	29.024	29.711
42	기업노년보장	12.893	14.581	17.520	20.570	21.290	21.550	22.210	22.300
43	부가연금	5.960	6.614	9.193	9.371	9.673	9.700	9.921	10.291
44	기타 기업보장	1.278	948	1.047	1.065	1.147	1.194	1.187	1.221
5	보상 체계	8.736	9.278	6.422	4.560	3.642	3.561	3.366	3.120
51	사회보상	6.865	7.128	4.965	3.627	2.796	2.584	2.347	2.155
52	부담 조정	477	278	133	65	49	42	37	31
53	원상회복	973	1.595	1.199	774	722	868	911	866
54	기타 보상	421	277	124	94	74	67	71	67
6	지원-부조 체계	55.566	78.696	99.079	130.417	132.403	134.543	142.352	147.662
61	자녀수당 · 가족 성과보상	10.435	10.877	31.970	36.917	37.039	36.680	38.258	41.575
62	육아수당 · 부모 지원금	3.232	3.882	3.732	3.133	3.957	5.061	4.703	4.680
63	구직자 지원	–	–	–	43.765	44.977	44.211	45.068	46.381
64	실업자 지원 · 기타 노동 지원	9.042	17.165	15.094	2.447	878	920	626	629
65	직업교육 지원	1.326	960	875	1.745	1.705	1.804	2.057	2.186
66	사회부조	18.103	27.690	25.763	21.881	22.872	23.519	24.489	24.911
67	청소년 지원	10.900	14.951	17.328	19.065	19.963	21.562	23.454	25.393
68	주택보조금	2.527	3.182	4.315	1.463	1.012	787	1.698	1.908
	세금 지원(사후)	27.180	38.862	38.064	35.547	35.263	34.399	32.381	30.738

* 비고: 자료 2011년 5월; 2009년부터 민간의료보험 포함. 각 계정에 대한 비율은 Sozial Budget 자료 참조.

자료: Bundesministerium für Arbeit und Soziales, Sozial Budget 2011, 9.

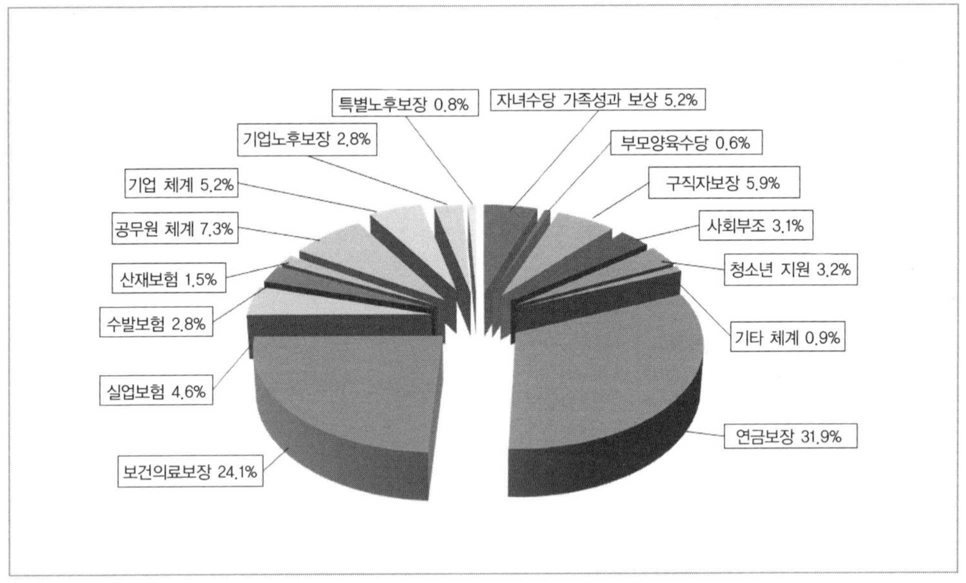

그림 1-2 영역별 복지 계정(2010)

자료: Bundesministerium für Arbeit und Soziales, Sozial Budget 2010, 5.

- 공무원법에 따른 세금을 통한 공공지출은 전체 지출에서 7.5%를 차지한다. 공무원에 대한 세금을 통한 사회복지는 구서독지역에서만 의미가 있다.
- 고용주의 사회급여에서 이바지하는 지출 비율은 8.4%를 차지한다. 이 가운데 병가는 지원되는 임금 계속 지급(Entgeltforzahlung)이 3.9%이며, 기업노년보장(Betriebliche Altersversorgung)이 3.0%를 차지한다.
- 사회급여에서 양적으로 낮은 비율을 차지하고 있는 것은 사회부조(Sozialhilfe) 3.3%, 청소년 부조(Kinder-und Jugendhilfe)가 3.0%이다. 직업훈련보조(Ausbildungs-und Aufstiegsföderung) 0.2%, 실업자 부조 및 기타 노동 촉진(Arbeitslosenhilfe/Sonstige Arbeitsföderung) 0.1%, 주택보조는 0.1%이다.

2 사회복지 지출

사회급여 지출은 매우 다른 양상을 보이며 발전했다. 국내총생산(BIP)과 연계하여 1995~2006년 기간을 보면 25.6%가 증가했다. 사회급여에서 가장 많이 증가한 분야는 아동

수당(Kindergeld)으로서 234.0% 증가했고, 사회보장은 241.2%로 다른 분야의 증가율을 압도한다.

수발보험 증가율은 241.2%이다. 수발보험은 1995년 처음 도입되어 사회보장에서 독자적인 영역을 갖고 있다. 수발보험의 증가 배경에는 제도 도입 이후 수발보험자 수가 2배 이상 증가한 것에 기인한다.

아동수당의 증가는 반면 아동의 증가가 아니라, 아동 개인당 수당액의 절대적인 증액에 기인한다. 1995년의 예로 첫아이는 70DM(약 36유로)를 매달 받았는데, 2006년에는 154유로로 증가했다. 아동수당은 조건에 충족되면 출생 때부터 만 18세까지 받으며, 노동청 가족금고(Familienkasse)가 지급한다. 2010년 기준으로 첫째 둘째아이는 184유로, 셋째아이 190유로, 넷째아이 215유로이다.

1995~2006년 기준으로 볼 때, 아동, 청소년 일반 연금, 법정 의료보험, 산재보험 등에서 증가세를 보인다. 반면 다른 분야에서의 증가율은 국내 총소득 증가율보다 낮다. 예로 사회부조는 −23.2%, 실업자수당과 실업자부조(Arbeitslosengeld und-hilfe)는 -34.8%, 난민지원법(Asylbewerberleistungsgesetz)에 다른 지원 −58.4%, 주택보조금(Wohngeld) −60.4%, 전쟁희생자 지원 −60.8%이다.

이와 같은 사회부조, 주택보조금, 실업자수당 및 실업자 부조의 지출은 2005년 기본 보장(Grundversicherung)의 도입으로 급격히 줄어들었다. 과거에 노동 능력이 있는 사회부조 수

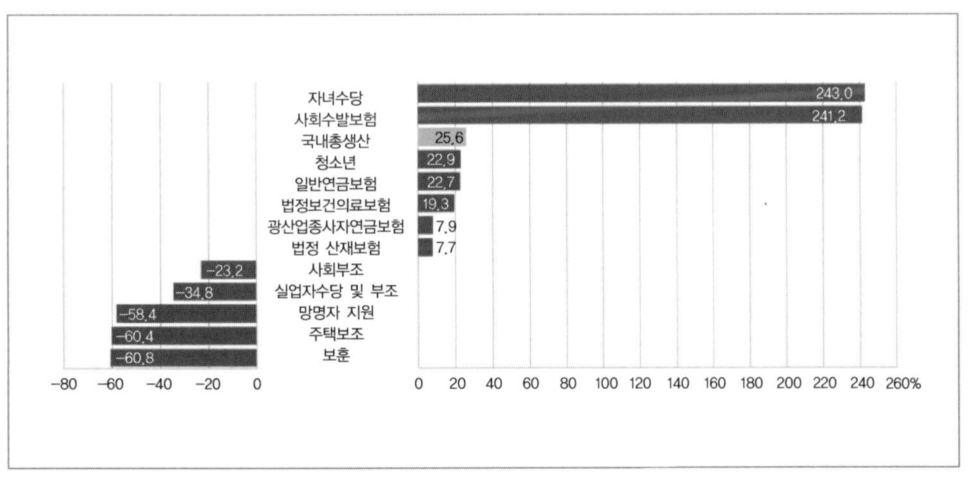

그림 1-3 사회급여-지출 비율 변화

자료: Statisches Bundesamt, *Statisches Jahrbuch 2008*.

급자는 지금은 실업자수당 II를 받으며, 과거에 실업자 부조를 받던 사람도 마찬가지로 실업자 수당 II를 받는다. 주택보조금 지급도 각자 처한 상황에 맞추어 기본 보장에서 고려된다.

난민 신청자에 대한 사회복지 지출의 감소는 난민자 수의 감축에 기인한다. 1995~2005년에 난민 신청으로 수급자는 난민지원법(Asylbewerberleistungsgesetz)에 의거하여 489,000명에서 211,000명으로 줄어들었다.

사회보장 지출의 증가나 감소는 복지 수준의 증가와 감소와 항상 일치하지 않는다. 가령 전쟁희생자에 대한 지출의 감소는 수급자의 사망과 관련이 있다. 따라서 전체 지출은 감소하지만, 개인별 사회보장 지출 감소를 의미하는 것은 아니다.

3 사회급여 비율

사회급여 비율(Sozialleistungsquote)은 상대적인 통계 크기를 말한다. 이 비율은 국내 생산에서 사회복지 분야가 차지하는 비율을 보여준다. 사회복지 지출은 국가, 공공기관, 공법인이 지출한 지출에서 사회복지 서비스를 계산한다. 사회복지 지출 분야는 다음과 같이 분류하고 있다.

- 질병, 보건의료보장, 장애
- 노령(Alter) 및 부양가족(Hinterbliebene)
- 가족과 아동
- 실업자
- 주거(Wohnen)
- 사회부조
- 기타 지출

따라서 사회급여 비율은 국내총생산에서 이런 복지 지출의 비율을 고려하여 계산한다. 이런 사회급여 비율에 영향을 미치는 요소는 다음과 같다.

- 수급자의 수(환자, 실업자 등)
- 사회보장 수준
- 사회보장 체계의 효율성(행정 비용, 의약품 가격 등)
- 국내총생산 수준(국내총생산이 사회복지 지출 비율보다 높으면, 사회급여 비율은 낮아진다.)

2010년 모든 사회급여(Sozialleistungen)의 총액은 연방정부의 사회예산에 따르면 7,609억 유로이다. 이런 단순한 복지급여 총액은 설명하고 있는 정보량이 많지 않다. 왜냐하면, 국민 개인당 사회급여 비율, 각 해당 국가의 경제력과의 비교 상황, 다른 나라들과 비교한 복지 비율을 보여주지 않기 때문이다.

따라서 사회급여 비율을 통해 비로소 한 나라에서 다른 국가와의 비교, 한 나라에서 시기별 비교 등에서 복지 서비스가 어떠한지를 알 수 있다.

한 국가에서 경제력에 대한 지표는 서비스와 생산의 총액을 말하는 국내총생산(BIP)이다. 따라서 사회급여를 국내총생산에 비교하는 것이 일반적이다. 이를 통해 보면, 2010년 독일의 사회급여 비율은 31.7%이다.

시기별로 사회급여 비율을 보면 1960~1975년 기간에(서독) 매우 팽창적이었다. 1960년 20.8%에서, 1975년에는 28.8%에 이르렀다. 1975년 이후 사회급여 비율은 비교적 29%와 31%의 같은 수준을 유지했다. 이런 비율을 통해, 독일의 사회급여 비율이 높은 것, 또는 사회복지의 고비용 문제가 제기된다. 그러나 유럽과 독일을 비교해 보면, 독일은 평균치의 중상위 수준이다. 이런 사회급여 비율은 1990년 독일의 통일과 노동시장의 실업자에 따른 부담을 고려해 볼 때 주의해 볼 대목이다. 이처럼 사회복지 비용이 증가하지 않은 배경에는 노년보장과 실업자보장(하르츠법)의 비용 감축에 기인한다.

사회급여 비율 증감에 영향을 미치는 요인은 '복지비용 지출'의 변화와 더불어 국내총생산(BIP)의 변화도 있다. 가령 지출이 증가하지 않았지만, 국내총생산이 줄어들면 사회급여 비율은 증가한다. 이는 특히 2008년과 2009년의 경우이다[그림 1-4]. 이 기간에 1.3% 증가했는데, 이는 금융위기에 따른 경제 둔화와 총생산의 감소가 배경이 된다. 반면에 2004~2005년에 경기의 활성화로 사회급여 비율은 감소로 작용했다.

사회예산은 국민경제의 전체 계산과 같이 노동의 형식으로 임금이 지급되는 모든 것을 포함한다. 임금이 지급되지 않는 일, 가령 가사, 이웃돕기, 자선, 사회 명예활동 등은 고려되지 않는다. 그 밖에 복지계정은 사회복지 서비스를 위한 공공지출과 구별하여 계산한다. 반면에 사회보장에서 개인적 지출은 포함되지 않는다. 사회보장의 부분적인 민영화에서 사회복지 배분율은 공공지출이 감소할 때 줄어든다.

사회급여 비율의 크기와 발전은 전체 경제의 부담에 대한 표현일 뿐만 아니라, 복지 서비스 수급자에 대한 복지 서비스의 실제를 보여준다. 따라서 비용과 혜택은 균형점을 이룬다. 이는 마찬가지로, 개인 수준에서 '혜택을 받는 자'가 있으면, '비용 부담자'도 있음을 뜻한다.

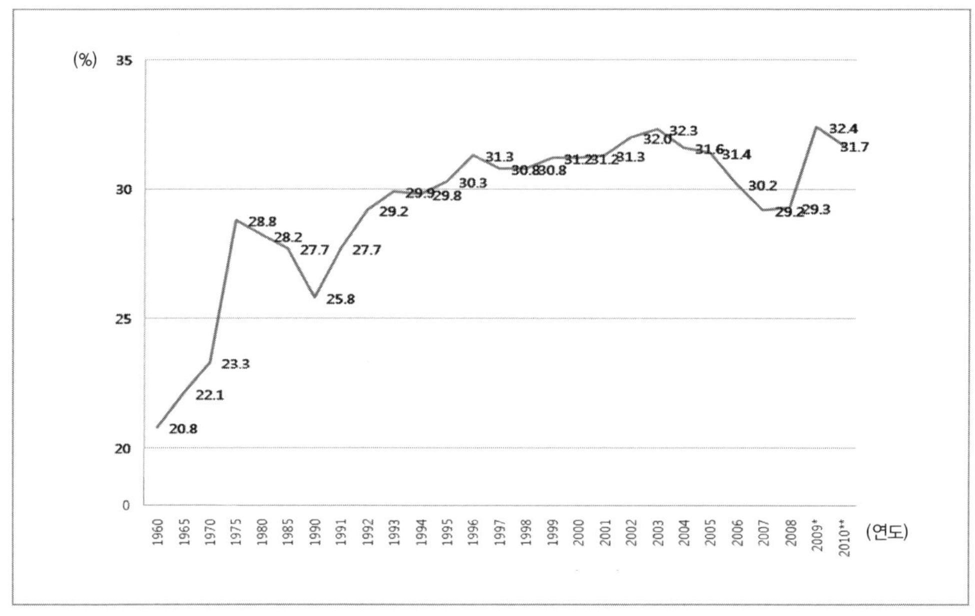

그림 1-4 사회급여 비율 추이(1960~2010)

* 비고: 사회급여(Sozialleistung)는 세금 조정을 포함하여 국내총생산에 대한 비율임. 1991년부터 신연방주 포함, 2009년은 잠정적이며, 2010년은 추산임.

자료: Bundesministerium für Arbeit und Soziales, Sozial Budget 2010, 9.

4 독일 사회급여: 유럽과의 비교

유럽연합 회원국들 간의 사회복지 체계와 사회복지 서비스의 수준을 비교하려면, 유럽연합의 통계(Eurostat)를 이용해야 한다. Eurostat는 사회복지 지출을 단일 기준을 적용하여 계산하고 있다. 그럼에도 Eurostat는 간접적인 지원과 자발적인 기업의 복지 지출을 포함하지 않고 있으므로 독일의 계산 방식과는 차이가 있다. 유럽은 사회보장 지출(Expenditure on social protection, Sozialschutzquote)이라는 개념을 사용한다.

유럽연합의 사회보장 지출 비율(Sozialschutzquote)을 보면, 독일은 2000년 29.3%, 2007년 27.7%로, EU 25개국 평균 상위에 속한다. 프랑스가 30.5%로 가장 높으며, 라트비아가 11.0%로 가장 낮다(<표 1-5>). 유럽연합의 확대로 과거 15개국에 비해 편차가 커졌다. 비율의 흐름을 시기에서 보면, 각 국가 사이에 수렴화(Konvergenz)되는 것을 볼 수 있다. 이런 배분율의 격차는 시간의 흐름에 따라 감소하는 방향으로 작용했다. 특히 남유럽 국가에서 보

표 1-5 유럽연합 사회급여 비율(제도별, 2007) (단위: %)

	노후보장	보건의료	장애	가족 및 유아	실업자	주택 및 기타
벨기에	15.3	26.5	6.6	7.1	11.7	2.8
불가리아	51.5	27.1	8.3	8.6	2.0	2.5
덴마크	38.1	23.0	15.0	13.1	5.6	5.1
독일	43.2	29.8	7.7	10.6	5.8	2.9
에스토니아	43.8	33.4	9.3	11.6	1.2	0.8
핀란드	38.5	26.3	12.6	11.6	7.8	3.2
프랑스	45.3	29.9	6.1	8.5	6.1	4.2
그리스	52.0	28.1	4.9	6.2	4.5	4.4
아일랜드	27.3	41.1	5.5	14.7	7.7	3.6
이탈리아	61.1	26.1	6.0	4.7	1.8	0.3
라트비아	46.8	29.7	7.0	11.0	3.3	2.2
리투아니아	47.0	30.7	10.4	8.7	1.9	1.3
룩셈부르크	37.2	26.0	12.3	16.6	4.9	2.9
몰타	52.4	29.2	6.3	5.9	2.8	3.4
네덜란드	4.03	32.5	9.1	6.0	4.3	7.8
오스트리아	49.0	26.0	8.0	10.2	5.3	1.5
포르투갈	50.1	28.3	10.0	5.3	5.1	1.2
폴란드	60.2	22.1	9.8	4.5	2.2	1.4
루마니아	47.3	23.8	10.0	13.2	2.2	3.5
스웨덴	41.0	26.1	15.3	10.2	3.8	3.7
슬로베니아	46.8	32.1	7.8	8.7	2.3	2.4
슬로바키아	43.8	30.8	8.5	10.0	3.6	3.3
스페인	41.3	31.2	7.6	6.0	11.7	2.2
체코	43.9	33.9	8.1	9.2	3.5	1.4
헝가리	43.9	25.5	9.6	12.8	2.4	4.9
영국	44.9	30.6	9.8	6.0	2.1	6.5
사이프러스	46.7	25.2	3.7	10.8	4.8	8.8
EU 27	46.2	29.1	8.1	8.0	5.1	3.6

자료: European Commission/Eurostat (2010). The Social Situation in the European Union Brüssel.

인다. 새로운 유럽연합 회원국인 중부유럽과 동부유럽 국가들 사이에서 사회복지 서비스 지출이 낮다.

사회급여 비율의 비교는 단지 총급여(Bruttosozialleistung)만을 계산에 포함하는 데에 그 한계가 있다. 가령 스칸디나비아 국가들은 직접적 세금 지원을 통한 자원 배분이 있는데, 이는 계산되지 않는다. 따라서 총사회급여(Brutto)보다 순사회급여(Netto)로 계산되는 순사회급여(Nettozozialleistungen/Nettosozialquoten)는 낮게 나타난다.

제 4 절 복지정책과 경제의 상호 관계

재정위기를 겪고 있는 그리스, 스페인 등은 사회복지 재정이 국가 재정 파탄의 원인으로 비판받고 있다.[11] 반면 독일은 다른 정책 영역보다 사회정책에서 가장 많은 재정지출을 하고 있으면서도, 국민경제가 안정적이며 발전적이다. 2005년 독일 사회복지 지출은 6,960억 유로였다. 이는 독일 국민당 8,436유로에 해당하며, 독일 공공지출의 2/3이며, 독일 국내 생산의 31%에 해당한다.[12]

사회복지 체계는 지출과 재정 흐름을 통해 경제 과정에 다양하게 영향을 미치며, 관계를 맺는다. 동시에 경제 관계의 변화는 사회정책에 영향을 준다. 사회복지와 경제 관계의 영향에 대한 논의를 추적하면, 먼저 사회복지가 경제에 미치는 부정적인 점을 비판한다. 사회복지는 경제의 성장을 둔화시키며, 국제시장에서 경쟁력을 약화시킨다고 본다. 이런 비판에 따르면 사회복지는 값비싼 것일 뿐만 아니라, 또한 재정 지원도 가능하지 않으며, 결과적으로 경제 체제를 위협하고, 이로써 복지의 경제 기초까지 허물게 된다. 따라서 사회복지는 경제 성장을 저해하고, 임금 외의 보험료 지급을 통해 노동 비용을 상승시켜, 일자리를 없애버린다.

독일 경제는 지속적인 저성장을 특징으로 한다. 특히 1990년대 초부터 경제의 역동성은 매우 느리게 진행되었다. 같은 시기 EU 15개국과 미국과 비교해 보면, 독일은 경제 성장

---

11) 남유럽의 국가 재정위기로부터 촉발된 복지 지출에 대해 논의가 되고 있다. 높은 복지 지출은 국가채무의 증가와 상관 관계가 높지만, 다른 요인들을 통제하는 경우 복지 지출은 국가채무에 유의미한 영향을 미치지 않는 것으로 나타나는 분석은 다음 참조. OECD 국가의 재정과 복지 현황, 보건복지 *Issue & Focus*, 2011.08.26, 한국보건사회연구원.

12) BMAS－Referat Information, Publikation, Redation 2006. 4.

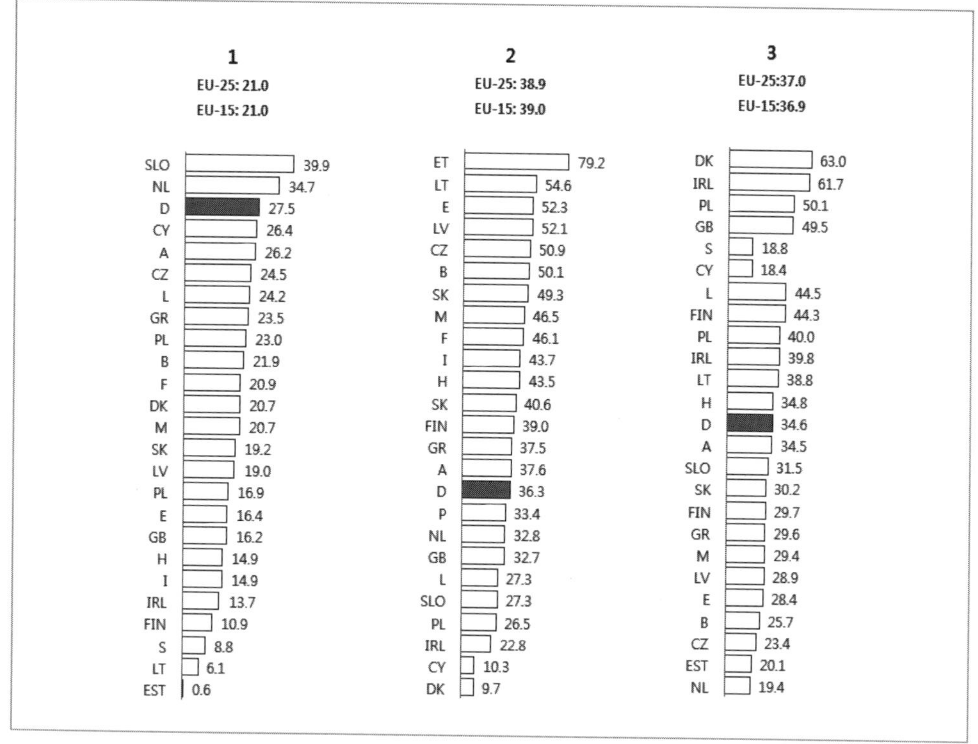

그림 1-5 유럽연합 사회급여 수준에서 독일의 순위

* 비고: 1(노동자 부담금), 2(고용주 부담금), 3(국가 부담금)

A 오스트리아, B 벨기에, CY 키프로스, CZ 체코, D 독일, DK 덴마크, E 스페인, EST 에스토니아, FIN 핀란드, IRL 아일랜드, F 프랑스, GB 영국, GR 그리스, H 헝가리, I 이태리, L 룩셈부르크, LT 리투아니아, LV 라트비아, M 몰타, NL 네덜란드, P 포르투갈, PL 폴란드, S 스웨덴, SLO 슬로베니아, SK 슬로바키아

자료: EUROSTAT: European Statistic: 2003; Bundesministerium für Arbeit und Soziales, Sozial-Kompass Europa, Soziale Sicherheit in Europa im Vegleich, 2007, 13.

에서 뒤처진다. 이런 낮은 경제 성장은 동시에 높이 증가한 노동생산성에서 지속적인 대량 실업의 원인이 된다. 고용은 늘어나지 않았다. 이런 낮은 경제 성장을 놓고 분석과 대안이 논쟁적이다. 사회정책과 연계해 보면, 사회보장의 높은 보장과 비용이 경제 성장에 걸림돌이 되었다는 것을 말한다. 즉, 급변하는 기술 변화와 글로벌한 세계 시장에서 국민경제가 과도하게 부담을 받았다는 것이다.

이와 같은 사회복지 때문에 경제 성장이 둔화했다는 의견에 대한 비판도 있다. 독일에서 사회급여 비율은 지난 20년간 변화하지 않았다. 다만 동독지역의 주는 다르다.

전체 국민경제가 지출하는 비용지출률(Abgabequote)은 놀랍게도 일정하며, 심지어 어떤 해에는 감소했다. 세금에서도 보면 여러 차례에 걸쳐 세금 감면이 이루어졌다. 이는 특히 기업가 세금(Unternehmersteuer)이 그렇다. EU 국가들과 비교해 보면, 복지지출률과 비용지출률은 중간 수준이다([그림 1-5] 참고).

이런 주장을 따르면, 사회급여 비율, 지출률 그리고 경제 성장 간에는 어떤 명료한 상관성이 없다. 따라서 경제와 사회정책 간의 관계를 일방적으로 해석하며, 확정적으로 말할 수는 없다. 이는 오히려 상호작용을 가진다. 사회보장에의 투자가 경제 성장과 연관되어 논의되는 것은 이제 새로운 주장은 아니다. 사회복지 체계는 민간 영역의 기여 능력에 의존하며, 사회복지 재정은 민간 영역에서 유입되어, 다시 민간으로 배분된다. 이런 사회 체계는 국민경제의 경제적 능력 확대에서 생산적인 요소로 작용한다.

이런 긍정적인 영향을 계량화하는 것은 물론 어렵다. 따라서 복지국가의 비용(Kosten)이 언급되지만, 한편에서는 전체 경제 체제에서의 유용성(Nutzen)도 동시에 언급되어야 한다. 사회복지의 가장 긍정적인 요소는 인적 자원에 미치는 영향이다. 이는 장기적으로 노동자의 건강을 보호하고, 노동 능력을 보장해 준다. 또한, 사회복지는 노동력의 개발과 수준 향상에 이바지한다. 경제구조 변화에서 인적 자원의 재교육을 통해서이다. 인적 자원의 투자는 그 투자에 따른 비용이 들지만, 결과적으로 경제 성장을 가져온다(Bock-Schappelwein & Mühlberger, 2009: 5).

사회복지를 통한 일자리 창출에의 기여도 있다. 가령 수발보험의 도입은 사회복지 서비스에서 많은 일자리를 새로 만들어 냈다. 복지 지출이 일자리를 창출하는 방향으로 사용되면, 이는 소모적인 지출이 아니라 생산적인 지출이다.

급진하는 기술과 환경의 변화에서 사회 불안은 증가하며, 이에 따른 사회 통합의 위협도 증가한다. 사회복지를 통한 긍정적인 기여는 정치사회의 안정화와 통합이다.

[그림 1-6]은 소득분배와 정신건강 간의 상관 관계가 높음을 보여준다. 여기서 주목을 받는 것은 산업국가의 평균 소득이 아니라, 소득의 불평등이 정신건강과 상관성이 높음을 보여준다(Wilkinson & Pickett, 2009: 85). 국민경제에서 십대의 임신율도 소득 불평등 분배(Ungleichverteilung)가 높을수록 높아진다(Wilkinson & Pickett, 2009: 145).

한국 정당들은 사회복지를 확대하는 정책을 표방하고 있다. 복지에서 누군가 혜택을 받은 사람이 있으면, 누군가는 복지 비용을 부담해야 한다. 과연 누가 복지재원에 필요한 세금을 낼 것인가, 복지재원의 재정 조달에 대한 우려가 제기된다. 또한 복지의 급속한 확대가 바람직한가의 문제도 있다. 국제 사회복지 지출 수준과 한국을 비교해 보면, 2005년

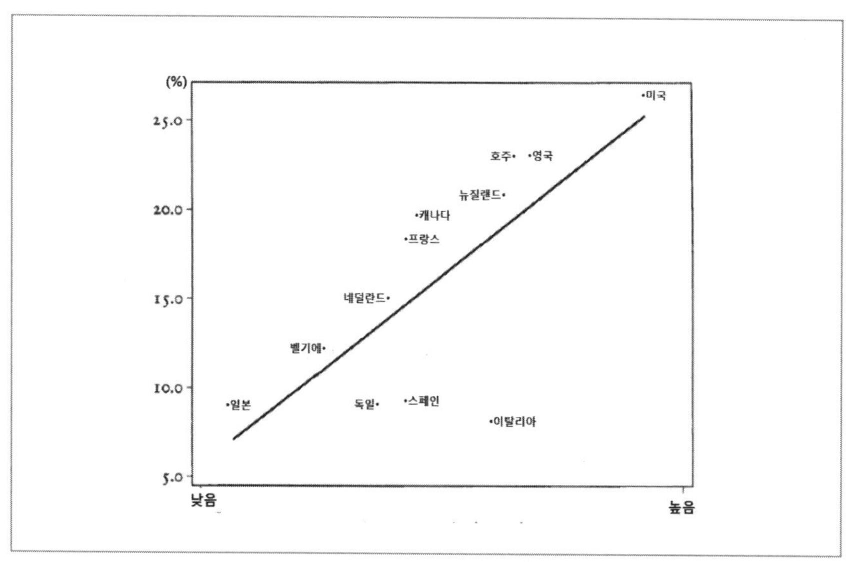

그림 1-6 정신병과 소득불평등 분배

출처: Wilkinson & Pickett(2009: 85).

9.4%로 OECD 평균 23.5%의 40%에 불과한 수준에 있다.

한국에 적합한 복지모델과 경로의 선택에서 독일 복지모델은 우리에게 북유럽 국가의 모델보다 더 바람직한 모델로 보인다. 독일 복지는 가족 중심, 사회보험의 모형으로 되어 있어, 우리와 사회적 유사성을 가진다. 또한, 사회복지 서비스는 무상이 아닌, 보험자의 보험료를 바탕으로 하며, 차등가격으로 재원이 조달된다. 독일은 또한 경제의 경쟁력, 생산성 외에도 분단국가로서의 유사성도 갖고 있다.

제 2 장 독일의 노후보장과 공적연금

제 1 절 공적연금의 배경

노령화

노령(Altsein)과 노령화(Altwerden)는 부정적인 인상을 받는다. 나이가 들면 양로원에 가야 하는가, 아니면 혼자 고독하게 살아야 하는가에 대한 사회적 관계 문제에서부터 지속적인 질병에 시달리며, 병간호 등의 보건의료 문제와도 밀접하게 연관되어 있다. 한 인간의 마지막 삶의 단계는 이런 부정적인 일들이 많이 일어난다. 젊은 세대는 노년 세대를 부양해야 하는 부담을 가지며, 과연 이런 부담이 정당한가에 대한 세대 간 갈등도 일어난다. 이런 부정적인 우려에 해당하는 노인의 삶이 되지 않도록 하자는 것이 모든 국가의 주요한 정책 영역이다.

독일은 노년의 삶이 사회적 부담이 되지 않도록, 또한 개인 수준에서 문제 없이 만족스러운 삶이 되도록 제도적인 노력을 하고 있다. 이는 특히 재정적인 면에서 그러하다. 사회정책의 주요 영역 중 하나는 근로 소득이 없는 노년 세대의 삶을 재정적 부담 없이 지속해서 살아갈 수 있게 하는 것이다.

독일도 다른 국가와 마찬가지로 인구 구성의 변화, 사회의 노령화에 직면하고 있다. 이런 노령화의 주요 원인은 낮은 출산율과 지속적인 인간의 수명 연장이다.

독일에서 사회의 노령화의 특징은 다음과 같다.

- 노령인구의 절대적인 증가
- 노령인구가 전체 인구에서 차지하는 비율의 증가
- 80세 이상 노령자의 급속한 증가

독일 인구에서 60세 이상이 차지하는 수치는 1980년에 1,520만 명(19.4%), 1990년 1,630만 명(20.4%), 2000년 1,840만 명(22.4%), 2006년에 2,560만 명(25.0%)이다. 80세와 그 이상의 노령자의 급속한 증가도 인구 변화의 특징이라 할 수 있다. 이는 1970년 153만 7천 명, 1980년 209만 2천 명(2.7%), 1990년 301만 명, 2006년 377만 명(4.5%)으로 증가했다. 이러한 노령인구의 증가는 앞으로도 지속될 것으로 보인다. 통계청의 추정에 따르면 80~90세의 노령자가 2006년 3.9%에서 2050년에는 10.7%로 증가할 것으로 보인다([그림 2-1] 참조). 90세 이상은 같은 기간 0.6%에서 3.0%의 증가로 예상된다. 노령인구의 지속적인 증가는 기존의 노령자에 대한 사회정책, 보건의료정책, 소득정책 등에 대한 도전이라고 할 수 있다.

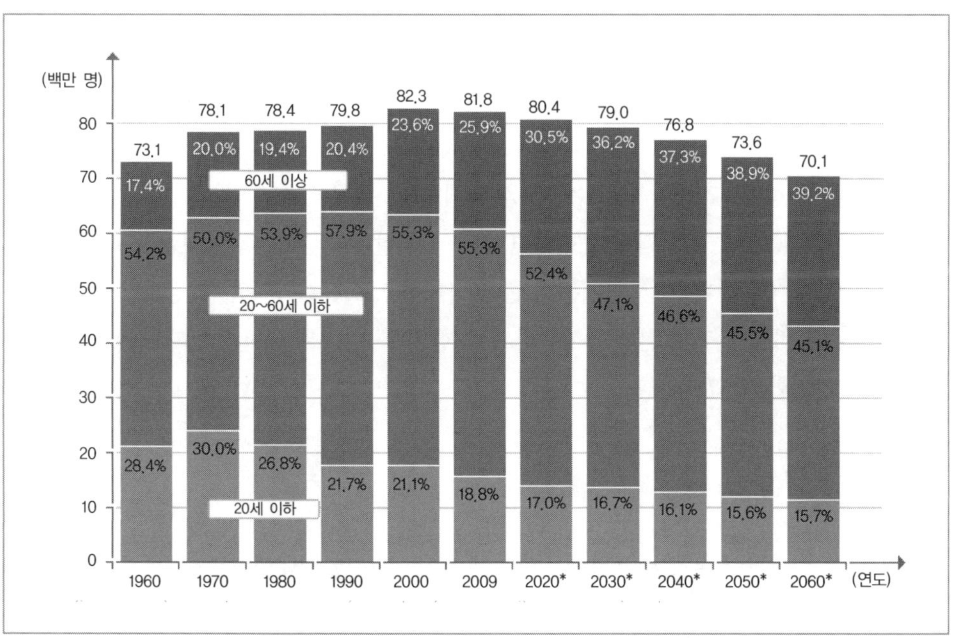

그림 2-1 인구 변화와 인구구조 변화

비고: 전체 인구 대비 인구 비율(60세 이상, 20~60세 이하, 20세 이하); 기간 1960~2060, 기준 2010년

자료: 연방통계청, bpb.de.

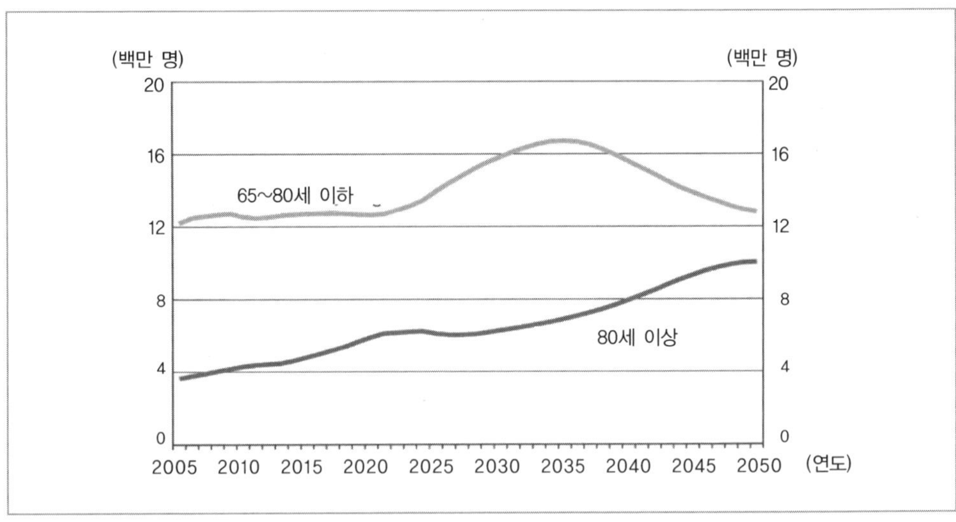

그림 2-2 노년층 인구 변화

*비고: 인구 변화 추이에서 중간값 계산.
자료: 연방통계청(2006).

2 노년보장의 유형

나이가 들어 정년퇴직하면 근로수입원을 잃게 되기 때문에 이후의 생활을 위한 재정이 확보되어야 한다. 만약 확보되지 못한다면 빈곤하게 살거나 자녀 혹은 다른 가족구성원에게 의존해 살아가야 한다. 노년기에는 지출이 상대적으로 감소하지만, 건강과 관련된 영역에서는 새로운 비용 지출 요인이 발생한다. 이러한 비용 지출은 노년기의 제한된 재원에 상당 부분을 차지할 수 있다.

1) 공적 보장

공적 보장은 개인별 보장이나 가족보장과 관련 없이 노년 세대의 생활을 법과 제도로 보장하는 것이다. 국제적으로 노년기의 공적 보장을 비교해 보면 하나의 유형이 아닌 다양한 보장 유형을 갖고 있다는 것을 알 수 있는데, 이들은 서로 다른 보장의 목표와 수준을 갖고 있다.

독일에도 여러 보장 유형이 공존하는데, 크게 부조모델(Fürsorgemodell), 기초연금모델

(Grundrentemodell), 사회보장모델(Sozialversicherungsmodell)로 구분된다.

(1) 부조모델

전통적인 빈민부조(Armenfürsorgemodell)에서 유래하는 부조모델은 노년사회보장에서 가장 하위 단계를 구성한다. 이는 필요에 따라 소득보장이나 실물급여를 지원하며 재원은 일반 세금에서 지원한다. 부조에 대한 요구와 권리는 노인에게만 해당하는 것이 아니라 전체 국민에게 해당한다. 부조 지원의 원칙은 소득, 재산 또는 생계 유지에 책임 있는 당사자의 수입으로 생계가 유지되지 못할 때에 발생한다. 부조의 수준은 그 사회의 사회 · 문화 최소 생존 기준, 가족구성원이 필요로 하는 가사의 필요와 요구에 근거한다.

부조모델을 어떻게 적용할지, 가령 필요에 따라 또는 연령층, 그룹으로 나누어 할지 등은 차후 합의하여 결정할 문제이다. 여기서 자격 요건의 조건을 얼마나 엄격하게 정할지, 급여의 필요 수준을 얼마로 할지, 최소 지원의 크기를 얼마로 정할지 등이 결정되어야 하며, 이들이 모델의 특성을 결정한다.

지원하는 부조 수준을 낮게 정하거나, 또는 부조 적용(Nachrangprinzip)을 국민 일부로 한정한다면, 부조를 통한 노년보장은 한계적이게 된다. 이는 최소한의 빈곤만을 면하게 하는 수준에서 사회부조를 하는 것이다. 이런 부조모델에서는 사회부조를 받게 되는 사람들이 그 사회에서 소외되거나 낙인이 찍힐 수도 있다.

(2) 기초연금모델

기초연금모델은 국가가 일정 나이에 이른 모든 국민에게 소득 지원(Einkommenleistung)을 하는 제도로서 국민연금(Volksrente)으로 불리기도 한다. 국민연금으로서 기초연금모델을 가진 나라는 스칸디나비아 국가들이다.

기초연금모델에서는 국가로부터 소득 지원을 받기 위해 사전에 자격 조건을 내세우지 않는다. 다만 일정 기간의 거주 기간을 조건으로 할 수 있다. 수혜자 또는 가족의 재산이나 소득은 고려되지 않는다. 기초연금의 연금 수준은 적절한 생활 수준을 고려한 지급액(Betrag)으로 계산되며, 가족구성원의 수를 고려하여 지급 단계를 구별할 수 있다. 기본연금의 재원은 일반 세금을 통해 이루어진다.

기초연금 수령과 급여액은 비노동(예: 노동 기간, 노동 수입), 노동(예: 직업교육, 자녀 양육, 가족구성원 수발, 실업, 질병), 또는 부분노동 등의 요인에 의해서는 기초연금 수령 권리에 영향을 미치지 않는다. 이러한 이유로 남녀는 서로 다른 노동과 조건에도 일정 나이에 이르면 동일한 대우를 받는다. 기초연금모델의 옹호자들은 특별히 이런 기초연금을 통한 여성의 노후보장 장점을 중시한다.

기초연금은 통상 두 가지 모델로 구분된다.

- 단독인 기본연금을 지급한다. 이 밖의 공적 부조는 없다. 더 나은 생활을 위한, 또는 나이에 따른 연금액 인상은 개인적 노년보험이나 기업노령보장을 통해 할 수 있다.
- 기본연금은 기초연금(Sockelrente)으로서 기초부양(Basisversrogung)이며, 이는 강제적인 추가 제도를 통해 보완할 수 있다. 이 추가 제도는 노동이나 소득 수입과 연계되며, 생활 수준 보장의 과제를 위한 것이다.

기초연금모델에서는 전 국민이 요구권을 갖기 때문에 높은 수준의 재정을 발생시킨다. 따라서 이는 높은 세금을 요구하게 된다. 기초연금의 안전과 신뢰는 궁극적으로 국민 지지와 정치권 다수의 결정에 의존한다.

(3) 사회보장 연금모델

사회보장 연금모델은 노년보장을 보장 형식으로 취하는 것이다. 사보험과의 차이는 사회보장은 강제적이고 법적으로 규정되어 있으며, 이에 따라 보장(Leistung)을 한다는 점이다. 재원이 되는 보험료는 노동 소득을 중심으로 이루어진다. 여기서 위험한 요소들은 고려되지 않는다. 즉, 연금 수준은 주로 근무 기간과 노동 소득 수준에 따른다. 따라서 보험자가 내는 보험료(Beitrage)와 차후의 보장(Leistung) 간에 비례 관계(Entsprechungsbzw. Äquiva-lenzverhältnis)가 있다. 무노동 기간이나 소득이 낮은 기간은 미래에 낮은 연금 수준으로 나타난다. 여성들은 양육이나 노동 시간의 단축 등을 이유로, 남성들보다 연금 수준이 낮을 수밖에 없다. 사회 균등을 통한 이러한 차이의 교정은 제한적이다. 왜냐하면, 특별한 보험료 납부(Beitragszahlung)는 이에 상응하는 기여 없이 이루어지거나, 또는 특별한 기간의 납부와 시간을 고려하기 때문이다. 사회보장연금이 추구하는 목적은 임금 대안(Lohnersatz)이나 생활 수준 보장에 있다.

유럽에서 시행되는 사회보장 연금모델은 여러 다양성을 띠고 있다. 보장의 차이는 다음과 같은 요소에서 일어난다(Hauser, 1996: 24ff.).

- 보장하는 사람(Personkreies)을 중심으로 하는 모델－개인, 가족 등
- 보장하는 위험(Risiken)

– 개인별 연금의 확정
– 연금 수준과 연금 수준 조정(Rentenanpassung)
– 재원 조달(Finanzierung)–세금 또는 보험부담금

사회보장을 전적으로 노동에 연계하는 것은 노동임금에의 종속적 체계라 할 수 있다. 주부와 같은 비노동자나 자영업자는 보험료를 내지 않기 때문에 이에 대한 권리를 갖지 못한다. 반면 모든 노동자뿐 아니라 전 국민을 포함하는 사회보장은 국민 혹은 시민보장이 된다. 개인적 연금을 계산할 때에 납부–지급–비례의 기본 원리가 매우 밀접하게 적용되며, 이는 사회 균등 요소를 통해 다시 완화된다. 연금 수준의 결정과 연금 적응은 연금이 노동수입과의 관계를 어떻게 해야 하는지, 그리고 생활 수준 보장을 어느 정도로 할 것인지를 결정한다. 재원 조달에서 노동임금을 고려한 보험료는 노동자나 기업가 또는 양 당사자가 담당할 수 있다. 보험료는 세원 조정을 통한 지원금을 통해 보완될 수 있다.

보험자 범주와 실제 실현되는 보험 수준은 사회보장모델의 재원 수준에 크게 의존하기 때문에 보험료를 통한 부담이 높다. 분배 과정을 통해 이뤄지는 수입과 지출의 균형은 경제 변화 요소(실업, 고용 감소, 소득 감소 등)와 인구구조 변화를 통해 위험에 빠질 수 있다. 이는 경제적 영향을 받을 뿐만 아니라 정치적 위험(급여의 삭감)에 영향을 받을 수 있다. 연금의 안정성 문제는 정치적 결정과 정치적 요소에 의존적이다. 장기적으로 볼 때 중요한 것은 연금의 재원 조달을 감당하게 되는 후세대의 수용에 달려 있다.

2) 개인노년보장

개인노년보장(Altervorsorge)은 직업 활동을 마치고 나서 소득을 지속시키는 방법이다. 이는 직업 활동을 시작하는 초기부터 중반까지 소비를 줄이고 미래의 노년기를 위해 저축을 함으로써 자산을 축적하는 것이다. 이런 저축은 이자를 확보하거나 증권 구매를 통해 소득의 확보를 이룬다. 이런 자원이 확보되면 노년기에 이자소득이나 증권 매각을 통해 노년기에 필요한 자원을 확보할 수 있다. 자산 축적을 통한 노년보장은 개인별 결정과 선호도에 따르는 것이며, 이는 자율적인 행위이다. 한편 자산을 통한 수익과 이를 통한 노년에 소득 확보는 시장 조건에 영향을 받는다.

공공자원을 통한 개인별 노년보장은 재원 동원이 가능하고 급여 수준도 확보해 준다는 점에서 적절한 노년보장으로 평가된다. 이는 인구구조 변화를 고려할 때 더욱 그러하다.

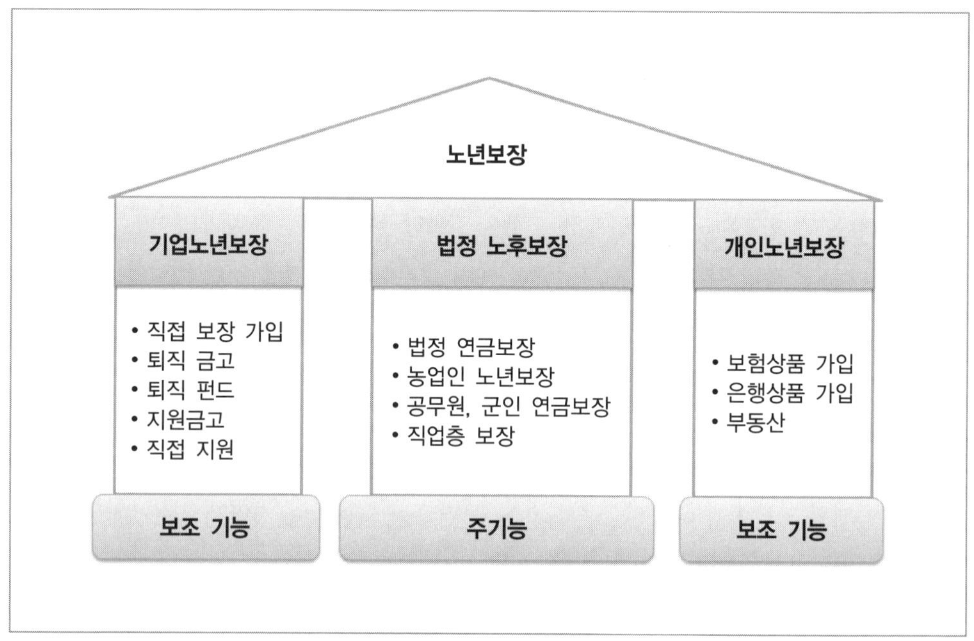

그림 2-3 노령보장의 3 축

비고: 2005년 이전 독일의 노년 보장을 설명하는 모델로 사용됨.

3) 기업노년보장

기업노년보장(betriebliche Alterversversorgung: bAV)은 기업이 고용하는 노동자와 합의하여 퇴사 후에 지급하는 퇴직연금으로 기업연금은 노동과 연계되어 있다. 기업연금은 일종의 특별 지원(Vergütung) 형태이며, 임금노동의 계산에서 적용되는 일종의 경영적 사회급여(Sozialleistung)이다. 이런 급여 요구를 충족시키기 위해 이에 상응하는 자본의 축적이 이루어져야 하는데 기업연금보장은 자본 적립 방식(Kapitaldeckungsverfahren)에 기초한다.

기업노년보장의 전형적인 특징은 사망할 때까지 지속해서 연금을 지급하는 것이다. 이것은 사망까지 생명의 위험을 보장하고 있는 것으로 순수한 배당금 지향적 자본 형성과는 차이가 있다. 기업노년보장은 통상 자율적이며, 기업이 보장 유형을 스스로 결정하기 때문에 서로 다른 보장 형식이 생기게 된다. 이런 차이의 예는 다음과 같다.

- 보장받는 노동자
- 보장하는 위험도
- 연금 지급과 조정(Anpassung)

– 연금 시행 방식
– 재원

따라서 기업의 결정에 따라 근로자 전부 혹은 일부 그룹이 혜택을 받을 수 있다. 노년보장 외에 신체상해(Invalidität)나 가족에 대한 지원도 합의할 수 있다. 일반적으로 직접 기여보장(Leistungszusagen)은 사전에 합의된 보장금의 정기적인 지급이며, 이 지급은 서로 다르게 합의하며 통상 고용 기간과 관련된다. 여기서 차이가 나는 것은 보험료 지급(Beitragszusagen)이다. 근로자는 노년보장을 위한 자본 축적에 보험료를 지급할 의무를 진다. 보장 기여의 수준은 규정되는 것이 아니라, 축적 성과(Anlageerfolge)에 의존한다. 자본시장의 위험은 기업 보장에서는 기업이, 그리고 보험료 보장에서는 노동자가 감당한다.

기업노년보장의 조직과 시행은 기업 소관이다. 자율적인 집행은 충당금(Rückstellung)으로 보장되며, 이는 대기업만 해당된다. 중소기업은 외부 기관, 가령 연금금고(Pensionkasse), 연금펀드(Pensinfond), 또는 직접 보험 가입(Direktversicherung)을 통해 이루어진다. 외부 보장기관은 보장계약(Versorgunsvertrag)을 관리하며, 후에 연금 가입자에게 연금을 지급한다. 단체적인 업무 처리 때문에, 기업노년보장은 보통 개인별 민간 노년보장보다 효율적이다. 가령 낮은 비용과 가격 대비 연금 수준의 관계가 높으며, 개인별로 보장하기가 쉽고 보장성이 높다.

기업노년보장의 재원 조달은 전통적으로 근로자 자신을 통해 이루어진다. 근로자는 자신들이 받는 임금의 일부를 기업이 내도록 하는 것 역시 가능하다. 전체 경제 측면에서 볼 때 이런 차이가 결정적인 것은 아니다. 왜냐하면, 노동자가 내는 보험료는 결국 노동 비용과 임금 부분이기 때문이다.

기업노년보장은 기업의 자율적인 사안이기 때문에 이에 대한 강제적인 규정은 없다. 기업노년보장은 기업의 경제력의 크기, 기업가 이해, 그리고 기업이 속한 기업군의 특성, 노동시장과 국민 경제 상황 등의 요소와 관련이 있다. 여기서 고려해야 할 점은 기업노년보장은 사회정책적 목적, 가령 기업의 책임과 보장 이해를 우선하여 따르지 않는다는 것이다. 고용자 전체 또는 그 중 일부에게 노년보장을 제공하는 기업의 결정은 기업전략과 인력 운용 목표에 따라 결정된다. 가령 기업의 선호도를 높이는 것, 우수 인력의 획득과 유지, 부침의 제거, 역량을 높이는 동기부여, 기업의 재원이나 세원에서의 이득 등이 작용한다.

기업노년보장은 근로 관계 이외 경영과 직접적인 관계가 있어, 기업은 기업노년보장으로 인해 문제가 발생하지 않도록 도모한다.

– 기업연금은 먼저 기여 수준(Leistungshöhe)이 제한되어 있다. 기업은 재정적인 부담을 가능한 영역에서 제한하고자 한다. 실제 긴 고용 기간에도 기업연금은 다른 노년보장에의 보완(Ergänzung)으로 기능한다.

– 고용 해지의 경우 획득한 권한이 유지, 승계되는지는 분명하지 않다. 노동자가 일자리를 바꿀 때에 발생하는 질문은 '요구 권리'도 함께 가지며, 계속 이전 가능한지, 아니면 더는 유효하지 않은지이다. 기업연금의 몰수불능 요건(Unverfallbarkeit)과 이전성(Portabilität)은 노동자의 부담으로 된다. 이는 특히 노동자가 짧은 기간 동안 고용되어 있거나 고용이 지속되지 않는 경우이다.

– 기업연금보장의 안전성은 기업의 역량과 밀접하게 연결되어 있다. 장기적인 의무에 부과한 것이기 때문에 연금의 안정성에서 기업의 지급 능력, 생존 여부 등의 경제적 위험성을 배제할 수 없다.

– 보장에 가입된 사람은 기업과 고용된 관계를 유지하며, 계약을 체결한 자만 해당한다.

이런 몇 가지 문제는 기업의 연금보장에 대한 국가의 규제(Regulierung)를 통해 제한할 수 있다. 몰수 불능 요건 및 이전성에 대한 요구와 기업 지급 불능으로부터 보호를 법적으로 규정하는 것이다. 기업연금법(BetrAVG) 4조는 노동자의 현재의 기업연금의 수급 권리를 전

표 2-1 독일 기업연금제도와 특징

연금제도	내부적 실행 방법	직접보장 (Direktzusage)	우리나라 퇴직금 제도와 유사한 제도로서 가장 가입률이 높음. 기업은 퇴직 연금 충당금을 사내(재무제표 상) 유보. 연금보험협회(PSV)가 보증을 제공하며, 기업에 대한 청구권을 가짐(자산액 2,340억 유로, 2006년 기준)
		지원금고 (Unterstützungskasse)	직접보장과 유사하며 두 번째로 가입률이 높음. 법적으로 독립된 외부기관이 자산 운용을 담당하며, 기업은 외부기관에 퇴직연금액을 적립. 연금급부 지급에 대해서는 기업이 책임을 지며, 근로자는 급부액에 대한 법적 책임이나 청구권이 없음.
	외부적 실행 방법 (법적 외부 기관을 통한 적립)	직접보험 (Direktversicherung)	민영보험사와 계약을 통해 근로자 퇴직연금 보험에 가입. 다양한 유형이 존재하며, 소규모 기업에 적합. 보험계약 주체는 기업이나 근로자에게 지급
		연금금고 (Pensionskasse)	독립된 특수 보험사. 근로자에게 급부액에 대한 청구권 부여
		연금기금 (Pensionsfonds)	2002년 새로 도입된 제도로서 외부 기관이 적립금 운용. 연금보험협회(PSV)가 보증을 제공하며, 공격적인 자산 운용을 함. 연금 형태로만 지급.

자료: Prangenberg & Liesebach(2004); 김상호(2005. 6).

직의 경우에 보장하도록 규정하고 있다. 기업노년보장의 확산과 장려는 세금 지원이나 혜택 또는 직접 지원과 같은 공공 지원 촉진을 통해 확산된다. 2009년 기준으로 기업노년보장으로 퇴직금고, 퇴직펀드, 지원금고에 납부되는 보험료에 대해 4%까지 세제 혜택을 준다. 또한 고용주가 내부적으로 충당금(Rückstellungen)으로 적립하는 경우 2,592유로까지는 노동임금으로 계산하지 않고 사회보장 납부에서 면제해 준다(sozialabgabefrei)(Betriebliche Altersvorsorge: BMAS). 이런 지원을 통해 기업연금보장의 특별 구성(Ausgestaltung)을 촉진할 수 있다.

기업이 법이나 임금 계약을 통해 의무가 되는 의무 규정이 있다. 이는 법적으로 정해지는 것으로 특별한 기업 분야 그룹에 제한되거나 전체 경제를 포괄하기도 한다.

결과적으로 보면 개인 노년보장이나 기업노년보장은 전체 국민을 모두 보장하지 못하기 때문에 법적으로 규정된 보장 체계가 필요하다. 이런 법적 보장은 보장의 범주, 보장 수준, 보장에 대한 공공 지원과 재원 조달을 규정한다. 개인노년보장과 기업노년보장은 공적 보장의 보완 기능을 하기 때문에 공적 보장 체계가 낮으면 낮을수록, 보완적인 개인이나 기업의 노년보장 체계의 필요성은 증가하게 된다.

제 2 절 독일의 노년보장 체계

역사적으로 보면, 독일에서 노년보장은 서로 다른 체계, 제도, 보장 원리 등이 종합되어 매우 복잡하게 조직화되어 있다. 이런 세분화는 사회보장기관, 보장하는 보험자 그룹, 각 보장의 목적, 보장의 전제 조건, 보장 수준, 재원 조달의 유형 등에 따라 분류할 수 있다.

독일의 노년보장 체계는 다음과 같이 '층 또는 수준' 모델(Säulen-oder Ebene Modell)로 분류할 수 있다.

1) 1층(erste Ebene)은 기본 보장(Basisversorgung)으로 다음과 같이 구성된 보장 체계이다.

- 법적 연금보장(GRV)
- 공무원 연금보장
- 자영업이나 자유직업(Freieberufler) 그룹의 노년보장기관
- 부조 원리에 따른 노년과 수입 감소에 따른 기초보장(Grund-versicherung)

2) 2층(zweite Ebene)은 보충보장(Zusatzversorgung)으로 기업노년보장(퇴직연금)으로, 이는 서로 다르다.

- 민간경제에 종사하는 기업노년보장
- 공공 부문의 노동자와 사무자의 국가보조(Zusatzversorgung)

3) 3층(dritte Ebene)은 개인보장(Privateversorgung)으로 개인 노년보장이다. 이는 노년에 기초한 재산 형성과 개인연금보장으로 된다.

국민은 이런 서로 다른 보장층에 속해 각각 다른 노년보장을 받게 된다. 전체적으로 고용에 관한 노년보장 체계는 독일 노년보장의 특성을 보여주며, 이 보장 체계는 노동과 고용에 연계되는 동시에 근로소득과 고용 기간에 따라 연금 수준이 정해진다. 독일은 아직 '국민 전체'를 포괄하는 기본보장(Grundsicherung)으로서 기초연금(Grundrente)은 시행되지 않고 있다.[1)]

국민의 대다수는 공적연금(GRV)에 가입되어 있다. 2005년 초에 능동적 가입자 3천 4백만 명이 보험에 가입되어 20~60세까지의 국민 인구층을 계산하면 연금 가입률은 국민의 80% 수준이다. 이는 수동적 가입자 약 1천 8백만 명을 계산하지 않은 것이다. 수동적 가입자는 실제로 보험료를 내지 않지만 이미 연금에 가입된 사람들이기 때문에 노년 수입 측면에서 공적연금은 매우 중요하다. 모든 연금 수급 가정을 평균으로 보면 노년 수입의 85%(2004년)가 연금보장에서 나오며, 5%는 기업연금, 그리고 15%는 개인노년보장 수입으로 충당된다.

국가 강제적인 노년보장, 기업노년보장, 개인노년보장 간의 적절한 균형점을 찾는 것은 오랫동안 미래 노년보장에 대한 논쟁점이 되어 왔다. EU의 경우에 공공으로 조직되어 지원되는 노년보장 체계와 기업 및 개인노년보장 체계가 서로 다른 비중을 가진다. 전체적으로 사회보장은 개인노년보장과 기업노년보장으로 가며, 이 비중이 높아지는 것을 볼 수 있다. 이는 독일도 마찬가지이다. 2001년 리스트 연금(Riester-Rente) 도입과 더불어 연금보장의 보장 수준이 낮아졌다. 이런 보장의 간격은 국가가 보조 지원하는 개인보장이나 기업보장을 통해 보완되어야 한다. 2층과 3층이 국가의 노년보장정책의 주요 부분으로 되었다.

노년보장층은 재원 조달에 따라 차이가 나는데 부과 방식(Umlageverfahren)으로 재원이 조달되는 체계(연금보장, 공무원보장, 농민노년보장, 공공사무원 국가보조보장 및 기본 보장)와 자본 축적 방식(Kapitalgedeckten Systen: 기업노년보장, 직업층 부양([berufständische

---

1) 2003년 1월 1일부로 도입한 '노령기와 근로소득 감소기의 기본 보장(Grundsicherung im Alter und bei Erwerbsminderung)'(§ 41 ff. SGB XII[1])은 65세 이상 또는 18~65세의 연령자가 소득 감소가 지속될 때 지원하는 제도로서, 이는 인간다운 삶의 유지와 빈곤을 예방해 주는 일종의 사회부조이다. 지원 기간은 1년으로 정해져 있다.

표 2-2 독일의 노후보장 체계

<table>
<tr><td>3층
개인
연금</td><td colspan="7">개인연금(임의 가입 공적연금, 인증제 개인연금)</td></tr>
<tr><td rowspan="2">2층
보충
연금</td><td colspan="3" rowspan="2"></td><td rowspan="3">광부
연금</td><td>국가보조 퇴직연금</td><td rowspan="2">공공 부문
퇴직연금</td><td rowspan="4">공무원
연금</td></tr>
<tr><td>기업노년보장(퇴직연금)</td></tr>
<tr><td rowspan="3">1층
기본
연금</td><td rowspan="2">자영자
직능
연금</td><td rowspan="2">농민
연금</td><td>자유직
특별
연금</td><td colspan="2">생산직 · 사무직 연금</td></tr>
<tr><td colspan="4">공적연금</td></tr>
<tr><td colspan="7">기초보장제</td></tr>
<tr><td rowspan="2">포괄
계층</td><td colspan="3">자영업자</td><td colspan="4">근로자</td></tr>
<tr><td colspan="5">민간 부문</td><td colspan="2">공공 부문</td></tr>
</table>

Versorgungswerke]), 생명보험이 있다. 노년보장 전체를 보면 2003년에 부과 방식 재원 조달이 81%로 가장 큰 몫을 차지한다.

제 3 절 공적연금

공적연금(Die gesetzliche Rentenverischerung: GRE)은 1889년에 「상해노년보장법(Gesetz, betreffende die Invaliditäts-und Altersversicherung)」을 통해 도입되었으며, 오늘날 사회법전 (SGG) VI에 규정되어 있다. 공적연금은 독일의 사회보장에서 가장 중요한 부문이다. 한국의 국민연금 구조와 계산 식은 독일의 공적연금제도를 원형으로 두고 시작했다.[2]

원래 연금보장의 목표는 생활 수준에서의 보조적 지원으로 빈곤을 막기 위한 것이었는데 공적연금이 1957년 대대적으로 연금을 도입함에 따라 근로할 때와 같은 수준의 삶을 보장해야 한다는 과제를 갖게 되었다. 이런 높은 수준의 목표 설정은 1990년대 말에 연금 개혁

2) OECD 연금 유형과 개혁에 대해 다음 참조. 배준호(2005), 주요국 연금 체계와 개혁이 주는 시사점, 응용경제, 제7권 제2호, 한국응용경제학회; 석재은 외(2004), OECD 국가의 기초보장과 공적연금 체계 비교연구(Ⅰ), 한국보건사회연구원.

을 통해 단계적으로 축소되었지만, 여전히 공적연금은 삶을 보장하는 주축이 될 것이다. 다만 보장에서 발생하는 틈은 개인보험이나 기업노년보장을 통해 이루어지도록 개혁을 통해 조정되고 있다.

공적연금이 지향하는 생애보장의 목적은 근로를 통해 얻은 평균적인 임금 지위를 유지해 주는 것이지, 근로의 정점에서 얻는 소득 수준을 보장하는 것이 아니다. 생애보장을 위해 이룬 노동의 삶이 어느 정도의 수준에서 이루어져야 하는가를 정확하게 정의하기는 어렵지만, 연금을 통한 적절한 삶의 기준에 대한 합의점은 존재한다. 통상 45년의 보험 가입년이 '달성한 근로 생애'로 여겨지며, 연금이 세전 노동임금(Netto)의 70%를 이룰 때 적절하다고 본다. 노동임금 70% 선은 앞으로 연금 조정을 통해 분명히 하락할 것이다. 이런 하락은 앞으로 연금을 수입으로 하여 이에 대해 세금을 내도록 되어 있어 더 하락할 것이다. 다만 보험료율은 세금 납부와 관계 없이 같은 수준에 머물 것이다.

공적연금의 보장은 '보장 원리'에 기초한다. 보험자는 노동의 축소 또는 노년에 소득 감소에 따른 위험에 직면하게 되므로 보험에 가입한다. 보험에 가입함으로써 일종의 보장연금이 발생하게 된다(Kausalprinzip).

재원 조달은 소득(brutto)에 비례하여 단일 규정에 따라 부과되는 보험료를 통해 이루어진다. 여기서 두 번째의 의미를 갖는 재원이 있는데, 이는 세금 지원의 연방보조금(Bundes-zuschuss)이다. 재원 조달 방식은 '부과 방식(Umlageverfahren)'으로 적립 방식과 달리 연금 급여 지출 총액은 같은 해의 보험료 수입으로 충당된다. 이는 근로 세대가 노후 세대를 부양하고, 근로 세대는 미래 세대가 부양을 책임지는 것으로 노후보장을 놓고 이루어지는 3세대 간의 계약이다.

개인별 연금액은 수지 균등 원리(Grundsatz der Äquivalenz)에 따른다. 보험료 납부를 확정하는 근로소득액과 기간이 주요 결정 요소이기 때문에 보험료 납부와 연금 수령 기간에 직접적인 연관성을 가진다(연금의 급여와 보험료 원리). 직접 수요 관련 측정 기준이나 최소 보험료는 연금 계산에서 고려하지 않는다. 노년층의 빈곤 제거가 공적연금이 표명하는 목표는 아니므로 다음과 같은 사회정책적 결과들이 생기게 된다.

- 노년에 근로생활에서 얻은 수입 수준을 일부 균등화하게 한다. 연금은 임금 대용(Lohnersatz)으로서 기능한다. 아주 오랜 기간 보험 가입 의무에 따라 노동을 했다면, 노년에 통상 빈곤선을 훨씬 넘는 연금 수령 권리를 가진다. 그러나 단기적으로 일했다면 낮은 연금이 지급된다. 따라서 연금 계산의 기준은 노동시장에서 발생하는 임금 분배이다. 임금 소득의 높은 편차가 노년에 연금 수령에도 그대로 나타난다.

- 노동의 단축, 노년 연령 도달, 보험자의 사망과 같은 위험 발생 시에는 즉각적인 연금에 대한 권리가 생기게 된다. 개인별 이해 관계는 연금 계산에서 영향을 미치지 않는다. 즉, 보험자의 결요성(Bedürfigkeit)을 고려하지 않는다. 연금 수령액은 법으로 규정되었으며, 개인의 상황을 고려하는 인정상의 연금액 결정은 없다.
- 보험료 납부를 통해 얻은 연금 권리는 재산소유권의 성격을 가지며 헌법적으로 보호된다.
- 연금의 임금 지향과 임금 향상을 통해 생활 소득이 증가할 수 있으며, 장기적인 생애계획도 가능해진다.

의료보장과는 달리 연금보장에서 연대성은 약하다. 그럼에도 임금・보험료 중심의 연금은 연대성 원리의 요소가 개입된다. 즉, 특별한 조건에서 시간을 고려하게 되는데 가령 전쟁, 포로, 실업, 질병, 직업교육 같은 경우에 보험료를 내지 않거나 감액된다. 자녀 양육, 수발, 또는 실업수당 Ⅰ, Ⅱ와 같은 지원을 받으면, 이 기간에 국가 또는 보장기관이 보험료를 대신 떠맡는다. 양육과 관련하여 시간제로 일하는 경우와 같이 특별한 경우에는 낮은 보험료가 적용된다.

사회보장에 기인하는 사회적 배분(sozialer Ausgleich)은 납부하는 보험료와 앞으로 받게 되는 연금 간에 일치하지 않는다. 보험료율은 개인별 위험이 아니라, 세후수입(Brutto)에 적용되는 일괄 비율에 의해 결정되기 때문이다. 개인보장과 연금보장에서의 차이는 세금 지원을 하는 연방보조금에 있다. 연방보조금은 연금보장의 전 국민에 대한 사회정책에 이바지한다. 보험자의 보험료에만 의존하는 재원은 분배정책의 목적을 달성하지 못한다.

 연금보험 가입자

공적연금은 모든 근로자의 소득과 관계없이 적용되는 강제적 의무 가입이다. 의무 가입 대상자에는 군인도 포함되며 이들에 대한 보험료는 국가가 부담한다. 연방노동청의 임금대용(실업수당)을 받는 사람, 질병수당(Krankengeld) 수급자, 자녀 양육에 있는 사람, 양육 기간(Elternzeit)에 있는 사람, 개인 수발자, 특별직업군 종사자(예술인, 언론인, 수공업 등)이다.

5천 2백만에 약간 못 미치는 공적연금 가입자(2006년 12월 31일 기준)는 능동 가입자 67.4%이며, 수동 가입자가 32.6%이다. 능동 가입자가 다양한 가입 특성을 가지고 있는 사실을 고려하면, 의무 가입을 해야 하는 능동 가입자 비율은 72.7%에 이른다. 소득이 낮지만

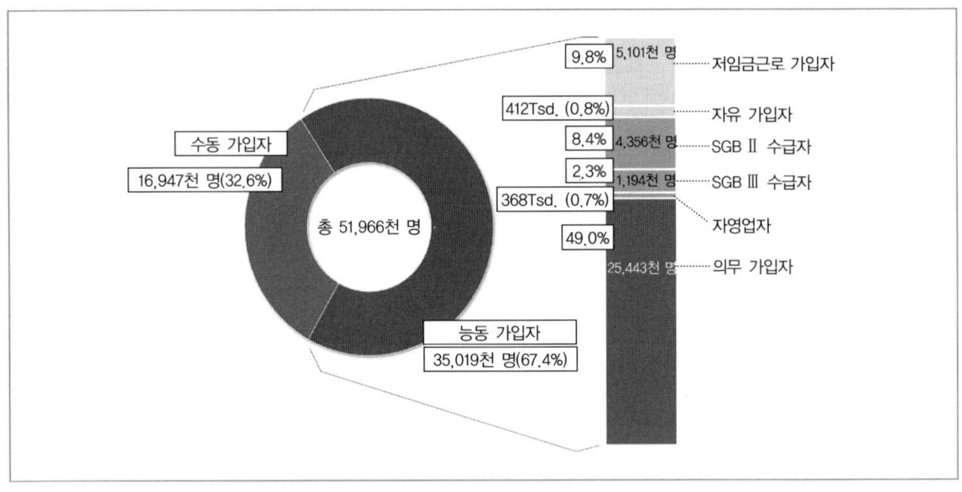

그림 2-4 공적연금 가입자(2006)

자료: DRV-Bund, Rentenversicherung in Zaitreihen, Rentenversicherung in Zahlen, 2008.

가입을 해야 하는 자는 14.6%에 이르며, 사회법전 II에 따른 가입자가 12.4%에 이른다. 자유업 종사자나 자영업자는 각 1.2%, 1.1%이다.

수동적 가입자는 이른바 과도기(Übergangsfälle)에 해당하거나(이들은 모든 수동 가입자의 16.6%를 차지한다), 잠재적 가입자에 해당한다. 잠재적 가입자(latent versicherte)는 보고 기준 연도에 보험료 지급을 증명하지 못하는 사람이다. 과도기인 경우 각 해당 연도에는 능동 가입자로 분류되지만, 가입이 그 해에 끝나는 경우이다.

능동 및 수동 가입자 수는 1980년대 초 이후에 점진적으로 증가했다. 서독에서는 1983년에 3천 492만 명에서 1990년에 4천 95만 명으로, 그리고 2000년에는 4천 240만 명으로 증가했다. 2007년에 이 수는 4천 363만 명에 이른다. 동독지역은 1992년과 2007년 사이에 능동과 수동 가입자 수가 874만 명에서 834만 명으로 약간 줄었다.

1999년부터 근로자와 유사한 자영업자도 연금보장 의무에 가입해야 한다. 여기에 속하는 사람은 가족 구성원을 제외하며, 의무 가입을 필요로 하는 직장에 근무하지 않으며, 규칙적으로 그리고 전적으로 고용주(Auftraggeber)를 위해 일하는 사람이다. '유사 자영업'자는 근로자와는 달리 분명히 자영업자이다. 따라서 이들은 연금보장 보험료를 독자적으로 지급해야 하며 다른 근로자는 사용자도 함께 지급한다.

연금 의무에 관한 결정은 전적으로 해당 연금보장기관이다. 이런 연금보장에서 구속되지 않는 경우는 가령 50세 이상이며, 기업연금보장이나 생애보장을 가진 경우이다.

2 공적연금의 보장 범위

법적인 공적연금이 보장하는 기여는 다음과 같다.

- 보험으로 약정한 연금 지급(노년연금과 노동 감소에 따른 연금)
- 가족에 대해 연금 지급(미망인과 고아 연금)
- 연금자의 보건의료보장에의 지원금 지급(KVdR)
- 재활치료 시행

2005년에 공적연금은 보험 가입자의 2/3(가족의 1/3)인 약 2천 4백만 명에게 연금을 지급했다. 한 개인은 여러 연금을 받을 수 있기 때문에, 2천만 명의 연금자 수는 실제 연금이 지급되는 사람 수와 비교하면 훨씬 적다. 모든 연금자 1/5에 해당하는 약 390만 명은 2005년에 여러 연금을 받았다.

보험 가입자와 가족 연금자 수는 수년 전부터 증가 추세이다. 동독의 연금자를 공적연금에 가입하게 한 것을 예외로 한다면, 이런 급격한 증가는 서로 다른 영향을 미친다. 이는 특히 다음과 같은 분야에서이다.

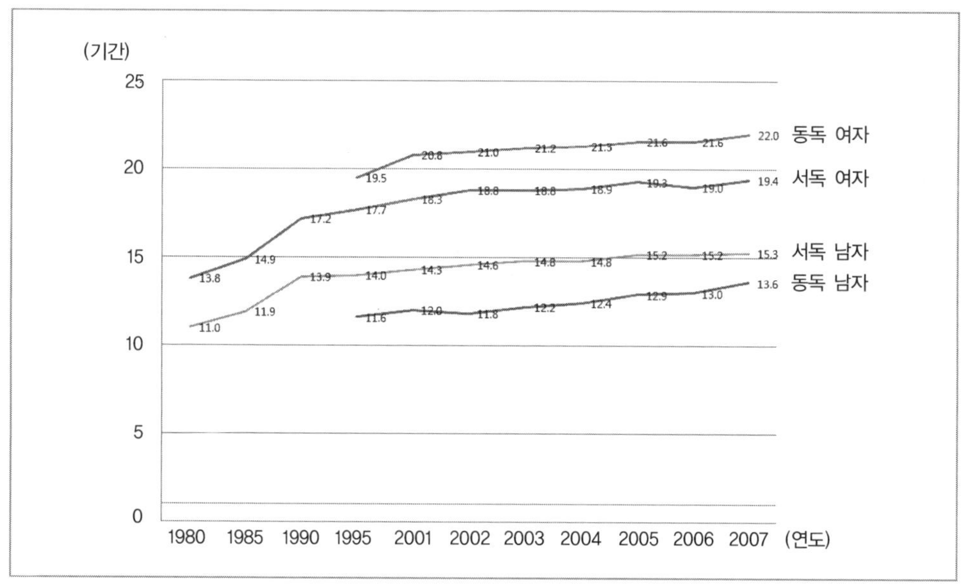

그림 2-5 법적 연금 수령 기간

자료: Deutsche Rentenversicherung Bund(DRV-Bund), Jahresbericht, 2008: bpb, 2008.

- 증가한 여성 근로 활동
- 이주
- 유아 양육 기간의 연금에 연동한 계산
- 낮아지는 연금 수령 나이
- 늘어나는 기대수명

낮아지는 연금 수령 나이와 높아지는 기대수명의 이중 효과 때문에 연금 수령 기간은 늘어났다. 1980년과 2005년간 연방 수준에서 서독지역을 보면, 남자들은 11.0년에서 15.2년으로, 여자들은 13.8년에서 19.3년으로 늘어났다.

공적연금의 서비스 영역(Leistungsbereich)은 연금자의 보건의료보험을 지원하는 참여도 있다. 연금자 보건의료보장(Kranken versicherung der Rentner: KVdR)의 보험료율은 보건의료보험의 개인의 보험률에 상응하며 개인별로 서로 다르다. 절반 정도는 공적연금이 부담하며(보건의료보장 지원), 다른 절반은 연금보험자 자신이 부담하는데 이는 공적연금에서 자동으로 보건의료보장에 지급된다. 2005년부터 공적연금 가입자와 마찬가지로 연금 수령자는 부가적으로 연금의 0.9%를 보험료로 지급해야 한다. 이 수입은 치아 치료 재원과 질병수당의 재원으로 쓰도록 했다. 수발보험의 보험료는 2004년부터 연금자 자신이 부담한다.

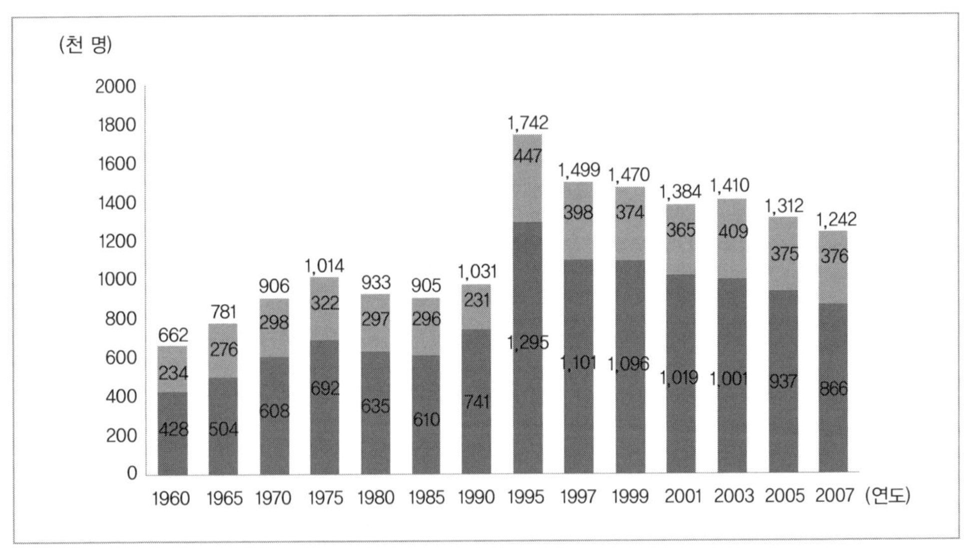

그림 2-6 연금 수급(Rentenzugang)

* 비고: 연금 수급 원인 -상위: 사망에 따른 수급, 하위: 계약에 따른 계약자)

자료: DRV-Bund Rentenversicherung in Zaitreihen Rentenversicherung in Zahlen, 2008, Jahresbericht, 2007.

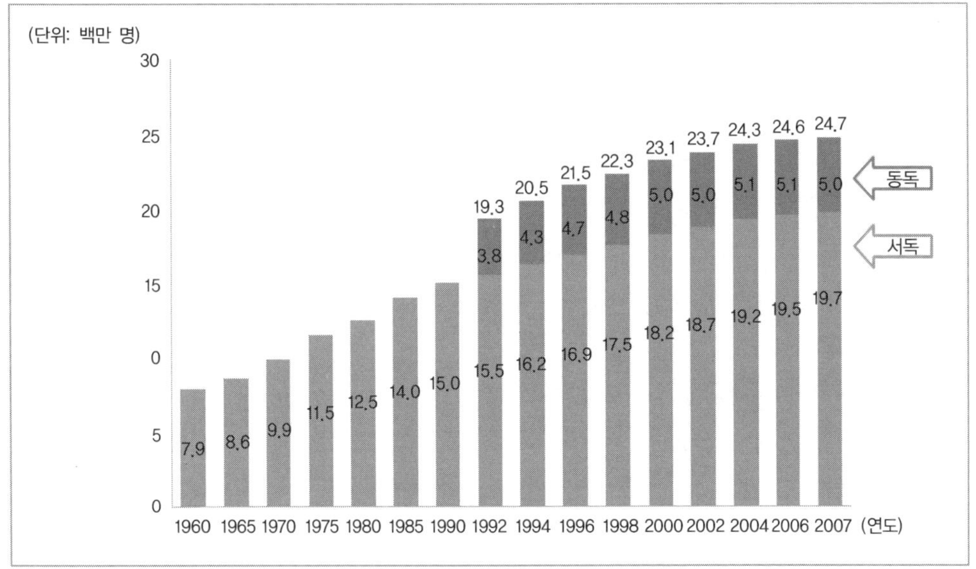

그림 2-7 연금 상황(Rentenbestand)

자료: DRV-Bund: Rentenversicherung in Zeitreihen Rentenversicherung in Zahlen, 2008.

연금 수령액(Nettorente)은 개인별 보건의료보험 및 수발 보험료를 제외하고 지급된다. 공적연금 외에 자신의 자영 활동이나 기업연금, 공무원연금, 농민의 노년연금 등의 기타 수입은 보건의료 및 수발보험에 보험료로 지급하게 된다. 반면 부동산을 통한 수입에 대해서는 보험료가 부과되지 않는다.

연금자에 대한 실제적인 의료보험 지출은 부분적으로 의료보험료를 지원하기 때문에 건강보험에서는 일종의 노년 균등(Altersausgleich)이 이루어지게 된다. 이러한 이유로 연금자들은 높은 비율의 건강보험을 부담해야 한다는 이중적인 짐을 지게 된다.

3 연금 종류와 연금 수령의 조건

1) 근로 감축에 따른 연금

근로 감축이나 신체장애가 발생했을 때, 연금은 적령 연령에 도달하기 이전에 발생하는 개인의 위험을 보장해 줘야 한다. 연금의 목적은 보험 가입자가 특별한 상황에서 근로 능력이 제한되거나 근로 능력을 완전히 상실할 때 소득을 대체해 주는 것이다.

연금의 확정을 위해서는 근로 능력 판정이 있으며, 이에 따른 소득 감소의 판정도 함께 있어야 한다. 심의 기준은 일반 노동시장에서 보험 가입자의 근로 능력으로 시장에서 제공되는 노동을 수용할 수 있는가이다. 여기서 근로는 일반적으로 노동시장에서 관행으로 여겨지는 활동(일: Tätigkeit)을 말하며 직업교육이나 지금까지의 직업을 통해 쌓은 지위 등의 주관적 요소는 고려하지 않는다. 즉, 근로 불능의 가능성이라든지 위험 수준과 같은 요소는 공적연금에서 고려되지 않으며 건강상의 능력 감소에 대한 연금은 전액 또는 반액으로 지급될 수 있다.

- 보험 가입자가 건강상의 이유로 장차 매일 3시간 이하로 일하게 되는 경우는 완전 근로 능력 상실로 판단된다. 근로 감축에 따른 연금은 전액 지급되며, 노년연금과 같이 계산된다.
- 보험자가 매일 3~6시간 일할 수 있는 경우는 절반의 근로감축연금을 받는다(부분 근로감축연금[Rente wegen teilweiser Erwerbsminderung]). 근로 능력 감소에 따른 연금은 절반만 지급되며, 절반을 받는 이유는 보험 가입자가 부족한 절반의 수입을 자신이 근로를 통해 보완할 수 있다고 보기 때문이다.
- 기타 노동시장에서 적어도 6시간 정도 일을 할 수 있는 조건에 있는 보험 가입자는 근로 감소가 아니며, 연금을 받지 못한다.

근로자의 노동 능력 상실 판결은 통상 의사의 진단을 통해 이루어진다. 의사의 진단은 차후 보험사의 의료진이나 계약된 의사를 통해 다시 검증된다. 보험사는 의학적인 또는 보험 계약상의 전제 조건을 충족시켰는가를 최종적으로 판단한다.

1976년 연방사회재판소(BSG)의 '구체적 고려(konkrete Betrachtungsweise)' 판결 이후에, 근로 감소에 대한 인정이 단지 건강 손상에만 의존하는 것이 아니라, 동시에 적합한 (또는 부분 노동) 노동 일자리의 결여에도 근거하게 되었다. 따라서 '완전 근로 감소 연금'은 자신의 노동력을 완전히 이용할 수 없는 일자리도 함께 고려되고, 이런 의미에서 공적연금은 실업 때문에 반드시 부담으로만 작용하는 것은 아니다.

근로 감소 연금은 통상 연금 수령 시 최대 3년간 지원된다. 이 기간 제한은 다시 연장될 수 있다. 이는 만 65세까지, 혹은 당겨진 연령 기준에 이르는 시기까지 지급된다. 여기서 보험자는 통상 연금이나 조기연금으로 넘어가게 된다. 이런 전환이 연금액에 미치는 영향은 없다.

2) 노령연금

노령연금(Altersrenten) 지급은 특정 나이에 도달하면 지급하는 것으로, 이는 실제 당사자의 노동 능력과는 무관하다. 실제로 특정 연령에 도달 후 계속 일을 할 수도 있지만 일을 계속한다고 가정하지는 않는다. 그렇다고 연령 기준이나 가입 기간에 도달하여 연금을 신청할 수 있다는 것이 일을 그만두어야 한다는 것을 뜻하는 것은 아니다. 연금 권리는 더 일할 가능성을 말하는 것이기도 하며, 65세를 넘어, 65~67세에 일할 때 매달 연금수당의 0.6%를 더 가산해 준다. 그러나 이런 기회를 이용하는 경우는 실제로 없다.

1997년부터 노령연금 수급의 연령이 높아졌다. 이는 조기에 연금을 받거나, 조기에 직장을 떠나는 것을 막고, 반면 가능한 일을 오래 하도록 하는 데 목적이 있다. 또한, 인간 수명이 전체적으로 연장되어, 연금 수령 기간이 늘어난 것도 한 원인이다. 2005년 이후부터 노령연금은 추가 부과(Abschläge) 없이 만 65세이면 연금을 수령하게 되었고, 예외적으로 장애인은 보험률 면제(abschlagfrei)로 63세에 시작한다.

2012년부터는 추가 부과 없이 법적 연령이 67세로 높아졌다(RV-Altersgrenzenanpassungsgesetz vom 20. April 2007). 개인적인 또는 보험계약상의 이유가 있을 때에는 조기 연금 수령이 가능하다. 그러나 연금 수령은 추가 부과로 인해 줄어든다.

4 연금 수준

연금이 임금을 대체하는 기능을 가지려면 연금 수준과 소득 간의 관계가 밝혀져야 한다. 이를 알기 위해 연금 수준(Standardrenten, Rentenniveau)이라는 개념이 적용되는데, 이는 근로자의 기준연금과 평균 수입 간의 관계를 말해 주기 때문에 근로자의 평균 근로소득을 비교할 수 있다. 연금 수준에 적용되는 표준연금(Standardrente)은 45년의 보험 가입 기간을 다 채우며, 모든 가입자가 받는 수입의 평균을 대표한다.

2005년 노령부동산부가법(Altersvermögensergänzungsgesetz) 개정으로 2005년도에 공적 연금에 세금을 부과하는 것으로 바뀌었다. 이후 연금 수준은 세전 연금 수준(Standardrenteniveau netto vor Steuern)을 사용한다.

2006년에 서독지역에서 45년 동안의 보험 가입을 한 세전(Brutto) 연금 수준은 1,176유로이다. 세후(Netto) 연금 수준은 1,073유로이다. 연금 수준은 실제 상황을 보여주는 이상적

모델 특성이 있다. 따라서 연금 수준을 평균 연금(Durchschnittsrente)과 혼동해서는 안 된다. 평균 소득과 45년의 기한을 고려하여 연금 기간을 정하는 법 규정은 실제 연금자 중 일부만이 이에 해당한다.

- 2005년 말 서독지역에서 가입자의 평균 보험 가입 기간은 남성이 40.3년, 여성이 26.1년이다.
- 동독지역에서는 남성 45.1년, 여성 37.0년으로 서독지역보다 훨씬 길다.
- 서독지역은 같은 기간에 보면 남성의 59.2%, 여성의 96.2%가 연금보장으로 정한 45년의 기간을 채우지 못했다.
- 동독지역의 연금자가 서독지역 연금자보다 유리하게 되었다. 남성의 39.9%, 여성의 88.5%가 45년 가입 기간을 넘어선다.

공적연금에서 연금 수준(Netto Rentenniveau)은 2005년에 67.6%이다. 즉, 2005년에 기준연금이 보여주는 것은, 근로자가 평균적으로 근로소득을 벌었으며 45년간의 보험 기간을 채웠으므로 비교 대상이 되는 임금노동자가 벌어들인 임금의 2/3를 받는 것이다. 따라서 연

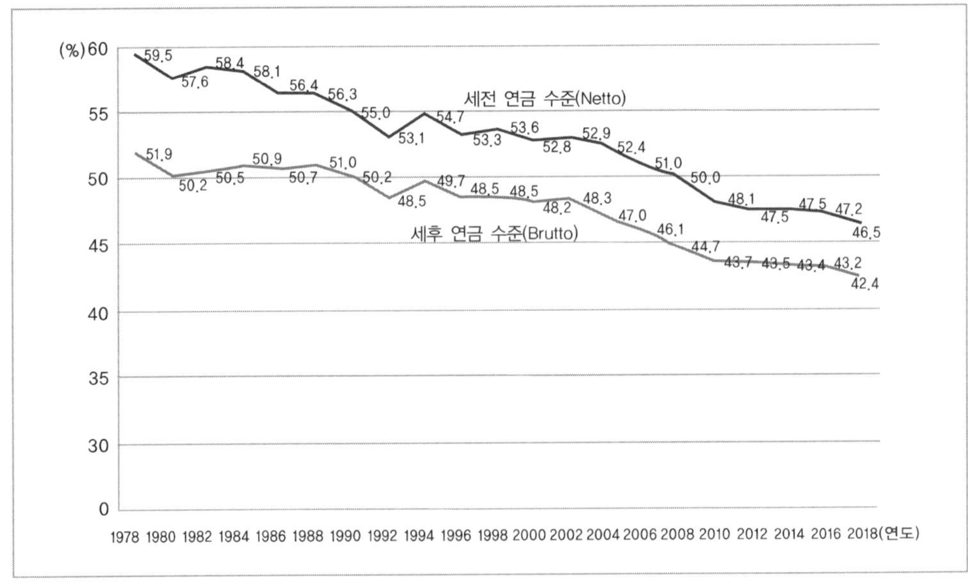

그림 2-8 연금 수준 변화

비고: 평균 소득자의 소득 비율, 2004년 기준
자료: Verband Deutscher Rentenversicherungsträger.

금보장을 통한 보험은 오랜 보험 기간에도 근로 시기와 같은 생활 수준을 노령기에 유지해 줄 수 없다.

연금 수준은 노동자 수입에 대한 연금 관계를 보여주기 때문에, 연금 발전은 연금자와 근로자 간의 소득분배를 시계열로 보여준다. 1957년 이후 대대적인 연금 개혁이 이루어졌으며, 순연금(Nettorente) 수준은 오히려 줄어들었다. 그러나 1960년대부터 1970년대까지는 증가했다. 1965년에 59.3%에서 1977년에는 73.2%로 증가하는 추세를 보였지만 1980년대와 1990년대에는 순연금 수준이 70% 수준에서 머물렀다. 장기적으로 볼 때 이처럼 높은 연금 수준을 유지하는 것은 힘들다. 2005년부터는 연금에 세금을 부과했으며, 동시에 보험료는 점차 세금 면제(steuerfrei)로 전환되었다. [그림 2-8]은 연방정부의 추산으로, 이에 따르면 세전 연금은 2018년도까지 46.5%까지 감소한다.

5 연금의 평균 수준과 분배

모델에 따른 연금 수준의 크기와 수준은 세대 간의 소득분배를 보여준다. 물론 이는 자신이 실제로 보험료를 낸 연금은 아니다. 이는 평균 연금(Durchschnittsrenten)을 조망하면 알 수 있다. 평균 연금 수준은 연금 종류, 성별, 구서독지역과 동독지역으로 나누어 계산한다. 이를 통해 다음과 같은 차이를 볼 수 있다.

- 연령과 동독지역의 연금
- 남녀에 따른 연금
- 노령연금과 노동 능력 감소연금
- 기본 노령연금

1) 서독지역과 동독지역 간 차이

동독지역 남성의 평균 연금은 서독지역에 비하면 약간 낮다. 이런 차이는 과거 양 지역 간의 임금 수준 차이에 기인한다. 통일 후 바로 나타난 동서독지역 간의 차이는 동독지역의 지속적인 연금 적응(Anpassung)을 통해 축소되었다.

반면 동독지역 여성의 평균 연금은 서독지역보다 높다. 서독지역 여성의 평균 연금을 보면 2005년에 502유로인 반면, 동독지역은 634유로이다. 이런 연금의 차이는 동독지역 여성의 노동 기간이 길며, 여성의 노동 참여율이 서독지역에 비해 높기 때문이다. 서독지역에서 여성의 보험 가입 기간이 26.1년인 반면에, 동독지역은 37년에 이른다. 이런 근로 기간의 차이가 동독지역에서의 낮은 임금에 대한 연금 수준을 상쇄하여 높게 책정되었다.

2) 남녀 간의 차이

여성의 평균 연금은 서독이나 동독지역 모두 남성보다 낮다. 임금의 성별 차이가 연금에서도 그대로 나타남을 보여준다. 또한, 동독지역에서 성별 차이가 훨씬 적게 나타나고 있다는 점도 특징적인데, 이는 동독지역에서 남녀의 높은 노동 참여에 기인한다.

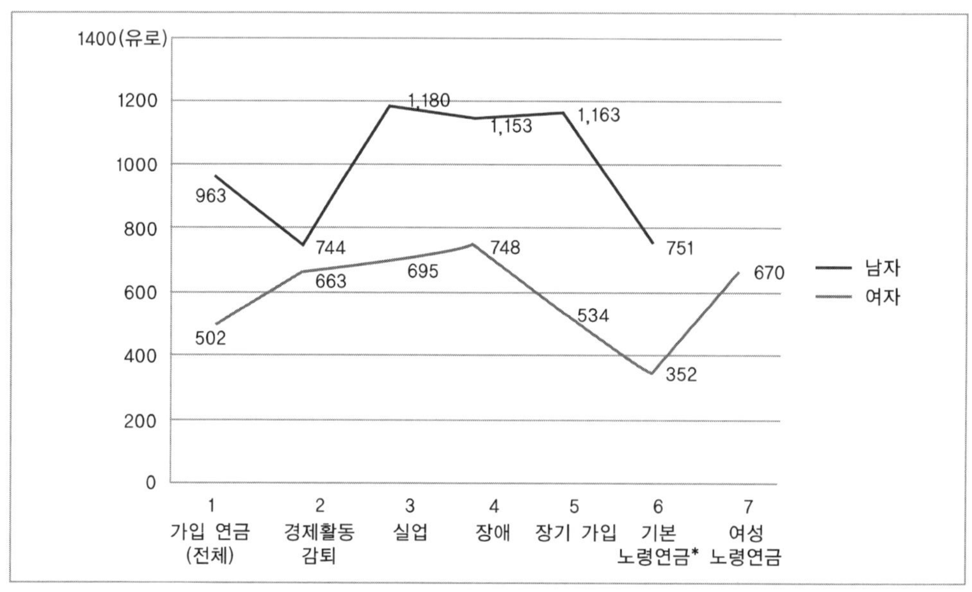

그림 2-9 노령연금 종류와 수준

비고: 연금 유형에 따른 서독지역 연금자 남녀 차이

* 기본노령연금(Regelaltersrente)은 가입 기간(최소 5년)이 달성해야 받을 수 있는 연금을 말함.

자료: DRV(2011), Rentenversicherung in Zahlen, Berlin.

3) 연금 종류별 차이

연금은 연금 종류에 따라 차이가 난다. 매우 낮은 연금은 노동력 감소에 기인한다. 건강상의 이유로 조기에 일을 그만둔 근로자 연금은 연금 보장 기간이 짧기 때문에, 이는 다시 연금 수령에도 나타난다. 그 밖에 노동 능력 감소로 인한 연금 수령자들은 노동 기간에 받는 수입도 평균적으로 적은 것으로 나타난다. 따라서 낮은 임금근로자는 근로 생활에서 부담을 더 많이 받으며, 그 결과로 조기장애 위험(Frühinvaliditätrisiko)에 내몰린다.

한 가지 제기되는 질문은 왜 조기노령연금이 기본(일반)노령연금(Regelalterrente)보다 높은가이다. 이런 차이는 보험의 법적인 전제 조건으로 발생한다. 기본노령연금의 권리는 가입한 기간만을 계산하는 반면, 노령연금(Alterrente)은 실업, 중장애, 또는 장기 가입자만을 고려한다. 보험 가입 기간, 직장에서의 소득 수준은 개인이 받게 되는 연금 수준과 비례한다.

4) 연금 인구층

평균 연금은 모든 개별 연금자의 중간 수준을 반영한다. 평균연금 수준 이면에는 연금 수령자의 개별 연금에서 큰 차이가 있다. 반면 연금 인구층은 성별 같은 개별 인구층 간의 차별을 보여준다.

가령 2005년을 보면,

- 여성 연금자의 36.8%가 300유로 이하를 받는다. 남자의 경우는 11.7%이다.
- 여성 연금자의 51.4%가 450유로 이하를 받는다. 남성은 17.1%이다.

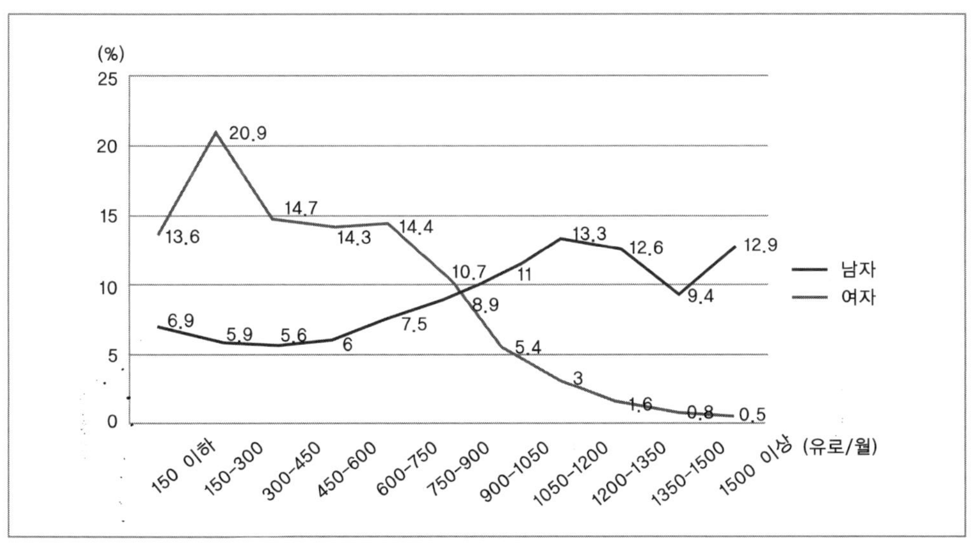

그림 2-10 공적연금자 분포(서독지역)

자료: DRV(2011), Rentenversicherung in Zahlen, Berlin.

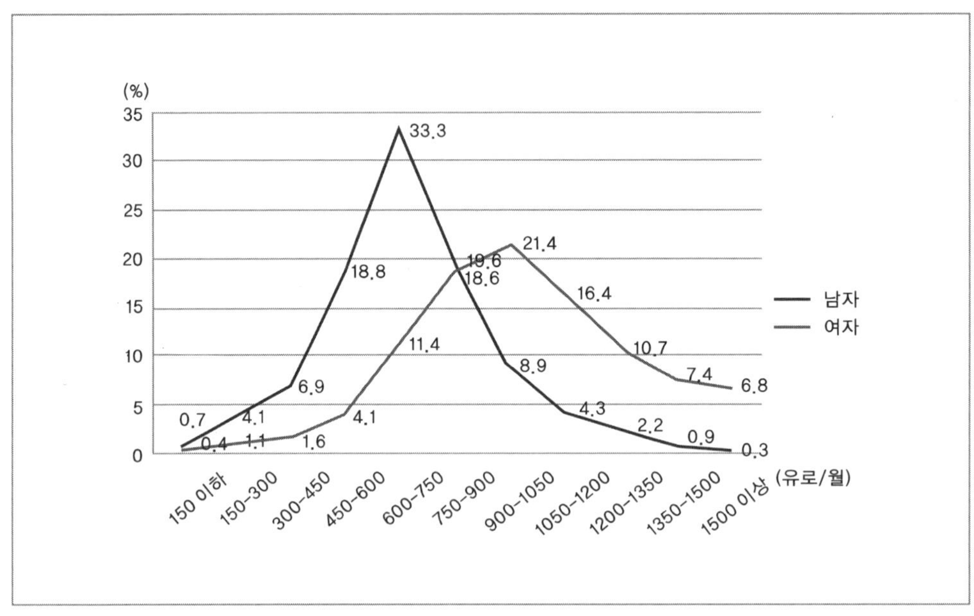

그림 2-11 공적연금자 분포(동독지역)

자료: DRV(2011): Rentenversicherung in Zahlen, Berlin.

제 4 절 연금재정

공적연금의 재원은 보험료와 연방지원금(Bundeszuschuss)이다. 재원 조달 과정은 부과원리(Umlageprinzip)이다. 매년 수입은 같은 해에 완전히 소진된다.

1 보험료 지출

공적연금 지출은 2005년에 2,356억 유로로 독일 사회복지 체계에서 공적연금이 가장 큰 서비스 제공자(Leistungsträger)라고 할 수 있다. 2005년 사회복지 지출의 32.6%가 연금보험을 통해 이루어졌는데, 이를 사회복지 생산(Sozialprodukt)과 비교해 보면 10.7%를 차지하고 있음을 알 수 있다.

연금은 모든 지출의 90%로서 공적연금이 가장 큰 몫을 차지한다. 그러나 여기서 주목해야 할 점은 공적연금의 재원이 전체 지출의 16.3%를 감당하는 점이다. 행정과 관리 비용은 1.6%로 낮다. 이는 민간 생활보험이나 연금보험과 비교할 때, 공적연금은 효율적으로 경영하고 있다고 판단되는 근거이다.

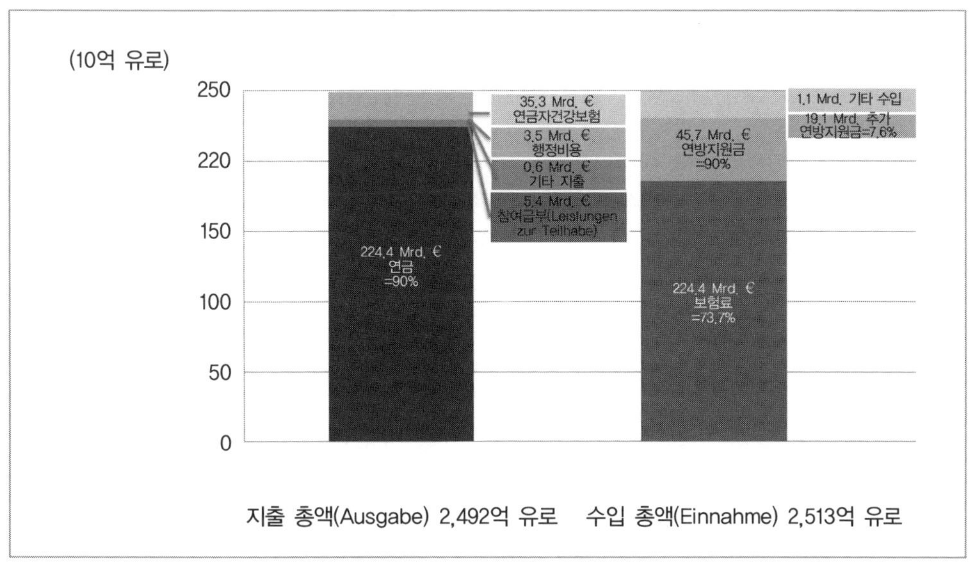

그림 2-12 공적연금 지출과 수입(2010)

자료: DRV(2011), Rentenversicherung in Zahlen, Berlin.

표 2-3 공적연금 수입과 지출

(단위: 백만 유로)

	연도								
	1991	1995	2000	2005	2006	2007	2008	2009	2010
수입	139.452	179.303	214.566	231.687	243.099	238.289	244.205	246.044	251.254
지출	133.735	184.380	213.986	235.616	235.537	237.106	240.430	245.833	249.197
수입 초과	5.718	−5.077	579	−3.929	7.563	1.183	3.775	211	2.057

자료: www.gbe-bund.de.

 보험료 수입

보험료 수입에서 보험 원리는 수입과 지출의 균등 원리이다. 보험료 수입은 2005년에 1,690억 유로(수입의 73%)로 공적연금 수입의 주요 몫을 이룬다.

보험료 기준은 1995년에 19.5%였으며, 이는 2007년 1월 1일부로 19.9%로 증가했다. 보험료율 인상에 대한 평가 기준은 보험 의무가 있는 근로소득(Bruttoarbeiteinkommen)으로 이는 사업자와 근로자가 각 절반 9.95%를 부담한다. 소득이 낮은 근로자는 보험료를 내지 않지만, 7.5%의 보험료를 납입하면 연금보험에서 100%를 받을 수 있다. 사업자는 소득이 낮은 근로자에 대해 평균 15%를 공적연금에 납입해야 한다.

자유보험 가입자는 전체 보험료를 단독으로 감당해야 하며, 자유 최저 보험료는 2006년 전반기에 월 78유로였다.

보험 가입자 수입은 의무 가입의 최고액 기준으로 규정되어 있고 2007년 초의 경우 서독지역이 5,250유로, 동독지역이 4,550유로로 나타났다. 2007년도의 월 최고 보험료는 서독지역이 1,044.75유로, 동독지역이 905.45유로로 소득이 높은 경우 보험료를 통한 소득 부담은 소득이 낮은 경우보다 덜 받게 되어 있다. 보험료 납부의 상위 그룹에 속하는 세전 소득자(Bruttoverdiensten)를 보면 2006년에 전 남성의 12%, 여성은 2%이다.

보험 의무 가입자는 임금 보전을 받는 사람에게도 해당하는 것으로 실업급여 I, 질병수당(Krankengeld), 부상급여(Verletztengeld) 수령자도 해당한다. 보험료율 부과 기준은 근로소득 대체에 해당하는 노동 수입(Arbeitsentgelt)의 80%에 부과한다. 장기실업, 실업급여 II에 대해서는 평균적으로 매달 40유로 부과한다. 보험 부담은 각 해당 사회보장기관에 징수한다. 사회법전(SGB)XI에 따른 근로가 아닌 수발자(Pflegende)는 수발금고에서, 군인과 민간근무자(Zivildienstende), 육아 기간에 해당하는 자는 연방(Bund)이 지급한다.

보험료율은 1950년에 10%, 1957년 14%, 1980년 18%, 1990년에는 18.7%까지 상승했다. 또한, 1997~1999년에 최고치인 20.3%까지 상승했으나, 1999년 4월에 19.5%로 다시 하락했다.

 연방지원금

공적연금의 지출은 보험자의 보험료율에 대한 재정만을 담당하는 것은 아니며, 보완적인 개념으로 연방지원금이 있는데 이는 일반 세금에서 나오는 연방지원금(Bundeszuschuss)을 뜻한다. 이런 연방지원금의 지원 목적은 연금의 사회정책적 목표를 이루는 데 있으며, 주요 사회복지정책의 안정에 대한 연방의 책임을 담당하는 데 있다. 연금보장의 사회정책 과제는 독일 통일에 따른 결과 전쟁 결과 부담, 후기 이주자(Spätaussiedler)연금 등이 있다. 연방은 단기의 유동성을 통해 지출에 필요한 재원이 마련되지 않을 경우, 이자 없는 재정 지원을 해야 할 의무도 있다.

공적연금에 대한 연방 지원의 비율은 변화했다. [그림 2-13]은 공적연금에 대한 연방 지원의 비율 변화를 보여준다. 1957년에 연방지원금은 31.8%를 차지했으며, 1990년에는 가장 낮은 16.9%까지 내려갔다. 이것은 연방지원금을 일반 노동과 임금 발전에 연계한 결과라 할 수 있다.

1992년 연금 개혁으로 연방지원금이 새로 조정되었는데, 지원금은 노동임금 추이뿐만 아니라 보험료 기준의 변화를 고려하여 계산한다. 이런 연금 지원 외에 1998년 이후부터는 부가세의 수입이 증가함에 따라 조정되는 보조 연방지원금도 마련되었다. 또한, 보험 가입자의 부담을 경감시켜 주는 조치로는 1999년 동독지역에서 연금보험의 특별 지출을 연방이 부담하고, 육아 기간에는 연방이 직접 보험료를 지급하는 방안이 도입되었다. 이에 필요한

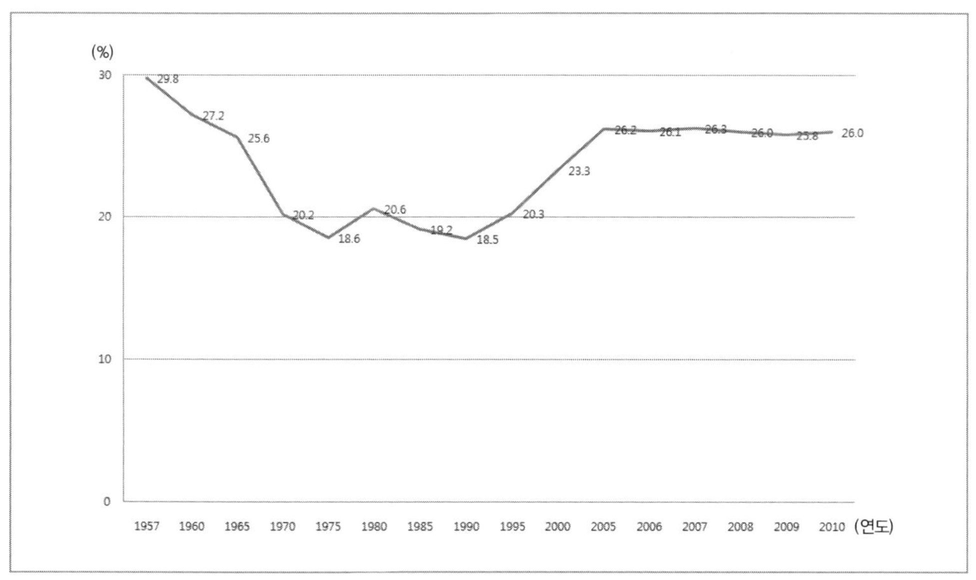

그림 2-13 연금보장 지출에서 연방 지원 비율(%)

자료: DRV-Bund(2010), Rentenversicherung in Zahlen, Berlin.

재원은 환경세금(Öko-Steuer)을 통해 마련되었다.

결과적으로 연방지원금이 공적연금에서 차지하는 몫은 1990년 이후 다시 꾸준히 증가했고 2005년에 26.62%가 되었다. 2005년 이후 26% 수준을 유지하고 있으며, 2005년 기준으로 보면 연방지출 전체에서 연방의 연금지원금이 차지하는 비중은 29.8%이다.

4 기업보험과 개인보험의 국가 지원

2001년 보험개혁 이후 개인적인 자본 축적으로 노령보장을 확대하며, 국가의 지원을 통해 개인별 부조 능력을 강화하고자 함을 국가의 사회정책 목적으로 명시했다. 기업노령보장과 개인보장의 범주에서 보장은 자신의 책임하에 있는 것이며, 자율적인 성격을 가진다.

법적인 규정은 두 가지의 지원 가능성을 두고 있는데 보조금(Zulage)과 세금 공제(steuerliche Sonderausgabenabzug)이다(일명 Riester-Föderung). 그 밖에는 세금 혜택과 사회보장비 지출 면제를 통한 기업연금의 범주에서 급여전용연금제도(Entgeltumwandlung)의 촉진이 있다(일명 Eichel-Föderung). 근로자는 급여전용제도를 통해 수급권을 가지며, 퇴직 이후에도 계속하여 개인적으로 보험료를 계속 적립할 수 있다. 이런 국가의 지원을 받는 그룹은 특히 연금보장 의무를 가진 근로자, 공무원과 각 배우자이다.

5 연금 보장의 미래와 재원 문제

노년보장은 늘 재원 문제에 직면해 왔다. 정치는 수입을 늘리고, 급여를 감축함으로써 이에 대응했다. 연금 개혁은 계속해서 새로운 개혁을 낳았고 국민의 연금보장에 대한 신뢰는 사라져 갔으며, 인구구조 변화에 따라 연금보장이 이루어질지에 대한 염려 또한 커졌다. 특히 젊은 세대는 자신들이 현재 보험료를 지급하는 것만큼 후에 받을 수 있을지에 대해 두려워한다. 연금보장은 이러한 지속적인 재원의 위기에 부딪히면서 신뢰와 정당성의 위기까지 맞고 있다. 위기에 어떻게 적응해야 하는지, 제도 내재적인 문제를 개혁해야 하는지, 아니면 제도 자체를 근본적으로 바꾸어야 하는지 등의 질문들이 제기되고 있는데, 이는 재원 조달 위기의 원인이 어디에 있는지를 밝히는 문제부터 시작되어야 한다.

부과 방식을 적용하고 있는 현 체제에서 재원 조달 문제는 해당 연도의 수입과 지출이 서로 다른 데서 발생한다. 공적연금에서 이런 불균형은 정부의 재정적자에서 나타나는데 단기적인 불균형은 정부의 재원 지원으로 이루어지지만, 다른 노년보장에서 재원 문제는 즉시 드러나지 않는다. 예로 공무원 연금보장은 지방정부의 예산과 연계되었으며, 세금을 통해 조달된다. 연금보장에서 지출이 늘어나면, 다른 공공 영역에서 서비스를 감축하거나 세금을 올려야 한다. 보험료 인상과는 달리 세금 인상은 각 개별 지출을 고려하지 않는다.

공적연금에서 수입과 지출의 불균형은 여러 원인이 있는데, 이는 공적연금의 재정이 수입과 지출 모두의 영향을 받기 때문이다.

당해 연도 연금 지출은 다음으로 구성된다.

1) 연금 수급자의 수 또는 연금 수(Zahl der Renten)
   - 인구구조 변화와 국민의 기대수명
   - 연금 수급자가 국민 전체에서 차지하는 비율
   - 연령 기준과 연금 수급 권리 연령
2) 평균 연금액
   - 연금 수급 조건(Rentenanwartschaften)의 구조
   - 사회적 연대의 요구와 실제 구성
   - 연금 지급의 기준과 적응
   - 보험료 수입은 보험수가와 연방지원금으로 구성
3) 보험 가입 의무 근로자
   - 근로자의 연령구조와 노동 참여
   - 실제 근로자 수(실업자 제외)
   - 보험 의무 가입자의 직장 내 비율
4) 보험 가입 의무자의 평균 순근로수입(Bruttoentgelt)의 액수
   - 보험 의무 가입자의 시간대 임금 수준
   - 근로자의 근무 시간

재정 균등에 영향을 가장 많이 미치는 것은 연금 수급자 수와 보험 가입 의무를 가진 근로자 수이다. 이는 연금자 비율(Rentenerquotient)로 연금 수급자를 연금보험 지급자로 나눈 수치이며, 연금 지출과 수입 간의 지속성을 보여준다. 이에 영향을 미치는 주요 요소로는 장기적으로 인구구조의 변화와 실제로 노동시장의 변화가 있다. 지난 기간의 변화가 보여주는 것은 노동시장에 의존적임을 보여주고 있으며, 인구구조 변화는 2010년 이후부터 나타

나고 있다. 연금자 비율은 2008년 0.5328, 2009년 0.5438이다.

 노령자 수입

통상적으로 공적연금은 노령자의 전체 소득과 동일시된다. 이런 경향은 노령자에서 공적연금이 차지하는 비중이 그만큼 높기 때문이다. 노령자는 물론 부동산 등 자신의 소득원을 가지고 있다.

'Altersicherung in Deutschland'(ASiD)의 조사를 따르면 2007년 서독지역 65세 이상의 노년층 부부의 월 순소득(Nettoeinkommen)은 2,350유로(2003년 2,211유로)이다. 1인 남성은 1,568유로(2003년 1,515유로), 1인 여성은 1,201유로(2003년 1,181유로)이다.

동독지역 노년층 부부의 월 순소득은 2007년 1,937 유로(2003년 1,938유로)이고 1인 남성은 1,188유로, 1인 여성은 1,152유로(2003년 남성 1,284유로, 여성 1,128유로)이다.

평균적으로 65세 이상 노령자의 세정 수입(Brutto)의 65%(2003년 66%)는 공적연금의 수입이며, 19%(2003: 21%)는 기업연금이나 다른 개인보험과 같은 소득원에서 얻고 있다. 4%는 근로수입, 7%는 이자소득에서 얻고 있으며, 전 소득의 1%는 주택보조금, 공공사회부조 또는 기초보장에서 나온다.

서독지역의 경우 남성들은 공적연금 외의 소득원, 가령 기업연금, 공무원연금 등과 같은 소득원을 가진 비율이 44%에 이른다. 그러나 이런 부가적인 소득원은 동독지역에는 존재가 미미하거나, 존재하지 않는다. 또한, 남녀 혹은 가족 상태에 따라 전 소득의 구성에서 차이가 난다. 가령 동독지역에서 공적연금을 통한 수입은 서독지역보다 높다. 1인 여성은 1인 남성이나 부부의 경우보다 높다. 연금의 평균 외에 소득이 널리 분포되어 있는 것도 주목해야 한다. 2003년 서독지역을 기준으로 볼 때 월 700유로 이하로 나타나는 것은 다음과 같다.

- 1인(allein stehenende) 남성의 8%
- 1인(ledige) 여성의 20%
- 이혼한 여성의 22%
- 미망인(verwitwete) 여성의 14%이다.

ASiD 2007에 따르면 월 250유로 이하를 받는 연금자로는 부부 및 1인 연금자가 3~4%에 이른다. 이런 적은 연금을 갖는 부부 가정이 전체 가정에서 차지하는 비중은 5% 이하이다.

250유로 이하를 받는 1인 남성이 차지하는 비중은 9%이다.

낮은 연금 수령자가 있는 반면에 월 2,500유로 이상을 받는 자는 1인 남성은 8%, 부부는 28%에 이른다.

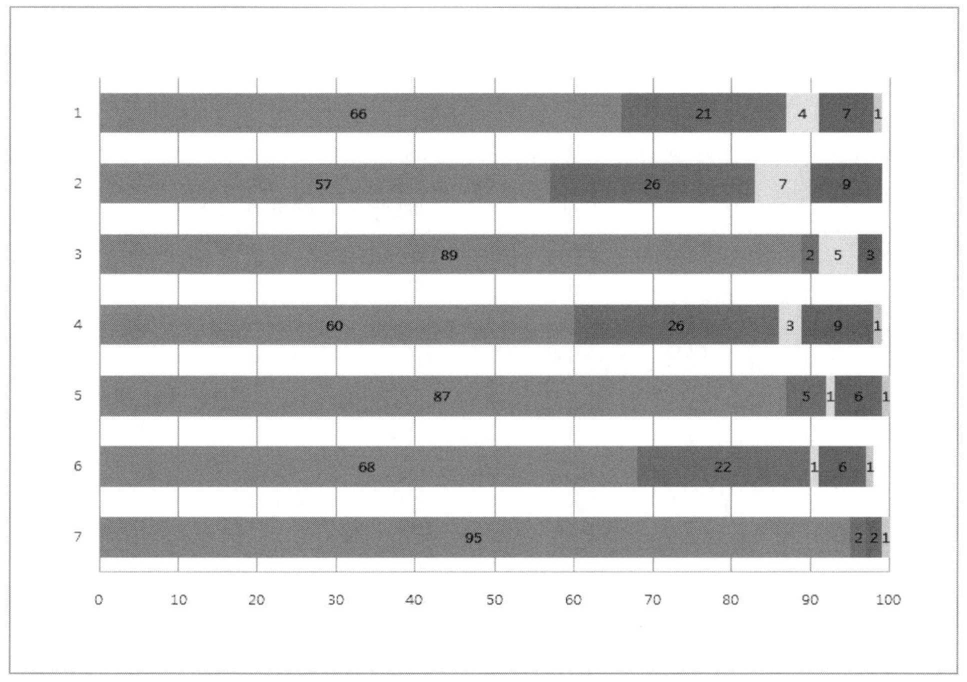

그림 2-14 65세 이상 국민의 주요 소득원

비고: 좌에서 우로: 공적연금, 기타 보험보장, 근로, 이자· 임대, 기타.

자료: Bundesministenium Für Arbeit und Soziales(BMAS): Rentenversicherungsbericht 2007; ASID'03.

제 5 절 공적연금 개혁의 주요 논의점

공적연금제도의 급진적 변화에 대한 반대가 있음에도 사회적으로 수용 가능한 재원을 확보할 수 있는 개혁은 계속 요구된다. 개혁은 지속적인 경제 위기와 인구 구성 변화에서 제도의 발전적 대안이 무엇인가를 찾아간다. 노동시장의 변화에 따른 연금보장, 개인적 삶의 유형에 대한 적절한 대응을 찾는 것도 마찬가지로 개혁의 대상이다. 이는 소득이 전혀 없거나 적은 소득을 받고 있는 층은 개혁이 더욱 절실하다. 반면 연금 개혁 문제는 정당 간, 심지어 같은 정당 내에서도 가장 논란이 되는 정책 영역이다.

 여성의 연금보장과 자녀 수

연금보장에 대한 개혁이 논의될 때는 항상 여성 노년보장(가령 여성 단독보장 등)의 개선과 유족의 지위에 대한 개선이 요구되었다. 여성에 대한 단독의 사회보장 요구는 전통적으로 여성이 남편에 의존 관계가 있기 때문에, 사회보장 권리에서 여성이 독자성을 가짐으로써, 여성의 권리와 기여를 인정하고자 하는 것이다. 여성의 노년보장 도입은 또한 여성의 취업 행태에 영향을 미친다.

연금 개정 제안에서 핵심 질문은 지속적으로 그리고 전업(full-time)으로 노동하지 않는 여성에 대한 독자적인 연금 수급 권리를 어떻게 세우는가이다. 여기에 네 가지 대안이 제시된다.

- 단일의 소득과 무관한 기초연금 또는 여성연금(Sockelrente)
- 모든 미취업 여성의 독자적 연금 의무(완전한 독자적인 노령보장)
- 연금 분리(Rentensplitting)를 통해 남편에서 배우자로 연금권의 이전
- 양육 기간 인정

여성의 연금보장과 더불어 자녀의 양육도 고려되어야 한다는 주장이 있다. 인구 구성층의 변화와 자녀를 갖지 않으려는 전체적인 경향 속에서도, 출산과 자녀 양육을 하는 사람은 보험료 납부에서 부담을 덜어주어야 한다는 것이다. 보험수가를 자녀 수에 따라 감소시키며, 반면 자녀 없는 보험자는 그만큼 더 많은 보험료를 내게 하는 것이다. 이런 주장이 설득력이 있는 것은 자녀 양육자는 자녀를 통해 이미 세대 간의 연금보장에 기여하고 있다는 것을 말하기 때문이다. 자녀가 없다면 다음에 연금 재원을 조달할 세대도 없다. 자녀가 없는 사람은 실제로 자녀를 양육한 사람의 자녀를 통해 살아가는 것이다.

이런 주장은 일면 설득력을 가지만, 실제로 세분된 분석에서는 그렇지 못하다. 왜냐하면, 연금보장에는 자녀뿐만 아니라 경제, 국가, 사회적인 다수 요인이 함께 작용하며 미래의 자녀가 내는 세금은 노년연금뿐만 아니라 공공 서비스, 기간산업, 공무원 연금, 국내외 안보에도 기여하기 때문이다. 또한, 자녀를 가진 가족에 대한 지원과 비용 분담은 사회 전체의 과제라는 것이다. 자녀에 대한 세제 지원은 가정을 통해 이루어지고 있다. 따라서 자녀를

고려한 연금보장은 선택적으로만 적용 가능하다고 보고 있다.

 연금 수령 연령의 증가와 노동 기간의 연장

모든 노년보장 체계의 급여 능력과 재정 조달 능력에는 연금 수령의 권한을 규정하는 나이 규정이 결정적인 역할을 한다. 예상수명에서 나이 규정은 평균 연금 수령 기간을 결정하며, 이로써 연금 지출의 수급 수준과 기간에 핵심적인 결정 요소이다. 근로자가 오랫동안 가입 의무를 다하면, 연금 수입에 긍정적인 영향을 미치게 된다. 그러므로 나이 규정은 연금 보장을 위한 재원 마련에 주요한 역할을 한다.

2007년에 연방의회는 법적 연금 수급 나이(Regelaltersgrenze)를 65세에서 67세로 상향 조정했고, 이는 2012년부터 적용되어 2029년에 마무리된다. 이에 따라 1946년생이 65세로 연금을 받는 마지막 세대가 되며, 반면 1964년생은 법정 기간인 67세가 되어야 연금 수급 권한을 갖게 된다.

연금 수급 연령 상향에 대한 비판이 있다. 연금 수급 연령이 높아지면서 노령자가 65세 혹은 67세까지 보험 의무 가입의 상태로 있으려면 자신이 해오던 일을 더 오래 하거나, 퇴직 등의 이유로 실업에 놓인다면 재취업을 해야 하기 때문이다. 실제로 현재 65세 이전에 퇴직한 연금자들을 보면 연금 수급 연령과 퇴직 연령이 맞지 않는다는 것을 알 수 있다. 노령연금에 들어가는 평균 연령은 지난 기간 늘어났지만, 여전히 63세에 정도이다. 연금으로의 전환은 실제로 실업 기간, 노년 부분 근로 혹은 무 근로 등의 후에 생긴다. 실업은 특히 노년의 근로자에게 심각한 문제이며, 이는 실제로 장기 실업과 같다.

여기서 제기되는 문제는 미래에 노령자에게 더 나은 고용 가능성을 기대할 수 있는지이며, 2012년부터 연금 수급 연령을 높이는 데 과연 노동시장도 따라와 줄 것인가 하는 것이다. 노동시장의 전망을 보면, 실업이 지속해서 감소할 것 같지는 않다. 노동시장은 실업이 지속적으로 감소할 것 같지 않다고 전망하며 2020년 이후부터는 인구 구성에 따른 노동 공급이 노동시장에도 영향을 줄 것으로 보고 있다.

노동시장에서 노동의 높은 공급과 부족한 노동 수요가 계속해 불균형을 이루게 되면, 연금 수령 연령이 이런 상황을 더 악화시키게 된다. 노령자가 오래 직업을 차지하고 있으면 있을수록, 새로운 세대에 대한 노동의 공급과 직업으로의 진입은 그만큼 어려워지게 된다. 또한 노동시장의 상황에 따라 노령자는 더 오래 실업 상태에 있을 위험성도 있게 된다.

 저소득 고려와 낮은 연금 예방

연금 수준이 꾸준히 하락하는 가운데, 사회부조나 기초연금 이하의 연금을 받는 것을 예방하기 위해 연금 계산이 우선하여 개혁되어야 한다고 본다. 또한, 노령에 따른 연금보장이 이루어져, 사회문화적으로 필요한 최소 기준액을 보장함으로써 빈곤이 발생하는 것을 예방해야 한다. 이를 위해 다음과 같은 제안이 있다.

- 최소 소득에 대해 연금 연계를 통해 낮은 소득을 높게 평가하는 것
- 근로소득 초기, 가령 근로 시작 10년에 낮은 소득을 높게 평가하는 것
- 보조적인 유연성을 가진 보험 자격의 보장을 통해 최종 기준점 달성을 돕도록 하는 것

이런 연금 계산의 변형이 비용 부담 없이 이루어지려면 연금 기준 자격이 이에 맞춰 낮게 평가되어야 한다. 이는 보험 가입자 내에서 분배를 가져온다. 즉, 평균 이하의 소득과 가입 기간을 가진 보험 가입자는 장기 가입 기간과 평균 이상의 소득을 가진 가입자의 부담을 통해 혜택을 받는다. 하지만 이런 대략적인 규칙의 배분화가 정당화될 수 있느냐는 의문이 제기된다. 또한, 문제는 보험 기간 동안에 높은 자격 기준을 충족한 자도 이득을 볼 수 있다는 점이다. 부분 노동을 하는 근로자는 감축된 노동 시간과 이에 상응하는 낮은 소득을 알고 선택하지만, 전체적으로 혜택을 보게 되어 있다. 공무원 신분으로의 전환이나 자영업으로의 전환에 따라 보험 기간의 단축이 발생하며, 이는 불충분한 노년보장을 반드시 의미하지는 않는다는 점도 고려해야 한다. 이는 실업, 낮은 소득의 기간 등과 비교하여, 형편이 좋은 기간에 소득이나 가입 기간을 높여 평가해야 하는 이유가 된다.

 의무 가입의 확대와 자영업자의 가입 보장

기초연금(Mindestrente)을 전 국민을 대상으로 하려면, 연금보장이 시민·국민보장(Bürgeroder Volksversicherung)으로 확대되어야 한다고 본다. 강제적인 보험 가입과 보험료 납부 의무는 비근로자에게는 아무 의미가 없는 것으로, 자영업자, 공무원, 군인 근로자 모두를 포함하는 취업자(Erwerbstätige)가 보장이 되어야 한다. 이러한 취업자 보장은 직업군(가령 노동자, 공무원, 자영업자 등)의 한계를 극복하고 연금보장의 재원과 연대 보장을 보

편화하는 것이다. 또 다른 사회복지 정책적인 목적은 자영업자들과 같이 보험 가입이 안 된 취업자를 연금보장의 보호 영역에 가입시키는 것이다. 현재 자영업자들의 일부분만이 의무적으로 보험 가입을 해야 하는데 이들 그룹에서 주목되는 대상은 1인 기업으로, 이들이 앞으로 노령보장에 가입한다면 큰 의미가 있는 것으로 본다. 모든 취업자에 대한 가입 의무의 확대는 현재 자율적으로 충분히 보험에 가입되어 있는 자영업자들까지도 가입을 시켜야 하는지 등 여러 문제를 발생시킨다.

노령에 들면 체력적으로나 정신적으로 근로 능력이 떨어진다. 그렇기 때문에 신체적으로 부담되는 직업(가령 건축, 야간 근로자 등)에서 조기 연금 개시가 고려된다. 그러나 기술이나 사회적 발전을 고려해 보면, 적은 힘으로도 일할 수 있는 노동환경이 개선되고 있음도 알 수 있다.

노령층 고용은 인구 구성의 변화로 그 필요성이 증가할 것이다. 노령보장을 위해 연금수령 나이를 상향 조정하는 것만으로 연금보장을 이룰 수 없음은 자명하다.

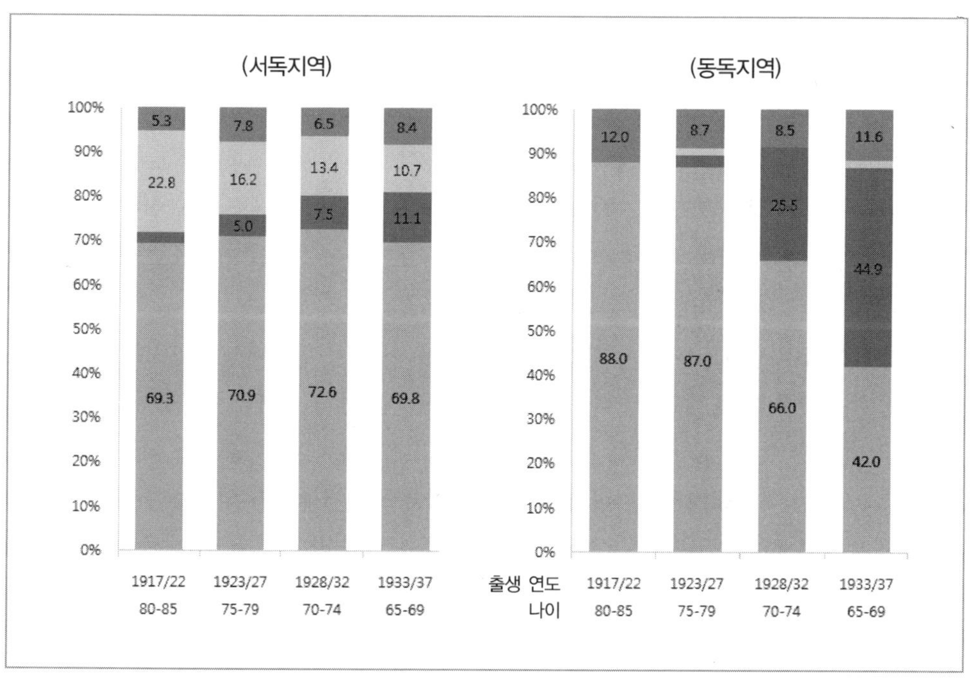

그림 2-15 연금 수급 이전 생활 유형: 서독과 동독지역

* 비고(위에서 아래로): 기타 생활 유형, 가정돌봄, 실업자 또는 조기 퇴직, 근로

자료: Datenbasis, Alterssurvey 2002.

5 노후보장의 비교

독일은 공적연금 위주의 노후소득 보장 체계를 가진 전통적 비스마르크형 국가이다. 비스마르크형 공적연금은 사회보장의 원리에서 소득 비례 방식으로 운영되며, 근로자와 사용자의 공동 부담에 기초한 보험료를 주된 재원으로 한다. 따라서 공적연금은 보험료 납부에 기초하여 획득된 권리의 성격을 가진다. 비스마르크형 공적연금은 오스트리아(1906), 프랑스(1895), 벨기에(1900), 이탈리아(1898)가 도입했다. 1960년대 중반에서 1970년대 중반에 스페인, 그리스, 포르투갈과 같은 남유럽 국가들도 이 제도를 도입했다. 네덜란드는 초기(1913)에 비스마르크형 공적연금 제도를 운영했지만 제2차 세계대전 후 1957년에 베버리지형 제도로 개혁했다.

베버리지형 공적연금은 비스마르크형 공적연금과 달리 이념적으로 모든 국민에게 최저수준의 기초보장을 제공한다. 따라서 이 제도의 가장 큰 특징은 재원 조달에서 일반 조세나 준조세의 성격을 띤 기여금을 통해 재원을 조달한다는 점이다.

비스마르크형과 베버리지형 공적연금 간에 초기의 발전 단계에서 뚜렷한 차이가 있지만, 시간의 경과에 따라서 두 유형 간에 수렴하는 현상이 보인다. 즉, 비스마르크형 공적연금의 경우 기여와 연금 수급권 획득 사이의 연계성이 완화되며, 최저연금제도의 도입 노력이다. 마찬가지로 베버리지형 공적연금제도 또한 기초보장 제도와 함께 소득비례 연금제도를 추가적으로 도입하는 것이다. 두 제도의 공적연금과 기초보장이라는 제도적인 조합에는 여전히 나라별로 큰 차이가 있다.

기업연금에서 네덜란드는 29%, 덴마크는 17.4%에 이른다. 미국에서 노후보장에서 기업연금보장(퇴직연금)이 공적연금보다 더 지배적이다. 미국의 퇴직연금은 유럽에 비해 훨씬 성숙되고 발달한 퇴직연금 시장과 시스템을 갖고 있다. 미국 직장인들에게 퇴직연금은 매우 중요한 노후소득 보장이며, 따라서 기업연금 의존도는 절대적인 역할을 한다.

한국에서 노후보장은 3층 보장 체계의 외형을 갖추고 있지만, 실제 각 제도가 노후보장을 하기에는 선진 외국에 비해 턱없이 부족하다. 현재 우리나라에서 노후 최저소득보장 기능을 수행하는 제도적 장치로는 국민연금의 균등 부분(A)과 기초노령연금, 그리고 국민기초생활보장이 있다. 현재 국민연금 제도의 경우 최소 가입 기간을 충족해야 노령연금 수급권이 발생하는데, 10년의 최소 가입 기간에 40% 소득대체율(비례 상수 1.2)을 가정할 경우 생애 평균 소득이 전체 가입자 평균 소득과 동일한 개인의 급여 수준은 A값의 10%이다. 여기서 국민연금의 최소 가입 기간을 20년으로 가정한다 해도, 생애소득이 전체 가입자 평균 소득과 동일한 개인에게 보장될 수 있는 급여 수준은 A값의 20% 수준이며(OECD 2005년 기준 41~42%), 생애소득이 기준소득월액 하한에 해당하는 개인의 경우 최저보장 수준은 A값의 11% 정도에 불과하다(OECD 33%)(우해봉, 2012: 216-217). 이런 현재의 노후보장 체계로써는 장기적으로 노후 삶의 보장과 빈곤위기 극복에 한계가 있을 수밖에 없다.

한국의 노인의 소득원 구성의 특징을 보면 공적 이전 소득이 차지하는 비중은 매우 낮은 반면, 근로소득의 비중이 높다. 공적 이전이 노후소득에서 차지하는 비중(가처분 가구소득 기준)은 OECD 평균 60% 수준을 보이고 있다. OECD 국가에서 헝가리와 프랑스가 소득 중 공적 이전이 차지하는 비중이 85%로 가장 높은 반면, 한국은 15.7%로 핀란드(15%) 다음으로 낮다. 한국 노인의 소득에서 공적 이전이 차지하는 비중이 낮은 이유는 먼저 다른 국가에 비해 국민연금의 도입이 늦은 데에도 기인한다(1988년).

노인빈곤율을 놓고 볼 때, 한국의 노인빈곤율은 OECD 회원국 중 가장 높은 수준이다. 중위가구 소득 절반 미만의 소득자 비율로 측정되는 상대 빈곤의 개념에 기초할 때 한국 노인의 45%가 빈곤 상태이다. 이는 OECD 평균 13.3%에 비해 약 32%포인트 높은 수준이다(한국보건사회연구원, 2009: 2). OECD 회원국 중 노인빈곤율이 20%를 넘는 국가는 한국을 포함하여 아일랜드(31%), 멕시코(28%), 호주(27%), 미국(24%), 그리스(23%), 일본(22%)) 등 7개국이다.

표 2-4 주요 유럽국가 노인들의 노후 소득원의 구성 (단위: %)

	독일	스웨덴	네덜란드	미국	프랑스	덴마크	그리스
1층 공적연금	88.1	76.6	58	45	75.4	72.6	90.9
2층 퇴직연금	4.3	15.1	29	13	19.8	17.4	0
3층 개인연금	5.3	5.9	12	42	3.5	7.8	5.7
근로	2.3	2.4	1	–	1.3	2.2	3.4

비고: 미국은 근로소득에 대한 정보가 없음.

자료: Deutsches Institute für Altersversicherung(2006).

표 2-5 노인의 소득원 구성

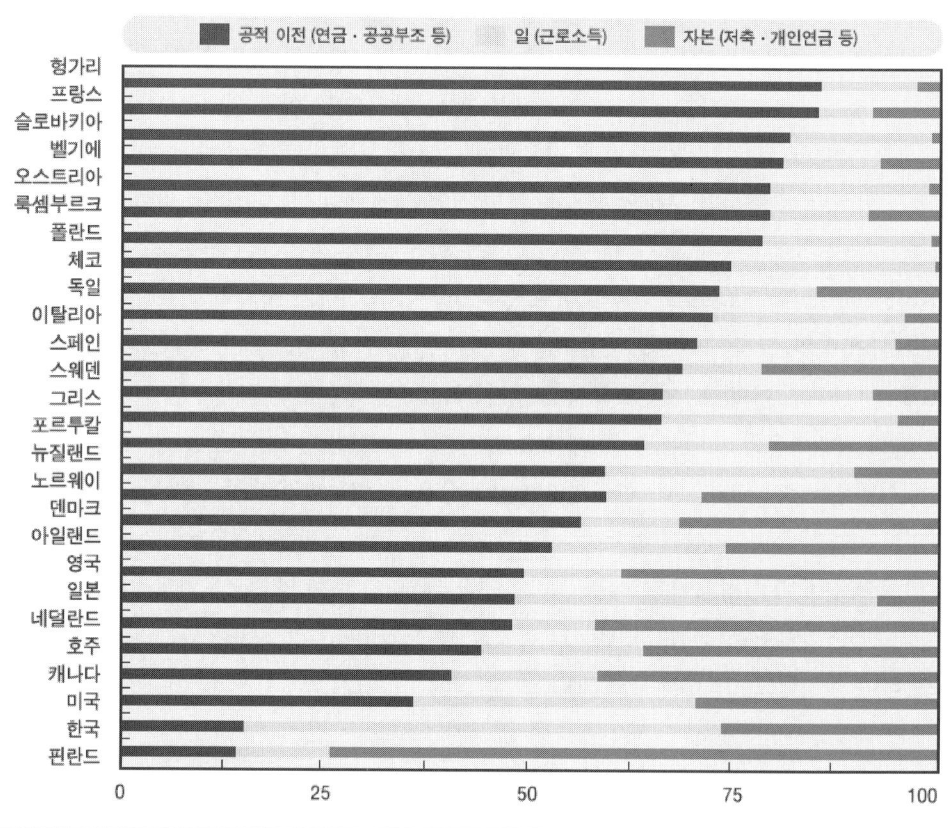

자료: 한국보건사회연구원(2009).

제 3 장 독일의 노동고용정책

제 1 절 독일의 경제구조

1 독일의 경제헌법과 사회적 시장경제

기본법은 바이마르헌법과 달리 경제 질서에 대해 구체적으로 언급하고 있지 않다. 기본법은 명시적인 경제헌법(Wirtschaftsverfassung)을 담고 있지는 않지만, 직업 선택의 자유(제12조), 재산과 상속권 보장(제14조), 이전의 자유(제11조), 결사의 자유(제9조), 인간 존엄(제1조)을 규정하고 있다. 이런 규정을 통해 기본법은 경제 질서에 중립적이지 않다고 보며, 경제헌법으로서의 구조와 한계를 가진다.

기본법에서 경제 질서에 관한 규정을 구체적으로 정하지 않은 것은 헌법제정위원회가 당시 전후 독일 사정을 고려하여 경제헌법 규정을 미래에 위임했기 때문이다.

독일의 경제헌법은 '사회적 자본주의'와 함께 논의된다. 독일의 경제헌법은 전후 미국과 영국의 두 점령지역에서 지배적인 시장 지향적 경제 질서로의 전환을 특징으로 한다. 제2차 세계대전 후에 지배하고 있던 가격통제가 해제되므로 지도와 감독이 완화되었다. 두 점령지역에 '자유화정책(Liberalisierungspolitik)'이 지속했고, 케인스적인 경제정책과 같은 공동의 경제적 목표가 설정되었으며, 이런 목표는 특히 점령국인 미국에 의한 것이었다. 다른 한편 독일의 경제헌법에 영향을 미친 것은 국내 세력의 관계이다. 이는 당시 3개 서방경제

통합지역의 행정청장이며, 1949~1963년까지 연방경제장관을 역임한 에르하르트(Ludwig Erhard)로 대표된다.

독일은 시장 지향적이며 자유주의적 경제헌법에 관한 결정과 더불어 사회정책적 영역을 수용했다. 이는 사회주의 국가들의 계획경제와 같은 중앙관리경제와 대치되는 것이며, 다른 한편에서는 바이마르공화국과 국가사회주의 경험 탓에 완전 자유방임적 고전적인 자유경제의 거부이다(김적교 · 김상호, 1999: 13-14). 독일의 경제 질서는 중앙관리식의 계획경제와 순수한 시장경제의 양 극단을 피하는 제3의 길과 같은 제도적 특성이 있다. 이런 경제 질서는 '사회적 시장경제(Soziale Marktwirtschaft)'로 불리며 정착하게 되었다(성태규, 2002).

현대 경제는 매우 높은 수준의 복잡성을 가진다. 여기서 수많은 참여자의 조정(Koordination)을 어떻게 할 것인가 하는 문제가 대두한다. 이런 조정에는 시장경제(Marktwirtschaft)와 중앙계획(Zentralverwaltung)의 두 가지가 있다. 관료적으로 조정되는 계획경제는 '언제 누가 무엇을 어떻게 누구에 의해 그리고 누구를 위해' 생산할 것인가를 계획하며 결정한다. 계획상으로는 이런 생산과 분배가 사전적으로 조정되어 기능할 것으로 보이나, 실제에서 많은 문제를 일으킨다. 따라서 국민의 기본적 필요와 의식주를 해결하지 못하는 경제 체제는 사회적(sozial)이 될 수 없다.

계획경제와 달리 시장경제는 관료의 계획을 배제하며, 시장의 기능에 따라 움직인다. 생산과 가격은 시장의 수요에 따라 움직이며, 문제의 해결에서 높은 유연성을 가진다. 그러나 고전적 의미에서 자유시장 경제는 시장의 왜곡과 국가를 통해 조정할 문제들을 발생시켰다. 따라서 시장경제는 자유방임적 시장경제의 약점을 보완할 필요성을 가진다. 자유방임적 시장 질서에서 국가는 단지 제도적법적인 범주를 정하며, 모든 것에서 간섭을 배제할 것을 요구받는다. 이런 경제 질서에서는 시장의 독점과 카르텔 형성, 경기 변동과 위기, 실업 발생, 노동자의 빈곤과 불평등의 심화 등의 사회 문제를 만들어 낸다.

반면 사회적 시장경제는 자유(Freiheit), 경제 성과(wirtschatliche Leistung), 사회적 균등(sozialer Ausgleich)이라는 '마법의 삼각형(magisches Dreieck)'을 추구한다. 따라서 사회적 시장경제는 경쟁 질서(Wettbewerbsordnung)에 기초하며, 헌법적인 원리는 개인 자산 인정, 책임 의무, 계약과 영업의 자유, 통화 안정, 시장 진입의 자유, 안정적 경제정책이다. 장기적인 성공적인 경제와 성장에 대한 보장은 시장이다. 여기서 시장은 '사회적'으로 되며, 이는 생산 과정에서 생기는 '기능적 소득분배'를 사회정책을 통해 기대하는 개인별 소득분배(personelle Einkomensverteilung)로 변환하는 것이다(Blum, 1969: 96). 그러나 시장의 자유질서가 파괴되어서는 안 되며, 사회적 시장경제 원리에서 국가는 개입자나 훈육자로서가 아니라, 경제 질서의 창조자(Gestalter)로서 기능해야 한다. 국가 간섭을 배제하는 경제와는 달리, 국가는 제도적 범주를 만드는 한편 이런 규정들이 자유 보장 및 사회적 목적과 서로 모순되지 않도록 해야 한다(Müller-Armack, 1947: 88).

사회적 시장경제가 추구하는 이상이 모두 실제에서 이루어진 것은 아니다. 또한 사회적 시장경제가 모든 경제정책의 요구를 담아낼 수 있는지에 대한 의문도 있다. 사회적 시장경제론을 지지하는 자들은 독일의 경제헌법이 순수한 원리와 이상에서 벗어나 있다고 비판한다. 가령 농업 영역은 처음부터 '관청경제(Amtswirtschaft)'로 시장에서의 경쟁과는 무관하게 경제 영역에서 제외되어 온 것이 단적인 예이다(Rieger, 2006). 주택과 교통도 1960년대까지 국가의 지시에 놓여 있었다. 에너지 산업은 오늘날에도 여전히 시장 질서와는 많이 떨어져 있다. 경쟁 질서도 경제정책의 모토가 되었지만, 수출산업에 세금적인 지원정책을 통해 수출을 촉진했다. 사회정책을 통한 사회적 균등화는 이미 1950년대에 시장 원리를 훨씬 넘어선 것도 있었다. 고용에서도 국가의 규제가 증가했다. 독일 경제는 시장 조정 기제에서 볼 때 국가와 시장 지배의 국가와는 다른, 중간적인 독일적 특성이 있다.

표 3-1 질서자유주의의 주요 특징

질서자유주의(Ordoliberalismus)		
분배정책 (Allokationspolitik)	안정화정책 (Stabilisierungspolitik)	인간화정책 (Humanisierungspolitik)
영역: 경쟁정책	영역: 안정화정책	영역: 분배와 사회보장
- 경쟁에 높은 가치 부여 - 시장경제 질서 확보 - 카르텔 방지 - 합병 통제 - 규제, 민영화, 자유무역정책 등 감독 - 공공 지분 최소 유지 - 환경정책	- 통화 안정에 높은 가치 부여 - 반 경기 부양정책 거부 - 고용정책의 책임은 국가가 아니라 당사자에 있음 - 임금정책은 고용에 책임을 지도록 함(생산성이론에 입각한 임금정책) - 직접 구조적 간섭 배제 - 경제의 장기적 성장 확보	- 보충성 원리 강조 - '모두에게 복지'를 위한 시장경제 - 순화된(moderate) 소득과 재산 분배 - 노동환경의 인간화 - 임금 협상에 불간섭

* 질서자유주의 대표: W. Eucken(1893-1950), H. Grossmann-Doerth, F. Böhm, A. Rüstow, W. Röpke, F. A. Lutz, L.v. Mises, F.A. Hayek, L. Erhard(1897-1977), Chicago School(H. Simons, M. Friedman)
자료: Jürgen Plätzold, Soziale Marktwirtschaft(www.juergen-paetzold.de/einfuerung).

 사회적 시장경제 발전 단계와 경제

독일 경제정책의 발전 단계를 나누는 구분은 일반적으로 정부의 집권 기간을 중심으로 분류한다. 독일 정당의 집권 기간에 따라 경제정책의 우선순위가 다르며, 외부와 내부의 환경 변화에 따른 경제정책이 다르게 나타났다. 또한, 독일 정당의 집권 기간은 비교적 길어서 정부 간 경제정책의 차이가 나타난다.

연방재무부(bmwi.de)의 경제정책 발전의 구분은 다음과 같다. 1) 1949~1966(사회적 시장경제에 따른 경제 기적, 에르하르트 기간), 2) 1966~1972(대연정과 글로벌 조정, 쉴러(Schiller) 기간), 3) 1972~1982(석유파동와 공동결정[Mitbestimmung], 에너지 위기로 특징되는 경제정책), 4) 1982~1989(베를린 장벽 붕괴까지의 경제정책, 사회적 시장경제로 복귀), 5) 1989~1998(통일 독일에서 경제정책, 경제·화폐·사회통합), ⑥ 1988~현재(글로벌 시대, 21세기의 도전).

플뢰즈올트(Jürgen Plätzold)는 사회적 시장경제를 중심으로 분류하고 있다: 1) 1948~1966/67(질서 자유의 시기), 2) 1966/67~1970(경기 부양을 위한 개입과 복지국가로의 사회적 시장경제 확충), 3) 1980~1990(질서정책의 재발견과 시장 활성화), 4) 1990년 이후(통일 이후 시기)로 구분한다(www.juergen-paetzolde.de/einfuerung). 반델로프(Nils C. Bandelow)는 1) 1949~1966(질서자유주의), 2) 1966~1973(케인스적 개입/글로벌 조정), 3) 1974~1998(공급정책/산업지정책(Standortspolitik), 4) 1998~2008(제3의 길/ 신(新)중도(Neue Mitte), 5) 2008년 이후(부채 조정정책)로 나눈다(tu-braunschweig.de/innenpolitik).[1]

1) 1950~60년 시기

사회적 시장경제의 1차 기간은 1950년대와 1960년대 중반까지 포함한다. 1950년대에 자유화 정책의 연속선에서 이전에 통제되던 가격의 자유화와 외부경제 개방이 이루어졌다. 이런 자유화에 주택정책도 속한다. 경제정책은 시장의 질서를 만드는 것이며, 경기 부양적 개입은 거부되었다. 1957년 6월 26일에 독일연방은행법(BBankG)이 발효되었다. 연방은행은 물가 안정, 통화 안정을 충실히 따라야 한다(제3조). 은행은 연방정부와 독립되어 운용된다(제12조). 전체적으로 독일연방은행은 질서자유주의에 기초한 통화정책을 수행하도록

1) 이 글에서는 정권의 집권 기간을 고려하여 연대별로 나누어 기술한다.

했다.

1957년에 오랜 논쟁과 경제계의 반대에도 경쟁제한금지법(Gesetz gegen Wettbewerbsbeschränkung: GWB)이 제정되어, 1958년 1월 1일부로 발효되었다.[2] GWB는 자유로운 경쟁을 보장하는 것을 목적으로 하며, 따라서 시장의 지배를 남용하거나 시장 참여 경쟁을 제한하는 행위를 금지한다(카르텔 금지). 이 법은 준사법적인 해석과 집행 권한을 가지고 있어 위법성의 결정에서 사법부의 재량의 여지는 별로 없다. 1957년 로마조약의 체결과 더불어 독일 경제는 유럽 자유시장 체제로 편입되었다.

사회정책에서 1961년 사회부조법은 사회적 시장경제 질서의 적극적인 구현으로 해석할 수 있다. 사회부조는 다른 지원 수단이 없을 때에 이루어진다. 사회부조 재원은 세금을 통해 이루어진다. 1957년 연금 개혁으로 연금은 자동으로 임금과 소득 수준에 반영되도록 했다.

1950년대와 1960년대에 독일의 경제헌법은 케인스주의와 달리 거시경제의 조정과 국가가 결정하는 산업정책과 산업 영역을 뛰어넘는 수준에서의 조정은 없었다. 1950~1960년대 정부는 임금정책에서 국가의 주도적 간섭을 배제했으며, 임금 협상자가 독일 전 경제에 책임을 지는 임금정책을 채택하도록 했다.

1950년대 독일 경제는 완전고용과 가격 안정의 특징을 보였다. 경제 성장으로 고용은 최고 수준에 도달했으며, 1950~1960년대 경제 성장을 연 8%에까지 달성했다. 따라서 독일의 내수시장과 수출은 독일 경제를 최고 번영기로 끌어올렸으며, 1940년과 1950년대 초의 높은 실업률은 급격히 감소했다.

공급 측면에서 생산 투입은 낮은 수준의 가격이 유지되었다. 이는 특히 석유 같은 자원이

표 3-2 경쟁제한금지법 내용

경쟁 제한 금지		
카르텔	시장 지배력 남용 감시 (Missbrauchaufsicht)	합병 통제 (Fusionskontrolle)
조항 1, 2-8, 28-31	조항 19-23	조항 35-42
- 일반적으로 카르텔 금지 - 카르텔 예외 조항 - 제재 수단: 벌금 부과	- 기업의 시장 지배력 남용 - 당연 금지(Per-se-Verbot): 유럽 경쟁법과 같이 기업이 시장지배력을 이용하여 최저가격 유지를 요구하면 바로 민사소송이 됨.	- 유럽경쟁법과 동일하게 예방 원리(Prventivprinzip) 적용 - 합병 계획을 사전에 알려야 함 (연간 수익 10억 유로 이상인 경우)

2) 경쟁제한금지법은 2005년 제7차 개정을 하여 오늘에 이르고 있다. 6차 개정(1998)은 유럽연합의 경쟁법을 수용하여 조화시켰으며, 7차 개정은 유럽 카르텔법과 일치화했다.

값싸게 공급되었고, 이자율도 마찬가지였다. 임금 수준은 상승했지만, 그러나 언제나 최저 수준을 유지했다. 이런 낮은 임금정책은 노동조합의 소극적인 행위도 원인이지만, 한편에서는 노동 공급이 충분히 이루어진 덕분이었다. 동독지역에서 숙련된 노동자가 넘어왔고, 농촌지역에 있던 젊은이들이 산업지역으로 몰려들었다. 1950년대 초에 노동자 4명 중 1명은 농업 부문에 고용되었다. 또한, 노동 시간은 매우 길었으며, 사회비용 지출과 세금은 비교적 낮은 속도로 증가했다. 기업은 생산에서 나타나는 사회적 비용을 외부경제로 돌릴 수 있었다. 예로 환경 비용 등은 여전히 낮은 비용으로 처리하거나 외부로 돌릴 수 있었다. 1950년대 자유무역으로 움직이던 세계시장은 독일의 수출 증대에 호조건이 되었다. 이는 독일 마르크의 의도적인 저평가를 통해 지원되었다. 수요 측면에서도 인구의 증가와 노동자의 증가로 국내 수요가 확대되었다. 공공 영역에서도 고용이 증가되었다.

1950년대 독일 경제 기적에 기여한 요소로는 경제적 요소 외에 정치적 요소를 들 수 있다. 이는 경제 친화적인 기민당의 장기 집권이다. CDU/CSU는 경제계의 신뢰를 얻었고, 예측 가능한 지속적인 경제정책이 추진되었다.

1966~67년 경기 불황으로 실업률이 2.1%로 증가했다. 이런 실업은 당시 처음 맞는 상황이었고, 결국 에르하르트 정권이 교체되었다.

1966~1969년 CDU/SPD 대연정 기간과 1969년 이후 사민당의 집권 기간에 독일 경제의 헌법 개혁이 이어졌다. 수정의 핵심은 '글로벌 조정과 시장경제(Globalsteuerung und Marktwirtschaft)'이다. 사민당 연방재무장관 쉴러(Karl Schiller)에 따라 케인스(John M. Keynes)의 수요조정정책과 자유주의적 조합적 임금정책(liberal korportatische Einkommenspolitik)을 경제정책으로 채택한 것이다. 이는 1967년 6월 8일 안정화법(Gesetz zur Föderung der Stabilität und des Wachtums der Wirtschaft: StabG)의 발효로 나타났다.

안정화법의 기본 구상은 물가 안정, 높은 고용 수준, 경제 성장과 그리고 시장경제와 시장행위에서 지능적인 국가적 글로벌 조정이다. 이 법은 처음으로 높은 수준의 고용 유지를 국가의 책임으로 규정했다(StWG 제1조). 글로벌 조정에서 국가는 외부경제에서 오는 경기 변화에 경제조정정책을 통해 '안정적' 목표를 이루어 가는 것이다. 가령 경기 상승기에는 세금을 확대하며, 쇠퇴기에는 반대로 세금을 지원하는 것이다. 안정화법에는 또한 연방, 주, 자치단체 예산의 조정(Koordination)이 포함되어 있다. 국가 경제정책은 임금 당사자의 임금정책과 연계되어야 한다고 보았다. 또한, 그 외 세금과 국가 지출을 통한 경기 부양에서 연방은행과의 조정이 있다. 이런 조정 기능을 통해 물가 안정, 높은 고용 수준 유지, 외부경제와의 균형, 지속적 성장을 달성하고자 했다. 이런 4개의 목표는 마법의 4각형으로 불리었는데, 이들의 목표는 상충 없이 달성되기 어렵기 때문이다.

안정화법은 1960년대 말과 1970년대 중반까지 그 실효성을 거두었다. 1970년에 실업률은 0.7%로 낮아졌다. 노동시장정책에서 1969년에 노동촉진법(Arbeitsföderungsgesetz: AFG)이 제정되었다.

1952년에 경영의 민주화를 하기 위한 법으로 제정된 기업경영법(Betriebsverfassungsgesetz: BertVG)이 1972년에 대폭 개정되었다. 이 법에는 노동자협의회(Betriebsrat)의 구성 조건 등이 구체적으로 명시되었다. 또한, 협의회는 특히 공동 참여와 결정(Mitbestimmungrechte), 사회적 문제(soziale Angelenheit)에서 참여와 결정권을 가진다.[3)]

2) 1974~80년 시기

1974~1982년까지의 경제 상황은 1950~60년대의 상황과는 완전히 변했다. 다른 국가들과 마찬가지로 독일도 세계적 경기 후퇴에 직면했으며, 경제 성장률은 낮아졌고, 인플레이

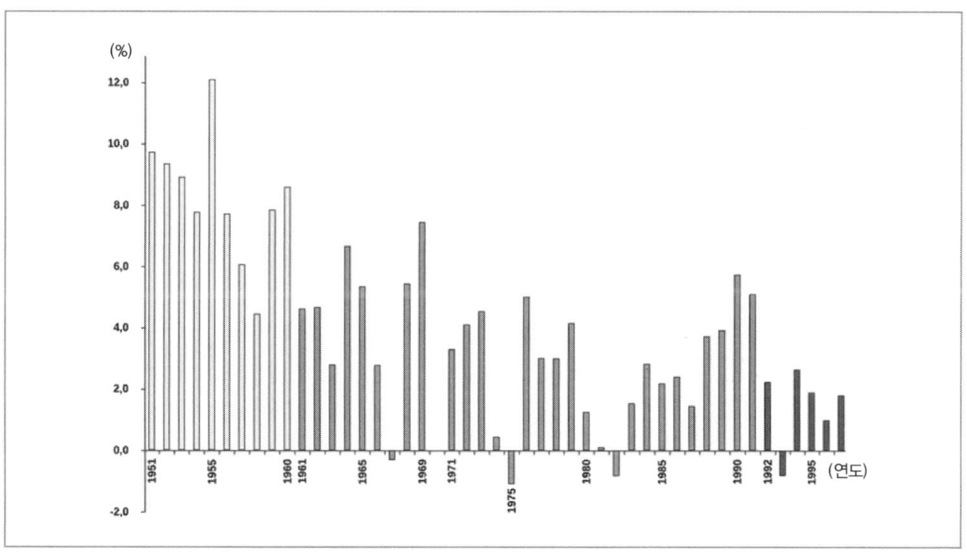

그림 3-1 국내총생산(BIP) 증가율

* 비고: 증가는 전년도 대비. 구서독지역에서 물가 수정은 1950~1969년도는 1991년 기준, 1970~1991년은 1995년 기준.

자료: BIPBRD5004.svg.

3) 공동결정법(Mitbestimmungsgesetz)은 1976년에 제정되었다.

션은 증가했다. 이런 모든 결과는 실업의 증가로 나타났다. 1974~1982년도에 물가 상승을 고려한 국내총생산(BIP) 성장은 평균 1.6%였다. 경제 성장 감축은 고용에도 영향을 미쳐 실업률이 계속 증가했다. 초기 4~5%에서 1982년 7.6%, 1983년에 9.3%로 증가했고 통일 전 1989년에 7.9%였다([그림 3-1] 참조).

1973/74년 이후 실업률은 금융정책뿐만 아니라, 구조적인 요인을 갖고 있었다. 기업은 생산 요소에 가격 상승 요인을 반영했다. 1973/74년과 1981년 석유 파동은 비용 상승을 가져왔다. 비용 상승은 다시 수요를 감소시켰다. 이로써 고용은 비용 압력에 따른 인플레이션(cost-push-inflation)과 수요 부족에 따른 실업(keynesian unemployment)의 사이에 끼이게 되었다.

노동시장에는 노동사회법의 규제에서 오는 경직성이 다시 나타났다. 이는 구직자는 노동시간과 임금 협상에서 어려움을 갖게 되었다. 노동시장, 임금 규제, 노동 권리는 복합적으로 노동시장을 경직화시켰다. 다른 한편 세금과 사회복지 비용(Sozialabgaben)은 민간 영역에서 고용을 촉진하는 것이 아니라 제동을 걸었다. 독일 사회복지 비용을 북유럽이나 베네룩스 3국보다 낮았지만, 그 밖의 나라들보다는 높았다. 1969년 사민당으로 정권이 바뀐 후에 사회복지 비용이 급격히 증가했는데 이는 기업의 투자 심리 불안에 기인했다.

기업들은 이전같이 생산에 따른 사회적 비용을 외부 효과를 무시할 수 없게 되었다. 가령 환경정책, 산재 보호 등이 강화되었다. 이로써 생산에서 비용 절감 효과는 과거 이야기가 되었고, 농업 부문이나 이주 노동자를 통한 값싼 노동력 공급도 마찬가지였다. 1970년대에 정부는 조기연금 도입과 EG 국가 외의 노동자 유입 금지를 통해 노동력 공급을 억제했다.

실업 대처에서 정치행정의 요인으로 연방은행은 경기 부양보다 물가 안정을 우선시했다. 연방제도에서 SPD 정부의 고용정책은 제한을 받았다. 야당이 압도적인 CDU 주정부는 주와 연방상원에서 연방정부의 고용정책에 도움을 주지 않았다. 독일의 연방주의로 인해 재정정책 등 의견 형성과 결정이 그만큼 어렵게 되었다.

정부는 실업에 대해 적극적인 대처로서 경기부양책, 실업자의 재교육, 실업 가능성 있는 일자리에 대한 지원 등을 했다. 정부는 수요 창출이나 기업의 고용 증대보다 북유럽 국가와 같이 공공 영역에서 고용을 높이고자 했다. 이러한 정부의 노력에도 실업은 기대만큼 줄어들지 않았다.

1974~1982년의 정치제도적 요인으로 인해 고용을 증가하는 정책보다는 물가 안정적인 정책에 우선순위가 주어졌다. 정당들은 실업이 정치제도를 위협한다거나, 정권 재집권에 위협적이라고 보지 않았다.

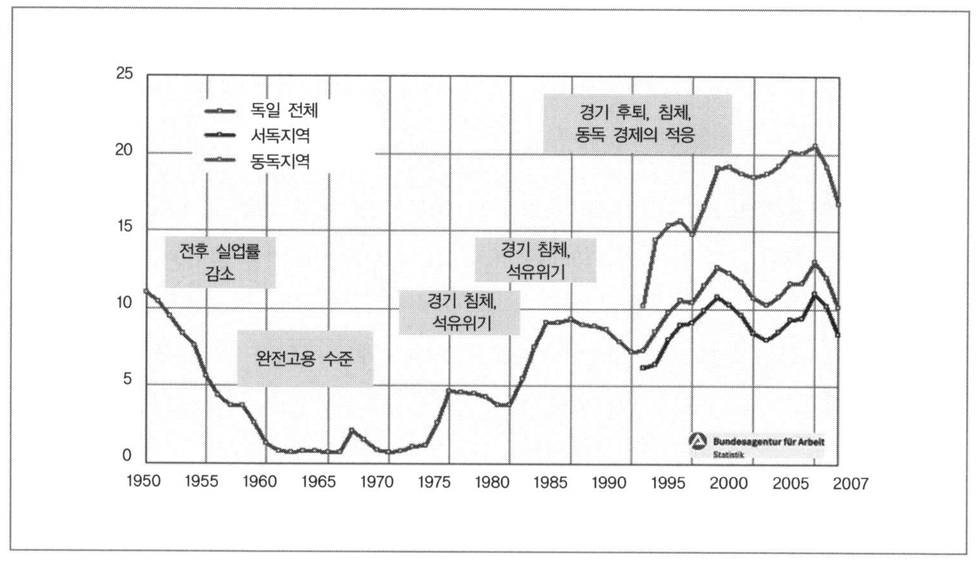

그림 3-2 실업률의 변화

* 비고: - 독일 전체(1958년까지 자를란트 제외, 1990년까지 서독지역)
- 2000년 이후 단순 고용(gerinfügige Beschäfrigung)도 실업률에 포함됨.
자료: Bundesagentur für Arbeit 통계자료.

1982년 가을 정권이 SPD에서 CDU로 바뀜에 따라, 경제정책의 변화가 일어났다. 경제정책의 우선순위는 경제 질서를 개선하는 것으로, 민영화와 탈규제로 나타났다. 에너지, 우편과 체신, 철도 분야에서 민영화가 일어났으며, 사회복지정책에서 연금 개혁, 사회보장제도 개혁이 이루어졌다. 개혁을 통해 경제가 다시 활성화되고, 일자리가 추가로 창출되었다. 반면 효율성에 입각한 공급 우선 정책과 사회보장과 분배를 무시하고 있다는 비판을 받았다.

3) 1990년 통일

1990년 6월 1일 서독과 동독 간 화폐 통합이 이루어졌고, 10월 3일 통일되었다. 이로써 독일 경제는 새로운 전기를 맞게 되었다. 동독의 계획경제는 해체되어 사회적 시장경제에 편입되었다. 통일 당시에 기대했던 경제의 기적은 오지 않았다.[4)]

---

4) 통일에 따른 경제 문제는 다음 참조. 신우철(2003), 독일 통일 10년, 그 비용과 수익의 총체적 평가, 통일문제연구, 15(2): 247-271; 황준성(2007), 독일 통일 15년의 사회경제적 평가와 시사점, 경상논총, 25(4): 71-88; 송태수(2009), 독일 통일 20년의 경제적 통합 과정: 평가와 함의, 한·독사회과학논총, 19(4): 173-208.

4) 1998년 이후

1998~2005년은 사민당과 녹생당이 연립정부를 가진 시기이다. 이 시기는 높은 실업률과 낮은 인플레이션으로 특징된다. 이는 좌파 정당에서 본다면 모순적으로 보인다. 일반 기대는 좌파 정당은 물가를 희생하고 고용을 확대할 정책을 선택하는 것이다. 1988년 연방수상이 된 슈뢰더는 11월 10일 정부 발표(Regierungserklärung)에서 실업을 줄이는 데 필요한 조치와 수단을 동원하며, 또한 실업 감소에 얼마나 기여하게 되었는지를 항상 평가할 것이라고 했다(bpa–bulltin, 1988.11.11, Doknur. 98074). 2002년에도 실업자 수는 4년 전보다 전혀 줄지 않았음에도, 슈뢰더는 2003년에는 실업자 수를 350만 명 이하로 줄이겠다고 했다(Focus, 2002.7.8, 20-30, 'Der grosse Versprecher').

실업자 감축에 대한 정부의 약속은 달성되지 못했고, 2004~2005년에는 실업자가 오히려 최고 수준인 5백만 명을 넘어섰다. 이는 고용자의 11%에 해당하는 수치이다. 이런 가운데서 물가 안정의 지속을 우선시하는 정책을 설명하는 데 어려움이 있었다. 왜냐하면, 물가 안정 정책은 이전 정부에서부터 계속되었으며, 인플레이션 억제는 나은 상황이었기 때문이다. 이런 안정화정책에는 통화정책이 기여했으며, 여전히 분산된 재정정책도 영향을 주었다. 연방은행과 2002년 이후 유럽중앙은행은 통화 안정에 주력했다.

독일 내의 높은 임금 고수, 사회적 비용 감당, 환경정책에 따른 생산 비용 증가 등이 환경 분야 외에서 고용 증대를 막는 요인으로 지적된다. 독일의 실업에서 장기 실업자의 증가와 지속이 구조적인 문제로 지적되었다. 이는 2004년에 이미 36.8%를 차지했다(SVR, 2005: 133). 장기실업의 증가에는 여러 원인이 있지만, 사회보장정책의 원인도 있다. 실업보장과 사회보장은 실업 상태에서도 삶을 보장한다. 사회부조, 실업수당 II는 노동자의 권리를 보호하지만, 다른 한편 노동시장의 재편입에 장애로도 작용한다.

제 2 절 고용정책의 목표와 영역

1 고용정책의 목표

실업을 예방하며 실업을 극복하고자 하는 고용정책은 노동시장에서 주요 정책 분야로 자리를 잡았다. 노동고용정책(Arbeitsmarktpolitik)은 노동 질서를 포함하여, 완전고용정책을 포함해 노동시장에서 고용을 증진하고자 하는 정책을 포괄하여 뜻한다. 노동 고용을 위한 정책은 고용 가능을 위해 그리고 노동자의 고용을 위한 조건에 영향을 미치므로, 가능한 모든 노동력을 가진 사람들이 지속해서 일을 할 수 있도록 하며, 또한 근로 조건을 최상으로 하며, 이를 보장하고자 한다.

노동고용정책의 필요성은 노동의 고용, 고용 조건, 노동 시간, 노동임금, 노동 관계 등에서 노동력을 제공하는 근로자는 이런 노동 조건을 스스로 결정할 수 없으며, 보장할 수 없다는 데서 출발한다.

고용 가능성과 고용 조건에서 중요한 점으로는 다음과 같은 것이 있다.

- 노동자의 수입 수준과 지속성
- 사회보장에 대한 노동자의 기여 수준과 지속성, 사회보장에 대한 노동자의 자기 책임과 기여
- 사회복지 보장을 위한 재정의 수준과 수입
- 실업자, 가족과 실업 극복을 위한 지출의 범주와 한계
- 사회복지정책에 따른 사회보장을 위한 사회 생산(Sozialprodukte)의 수준
- 고용의 수준과 직결되는 직업 선택에 대한 자유
- 직업의 재교육과 인적 개발

노동고용정책은 기본법 제2조(개인의 인격을 자유로이 발현할 권리), 제12조(직업, 직장의 자유 선택 권리), 제20조와 제28조(사회적 국가 원리)에 규정되어 있다. 이는 또한 1967년 노동고용촉진법률(Gesetz zur Förderungsgesetz)의 제1조, 1969년 6월 25일의 노동촉진법률(Arbeitsföderungsgesetz: AFG)에 들어 있다(제1조, 제2조). 노동촉진법률(AFG)은 1997년 3월 24일에 전면 개정되었으며, 이는 다시 1988년 1월 1 일부로 사회법전 III(SGB III)에 통합되었다.

노동 촉진의 최상 목표는 다음과 같은 과제를 가진다.

첫째, 단기적인 구조와 범주에서 주어지는 노동력에 대한 수요, 노동 공급에 맞추어, 현존하는 노동시장에 동원 가능한 노동력을 제공하며(분야에 따른 적절한 노동력 공급), 구조적인 불균형(strukturelle Ungleichgewichte)을 좁힌다. 구조적 불균형 발생 제거와 예방의 과제는 노동정책에서 가장 우선적 과제이다.

둘째, 국가 전체 노동시장의 불균형에서 균형적인 노동시장을 만드는 과제이다. 특히 실업에서 고용과 성장을 지향하는 경기 부양의 정책이 필요하다. 과고용의 경우 국제노동시

장의 범주에서 외국 노동력을 통해 사회적으로 감당 가능한 범위 내에서 노동시장을 확대하거나, 전체 경제의 수요를 감소시키게 된다. 이러한 정책도 고용정책에 해당한다.

셋째, 노동고용정책은 최적 노동 조건을 만드는 것이다. 특히 허용된다면 최고 임금을 받는 것이다. 고용의 최적화에 기여하는 과제나 투입되는 수단도 약속한다. 이런 목표의 실현은 국가의 임금정책의 과제이며, 이는 자유시장 경제정책에서 노동시장 질서정책(Arbeitsmarktordnungspolitik)이기도 하다.

노동 고용을 위한 이러한 사안들은 헌법의 특성이나 노동시장의 유형 등을 보면 그러하다. 국가의 간섭이나 노동조합 간 갈등에서도 보인다. 자유, 불완전 노동시장에서 제도화된 시장으로의 전환이다. 전체 노동시장(Gesamtarbeitmarkt)은 전형적으로 불완전한 시장이었으며, 지금도 또한 그러하다. 전체 노동시장은 많은 시장으로 구성되며, 이는 전문 분야별로 인적 구성에서 다르며, 또한 공간에서 위치가 서로 다르다. 노동시장의 지리적 불완전성은 투명성의 부족으로 증대된다. 이런 높은 불완전성은 개별적인 노동시장 불균형의 등장으로 촉진되거나, 구조적인 불균형의 제거가 어렵게 되었다. 노동자들은 '원자화'되어 서로 간에 노동 일자리를 놓고 경쟁을 벌이게 된다.

그러나 노동시장의 전환이 국가의 제제, 노동조합의 개입 등에 의해 일어난다. 가령 국가편에서 국가는 노동청을 설립했다. 독일은 제1차 세계대전 이후 설립된 노동청과 함께 통일적인 노동행정을 추구하며, 노동시장의 투명성을 증가시키고자 했다. 또한, 노동에 대한 자문, 일자리 중계, 노동력의 지역적 · 직업적 이동의 촉진, 일시적으로 노동시장 균형정책의 과제를 실현했다.

노동시장의 높은 불완전성과 시장의 기능 능력에서 비롯되는 문제들은 노동청의 과제로 되어 있다. 사회법전 III 280조(SGB III)에 따르면, 노동청은 직업, 기업의 분야, 지역에 따라 노동 고용의 발전과 노동시장 발전을 과제로 가지며, 또한 노동시장 촉진의 효과를 관찰 조사하며, 평가한다. 이를 위해 통계를 만들며, 노동시장과 직업 연구를 하며, 보고서를 작성한다.

노동청은 노동시장과 직업연구의 연구소를 가진다. 연구의 중심은 장기적인 노동시장의 진단, 직업구조의 발전에 관한 조사, 기술 변화와 노동 요구와의 관계, 노동시장에서 경기부양적인 움직임, 노동력의 이동, 특별한 노동시장, 노동 세계의 인도주의화(Humanisierung) 등이다.

 노동고용정책의 영역: 노동시장 균형화정책

노동시장은 스스로 노동정책의 최상 목표를 달성하기를 바란다. 그러나 이런 목표 달성이 스스로 되지 않기 때문에, 다음과 같은 정책이 동원된다.

- 노동력 중계, 노동 자문, 직업 자문
- 이동과 직업교육 지원
- 노동 일자리 유지와 노동 일자리 창출
- 문제 그룹 지향적인 노동시장정책

1) 직업 소개, 노동 자문 및 직업 자문

직업 소개(Arbeitsvermittlung, 직업중개)는 노동시장 균형의 전통적인 핵심 영역이다. 직업 소개는 구직자와 일자리를 제공하는 고용자 간을 연결하는 과제를 가진다(SGB III 35조). 초기 입법가들은 직업소개소를 국가의 독점으로 했으며, 모든 종류의 일자리를 사실과 필요 정보를 정확히 제공하는 것을 목적으로 했다. 1994년에 고용지원법(Beschäftigung-söderungsgesetz)을 통해 기업의 직업 소개의 효율성을 높이기 위해, 민간업자에게 직업 소개를 개방했으며, 2002년 이후 민간 직업소개소를 지원한다. 노동청은 신뢰, 재산, 필요한 사무공간이 확보되었을 때 허가서를 발부한다(SGG III 293조). 2004년에 법 개정을 통해 노동청(Bundesanstalt für Arbeit를 Bundesagentur für Arbeit로 개명함)은 관료적 행정조직에서 효율성을 높이며, 고객 지향과 서비스 향상을 추구했다.

민간 직업 소개에 대한 지금까지의 경험을 보면, 실제로 기대에 미치지 못한다. 1997년에 약 3천 개 일자리 소개가 있었다.[5] 현재 활동하는 1,200여 소개업자는 연 평균 34,000개 일자리를 중개한다. 소개된 노동자의 85%는 이미 직업을 가진 자들이다. 따라서 실제 실업자의 직업 소개는 15%에 불과하다. 이에 반해 노동청은 같은 시기에 320만 일자리를 소개했고, 이 중 실업자는 200만 명이었다. 소개율은 노동청은 약 33%에 이르며, 반면 민간 소개업자는 2%에 못 미친다.

---

5) 1997년 일자리 소개 성공률(Vermittlungserfolg)은 40%에서 2000년에 59%로 증가했다(동독지역 74%, 서독지역 51%). 그럼에도 중개된 일자리 중 1/3이 '서로 다른 규정'으로 논란이 되며, 또한 1/3이 조작된 것으로 판단되었다. DIW 2002, Wochenbericht des DIW Berlin 9/02-Arbeitsvermittlung durch das Arbeitsamt: Reform des Berichtssystems dringend erforderlich.

신문이나 잡지 상의 직업 공고와 구직은 직업 소개로서 간주하지 않는다(SGB III 291조).

공적인 직업 소개에는 다음과 같은 기본 원리가 적용된다.

a) 직업 소개에서 무료 서비스: 노동청은 직업 소개에서 평균 이상의 비용이 들거나, 또는 외국 노동자의 '비용이 드는' 소개에 대해서는 비용을 부과한다(SGB III 43조).

b) 비당파성(Unparteilichkeit): 종교, 정당 또는 단체 소속에 대한 질문은 매우 특별한 경우에 한해서만 허용된다(SGB III 42조).

c) 직업 소개의 법규성(Gesetzmässigkeit): 노동청은 법이나 관습에 대치되는 직업교육이나 노동 관계가 요구될 때 소개를 해서는 안 된다. 노동 투쟁을 벌이고 있는 영역에서는 구직자나 기업가가 노동 투쟁에도 불구하고 이를 원할 때에는 직업을 소개할 수 있다(SGB III 36조).

직업 소개의 효율성은 일반적으로 노동청의 중개율(Vermittlungsquote)에 의존한다(§ 11 Abs. 2 Nr. 5 SGB III). 직업 소개의 성공은 또한 고용주 편에서 빈 일자리 공시, 상대편인 구직자의 수용으로 결정된다. 노동청의 일자리의 중개는 종종 비판을 받는다. 2009년에 경제위기에도 일자리 480,000개가 여전히 점유되지 않아, 노동청의 일자리 소개의 비효율성이 비판을 받았다.[6)]

직업 소개와 밀접하게 연관된 것은 자문(Beratung)이다. 자문 제공에는 가령 직업 자문(SGB 30조)이며, 이는 직업 선택, 직업 발전 경향, 일자리 바꿈, 노동시장의 정보와 발전 경향, 직업교육의 기회, 직업 촉진 지원 프로그램 등이 있으며, 고용자 편에서 구직자의 직업교육과 일자리를 지원하는 노동시장 자문도 있다(SGB III 34조).

1997년 고용촉진개정법(Arbeitsföderungsreformgesetz) 도입으로 노동행정의 직업자문 독점이 없어졌다. 노동행정은 직업자문을 하는 인적 회사(Personengesellschaft)이다. 따라서 구직자의 보호에 필요한 행위를 해야 한다(SGB III 288a조).

자문의 의미는 노동시장의 상황과 고용의 발전 상황을 고려하여 교육, 일자리, 직업 결정의 합리성 증가를 꾀하고, 정보 수준을 향상하며, 결정과 관련된 다른 상황 등에 대해 정보를 제공한다. 여기서 노동행정은 자문자의 역할에서 직업과 노동력 조정에 대한 헌법 질서를 지켜야 한다.

자문할 때 특별한 문제는 고용진단의 불안전성에서 발생한다. 직업자문의 가능성과 신뢰는 조직적인, 구조적인 그리고 기술적인 점에서 빠르게 변하는 산업사회의 특성을 고려해

6) http://www.welt.de/wirtschaft/article4238837/Arbeitsagentur-wegen-vieler-offener-Stellen-in-Kritik.html.

야 한다. 그러므로 직업 자문은 일반적인 직업 교육에서 일회적인 것이 아니라, 직업과 교육을 병행하여 이루어지는 오리엔테이션에의 지속적인 지원이다. 이는 직업 경력과 직업을 바꾸는 자문도 포함한다(Rübner, 2006: 129ff).

2) 직업교육 지원과 이동 지원

직업교육 지원(Ausbildungsförderung)은 직업교육의 지원(SGB Ⅲ 59~76조)과 직업재교육(Weiterbildung)(SGB III 77~95조)으로 구성되었다. 직업교육 지원은 전체 노동 잠재 역량이 기술적·사회적 발전에서 항시적인 높은 질적 수준을 요구하며, 다른 한편에서 성장과 직업구조 간 변화가 일어나는 것을 고려하며, 획득한 직업의 역량을 강화하는 것이 필요하다는 데에 기초한다.

직업구조의 변화와 직업이 요구하는 직업교육 지원을 통해, 노동시장의 비균등성을 없애며, 특히 구조적·기술적 실업을 막고 줄이는 데 있기 때문에, 직업교육과 재교육에의 지원은 필수 불가결하다. 기술 변화의 속도 때문에 노동시장 균등정책(Arbeitsmarktausgleichs-politik)의 중요성이 커지고 있다(Lampert & Althhammer, 2007: 215).

교육 참여자는 부모의 집 밖에 거주하거나, 또는 부모 집으로부터 적절한 시간 이상으로 떨어져 살고 있으면, 직업교육 지원을 요구할 수 있다. 직업을 준비하는 교육이거나, 직업을 구하는 데 필요할 때, 지원(Hilfe)은 숙식(Lebensunterhalt), 교통비, 교육비를 포함한다(SGB III 65~69조). 이 경우에 교육자, 배우자, 부모의 소득을 고려한다.

직업재교육(Weiterbildung)을 위한 개별 지원 조치는 직업전직교육(berufliche Umschulung)을 포함하며, 이때 지원(Kann-Leistung)(SGB III 77조)은 교육비, 교통비, 외부 숙식비, 자녀 탁아를 위한 비용을 포함한다(SGB Ⅲ 81조 이하).

개별적인 지원 촉진 외에 제도적인 지원 조치도 있다. 이는 직업교육이나 재교육을 위해 또는 장애인들의 고용교육을 위해 필요로 하는 시설물의 확보, 설립 등을 위한 지원과 자금 대출이다(SGB Ⅲ 248조).

직업 양성교육과 계속교육은 고용의 수용을 촉진하는 조치를 통해 지원된다. 이는 가령 실업자가 고용을 수용하기 위해 도움이 필요할 때에, 그리고 필요한 자원을 스스로 조달하지 못할 때에 지원하는 경우이다. 이는 숙식을 위한 생활비에서 노동지원금(전환기적 도움), 작업복, 작업 도구, 교통비 지원, 별거 지원금(Trennungskostenhilfe), 이사 지원금이 있다(SGB Ⅲ 53조 이하).

3) 일자리 유지와 일자리 창출

구조적인 노동시장 불균등의 발생을 막는 것은 일자리 유지와 일자리 창출에 기여한다. 이는 가령 단축 근로에 대한 보조금을 지급하는 단축근로자지원금(Kurzarbeitergeld)(SGB Ⅲ 169조 이하), 건축에서 연간 고용의 촉진을 위한 조치가 이에 해당한다(SGB Ⅲ 209조 이하).

단축근로자지원금은 일시적이며, 상당한 일자리 소멸(Arbeitausfall) 시에 주어지며, 지원금을 통해 노동자는 일자리를 유지하며, 기업가는 고용된 노동력을 유지할 것을 기대한다. 단축근로자지원금은 노동자에게서 적어도 1명의 자녀가 있을 때에 67%를 지원하며, 기타 노동자에게는 세후 보수(Netto)의 60%를 지원한다. 최악의 경우에는 최대 6개월까지 지원 가능하다(SGBⅢ 177조). 전제 조건은 일자리 소멸이 경제적 원인이나 경영상의 구조 변화 또는 불가피한 결과에 근거한 경우이다. 그러므로 파업이나 계절적 수요 감소 등과 같은 경우는 제외된다. 조업 단축은 최소 연속 4주 이상으로, 실제 종사자 1/3 이상이 정규 노동 시간의 10%를 감축하는 경우이다(SGBⅢ 170조). 이 규모 이하의 조업 단축은 내부적으로 극복할 수 있다고 본다.

4) 건설업 항시 고용 지원

건설업에서 전년에 걸친 고용 지원(Förderung der ganzjährigen Beschäftigung in der Bauwirtschaft)은 기후 요인에 상관없이 건설노동이 지속하고, 노동자의 고용 관계가 계절에 관계없이 중단되지 않도록 함으로써, 실업자가 되지 않도록 하는 데 그 목적이 있다. 촉진 방법으로는 첫째 겨울철 보조금(Winterausfallgeld)이 있다. 이는 연방고용청의 일하지 못한(Ausfallstunde) 101시간부터 적용된다. 반면 악천후(Schlechtwettezeit)는 11월 1일~3월 31일 사이에 지급될 수 있다. 이는 처음 1959년에 도입되었으며, 2006년부터 계절단축근로보조금(Saison-Kurzarbeitergeld)으로 대체되었다.

5) 특별 그룹 지향적 노동고용정책

노동시장 균등정책은 장애인과 상해(불구)자(Schwerbeschädigte)와 같은 그룹에서는 쉽지 않다. 이들은 자신의 삶을 스스로 영위해 나갈 일자리를 얻으며, 노동 세계에 통합되는

데 도움을 필요로 한다. 독일은 '연금보다는 재활 우선'이라는 재활 기본 이념에 따라 장애인 재활과 고용 기회 확대를 위한 직업교육에 막대한 지원을 해 오고 있다(김혜정, 2007: 102). 비장애인이지만 고령인과 일부는 직업교육을 마치지 못한 일부 청소년도 이에 해당한다. 이들 그룹의 직업 기회의 가능성을 높이기 위해 다음과 같은 일련의 지원책이 있다.

첫째, 장애인의 재활 촉진이다. 지원 조치는 직업 양성 및 계속 교육을 위한 것, 노동 수용이나 자영업의 촉진이며, 자신이나 부모의 집 밖에서 필요한 숙식 비용과 법정 보험금의 지급(의료, 산재 등), 교통비 등과 그 밖에 재활에 필요한 비용을 포함한다(SGB Ⅲ 97조). 기업에 대한 직업교육지원금의 지급과 장애인을 위한 작업장에 대한 재정적 지원금이 있다(SGB Ⅲ 236조, 238조).

둘째, 일자리 창출에 우선성을 갖는 지원으로는 장기 실업자의 일자리 창출이 있다(263조).

셋째, 고령자 임금에 대한 지원 지급은 해당자가 55세 이상이며, 합의된 임금의 50%를 넘어서는 안 되며, 12개월까지 지급될 수 있다(218조 1항). 장애인의 경우에의 지원은 임금의 70%까지 가능하며, 24개월까지 지급될 수 있다(218조 2항).

넷째, 노동 촉진을 위한 새로운 수단, 즉 구조조정 조치에 대한 촉진은 1993년 이후 동독지역 신연방주에, 그리고 1994년 이후 평균 이상의 실업률을 가진 서독지역 주에 도입 시행되었다. 이는 2002년 12월 31일 일괄적으로 지급한 실업금이나 저축한 실업부조의 수준에서 지급하는 것이다(이후 272~276조는 폐지됨).

제 3 절 저임금 고용정책과 파견근로정책

1 저임금 고용정책

노동고용정책에서 단순노동(저임금노동, geringfügige Beschäftigung)만큼 논란을 불러오고, 규정이 바뀐 것도 없다.[7)]

---

7) 저임금 정책은 다음 문헌 참조: Bäcker, Gerhard(2006), Was heißt hier "geringfügig"? Minijobs als wachsendes Segment prekarer Beschaftigung. In: *WSI-Mitteilungen*, Jg. 56(5): 255-261. Kalina, Thorsten & Weinkopf, Claudia (2006), Mindestens sechs Millionen Niedriglohnbeschäftigte in

1) 미니 잡

단순노동에 대한 정의는 사회법전 Ⅳ 8조에서 규정하고 있다. 미니잡(Minijobs) 노동은 노동임금이 월 400유로를 넘지 않는 경우, 또는 노동 고용 기간이 해당 연도에 최대 2개월 또는 50일로 제한된 경우이다. 따라서 여러 노동을 함으로써 400유로 이상 수입을 받게 되는 경우는 더는 단순노동이 아니다. 가정집에서도 노동이 될 때에도 단순노동에 속한다.

이러한 단순노동에는 사회보장의 가입 의무가 면제된다. 이런 예외적인 조항은 이미 19세기 말에도 있었다. 제2차 세계대전 후에도 단순 노동이 불규칙하게 이루어지며, 특정한 액수를 넘지 않으면 산재보장, 연금보장에서 면제되었다. 1957.3.1~1965.6.30 기간에 단순노동은 2개월 또는 50일로 규정되었다.

1960년대에 노동력의 부족으로 주부, 연금, 학생 등을 일시적으로 고용을 촉진하기 위해 단순노동에 혜택을 더 주었다. 보건의료 및 연금보장에서는 주당 20시간, 실업보장에서는 주당 24시간으로 하여 사회보장을 면제했다. 1999년에는 노동임금이 630DM으로 상향되었다. 1999년 개혁에서는 단순노동은 서독지역에서는 630DM, 동독지역에서는 530DM을 초과하지 않으며, 매월 15시간 이상을 넘지 않는 경우로 규정했다. 1999년 개혁은 단순노동의 확대를 제한하며, 노동 관계의 분열을 막고자 했다. 사회보장에서 부족한 재원을 충당한다는 목적으로, 단순 노동자에게 22% 부가와 사회보장 의무를 새로 도입했다. 이와 같은 개혁에는 단순 노동자에게 주는 혜택과 초과 노동을 통한 수입 간에 서로 다르게 대우하는 불평등의 존재가 있어서이다. 반면에 이런 개혁은 고용자의 더 많은 지출 부담 때문에 단순노동직에 대한 선호를 잃을 우려가 있다고 비판받았다.

2003년 4월 1일 개혁은 노동시장이 다시 유연성을 회복하며, 노동 일자리를 창출한다는

Deutschland: welche Rolle spielen Teilzeitbeschäftigung und Minijobs? *IAT-Report* 2006-03(http://doku.iab.de/externe/2006/k060315f12.pdf). Kaldybajewa, Kalamkas; Mielitz, Bernd; Thiede, Reinhold (2006), Minijobs: Instrument für Beschäftigungsaufbau oder Verdrängung von sozialversicherungspflichtiger Beschäftigung?. In: RV aktuell. Amtliches Mitteilungsblatt der Deutschen Rentenversicherung, Jg. 53(4); 126-132. (http://www.deutsche-rentenversicherung. de). Oschmiansky, Heidi (2007), Der Wandel der Erwerbsformen und der Beitrag der Hartz-Reformen: Berlin und die Bundesrepublik Deutschland im Vergleich. WZB Discussion Paper SP I 2007-104. (http://bibliothek. wzb.eu/pdf/2007/i07-104.pdf). Rheinisch-Westfalisches Institut für Wirtschaftsforschung(RWI) / Institut für Sozialforschung und Gesellschaftspolitik(ISG) (2006), Evaluation der Umsetzung der Vorschläge der Hartz-Kommission. Arbeitspaket 1, Modul 1f-Verbesserung der beschäftigungspolitischen Rahmenbedingungen und Makrowirkungen der aktiven Arbeitsmarktpolitik. Forschungsvorhaben im Auftrag des BMAS. Endbericht. (http:// doku.iab.de/externe/-2007/k070724p02.pdf); (http://doku.iab.de/externe/2007k070724p04.pdf).

표 3-3 미니잡 산업 영역별 분포

기업 부문	미니잡 고용 수(명)
소상공(차량 소유 없음)	945,996
숙박요식업	572,479
건물 청소, 정원관리	510,609
보건의료	415,195
대상공(차량 소유)	304,108
토지 및 주택 분야	241,459
건설 및 건축 현장	213,778
육아 및 교육	193,888
서비스업 분야	175,880
농촌 교통 및 수송	173,696

자료: Minijob Zentrale; bpb.de, 기준 2008년 하반기.

방향으로 단순노동을 개혁했다. 단순노동임금은 325유로에서 400유로로 상향 조정되었으며, 노동 시간 제한인 주 15시간도 폐지했다.

미니잡은 단순 노동자를 세금과 사회보장에서 면제시켜 준다. 미니잡 노동자는 월 소득의 25%를 사회보장비용을 내면 된다(Pauschale Abgabe). 이는 2006년 7월 이후 30%로 상향되었다(15%는 연금보장, 13%는 보건의료보장, 2%는 소득세). 2009년 1월 1 일부로 다시 미니잡의 규정이 개정되었다. 단, 노동자가 질병 시에 질병금고가 비용을 부담하기 전까지, 먼저 고용주에 대해 42일간 임금 지급을 요구할 수 있도록 했다. 기업에 대해서는 이런 개정이 재정적인 부담이 될 수 있기 때문에, 기업은 30명까지만 이를 적용할 수 있도록 했다. 이에 따른 비용은 해당 기업이 지급하는 분담금(Umlage)을 통해 충당하도록 했다. 분담금(U1)은 2009년 1월 1일부로 세전 소득의 0.1%에서 0.6%로 증액했다. 제2 분담금(U2)은 모든 기업에 해당한다. 임금 지속 지급이나 모자보호법(Mutterschutzgesetz)에 따른 임금 계속 지급이다. 제2분담금(U2)은 세전 소득의 0.07%로 충당해야 한다.

65세 이전의 연금 수령자가 일하는 경우, 미니잡은 400유로가 아닌 350유로 적용을 받는다. 65세 이후 연금 수령자는 수입에 제한 적용을 받지 않는다.

미니잡 노동자에게도 연간 24일간의 휴가가 보장된다. 한 기업에서 다른 노동자에게 휴가수당을 지급할 때에는 미니잡 노동자에게도 지급해야 한다.

2) 미드잡

미드잡(Midjobs)은 하르츠 IV를 통해 도입되었다. 미드잡은 사회보장 가입의 관계가 발생하며, 노동임금은 400.01유로에서 800유로까지이다. 노동자는 삭감받은 사회보장료를 지급해야 한다. 반면 고용주는 사회보장이 요구하는 법적 비용을 지급해야 한다. 이와 같은 새로운 노동 영역을 둔 이유는 단순노동에서 사회보장 의무를 가진 직업으로의 전환을 돕는데 있다.

3) 단순 노동고용 평가

미니잡, 미드잡에서 고용은 2003년 4월 새로운 규정에 따라 급속히 확대되었다. 미니잡에 대한 평가는 분기별로, 미드잡에 대한 평가는 연말에 이루어진다. 통계적으로 미니잡은 증가했다. 미니잡 노동자의 2/3가 여성이며, 10명 중 9명은 독일 국적을 가졌다. 10명 중 1명은 65세 또는 그 이상이었다.

최근의 통계를 보면 일자리 5개 중 1개는 미니잡이다. 서비스 영역에서 이 비율은 더 높아진다. 가령 건물 청소와 같은 영역에서 사회보장 의무로 고용된 노동자는 극히 감소했다.

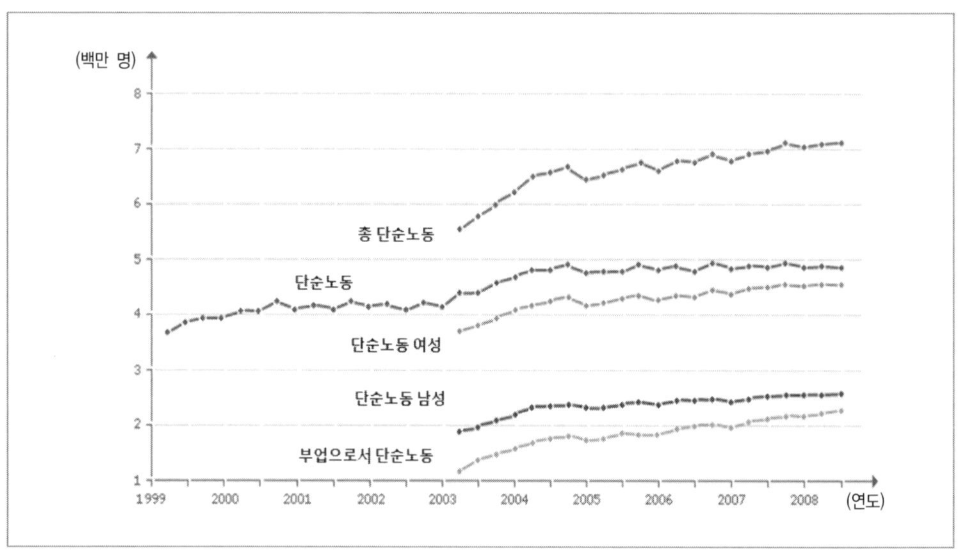

그림 3-3 단순노동자 고용(1999~2009)

자료: bpb.de, arbeit.

건물 청소 영역에서 절반의 일자리는 미니잡으로 주어지고 있다. 특히 미니잡 고용은 숙박음식점에서 높다.

기업들은 이런 미니잡의 노동을 고용함으로써 전략적으로 노동에의 유연성을 가지며, 임금 비용을 절감하고자 한다. 기업은 또한 미니잡을 제공함으로써 적은 비용으로 숙련인력이나 고급인력을 사용할 수도 있다.

미드잡 노동자는 초기 도입된 2003년 697,159명에서 2007년 말에 1,194,932 명으로 2배 이상 증가했다. 미드잡의 3/4은 여성이며, 40%는 전일제(fulltime) 노동이다.

미니잡에 대한 평가에서 주요 질문은 미니잡이 실업자에게 새로 일자리를 창출하며, 다시 노동에 복귀하는 것을 돕는가이다. 그러나 실제로 미니잡의 노동자는 주부, 청소년, 학생, 연금자로 나타났다. 실업자에게 미니잡은 최소한의 생존을 위한 적정한 임금을 제공하지 못한다.

미니잡이 불법노동(Schwarzabreit)에 미치는 영향은 분명하지 않다. 미니잡이 불법노동을 감축시켰다는 견해와 오히려 부추겼다는 견해가 있다.

전체적으로 미니잡은 노동정책에서 적정하지 못하다는 견해가 지배적이다. 다만 기업가와 정치가들은 이런 단순노동직을 옹호한다.

2 파견근로 정책

1) 파견근로의 개요

파견근로(Leiharbeit)는 파견사업주, 사용사업주의 삼각 관계로 맺어진다.[8] 파견사업주가

8) 파견근로에 대한 주요 문헌은 다음 참조함. Adamy, Wilhelm (2010). Die Risiken der Leiharbeit: Arbeitslosigkeit, Verarmung, Erkränkung. In: Gute Arbeit. *Zeitschrift fur Gesundheitsschutz und Arbeitsgestaltung*, Jg. 22(5): 17-21. Brenke, Karl & Eichhorst, Werner (2008). Leiharbeit breitet sich rasant aus. In: *DIW Wochenbericht* 19: 242-252. Bundesagentur für Arbeit (2009). Der Arbeitsmarkt in Deutschland. Zeitarbeit- Entwicklung Juni 1998 bis Juni 2008; Nürnberg. (http://www.pub.arbeitsagentur.de). Bundesagentur fur Arbeit (2011): Zeitarbeit in Deutschland-Aktuelle Entwicklungen, Nürnberg, Juli. (http://statistik.arbeitsagentur.de/Navigation/Statistik/Arbeitsmarktberichte/Berichte- Broschueren/Arbeitsmarkt-Nav.html). Crimmann, A., Ziegler, K., Ellguth, P., Kohaut, S., & Lehmer, F. (2009). *Forschungsbericht zum Thema "Arbeitnehmeruberlassung". Endbericht zum* 29. Mai 2009. Nürnberg; Hrsg. Vom BMAS. *Forschungsbericht Arbeitsmarkt Nr. 397.* Deutscher Bundestag (2010). Ausschuss für Arbeit und Soziales. *Ausschussdrucksache* 17(11)207.(http://doku.iab.de/externe/2010/k100630p01.pdf). Deutscher Bun-

근로자를 고용한 후 그 고용 관계를 유지하면서, 파견근로자 계약의 내용에 따라 사용사업주를 위한 근로에 종사하게 하는 근로 관계가 성립된다. 파견사업주가 고용한 근로자가 파견의 대상이 되는 자는 '파견근로자'가 된다. 파견근로자 계약은 파견사업주가 근로자를 파견하고, 사용사업주는 이에 대한 대가를 지급할 것을 목적으로 하는 특수한 형태의 노무 공급 관계이다.

근로 관계는 일반적으로 고용 관계와 사용 관계가 일치하는 형태이나 파견근로 관계는 고용과 사용이 분리된다. 따라서 파견근로자 관계는 다면적 관계가 발생하며, 근로 조건 준수 의무자는 누구인가 하는 문제가 발생한다. 근로기준법에 따른 준수 의무자는 파견사업주가 되며, 근로 시간 준수 등 사용 관계에 따른 법 준수 의무자는 파견근로자를 사용하는 사업주가 된다. 결국, 파견근로자는 근로 제공에서 사용사업주인 제3자가 개입하게 됨에 따라 사용주와 근로자 간의 단속성(斷續性)이 발생하며, 이 때문에 고용 불안정이 발생한다.

사업자 처지에서 파견근로자를 이용할 때 얻는 장점이 있다.

- 경기 변동 때문에 일시 인력을 줄이거나 증원이 필요하면, 유연하게 파견근로자를 사용함으로써 대처할 수 있다.
- 전문적 지식이니 기술이 필요로 하는 업무에 숙련된 파견근로자의 지원을 받을 수 있다.
- 파견근로는 인력의 신규채용, 훈련에서 비용 절감을 할 수 있다.
- 파견근로자 이용은 노동관계법에 따른 사용자의 책임이 적어진다.

근로자 입장에서는 실업에서 벗어나 정규직으로 이동하는 징검다리로 파견근로를 이용할 수 있다는 장점이 있다.

---

destag(2011). Elfter Bericht der Bundesregierung über Erfahrungen bei der Anwendung des Arbeitnehmeruberlassungsgesetzes-AÜG-Bundestagsdrucksache 17/464 (http://www. bundestag. de/ausschuesse17/a11/anhoerungen/Archiv/Arbeitnehmerueberlassungsgesetz/1700464. pdf). Gensicke, Miriam, Herzog-Stein, Alexander, Seifert, Hartmut & Tschersich, Nikolai (2010). Einmal atypisch-immer atypisch beschäftigt?, *WSI-Mitteilungen* 4. Keller, B., & Seifert, H. (2011). Atypische Beschäftigung und soziale Risiken. Entwicklung, Strukturen, Regulierung, WISO-Diskurs der Friedrich-Ebert-Stiftung, Oktober.(http://library.fes.de/pdf-files/wiso/08526. pdf). Sachverstandigenrat zur Begutächtung der gesamtwirtschaftlichen Entwicklung(2011). Arbeitnehmeruberlassung: Im Fadenkreuz der Kritiker, Ziffer 479-501 des Jahresgutachtens 2011/2012. (http://www.sachverstaendigenrat-wirtschaft.de/fileadmin/dateiablage/an2011/ga11_07.pdf). Vanselow, Achim & Weinkopf, Cl. (2009). Zeitarbeit in europäischen Ländern-Lehren für Deutschland?, Arbeitspapier 182 der Hans Bockler Stiftung, August.(http://www. boeckler.de/-pdf/p_arbp_182.pdf). Schmidt, K., & Wullerich, J. (2011). Der Arbeitsmarkt in Deutschland, Arbeitsmarktberichterstattung. Januar 2011: *Zeitarbeit in Deutschland. Aktuelle Entwicklungen.* Nürnberg, Bundesagentur für Arbeit.

파견근로제도는 장점에 못지않은 부작용과 단점을 수반한다.

- 기업은 파견근로자를 단지 비용 절감의 수단으로 이용할 수 있다.
- 파견근로자는 정규직 근로자와 동일 노동을 하면서 차별적 대우를 받는다.
- 파견근로자는 사업장에의 소속감, 노동의 동기부여가 결핍될 수 있다. 이는 노동생산성의 저하로 이어진다.

독일에서 노동자 파견은 1922년 노동증명법(Arbeitsnachweisgesetz)에서 처음 규제되었다. 이는 1927년 노동파견과 실업법(AVAVG)에 따라 흡수되었다가, 1952년 노동청(BA)이 설립됨에 따라 파견법이 다시 규제를 받게 되었다. 연방헌법재판소는 1967년 파견근로가 정부의 전속적 권한으로 되어 있는 것을 위헌으로 판결했으며, 시간제 근로자도 최소한의 보호를 요구했다. 이에 따라 파견근로는 민간의 영역이 되었으며, 1972년에 파견근로자를 보호하는 장치를 담은 파견근로자법(Arbeitnehmerüberlassungsgesetz: AÜG)이 제정되었다. 1972년 법은 파견근로 기한의 제한, 재고용의 금지, 파견근로자 기간과 파견근로 계약 기간을 일치시키는 것을 금지(Snchronisationsverbot)[9]하는 것 등을 담았다. 파견 기간은 최대 3개월로 정했다. 건설업(Baugewerge)은 파견근로자의 사업장이 될 수 없도록 했다. 이는 건축업의 폐해가 현저할 것으로 예상하여 금지한 것이다. 사용자 측은 금지 규정이 직업의 자

표 3-4 파견근로법의 주요 변경

개정 시기	· 기한 금지	파견 기간	일치 금지	재고용	동일 대우	건설업 분야 금지
1972.10.11	금지	3개월	금지	금지	-	-
1982.01.01	금지	3개월	금지	금지	-	금지
1985.05.01	금지	6개월	금지	금지	-	금지
1994.01.01	금지	9개월	금지	금지	-	금지
1997.04.01	허락	12개월	금지	금지	-	금지
2002.01.01	허락	24개월	금지	금지	12개월 이후에 같은 사업장	금지
2003.04	허락	제한 없음	허용	허용	즉시(또는 임금 체결)	완화

자료: bpb.de Leiharbeit.

9) 일치의 금지는 파견사업자가 파견근로자와의 근로 계약 기간을 첫 번째 파견에 한정하는 것을 금지하는 것으로, 이는 사용사업체로의 1회 파견만을 목적으로 근로자를 채용하는 것을 우선적으로 금지하는 취지를 가진다. 이런 일치의 금지로 인하여 파견근로자를 사용의 고용을 유도하는 목적이 들어 있다. 2004년 이후 일치의 금지는 폐지되었다. 고용의 책임이 파견업체에서 파견노동자로 옮겨졌다. DGB, SPD BÜNDNIS/Die GRÜNEN는 일치의 금지 재도입을 주장한다.

유에 위반한다고 했지만, 연방헌법재판소는 공공의 복지에 반하면 직업의 자유도 제한될 수 있다고 보았다.

2) 독일 파견근로의 논의와 개혁

(1) 노동시장 개혁 방안 논의

독일은 2002년을 기점으로 지난 5년 동안 8~10%의 실업률을 기록했다. 실업자가 400만에 이르렀지만, 기업은 끊임없는 인력 부족을 겪은 것으로 조사되었다. 조사에 의하면 기업 2/3가 필요한 인력을 구하지 못하며, 약 100만 개의 일자리가 일할 사람을 찾지 못하는 것으로 조사되었다. 실업에서 1년 이상의 장기실업자는 실업자의 1/3이 넘는 것으로 조사되었다. 실업자에 지급되는 사회부조는 연 480억 유로에 달했다. 이와 같은 노동시장의 상황에서 연방노동청(BA)은 실업 문제 해결과 관련하여 비판받았다.

슈뢰더 정부의 노동시장 정책의 개혁 방안을 위임받은 하르츠위원회는 실업 규모를 3년 이내에 절반 이하로 줄일 것을 목표로 하는 건의안을 채택했다.

- 연방노동청의 181개 지역 사무소를 사실상 노동자파견업체(Personal Service Agentur: PSA)로 전환한다.
- 실업 6개월 후에도 직장을 구하지 못한 실업자는 모두 PSA에 고용되는 것으로 하여 단기 파견노동을 하도록 한다. 이 기간의 급여는 노동조합과 단체협약으로 정한 임금 기준에 따라 지급하며, 이를 통해 780,000개의 일자리 창출을 실현한다.
- 실업급여를 받는 모든 실업자는 직전 직장에서보다 낮은 임금을 받고 일할 용의가 있어야 하며, 그러지 않으면 실업 급여를 삭감한다.
- 청년 실업자와 미혼 실업자는 전국 어디든 제시된 일자리를 수용해야 한다. 그러지 않을 때 실업급여를 삭감한다.

하르츠위원회의 건의안을 기초로 연방정부는 노동 관련 법률을 개정했다.

(2) 파견노동제도 개혁

실업 해소, 노동시장 개혁과 유연화 증진을 위한 하르츠위원회의 건의에 기초하여 만들어진 파견근로자법(AÜG) 개정이 2002년 11월 15일 연방의회를 통과했다. 정부는 파견노동법 개정을 통해 2004년까지 5만 개의 새로운 일자리가 창출될 것으로 보았다.

파견고용법의 주요 개정 내용은 다음과 같다.

- 동일 노동 동일 임금 원칙에 따라 파견업체 소속 노동자는 사용 업체에서 사용업체가 직접 고용한 정규 노동자들과 동등한 임금을 받게 된다. 단, 단체협약을 통해 동일 임금보다 낮은 임금을 정해 파견노동자에게 지급할 수 있다.
- 파견노동자들의 고용 조건과 노동 조건을 규정하는 단체교섭을 촉진하여 단체협약을 통해 파견노동의 임금과 노동 조건을 규율하게 한다.
- 실업노동자들을 '고용'하여 단기 일자리에 파견하는 공공파견노동기관(PSA)을 전국적으로 구축한다.

파견노동 관련 핵심 개혁 내용은 규제되던 파견노동이 단체협약을 통해 규율되는 새로운 체제로의 전환이다. 법 개정에 따라 파견근로자법(AÜG)상의 주요 노동자 보호 조항들은 2003년 12월 31일까지 효력을 유지하고 2004년 1월 1일부터는 폐지되었다. 예로 동일 임금 원칙은 단체협약을 통해 유보할 수 있게 했다.

파견법이 최초로 제정되었을 때, 단일 사용업체를 대상으로 하는 최대 파견 기간은 3개월로 제한했다. 이는 그 이후 몇 차례의 개정을 통해 점진적으로 완화되어 연장되었고, 2002년 파견노동제도 법 개정을 통해 이 최대 파견 기간 제한 조항이 삭제되었다.

파견노동자의 고용 안정을 위해 파견업체가 노동자를 사용업체에 파견하는 기간에만 고용하는 일치의 금지(Synchronisationsverbot) 조항이 폐기되었다. 이는 1997년 4월부터 시행

표 3-5 파견근로제도 비교: 유럽

국가	노동자 수	비율	최대 파견 기간	동등 대우	법정 최저 임금
독일	650,000명	1.6%	제한 없음	있음	-
벨기에	350,000명	2.3%	3~6개월	있음	7.48유로
덴마크	35,000명	1.2%	제한 없음	없음	-
핀란드	30,000명	1.2%	제한 없음	있음	-
프랑스	570,000명	2.1%	18개월	있음	8.3유로
이탈리아	155,000명	0.6%	제한 없음	있음	-
네덜란드	157,000명	2.5%	제한 없음	있음	7.96유로
오스트리아	45,000명	1.4%	제한 없음	있음	-
스웨덴	35,000명	1.0%	제한 없음	있음	-
영국	1,440,000명	5.0%	제한 없음	없음	7.36유로

* 비고: 2006년 하반기.

자료: Europäische Akademie für Wirtschaft und Personaldienstleistungen(EAWP), bpb.de Leiharbeit.

된 개정 조항을 따르는 것이다. 1997년 4월 이전에는 노동자 개인 차원의 객관적인 사유가 있을 때만 파견업체와 노동자 간에 1회, 기간이 정해진 고용 관계를 체결할 수 있었다.

3) 파견노동 실태

(1) 파견노동자 규모

노동청(BA)은 연간 2번 파견근로자 통계를 조사 발표한다(Arbeitsmarkt in Zahlen: Arbeitsnehmerüberlassung). 이 통계는 파견근로자를 집계할 뿐만 아니라, 성별, 국적(독일인, 외국인), 근로 종류, 채용 기업, 기업 소속 지역, 근로 기간 등을 조사하여 발표한다. 파견근로자를 채용하는 기업은 파견근로에 대한 정보 제공 의무를 가진다(§ 16 Abs.1. Nr. 7, Abs.2 AÜG).

통계를 보면 파견근로자는 1991년 이후 2010년 기간에 5배 이상 증가했다. 2011년 6월 말 기준으로 파견근로자는 전체 910,000명이다. 이는 전년도 2010년에 비해 13%인 103,000명이 증가한 수치이다.

2011년 조사에서 보면 파견근로자의 33%가 보조인력(Hilfsarbeiter)에, 30%는 서비스 업무(Dienstleistungsberuf)에, 21%는 금속 · 전기 분야에 근무했다(BA, 2011).[10]

파견근로자의 성별과 관련해서는 2011년 조사로는 남성이 73%이며, 여성은 27%인 것으로 나타났다(2010년 6월 28%). 남성들의 파견근로는 주로 보조인력, 금속가공 등의 직종에서이다. 반면 여성은 사무행정 인력이다.

[그림 3-4]에서 2009년 파견근로자의 급감을 볼 수 있다. 이는 2008/09년 금융위기에 나타난 고용시장의 반응을 보여준다. 고용시장의 위기가 파견근로자를 통해 이루어진 것을 보여준다. 2009년에 경제위기로 파견근로자가 130,000명 이상 증가했지만, 같은 해 근무하던 파견근로자 135,000명이 줄어들었다. 이는 기업에서 파견근로자가 경제의 유연성 기능(Flexibilitätspuffer)을 하고 있음을 보여준다(BA, 2011).

정규직 노동자만으로는 경제와 금융위기에 필요한 대처를 기업이 신속히 할 수 없을 것으로 평가된다. 따라서 파견근로자 예비군(Flexibilitätreserve Zeitarbeit)이 없었다면 그만큼 경제 극복이 어려웠고, 이들 기업의 파산은 국민경제에 큰 손실이 되었을 것으로 평가된다.

---

10) 서비스 업무는 상품판매원, 행정사무직업, 일반 서비스 직업이 속한다. 금속 · 전기 분야는 금속가공, 철공, 기계 수리, 기계작업 관련 직종, 전기, 전기설치 직업 등이 속한다.

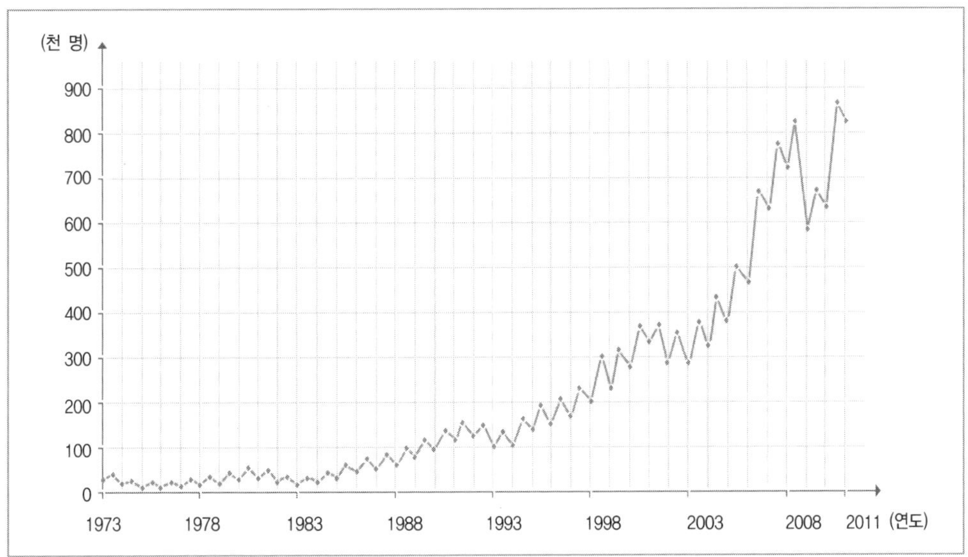

그림 3-4 파견근로자 고용(1973~2010)

* 기간 1973~2010.12.
자료: Bundesanstalt für Arbeit, bpb.de.

파견근로자는 또한 경제 회복기에도 사용주인 사업가에서는 급히 필요한 노동자 고용에 유연성을 준다(IW Köln, 2011: 8-9). 2010년에 212,000명의 파견근로자가 채용되었다. 이 가운데 178,000개는 새로 일자리가 만들어진 것이다. 2011년 전반기에 580,000명이 새로 파견근로계약을 체결했으며, 569,000명이 계약을 종결했다.

(2) 파견 기간

파견근로자의 파견 기간은 절반이 3개월 미만이다(2011년 기준).

1985년부터 1994년까지는 법 조항의 변화에 따라 파견 기간이 꾸준히 늘어났다. 그러나 1997년부터는 추세가 반전되어 평균 파견 기간이 줄어들었다. 1997년 고용 기간은 1주일 미만이 11%, 1주일에서 3개월 미만이 53%였다. 3개월 이상은 36%였다.

통계상으로 파견 기간은 파견과 종료 간의 시점으로 조사한다. 2011년 전반기에 49%가 3개월이 못되었다(2010년 전반기 56%, 2008년 전반기 53%). 51%는 3개월 이상 파견근무를 했다(2010년 전반기 44%, 2008년 전반기 47%).

연방노동청 노동시장연구소(IAB)의 2006년 자료에 의하면 파견노동자가 파견노동을 마치고 정규 일자리를 얻는 비율은 전체 파견노동자의 8% 미만으로 나타났다. 1997년에 파견근로자의 약 30%가 파견 기간이 끝난 후 사용업체에 정규 고용되었다.

(3) 임금 실태

정규 노동자와 파견노동자 간의 임금 격차는 2002년 법 개정 당시 해당 기업의 정규직 노동자의 평균 30%로 조사되었다. 1980년에 평균 임금의 77.4%였으며, 이는 2001년에 들어 58.8% 수준으로 줄어들었다(BA 통계). 파견노동자를 사용하는 금속산업 사업장의 75%가 파견노동 관련 단체협약에 기초하여 임금을 지급하고 있다. 산별 협약이 체결되기 전까지 파견노동자들은 휴가 수당과 크리스마스 보너스를 받지 못했다. 동일 업무에 동일 임금을 주장하는 노동조합 편에서 볼 때, 파견근로자는 새로운 노동 착취로 비판 대상이다.

2010년 연방파견회사사용자단체(BZA)와 독일파견업협회(iGZ) 간 체결한 산업별 단체협약에 따르면 단순노동은 구서독지역이 시간당 7.60유로, 구동독지역이 6.65유로이다. 노르트라인-베스트팔렌주에서 행정사무직에서의 파견근로의 임금은 정규직의 35%에 불과하다. 독일에서 파견근로자의 저임금은 지속적인 문제로 논의되고 있다(김기선, 2010: 191; 김기선, 2012).

(4) 파견근로자 사용 기업과 파견업체

파견근로자는 인력의 유연성이 중시되는 기업에서 중요성을 가진다. 독일 기업의 절반이 2007~2010년에 파견근로자를 고용했다. 기업이 클수록 파견근로자의 채용 빈도 수가 높다. 종업원 49명까지인 기업의 채용 비율은 18%이지만, 50~499명인 기업은 56%에 이른다. 500명 이상인 기업은 84%이다. 특히 금속 및 전기 관련 회사의 80%가 2007~2008년에 파견근로자를 채용했다.

2002년 이후 파견노동이 급증한 것과 같이 파견업체 수도 크게 늘었다. 2004년에는 고용인원이 10인 이하인 파견업체가 전체의 58.5%였으며, 2007년에는 30.8%로 줄었다. 반면 150인 이상을 고용하는 파견업체는 2.4%에서 6.0%로 늘어났다. 고용 인원이 100인 이상인 파견업체는 5.3%에서 13%로 증가했다.

2011년 전반기 조사로는 91만 명의 파견근로자를 고용했고, 파견업체 수는 17,400개에 이른다. 51%가 40명 이하를 고용하고 있으며, 100명 이상을 고용하고 있는 파견업체는 20%에 이른다.

4) 파견근로제도의 딜레마와 파견근로자 권익 강화

독일은「파견근로자법」 제정 이래 1990년대 후반에 이르러서 파견근로자에 대한 규제 완화가 지속적으로 이루어져 왔다. 특히 2002년 '하르츠 개혁'의 하나로 진행된 법률 개정은 파견근로의 전환점을 이루었다. 이런 법률 개정의 주요한 배경은 파견근로자의 고용 잠재력을 이끌어 냄으로써 신규 고용이 창출될 수 있도록 하며, 파견근로자에 대한 적정 수준의 보장을 통해 파견근로의 질을 개선하겠다는 정책적 목표가 있었다. 이에 파견근로에 대한 규제가 완화되었거나 폐지되었다. 또한, 기업들은 파견근로를 확대함으로써 파견 분야에서 신규 고용을 창출하며, 정규 노동시장으로의 복귀를 위한 '징검다리'로 활용하고자 하는 목적도 있다(BT-Drucksache 15/25, 23-24.).

파견근로자에 대한 규제를 완화하는 데 주된 이유 평가 중 하나는 파견근로자에 대한 규제 완화가 과연 기대했던 대로 고용이 증가한지이다. 이는 곧 평가의 제1 기준은 정규직 일자리에 대한 대체 효과가 최소한에 그쳐야 한다는 것이 된다.

2006년 파견근로자를 사용한 전체 사업 중 26.3%에 달하는 사업에서 파견근로자의 사용이 정규 일자리의 대체 효과를 가져온 것으로 조사되었다.[11] 이는 파견근로자에 대한 규제 완화가 오히려 파견근로로 하여금 정규노동을 상당 부분 대체하고 있음을 보여준다. 파견근로자에 대한 규제 완화는 다음과 같은 문제를 가져오는 것으로 조사되었다.

- 파견근로자의 확대는 일정한 규모의 정규직 근로자의 감소 및 정규직 근로자의 대체를 수반한다.
- 파견근로자의 고용 불안정성이 상존한다.
- 파견근로자와 정규직 근로자의 임금 격차로 노동시장의 이중구조화가 심화한다.

파견근로자는 처음부터 노동시장의 유연성을 요구하는 기업과 근로자의 고용 안정성을 요구하는 노동조합 간의 대립과 갈등구조로 되어 있다. 이 갈등구조는 노동시장의 유연성을 통한 고용 확대, 다른 한편으로 고용의 안정과 양질의 일자리 보장이라는 서로 대치되는 이해 관계를 어떻게 조정해야 하는가의 문제이다.

[그림 3-6]에 따르면 파견근로자 이용에 대한 동기의 질문에서 사용자의 84%가 노동의 유연성, 단기간에 노동력의 동원이나 축소 적응(kurzfürstige Kapazitätsanpassung)을 매우 중요하거나 중요하다고 답하고 있다. 이는 전문 인력 사용에 대해서도 마찬가지이다(87%).

---

11) Ministerium für Arbeit, Gesundheit und Soziales des Landes Nordrhein-Westfalen, Zeitarbeit in Nordhein-Westfalen, Strukturen, Einsatzstrategien, Entgelte, 2008: 58.

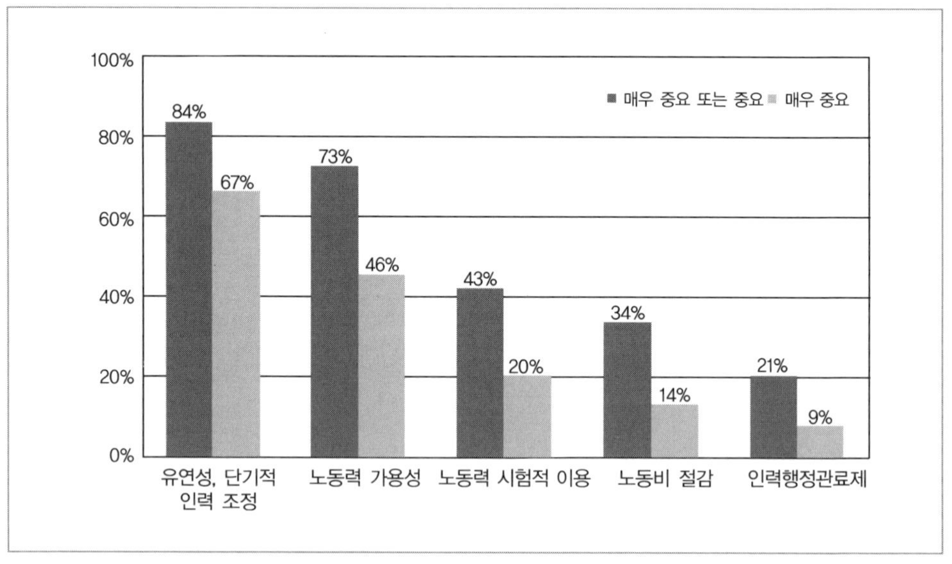

그림 3-5 파견근로자 사용 동기

자료: IW-Köln(2011. 29).

인건비 절감에 대해서는 34%만이 중요하다고 보았다. 기업 입장에서 볼 때 파견근로자의 사용에 따라 노동력 비용의 절감은 큰 의미가 없다. 이와 같은 조사는 IAB(Institut für Arbeitsmarkt-und Berufsforschung) 조사에서도 보인다(IAB 7, 2006: 3). 결국, 파견근로자의 사용은 기업의 경쟁력으로 나타난다.

독일 기업들은 경기 변동과 경영 위기에 능동적으로 대처하기 위해 유연적 고용정책을 다양하게 이용했다(이정언 · 김강식, 2011: 74-75). 이와 같은 인력 사용은 파견근로자 이용에서 보여주는 긍정적인 효과이다. 반면에 지속적인 파견근로자의 사용은 노동자의 숙련과 지식이 생산성과 관련이 있기 때문에, 기업의 경쟁력에 부정적인 영향을 미친다.[12)]

파견근로자제도를 시행하고 있는 각 나라는 경제 여건, 노사 관계, 노동문화 등이 다르므로 일반화시키기는 어렵다. 다만 국외 주요 국가들은 규제 완화의 추세이다. 그러나 규제 완화의 추세에서도 유럽 국가들은 파견근로자에 대한 균등 대우 원칙을 강화함으로써 파견

12) Nielen, Sebastian & Schiersch, Alexander(2011), Leiharbeit-Zuviel Leiharbeit erhöht die Lohnstückkosten, *DIW Wochenbericht* Nr. 28.2011; Mitlacher, L. W. (2008), Job quality and temporary agency work: Challenges for human resource management in triangular employment relations in Germany. *The International Journal of Human Resource Management*, 446-460.

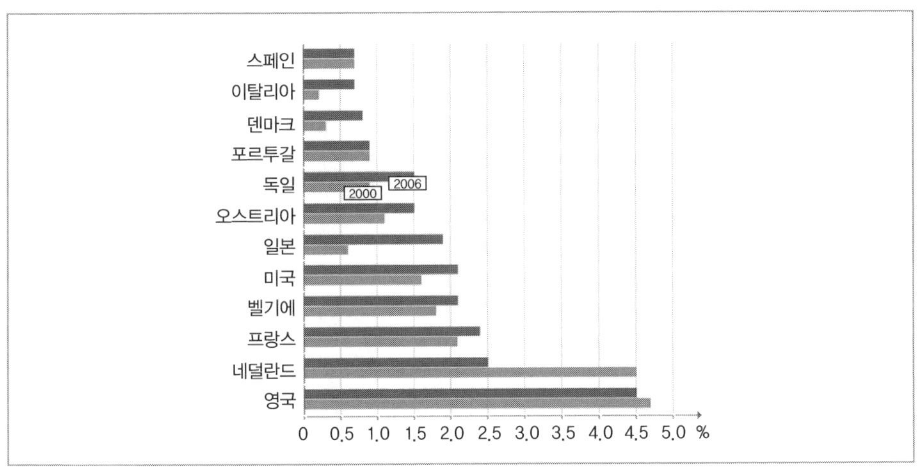

그림 3-6 파견근로자 비율 국제 간 비교

* 비고: 기간 2000~2006.
자료: IAB-Forum 1/08, bpb.de.

근로자의 권익을 보호하고자 한다.

다음으로 파견근로자 대상 업무의 조정·확대가 전체 경제에서 고용 창출의 효과를 발생시키는가이다. 파견근로자의 확대는 또한 기존 정규직 근로자에 대한 대체 효과가 있으며, 반면 파견근로자의 본질적 특성으로 파견근로가 활성화되지 않을 수도 있다. 현실에서 파견근로자의 사용으로 노동 비용을 절감할 수 있다는 것을 고려할 때 파견근로자 확대로 말미암은 고용 창출의 효과가 나타날 수 있다. 파견근로가 노동시장에서 순기능으로 작용하기 위해서는, 균등 대우 원칙의 실현을 통한 파견근로자 보호 방안 등이 강구되어야 한다는 과제가 따른다.

제 4 절 시장질서정책

1 기본 문제

노동시장은 법질서와 시장으로서의 질서를 가져야 한다. 노동계약의 자유 조건에서 노동자와 고용주는 형식적으로는 동등하다고 하지만, 생산 수단을 가진 고용주는 노동자보다 우위에서 유리한 위치를 가진다. 노동시장 질서정책이 필요한 것은 또한 발생하는 문제들의 해결이다.

임금노동으로 발생하는 분배의 문제는 정책의 우선성을 갖는 주제가 되었다. 노동자가 자신이 생산 수단을 소유하고 있으면 문제가 발생하지 않는다. 그러나 노동력과 수단이 서로 다른 인적 계층(Personenkreis)으로 나뉠 때에, 경제적 계산(ökonomische Zurechnung)은 현실적인 문제가 된다.

이런 분배의 문제는 경제 질서에서뿐만 아니라, 생산 방식(Produktionsweise)과도 함께 연관되어 있다. 즉, 생산 수단의 사회화가 착취 문제를 해결하지 못하는 것은 지난 역사에서 분명해졌다. 따라서 생산에 관여하는 생산 요소, 즉 노동 착취의 가능성을 다루어야 한다.

생산에 참여하는 각 요소, 즉 노동, 토지 소유자, 자본 소유자, 기업가들로 구성되어 있는데, 전체 생산에서의 분배 문제에 대한 답은 노동계약으로 참여하는 사회 구성 요인이 크면 클수록 주요하게 된다. 분배 문제는 다음 두 요인으로 심화된다. 자본 경제헌법의 분배정책적인 결과를 통해, 그리고 학술적인 방도와 객관적인 기준의 도움으로 분배의 만족할 만한 해결을 찾지 못하는 경우이다.

분배정책 문제를 경제헌법적으로 제한하는 데 따르는 어려움은 다음과 같은 사실에 근거한다. 한 사회에서 자본을 통해 고용되는 요소인 노동의 서비스는 노동계약을 통해 자본과 결합한다. 소유주는 생산 수단을 소유하며, 생산된 것에 대해서는 자유처분의 권리를 가진다. 따라서 자본 소유자는 노동의 이윤 외에 자본 이율이라는 요소를 통해 소득분배에 참여한다. 그런데 문제는 이런 분배에 생산 요소에 참여하는 노동은 배제된다는 것이다. 순수법적으로 볼 때, 생산 요소의 노동은 계약한 임금 지급으로서 이미 보상이 이루어진 것이다. 따라서 이는 생산 요소의 다양한 결합에 따른 이윤의 추구와는 무관하다는 것이다.

분배 갈등에서 발생하는 만족할 만한 해결 가능성은 학문적으로 답을 줄 수 없는 불가능성에서 발생한다. 물론 소득의 몫은 노동, 자본, 기업가에 분배되어야 한다. 임금이 낮을 때에 어떤 부정적인 경제 또는 사회적인 결과를 가져오게 될지를 봐야 한다. 다시 비용, 물가, 고용 및 분배 영향이 어떤 특정 수준에서의 임금 상승이나 임금구조 변화를 통해 어떻게 변할지에 대한 가능성이 논의되어야 한다. 물론 명백한 답은 없다. 왜냐하면, 임금 영향에 관한 판단은 항상 본질에서 불확실성을 가진 예측이기 때문이다. 가령 임금 상승에 대한 예측에는 많은 경제적인 독립변수, 실제적인 영향을 주는 요소들, 그리고 임금에 영향을 미치는 다수 요소가 있다. 물가 수준의 상승, 고용 변화 등과 같이 분명한 경제적 현상을 임금 변화의 요인만으로 할 수 없다. 경제 전체의 거시적인 요인의 변화도 얼마든지 이에 영향을 미치기 때문이다.

노동자의 삶을 결정하며, 사회에서 지위를 결정하게 되는 분배 문제에 대한 해결은 여러 갈등 조정을 거치는 기제를 가진다.

 시장질서 개입과 한계

분배 갈등의 결정에 일반적으로 적용되는 기제, 자유적인 시장가격 형성 기제는 노동시장에 그대로 적용 가능하지 않다. 왜냐하면, 노동시장에서 자유가격 형성은 받아들일 수 없는 불완전성(Unzulänglichkeit)을 가져오기 때문이다. 따라서 결정 기제는 다음과 같이 볼 수 있다.

- 임금 교섭 자율성(Tarifautonomie)과 같은 갈등 참여자 간의 협상과 합의이다.
- 제3자의 중재를 통한 갈등 당사자 간의 협상과 합의이다. 그러나 중재자의 제안에 대한 수용 결정은 당사자의 자율이다.
- 갈등 참여 기관(중재자 또는 국가기관)을 통한 갈등의 결정이다.

갈등 조정과 해결에서 성공은 갈등 당사자의 이해 조정을 얼마나 이끌어 내며, 갈등 결정 기제를 통해, 제3자, 특히 전체 사회의 이해가 고려되는가의 여부에 달려 있다.

임금 수준, 임금 구조, 임금액(Lohnquote)의 구속적인 국가적인 결정(Festsetzung)은 국가의 경제정책의 목표와 집행을 쉽게 해주지만, 이같은 국가적 임금 결정은 상당한 단점이 있다.

- 노동시장 당사자의 자율 책임과 자율결정 권리가 제한되거나 폐지된다. 이는 민주적 질서의 상실로 이어진다.
- 당국의 결정은 갈등 당사자의 이해 관계를 침해하며, 사회적인 평화에의 상실이 일어날 가능성이 매우 높다.
- 국가적인 결정기관이 당사자의 이해 관계를 객관적으로 측정할 수 없을 수가 있다. 왜냐하면, 결정자는 특정 세계관을 가지며, 정치적인 견해에 얽매이게 되기 때문이다. 가령 노동 조건을 개선한다든지, 아니면 전체 사회의 잘못된 발전의 위험을 최소화하려고 할 수 있기 때문이다. 이러한 임금정책은 국민소득에서 노동자 몫의 희생으로, 실제 임금의 감소로 이어질 수 있다.

국가의 관여를 통한 결정에 반해, 이해당사자의 자율적인 합의에 따른 결정이 있다. 이의 특징과 장점은 다음과 같다.

- 제3자의 개입이나 참여권 없이 직접 당사자 간의 협상과 합의이다.
- 상호 수락 가능한 일치는 조약 당사자의 견해에 따라 갈등이 서로의 수용 가능한 합의를 통해 어떤 상황에도 해결될 수 있다는 것을 말한다. 이는 동시에 사회 평화와 안전을 이루는 것이다.
- 갈등 당사자의 자율적 해결은 노동시장 당사자의 자율 결정 권리와 자율 책임이 보장된다. 이는 큰 사회적 그룹이 사회적인 책임을 질 뿐만 아니라, 동시에 결정 권한이 하위의 사회 체계로, 즉 권한이 분권화되어야 함을 말한다.
- 결정 과정은 각 사람의 손 안에 있으며, 경제사회의 관계에 대한 지식을 가지고 있다는 점에서 합리성의 토대이다.

자율적인 합의에서 제3자의 이해, 특히 통화 안정과 높은 고용 수준에 대한 이해가 침해되거나 손상이 발생할 수도 있다. 노동시장 당사자의 임금정책이 국가가 추진하는 경제정책과 금융정책(물가정책) 등을 침해하지 않는 선에서 이루어지는 것이 바람직하다.

결정 기제로서 합의 해결의 일치는 양측 당사자가 수용 가능한 해결의 일치, 상호의 협상과 양보의 준비가 되어 있을 때 일어날 수 있다. 합의의 가능성이 없을 때에는 반대 수단의 위험성, 즉 경제 손실의 위험이 있게 된다. 노동 투쟁이나 이에 반한 조치는 따라서 임금 자율 교섭에서 포기할 수 없는 요소가 된다. 노동 투쟁의 위험과 노동 투쟁을 통해 일어날 비용은 임금 협상 위임자에게는 협상의 실패에 따른 자유적인 중재, 즉 제3자에 의한 결정 지원이 있게 되는 한에서 감소한다.

3 임금 자율 교섭

임금 자율 교섭(Tarifautonomie)은 단결의 자유(단결권: Koalitionsfreiheit), 사회적 사안의 자율행정 목표에 부합할 뿐만 아니라, 생산에 참여한 요소인 자본과 노동의 생산물의 적절한 분배와 기타 노동 조건을 정하는 목표에 부합된다. 여기서 적절한 것은 다음과 같은 경우를 말한다.

- 다수에게 정의롭게 보이는 생산물 분배를 가능케 한다.
- 전체 경제 목표(성장, 완전고용, 화폐 가치 안정, 외부경제 균형)의 달성을 촉진하며,

또는 비우호적일 때 위험하지 않게 한다.

- 사회적 안정을 촉진한다.
- 다원적, 자유적, 그리고 사회적 사회와 경제 질서가 적절하다.

임금 자율 교섭은 당사자들이 제3자에게 영향을 받지 않고, 특히 국가로부터 간섭 없이 노동 조건을 합의하는 권리를 말한다. 따라서 이런 합의는 조약에 서명하는 노동자와 고용자 간의 합의로 이루어진다. 독일에서 임금의 교섭은 개인별로 이루어지지 않고, 이와 같은 단체 간의 교섭과 결정으로 이루어진다. 임금 자율 교섭은 기본법 9조 3항에 근거한다. 국가는 임금 자율 교섭에서 배제되며, 다만 최저 임금 같은 경우, 산재나 질병의 경우 임금 계속 지급 등 사회정책적인 면에서 개입 가능성을 갖고 있다.

제 5 절 독일 노동고용정책의 과제와 전망

경제협력개발기구(OECD) 주요 회원국 20개국을 대상으로 한 청년 일자리 창출에 대한 조사(동아일보, 2012)에 따르면, 상위권에 스위스가 1위, 독일이 2위로 나타났다. 종합지수 1위에는 제조업과 낙농업 기반 위에 관광, 금융업 등 서비스업이 고루 발달한 스위스(4.07점)이다. 2위는 수출 주도형 산업구조와 기업 주도의 효율적 직무교육 체제를 갖춘 독일이 차지했다. 한국은 한국의 청년 일자리 창출 경쟁력 종합지수는 2.37점(5점 만점)으로 조사 대상 20개국 중 16위이다.

유로지역 국가들의 실업률은 유로지역 출범 이후 가장 높은 수준인 11.3%에 이르고 있다. 청년 실업에서 스페인은 50%에 이르러 가장 높다. 반면 독일은 2008년 이후에 실업률이 낮아진 유일한 국가이다. 독일은 전통적으로 강한 제조업 경쟁력을 가지며, 기업의 경쟁력은 2002년부터 시행된 하르츠 개혁이 뒷받침된 것으로 평가받고 있다. 정부는 임시고용 형태인 파견근로를 비롯하여 노동시장의 유연화를 강화시켰다. 기업들은 이런 노동시장의 개혁을 통해 경쟁력을 끌어올릴 수 있었다.

독일에서 파견근로자는 양적으로 크게 확장되었다. 2011년 기준으로 91만 명에 이른다. 이는 2004년 기준으로 2배이며 1991년 기준으로는 5배의 팽창이다. 이는 파견근로자법의 규제 완화와 이에 따른 기업의 노동자 이용 변화에 기인한다. 단순한(geringfügig) 직업은 2000년 12월 23,295명에서 2010년 12월에는 40,523명으로 증가했다.

독일의 노동고용정책에서 획기적인 변화는 고용의 질과 높은 소득 유지 전략으로는 실업을 해소할 수 없으며, 또한 장기적으로 복지재정을 감당할 수 없다는 인식이다. 이는 CDU 콜 정부 이후 1998년 집권한 SPD 슈뢰더 정부의 정책에서 보여주는 큰 차이이다.

표 3-6 OECD 주요국 일자리 창출 경쟁력

순위	산업구조	고용구조	직업 교육 인프라	정부제도 및 규제	사회문화 인프라
1	독일(4.20)	네덜란드(4.68)	스위스(4.33)	스웨덴(4.20)	스위스(4.33)
2	스위스(3.97)	스위스(4.25)	덴마크(4.18)	호주(4.16)	노르웨이(4.32)
3	일본(3.76)	덴마크(4.16)	독일(3.86)	덴마크(4.16)	덴마크(4.05)
4	스웨덴(3.60)	벨기에(3.88)	네덜란드(3.71)	핀란드(3.93)	아일랜드(3.99)
5	네덜란드(3.60)	독일(3.63)	핀란드(3.56)	노르웨이(3.88)	오스트리아(3.84)
6	노르웨이(3.59)	노르웨이(3.53)	스웨덴(3.56)	네덜란드(3.84)	핀란드(3.82)
7	호주(3.48)	스웨덴(3.51)	노르웨이(3.48)	스위스(3.81)	미국(3.80)
8	오스트리아(3.46)	아일랜드(3.35)	오스트리아(3.46)	아일랜드(3.67)	호주(3.69)
9	덴마크(3.35)	오스트리아(3.19)	호주(3.43)	독일(3.63)	네덜란드(3.68)
10	캐나다(3.25)	이탈리아(3.09)	벨기에(3.23)	오스트리아(3.55)	독일(3.43)
11	한국(3.01)	캐나다(3.08)	영국(3.10)	캐나다(3.51)	스웨덴(3.40)
12	영국(2.86)	호주(3.01)	캐나다(2.84)	벨기에(3.38)	영국(3.32)
13	핀란드(2.82)	영국(2.99)	미국(2.65)	미국(3.25)	캐나다(3.28)
14	벨기에(2.77)	핀란드(2.69)	아일랜드(2.43)	영국(3.19)	벨기에(3.09)
15	미국(2.56)	미국(2.57)	프랑스(2.22)	스페인(2.92)	일본(2.95)
16	아일랜드(2.36)	스페인(2.49)	한국(1.91)	프랑스(2.82)	프랑스(2.32)
17	프랑스(2.23)	일본(2.32)	이탈리아(1.80)	일본(2.62)	이탈리아(2.27)
18	스페인(1.61)	그리스(2.24)	스페인(1.80)	한국(2.31)	스페인(2.03)
19	이탈리아(1.46)	프랑스(2.07)	그리스(1.32)	이탈리아(1.99)	그리스(1.84)
20	그리스(1.32)	한국(1.38)	일본(1.72)	그리스(1.62)	한국(1.72)

* 비고: 5점 만점.

자료: 동아일보, 2012.9.27, A4.

제 4 장 독일의 보건의료정책

제 1 절 독일 보건의료보장의 발전과 특징

건강을 유지하고 관리하는 것, 질병에서의 치유와 회복은 인간 모두에게 똑같이 중요하다. 건강은 사회생활에서 지위와 사명을 가질 수 있게 해 주는 전제 조건이다. 사람이 사는 곳에는 항상 어떤 모양으로든 질병을 관리하는 특별한 구조들이 있었다. 질병을 치료하는 의사와 병원이 그 예이다. 국민의 건강 유지와 질병 치료는 의료보장의 핵심이다. 의료보장과 더불어 의학의 발달, 의료 관련 생산품의 다양화, 의료 서비스에 대한 국민의 지속적인 수요와 확대로 보건의료제도는 오늘날 사회와 경제에서 주요한 부분이 되었다.

보건의료의 중요성은 과거에도 그래 왔듯이 앞으로도 국가, 사회 그리고 경제 영역에서 더 커질 것이다. 이는 특히 사회의 노령화가 지속하고 있기 때문이기도 하다. 출산율은 줄어드는 반면에, 인간의 기대수명은 늘어가고 있다. 60세 이상의 인구가 수년 내에 인구 구성에서 다수를 차지하게 될 것이다. 이 때문에 보건의료와 수발 서비스가 더 늘어날 수밖에 없다. 인구의 노령화에 따라 필연적으로 보건의료 체계가 영향을 받으며, 법적 의료보장의 재정 문제는 지속해서 개혁의 대상이 될 수밖에 없다. 반면 인구 구성의 변화와 의학의 급속한 발전 때문에 보건의료 체계에서 앞으로 더 많은 새 일자리가 창출될 것이라는 기대도 있다.

보건의료보장은 직업, 업무, 제도, 경제적 이해 관계, 개인별 요구 차이, 법적 규제 등으로 그 자체가 복잡성을 가진다. 각 나라의 의료보장 구별은 제도적인 측면과 의료 서비스

두 가지로 나누어 볼 수 있다.

제도적인 면에서 다음과 같은 질문이 제기된다. 1) 역사적으로 볼 때 누가 보건의료보장 체제를 시작했는가, 2) 현재의 주요 제도적 특징은 무엇인가, 3) 보건의료보장은 다른 나라들과 비교하여 어떤 특징을 갖는가, 4) 보건정책에서 누가 최종 결정권을 갖고 있는가, 5) 의료보장에서 국가와 정치의 역할은 무엇인가, 6) 의료에 관계하는 의료단체의 역할과 이들의 영향은 어떠한가 등으로 구별된다.

의료 서비스 문제에서 제기되는 질문은 다음과 같다. 1) 보건의료 서비스 수준은 어떠한가, 2) 질병 치료는 어떠한가, 3) 의료 간 분업은 어떻게 되었는가, 4) 입원에 따른 비용 부담은 어떠한가, 6) 진료 체계는 어떻게 조직되었는가, 7) 보상 체계는 어떠한가, 8) 의료행정 체계는 어떠한가 등이다. 이와 같은 제도와 의료 서비스 수준에서, 각 국가의 의료보장 제도는 차이가 난다. 독일 의료보장 체계의 독특성은 같은 문제를 다른 나라들이 어떻게 해결하고 있는가를 비교해 보면 확연해진다.

19세기 후반 독일을 중심으로 볼 때 산업사회의 발달과 더불어 국민의 건강과 의료 서비

표 4-1 국가보건 서비스 방식과 사회보험 방식의 비교

구분	국가보건 서비스 방식(NHS)	사회보험 방식(NHI)
기본 이념	보건의료의 필요에 따른 전반적인 서비스 제공 의료비에 대한 국가 책임 견지	보건의료의 필요에 제한된 서비스 제공 의료비에 대한 국민의 1차적 자기 책임 견지
재원 조달	일반조세(영국, 스웨덴, 덴마크 등)	보험료(독일, 네덜란드, 프랑스), 일부 국고 지원
임금 대체	임금 계속 지불, 질병수당	임금 계속 지불, 질병수당
관리기구	국가기관	보험자
보험료 형평성	조세에 의한 재원 조달로 소득재분배 효과 강함	보험자 보험료 원리에 따라 소득재배분 효과 낮음
의료 서비스	- 필요에 따른 의료 서비스 제공 - 의약품, 치과 등 일부 자기 부담 - 의료비 통제 효과가 강함 - 사보험 가입 증가로 국민의 이중 부담 초래 가능성	- 필요에 따른 의료 서비스 제공 - 입원, 의약품, 치과 등 일부 자기 부담 - 의료비 억제 기능 취약 - 선택 진료 가능 - 첨단 의료기술 발전에 긍정적 영향
채택 국가	영국, 스웨덴, 덴마크, 이탈리아, 캐나다 등	독일, 한국, 프랑스, 네덜란드, 일본 등
임금 대체 수준	일반 생활 수준 보장(최소 70%): 독일, 덴마크, 네덜란드, 스웨덴 제한된 생활 수준 보장(50~60%): 스페인, 프랑스 최소 보장(50% 이하): 영국	

자료: MISSOC Online Tabellen(2012), Schmid(2010: 285-293).

스(Versorgung)가 중요한 정치적 문제가 되었다. 국가가 건강에 관련된 부문을 법으로 규정하고, 제도를 세우며 대상을 확정해 나갔다. 이는 1883년 비스마르크의 사회복지법을 통한 법정 의료보장(die gesetzliche Krankenversicherung: GKV)에서 출발하며, 이는 차후 독일의 보건의료보장의 제도적 특징을 이루어 갔다.

의료보장제도를 분류하는 방식에는 여러 기준이 있으나, 이 가운데 소요되는 재원을 조달하는 방식에 따라 국가보건 서비스(National Health Service: NHS)와 사회보험(National Health Insurance: NHI) 방식으로 구분된다. 국가보건 서비스 방식은 국가가 의료보장에 필요로 하는 재원을 조세를 통해 조달하며, 모든 국민에게 무상으로 의료를 제공하는 방식이다. 사회보험 방식은 보험 가입을 통해 필요로 하는 재원을 조달하는 방식이다. 이는 통상 노동자와 사업주가 공동으로 부담한다. 미국의 경우 전 국민을 대상으로 실시하는 공공 의료보장제도는 없으며 사(私)보험 상품을 개인적으로 구매하는 것이 일반적이다. 다만 65세 이상 노인, 장애인, 만성 신장질환자에 대해서는 의료보장제도(Medicare)로 재원은 연방사회보장세를 통해 이루어지며, 저소득층을 대상으로 하는 의료보장제도(Medicaid)는 연방과 주정부 예산을 통해 이루어진다(<표 4-1> 참조).

1 비스마르크의 유산

독일의 의료보장 서비스의 제도적인 특징은 독일제국의 사회정책에까지 거슬러 올라간다. 자율행정과 조합주의, 보험의사협회의 독점, 의료보장 서비스의 분산구조 등도 마찬가지이다.

비스마르크에 의해 시도되어 제도화된 사회보장제도의 일환에서 법정 의료보장(GKV)이 법제화되었다. 독일 보건의료제도의 본질 중의 하나는 바로 이 제도의 특성에 기인한다. 즉, 국민 대다수를 위한 의료 서비스의 재정 지원이 사회보장(Sozialversicherung)을 통해서이다.

보건의료 체계의 국제 비교에서 제시되는 기준점 중의 하나는 재정 지원 방식(Finanzierungsmodus)이다. 국가 보건의료 체제의 재정 지원은 일반 세금을 통해 이루어진다. 국가 세금을 통해 재정 조달을 하는 보건의료 체계를 갖는 나라는 대표적으로 영국, 스웨덴, 덴마크, 아일랜드, 그리스, 스페인, 이탈리아 등이다.

비스마르크의 사회보장 체계에서 보건의료 서비스는 국가가 규제하며 감독하는 보험 체계의 보험료 납부(Versicherungsbeiträge)를 통해 이루어진다. 대표적인 나라는 독일, 프랑스, 오스트리아, 네덜란드, 벨기에, 룩셈부르크, 일본 등이다. 한국도 이 그룹에 속한다. 반면 시장 지향적 보건의료 체계에서는 질병 위기에 대비한 재정 확보가 상당한 부분 개인 보험회사를 통해 이루어진다. 대표적인 나라는 미국이다.

독일 국민의 90%가 현재 법정 의료보장(GKV)에 가입되어 있으며, 전체 보건의료 지출의 60%를 부담하고 있다. 법정 의료보장의 구조적 특징의 하나는 노동자 보장(Arbeitnehmerversicherung)으로 이루어진다는 것이다. 보험료를 통한 재정 확보는 바로 그 구성원의 노동 수입으로 충당된다. 따라서 현재 독일의 실제적인 재정 문제는 노동자의 임금 수준과 발전(나아가 연금 수준)에 종속되어 있다.

비스마르크의 보건의료 체계의 또 다른 특징은 일부 국민에 대해서만 의무 보장의 형태를 띤다는 점이다. 당시 세계적으로 유일한 사회보장법은 매우 어려운 상황에서 살아가는 노동자들의 삶의 위험을 보장하는 것이었고, 다른 한편에서는 당시 시대의 정치적 목적이 있었다. 강제적 특성이 있는 의무 보장으로서 보건의료보장은 산업화가 확대되어 감에 따라, 정치적으로 불안한 노동자들을 사회적으로 안정시키며, 이에 따라 당시 사회의 혁명적인 기운을 꺾으며, 노동자들과 제국과의 화해를 도모하는 정치적 의도가 있었다.

의무 보장은 오늘날도 보건의료 체계의 핵심으로 지속한다. 다만 국민의 일부, 즉 공무원, 자영업, 그리고 의무 보장의 수준을 넘어서는 소득자(2012년 기준으로 50,850유로)는 법정 의료보장에서 제외된다. 2003년 이후 논의되고 있는 개혁의 핵심은 전 국민으로 그 대상을 확대하는 '국민보장(Bürgerversicherung)'에 있다.

2 자율행정

의료금고(보험: Krankenkasse)는 자율행정(Selbstverwaltung)권을 가진다. 자율행정은 자신들의 조직인 경영지도부(Vorstand)와 행정평의회(Verwaltungsrat)를 통해 이루어진다. 경영지도부는 법정 보건의료의 수뇌경영부(das hauptamtliche Management)이다. 행정평의회는 규칙(Satzung)을 제정하며, 경영지도부를 임명한다. 행정평의회는 노동자 및 사업자(Arbeitgeber) 대표 동수로 구성된다. 준의료 법정금고(대체금고)(Ersatzkasse)의 경우에는 노동자 대표만이 행정평의회를 대표한다.

의료금고뿐만 아니라 보험의사협회(Kassenärztliche Vereinigungen: KVn)는 자율행정권을 갖는 공공법인이다. 이는 국가의 직접행정 일부분이 아니며, 국가는 지시권을 갖지 않는다(keine Weisungsempfänger). 국가의 관여는 다만 법적 감독에 한해 이루어진다. 보험의사협회와 보험치과의사협회(KZVn)의 경우에는 대표자회의(Vertreterversammlung)와 경영지도부를 통해 행정이 이루어진다.

공동연방위회(Gemeinsamer Bundesausschuss: G-BA)가 중요한 행정기관으로 기능한다. 공동위원회는 2004년 1월 1일부로 보건의료현대화법(Gesundheitsmodernisierungsgesetz)을 통해 설립되었으며, 이전 기관의 업무를 받아 수행한다. 공동연방위원회의 핵심적 업무는 법정 의료보장의 목록에서 의료 서비스의 선택과 배제(Ein-und Ausschluss)를 결정하는 것이다.

연방공동위원회는 공법으로 설립된 법인체로서 독일의 4개 보건의료단체에 의해 설립되었다. 4개 단체는 보험의사협회, 보험치과협회, 독일 병원협회(Deutsche Krankenhaus-gesellschaft), 법정 의료보험중앙단체(GKV-Spitzenverband)이다. 여기에 환자대표협회가 참가하지만, 표결권은 갖고 있지 않다. 공동위원회의 법적 근거는 사회법전 5(SGB V)이다.

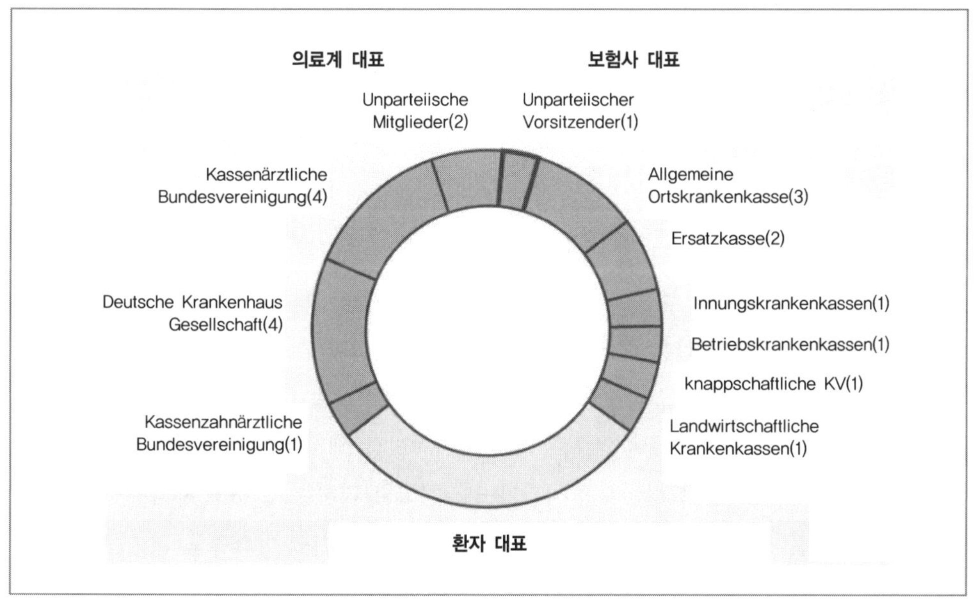

그림 4-1 공동위원회 대표 구성

* 비고: 의료계 대표(Vertreter der Leistungserbringer 2명), 보험사 대표(Vertreter der Krankenkassen 1명 의장), 환자 대표(Patientenvertreter 9명, 의결권 없음)

자료: bpb: Gesundhetispolitik

입법가들은 공동위원회의 업무와 권한 외에 구성원의 선출, 환자의 참여, 제3자의 관여를 규정하고 있다. 공동위원회의 구조와 업무의 범주는 법적으로 규정되어 있다. 운영과 내규는 연방보건의료 장관(BMG)의 승인을 받아야 한다. 따라서 공동위원회는 연방의료보건부의 법적 감독을 받는다. 2008년에 7월 1일 2차 임기(Amtsperiode), 2012년 7월 1일에 3차 임기를 맡고 있다.

3 조합주의

조합주의는 법정 의료보장과 더불어 오늘날 독일의 보건의료 체계에서 중요한 부분을 차지한다. 조합주의적 조정(korporatistische Steuerung)은 자율행정과 밀접한 관련을 맺고 있으며, 결정을 단체(Verband)에 위임하는 형식이다. 조합주의는 직접적인 국가적 조정(Steuerung)이나 시장주의적 조정 체계와는 다르다. 조합주의에서 결정은 참여자 간의 공동결정을 통해 이루어진다.

조합주의의 예는 보험금고(Krankenkasse)의 주 단체(Landesverbände)와 해당 보험의사협회 간의 계약에서 볼 수 있다. 연방 수준에서는 이른바 보험의사연방협회와 보험금고중앙단체 간의 계약을 통해 이루어지며, 이 계약은 다시 지역의 일반 협의(regionale Vertrag) 내용을 규정한다.

보험 관련 사안은 서로 다른 단체에서 조직되지만, 이는 '공동으로 그리고 단일적으로' 이루어져야만 문제 발생이 적다. 입법가들이 이런 공동단일성을 요구하고 있다. 따라서 독일의 보건의료 체계에서 행위자는 통상 보험금고나 개별 의사가 아니라 단체(Verband)이다. 특별하고 중요한 사안은 법정 의료보장이나 보험 의사(Vertragsärzte)가 행위자가 된다.

자율행정으로 운영되며 조합주의로 조정되는 사회보장 체계는 원래 비스마르크의 구상과는 거리가 멀다. 비스마르크는 직접 국가가 조정하고 관리하는, 그리고 세금에서 재정 지원을 하는 모델을 원했지만, 이를 의회에서 통과시킬 수 없었다. 비스마르크가 절대적으로 원치 않은 모델은 '개인적 · 시장적 해결(eine privatwirtschaftlich-marktliche Lösung)'이었다. 따라서 자율행정 하에 보험료 납부를 통한 재정 조달을 하는 사회보장은 타협안이었다.

정부는 법적인 범주를 제공하여 상당한 관여권을 확보했지만, 그럼에도 정치적 영향력 행사는 제한되었다. 비스마르크는 사회보장을 통해 국가를 사회보장자로서 보여주고 싶었다. 이런 시각에서 사회보장에서 국가의 간접적인 역할은 비스마르크에게는 불만족스러운 것이었다.

법정 의료보장의 도입 초기에 '질병금고'는 의사들에 대해 매우 우월적 지위를 가졌었다. 질병금고는 의사들과 개별적 협약을 맺었으며, 의사들을 고용하는 형식으로서 의료 서비스를 제공했다. 법적인 질병금고가 매우 빠르게 늘어남에 따라서 질병금고는 의사들의 경제적 여건에 절대적인 영향력을 가졌었다.

반면 의사들도 조직화함으로써 질병금고에 더 많은 자율성과 더 많은 진료 수입을 요구했다. 1890년에 이미 질병금고와 의사 간에 엄청난 충돌이 발생했다. 여기서 주요한 논쟁점은 보험 의사로서의 허가 문제였다. 의사들은 당시에 질병금고에 대한 선택이 아니라, 환자를 위한 자유로운 선택을 요구했다(freie Arztwahl für Patienten, aber nicht für die Kassen). 이런 요구는 오늘날도 여전히 유효성이 있다.

1900년 독일의사협회(Hartmannbund)의 설립으로 의사들은 이해 관계를 수렴하여 자신들의 이해를 대변하기 시작했다. 1913년 독일의사협회에 속한 의사는 전체의 75%에 이른다. 이런 갈등과 논쟁은 종결된 것이 아니라 오늘날에도 지속하고 있다(Europäisches Obervatorium für Gesundheitssysteme, 2000: 12f.). 지금까지 경제적 이유 탓에 발생한 스트라이크, 보이콧은 700회를 넘는다.

4 동독의 보건의료 체계와 통합

1949~1990년까지 서독과 동독의 보건의료 체계는 서로 다르게 전개되었다. 제2차 세계대전 후 서독에서는 비스마르크의 보건의료 체계를 중심으로 발전되어 왔다. 반면 동독에서는 사회보장모델을 도입했으나, 국가가 직접 관여하며 주관하는 체제였다.

동독에서 외래 진료는 폴리클리닉(국민병원, Poliklinik)이 주도적이었다. 폴리클리닉은 병원이라는 한 조직 안에 비의료인과 일반의, 전문의 등 여러 명이 함께 일하는 구조이다. 그리고 당뇨, 암, 폐 질환 같은 특정 질병을 앓는 환자를 집중적으로 치료하는 특화된 협력병원(Dispensaires)도 있었다.

동독에서 보건의료 체계는 부족한 재정과 기술적 의료설비가 문제였으며, 서유럽 국가들과 비교하면 의료보장 서비스의 수준이 낮았다. 반면 보건의료 체계가 통합적이며 협력적인 구조 덕분에 많은 전문 의사는 오늘날 서독 의사들보다 현대적이며 종합적인 질병 치유 범주가 넓은 장점도 가졌었다.

동독의 보건의료 체계는 통일 이후에 거의 흔적이 없이 사라질 정도로 철저히 서독의 보건의료 체계에 의해 대체되었다. 과거 동독의 의료적 특징이었던 통합 협력진료제도는 큰 장점을 가지고 있었기 때문에, 장차 보건의료 개혁에서 논의되며 다시 도입될 것이라는 전망이 제기된다.

독일은 직접적인 '국립 보건 서비스(staatliche Gesundheitsdienst)'를 하지 않는다.

제 2 절 독일의 보건의료 체계

의료보험의 보장은 두 축을 이루는 법정 의료보험과 민간 의료보험 체계에 국민이 가입함으로써 이루어진다. 법정 의료보험과 민간보험 체계의 차이는 보험자 대상, 보험 가입 의무, 재정 종류 및 의료 서비스 등 여러 가지가 있다. 보건의료를 책임지는 1차 국가기관은 연방 보건의료부이다. 그러나 각 연방주도 보건의료 영역에서 상당 수준의 관할권을 가진다. 특히 공공 의료보건에서이다.

1 의료보험 체계와 구분

국민의 약 90%는 법정 의료보험(GKV)에, 9%는 민간 의료보험(PKV)에 가입되어 있다. 경찰, 연방군의 소속자 약 1백만 명은 자유 의료보험(freie Heilfürsorge)으로 사회부조자(Sozialhilfeempfänger)로서 권리를 가진다. 이들의 의료비 보장은 국가가 부담한다. 10만 명 정도는 의료보험에 가입되어 있지 않다. 유럽연합의 범주에서 독일에서 활동하는 외국 기업은 민간보험법에 가입한다.

사회법전(Sozialgesetzbuch)의 권리는 사회 정의 실현과 사회안전(soziale Sicherheit)의 실현을 목적으로 하며, 사회보장을 지원한다. 이를 통해 인간다운 존재를 보장하는 데 이바지하며, 모든 인간의 삶에 동일한 전제 조건을 실현하며, 특히 젊은이들의 가족 구성을 촉진하는 데에도 기여하고자 한다. 사회보장을 통해 삶의 부담을 덜어주며 자신이 감당할 수 없는 부분을 지원한다.

표 4-2 법정 의료보장 보험자 수(1885~2010)

연도	질병금고 수(개)	가입자(백만 명)	보험자(백만 명)	국민 전체 비율(%)
1885	18.971	4,3	4,7	10.0
1913	21.492	14,6	23,0	34.3
1925	7.709	20,2	31,6	51.3
1975	1.479	33,4	56,6	91.6
1989	1.153	37,1	53,0	85.3
1992	1.223	50,8	72,0	89.3
2002	355	51,0	70,8	85.9
2009	202	51,2	70,0	85.6

자료: Rosenbrock & Gerlinger(2006: 35).
Bundesministerium für Gesundheit(BMG): Kennzahlen und Faustformeln GKV 2000-2010.

사회권리(Soziale Rechte)는 이와 같은 사회법전에서 규정하는 목표와 과제가 성취될 때에 실현된다. 사회권리는 법적인 규정을 해석하는 데 주도적(leitend)이다(§2 SGB I).

- 개인 교육(Ausbildung)의 촉진(교육과 노동 촉진 §3 SGB I).
- 사회보장에의 접근(Zugang)(§4 SGB I)
- 건강에 이상이 있을 때 사회적 보상(Soziale Entschädigung)(§5 SGB I)
- 가족지출 부담의 경감(§6 SGB I)
- 주택보조(§7 SGB I)
- 청소년 지원(§8 SGB I)
- 사회부조(§9 SGB I)
- 장애인 지원(§10 SGB I)

사회법전은 국민의 사회복지 서비스에 대한 요구를 상세히 규정한다. 사회법전 5(SGB V)는 법정 의료보장을 다룬다.

1) 법정 의료보험

질병금고(Krankenkasse)는 사회보장의 주체(수행자: Träger)이며, 공법의 적용을 받는 자율적 법인이다. 모든 의무 가입자는 거주 또는 고용 지역에 주재하는 금고에서 하나를 자유로이 선택할 수 있다. 모든 금고는 기본적으로 체결 강제(Kontrahierungszwang)가 있다. 예외로 농민을 대상으로 하는 농업보험(Landwirtschaftliche Krankenkase), 선원을 대상으로 하는 해상보험(Seekrankenkasse), 광산 종사자를 대상으로 하는 연방광부보험공단(Bundeskanppenschaft)이 있다.

의료금고는 여러 유형으로 분류할 수 있다. 역사적인 분류법에 따르면, 지역(Region), 기업(Betriebe), 직업(Beruf)에 따라 보험회사(질병금고) 유형을 분리할 수 있다. 이 분류에 따르면 2002년에 17개 지역보험(Ortskrankenkassen), 287개 직장보험(Betriebskrankenkasse), 24개 수공업보험(Innungskrankenkase), 12개 대체보험(Ersatzkassen)이 있었다. 이런 금고의 수는 병합을 통해 줄어드는 추세이다. 1885년에는 법정 의료보장의 주체로서 질병금고가 17,511개였다. 1992년에는 1,200개 정도로 줄었다. 2011년 기준으로 보건의료보장의 이해관계를 대변하는 질병금고는 여전히 156개에 이른다.

다양한 질병금고는 역사적인 맥락에서 그 유례를 찾을 수 있다. 질병금고는 원래 직업 신분적(berufsständisch)이며, 지역별로 작용하는 기관이었다. 1885년 라이프치히에는 18개 지역금고(Ortskrankenkassen)가 있었다. 이들은 가령 금속노동자, 책 기능공(Buchbinder), 악기 제조공 등이다. 이런 18개 지역금고 외에 41개 경영금고(Betriebskrankenkassen)가 있었다(Tennstedt, 1997: 26).

직업 신분적으로 조직된 의료보장은 중세의 길드조직(Zünften)에 대한 연대적인 생각에까지 거슬러 올라간다. 1883년 보건의료보장법을 통해 산업노동자, 수공업자들은 각각 직업별로 특화된 질병금고에 강제적으로 가입되었다. 한 직업 신분적인 금고에 가입해야 하는 강제성으로부터 탈퇴하려면, 자유금고(freie Hilfskassen)에 가입해야 가능해진다. 따라서 이 금고는 대체금고(Ersatzkassen)라는 이름을 가진다. 수많은 질병금고는 법정 의료보장의 제정 이후에 비교적 빠르게 초지역적 단체로서, 그리고 전국적인 상위 단체로서 통합되어 갔다. 질병금고의 다양한 원인에서 시작된 다양성은 오늘날에도 7개 유형의 질병금고로 나뉜다.

금고 유형에 따른 분류는 법정 의료보장의 중요한 조직적 특성이다. 왜냐하면, 이는 각 개별적 금고에 대해 금고가 속한 단체나 지역적 분류 소속의 구성원을 말하기 때문이다. 단체는 질병금고의 경영에서, 특히 서비스 제공에 대한 계약에서 중요한 역할을 한다.

1996년 이후, 보험 가입자(Mitglieder)는 법정 질병금고 중에서 선택권을 갖도록 개혁되었다. 질병금고는 이로써 서로의 회원을 놓고 경쟁을 해야 한다. 선택권과 경쟁성의 도입은 정당들의 합의와 지지 하에 결정되었다(Lahnstein-Kompromiss, 1993).[1] 참여한 보건의료

---

1) 제호퍼(Horst Seehofer, CSU)의 1993년 '의료보건구조법(Gesundheitsstrukturgesetz: GSG)'이며, 이는 일명 '란스타인 타협(Lahnstein-Kompromiss)'으로 불림.

입법자들은 이로써 몇 가지 목적을 이루고자 했다.

첫째는 당시 더는 수용하기 어려운 불평적 서비스와 관련된 질병금고에 소속해야 하는 지시적인 체계를 개혁하는 것이다. 노동자(Arbeiter)들은 1995년까지 특정한 질병금고에 가입되도록 강제되었으며 전혀 선택권을 갖고 있지 못했다. 반면 사무원(Angestgellte)은 다양한 선택을 할 수 있었다. 1997년부터 보험 가입자는 이로써 질병금고를 자유 선택할 수 있게 되었다. 둘째는 질병금고 간 경쟁의 도입이다. 보험자에게 선택권을 줌으로써 고객에 더 나은 서비스와 질, 가격의 적정선을 제공하도록 하는 경쟁을 유도한 것이다.

이 두 가지를 이루기 위해 이른바 위험 부담 균등(Risikostrukturausgleich: RSA)이 도입되었다. 위험 부담 균등은 질병금고의 수입 결정에 영향을 미치기 때문에 오늘날 중요성이 있다. 위험 부담 균등의 구체적 내용은 특정한 질병금고 결정에 영향을 미친다. 예로 만성 질병 프로그램(Chroniker-Programmen, Disease Management Programme: DMP)은 질병금고로 하여금 DMP가 적용되는 환자에게서는 위험 부담 균등으로부터 더 많은 수입을 받도록 하고 있다.

질병금고 간의 경쟁 도입은 그 이후 질병금고의 집중화를 가져왔다. 전문가들은 이런 집중화 과정은 앞으로도 지속할 것으로 본다. 질병금고는 협약을 통해 공동이나 단일 서비스를 더 많이 제공할 것으로 보인다. 질병금고는 더 나은 의료 서비스를 놓고 경쟁하게 된다.

이런 집중화에 대한 비판 중의 하나는 행정 비용의 증가와 불필요한 관료주의의 발생이다. 행정 비용의 수준에 대해서는 절대적인 기준은 없지만 민간금고(Private Krankenversicherung: PKV)와 비교된다.

독일인 대부분은 법정 질병보험에 가입되어 있다. 가입자는 의무 가입자, 가족구성원이거나 또는 자율적 가입자이다. 의무 가입이 요구되는 계층은 주로 노동자와 사무원이며, 이들의 소득 수준은 2003년 기준으로 년 41,400유로 이하이다. 그 외 법정 가입의 의무 대상은 직업교육생, 대학생, 예술가, 언론인 및 농업에 종사하는 사업가이다. 연금자 일부와 실업자도 이에 해당한다. 위에 언급된 그룹에 속하는 외국인도 법정 질병보험의 가입 대상자이다.

노동하지 않는 가족구성원, 배우자, 자녀는 법정 질병보험에 가족보험자로서 보험료를 내지 않는다. 자율적으로 가입할 수 있는 사람은 질병보험 가입 의무가 수입 증가 때문에 상실되었지만, 이전에 적어도 12개월 또는 지난 5년간에 적어도 24개월 동안 법정 질병보험에 가입했던 자이다. 그 밖에 이들의 가족으로 가입된 구성원, 그리고 직업 초년생으로 봉급이 의무 가입 수준을 넘어서는 자이다.

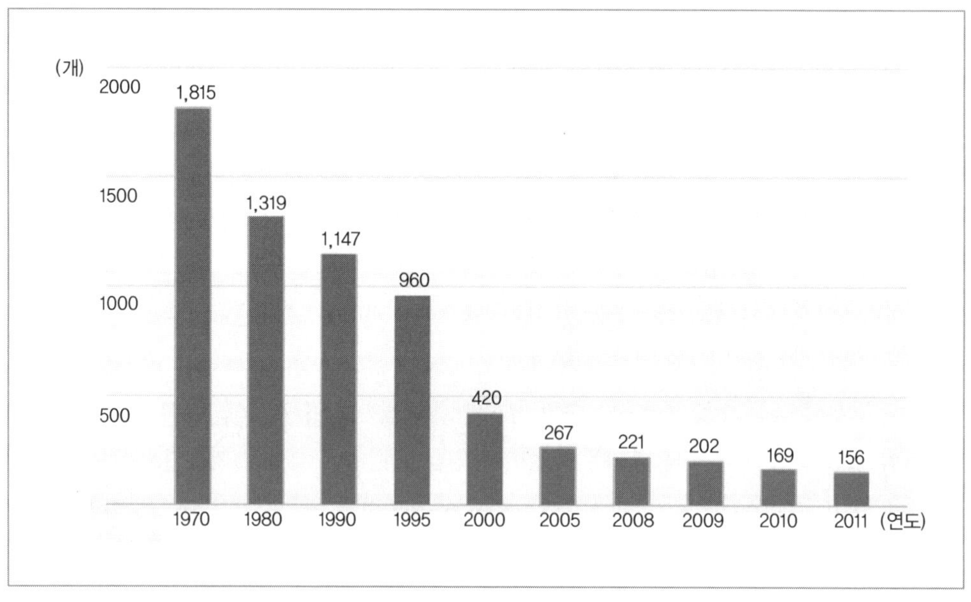

그림 4-2 질병금고 수 변화

* 비고: 각 연도 1월 1일 기준.
자료: GKV-Spitzenverband(2011).

2) 민간 의료보험

민간 의료보험(PKV)은 보험감독법(Versicherungsaufsichtgesetz)에 따라 주식회사(AG), 상호회사(Versicherungsverein auf Gegenseitigkeit: 사원의 상호보험을 목적으로 하며, 상법상 회사에 속하지 않는다)의 법적 형태, 법인과 공사(Anstalt des öffentlichen Rechts)로서만 운영될 수 있다.

민간 의료보험은 연방 수준에서 민간의료협회의 단체(Verband)로서 조직되어 있다. 이들은 54개 회원 기업으로 구성되어 있으며, 보험료 수준에서 보면 시장의 99%를 대표한다. 민간 의료보험은 보험 연방감독청 또는 해당 주 기관을 통해 국가의 감독을 받는다.

법정 의료보험에 가입되지 않은 사람은 민간 의료보험에 보건의료 보험을 체결한다. 이 그룹은 특히 자영업자, 자유직업자, 공무원, 그리고 노동자이다. 이들의 소득은 법정 기준을 넘어선다. 이제는 법정 의료보험에 가입하지 않아도 될 만큼 소득이 증가한 사람은 민간보험으로 바꿀 수 있다. 그러나 법정 의료보험으로의 재전환은 실업 또는 사무원으로서 소득이 법정 기준 이하가 아닌 경우에는 허용이 안 된다. 그 외 민간 보험회사는 보험계약을 거

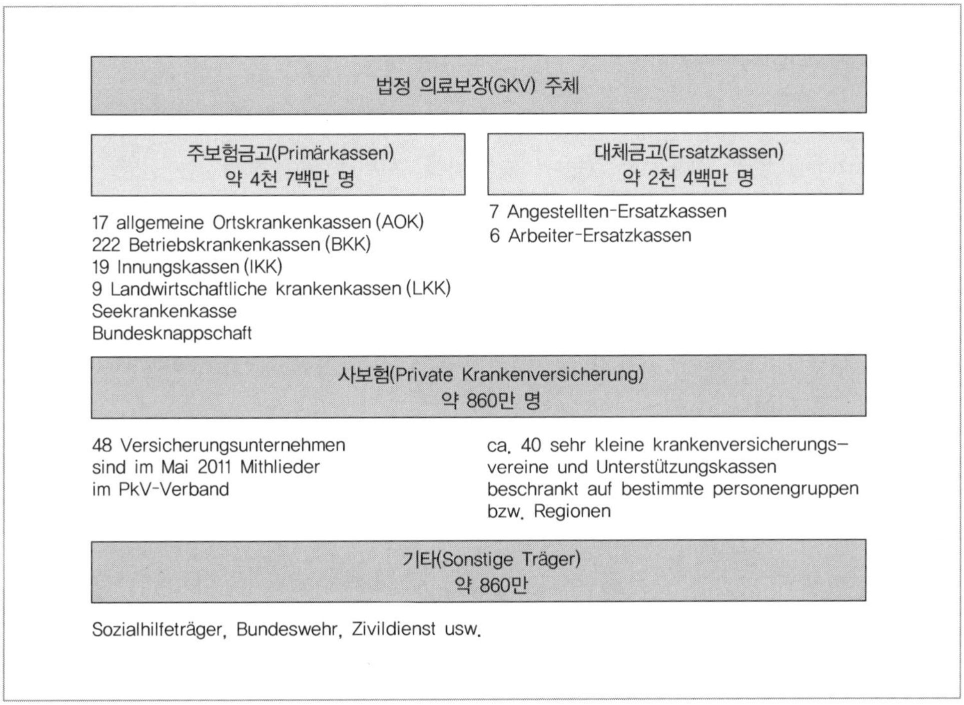

법정 의료보장(GKV) 주체

주보험금고(Primärkassen) 약 4천 7백만 명	대체금고(Ersatzkassen) 약 2천 4백만 명
17 allgemeine Ortskrankenkassen (AOK) 222 Betriebskrankenkassen (BKK) 19 Innungskassen (IKK) 9 Landwirtschaftliche krankenkassen (LKK) Seekrankenkasse Bundesknappschaft	7 Angestellten-Ersatzkassen 6 Arbeiter-Ersatzkassen

사보험(Private Krankenversicherung)
약 860만 명

48 Versicherungsunternehmen sind im Mai 2011 Mithlieder im PkV-Verband	ca. 40 sehr kleine krankenversicherungs- vereine und Unterstützungskassen beschrankt auf bestimmte personengruppen bzw. Regionen

기타(Sonstige Träger)
약 860만

Sozialhilfeträger, Bundeswehr, Zivildienst usw.

그림 4-3 법정 의료보장 주체와 가입자 수

자료: PKV-Verband, 2011.

부할 수 있다. 민간 보험 가입자의 가족구성원은 개별적 보험으로 가입해야 한다. 즉, 법정 의료보험과 같이 보험료를 내지 않는 동반 가입은 민간 의료보험에는 없다.

민간 의료보험은 '완전 보장(Vollversicheurng)' 외에 추가 보장도 제공한다. 가령 법정 보험에 가입한 보험자는 의무 보장에 대한 보완으로 개인적으로 질병일 수당(Krankentage-geldversicherung), 입원비 수당(Krankenhaustagegeldversicheurng)을 체결할 수 있고, 부가적 보험 서비스를 위한 부분 보장도 체결할 수 있다.

2 의료 서비스

보험회사는 보험 가입자에 대해 질병에 따른 재정적 위험 부담을 보장한다. 법정 보험회사는 주로 '사안(현물)적 서비스(Sachleistung)'를 한다. 민간 의료보험은 반면에 '비용보상

원리(Kostenerstattungsprinzip)'를 적용한다. 민간보험 가입자는 의사의 진료비 청구를 보험사에 제출함으로써 지급한 진료비를 되돌려 받지만, 법정 의료보험 가입자는 진료비를 내지 않는다. 그러나 법정 가입자 역시 다양한 자기 부담 규정을 통해 이런 부조 원리(Versorgungsprizip)가 100% 적용되지 않는다. 사안(현물) 서비스 외에 보험자는 질병수당(Krankengeld)과 같은 금융 지원 서비스를 받는다. 보험사가 제공하는 서비스에서 기간과 양은 법으로 규정되어 있다. 여기서 중심이 되는 것은 모든 보험회사가 동일한 액수와 같은 범주를 보장하는 공통 또는 의무 서비스(Regel-oder Pfliechtleistungen)이다.

비교적 엄격히 구분된 독일 보건의료 체계에 따라 의료 서비스는 외래(ambultant), 입원, 공공 영역으로 나뉜다.

1) 외래 진료

외래 영역에서 진료는 허가된 의사, 치과의사, 자연치료(Heilpraktiker), 물리치료(Krankengymnastik, Masseure), 약사에 의해 전담된다. 진료는 1차 전담진료(hausärztliche Versorung)와 전문진료(fachärztliche Versorung)로 나뉜다. 독일에서 진료에 종사하는 모든

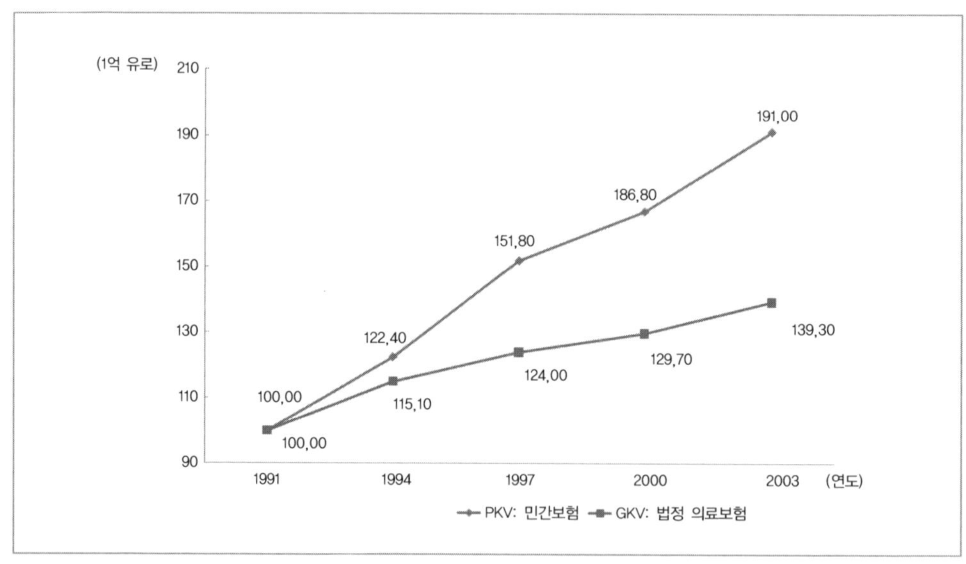

그림 4-4 외래 진료비 지출 추이

자료: PKV-Verband, Zahlenbericht 2003/2004.

의사는 주(州)의사협회(Landesärztekammer)에 의무적으로 가입해야 한다. 법정 의료보험을 위해 진료하는 의사는 계약의사(Vertragsärzte)로 불린다. 이들은 법정 보험에 가입한 환자를 진료할 의무를 진다. 민간 의료보험 가입자는 의사를 자유롭게 선택할 수 있으며, 법정 의료보험 가입자는 계약된 의사 가운데서 선택한다.

계약의사 및 치과의사는 각 보험의사협회(Kassenärrztliche Vereinigung)의 의무 가입 회원이다. 의사협회는 의사들의 이해 대변 외에 의사 진료가 법적 및 계약의 요구에 부응하도록 보장하는 업무를 가진다. 의사협회는 의료 서비스를 통해 보험 가입자의 계약된 의료 진료를 한다. 예로 수요에 맞추어 계약의사로서 의사 허가를 내어준다. 계약의사가 과다 공급되어 있을 때에, 허가 제한을 할 수 있다. 의사와 치과의사 긴급 서비스(Notdienst)는 24시간 진료를 감당한다.

2) 입원 진료

입원 진료의 시설은 병원, 진료 및 재활시설, 입원 및 부분 입원 간병시설, 구호 서비스(Rettungsdienst), 환자 수송이다. 병원은 독일에서 여러 기준에 따라 분류된다. 가령 국립(공공병원), 민간병원, 공익(freigemeinnützige) 병원 등이다. 환자들의 평균 입원 기간은 줄어드는 추세지만, 여전히 유럽연합 평균을 넘어선다. 병원의 응급진료, 가령 교통사고 같은 경우는 24시간 제공한다.

3) 의약품

의약품을 통한 국민의 진료는 약국 소관이다. 의약 제품은 출하되기 전에 독일의약제품연구소(Bundesinstitut für Arzneimittel und Medizinprodukte)의 허가를 받아야 한다. 혈청과 백신은 폴에를리히 보건당국(Paul-Ehrlich-Institut)이 담당한다.

의약품 판매는 위험도에 따라 4단계로 나뉜다. 환자에게 중요한 그룹은 의사의 처방에 따라 약국에서 구매할 수 있는 '처방 의무 약제'이다. 약국의 주요 두 축은 공공약국과 병원약국이다. 약국을 개설하는 데 어떤 허가 제한은 없으나, 통상 한 약사가 하나의 약국을 운영한다. 병원약국은 병원 내 의약제 확보, 병원 내 의약품 유통 관리를 한다.

2001년 기준으로 (공공)약국이 21,569개이며, 병원약국은 560개이다. (공공)약국의 평균 국민 감당 수는 3,814명이다. 약국이 약제에 요구하는 가격은 법으로 규정되어 있다. 약국도 긴급약국 서비스를 제공한다.

표 4-3 독일 병원과 입원 수

연도	병원(개)	침대(개)	입원 수 (단위 1천)	입원일 (단위 1천)	평균 입원일	침대 점유율(%)
1971	3,545	690,236	k.A.	k.A.	k.A.	k.A.
1991	2,411	665,565	14,577	204,204	14.00	84.10
1993	2,354	628,658	15,191	190,741	12.50	83.10
1995	2,325	609,123	15,931	182,627	11.40	82.10
1997	2,258	580,425	16,429	171,837	10.40	81.10
1999	2,252	565,268	17,093	169,696	9.90	82.20
2001	2,240	552,680	17,325	163,536	9.40	81.10
2003	2,197	541,901	17,296	153,518	8.90	77.60
2005	2,139	523,824	16,539	143,244	8.70	74.90
2006	2,104	510,767	16,833	142,251	8.50	76.30
2007	2,087	506,954	17,179	142,893	8.30	77.20
2008	2,083	503,360	17,520	142,535	8.10	77.4
2009	2,084	503,341	17,817	142,414	8.00	77.5

자료: 연방통계청.

4) 공공 보건의료 서비스

공공 보건의료 서비스(Öffentlicher Gesundheitsdienst)는 약 524개 보건의료소(Gesundheitsämter)에서 보건의료 관련 서비스를 한다. 업무는 주로 외래 진료와 입원 진료 감독, 진단 시행(Diagnostik), 상담으로 제한된다. 환자 진료는 진료계약에 따라 의사들이 담당한다.

3 의사와 병원의 의료 서비스 보상

질병금고와 의료 서비스자는 보험자의 진료(부조)를 보장해야 한다. 전체 서비스는 사회법전 V의 70조 1항에 따라 경제성의 원리, 목적성에 들어맞아야 하며, 필요 이상을 넘어서는 안 된다. 의료환경이 변화하는 상황에서 서비스자(Versorger)에 대한 보상은 매년 새롭게 정해진다.

1) 외래 진료에서 진료 보상

보험사 계약의사협회는 매년 계약의사의 이해 대변자로서 전체 보상(소득)의 수준에 대해 법정 의료보험사와 협상을 한다. 이 가운데 보상액은 계약의사들에 의해 '1분기'에서 진료로 생긴 전체 보상을 말한다. 협회는 이 예산을 모든 의사 그룹에 분배한다.

가정의사(Hausarzt)는 자신들이 제공한 의료 서비스에 대해 기본 보상(소득: Grundvergütung)을 받는다. 전문 의사가 제공한 개별 의료 서비스는 단일 평가 기준에 근거, 전문적 점수에 따라 계산된다. 진료에 따른 보상 액수는 모든 진료를 점수로 계산해서 받게 된다. 산정된 수치가 전문 의료 일반의 예산을 넘게 되면, 의료보험사의 지출을 제한하기 위해 평가 수치가 감소한다. 의사가 추가적인 자격을 가지면, 부가 예산 범주에서 더 서비스를 제공할 수 있다.

의무 가입자는 자신이 가입한 보험회사에서 진료확인서로 보험 카드를 받는다. 이 카드로 환자는 진료를 요구한다.

민간보험 가입자의 진료에 대한 서비스 계산 기준으로 의사의 수수료 규정(Gebührenordnung für Arzt: GOÄ) 및 치과의사 수수료 규정(Gebührenordnung für Zahnäzte: GOZ)이 있다. 의사는 자신이 진료에 대해 비용을 함부로 부과할 수 없으며, 법적 근거에 따라 부과로, 이는 수수료 비용은 난도 수준, 시간 소요, 진료의 상황(단순한 것에서 3.5배)으로 구성된다. 민간 보험 환자는 비용을 의사에게 먼저 계산한다. 환자는 받은 영수증을 보험사에 제출한 후 비용을 후에 청산받는다.

2) 입원에서 진료 보상

질병금고는 각 허가된 병원에 대해 일 년 단위로 진료 수가(Pflegesatz)를 체결한다. 이런 진료 수가 계약을 놓고, 병원은 자신의 예산을 산정할 수 있다. 진료 수가는 의사 진료, 간병, 의약품, 입원실 사용과 수발로 나뉜다. 그 밖에 과별 수가, 평균 수가, 특별 수가 등이 적용된다.

민간 의료보험 환자도 법정 보험 환자와 같이 서비스를 요구한다. 구별해서 계산(eine besonderte Berechnung)하지는 않는다. 그러나 민간 의료보험자는 선택 서비스를 요구할 수 있으며, 이는 의사 수수료 규정(GOÄ)에 기초하여 계산된다.

보수 지급 체계(Vergütungssystem)를 보면 2004년 1월부터 독일의 모든 병원은 비용공제

제도로서 포괄수가제(Diagnosis Related Groups-Fallpauschalensystem)로 전환되어 적용을 받는다.

포괄수가제 시스템은 1970년대 말 미국에서 개발되었으며, 유럽 국가에 다수 적용되고 있다. 독일이 포괄수가제를 도입한 직접적 배경은 지속적인 병원 비용의 증가 때문이다. 가령 병원에서 발생하는 비용은 매년 435억 유로에 이른다. 포괄수가제는 DRG 분류 체계에 따라 주요 진단, 부상병, 수술 처치, 입원실, 나이, 성별, 진료 결과 등에 따라 진료 내용이 유사한 질병군으로 분류된다. 환자는 어떤 질병의 진료를 위해 입원했는가에 따라 의료 서비스의 양과 질에 관계 없이, 미리 책정된 정액 진료비를 의료 제공자에게 지급하면 된다. 이런 포괄수가제의 장점은 의료비 상승의 억제와 더불어, 수익성이 높은 의료 서비스와 그렇지 못한 의료 서비스 간의 왜곡 현상을 시정할 것으로 기대된다는 점이다. 반면 병원들이 의료 서비스의 경쟁을 최소화하면 의료 서비스의 질이 저하되며 의료 서비스의 실험과 다양성도 줄어들 것으로 본다.

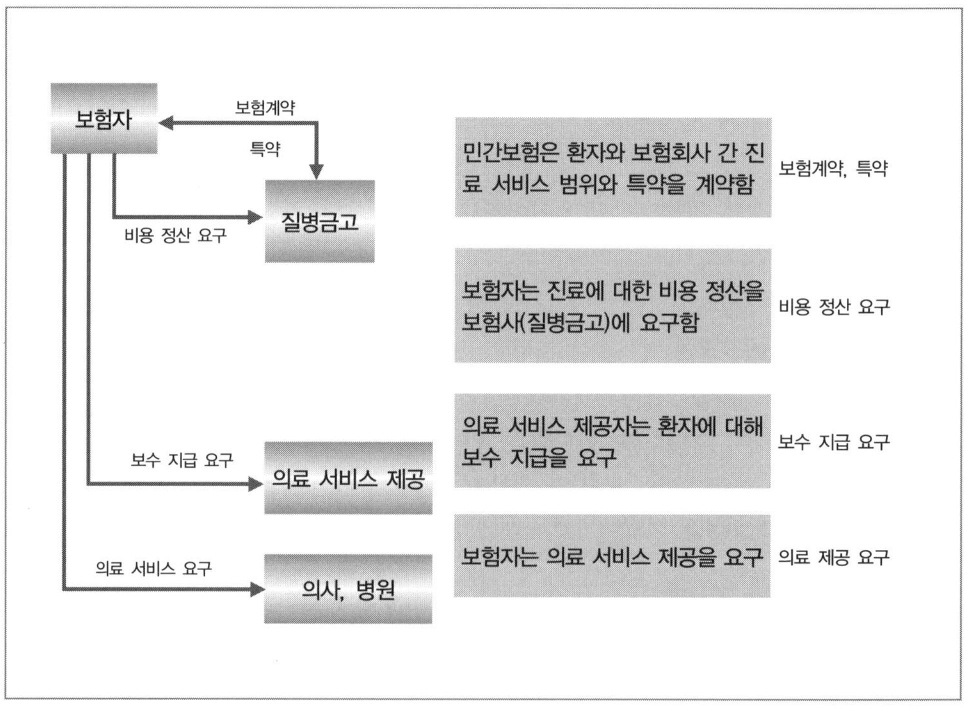

그림 4-5 법정 의료보장에서 비용 보상 체계

자료: bpb, Geundheitspolitik.

4 수발보험

독일 수발보험은 수발이 있어야 하는 노인층이 증가하고, 이에 따라 사회부조 비용이 확대되면서 수발을 사회 연대성 원리에 따라 해결하기 위해 도입된 제도이다(정재훈, 2002: 370f; 최승호, 2005: 180-181). 1994년 사회수발보험법이 제정됨으로써 5번째 사회보험으로 1995년 수발보험(Pflegeversicherung)이 제도화되었다.

독일은 수발보험이 도입된 이후 몇 차례 개혁을 통해 제도의 안정과 확대를 이루었다.

대표적인 제도 개혁으로는 수발보험에서 이용자 보호 강화와 질 보장을 위한 수발 질 보장(2001), 재가 수발에서 상당한 일상 돌봄 필요가 있는 대상자에 대한 추가 급여(2001), 통일된 노인수발 교육을 위한 법 제정(2001), 어린이가 없는 피보험자의 수발보험료 추가 부담(2005), 수발 가족에 대한 실업보험 보장(2006), 건강보험 경쟁 강화에 따른 수발 강화(2007) 등이다.

그간 수발 필요성 개념, 수급자 선정 기준, 급여 수준의 적절성, 건강보험과의 연계, 급여의 질, 수발 비용 증가에 따른 재정 안정화 문제 등에 대한 논의는 지속적으로 이루어져 왔다. 이러한 논의의 결과로 2008년 5월 수발보험개선법(das Gesetz zur strukturellen Weiterentwicklung der Pflegeversicherung)이 제정되고 2008년 7월부터 개혁되었다(김욱, 2010: 90ff). 수발 개혁을 통해 수발 서비스 질을 개선하고, 시설에 대한 투명성을 높여 제공되는 급여의 비교가 가능하도록 했다. 이를 통해 수발 대상자가 원하는 방식의 거주와 돌봄을 받을 수 있도록 했다.

독일에서는 2008년 말 현재 6,990만 명이 가입되어 있다. 수발 급여 수급자는 약 211만 명이며, 이 중 재가 서비스 이용자가 143만 명(68%), 시설에 입소하여 서비스를 받는 사람이 68만 명(32%)이다.

수발급여 비용으로 약 182억 유로를 지출하고 있으며, 수발보험 재정을 위한 보험료율은 총소득의 1.95%이며, 무자녀 가입자면 2.2%이다. 수발시설은 2007년 말 현재 재가시설이 11,529개소, 입소시설이 11,029개소로 꾸준히 증가해 왔다. 시설에 종사 인력은 총 809,707명으로 재가시설 종사가 236,162명(29%), 입소시설 종사자 573,545명(71%)이다(BMG, 2009).

독일은 지속적인 인구고령화 진행으로 60세 이상 인구가 2005년 800만 명에서 2030년까지 약 2,850만 명이 될 것으로 예측하고 있다. 80세 이상 노인의 28.4%가 타인의 도움이 필요한 것으로 추측되며, 인구 고령화에 따라 수발 도움을 지속해서 확대할 전망이다.

5 보건의료 재정

2010년에 독일 보건의료 지출은 2,873억 유로이며, 이는 국내총생산(BIP)의 11.6%를 차지한다. 이는 2009년에 비해 89억 유로(3.2%) 증가한 것이며, 국민 1명당 3,510유로에 해당한다(2009년 3,400유로)(www.destatis, zahlen und fakten geundeheitswesen). 독일은 미국(2008년 16%) 다음으로 국내총생산에서 차지하는 보건의료 지출이 높은 나라에 속한다.

보건의료 수입의 구성을 보면 60%는 법정 보험, 자율보험 가입자 및 법정 의료보험에의 고용주 부담 몫이며, 21%는 국가의 세금, 7%는 민간 의료보험이다.

1993년에 보험료율 안정을 위한 기본 원리(Grundsatz der Beitragssatzstabilität)가 도입되었다. 보험률 인상은 모든 재원이 다 소진된 후에 비로소 진료 유지의 마지막 수단으로 인상할 수 있다.

1) 법정 의료보험의 재정

법정 의료보험에는 연대성 원리(Solidaritätsprinzip)가 부양 원리(Versorgungsprinzip)로 기능한다. 보험료율은 개인의 능력에 따라서 부과되지만, 모든 가입자는 동일한 보장 보호를 받는다. 이 결과, 미결혼자에서 가정으로, 젊은 층에서 노년층으로, 재정적으로 부자인 사람에게서 재정적으로 가난한 사람으로, 남자에서 여자로 배분이 일어난다.

보험률 상한은 가입자에 대해 자신의 순노동 수입(Bruttoarbeit)의 크기에 따라 계산된다. 그럼에도 보험률의 상한선은 2003년에 3,450유로였다.

개인적인 질병의 위험성, 사망 가능성 등은 고려하지 않는다. 다만 자율 가입자의 특별한 경우에만 사안이 고려된다. 이때 전체 소득, 이자 등이 고려된다. 그러나 이 경우에도 소득 상한선이 적용된다.

보험료는 노동자와 고용주가 절반씩 부담한다. 의료보험의 의무 가입 대상인 연금자의 경우에 연금보험사(Rentenversicherungsträger)가 고용주가 되어 보험을 부담한다. 대학생과 같은 특수 그룹에는 보험료 할인이 적용된다. 그런데도 보험사 간에 보험료의 차이가 있다. 이런 차이는 보험 가입자의 소득 수준, 위험성 또는 가족구성원의 수에서 차이가 나기 때문이다.

2) 민간 의료보험의 재정

독일에서 민간 의료보험은 보험 원리에 따라 보험자의 보험료율을 산정한다. 보험료율은 개인별 위험보험료(Riskobeitrag)와 연령 등의 요소들을 합산해 산정한다. 위험보험료는 소득에 따라 산정되며 개인별 질병 위험을 보장하는 데 필요한 보험료를 제시한다. 이는 보험료 산정에서 등가성 원칙(Äquivaenzprinzip)으로 불린다. 자영업자가 아닌 보험자의 보험료는 법정 의료보험과 마찬가지로 특별한 조건에서 고용주가 절반 부담한다. 자영업자(Selbständige)는 자신의 보험료를 본인이 부담해야 한다. 추가 비용 없이 가족구성원이 동반으로 보험에 가입할 가능성은 없다. 각 가족구성원도 해당 보험료를 내야 한다.

3) 병원 진료 재정

입원한 병원 진료 재정은 의료보험의 가장 큰 비용 항목을 구성한다. 모든 지출의 약 1/3이 이 항목에서 지출된다. 병원 재정의 기본 원리는 이중적 재정 시스템이다. 즉, 공공재정(das öffentliche Haushalt)과 이용자가 비용을 공동으로 부담한다. 각 연방주는 환자들의 부양(Versorgung)을 확보하며 보장하기 위해 병원 예산을 세운다. 해당 병원들은 매년 병원 침상에 따라 평균으로, 그리고 자신들의 병원 투자 계획에 대해 지원금을 받는다. 진료비 및 경영 비용은 환자의 자기 부담과 환자가 속한 보험회사가 부담한다.

4) 위험구조 균등 조정

1994년 이후 연방보험청(Bundesversicherungsamt)은 다양한 질병금고에 위험구조 균등 조정(Risikostrukturausgleich)을 한다. 질병금고의 보험료 수입은 보험자 보험료의 최고 액수, 동반 보장된 가족구성원 수, 보험 가입자의 나이, 성별 등의 요소를 통해 전체 질병금고를 대상으로 배분한다. 질병금고가 RSA에 지급을 해야 하는지, 아니면 이전금을 받아야 하는지는 재정력과 보험 지원의 필요를 고려하여 산정한다. 가령 위험구조 균등 조정(RSA)은 질병관리 프로그램(Disease-Management-Programmen)의 범주에서 고질병 환자(chronische Kranke)에 대한 지출을 고려한다. 보험자에 대한 평균 이상의 높은 지출 비용은 위험풀(Risikopool)을 통해 조정한다. 위험구조 균등 조정은 법적으로 규정된 의료 서비스만을 고려한다. 보험회사 간의 경쟁이 이런 재분배를 통해 특히 평균 이상으로 비용이 드는 환자를 가진 보험회사에 정당한 대우를 받도록 해주는 것이다.

제 3 절 의료보건 구조의 개혁

2003년 10월 17일 연방정부는 법정 의료보험법의 현대화를 추진했다. 이 개혁은 특히 환자의 의료 서비스와 자기 부담이 핵심이었다. 이에 따라 2004년 1월 1일부터 주요 변화가 일어났다. 이는 모든 의료 서비스 비용의 10%, 최저 5%, 최고 10%의 자기 부담이 따른다. 이는 특히 의약품에 구체적으로 적용된다. 의사를 방문하는 사람은 분기마다 10유로를 지

표 4-4 법정 의료보장에서 본인 부담

서비스	2002년	2004년
의약품 (Arzneimittel)	의약품 크기에 따라 차등 부담. 4유로/4.50유로/5유로	가격의 10%. 단 최저 5유로, 최대 10유로이며, 약 가격을 초월하지 못함; 비처방전은 본인 부담
상처처치용품 (Verbandmittel)	각 4유로	동일
치료제 (Heilmittel)	비용의 15%	비용의 10%와 각 처방에 10유로(가택 수발인 경우에는 연간 28일로 제한); 가사 지원은 하루 비용의 10% 추가 부담. 단 최저 5유로 최고 10유로로 제한
보조제 (Hilfsmittel)	보험사가 부담하는 비용의 20%	각 보조제에 10%, 단 최저 5유로 최고 10유로. 보조제 비용보다 많을 수 없음.
병원 입원비	일 9유로(단 연간 최대 14일)	일 10유로(연간 최대 28일)
병원 입원 치료비	일 9유로	일 10유로
산모 회복치료	일 9유로	일 10유로
입원 재활치료	일 9유로	일 10유로
계속 재활치료 및 자택치료	일 9유로(년 최대 14일)	10유로(연 최대 28일)
치아 대체 Zahnersatz	• 치료비 50%- 치료 근거(Vor-sorgenachweis) 없을 때 • 치료비 40%- 5년 이상 치료 근거 시 • 치료비 35%-10년 이상 치료 근거 시	2005.1월1일 부로 확정 시스템 도입. 질병금고는 통상 치료비의 절반에 해당하는 확정 금액을 지급. 치료 근거 제출 시 확정금은 증가됨.
교통비	각 차편(Fahrt)에 13유로	필요한 치료 시에 보상함. 각 Fahrt에 10유로
외래 치료 및 치과치료	부담 없음	각 회기별 10유로(Praxisgebühr). 예방과 18세 이하는 부담 없음.

자료: Robert Koch Institut, Ausgaben und Finzierung des Gesundheitswens Heft 45 2009, 36.

급해야 한다. 여기서 예외는 예방 차원 방문(Vorsorgebesuche)과 치과 방문이다. 입원 치료에는 최장 28일로 매일 10유로를 본인이 부담해야 한다. 18세 미만 청소년과 아이들은 본인부담에서 면제된다.

보험자들은 자기 연소득의 2%, 고질병에 대해서는 연소득의 1%의 상한액에서 자기 부담을 한다. 이 범주를 넘어서는 비용에 대해서는 질병금고가 비용 전부를 부담한다.

의료 서비스 항목도 변경되었다. 2004년부터 출산수당(Entbindungsgeld), 사망수당(Sterbgeld), 안경에 대한 지원, 교통비 지원이 없다. 치아 대체(Zahnersatz)에 대해서는 2005년부터 따로 보험에 가입해야 한다. 2006년부터 질병수당(Krankengeld)은 0.5%의 특별보험료(Sonderbeitrag)로 보장되어야 한다.

독일 보건의료 체계의 수준은 매우 높다. 모든 국민 그룹에 의료보장을 제공한다. 전 국민에 대한 의료보장을 위해서는 높은 보험료를 감당해야 한다. 보험률은 1995년에서 2006년 기간에 13.15%에서 13.31%로 증가했다. 특히 2001~2003년에 증가가 두드러졌다. 2005년부터 0.9%의 추가 부담의 도입 이후에 보험률은 2004~1006년 기간에 낮아졌다. 노동 외의 높은 비용 부담은 경제적으로 독일 경쟁력을 약화시킨다고 기업가들은 비판한다. 보험료의 증가는 직접 보험 가입자의 수입과 관련이 있다. 이는 수입에 따라 보험료가 결정되기 때문이다. 2002~2003년에 실업의 증가와 경기의 침체는 보험 수입에서 문제를 일으켰다. 즉, 법정 의료보장은 수입으로 지출을 감당할 수 없어, 보험률을 증액해야만 감당할 수 있는 상황

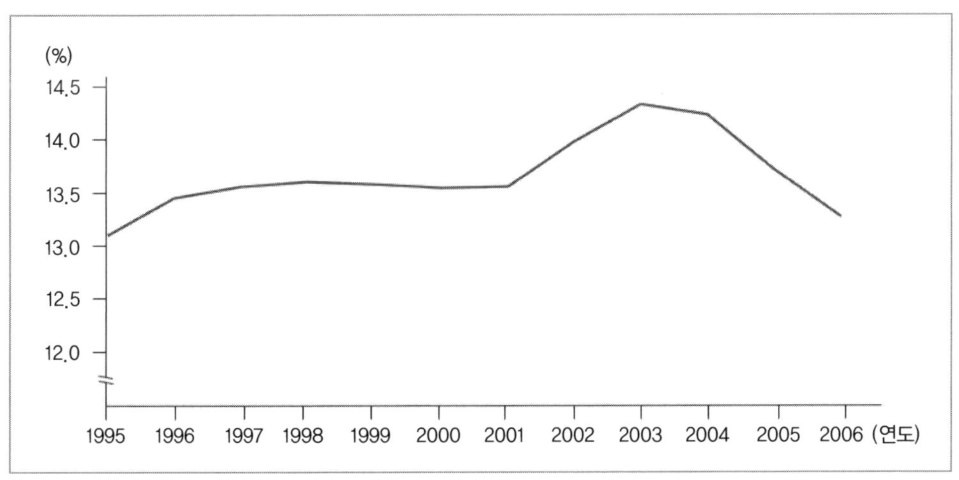

그림 4-6 법정 의료보장 보험률 추이

자료: Robert Koch Institut, Ausgaben und Finzierung des Gesundheitswens, Heft 45 2009, 34.

이었다.

현재와 같은 추세 속에서 앞으로 큰 개혁이 없다면, 의료비 보험률은 2040년에는 20%까지 상승할 것으로 예측된다.

1 보건의료 체계의 강점과 약점

독일 국민 다수는 보건의료 체계에 만족을 표시한다(European Parliament, Health Care Systems in the EU A comparative Study, 1998: 25). 유럽 15개 국가와 비교해 보면, 매우 만족(very satisfied)에 유럽 평균 8.8%에 독일은 12.8%이며, 상당히 만족(fairly statisfid)은 유럽 평균 41.5%에 독일은 53.2%이다. 매우 불만족은 유럽 평균 9.5%에 독일은 1.1%에 불과하다.

병원의 병상 수를 보면 2008년 기준으로 국민 1천 명당 독일은 8.24로 오스트리아 7.66, 헝가리 7.14보다 높다. 스웨덴은 2.76으로 가장 낮다(WHO, GFA 2008). 의료 서비스의 질적 향상, 경제성, 의료보장을 위해 연방보건의료 장관은 보건의료 관련 모든 대표자를 '집중 프로그램(Konzentierte Aktion)'에 참가시킨다. 이 프로그램은 7명의 전문가위원회가 지원한다. SVRKAiG는 보건의료에 대한 연간 보고서 및 특별의견서(Sondergutachten)를 제출한다.

법정 의료보험에서 보험자는 완전 진료의 권리를 가진다. 반면 민간 의료보험에는 이런 완전 진료를 요구하는 데에서, 3개월의 기간 또는 턱(Kieferorthpädie)과 같은 경우 특정의료 서비스를 받기 위해서는 8개월을 기다리는 예도 있다. 국민에게 친화적인 독일의 보건의료이지만 여전히 개선할 점이 있다(홍석표, 2010: 91-92).

2 비용 상승의 원인

1970년대 이후에 독일 정부는 의료비 지출을 감축하고자 하는 노력을 기울였다. 1977년에 법정 의료보험의 지출 감축과 구조개선법을 발표했다. 그 뒤에 따르는 개혁안에는 1982년 KVEG(비용절감법), 1989년 GRG(보건의료개정법), 1993년 GSG(보건의료구조법)가 있다. 1993년에 정부는 보험료율 안정기본 원리(Grundsatz)를 도입하여 지속적인 보험료 증가에 따른 지출을 억제하려고 했다. 그러나 이런 정부의 노력에도 의료비 지출은 계속 증가했다. 1997년에 GKV-Neuordnungsgesetz(GKV 새규칙법), 1999년 GKV-Solidaritässtäkungsgesetz(GKV 연대강화법) 2000년대의 수차례 법정 의료보험 개혁도 마찬가지로 효과가 없었다(<표 4-5 참조).

비용 상승의 원인으로는 시스템 내부 요인과 시스템과 관계 없는 외부 요인을 들 수 있다.

1) 시스템 외부 요인

지출 증가의 두 가지 주요 원인은 의료 기술의 발달과 인구 변화이다. 전문가들은 인구 구성층의 변화 때문에 2030년까지 지금 현재의 수준보다 보험률이 2/3 상승할 것으로 본다. 인구 구성의 비율 변화는 젊은 층에 부담을 준다. 연금자들은 평균 이하의 보험료를 내는데 비해, 이들이 갖다 쓰는 병원 비용은 훨씬 많다.

의료 기술의 발달로 더 많은 질병 발견, 치료가 가능해지고 있다. 이런 의료 기술의 발전에 따른 최신 의료장비의 구매는 비용 증가로 이어진다. 의료 기술 발달은 또한 연금자층의 비용 증가를 의미한다. 환자들의 생존 가능성과 수명은 의료 기술의 발달로 치료할 수 있게 됨에 따라 계속 늘어날 수밖에 없다.

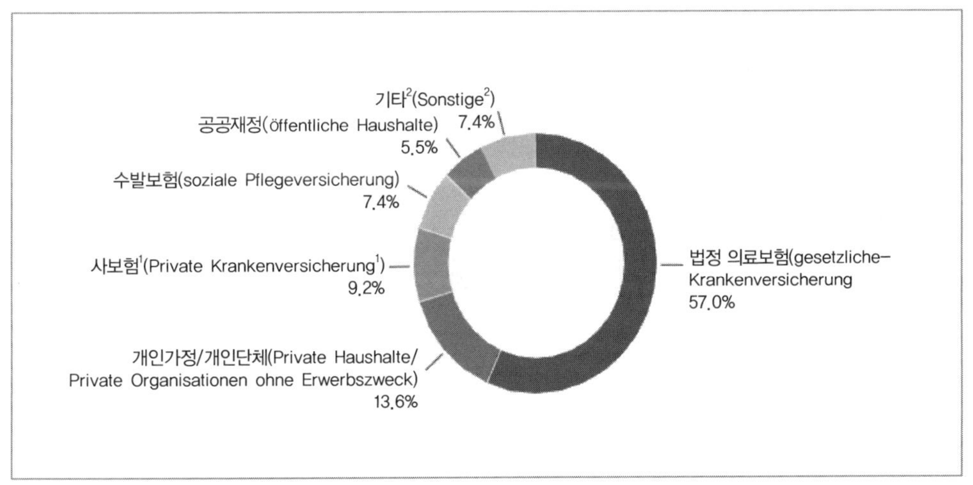

그림 4-7 보건의료보장 주체별 보건의료비 지출

* 비고: 1. 수발보험, 체신금고(Postbeamtenkrankenkasse), 연방철도공무원 포함;
2. 법정연금보험, 법정 산재보험, 노동자

자료: 연방통계청.

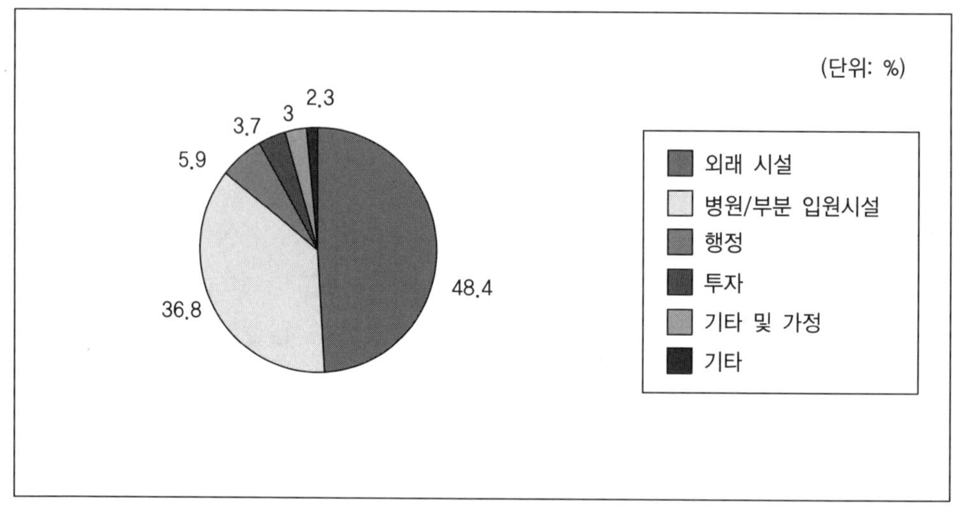

그림 4-8 영역에 따른 보건의료비 지출 비율(2006)

*기타(보건의료 보호, 구급, 외국).
출처: 연방통계청.

2) 시스템 내부 요인

독일 보건의료 체계는 자체적으로 다양한 '제도적 조정'을 거치는 체제이다. 높은 소득을 가진 보험자는 법정 의료보험에서 자동으로 떨어져 나가게 되어 있다. 현물 제공 서비스(Sachleistungsprinzip)와 자기 부담의 낮은 비율은 의료 서비스를 절약적으로, 비용을 고려하여 이용하는 데에 어떤 이바지를 하지 못한다. 이런 무료 의료 서비스는 환자들의 수요를 증가시킨다고 본다. 공급자 중심의 수요는 결과적으로 법정 보험 질병 서비스의 확대를 가져온다. 의료 체계의 또 다른 약점은 입원과 외래 진료에서의 이중적 검사를 통한 과잉 진료 또는 진료 결핍이다.

3 보건기금 도입

보건기금(Gesundheitsfonds)은 건강의료보건 체계에서 보험료 납부(노동자, 고용주, 국가의 지원)를 중앙에 통합하여, 이를 다시 보험사에 재분배하는 시스템을 말한다. 이와 같은 제도는 네덜란드, 벨기에, 이스라엘에서 시행되고 있다. 이와 대비되는 모델은 각 보험료 납부를 개별 보험사에 지급하도록 하는 방식이며(예: 스위스), 독일은 지금까지 이 방식을 따랐다. 독일은 법정 의료보장에서 2009년 보건기금제도를 도입함으로써 두 번째 모델에서 첫 번째 모델로 개혁했다.

2006년 CDU/CSU-SPD 연립정부는 법정 의료보장에 건강기금 도입에 합의했다(민간보험은 배제함). 2007년 2월 2일에 연방하원은 법정 의료보장경쟁강화법(GkV-WSG)을 의결했고, 연방상원은 동년 2월 16일에 이 법에 동의하게 되므로(사회법전 V 개정) 건강기금이 도입되었다.

보건기금 도입은 당시 보건의료 체계에서 경쟁하는 두 모델, 국민보장(Bürgerversicherung)과 두당일괄제(건강 프레임: Kopfpauschale, Gesundheitsprämie) 간의 타협안이었다. 국민보장은 SPD, 녹색당과 좌파가 주장하는 안으로, 국민 간의 연대성을 우선하여 법정 보건의료보장과 민간보장 간의 구별을 없애며, 소득자 모두에게 동일한 의료보장을 제공하자는 것이다. 국민보장은 공무원, 자영업자, 전문직 등 소득이 높은 사람들을 법정 의료보험에 편입시켜 의료보험 수입을 개선하려는 의도가 있다.

두당일괄제보장(건강 프레임)은 CDU/CSU가 주장하는 안으로 소득과 관계 없이 일정한 보험을 내게 함으로써 사업주의 비용을 줄여주고자 한다. 인두제(人頭制) 보장은 궁극적으로 임금과 의료 비용을 분리하며, 기업의 부담을 덜어주는 의도가 있다. 이 모델에서 법적 보장과 민간보장의 구별은 존속한다. 보건의료보험은 실제로 노동 비용의 일부여서, 보험료의 증가로 노동 비용이 증가하게 된다. 이 모델에서는 수입이 적은 노동자들의 비용 부담이 늘어나며, 반면 수입이 없는 사회 약자는 그 비용을 국가가 지원하게 된다(프레임).

보건기금 도입으로 법정 보건의료의 보험료와 국가의 세제지원금은 중앙으로 통합되며, 질병금고는 보건의료보장에 따른 비용과 행정 비용을 연방보험청에 청구하게 된다(www.bundesversicherungsamt.de). 즉, 200개 이상의 법정 의료보험금고는 피보험자에 지급하는 일정 금액을 보건기금으로부터 받는다. 노인, 병자 또는 저소득층이 다수 가입해 있는 의료보험조합은 추가 지원금을 받는다.

지금까지 질병금고는 각기 서로 다른 보험료율을 적용했으나, 이제는 연방정부가 확정하는 보험률에 따라 단일화되었다. 2009년에 연방정부는 보험률을 15.5%로 정했다(보험 가입자[노동자] 부담 8.2%, 고용주 부담 7.3%, 추가 부담 한계 0.9%).

질병금고는 의료 비용을 100% 보장한다. 그러나 의료보장의 비용이 수입을 넘어서면 보건기금은 이를 95%까지만 지원하며, 나머지 5%는 보험사가 추가 부담을 통해 충당해야 한다. 즉, 질병금고는 비용 발생을 보건기금 지원으로 충당되지 못하는 경우, 추가로 비용 일부를 요구할 수 있게 했다(Zusatzbeitrag, 2009년 초기 도입에는 1%로 한계를 정함). 이는 보험금고 간의 경쟁을 불러오게 함으로써 의료 비용을 절감하고자 도입되었다. 추가 부담 한계는 CDU/CSU-FDP 연립정부 들어 폐지되었다.

연방정부의 보건의료 체계 개혁은 장기적으로 보건의료비의 절감, 노동자의 비용 부담의 절감, 이를 통한 독일의 경쟁력 향상 등에 목적을 두고 있다. 당시 야당들은 보건기금의 도입이 재정 문제 해결에 도움이 안 된다고 보았고, FDP는 건강기금 도입으로 보험사 간의 경쟁력 요소를 없애버렸다고 비판했다. 건강기금의 도입으로 인해 논의되는 점은 보험료율의 감소, 국가의 세제 지원의 변화, 보험사 간의 보험자 이동과 경쟁 등이다.

제 4 절 독일 보건의료정책과 시사점

1 독일 의료보장 개혁과 만족

보건의료 서비스에 대한 평가는 최근에 과거에 비해 낮아졌다. 2002년 AOK의 연구 질문에서 "독일의 보건의료 체계는 매우 만족할 만한 서비스를 제공하는가?"라는 질문에 답변자 18%가 '매우 그렇다'와 '그렇다(voll und ganz)'라고 답했다. 1993년에는 33%의 답변률을 보여주었다.

이런 여론조사는 실제로 보건의료 서비스가 개선되었음에도, 국민의 기대와 만족은 오히려 부정적이라는 것을 보여준다. 국민은 독일의 보건의료 서비스가 문제가 있다고 여기며, 개혁되어야 한다고 보는 것이다. 이는 독일 국민이 보건의료보장에 대해 특히 비판적임을 보여준다. 독일은 다른 산업국가와 비교해 볼 때, 보건의료보장에 대한 논의가 가장 활발한 나라이다(Fritz-Beske-Institut: Presseerklärung. 2004.04.19).

의료보장에 대한 위기진단과 그에 따른 개혁 수준은 각기 다르다. 결과적으로 중요한 것은 누가 의료보장 비용을 내며, 이에 대한 수혜자는 누구인가 하는 것이다. 보건의료 보장은 직업, 업무, 제도, 경제적 이해 관계, 개인별 요구 차이, 법적 규제 등으로 그 자체가 매우 복잡하다.

정부는 법정 의료보험의 현대화법에 따라 의료 분야에서 지출을 억제하며, 보험률을 낮추고자 했다. 이런 목적을 위해 취해진 조치들이 있다.

2007년 연방보건의료부의 의료보험 개혁을 통해 모든 독일 국민에게 인간 삶의 영위하며 재능을 펼치게 하며 꿈을 실현하게 하는 정책적 목적을 밝히고 있다. 이에 구체적으로 독일 국민은 나이나 소득과 관계 없이 질병이 발생할 때에 필요에 따라 최고 수준의 의료 서비스를 제공하는 것을 추구한다.

표 4-5 보건의료 체계의 주요 개혁(1989~2008)

날짜	법명	주요 내용
1989.1.1	보건의료개정법(GRG)	• 약값 등 의료 서비스 전반에 자기 부담 증액 • 확정액 제도 도입, 예방, 건강 촉진 조치 도입
1993.1.1	보건의료구조법(GSG)	• 약값 증액, 치아 대체물 제한
1995.1.1	수발보험법 도입	• 외래 및 입원 시 수발 서비스
1997.1.1	성장 및 고용촉진법(WFG)	• 재활치료 기간을 4주에서 3주로 단축
1997.1.1	보험료인하법(BeitrEnlG)	• 약값 및 치료제, 입원 기간에 부담 증액 • 질병수당을 소득의 80%에서 70%로 축소 • 안경지원금 삭제 • 치아 대체 지원 삭제(1978년생 이후)
1977.7.1	제1, 제2 GKV 개정 (1.und 2. GKV-NOG)	• 약값 및 치료제 등 자기 부담 증액 • 치아 대체에 확정 금액 도입 • 병원 긴급 지원(Notopfer Krankenhaus)
2000.1.1	보건의료법 개정(GRG)	• 건강 촉진 지원, 예방 강화 • 재활치료 지원 강화
2002.1.1	의약품 예산해제법(ABAG)	• 의약 및 치료제 예산 폐지
2003.1.1	의료보험료안정법(BSSichG)	• 제약회사는 의약값 6%를 할인 • 의사 치료비 동결, 치과 치료비 하향 조정 • 질병별 금고의 보험료 추가 부담 금지 • 의무 가입 기준 상향
2004.1.1.	법정 보건의료 현대화법(GMG)	• 재정, 의료 서비스, 행정 비용 등에서 개정
2006.5.1	의약품경제효율화법(AVWG)	• GKV에 부담되는 약제의 2년간 동결 • 의약품 할인 합의성 개방
2007.4.1	법적보건의료보장경쟁성 강화법(GKV-WSG)	• 의료보장의무제 도입(2009.1.1부터) • 건강 펀드(Gesundheitsfonds) 설립 • 보험자에 비용선택권 부여 • 치료와 백신 접종은 GKV의 의무 서비스
2008.7.1	수발보험구조개선법(PfWG)	• 외래 치료와 수발 비용 순차적 증액 • 수발 범주 확대, 수발 보험료 증액 소득의 1.95% (무자녀인 경우는 2.2%)

자료: Robert Koch Institut, Ausgaben und Finzierung des Gesundheitswens Heft 45 2009, 13.

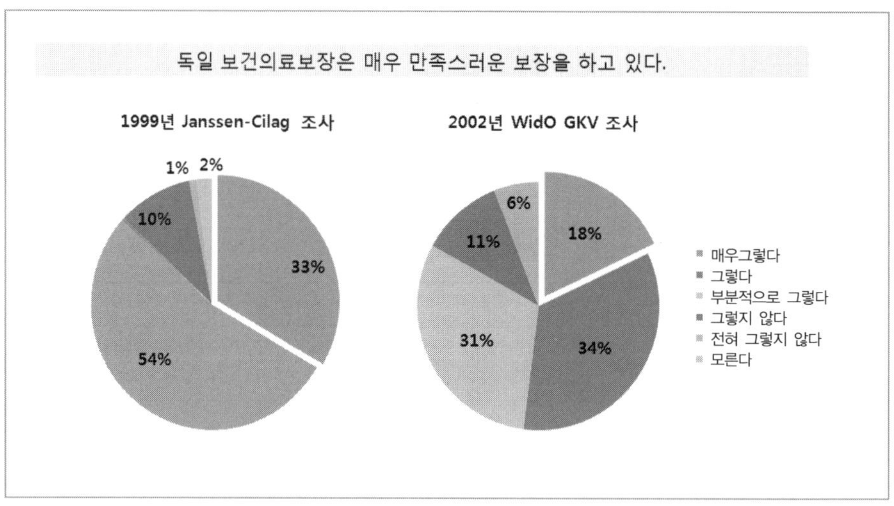

그림 4-9 독일 보건의료보장에 대한 만족

* 비고: Janssen-Cilag-Studie는 민간보험을 포함하여 국민 전체를 대상으로 함.

자료: Zok, K., *Gestaltungsoptionen in der Gesundheitspolitik. Die Reformbereitschaft von Bürgern und Versicherten im Spiegel von Umfragen*. Bonn: Wissenschaftliches Institut der AOK, 2003.: Wasem, J., *Das Gesundheitswesen in Deutschland: Einstellungen und Erwartungen der Bevölkerung*. Neuss: Janssen-Cilag, 1999.

2007년 의료보험 개혁은 기본적으로 4개 분야의 개혁을 포함하고 있다: 1) 전 국민을 위한 의료보험의 도입, 2) 의료 혜택 구조 및 의료보험기관의 개혁, 3) 재정 시스템(Finanzierungsordnung)의 개혁, 4) 민간보험 개혁이다.

2 한국의 의료보장 수준

우리나라 공적 의료보장 체계는 1977년 이후 지속적으로 확대되어 오늘날의 사회보장 제도의 근간으로 역할을 이루고 있다. 공적 의료보장 체계는 독일과 같이 사회보험으로 운영되는 국민건강보험제도와 일반회계로 재원 조달되는 저소득층 대상 의료급여 제도로 구성되어 있다.

공적 의료보장의 역사적인 발전 과정을 보면 1977년 의료보험 당연 적용이 시작되고(500인 이상 사업장), 저소득층 보호를 위한 의료보호법이 제정되면서부터 공적 의료보장이 체계적인 틀을 갖게 되었다. 이와 같은 공적 의료보험제도는 한국의 사회복지 체계에서 전기를 이룬다. 공적 의료보장 체계는 전국민에게 일정 수준의 기본적인 의료보장을 제공하고 있으며, 보장 수준을 확대해야 하는 단계에 놓여 있다.

한국의 의료보장 수준을 어느 수준으로 하는 가의 문제이다. 2007년 기준으로 OECD 국가는 의료비보장으로 국내총생산(GDP)의 8.9%를 지출했다. 이런 의료비 지출은 대체로 헝가리, 체코를 제외하고는 국내총생산의 증가율보다 더 높게 이루어져 왔다. 국가별로 의료보장 지출은 미국이 가장 높으며, 뒤를 이어 프랑스(11.0%), 스위스(10.8%), 독일(10.4%) 순이다. 2010년 기준으로는 미국(17.6%), 네덜란드(12.0%), 프랑스와 독일(11.6%) 등이다. 낮은 나라는 터키(6.1%, 2008년), 멕시코(6.2%), 에스토니아(6.3%) 등이다.

2010년을 기준으로 우리나라 국민의 의료비 지출은 GDP 대비 7.1% 수준으로 2005년 5.7%에 비해 1.4%가 증가했다. 그러나 이는 2010년 OECD 회원국의 평균 지출 수준 9.5%

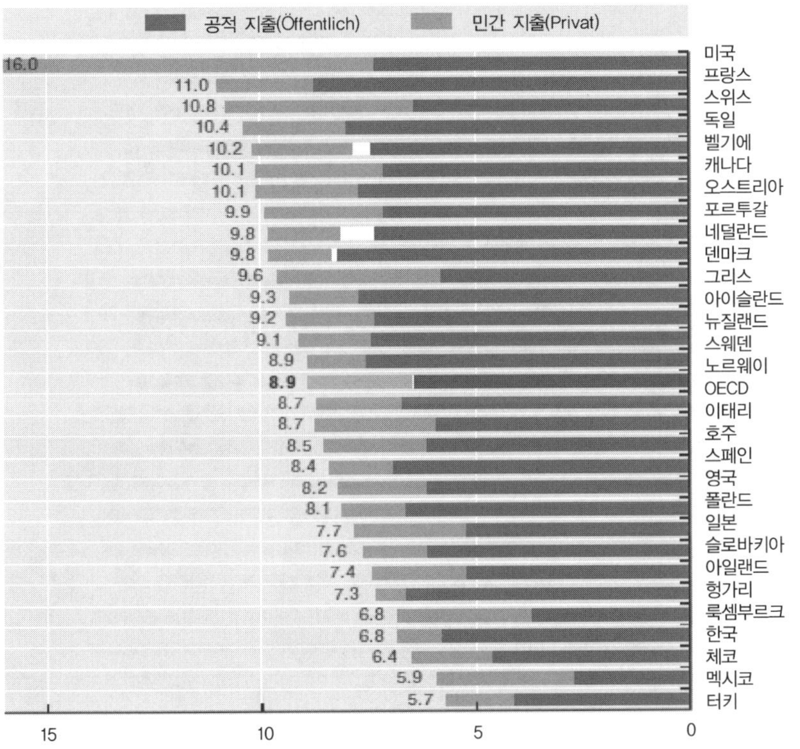

그림 4-10 GDP 대비 국민 의료비 비출 2007

자료: OECD 2010: Gesundheit auf einen Blick 2009, OECD-Indiktatoren, 161.

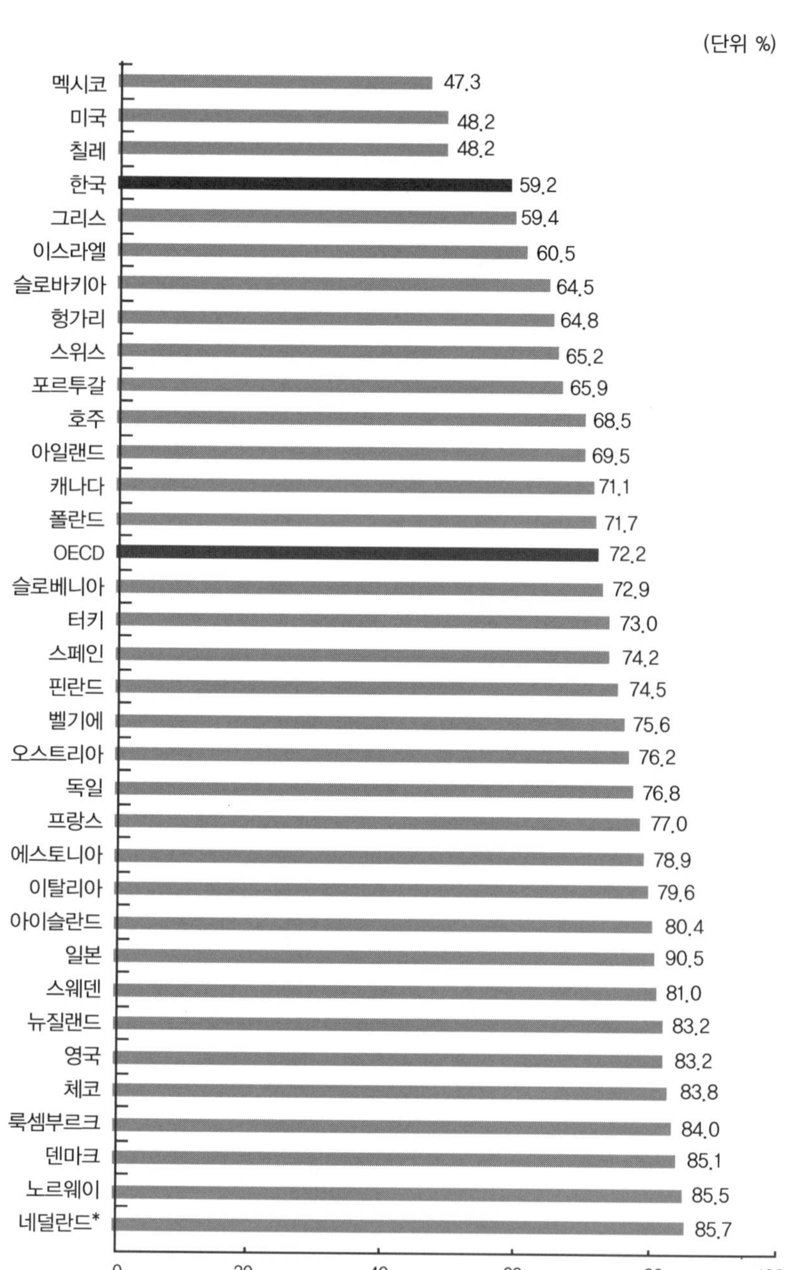

그림 4-11 국민의료비 중 공공지출 비율(2012)

자료: OECD, OECD Health Data 2012(한국어판), 89.

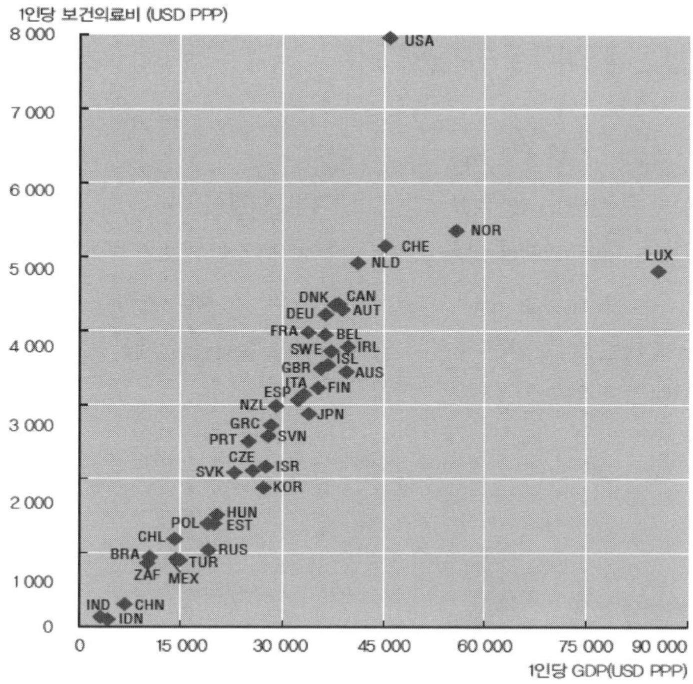

그림 4-12 개인별 의료비 지출과 GDP

자료: OECD: 한눈에 보는 OECD 보건지표(2011: 149).

보다는 여전히 낮은 수치이다. 한국과 멕시코는 의료비 지출이 공적 의료보장과 사적 비용이 거의 절반(2005년 52.9%, 2010년 58.2%)에 해당한다. OECD 회원국의 공공 평균 지출 비율 72.2% 수준이다.

의료보장제도의 평가에서 필요한 또 다른 수치는 인구 개인이 차지하는 국내총생산에서 차지하는 의료비 지출이다. 이 비율은 총 보건의료비의 순위와 유사하다. 이는 일반적으로 OECD국가에서 높은 GDP와 의료비 지출이 상관성을 갖고 있음을 보여준다. 그러나 보건의료비 수준에 영향을 미치는 요소가 GDP만 있는 것이 아니기 때문에 차이가 난다. 이는 독일과 핀란드의 경우 1인당 GDP의 경우는 비슷하지만, 보건의료비 지출은 독일이 핀란드보다 25% 더 지출한다. 오스트리아와 포르투갈은 의료비 지출이 10% 수준이지만, 오스트리아는 개인당 지출로 볼 때는 70% 이상이 높다.

한국 공적 의료보장에서 문제가 되는 점은 보장 수준이다. 공적 의료보장 체계는 현재 보장 수준이 낮으며, 제한적이라는 문제를 갖고 있다. 이는 전국민 건강보험 당연 적용

(1989년) 이후 20년간 핵심적 의료보장 기능을 수행한다는 제도적 성과를 보이지만, 적정 수준의 의료보장은 제공되지 못하고 있다. 이는 특히 중증질환의 위험에 대해 보장의 미흡은 과연 의료보장으로서의 기능을 다 하고 있는가에 대해 비판을 받는다. 따라서 중증질환 환자의 경우는 의료비 부담으로 계층 하락의 위험을 안고 있다. 한국 사회의 고령화, 의료서비스의 기대 수준 상승 등은 의료보장에 또 다른 도전이 된다.

현재 중증질환에 대한 보장성 강화, 또는 경증에 대한 보장성을 줄여서 중증질환 보장성을 강화하는 논의에서, 보장성 수준을 줄이는 것은 의료보장의 목적과 원리에 부합되지 않는다. 경증질환에 대한 의료 접근 제한은 의료의 예방적 접근을 제한하며, 취약계층의 의료보장 수준이 낮아질 위험도 있다.2)

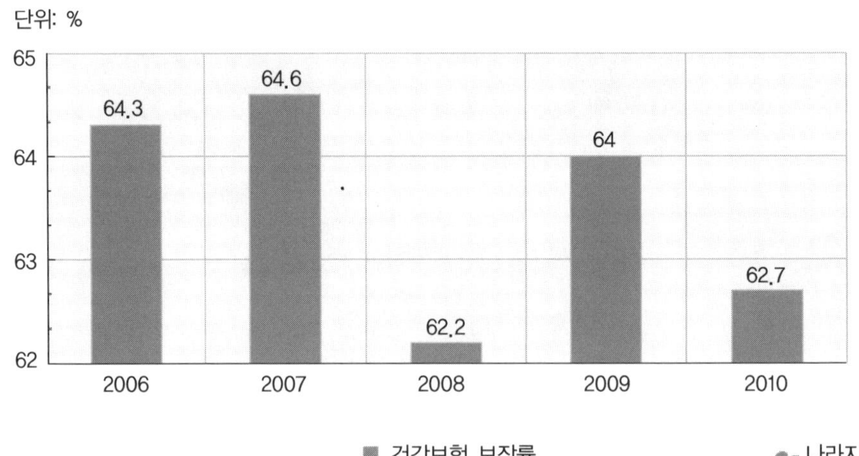

그림 4-13 건강보험보장률 추이

2) 18대 대통령 선거에서 후보자들은 건강보험 보장성을 경제협력개발기구(OECD) 평균인 80% 수준으로 상향시키겠다고 했다. 건강보험 보장률은 비급여를 포함한 총 진료비 중 건강보험에서 부담하는 비율로서 건강보험의 보장 수준을 나타내는 척도로 활용된다. 보장성 80%라는 수치는 경제협력개발기구 국가의 평균 보장성이 80%이고 이들 국가가 현재 우리나라 1인당 국민소득 수준인 2만7,000달러일 때 80%를 달성한 데에 근거한다. 박근혜 후보는 암, 심혈관, 뇌혈관질환, 심장질환, 희귀난치성 질환 등 4대 중증질환에 대해 단계적으로 보장성을 강화하는 등 건강보험 보장성을 80% 수준까지 확대하는 방안을 제시했다(현재 70% 수준). 이를 위해 현재 20%인 국고 지원 수준도 확대한다는 계획이다. 문재인 후보는 보장성 강화를 위해 '의료비 100만 원 본인부담 상한제' 시행을 제안했다. 2017년까지 입원진료 보장률을 OECD 평균인 90%까지 확대한다는 계획이다. 이를 위한 재정 확보를 위해 국고 지원을 최대 25% 확대하겠다고 했다. 문제는 보장성 확대에 필요한 재원 조달(보험료 인상, 국고 지원)을 어떻게 할 것인가에 대한 국민적 합의를 이루는 것 외에, 이를 추진해 나갈 세력(복지국가 발전에서 추진 세력)이 있는가이다.

제 5 장 독일의 환경정책

환경보호와 기후 변화는 21세기에 들어 범지구적 과제가 되었다. 독일 사회와 정치에서 차지하는 환경문제의 비중은 독일의 환경운동과 녹색당의 의회 진출에서 볼 수 있다. 일찍이 독일은 환경운동에서부터 환경에 관한 산업화 기술이 발전되어 왔으며, 기후 보호와 신재생 에너지 사용에서 선구적 역할을 해오고 있다. 독일은 국제적으로도 환경 보호, 기후 친화적 개발전략, 에너지 협력 부문에서 활동을 펼치고 있다.

독일은 2011년 선진국 최초로 원자력 에너지 포기를 결정했다. 독일 정부의 원자력 에너지 포기 결정 이면에는 국민 간의 전적인 합의와 지지가 있다. 온실가스 배출에서도 독일은 1990년 이래로 24%가량 감축했다. 이는 2012년까지 21% 감축할 것을 명시한 2005년 교토(京都)의정서 의무 조항을 만족하고도 남는 수치이다.

제 1 절 국가정책으로서 환경정책

1 환경정책 개념과 권한

자연에 대한 인간의 관여는 세 가지로 나타난다.

첫째는 환경자원의 이용이다. 수자원, 식물, 동물, 광물 등의 자원을 이용함으로써 자연을 인간 필요를 위한 생산에 쓰며 소비한다.

둘째는 자연환경에 영향을 미치는 물질의 배출이다. 폐기물, 하수, 공기 오염물질, 소음 등이 대표적이다.

셋째는 토지 및 수자원 공간 같은 자연 원형을 변형하는 개발 이용이다. 자연환경에 대한 보호는 자연보호, 환경정책(Umweltpolitik)으로서 나타나며, 인간 삶의 환경 유지와 보호를 추구한다.

환경정책은 독일에서 다른 정책과 비교하여 가장 '새로운 정책 영역(junges Politikfeld)'이다(Hucke, 1990: 382). 연방정부는 1971년 처음 환경 프로그램을 발표하면서 환경정책을 다음과 같이 정의했다. "인간의 건강과 인간다운 존재에 필요한 환경을 확보(sichern)하기 위해 필요로 하는 모든 수단을 말한다. 이는 토지, 공기, 물, 동식물 세계를 인간의 침해로부터 보호하며, 인간의 사용에서 손상과 결함(Nachteile)을 제거하는 것이다."[1] 이러한 환경정책의 개념 정의에는 1) 자연의 훼손을 최소화하며, 2) 사람과 자연을 위한 훼손을 예방하며, 3) 사람, 동식물, 자연계, 환경 매체(공기, 물, 토지)의 위기를 최소화하며, 4) 미래 세대에 자연환경을 제공하는 것이 목표로 되어 있다. 1994년에 기본법에 '자연환경 생활환경 보호'가 국가의 환경정책 목표로 추가되었다.

환경정책은 초기에 현재의 위험에 대체하며, 환경 훼손을 복원하여 자연의 부담을 덜어주는 것과 같은 수동적인 성격을 가졌다. 토지, 공기, 수질 등이 자연히 환경정책의 주요 대상이었다. 환경정책은 초기의 환경 훼손 회복에서, 환경 행태적인 구조 변화까지 포함한다. 즉, 환경정책은 환경 문제를 인식하며 해결하는 모든 조직적 행위의 총합으로 보게 되었으며, 이런 환경정책은 국내 수준과 국제적 수준에서 참여하는 국가들의 행동으로 발전되었다(Jänicke, 2006: 405; Hartkopf & Bohe, 1983: 57). 환경정책 과정에는 비정부조직이 참여함으로써 국가행위를 보완 수정한다. 독일의 환경정책은 1992년 리우 환경회의 이후 지속가능한 발전이 중심 정책 목표로 자리 잡았고, 이는 자원 보호적인 경제와 에너지정책과 연계되었으며, 현재와 미래 세대를 고려하는 정책이다.

환경정책은 전형적인 수평 과제(Querschittsaufgabe)이다. 환경정책의 주제는 경제, 에너지, 산업구조, 교통, 농업, 해양, 도시계획, 주택정책과 소비정책과도 횡적으로 연결된다. 이런 다양한 영역에서의 결정은 직·간접으로 환경정책에 영향을 미친다. 마찬가지로 환경정책 결정은 다른 영역에 다시 영향을 미친다.

1) Simonis, Udo E., Stichwort Umweltpolitik(http://skylla.wz-berlin.de/pdf/2001/ii01-403.pdf).

2 환경정책의 헌법적 권한

기본법에서 환경에 대한 일관된 규정은 없다. 1994년 10월 27일 기본법 개정으로 20a조가 삽입되었다. 20a조는 '자연적 생활 기반의 보호(Schutz der natürlichen Lebensgrundlagen)'로서, "국가는 장래의 세대에 관한 책임으로서 헌법 질서의 범위 내에서 입법에 의거하거나 법률과 규범에 따른 행정과 판결을 통해 자연적 생활 기반을 보호한다"고 했다. 이와 같은 국가 목표로서의 환경정책은 권한에 관한 규정은 하고 있지 않다. 환경에 관한 권한은 연방과 주의 전속적 입법권에서 거의 없으며, 경합적 입법 권한을 다루는 제72조와 제74조에서 찾을 수 있다. 경합적 입법 권한에서 환경에 대한 권한은 민사와 형사(제74조 1항 1호), 광업과 에너지 경제(제74조 1항 11호), 토지법(제74조 1항 18호), 식량, 기호품, 생활필수품(제74조 1항 20호), 오물 제거, 공기 정화 및 소음 방지(제74조 1항 24호) 등이다.

대강 규정으로 되어 있던 기본법 75조는 연방제도 개혁 I의 하나로 폐지되어 74조 경합적 권한에 편입되었다. 수렵제도(28호), 자연보호, 풍경관리(29호), 토지분배(30호), 지역개발(31호), 수자원관리(32호)이다. 기본법 72조 3항은 이 법에 대해 주는 이탈권(abweichende Regelung)을 허용하고 있어, 주는 다른 주와 같은 환경에 관한 주법을 제정하면서도, 일부 독자적인 정책을 펼 수가 있다. 그렇지 않으면 주는 연방법을 수용해야 한다.

연방은 "'연방 영역에서 동등한 생활 관계의 유지가 필요한 경우에 입법권을 행사할 수 있다'"고 하는 기본법 제72조 2항에 따라, 각 주를 넘어서는 입법권을 행사할 수 있다. 즉, 이는 유럽연합의 환경정책 방향을 집행할 수 있음을 말한다. 주는 유럽연합의 법에 구속되며, 연방법 내지 유럽연합의 법 노선에서 이탈할 수 없다.

환경 관련 법은 계속 연방의 권한으로 위임 이전되며 확대되었다. 이와 같은 연방 권한으로의 확대 원인은 독일의 환경정책이 초기에 주와 지역 중심으로 이루어졌기 때문이다. 오늘날 환경 관련 법은 법과 규칙, 명령 등으로 혼합되어 복잡하게 얽혀 있다.

주(州)들의 환경 영역에서의 활동은 적극적이다. 주는 연방법의 집행 권한을 가진다. 주는 각 주자연보호법, 주폐기물법, 주수자원관리법을 가짐으로써, 연방이 정한 법을 집행한다. 그러나 주들은 자신의 편에서 완벽한 독자적인 환경 관련법을 제정함으로써 자신들의 이상적인 환경정책을 달성하고자 한다. 이는 환경 문제는 지역에 따라 차이가 나며, 자신에게 맞는 환경 해결이 요구되기 때문이다.

지방자치단체들도 환경 관련 조례를 가지며, 폐기물, 하수도, 수자원관리, 에너지, 교통 영역에 참여한다.

 환경정책의 행정 권한

환경 관련 모든 법적인 집행은 연방주의와 기본법 규정에 따라 주 소관이다. 연방의 환경정책의 성공 여부는 실제로 주가 얼마만큼 법집행을 수행하는가에 달려 있다.

환경 집행에 대한 행정 권한은 환경의 입법 권한과 관계 없이 독자적으로 할 수 있다. 기본법 제30조는 주의 행정 권한을 규정한다. "국가적 권능의 행사와 국가적 과제의 수행은 이 기본법이 다른 규정을 두지 아니하거나 허용하지 않는 한 주의 직무이다." 기본법 제83조, 제84조의 연방 법률 집행에 대한 주의 행정 권한에서 환경정책은 일반적으로 주의 권한에 속한다. 다만 제85조의 연방에 위임된 행정으로서 환경정책은 예외적이다. 가령 원자력 권한(Atomrecht)에서 연방은 행정권에서 상당한 지시 권한을 갖고 있다. 그 외 일반적인 주의 행정에서 연방은 법적 감독권(Rechtsaufsicht)만을 가진다.

주들은 환경정책을 담당하는 부처로 환경부를 두고 있다. 1970년에 바이에른이 농업개발 · 환경부(Ministerium für Landesentwicklung und Umwelfragen)로 처음 환경부를 설치했다. 이후 다른 주들도 단독으로 환경부나 또는 다른 영역을 포함하여 환경부를 설치했다. 주의 행정과 마찬가지로 환경 담당 기관도 주별로 차이가 난다. 특히 1976년 이후에 모든 주에 녹색당이 창립됨에 따라, 각 주정부와 정당은 독자적인 환경 프로그램을 갖고 있다. 각 주는 자신들의 환경정책 프로그램을 연방 수준에도 시행하려고 노력한다. 가령 바이에른에서는 처음 식물 해충제(Atrazin) 사용을 금지했으며, 이는 연방 전체로 확대 적용되었다. 바이에른은 1993년에 환경세 도입도 처음 주장했다. 각 주는 상호간에 발전된 제도와 법안을 도입했다. 1991년에 바덴-뷔르템베르크는 특별폐기물 배출(Sondermüllabgabe) 제도를 시행했고, 헤센도 1991년 이보다 개선된 제도를 시행했다(Holzinger, 2007).

서독지역의 주들은 행정관리청을 중간기관(Mittelinstanz)으로 두고 있으며, 이는 주와 지방자치단체 간의 연결고리로서 기능한다. 하위 행정기관으로서 지방자치단체가 기능을 담당한다. 대자치독립시, 게마인데와 관구인 경우는 지방정부(Landratamt)가 환경행정 기능을 담당한다. 일부 주에서는 특별환경청을 둔다.

1) 바덴-뷔르템베르크 환경행정 구조

바덴-뷔르템베르크 주정부 행정구조는 3계층으로 되어 있다. 10개 부처, 4개 관구(RP), 44개 지방정부(Landratsamt)이다. 2005년 행정구조 개혁은 특수행정관청이 상당수가 일반행정조직으로 편입되었다. 행정관청도 이에 포함된다. 9개 사업장감독청(Gewerbeaufsicht-samt), 4개 수로관리국(Gewässerdirektion)(GD), 4개 자연보호풍치관리 지역사무소(Bezirk-sstelle)가 일반행정에 통합되었다. 이런 행정구조 개편은 크게 보면 예산 절감과 고객 지향의 강화이다.

환경 관련 공무원 수는 1995년 3,165명(전체의 1.41%)에서 2003년에는 1,803명(전체 공무원의 0.84%)으로 낮아졌다가, 다시 2005년에 1,827명(전체의 0.87%)으로 증가했다(Bauer, 2007: 28). 1995년과 2005년간 기간을 비교하여 보면, 환경행정 분야에서 6,81%가 감소했다. 이런 인원 감축은 부분적으로는 수자원관리와 토지보호청이 지방정부(Landratamt, Bür-germeisteramt)로 편입된 것에 기인한다. 1995년에 483명이 다시 하위 행정층으로 전환되어 갔다.

2005년 행정개혁으로 환경행정 구조는 3단계에서 재제도화되었다. 2006년 환경행정 구조에서 엠이션보호(Immissinsschuz), 수로보호(Gewesserschutz)는 환경부처로, 자연 보호는 식품 지역개발부처(Ministerium für Ernährung und Ländlichen Raum)로 편입되었다.

2006년에 주 환경청(Landesamt für Umweltschutz: LfU)과 환경기술센터(Zentrum für Umweltmessung, Umwelterhebungen und Gerätsicherheit: UMEG)가 통합되어, 바덴-뷔르템베르크 환경보호청(Zentrale Landesanstalt für Umwelt, Messungen und Naturschutz Baden-Wuertemberg: LUBW)으로 탄생했다. 수개의 전문기관(Fachbehörde)의 인원과 과제를 관구(Regierungsbezierk)에 통합시킴으로써, 환경의 공공행정이 상위기관 아래 일괄 통합되었다. 이런 행정조직 개편은 중간행정 수준에 전문기관을 모으는 형식이다. 중간행정층에 행정의 통합 외에 특별행정기관의 업무를 하위 행정층으로 이전했다. 이런 분권화를 통해 과거 9개의 기관에서 수행하던 사업장감독청(Gewerbeaufsicht)이 44개 도시-란트크라이스(Stadt-und Landkreis)에서 집행된다.[2] 이런 환경행정의 분권화를 통해 지방정부

2) 사업장감독청(Gewerbeaufsicht)은 사업장의 노동, 환경, 소비자 보호에 대한 법을 준수하는가를 감독한다. 주정부 행정개편 조직에 따라 사업장감독청의 지위와 역할이 주마다 다르다. 베를린의 경우 '노동보호 건강보호 기술안전청(Landesamt für Arbeitschutz, Gesundheitsschutz und technische Sicherheit: LAGetSi)은 약 1백 40만 명의 노동자의 건강과 안전을, 그리고 150,000개 시설물과 350만의 소비자 보호를 감독한다.

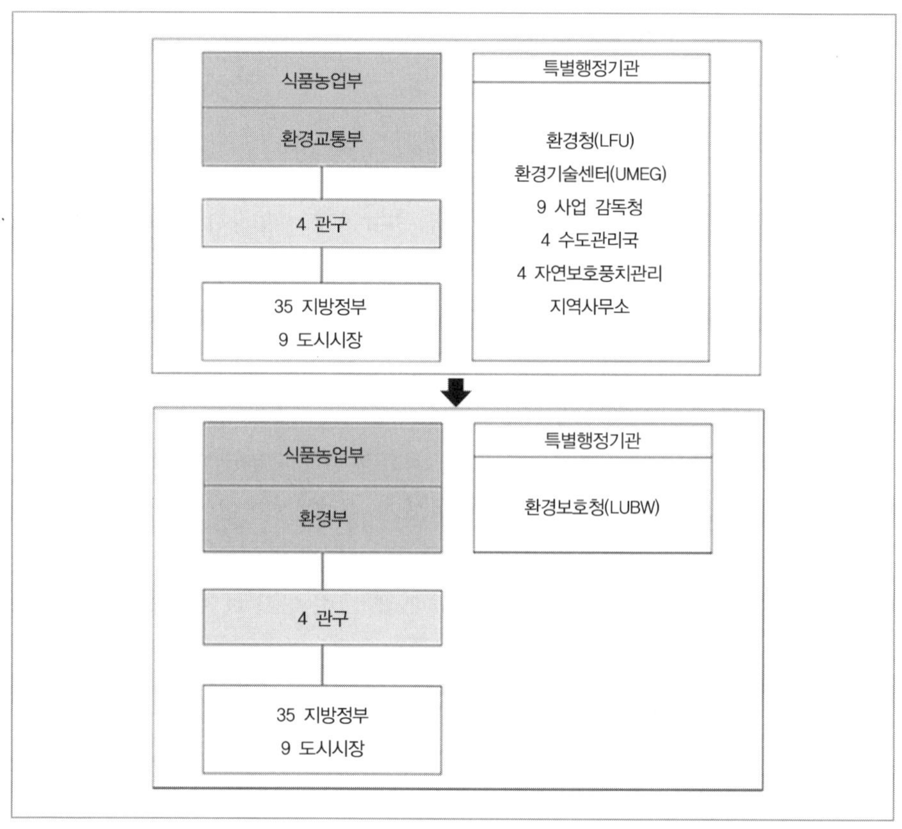

그림 5-1 바덴-뷔르템베르크주 환경행정 조직

비고: 행정조직개편 이전(2004)과 이후 환경행정조직(2006)
자료: Bauer et al.(2007: 29, 30).

(Landrat)의 지위가 강화되었다. 환경행정 조직의 개편으로 예산 절감 효과는 있으나, 행정관청으로서 해야 하는 관례적 감시 업무와 집행에 어려움이 있는 것으로 나타났다(Bauer, 2007: 35).

2) 메클렌부르크-포어포메른 행정환경 조직

메클렌부르크-포어포메른 주의 행정환경은 2층제로 되어 있다. 농업환경소비자보호부(LU)가 최고기관의 지위를 가지며 유럽연합, 연방과 주의 입법 과정에 참여한다. 농업환경소비자보호부 산하에 농수산청, 농수산연구원, 농업대학, 농업환경청, 말농장 레데핀(das

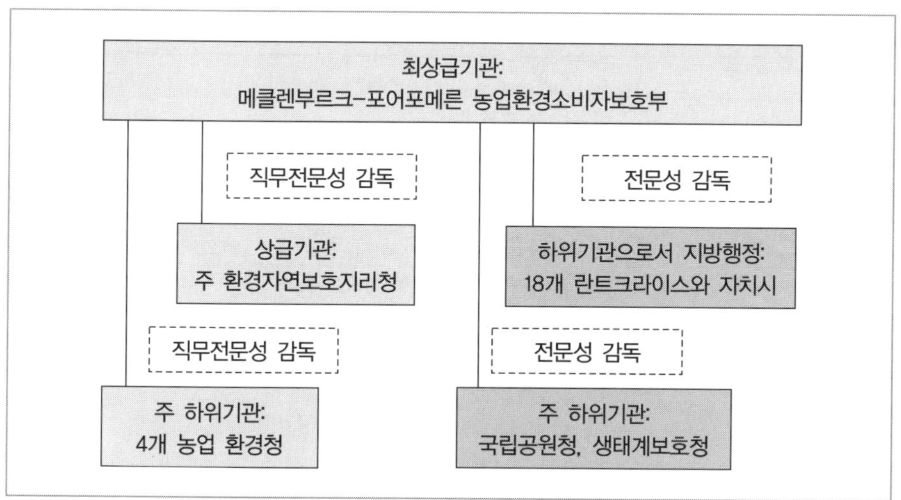

그림 5-2 메클렌부르크-포어포메른 환경행정 조직

자료: 메클렌부르크-포어포메른 주정부 자료.

Landestüt Redefin)이 속해 있다. 환경자연보호지질청(LUNG)은 주의 상위 기관으로서 학술적 사안을 담당한다. 농업환경청(StÄLU)은 주의 하위 기관으로서 집행을 담당한다. 현재 4개 농업환경청이 있다. 지방자치단체 수준에 12개 란트크라이스(Landkreis)와 6개 자치독립시(kreisfreie Stadt)가 집행 업무를 담당한다.

4 연방환경부

정치제도와 행정조직은 결정과 집행과 관계한다. 넓은 의미에서 제도는 사회의 의견 조성, 수렴과 결정 과정을 조정한다. 제도적인 수준에서 보면 환경부의 설립은 분산된 법, 분산된 관할권, 충분치 못한 환경 문제에 대한 정보, 개별적 기관, 규제·정책 목표·관할 등이 시간이 흐름에 따라 한 정책 영역으로서 통합되는 과정을 보여준다(Jörgens, 1996: 74ff.). 초기에 독일은 기타 국가들과 마찬가지로 환경행정 조직은 중간 수준에 속했다. 1971년에 환경 문제에 관한 전문가위원회(Sachverständigenrat)가 구성되었고, 1974년에 환경연방청(Umweltbundesamt)이 설립되었다. 연방 수준에서 환경법이 제정되었지만, 환경보고서는 1984년에 비로소 발표되었다. 독립적인 환경부처는 1986년에 이르러서야 설립되었다.

표 5-1 환경정책 주요 기관과 기능

기관	기능
환경부	법 제정 준비 환경정책 집행 환경 기준 설정 국제 수준에서 대표 연구와 자문
환경청(Umweltsamt)	환경 상황과 정책 관찰과 평가 환경 자료 수집과 평가 연구와 자문
환경전문가 그룹	정책 자문 환경 상황과 정책 관찰과 평가 전문 의견서 작성 연구계약
환경보고서	여론 기능 정보 제공 정책행위자 통제
환경 관련 법규	환경정책의 목표 설정과 원리 도출 환경정책적 관할 업무 규정 환경 관련 규정 통합
헌법에 환경 보호	국가의 환경 문제에 의무로 규정 상호 경쟁하는 정책 목표에서 환경 보호의 강화 환경 의식의 제고와 강화

환경정책의 주요 주체는 <표 5-1>과 같이 분류할 수 있다(Jörgens, 1996: 62ff.).

1986년 6월 5일 연방수상은 정부조직 개편(Organisationserlass)을 통해 '환경자연보호원자로안전부(Bundesministerium für Umwelt, Naturschutz und Reaktorsicherheit)'를 세웠다. 환경부 설립은 정부의 환경정책의 중요성을 대변한다. 국민과 여론에는 환경 문제 해결에 대한 환경운동과 압력이 증대되어 있었다. 영국, 미국 또는 일본에서 보여주는 것과 같이, 환경 관련법 제정과 더불어 환경을 독자적으로 다루는 부처의 설립은 환경 초기 단계의 주요 결과로 나타났다. 환경정책의 발전 단계에서 비추어볼 때, 독일의 독자적인 환경 부처 설립은 국제적으로 비교할 때 매우 더디며 늦게 설립되었다고 할 수 있다.

환경 부처의 새로운 설립에 따라 업무의 분류가 어려운 영역도 발생했다. 가령 환경 및 자연 보호에서 공기 정화, 수자원관리, 소음관리 등도 같이 다루어져야 하기 때문이다. 환경 문제에 토지 보전, 생태계, 동식물 보호 등도 있다. 식료품에 대한 유해물질 관리, 폐기물 처리도 있다.

원자력 에너지 분야에서는 원자력발전소의 허가, 운영 감독, 방사선 보호, 폐기물관리도 있다. 부처는 또한 국제 간 원자력 협력에 능력을 갖추고 있어야 한다. 이와 같은 환경과 관련된 문제는 여전히 다른 부처와 수평적 업무 관계로 맺어져 있다.

독자적인 환경 부처의 제도화가 환경정책의 성공을 보장하지는 않지만, 환경 문제를 전문으로 하는 기관의 제도화와 그 수준은 현대 국가에서 환경 문제를 다루는 국가 능력의 전제 조건이 된다(Jörgens, 1996: 61).

현재 연방환경부는 국가의 최고기관으로서 기능하며, 국가의 환경정책을 주도한다. 연방부처는 현재 5개국으로 나누어 업무가 분담되어 있다. 환경부의 업무는 특히 교통, 농업, 의료건강, 경제, 기술 업무를 담당하는 부처들과 수평적으로 업무가 관련되어 있다. 이와 같

표 5-2 연방환경부 조직

국	업무와 기능
• 국 ZG	총무국, 환경 보호 기본 노선 결정
부	ZG I : 행정과 인사 ZG II: 주와 지방자치단체 간 협력
• 국 KI	기후 보호, 환경 및 에너지, 재생 에너지, 국제 협력
부	K I : 환경과 에너지 K II : 국제 간 협력 K III : 재생 에너지 연구와 지원
• 국 RS	안전, 원자력 기술적 시설, 방사선 보호, 핵폐기물 처리
부	RS I : 원자력 기술 시설, 원자력발전소 RS II : 방사선 보호 RS III : 원자력 폐기물 처리, 원자력발전소 폐기
• 국 WA	수자원, 폐기물산업, 토지 보호
부	WA I : 강·해양 환경 WA II : 폐기물 관리와 처리 WA III : 토지 보호, 생태계 자원효율성
• 국 IG	환경, 건강, 엠이션 보호, 시설안전, 교통, 화학물질 안전
부	IG I : 공기오염 보호와 소음 IG II : 화학물질 안전
• 국 N	자연 보호, 지속 가능한 자연 이용
부	N I : 자연 보호 N II : 지속 가능한 자연 이용(스포츠, 관광)

비고: 국(Abteiligung), 부(Unterabteilung).

자료: 연방환경부 조직과 업무(2012년).

은 다른 부처 간의 업무 중복과 관련성은 환경 보호에 긍정적인 이바지를 하지만, 다른 한편에서 환경부의 업무 제한과 구속으로 인한 비판도 제기된다.

5 환경장관회의

환경장관회의(Umweltministerkonferenz: UMK)는 1973년에 제도화되었다. 연방정부는 환경법의 완전한 시행을 위해서는 주 간의 행정적 · 기술적인 협력과 조정이 필요함을 직시했다. 환경회의는 주정부 환경 장관들의 환경정책조정회의로서 기능한다. 환경회의는 연간 2회 열리는데 연방, 주의 장관이 참여하며, 환경입법 제정과 집행을 협의한다. 장관들은 또한 유럽연합 수준에서 입법할 법안에 대한 자료 수집과 제안을 한다. 1986년 이후에 환경장관회의를 지원하는 행정담당 조직이 구성되어, 회의 주제에 따른 결정을 지원했다.

환경장관회의 결정은 만장일치로 의결된다. 이와 같은 의결 방식으로 합의를 이루기 위해서는 공통의 분모를 찾아야 하는 어려움이 있다. 반면 환경부 장관들은 환경회의 결정으로 경제, 농업 등 다른 부처에 대해 입지를 강화할 수 있다. 환경장관회의에서는 초당적으로 주제가 논의되며 결정된다. 환경회의는 연방상원의 환경에 대한 의결과 무관하게 행동을 할 수 있다. 이는 연방상원의 의결이 다수결이나 정당 소속에 따른 결정으로서도 되기 때문이다.

환경장관회의 외에 특정한 주제에 따른 연방과 주 간, 또는 주와 주 간의 협력이 있다. 이는 특히 수자원관리와 같이 공동으로 이해 관계가 있는 경우이다.

6 환경정책에서 연방상원과 하원

환경정책에서 연방상원의 역할은 초기와는 달리 크게 달라졌다. 1970년에 상원은 새로운 정책 영역인 환경 문제에서 봉쇄자(der grosse Blockier) 역할을 했다. 주들은 경제적 이해 때문에 엄격히 환경 기준을 적용하는 것을 반대했다. 주들은 환경정책 때문에 주의 경쟁력을 잃지 않으려고 했다. 주들은 경쟁력 상실에 대한 두려움으로 환경 권한을 연방으로 위임하는 것이 더 낫다는 판단을 했다. 연방상원은 연방정부가 수자원, 풍경관리와 자연 보호에서 경쟁 입법을 제정하려고 하자 이를 반대했다. 타협책으로 대강법으로 도입되었고, 주의 특수적인 이해를 관철할 수 있게 되었다.

주들은 실제로 법의 시행에서 연방보다 더 실제로 환경 문제에 직면했으며, 압력을 받았다. 1980년대 이후 연방상원은 환경법안에서 내용상으로 강화하거나, 그렇지 못할 때에는 중재위원회(Vermittlungsausschuss)를 열도록 했다. 예로 연방상원은 1983년에 연방하원의 결정에도 강화된 '소각로규칙(Grossfeuerungsanlagenverodung)'을 통과시켰다. 주들은 연방상원을 통해 자신들이 시행하고 있는 정책을 연방 수준에서도 관철하고자 했다(Müller-Brandeck-Bocquet, 1996: 130-123). 연방상원은 유럽법의 집행에도 참여한다. 이는 유럽법 집행의 지침이 대부분 상원의 동의 법률로 되어 있기 때문이다.

환경정책은 국내에서 보면 탈의회화(Entparlmentarisierung)를 겪어 왔다(Müller-Brandeck-Bocquet, 1996: 164). 환경정책이 유럽화됨에 따라 연방하원과 상원은 변방으로 밀려났다. 독일 환경정책의 대변은 연방정부가 주도적으로 하며, 연방상원도 주의 입장을 대변한다. 환경 문제에서 연방상원은 의회로서보다 주정부의 입장에서 이해 관계를 대변한다. 유럽연합의 법지침의 시행은 연방과 주정부의 소관이기 때문에, 의회의 관여는 극히 적다. 환경 문제에서만큼은 행정연방주의(Exekutivföderalismus)가 지배적으로 작용한다. 따라서 독일에서 환경정책은 국민의 대변자로서의 기능이 약하다는 평가를 받고 있다(Müller-Brandeck-Bocquet, 1996: 164).

환경정책에서 연방헌법재판소의 역할과 기능은 다른 영역과 비교해 보면 적극적인 역할은 없다. 환경정책에서는 오히려 유럽의회와 유럽재판소(EuH)가 더 많은 역할을 한다(Eppler, 2008: 335).

제 2 절 연방정부의 환경정책 단계

1 연방정부 환경정책

독일에서 환경정책은 다른 정책과는 달리 매우 늦게 출발했다. 독일 전체를 대상으로 하는 환경정책은 20세기에 들어서이며, 19세기와 20세기 초에는 수자원과 자연 보호 정도로, 상업 규제(Gewerbeordnungen)가 있었을 뿐이다. 환경정책은 초기에는 연방보다는 주 수준에서 오히려 관심이 있었다. 1950년대와 1960년대 보덴호수(Bodense-Anrainer)의 수자원 보호가 그 예이다. 연방정부가 환경에 관한 관심은 1961년 11월 29일 정부 발표에서 부수상에르하르트(Ludwig Erhard)가 새로 구성된 보건 부처에 물관리(Reinhaltung des Wassers)와 소음 퇴치(Bekämpfung des Lärms)를 주요 정책으로 발표한 데서부터이다. 환경에 관한 전반적인 정책－수자원 보호, 소음, 쓰레기, 자연 보호, 방사선 보호－은 1960년대 말에서야 발표되었다. 정부정책에서 환경정책이 정책의 한 고유 분야로서 자리 잡은 것은 대연정 후에 1969년 정권이 SPD/FDP로 바뀌고서부터이다. 동독은 서독에 앞서 환경보호(Umweltschutz)를 명시했다. 1969년 이전에 환경보호 또는 환경정책이라는 개념은 서독에서 흔히 사용되지 않은 개념이었다.[3)]

이처럼 환경정책이 뒤처진 데에는 배경이 있다. 독일은 전후에 경제 재건을 위한 국가적 목표를 따랐기 때문에 경제 발전이 국가의 최우선적 과제였다. 경제와 정치 엘리트에게 환경 투자는 정책 순위에서 밀렸으며, 이는 또한 경제 성장에 부정적인 영향을 미칠 것으로 보였다. 국민에게도 환경에 대한 의식은 확산되지 못했으며, 환경 문제에 대한 국민 여론의 동원이나 압력은 없었다. 이외에도 독일의 연방주의로 인해 환경에 대한 장기적인 목표와 개념을 세우며 조정하는 데 방해가 되었으며, 정당들은 환경 문제에 확고한 의지와 체계적인 프로그램이 있지 못했다(Schmidt, 1992: 166ff.).

연방정부에서 환경정책을 새로운 정책 영역으로 받아들인 것은 연방내무부였다. 초기에는 환경에 대한 개념과 철학이 논의되었으며, 후에 점차 구체적인 환경정책 내용이 추가되었다. 환경정책의 발전 과정에서 주요한 단계는 환경 관련 입법 제정이다. 다음과 같은 환경 관련 주요한 법들이 제정되었다.

1971: Abfallbeseitigungsgesetz(폐기물처리법)

1974: Bundes-Immissionsschutzgeset(연방배출통제법)

1976: Bundesnaturschutzgesetz(연방자연보호법)

1976: Wasserhaushalts und das Wasserabgabengesetz(물관리폐수방출법)

1980: Chemikalienesetz(화약약품법)

1998: Bundes-Bodenschutzgesetz(연방토지보호법)

그 밖에 적녹정부에서 결의한 '원자력 에너지 포기(Ausstig aus der Kernenergie)'와 2006년 연방제도 개혁도 주요한 환경정책의 내용을 담고 있다.

환경정책의 강화와 요구로 연방과 주의 환경 권한에 대한 개혁과 권한 개정으로 나타났

---

3) 환경보호(Umweltschutz)와 환경정책(Umweltpolitk)은 모두 영어 'environmental protection', 'environmental policy'의 번역이다.

다. 이런 헌법적 권한의 강화 때문에 과거와는 달리 연방 전체를 대상으로 하는 일원화된 환경정책을 펼 수 있는 법적 토대가 개선되었다. 예를 들어 연방은 이전에는 단지 수질(Wasserhaushalt)과 자연 보호(Naturschutz)에서만 권한을 가졌으며, 그 권한도 대강 권한(Rahemkompetenzenz)에 국한되었다. 폐기물 처리, 대기오염 방지, 소음공해 방지 등이 경쟁 입법권에서 제외되었다.

1) 초기 제도화 단계(1969~1973년)

환경정책의 제도화 단계인 1969~1973년 기간은 SPD/FDP의 집권 기간으로 환경 문제를 다루는 기관이 설립되었고 정부의 환경정책이 처음 체계적으로 제정되었다. SPD/FDP 연립 정부는 생활 수준의 향상을 위한 '내부개혁정책(Politik der inneren Reform)'을 발표했으며, 이에 따라 국가 자연 보호의 과제는 연립정부정책의 주요 대상이 되었다.

환경보호에 대한 정치 행정적인 강화는 국내 개혁정책의 중심 대상이 되었다. 환경정책이 내용상으로 체계화되었으며, 연방의 권한이 강화되었다. 미국에서와 같이 환경 권한은 주의 담당으로 되어 있었다. 조직에서 중앙 중심의 환경규정은 기본법의 변경이 필요했다. 1972년에 폐기물 처리, 대기오염 방지, 소음 방지는 경쟁 입법에서 제외되었다. 이를 통해 좀 더 구체적인 환경보호법 제정을 위한 헌법적 조건이 마련되었다. 1971년 벤진납법(Benzin-Blei-Gesetz), 1972년 폐기물처리법(Abfallbeseitigungsgesetz)이 제정되었다. 1971년 환경 문제를 다루는 '환경정책전문위원회(Rat von Sachverständigen für Umweltfragen)'가 설립되었다.

초기 제도화 기간(1969~1973)에 환경정책은 조건에서 볼 때 좋은 여건과 불리한 여건을 모두 가지고 있었다. 연방은 여전히 환경 보호에서 광범위한 관할권을 갖지 못했고, 개별적 부문에서만 권한을 가졌다. 이는 가령 환경형사법(Umweltstrafrecht), 경제통제(Wirtschaft-skontrolle), 방사선 보호(Strahlenschutz), 토지법(Bodenrecht), 보건의료법(Gesundheitsrecht), 폐기물법(Abfallbeseitiung), 대기오염법(Luftreinhaltung), 소음공해방지법(Lärmbkämpfung)이 있으며, 후에 유전자법(Gentechnik)이 추가되었다. 2006년 연방제도 개혁을 통해 자연 보호, 자연경관관리, 공간질서(Raumordnung), 수자원(Wasserhaushalt) 등에서 사전적 계획을 할 권한을 갖게 되었다. 연방은 환경통계에서 독점입법권을 가진다. 2006년 연방제도 개혁 이전에는 환경행정이 주의 소관이었다. 따라서 이전에는 주들이 환경정책의 집행에서 큰 책임을 가졌으며, 중앙 중심적 기능을 했다.

초기의 제도화 단계에서 환경정책의 장애물도 있었다. 환경정책을 관장하는 내무부는 환경보호 전문 영역에만 국한되었다. 연방 내무부는 환경정책의 조정 역할만이 허용되었으며, 주요한 환경 과제를 수행할 처지가 아니었다. 이는 무엇보다 환경 관련 주요 영역이 여러 다른 부처에 나뉘어 있었기 때문이다. 예로 자연 보호와 자연경관 보호는 농림부 소관이었다. 연방교통부, 국방부, 연방청소년가족의료건강부도 환경 영역을 관장하고자 경쟁했다.

환경정책의 초기 단계에서 새로운 정책의 주도는 외부적 요소 또는 비정부기구들에 의해서가 아니라 정치행정이 주체가 된 점이다. 환경정책에 대한 환경단체의 조직과 활동, 정당적인 프로그램의 등장에 앞서 정치행정이 주체가 된 데에는 다음과 같은 요소들이 지적된다.

- 환경 문제에 대한 압력이 증가했다. 전후 경제 발전 우선 정책으로 환경 문제가 나타나기 시작했다.
- 여론에서 환경에 대한 문제에 관심을 두고 환경 문제 의식이 나타나기 시작했다.
- 1966~67년 일시적인 경기 쇠퇴기를 대연정으로 극복한 경험을 통해, 환경 문제의 해결도 정치행정 수준을 넘어, 사회적 해결이 가능케 준비된 시점이다.
- 환경정책의 적극적 입안에 대해 특정한 조직된 환경단체의 특정적인 요구나 반대가 없었다.

이와 같은 환경법 제정을 추진하는 요소가 있지만, 반대되는 요소도 있었다(Schmidt, 1992: 159).

- 환경정책의 법 제정을 주도적으로 입안하고 추진할 수 있는 기관이 없었다. 법적인 협조와 조정이 이루어지지 못했다.
- 연방정부에서 환경보호의 권한과 목표 설정이 여러 부처에 나누어 졌다. 연방정부는 전문가 그룹의 역할에 제한되며, 수평인 과제를 수행하지 못하며, 이에 따라 환경 부담이 되는 구조적인 원인 접근에 제한을 받았다.
- 주들은 자신의 법 제정과 행정적인 집행 권한을 고집하여 포용적인 넓은 환경법 제정을 방해했다. 대부분 환경법은 주의 동의가 필요한 법이었기 때문에, 연방정부는 주정부의 동의 없이 법 제정을 할 수 없었다. 주들과 타협과 조정을 거친 법안은 실제 목표로 하는 법 수준에 미흡하게 되었다.

2) 2단계(1974~1978년)

2단계 환경정책의 특징은 '정체'이다.[4] 이는 먼저 석유 파동(1974~1975)으로 일어난 외부 경제 요소와 결부되어 시작되었다. 환경보호정책은 이에 따라 경제정책적인 압력을 받았다. 경제 성장의 둔화, 물가 상승, 실업 증가, 국가 부채 증가는 지금까지의 기업가와 노동단체에 우호적이던 지원을 흔들었다. 환경보호는 종종 투자와 직업 파괴자(Killer)로서 의심까지 받았다.

기업과 노동조합의 이해 당사자들은 강화된 행정적 조치가 생산 비용의 증가와 투자에 부정적인 영향을 미친다고 보았다. 국가가 요구하는 환경보호 수준은 경제적 능력 이상을 요구하고, 이는 일자리와 투자를 위협한다고 보는 것이다. 환경정책이 정체되는 기간의 특징은 환경보호를 성장의 방해로 인식하며, 이런 인식을 기업, 노동조합, 그리고 정치행정의 결정자들도 공유했다는 점이다. 반면에 이 시기에 환경에 대한 불만족이 증가하여 환경단체들이 반대와 압력이 조직화하여 갔다(Hucke, 1990: 386).

환경 권한의 분산도 환경 문제에서 부정적 영향을 주었다. 환경 문제가 한 부처 내에 통합되지 않았고, 환경 문제를 주관하는 내무부는 당시에 테러와 같은 문제에 집중했다. 그밖에 FDP의 내무장관 겐셔(Hans-Dietrich Genscher)의 환경 문제에서의 입지는 당내의 자유시장을 주장하는 당내 파의 강화로 좁아졌다. SPD, CDU/CSU와 같은 거대 정당들은 1970년대에 환경정책을 유권자의 득표를 얻을 수 있는 요소로서 보지 않았으며, 정당정책에서 환경정책은 권력 경쟁의 대상이 되지 못했다.

2단계 기간에 연방대기오염방지법(1974)과 같은 주요 환경법이 제정되었지만, 환경정책은 약화했다. 다만 이후에 전개될 환경정책이 조성되었는데, 이는 높아진 국민의 환경 의식이다. 대도시에서 환경생태계에 대한 불만족은 증가했으며, 환경보호 시민운동이 늘어났으며, 이에 가담하는 활동하는 시민 수가 급격히 증가했다. 이런 시민운동을 기초로 하여

표 5-3 연방의회 녹색당 득표율

선거 연도	득표율(%)	선거 연도	득표율(%)
1980	1.5%	1998	6.7%
1983	6.6%	2002	8.6%
1987	8.3%	2005	8.1%
1990	4.8%; 6.0%	2009	10.7%
1994	7.3%		

자료: 녹생당 자료.

4) 이 기간을 동절기(Eiszeit), 정체 기간(Abschwungsphase), 방어적 기간(defensive Phase) 등으로도 불린다.

녹색당이 창립되게 되었고, 이후 녹색당은 1979년 최초로 브레멘에서 주의회에 진출했고, 1996년에는 슐레스비히-홀슈타인 주의회에 진출했다.[5] 녹색당은 1983년에 처음 연방의회에 진출했다. 이후 기존 정당들은 유권자의 득표를 위해 환경정책을 놓고 경쟁을 해야 했다.

3) 3단계(1978~1998년)

제3단계(1978~1990년) 기간에는 환경 문제에 관한 정당정책의 차이가 더 분명하게 구별되었으며, 환경에 우호적인 분위기가 마련되었다. 환경 문제에서 '숲 파괴(Waldsterben)', 원자 에너지를 통한 공기 오염, 화학공업을 통한 환경 위협 등에 국민은 민감하게 반응했다. 정당들은 환경생태 문제를 본격적으로 정치화(Politisierung)시켜 나갔다(Müller, 1995: 114). 이 기간은 공기 오염, 강 오염, 바다 오염과 같은 문제들에서 환경 문제가 급속도로 국가 간 연계되어 국제화되어 갔다.

1982년 CDU/CSU-FDP로의 정권 교체 후에 환경정책은 새로운 확대와 집중의 길로 들어섰으며, 이는 사람들의 기대를 훨씬 넘어서는 놀라운 것이었다. 연립정부가 추진한 환경정책에서 주목할 만한 것은 '소각로규칙'을 통한 대기오염법을 통과시킨 점이다.

환경정책은 이전의 정부 중심에서 정부와 기업 간의 협조 강화로 전환되었다. 이로써 경제계와 노동계도 각자의 환경 철학에 수정을 가했으며, 환경정책이 일자리 파괴와 투자 방해라는 인식에서 환경 문제를 더 비중 있게 다루는 전환이 뒤따랐다. 기업가와 노동조합은 미국이나 스웨덴 등의 환경운동에서 긍정적인 영향을 받아, 환경의 지속 가운데 일자리 유지와 창출을 도모했다. 실제로 환경산업이 역동적으로 발전했으며, 이 분야에 130만 명이 종사했다(BMU, 2002).

환경운동과 환경 의식의 변화에는 미디어의 역할과 영향을 배제하고는 생각할 수 없다. 미디어 매체의 환경 파괴와 보호에 대한 집중적인 보도는 공론을 형성하게 되었고, 환경 문제가 주요한 의제로 다루어지게 되는데 지대한 역할을 했다. 미디어가 집중적으로 다룬 환경 주제는 가령 산림 파괴, 라인 강 화학물질 사고, 북해의 바닷개 죽음, 세계 환경 파괴 등이다. 이에 1986년 체르노빌 원자력발전소 사고는 국민으로 하여금 환경 재앙을 피부로 체험케 했다.

체르노빌 사고는 독일에서 환경자연보호원전안전부(Bundesministerium für Umwelt, Naturschutz und Reaktorsicherheit)를 설립하는 직접적인 계기가 되었다.

---

5) 현재 메클렌부르크-포어포메른에 진출하지 못했다.

연방환경부처는 1986년 6월 6일 연방내무부, 연방식품농업산림부, 연방청소년가족보건의료부의 각 환경 관련 부문을 넘겨받아 설립되었다. SPD에서 CDU/CSU로의 연립정권 교체는 환경운동가가 두려워할 만한 '후퇴적' 정책을 가져오지 않았다. 오히려 연방정부의 환경정책 집중과 속도가 강화되었다. 이는 가령 자동차의 배기가스 배출 제한에서 볼 수 있다. CDU/CSU－FDP 연립정부는 환경정책에서 전환이 아닌 계속성을 추구했다(Wirsching, 2006: 364f). 이전의 정부와 환경정책이 어떤 두드러진 차이는 없다. 이는 정당의 환경정책 간에는 실제로 정당 간 극단적인 차이가 없음에도 기인한다. 콜(Helmut Kohl) 정부는 에너지정책에서 풍력과 태양력을 촉진 지원했으며, 이는 오늘날 재생 에너지 정책의 시작이 된다.

통일에 따른 환경정책이다. 통일과 더불어 서독의 환경법이 동독지역에도 적용되었으며, 동독의 환경 파괴는 연방과 주의 재정적인 지원을 통해 복구되었다(Weichold, 2006). 1994년 기본법 20a조에 환경보호를 국가의 목표로 정한 것은 환경정책에 헌법적인 의미를 더해주었다.

1994~1998년의 기간에 환경 친화적인 노력이 감소했다. 이는 여러 가지 이유가 있는데, 가령 독일 경제 입지(Wirtschftsstandort)의 강화에 우선순위를 두는 것이다. 통일 후 재정지출의 부담에 따른 경제적인 현실이 환경정책에 불리하게 작용했다. 환경 권한에 대한 연방과 주 간의 갈등이 있었고, 주들은 환경법이 원인이 되어 발생하는 환경 부담을 자신들에 넘기려는 연방의 계획에 반대했다.

유럽연합 차원에서 환경 갈등의 문제도 발생했다. 유럽연합 집행위원회는 환경규제를 강화하려고 했으며, 독일연방정부는 이를 반대했다. 연방정부는 국내 정치에서 볼 때 유럽연합과 연방상원 간에서 갇힌 상태가 되었고, 결과적으로 유럽연합의 환경권이 독일에 늦게 그리고 부분적으로 시행되는 결과가 나타났다. 유럽연합이 정한 기준은 독일의 법과 저촉되는 점도 갖고 있었다.

 적녹정부 환경정책(1998~2005년)

1998년 적녹 연립정부로의 정권의 교체는 환경정책에서 깊은 흔적을 남겼을 것으로 기대된다. 환경정치인 트리틴(Jürgen Trittin)이 연방환경부 장관직을 맡았고, SPD도 '산업사회의 환경적 현대화(ökoligische Modernisierung der Industrilegellschaft)'에 함께 참여했으며, 정당 간의 차별을 통해 이런 변화 등을 기대했다. 실제로 적녹정부는 환경정책에서 상당한 계획을 세웠었다. 이는 특히 원자력 에너지 포기와 환경세 도입이다. 연방정부는 법안들을 연방하원의 단독 지원으로 연방상원의 거부권 없이 처리하고자 했다. 이는 적녹정부는 1999년 봄까지 연방상원에서 다수를 획득하고 있어 가능해 보였다.

적녹정부의 환경정책은 집권 초기에 예상했던 대로 나갔다. 그래서 많은 관찰자가 녹색국가(Grünes Staat) 또는 환경국가(Umweltsstaat)로 진단할 만큼 새로운 환경정책이 쏟아져 나왔다.

1998년 정권교체기의 해에 환경세금 개혁이 종결되었으며, 재생 에너지를 지원하는 법도 의결되었다. 곧 이어서 원자력 에너지 포기를 의결함으로써 적녹 연립정부에 많은 영향을 미친 환경정책이 변경되었다. 왜냐하면, 대체 에너지에 대한 충분한 보장을 마련하지 않았기 때문이다. 2000년에 지속가능성 전략의 도입과 2003년의 자연보호법 개정은 적녹정부의 환경정책의 특성을 보여주는 것이다. 정책 변경의 신속함은 '산업의 환경적 현대화'에서도 보인다. 에너지, 교통, 농업, 건축업 같은 중요 정책 및 경제 분야에서 환경 보호의 통합을 하는 것이다.

환경정책 성과를 보면, 산업화의 환경적 현대화는 이전보다 더 많은 결실을 가져왔다는 견해를 낳았다. 환경 질도 또한 전체적으로 크게 개선되었다.

적녹정부의 환경정책의 주요 변화를 보여주는 것들이 있다. 변화는 주요 환경정책 영역에서의 노선 변화를 포함할 뿐만 아니라, 실제에서 정책 형성을 의무적인 사명으로 결합한 것이다. 적녹정부가 추진하는 환경정책은 국제적 환경정책에서도 받아들여졌다. 연방환경정부는 광범위한 다층적 조정과 국제적인 합의를 환경정책에서 도출하려고 했으며, 이런 국제환경 분야에서 선두자리에 설 수 있었다. 이는 특히 기후 변화에서 두드러졌다.

적녹정부의 환경정책은 모든 분야에서 우수한 것은 아니다. 가령 속도 제한(Tempoverlangsamung)은 2002~2005년 제2 슈뢰더 정부의 환경보호정책에서 비판을 받았다. 2002년 이후 적녹정부는 환경정책적 '브레이크'로 기능하기도 했다. 가령 구형 자동차 수거에 대한 유럽연합 규정이나 또는 유럽의 화학물질 통제 개혁에서이다.

속도 제한을 둘러싼 갈등 원인은 무엇보다 연방상원에서의 권력 대치에 있었는데, 야당은 2002년 작센-안할트 주선거 이후 다수를 차지했고, 연방상원의 동의가 필요한 법이므로, 상원을 통해 봉쇄적으로 나왔다. 그 외 독일 경제의 성장 둔화는 환경정책에 부담으로 작용했다. 유럽연합의 환경정책과 연방 간의 갈등의 양과 범주도 많아졌다. 제2기 정부에 들어서는 환경정책에서 두드러진 정책을 발굴하지 못했다.

환경정책에서 속도 제한 문제는 환경정책의 갈등적인 내용이 되어 양극화를 불러왔다.

환경 보호에서 적녹정부의 처음의 명확한 노선 변경은 국민에서 찬성을 얻지 못했으며, 오히려 많은 반대와 시위를 불러냈으며, 이는 특히 야당과 적녹 연립정부 외부의 비판자들에서이다.

원자력 포기 문제에서 적녹정부는 국제환경과 에너지 정책에서 선도자적인 지위를 얻었지만, 환경정책으로서 에너지 정책은 불확실성을 만들어 냈다고 비판을 받았다.

적녹 환경정책의 비판자들은 정부가 비록 개별 사항에서 성공을 거두었다고 하나, 정부의 임기 말기까지 지속적인 통합적인 환경 개념을 제시하지 못했다고 본다. 또한, 환경부와 경제 간의 상당한 긴장 관계를 불러왔다고 비판한다. 적녹정부의 주요 환경정책에서 부처와 경제 로비 간의 전쟁이 진행되었다고 본다. 이런 갈등은 독일의 지금까지의 합의를 이루어내는 환경정책과는 차이가 난다. 이런 원인은 경제와 먼 녹색당/B90과 같은 정당과의 연립에서 원인을 찾는다.

3 2차 대연정 하의 환경정책(2005년~)

놀랍게도 2005년 제2차 CDU/CSU와 SPD 대연정 하에서 환경정책은 많은 지속성을 갖고 있다. 이는 SPD와의 '연립정부 협약'이 이루어졌고, 가브리엘(Sigmar Gabriel)이 연방환경장관으로 임명된 것에도 기인한다.

논란이 되는 원자력 에너지 포기는 연립정부협약에서 제외되었다. CDU는 14(1998~2002), 15(2002~2005)회기에서 원자력 에너지 포기에 반대했다. 14. 15회기의 적녹 환경정책에서 이탈하는 것들을 제2 대연정은 수용하고 있다. 가령 CDU가 이전에 많은 공격을 한 환경세, 재생 에너지의 우선적인 규칙이다. 적녹정부가 주도한 원자력 에너지 탈출로서 특징되는 에너지정책의 환경정책적인 새로운 규정은 제2 대연정에 의해 계속되지는 않았다. 그러나 전체적으로 환경정책에서 양 정당의 입장 차별을 고려한다면 놀라운 정책의 계속성이 있다.

양 정당은 다음과 같은 변화에 합의했는데, 이는 2006년 연방주의 개혁을 환경정책에도 확대하는 것이다. 이 개혁으로서 연방의 대강 입법은 75조 기본법에 따라 2006년 9월 1일부로 폐지되었다. 이로써 환경정책적인 연방의 규칙 제정 가능성은 사라졌으며, 또한 경쟁입법으로 전환되었다. 이는 특히 자연 보호, 자연환경관리, 토지 분재, 수자원에 해당하며, 이는 기본법 74조(39-43)에 들어 있다. 이는 연방에는 부담이 되는 규정들이다.

제 3 절 독일의 주요 환경정책 현황

1 원자력 발전 중단과 계획

원자력 발전 중단과 원자력 포기는 원자력을 통한 전력 생산과 이용을 포기하는 것을 말한다.[6] 독일에서 원자력 포기는 반(反)원자력운동에서 정치 구호로 등장했다. 1978년 이후에 원자력 포기에 대한 요구가 제기되었다. 1978년 오스트리아는 츠벤텐도르프(Zwentendorf) 발전소를 건설했지만 운영을 시작하지 않음으로써 원자력 발전에서 하차했다.[7] 원자력 반대는 1986년 체르노빌 사건을 통해 확대되었다. 이는 2011년 일본의 후쿠시마(福島)의 원자력 재난을 통해 재점화되었다.

원자력 발전을 반대하는 주요 이유는 방사선의 위험과 원자력 폐기물 발생이다. 방사선 위험은 이미 체르노빌 사태에서 경험했고, 그 재난은 국경을 초월하여 재앙이 되었었다. 원자력 광산의 개발을 통한 환경 파괴 또한 주요 비판 대상이다.

독일에서 원자력 에너지 포기는 1998년 사회당・녹색당의 연립정부가 들어서면서부터 논의되었으며, 2000년 6월 14일 연방정부와 에너지 산업계 간의 협약이 이루어졌다. 2002년 이 협약은 원자에너지법의 개정으로 법적 효력을 갖게 되었다. 그 결과 2003년에 스테데(Stade), 2005년에 오브리크하임(Obrigheim) 원자력발전소 운영이 최종 중단되었다. 그러나 2010년 SPD와의 대연정이 끝난 CDU/CSU－FDP의 연립정부에서 원자력에너지법이 개정되어 원자력 발전의 운영 기간이 연장되었다. 이 법안은 2010년 10월 28일에 결의되었다. 이로써 1980년 이전에 운영을 시작한 발전소는 8년의 운영 기간이 연장되었고, 그 외 발전소는 14년이 연장되었다.

2011년 일본 후쿠시마 원자력 발전사고에 직면하여 연방정부는 2011년 3월에 다시금 원자력 및 에너지 정책을 변경했다. 연방정부는 가장 오래된 7개의 원자력발전소와 그리고 계속 운영의 문제를 일으킨 크륌멜(Krümmel) 발전소의 운영에 3개월의 유예 기간을 결정

---

6) 원자력 발전 중단은 Atomaussteig, Kernkraftausstieg, Atomverzicht 등으로 명명된다.
7) 오스트리아는 연구의 목적으로도 원자로를 갖고 있지 않다. 원자력에서의 하차는 국민투표를 통해 결정되었으며, 이는 헌법 수준에서 합의되어 있다. 그러나 오스트리아는 현재 이웃국가 독일, 체코에서 Zwentendorf 원자력발전소가 생산했을 것 이상의 원자력 전기를 수입해 왔다.

했다. 정부는 신속한 원자력 에너지 포기를 위해, 두 개의 전문연구자문회를 두었다. 메르켈 2기 정부는 2011년 6월 6일 8개 원자력발전소 운영 중단과 2022년까지 단계적으로 원자력 에너지 사용에서의 하차를 결정했다. 원자력탈퇴법(13. Gesetz zur Änderung des Atomgesetes)은 2011년 6월 30일 연방의회의 기명투표에서 절대적인 513명의 찬성을 얻어 통과되었다.[8] 2011년 8월 6일부로 발효되었다.

2011년 8월 6일에 8개 원자력 발전소 운영이 중단되었다.

- Biblis Blöcke A/B(헤센)
- Brunsbüttel(슐레스비히-홀슈타인)
- Isar Block I(바이에른)
- Neckarwestheim Block I(바덴-뷔르템베르크)
- Philippsburg Block I(바덴-뷔르템베르크)
- Unterwesser(니더작센)
- Krümmel(슐레스비히-홀슈타인)

9개원자력발전소 중단은 다음과 같이 계획되었다.(각 연도 12월 31일)

- 2015: Grafenrheinfeld(바이에른)
- 2017: Grundremmingen Block B(바이에른)
- 2019: Philppsburg Block II(바덴-뷔르템베르크)
- 2021: Grohnde(니더작센), Brokdorf(슐레스비히-홀슈타인), Grundremmiingen Block C(바이에른)
- 2022: Isar Block II(바이에른), Neckarwestheim Block II(바덴-뷔르템베르크), Emsland(니더작센)

그림 5-3 2011년 원자력에너지법 개정에 따른 발전 중단 계획

자료: http://de/wikiactu.com.

---

8) 기명 투표: bundestag.de: wer stimmte wie ab (http:www.bundestag.de/bundestag/plenum/ abstimmung/20110630_17_6070.pdf; 법안 (13.Gesetz zur Änderung des Atomgesetzes(http:www.bundestag. de/dip21/btd/17/062/1706246.bdf)

원자력 발전 포기에는 국민들은 절대적인 지지가 있어 가능했다.

- "2022년까지 원자력 에너지에서 하차한다는 연방정부의 결정이 옳았는가, 틀렸는가?"의 질문에 응답자 76%가 옳았다(richtig), 21%가 틀렸다(falsch)고 답했다.
- "유럽의 다른 나라들이 원자력 에너지를 고수한다 해도, 독일은 원자력 에너지에서 신속히 하차해야 하는가?"에 대한 질문에서도 72%가 찬성했다.
- 원자력 에너지 하차의 시간계획에 대한 질문에서, '최대한 빨리'가 50%, '2021년까지'가 35%로 전체 2021년까지 원자력 에너지에서 하차해야 한다는데 85%가 찬성했다.

2011년 현재 소비 전력의 18%를 차지하고 있는 원자력 에너지는 11년 내로 재생 에너지와 확장된 전력망, 그리고 친환경 전력으로 대체되어야 한다. 독일은 1990년대부터 장려책을 마련하여 신재생 에너지 사용에 대한 국가 PR을 통해 긍정적이고 경제적인 이미지를 홍보해 왔다. 재생에너지법(EEG)은 재생 에너지 사용을 장려하기 위해 제정한 시장유인정책

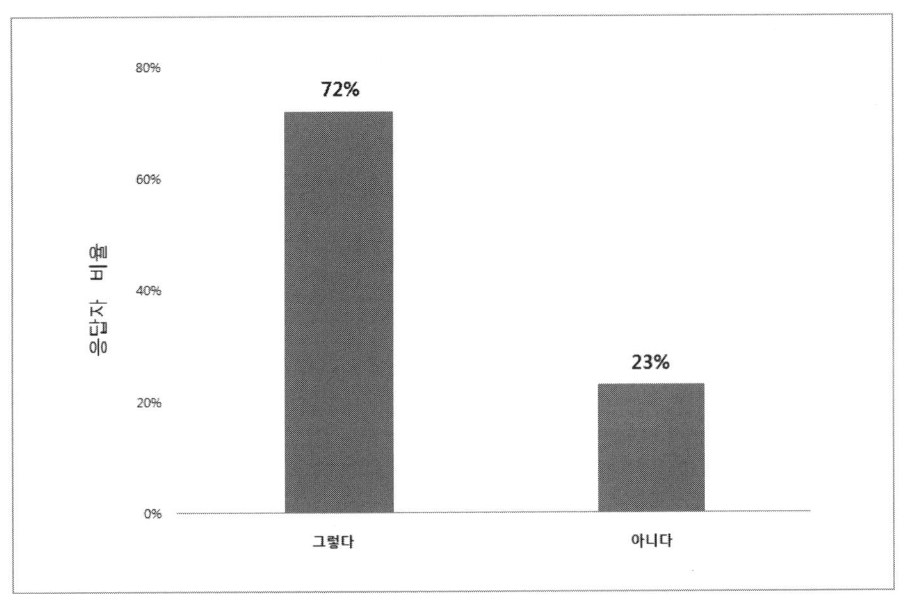

그림 5-4 원자력 에너지에 대한 연방정부의 결정

* 비고

질문: 2022까지 원자력 에너지에서 하차하는 연방정부의 결정이 옳았는가 아니면 틀렸는가?

응답자: 18세 이상, 1,246명

조사기관: Forschungsgruppe Wahlen 조사 기간 2012.3.6~2012.3.8

자료: Statista 2012.

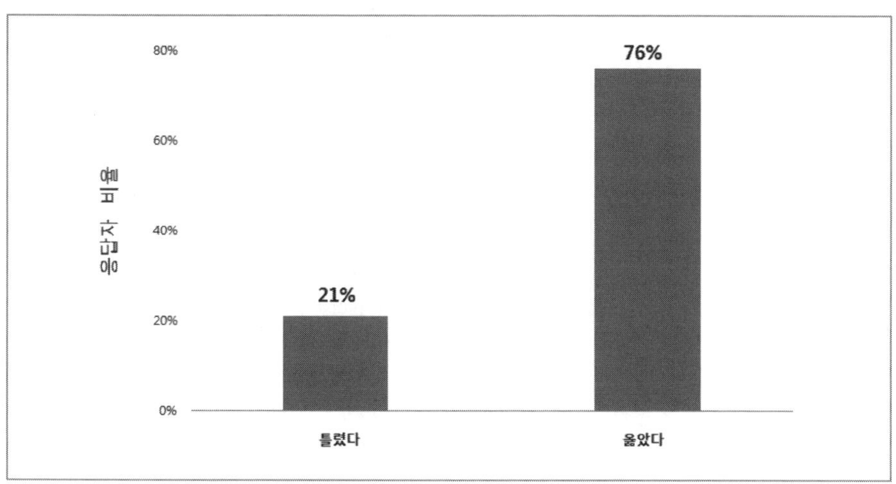

그림 5-5 원자력 에너지 포기 수용(Akzeptanz)

*비고
질문: 독일은 유럽의 국가들이 원자력 에너지를 계속 사용한다 해도, 원자력 에너지 사용을 가능한 빨리 하차해야 하는가?
응답자: 18세 이상 유권자, 1,254명 조사기관: Forschungsgruppe Wahlen
조사 기간 : 2011.4.12~2011.4.14
자료: Statista 2012.

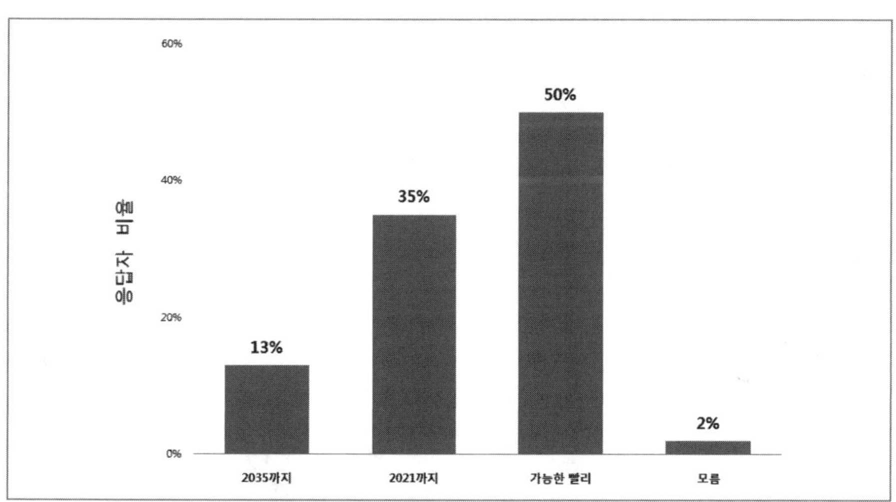

그림 5-6 원자력 에너지 하차 시기

*비고 질문: 귀하의 생각으로 독일은 언제까지의 원자력 에너지에서 하차해야 한다고 보는가?
응답자: 18세 이상, 1,228명 조사기관: Forschungsgruppe Wahlen
자료: Statista 2012.

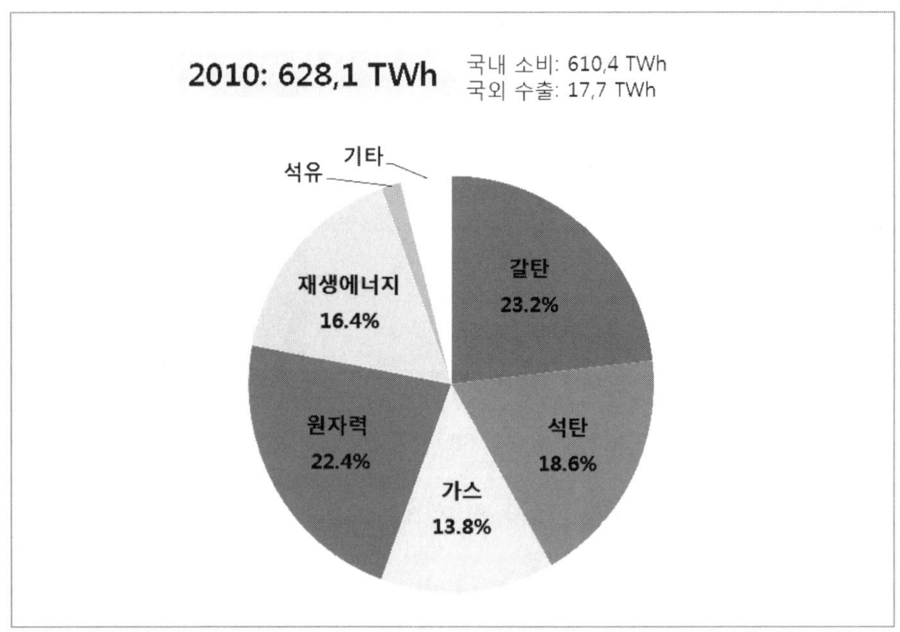

그림 5-7 독일 전력 생산에 쓰이는 에너지별 비중

자료: AG Energiebilanzen.

으로, 기후 친화적 에너지원 활성화의 촉진이 되었다. 독일에서 '그린 전력'은 1990년 전체 전력의 5%를 차지했으며, 이는 다시 2011년에는 20%로 증가했다. 재생 에너지의 비중이 2020년에는 35%, 2050년에는 80%를 차지하는 것이 목표이다. 화석 에너지는 가계 소비, 교통 및 산업 부문에서 여전히 큰 비중을 차지한다.

2 신재생 에너지

바람, 물, 태양, 바이오매스, 지열은 무한정 사용이 가능하며 유해물질을 배출하지 않는 에너지원이다. 화석 에너지 사용이 늘어만 가는 현 상황에서 기후 친화적인 차선책에 대한 모색은 그 어느 때보다도 중요해지고 있다. 학자들이 앞다투어 기후 변화로 말미암은 현상(기온 상승, 홍수, 가뭄, 양극 빙하의 해동 속도 가중, 멸종위기 생물)에 대해 경고하고 있다.

독일에서 사용되는 신재생 에너지는 전체 에너지 사용의 10% 이상을 차지한다. 독일은 세계 풍력 발전의 약 14%를 차지하며, 이는 중국, 미국에 이어 세계 3위이다. 독일은 EU 회원국 8개국과 함께 '북해 해상풍력협의체'를 구성하여 풍력 에너지를 개발하고 있다.

태양광 에너지 부문에서 독일은 총 17,300메가와트에 달하는 태양광 발전 시설을 갖추고 있다(2010년 기준). 지속 가능한 에너지 기술을 위한 대규모 EU 프로젝트인 '데저텍(Desertec)'은 독일 기업의 주도로 시작되었다. 이 프로젝트는 북아프리카의 태양 에너지발전소에서 얻은 에너지로 2050년까지 유럽 전기 수요의 15%를 충당한다는 목표를 하고 있다.

3 온실가스 배출

독일의 온실가스 배출량은 전 세계 배출량의 약 2.7%를 차지한다(2009년 기준). 이는 인구 대비 1.24%에 비해 높지만, 독일이 세계에서 차지하는 국내 총생산량 약 3.77%와 비교했을 때 높지는 않다(Klimaschutz-Index Ergebnisse 2010, Germanwatch). GDP에 배출을 보면 스위스, 스웨덴이 가장 적다. 독일은 IEA 평균보다 적은 국가군에 속한다.

독일에서 공기오염물질의 배출은 1990년 이래로 지속해서 감소했다. 온실가스 배출은

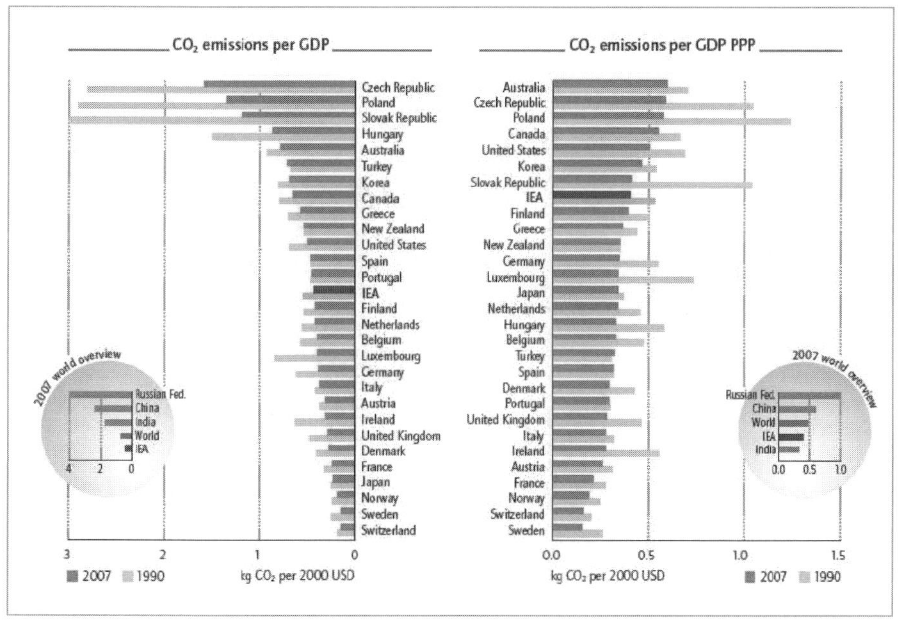

그림 5-8 국가별 이산화탄소 배출

자료: IEA Scoreboard 2009.

2011년에 1990년을 기준으로 할 때 26.5%가 줄었다. 이는 교토의정서의 기준 21%를 넘어서는 수치이다. 2011년에 온실가스 배출량은 총 9억 3천 7백만 톤이다. 교토의정서에서 제시하는 독일의 온실가스 배출량은 2008년부터 2012년까지 연간 9억 7천 4백만 톤이다. 독일은 2010년에 9억 6천만 톤의 온실가스를 배출하여 의무 배출량보다 1천 4백만 톤을 감축했다.

이런 온실가스 배출 감축에서 기대되는 것은 재생 에너지의 확대는 온실가스 배출에 미치는 긍정적인 영향이다. 그러나 8개 원자력발전소의 가동 중단에 따른 효과는 2010년을 기준으로 할 때 2%에 불과하다(Umweltbundesamt Presseinformation, Nr.33/2012).

아황산가스(SO_2) 배출은 2010년에 1999년에 비해 91.5%가 줄어들었다. 같은 기간에 먼지(Staub)는 85.6%, 일산화탄소는 73.1%가 줄었다. 건강에 해를 끼치는 미세먼지(Feinstaub)와 다른 문제가 되는 물질배출은 전체적으로 긍정적 변화를 보여준다. 먼지 배출은 독일 전체에서 줄어들었지만, 감소는 1990년 기준으로 30%이다. 질소산화물, 암모니아 배출은 54.2%, 20.8%만 감소하여 여전히 높다. 공기오염 배출의 감소에서 성공적인 것은 아황산가스이다.

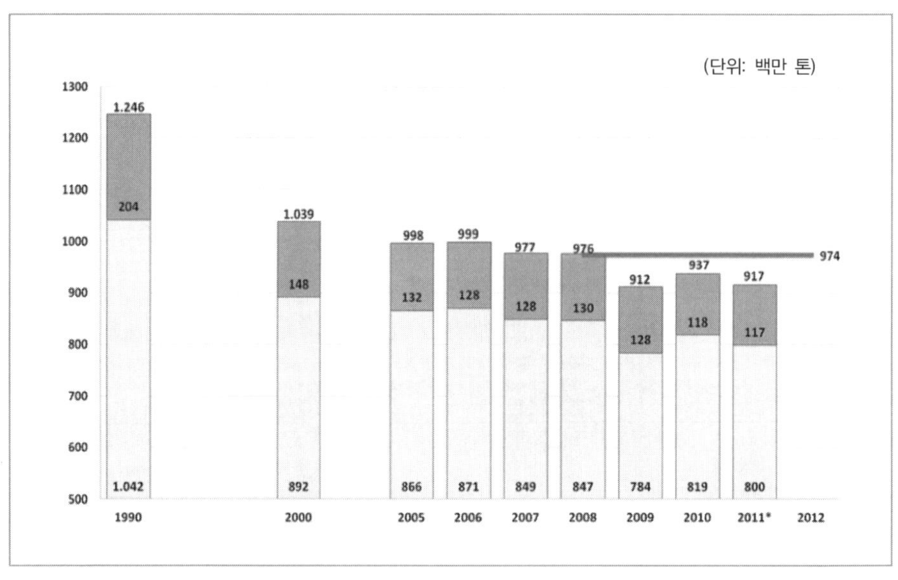

그림 5-9 독일 이산화탄소(CO_2) 배출량 연도별 비교

*비고: 기간 1990~2011.

CO_2 제외 배출 총계(CH4, N2o, F가스) ■ CO_2 배출 ▌- 교토의정서 기준

자료: Umweltbundesamt Presseinformation, Nr.33/2012.

표 5-4 전년도(2009년)와의 비교: 가스 종류별

	CO_2	CH_4	N_2O	HFCs	PFCs	SF_6	계
2010년 총계	831.5	48.3	64.3	12.1	0.4	3.4	960.1
2009년 총계	788.8	48.8	66.9	12.0	0.4	3.2	920.1
변동치(절대값)	+42.7	−0.5	−2.6	+0.2	0	+0.2	+40.0
변동치(상대값-%)	5.4	−1.1	−3.9	1.3	0	6.7	4.3

표 5-5 독일의 온실가스 배출 추이

	1990	1993	1996	1999	2002	2005	2006	2007	2008	2009
CO_2	1,041,688	948,237	951,353	887,507	890,934	863,955	870,164	847,276	847,967	788,803
CH_4	5,109	4,702	4,277	3,732	3,261	2,725	2,580	2,478	2,441	2,324
N_2O	283	266	273	209	209	209	206	214	217	216
HFCs	4,369	6,159	5,855	7,204	8,794	10,001	10,539	11,145	11,474	11,952
PFCs	2,708	1,961	1,714	1,240	789	709	571	530	531	432
SF_6	4,785	6,405	6,932	5,070	3,570	3,726	3,651	3,537	3,288	3,223

자료: Umweltbundesamt.

독일은 2011.6.6 결의된 에너지 전환정책(Energy Concept)에서 온실가스 감축 목표를 각 2020년 40%, 2030년 55%, 2040년 70% 및 2050년 80~95%로 설정했다.

제 4 절 독일 환경정책의 과제와 전망

1988년 이후 환경정책은 여러 정책 영역(Politikfelder)에 통합되었다. 에너지정책에서 재생 에너지가 중요하게 되었으며, 이에 여러 부처가 참여하고 있다. 교통정책에서는 환경세금과 같은 세제 도입이 주장되었고, 이에 따라 거리별로 요금이 부과되는 화물차 요금 부과 시스템(LKW-Maut)이 도입되었다. 농업에서는 친환경적 농업과 농촌지역에의 환경 보호가 강화되었다.

이러한 통합적 정책은 유럽연합의 정책(Art. VI. EGV, Cardiff-Prozess)에도 기인한다. 이는 또한 1992년 리우 유엔환경회의에서 결정한 정책노선인 지속 가능 전략이기도 하다. 다른 나라에서와 마찬가지로 독일에서도 환경정책은 교차정책(Querschittscharakter) 특성이 있다. 다른 부처도 환경 관련 정책이 있다.

환경법안의 권한은 연방과 유럽연합으로 이전되어, 환경정책의 내용도 유럽연합이 공동결정하는 정책 영역으로 변했다. 이로써 환경 권한이 연방과 유럽연합으로의 집중(Zentralisieurng)되었다고 지적된다.

독일 환경정책이 성공을 거둔 분야는 문제의 기술적 해결이 필요한 분야들이다. 특히 대기오염 예방과 수질관리에서 환경 보호는 다른 영역에 비해 성공적이다. 반면에 토지 이용, 토지와 지하수 부담(Grundwasserbelastungen), 종 상실(Artenverluste) 등의 문제가 남아 있다. 오염된 토지 정화도 부분적으로 이루어진 상태이다. 독일은 환경정책에서 교통정책, 에너지정책(원자력 에너지 포기) 등 구조적인 변화를 시도하고 있다.

환경부는 2007년 말에 환경법전 초안을 제시했다. 환경법적인 문제에서 환경 관련 법이 분산된 점이 비판되어 왔다. 이런 비판으로 흩어진 환경 관련 법을 하나의 환경법전(Umweltgesetzbuch: UGB)으로 제정하는 노력으로, 환경법전은 1970년대 이후에 논의되었고, 1990년대에 이미 다양한 환경법전 대안이 제시되었다. 법안의 목적은 현재의 환경법에서 규제하는 다양한 것들을 통일된 법으로 통합하며 조화를 이루는 것이다. 공기, 수자원, 토지 등 개별적으로 다루지 않고 통합하여 단일화하는 것이다. 이로써 경제, 환경, 기관이 법으로부터의 부담을 덜어주며, 환경 관련 문제에서 효율성을 높이고자 하는 기대가 있다. 환경법전 초안은 1998년 연방의회 선거전에 결정되지 못했고, 당시 연방환경 장관 트리틴(Jürgen Trittin)은 법안 추진의 어젠다로 수용했지만, 실제로 그 이후 진척되지 못하고 있다. 법리적인 측면에서 과연 법안 통합이 가능한가에 논란이 있다(Gramm, 1999). 경제와 환경단체들은 환경법전이 과도하게 규제를 한다는 이유를 들어 반대를 표명했다(Eppler, 2008: 340).

연방제도 개혁 이후에 환경법은 경쟁 입법으로 되었고, 주들은 자신의 정책을 부분적으로 주법으로 제정할 수 있게 되었다(이탈 권리). 환경법전[9]이 추구하는 목표는 환경정책의 조화와 현대화이다. 환경정책의 원리인 사전 예방과 지속가능성을 정책 수단의 핵심으로 하며, 불필요한 규제를 제거하는 것이다. 이로써 지역을 넘어서는, 목표 지향적인 환경정책을 이루며 유럽연합 내에서는 독일의 협상력을 높이고자 한다. 이는 또한 주에서의 행정적인 법집행을 단순화시켜 준다. 그러나 환경법은 앞으로 당분간 분산된 상태로 남아 있을 전망이다.

9) 환경법전 초안은 연방환경부에 공고되어 있다(www.bmu.de/umweltgesetzbuch).

제 6 장 독일의 언론과 방송정책

정보사회인 현대 사회는 커뮤니케이션의 기술 발달과 수단 없이는 생각할 수 없다. 이런 수단은 오늘날 총체적으로 미디어(Medien)로 지칭되며, 미디어는 매스커뮤니케이션으로서 신문(Presse), 영화, 라디오, TV를 지칭하기도 한다. 오늘날 정보기술의 발달 때문에 미디어 매체의 분류가 불명확하게 되었다. 1970년대에 케이블, 위성기술, 비디오텍스트(Videotext), 텔레텍스트(Teletext)가 등장했고, 1990년대에 개인 컴퓨터 등장과 인터넷이 확산했다. 월드 와이드 웹(World Wide Web)의 등장으로 매스커뮤니케이션은 상호적으로 변화했다. 이런 미디어의 발전은 디지털화, 모바일 폰으로 가속화되고 있다. 이는 현대 사회에서 미디어의 영향력 증대를 보여준다.

새로운 미디어 환경 속에서도 언론의 자유, 표현의 자유, 정보의 자유는 여전히 민주주의 헌법 질서의 주요 영역이고, 민주사회 유지에 핵심적 기능을 한다. 오늘날 미디어정책은 언론 자유의 의미뿐만 아니라 경제적 중요성도 갖게 되었다. 언론정책은 새로운 미디어로서 텔레커뮤니케이션의 기반구조(Infrastruktur)까지도 다루어야 한다고 보기도 한다.

독일에서는 언론정책에 다수의 행위자가 관여하고 있다. 연방헌법재판소, 연방 각 주, 주 미디어국, 방송위원회(ARD, ZDF), 미디어 영역 집중조사위원회(KEK), 방송사 재정수요조사위원회(KEF), 연방카르텔청, 주 방송위원회(Rundfunktkommission der Länder), 유럽연합 집행위원회 등이다. 이와 같은 공식적 기관 외에 비공식적 행위자는 각 정당, 미디어 관련 단체, 이익단체들이 있다.

제1절 언론의 자유 법적 보장

기본법 제5조는 표현의 자유, 알 권리, 학문의 자유를 규정하며, 제5조 1항은 언론의 자유와 더불어 신문과 방송의 자유를 보장하고 있다. 기본법 제5조 1항 "누구든 언어 문서 및 도화로써 의견을 자유로이 발표 공표하며 일반적으로 접근할 수 있는 정보원으로부터 방해받지 않고 정보를 얻을 권리를 가진다. 신문의 자유와 방송 필름을 통한 보도의 자유가 보장된다. 검열은 하지 않는다"를 통해, 국가의 간섭으로부터 보호를 통한 언론의 자유, 여론형성의 자유가 보장된다. 또한, 신문과 방송은 지식과 정보를 얻는 도구이며 이는 법으로 보장된다.

다음과 같은 언론의 기본 원리가 보장된다.

- 언론의 표현에 대한 처벌은 허용되지 않는다.
- 검열 금지와 정보 자유에 대한 제한은 허용되지 않으며, 외국 방송의 금지는 허용되지 않는다. 취재원에 대한 정보를 제공해야 하는 의무는 성립되지 않는다.
- 기자들은 정보에 대해, 법원이나 기관에 대해 진술 거부권을 가지나 중범죄(Schwerste Straftaten)의 경우는 예외이다(1975년 이후).

기본법에 규정하고 있는 언론의 자유에 대한 보장 외에, 연방헌법재판소의 사회 권력(gesellschaftliche Macht)에 대한 보호가 있다. 즉, 언론사에 대한 경제적인 재원 동원, 거부를 통한 압력 행사나 판매를 방해하는 행위는 허용되지 않는다. 또한, 경제적인 압력을 동원하는 정치적인 거부(Boykottaufrufe)는 의견 형성의 기본 권리를 침해한다(BVerfGE 25, 256ff. 1969.02.26).

이와 같은 언론 출판, 언론의 자유, 표현의 자유에 대한 보장은 다원주의 사회에서 여론수렴을 통한 진실의 추구이며, 이에 이바지한다. 언론 자유를 보장하는 기본적인 사상의 원리는 한 기관에 의한 진실의 의존이 아니라, 서로 다른 기관의 의견 표명을 통한 상호 통제와 교정에 있다. 따라서 한 기관만의 의사 표명으로서 진실이 독점되어서는 안 된다.

독일 언론과 방송의 질서를 확립하는 데 연방헌법재판소의 판결은 지대한 영향을 미쳐왔다. 헌법재판소는 기본법 제5조 제1항2 "방송을 통한 보도의 자유는 보장된다"에 대해 1961년 제1차 판결을 시작으로, 1994년 제8차에 이르는 판결을 거쳐 언론과 방송의 제도를 확립해 왔다. 헌법재판소는 방송의 자유의 중요성, 봉사하는 기본권으로서 방송의 자유, 공동체의사형성 과정에 핵심적인 역할을 수행함에 대한 특별 보호의 필요성, 공영방송의 정당성 근거, 기본 정보 제공(Grundversorgung), 방송위원회의 다원적 구성 여부, 방송 수신료의 징수 근거 및 금액 결정 절차에 이르기까지 다양한 영향을 미쳤다.

헌법재판소는 기본법 5조를 근거로, 모든 중요 그룹이 영향력을 행사할 수 있어야 한다고 보았다. 즉, 프로그램은 다양성을 가져야 하며 내용상으로 균등성(Ausgewogenheit)을 증명해야 한다(BVerfGE 12, 259ff, 1961.02. 28; BVerfGE31, 314ff. 1971.07.27). 1961년 연방헌법재판소의 판결은 '방송의 마그나카르타(대헌장)'로 불린다(Herrmann & Lausen, 2004: 104; Hesse, 2003: 16). 헌재 판결의 핵심은 방송에서 국가 간섭을 배제하는 것이다. 1981년 헌법재판소는 입법가들은 개인 프로그램 전달자(Programmbetreiber)의 허용에 대해 내용적 균등성(inhatliche Ausgewogenheit), 사실성(Sachlichkeit)이 최소 보장되고, 상호 존중이 보장되도록 입법해야 한다고 판결했다(BVerfGE 57, 259ff.). 이 같은 언론 자유의 방향을 헌법재판소는 1986년, 1991년 판결을 통해 다시금 확인했다.

1994년 2월 22일 연방헌법재판소 제8차 판결(BVerfGE 90, 60)은 공공방송의 재원이 수신료임을 재차 확인했고, '공영방송재정수요조사위원회(KEF)'를 설치하여 수신료 문제를 독립적으로 다루도록 했다. 공영방송의 운영 재원은 방송 수신료, 광고, 이자 그리고 그 밖의 수입으로 이루어지지만, 가장 핵심 항목은 방송 수신료이다. 헌법재판소가 이처럼 수신료를 통한 재원 조달을 명확히 한 것은 공영방송의 재정이 광고에 의존할 때 공영방송의 독립과 자율성은 지키질 못할 위험이 있기 때문이다. 방송 내용은 직·간접으로 광고주의 영향을 받으며, 제한을 받을 수밖에 없다. 연방헌법재판소는 지속적인 방송 판결을 통해 공영방송 운영의 핵심 재원은 방송 수신료가 되어야 하며, 광고에 의한 운영 재원 조달은 어디까지 보조적인 것이 되어야 한다고 보았다.

제 2 절 언론의 신뢰

독일 언론은 크게 방송과 인쇄 미디어로 나뉜다. 인쇄 미디어는 민간 출판자 다수가 점하며, 방송은 공영방송 및 민간방송으로 나뉜다. 인쇄 미디어는 다수로 구성되는 데 반해, 방송 미디어는 소수로 구성되어 있다. 독일 미디어 체계는 미국과 프랑스와 차이가 있으며, 영국의 미디어 체계와 흡사하다. 영국은 중앙집권적이지만 독일은 분권적이라는 데서 차이가 있다.

독일 미디어 체계의 또 다른 특징은 과거 나치 체제와 차이가 있다는 것이다. 현재 독일의 미디어는 독립적인 개별 신문으로 모든 국민을 대상으로 한다. 이는 과거 중앙 독점적 체제의 특정 이념과 사회 가치를 추구하는 신문이 더는 존재하지 않는다는 것을 말한다. 이러한 다원주의적, 자유 언론 체제는 제2차 대전 후 미국의 영향으로 발전된 면이 강하다. 연합국 측인 미국은 출판기관을 단일조직이 아니라, 정치적으로 혼합된 유형 체제로 허락했다. 이런 새 출발 때문에 미국은 1949년에 면허 강제(Lizenzzwang)를 시행하지 않았다.

언론의 신뢰도 조사에서 보면, 지역신문에 대한 신뢰도가 가장 높다. 조사자의 60%가 지역신문을 신뢰한다. 미디어 매체에 대한 독일 국민의 신뢰를 조사한 TNS Emnid 조사(2007.9)에 따르면 지방신문(Lokalezeitung)이 가장 신뢰도가 높고(60%), 공영 라디오(53%), 공영 TV(52%), 신문(35%), 민영 TV(26%) 순이다.

2012년 전반기 GPRA의 신문과 잡지에 관한 신뢰도 조사에서도 지역신문에 대한 신뢰도가 가장 높았다(81%). 다음으로는 *FAZ*(71%), *Spiegel*(70%), *SZ*(68%)이다. 반면 발행 부수가

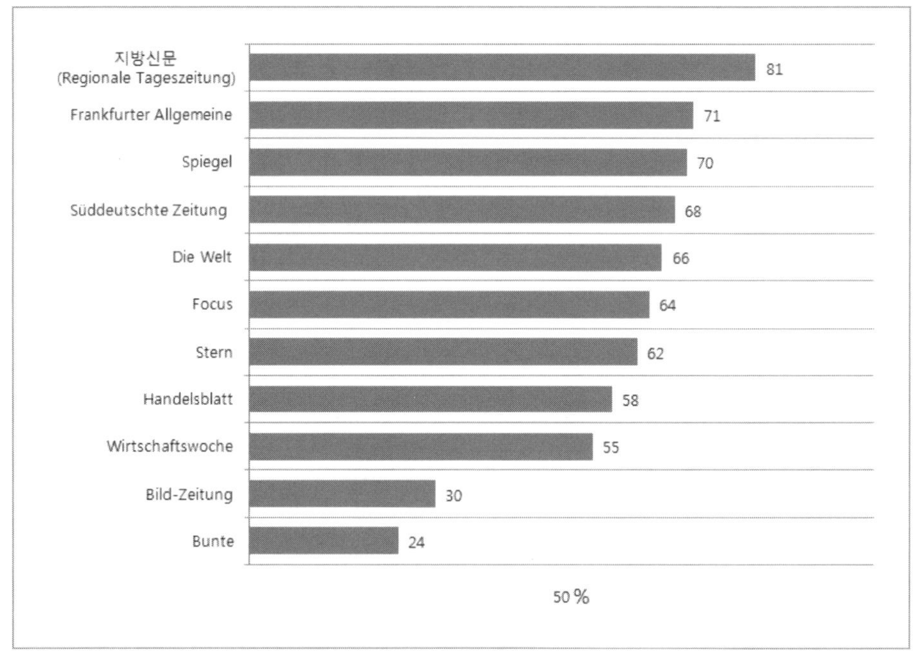

그림 6-1 일간신문과 주간지에 대한 신뢰도

자료: GPRA Vertrauensindex Q1/2012.

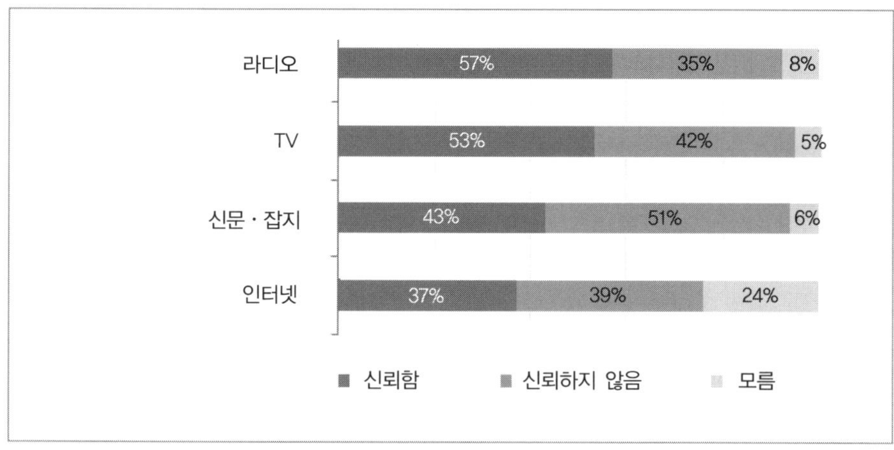

그림 6-2 독일 국민의 미디어 신뢰

자료: EU-Kommission(2011). Die Mediennutzung in der Europäischen Union, 16-19.

제일 많은 대중지 *Bild*는 30%에 불과하다.

유럽연합시민이 매체의 신뢰도에 관한 조사와 유럽연합 사안에 대해 어떤 경로를 통해 정보를 취하는가에 대한 조사이다(2010년 EB[Eurobarometer] 74, 2011년 EB 76). EU 시민의 다수는 미디어가 유럽 사안에 대해 객관적으로 보도하고 있다고 평가하고 있다(TV 55%, 신문 52%, 라디오 53%). 반면 인터넷 보도에 대한 신뢰도는 38% 수준이다(2011년 EB 76, 34).

제 3 절 독일 인쇄 미디어와 언론

독일의 언론매체의 상황을 고려해 볼 때, 인쇄매체로서 한 신문이 언론을 주도하거나, 국민이 한 매체에 매이는 시대는 지났다. 따라서 특정 매체에 의한 여론의 독점적 점유는 없으며, 여론의 형성을 놓고 서로 간에 경쟁한다.

독일에는 135개의 신문사에서 351종의 일간신문과 28종의 주간신문, 6종의 일요신문을 발행하고 있다. 일간신문 중 지역신문은 334종, 전국신문은 10종, 가판신문은 9종이며, 동일 제호로 발행되는 지역판을 합산하면 전체 일간신문의 수는 1,512종에 이른다. 신문 총판매 부수는 2,283만 부이다. 이 가운데 일간지 1,801만 부, 지역신문 1,295만 부, 전국지 150만 부, 일요판 신문 307만 부, 주간지 174만 부이다(ZMG-Auflagenstatistik der deutschen

Zeitungen 3.Quartal 2012). 독일 신문의 특징으로 지역신문의 강세를 들 수 있다.

신문사들의 온라인 제공(Onlineangebot)은 1995년 5개사에서 2003년 631개사로 증가하여, 현재 636개사(2009년 기준)에 이른다(BDZV).

독일 신문산업의 연간 매출액은 2007년 말을 기준으로 총 91억 8천만 유로(전년 대비 0.5% 증가)였으며, 이 가운데 광고 수입은 전체의 53%인 48억 3천만 유로(전년 대비 0.9% 증가)이다.

독일의 신문과 주간신문은 다양하며, 이들은 서로 다른 정치 이념을 지향한다. 이는 다음과 같이 구별된다.

– 전국신문(Überregionale Tageszeitung)

전국신문은 자신의 정치노선을 가지며, 연방국가 수준에서 여론 형성에서 주도적인 역할을 한다. 전국지이면서 최대 일간지인 *Süddeutsche Zeitung*은 44만 부를 발행하며, 객관적이나 전체적으로 좌파 자유적이다. 보수적인 신문에는 *Die Welt*(27만 부), 자유·보수적인 신문 *Frankfurt Allgemeinzeitung*(37만 부), 자유주의 좌파적인 신문에 *Frankfrut Rundschau*(15만 부)가 있다. *die tageszeitung*은 정당 지지에서 녹색당에 우호적이다. 독일의 최대 경제지로는 *Handelsblatt*(14만 부)가 있다.

– 지역신문(Regionale Tageszeitung)

발행 부수가 가장 많으며, 지역정치 문제, 지역 문제에 관심을 둔다. 지역신문들은 '중간노선(politische Mitte)'을 취하며, 가능한 한 정치적 색채를 띠지 않으려 하면서 지역의 모든 독자를 수용하고자 한다. 대표적 신문으로 *Westdeutsche Allgemeinezeitung, Hannoversche Allgemeinezeitung, Stuttgarter Zeitung* 등이 있다.

– 지방신문(Lokale Tageszeitung)

발행 대상 지역을 지역의 도시와 주변 도시로 한다. 주로 지방 정치를 집중적으로 보도하지만, 정치적 색은 가능한 한 나타내지 않는다.

– 가판신문(Boulevardblätter)

정보량이 많지 않으며, 가볍게 읽을 수 있도록 편집하고 있다. 독일에서 가장 많이 팔리는 신문은 *Bild, BZ*(Berlin), *Express*(Köln), *Abendzeitung*(München) 등이다. 가판신문은 5백만 부 정도이며, 구독하는 신문은 1,700만 부 정도이다(2004년 기준, MP-Basidaten, 2004: 42).

– 정치 주간지

영향력이 가장 큰 정치 주간지는 *Der Spiegel, Die Zeit*이다. 그 외 *Focus*는 우익·자유적

(rechtsliberale)이며, *Bayernkurier*는 CSU에 편향적이며, *Deutsche Nationalzeitung*는 극우적이며, *Rheinische Merkur*는 보수적이다.

– 대중지(Illustrierte)

대중지는 전문 주간지나 월간이며, 특정 주제를 다루고, 편집에서 고유의 특성을 가지며, 정치적 개입 정도는 서로 다르다(슈페른은 정치적 개입을 함). 그 외 직업별 전문지가 있으며 대표적으로 자동차(ADAC Motorwelt), 축구(Kicker), 컴퓨터(Ccoumpter Bilder) 등이 있다.

통일 전후에 동독지역의 신문은 39개에서 122개로 증가했다(*Das Parlament* 91, 11.18). 가판신문이 새로운 형태의 신문으로 동독지역에 등장했다. 동독지역의 특징은 전국지의 영향력이 적고, 지역 발행 신문이 여론 형성에서 주도권을 가진다.

신문은 생존을 위해 최소의 발행 부수를 확보해야 한다. 1949년 신문 허가 이후에 발행되는 신문의 종류는 187개에서 755개로 급속히 상승했으나, 그 이후에는 감소했다. 1961년에 630개에서 1978년에는 371개로 줄었다. 정치를 주로 다루는 신문은 1954년 225개에서 1975년에는 121개로 줄었다. 2004년에 독일 전체에서 발행되는 신문은 138개이다. 이는 다른 서구 민주주의 국가와 비교해 볼 때 높은 수치는 아니다. 일부 거대 신문은 통일을 통해 시장의 지배를 강화했으며, 여전히 거대 출판사는 슈프링거 출판사(Springer-Verlag)이다. 독일에는 '지방신문 독점 현상'이 있다.

제 4 절 독일 방송: 공영방송과 민간방송의 이원 체제

방송제도는 소유 형태로서 방송의 존재 양식을 결정하는 유형으로, 이는 크게 국영방송, 공영방송, 민간상업방송으로 나눌 수 있다. 방송제도는 그 국가사회의 고유한 역사적 현실에서 당면하는 사회 · 문화적 문제를 해결하기 위한 이념과 정책적 목표가 제도적으로 표현되어 있다.

국영방송 모델은 정부가 소유주가 된다. 방송국 경영에 필요한 재원은 정부의 예산으로 충당되며, 따라서 운영은 비영리적인 특성을 가진다. 이는 과거 공산주의 국가가 채택했으며, 개발도상국가들에서 지배적인 모델이다. 국영방송의 취약점은 방송이 정부의 정치선전과 홍보에 직접적인 도구로서 이용된다는 점이다.

공영방송 모델은 방송국 운영이 정부로부터 독립되어 국가의 간섭으로부터 일정 거리를

표 6-1 방송제도와 특성

	국영	공영	민간상업
방송의 기본 목표	국가 이익	공익(국민의 이익)	사익(소유주의 이익)
소유 형태	국가기관	정부설립공사(국민)	민간기업(개인 주주)
통제와 성격	국가, 정치적 통제	일반대중, 공공의 통제	자본가, 경제적 통제
방송 운영 재원	국가 재원, 세금	수신료	광고, 방송운영 수익
운영과 경영	독점, 비영리적	독과점 내지 경쟁, 비영리적	경쟁, 영리적
최고 의사결정기관	국가기관	국민 대표하는 기구(대의제 민주주의 제도)	소유주를 대표하는 기구=주주총회
방송인의 신분	국가공무원	국민의 대변인	피고용인

두므로 간섭을 배제한다. 또한 방송의 목표는 공익을 추구하게 되므로, 공공성을 지향하며, 어느 정도 상업주의를 배제하게 된다. 이와 같은 공영방송제도의 장점은 방송의 독립성, 자율성, 중립성을 유지하며, 사회의 다양한 이해당사자가 참여할 수 있는 점이다. 공영방송은 유럽 국가들에서 보여진다. 대표적으로 영국의 공영방송제도(BBC)이다. 방송에 필요한 주요 재원은 수신료를 통해 이루어진다.

이와 같은 국영방송, 민간상업방송, 공영방송에는 각기 장단점을 가지고 있다. 공영방송제도는 사회구성원의 공공 이익을 추구하며, 방송에서 독립성, 공정성을 신뢰를 바탕으로 한다. 따라서 공영방송은 사회구성원의 신리와 지지가 있어야 존립의 정당성을 갖게 된다. 이와 같은 시청자로서 국민의 신뢰를 얻지 못하면, 공영방송은 사익이나 집단의 파당성에 빠지게 되며, 존립의 근거를 잃게 된다.

독일의 방송 개념은 방송에 대한 국가 간 협약으로 "중계자 없는 전자기파 또는 전선을 통해 또는 전선을 매개로 문자, 소리, 영상 등 모든 유형의 영상물을 제작하여 일반 공중에게 제공하고 전파하는 것"이라 정의된다.

독일 방송 라디오와 TV는 공영방송과 민간방송의 이원 체제로 되어 있다. 공영방송 영역은 지역에 기반을 둔 공공방송사(öffentlich-rechtlicher Anstalten)이다. 각 주는 독자적으로, 또는 서로 협약을 통해 방송 운영을 한다. 노르트라인-베스트팔렌주는 Westdeutsche Rundfunk(서독일방송), 바덴-뷔르템베르크와 라인란트-팔츠는 Südwestdeutsche Rundfunk(남서독일방송), 함부르크, 메클렌부르크-포어포메른, 니더작센, 슐레스비히-홀슈타인은 Norddeutsche Rundfunk(북독일방송), 작센, 작센-안할트, 튀링겐은 Mitteldeutsche

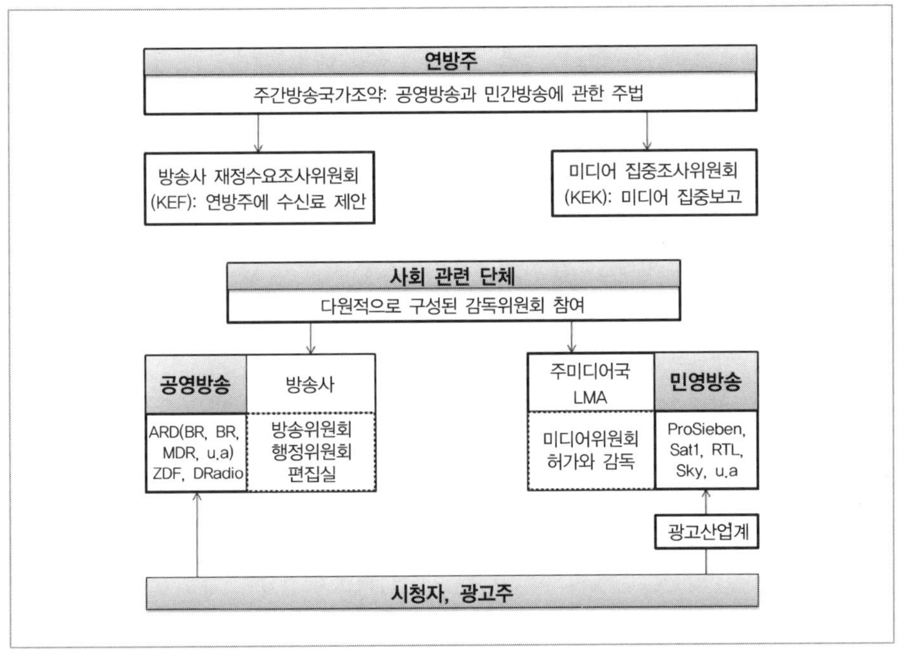

그림 6-3 독일 방송 구조: 공영과 민간방송의 이중 체제

Rundfunk (중부독일방송), 베를린과 브란덴부르크는 Rundfunkt Berlin Brandenburg(방송 베를린 브란덴부르크) 등이다.

각 주 공공방송사는 공동으로 ARD(Arbeitsgemeinschaft der Rundfunkanstalten Deutschlands)를 설립했다. 따라서 ARD는 별도의 법인 또는 회사가 아니라, 독일 16개 주에서 9개 지방 공영방송사(öffentich-rechtlichen)가 공동으로 운영하는 협력체이다. ARD는 ARD-TV인 Erstes Program(제일 프로그램)의 주체(Träger)이다. 이 TV는 16개 주 방송사의 공동방송이라는 성격이 있다. 1984년 채널 이름을 ARD에서 Das erste로 변경했다. ARD외에 외국 방송을 위한 Deutsche Welle와, Deutschland Radio가 있다. 독일의 두 번째 TV 방송인 ZDF도 공영방송으로서 독립적인 운영을 한다.

ARD 의사결정 구조를 보면 ARD 총책임자인 사무총장(General Director)이 있으며, ARD program counselor(각 방송사의 위원회 의장 간의 모임)이 있다. 재원구조를 보면 2009년 ARD 지역방송사 총수입은 63억 유로, 이중 수신료가 54억 유로로 86%를 차지한다(ARD 2010년 연감).

공영방송인 ARD와 ZDF는 방송사 내부의 방송위원회(Rundfunkrat)가 자체적으로 규제하

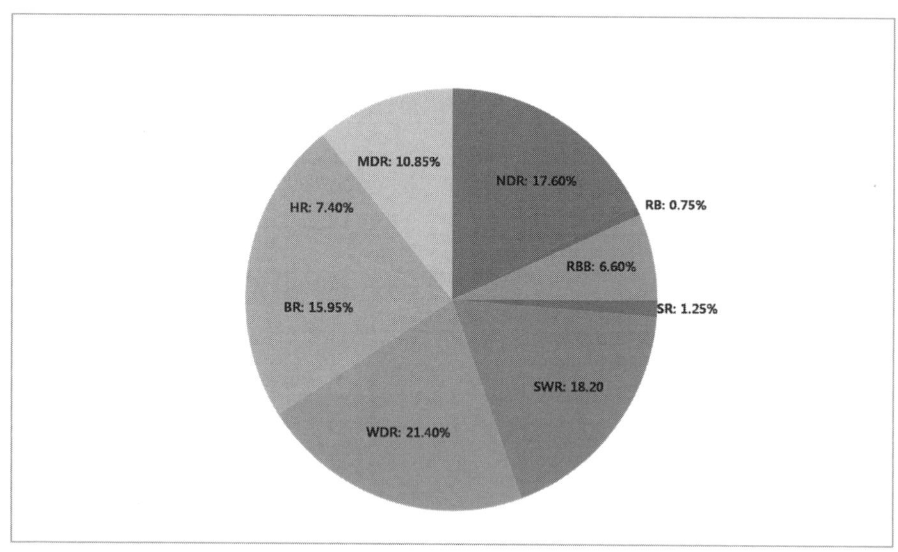

그림 6-4 ARD 재원 분담 기준

자료: ARD 2010 연감.

며, 민영방송은 정부 기구인 주미디어국(LMA)이 관할한다.

각 주 미디어국은 각 주의 방송법에 따라 민영방송을 규제, 감독하는 역할을 한다.

독일의 주요 민간 상업방송의 하나는 1985년부터 방송 서비스를 한 Sat.1과 Pro 7, Kabel 1, N24 등이 있다. 이 민간방송의 대주주는 키르히(Leo Kirch)이다. RTL 그룹에 RTL, VOX, Super RTL, N-TV는 베텔스만 출판사(Bertelsmann-Verlag)가 90%의 지분을 갖고 있다. Tele 5는 청소년 대상 프로그램으로, 주로 뮤직 비디오, 스포츠 등을 방영한다. PRO 7은 청소년을 대상으로 하며, Sat.1의 주주이기도 한 키르히의 소유이다.

공영방송의 뉴스와 정보 제공에 대한 시청자의 신뢰도는 매우 높다. 2003년에 수신료를 둘러싼 논란이 이루어지는 가운데, 공공방송 프로그램에 대한 시청자의 이용이 조사되었다(14세 이상 3천 명 조사). 이 조사를 통해 밝혀진 것은 과거의 공영방송 프로그램에 대한 시청자의 높은 신뢰도가 재확인되었다(Darschin & Zubayr, 2004). 공영방송에 대한 정보 이용은 95%로 조사되었다. 이런 높은 수준의 이용은 공영방송의 정보와 뉴스 제공에 있다. 정보와 뉴스 제공에 대해 Das Erste는 78%, ZDF는 71%를 신뢰한다. 반면 정보 제공과 뉴스에서 민간방송의 역할은 적게 평가된다. 민간방송은 쇼, 영화, 오락, 대담 같은 여가 프로그램에서 높은 이용도를 보여준다. 조사자의 53%는 RTL이 오락과 즐거움(Spass und gute Laune)을 제공한다고 평가했다. Pro 7은 42%, SAT 1은 46%였다.

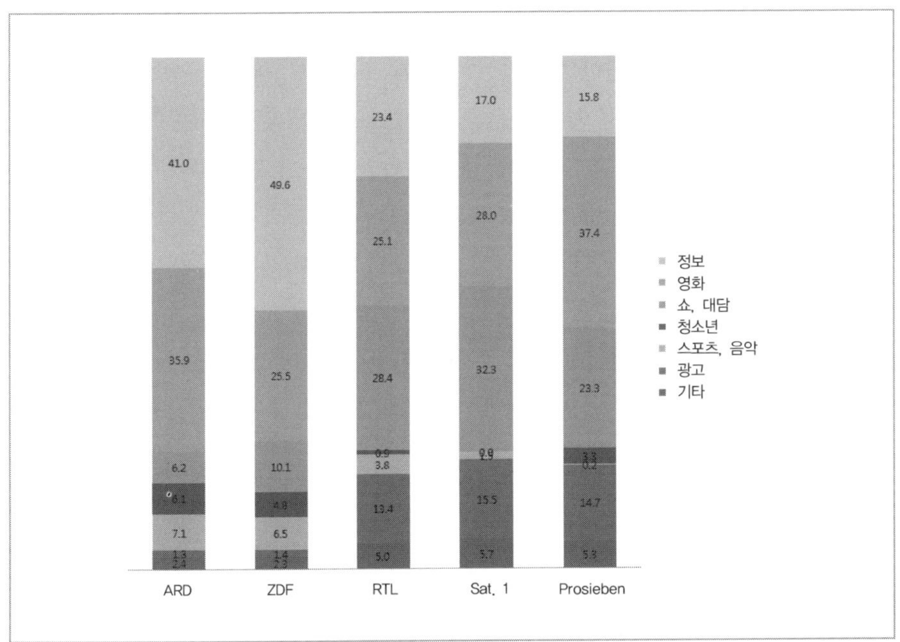

그림 6-5 방송사별 프로그램 제공 비율(2009)

자료: Media Perspeitiven Basisdaten 2010.

뉴스 편성에서 차지하는 영역별 주제의 비중은 방송사별로 차이가 난다. 2012년 저녁에 방송되는 뉴스인 Das Erste Tageschau에서 차지하는 정치는 53%, 스포츠 8%였다. 반면 RTL aktuell은 정치 23%, 스포츠 20%였다. SAT 1의 경우 정치 30%였으며, 다음으로 비중이 많은 영역은 다양한 일상 내용을 담은 프로그램이 19%였다(Krüger, 2013: 69).

2009년 전체 방송 시간에서 정보(Information)가 차지하는 비율을 보면 ARD 41.1%, 49.6%인 반면, RTL 23.4%, Sat.1 17.0%, Pro 7 15.8%이다(비고 [그림 6-5]).

독일 방송은 다음과 같은 특성이 있다.

- 공공방송은 기본 정보 제공(Grundversorgung)으로 기능한다. 연방헌법재판소는 1986년 제6차 방송 판결에서 '기본 정보 제공' 개념을 도입하여, 이를 공영방송의 공적 임무로 규정했다. 따라서 공영방송의 존속과 발전 보장(Bestands und Entwicklungsgarantie)에 대한 근거가 마련되며, 한편 민영방송의 도입에 대한 근거도 마련되었다.
- 민간에 대한 다원성은 공공방송사와 같은 수준을 요구하지 않는다.
- 공공 · 민간 이원 방송 체제는 기본법에 따른 유일한 미디어 체제로만 보지 않는다.
- 헌법재판소는 공영방송의 재원은 공영방송이 제대로 된 역할을 수행할 수 있도록 충분

히 제공되어야 하며, 재원 제공을 이유로 국가가 공영방송에 영향을 미쳐서는 안 된다.

- 주 방송법은 연방의 소관이 아니라 주정부의 소관이기 때문에 연방의회를 통과하지 않으며 16개 주 모두가 주 방송법을 제정한다.
- 각 주는 방송협약을 맺는다. 각 주의 총리는 독일 방송에 관한 '주(州)간 방송국가협약(Staatsvertrag über den Runfunkt in vereinten Deutschland)'을 체결하여 방송 기관법을 이룬다. 방송에 대한 주들 간의 협약은 국가조약으로서 해당 주의회가 이를 비준해야 성립된다.
- 각 주들의 방송정책 조정기구로서 '주 방송위원회(Runfunkkommission der Länder)'가 설치되었으며, 이는 각 주의 방송 관련 문제에 협의 및 조정의 장으로 기능한다. 주방송위원회는 시청료 문제를 논의하고 제안한다.
- '주(州)간 방송국가협약'에서 1조는 텔레미디어 협약(Staatsvertrag für Rundfunk und Telemedien)을 규정하고 있다. ARD 방송협약(ARD-Statsvertrag)(Art.2), ZDF 방송협약(ZDF-Staatsvertrag)(Art.3), 방송재정협약(Art.5)에 관한 내용을 다룬다(Art.4 와 Art.6은 폐지됨).

(단위: 100만 유로)

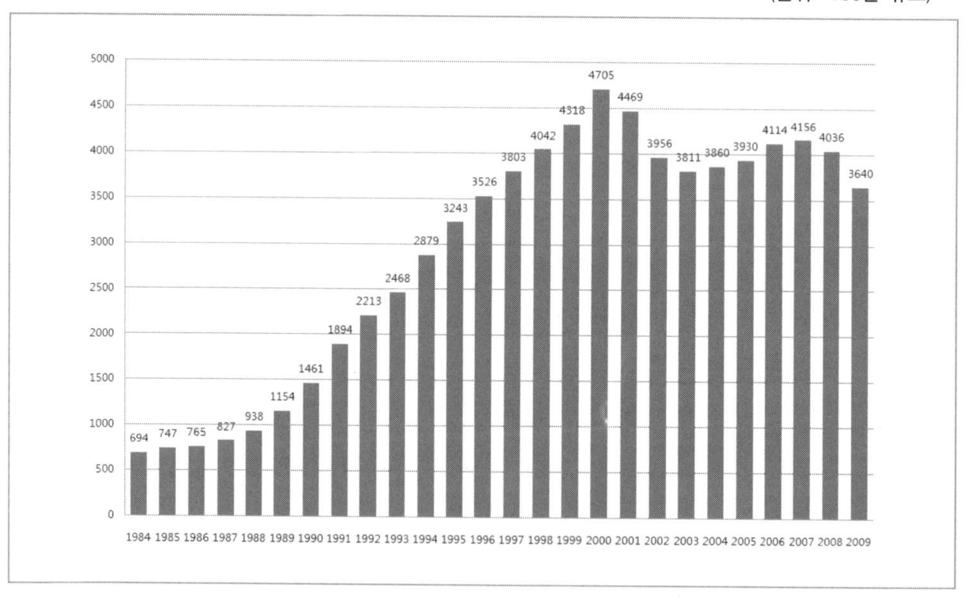

그림 6-6 TV 방송사 광고 수입 추이

자료: ZAW 2010.

공영방송과 민영방송으로 이원적 구성을 하는 독일 방송은 국가의 간섭 배제라는 대원칙에 따라, 방송사와 방송활동의 자율성을 보장한다. 이와 같은 방송 권력의 다원화는 방송의 자율성을 보장하며, 방송 프로그램의 다양화는 사회의 이해당사자를 통해 그 준수를 감시한다.

제 5 절 방송 감독과 규제

1 미디어 영역 집중조사위원회

연방 16개 주는 1997년 국가로부터 자유로우며 중립적인 '미디어 영역 집중조사위원회(Kommission zur Ermittlung der Konzentration im Medienbereich: KEK)'를 설립했다. KEK는 방송사업자별 시청 점유율을 조사하며, 법에서 정한 시청 점유율 상한선을 초과하거나 초과할 것으로 예상될 때 방송사업자에 대한 제재를 결정한다. KEK의 결정을 주의 미디어국은 따라야 한다. 이러한 KEK의 방송 규제의 권한은 기본법 제5조에 기초하는 언론과 방송의 자유와 다양성에 기초하며, 연방헌법재판소는 이를 근거로 하여 의견 형성의 자유(Freiheit der Meinungsbildung)가 제한되지 않아야 하며, 민간방송의 '균등한 다양성(gleichgewichtige Vielfalt)'이 확보되어야 함을 판결한 바 있다(BVerfGE 73, 118, 159). 헌법재판소는 또한 집중(Konzentration)의 경향은 조기에 발견하며, 이에 대한 적절한 대응을 해야 한다고 밝혔다(BVerfGE 73, 118, 160). 이런 판결은 미디어 영역에서 집중이 일어나지 않도록 예방 조치를 취해야 하는 것을 말한다. 이는 방송국가협약(RStV) 26조에 다시금 규정되었다.

미디어 영역에서 '여론 지배력'을 뜻하는 '지배적인 의견의 힘(vorherrschende Meinungsmacht)'에 대해, 연방헌법재판소는 1) 미디어 시장에 다수 사업자가 아닌 소수 사업자만이 존재하는 상태, 2) 한 미디어 사업자가 신문과 방송 등 교차 소유를 통해 다양한 정보 제공을 차단하는 경우, 3) 방송사업자가 다양한 프로그램 공급망을 독점함으로써 수직적 독점이 이루어지는 경우라고 밝히고 있다(BVerGE 73, 118, 175,176; BVerfGE 95, 163,173).

방송국가협약 제26조 제2항은 1) 한 방송사업자가 전국적으로 연평균 전체 시청 점유율을 30% 이상 차지하거나, 2) 전국적으로 연평균 시청률이 25%를 조금이라도 넘으면 사업자가 인접 미디어 시장에서 지배적이며, 이를 통해 영향력(Meinungseinfluss)이 시청률 30%를 넘기는 경우 등을 여론 지배력을 가진다고 본다.[10] 이에 따라 KEK는 특정 사업자가 시청점유율 제한선 30%를 넘게 되면 더 이상 방송 설립의 허가를 받지 못하도록 주미디어국에 통보한다. 주미디어국은 해당 방송사업자에게 30%를 초과한 만큼 계열사를 매각하거나 방송 시간을 '제3자 방송채널 사업자'에게 할애하도록 명령한다.

독일의 미디어 재벌 악셀 슈프링그룹이 P7S1(Prosieben Sat1mediaAG)을 인도하고자 할 때, KEK는 악셀 슈프링그룹의 신문, 잡지, 인터넷 시장에서 차지하는 여론 지배율이 25%로 평가했다. 따라서 악셀 슈프링이 P7S1을 인수할 경우, 여론 지배력이 47%를 넘는다고 보고, 악셀 슈프링의 P7S1 인수를 최종 금지했다 (여론조사 집중 방법, 2010, 81f). 독일에서 방송기업은 신문기업과는 달리 여론 지배력에 대한 규제를 받는다.

KEK는 다음과 같은 고유 업무를 수행한다.

- 방송사업자의 시청점유율 제한선 초과 조사(방송국가협약(RStV) 제26조 2항).
- 다수 방송 채널을 소유한 방송사업자를 방송재벌로 지정
- 민간 방송 지분에 투자하고 있는 자본 소유주 간의 투자 관계와 제3자를 이용한 우회투자 관계 조사(RStV 제28조 4항)
- 방송과 방송 유관사업 투자 현황조사(RStV 제26조 2항2). 방송사의 수직적 관계, 미디어 영역에서 국제적 관계를 조사.
- 종합편성을 하거나 보도 전문 편성을 하는 채널을 소유한 상업방송사에 대한 연간 시청점유율이 10% 상한선 초과 여부 조사(RStV 제31조)
- 자본 집중에 관한 조사를 통해 신규 면허 교부, 지분 변경, 재면허에 대한 허용 여부 결정(RStV 제36조 제4항).

KEK는 12명의 위원으로 구성된다. 이 가운데 6명은 방송, 기업법 관련 전문가로 하며, 6명 중 3명은 판사 임용 자격을 갖춘 자로 한다. 6명은 14개 주미디어국 대표로 구성하며, 이들은 주에서 1명씩 차례로 주총리 회의에서 만장일치로 위촉한다. 예비위원 4명을 두며, KEK 회의에 참석하며 발언을 할 수 있다. 다만 투표권은 KEK 위원이 회의 불참 시에 그를 대리하여 행사한다. KEK는 위원장과 부위원장을 선임하며, 임기는 각 2년과 1/2년으로 하며, 연임이 가능하다.

---

10) 구체적인 영향력 계산은 한국언론진흥재단, 미디어시장 규제 체계 및 적용 사례 연구 – EU 사례, 2010: 91-92 참조.

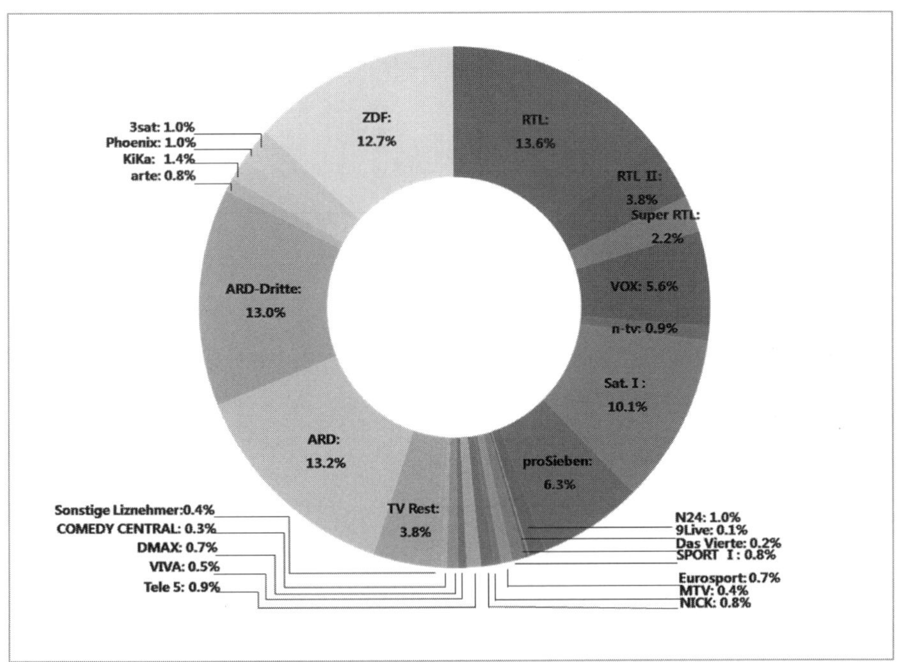

그림 6-7 시청률 분포(2011)

자료: AGF/GfK-Fernsehforschung.

KEK 의결은 다수결이며 의결정족수는 7명 이상이 되어야 하며, 이때 투표에 참여한 위원들 가운데 전문가 위원이 최소 3명 이상이어야 한다. KEK의 결정은 모든 위원을 구속하며, 외부에 관한 결정과 다른 말을 할 수 없다. KEK 회의 내용은 비공개이다. KEK 결정에 앞서 외부 공청회 등은 기업 관련 경영의 영업 비밀 등의 문제가 있어 허용되지 않는다.

2 방송사 재정수요조사위원회

연방주의 정치 체제에 따라 16개 연방주가 서명한 방송국가협약(Rundfunkstaatsvertrag)은 독일의 방송법으로서 기능한다. 이 협약은 공영방송의 주요 재원으로 수신료를 규정하며, 이 협정의 수신료 조항에 따라 '방송사 재정수요조사위원회(Kommission zur Ermittlung des Finanzbedarfs der Rundfunkanstalten: KEF)'가 설립되었다. 1991년 제정된 '방송재정국가협약(Rundfunkfinanzierungsstaatsvertrag)'은 수신료를 규정하고 있다. 수신료는 강제적으로 징수되기 때문에, 이의 정당성은 납부자의 방송 프로그램의 수용(Akzeptanz)과 이용에 달려 있다(Lilenthal, 2009: 9).

KEF는 공영방송의 소요 예산 및 지출 명세를 심의하며, 적합한 수신료를 권고한다. KEF는 공영방송의 예산 요구 금액에 따라 수신료 금액과 그 인상 폭을 결정하여 권고하면, 각 주의회는 이를 비준을 통해 확정한다. 이런 과정에서 정치권의 공영방송 예산 편성에 대한 개입은 배제된다.

KEF는 ARD와 ZDF, 도이칠란트라디오의 재정 소요 내용을 제출받아 수신료 인상안을 결정하기 때문에, 공영방송사들은 KEF에 경영 자료를 제출해야 한다. KEF는 수신료 인상안을 책정하면서 공영방송사들의 예산 집행 과정에서 나타나는 경영 문제를 심의한다. KEF는 경영심의보고서를 작성하여 최소 2년마다 주정부에 보고한다.

KEF는 5년 임기로 연임이 가능한 비상임위원으로 구성된다. KEF 위원은 연방 16개 주에 각 한 사람씩 파견되어 총 16명으로 구성된다. 유럽연합(EU), 독일연방정부 주정부기관, ARD, ZDF, 도이칠란트라디오, 민영방송사의 이사 또는 직원, 방송 유관 기업의 직원은 위원에서 제외된다. KEF의 위원들은 회계감사와 경영 자문 분야의 전문가 3명, 경영 분야 전문가 2명, 판사에 임명될 수 있는 방송법 전문가 2명, 매체경제와 언론학 전문가 3명, 방송기술 전문가 1명, 주회계감사원에서 파견된 실무전문가 5명으로 구성된다. KEF는 각 공영방송사로부터 제공되는 재원으로 운영된다.

(단위: 10억 유로)

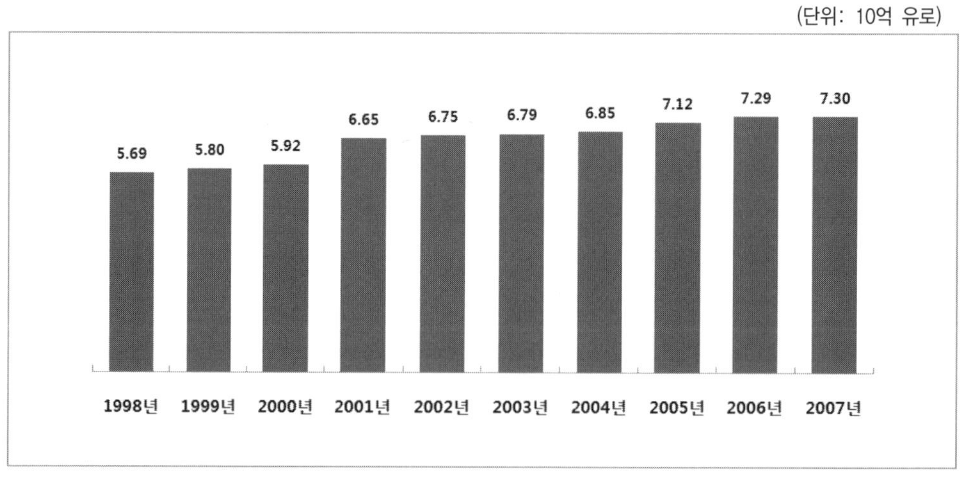

그림 6-8 방송 수신료 총 징수액 연도별 추이

자료: http://www.gez.de.

또한, KEF는 공영방송의 경영 전반에 대한 조사와 평가를 한다. 연방헌법재판소는 KEF를 독립된 기구로서 그 지위를 인정했다.

3 주미디어국

주미디어국(Landesmedienanstalten: LMA)은 모든 민간 상업방송을 감독하는 기구(Aufsichtsbehörde)이다. 감독 대상은 지상파, 케이블, 위성방송을 통해 방송하는 모든 민간 상업방송이며, 프로그램의 송출 범위가 주 내인지, 전국인가와 관계 없이 모두 규제하는 권한을 갖고 있다.

주미디어국은 공영방송 내부의 위원회와 달리 각 주에 설치되어 민영방송의 외부에서 감독, 규제하는 역할을 한다. 하지만 연방정부의 직접 지도를 받지 않으며, 주정부로부터도 법적 감독 이외의 어떠한 간섭도 받지 않는다. 주미디어국의 목표는 민간 상업방송 프로그램의 다양성을 보장하고, 청소년을 보호하며, 방송사업자의 일방적이고 독점적인 의견 형성을 방지하는 것이다. 주 내의 각 방송국은 주미디어국으로부터 방송 허가를 받고, 자율적으로 프로그램을 제작하며, 주미디어국은 민간 상업방송 프로그램 전체의 균형성 여부를 감독한다.

LMA의 기능은 '주(州)간 국가방송협약'에 명시되어 있다. 방송협약 제7조 및 12조는 민간사업자에 대한 방송 허가는 각 주 방송법에 따라 해당 관청에 의해 이루어지며, 이 관청이 방송협약 규정에 따라 방송을 감독한다고 규정하고 있다. 6조는 재정으로, LMA는 방송 허가 및 감독 역할을 수행하기 위해 주 내의 방송 수신료 가운데 2%를 지원받는다. 그러나 LMA는 이를 임의로 사용할 수 없으며, 각 주의 재무부 계획의 예산 편성 내에서, 재무부의 동의를 얻어 집행할 수 있다. 주정부의 역할이 LMA 활동에 영향을 끼치지 않게 하려고, 주정부의 동의 거부는 LMA의 예산 집행이 낭비로 판단되는 경우에만 허용된다. 주정부가 LMA를 감독하는 것은 방송의 자유 규정을 준수하기 위한 경우에만 허용된다.

1) 조직 구성

모든 LMA는 주미디어법에 의거하여 고유의 조직 형태가 있다. 대부분의 LMA는 사회 주요 단체 구성원들이 참여하여 구성한다. 주의회 내의 정당, 종교단체, 언론, 대학, 노동조합,

사용자단체, 직능별 대표단체, 그 밖에 주의회에서 정하는 주요 단체에서 비례대표 원칙에 의거하여 위원회 위원을 선임한다. 바이에른, 니더작센, 노르트라인-베스트팔렌, 헤센, 브레멘, 슐레스비히-홀스타인, 라인란트-팔츠 등 주 대부분은 최대 30명의 대표자로 구성된 위원회를 통해 민간 상업방송을 감독하며, 베를린, 함부르크, 바덴-뷔르템베르크 등 일부의 주에서는 소수의 명예직 대표자로 구성된 합의조직체에 의해 방송 허가와 통제가 이루어진다.

2) 기능과 권한

LMA의 주요 임무는 첫째 방송 허가와 운영에 관한 것이다. LMA는 방송법에 따라 방송과 인접한 커뮤니케이션 영역에 대한 규제와 감독을 담당하는데, 구체적으로 방송·신문의 미디어 복합 소유 및 방송사업자의 방송국 복수 소유를 규제하고 있으며, 이러한 사항을 이행하지 않을 때 주미디어국은 방송 허가를 취소할 수 있다.

둘째 임무는 프로그램 감독이다. LMA는 주내의 법에 따라 민영방송 프로그램의 방송 조약 및 주미디어법 규정 준수 여부를 조사하며, 특히 의견 다양성과 공정성의 보장, 프로그램 원칙, 청소년 보호 및 광고와 기타 방송 프로그램 간의 분리 등이 감독 대상이다.

(1) 방송사업 허가와 재허가

민영방송에 대한 허가 방식은 주미디어법으로 규정하고 있다. LMA이 민영방송에 허가해주는 주요 내용은 지상파, 케이블 혹은 위성 등 송신 전파의 종류, 프로그램 제공 범주, 매체의 종류, 사업 참여 형태의 종류, 송출 시간 등이다.

독일에서 민영방송의 허가 기간은 5년이며, 2개월 이상 프로그램을 방영하지 않으면 허가가 취소된다. 민영방송의 허가 조건은 의견 다양성 실현을 전제로 한 사업자에게 한 채널만을 담당하게 하고, 한 채널이 공적 의견 형성의 자원을 독점하지 않도록 하며, 문화 프로그램에 참여하도록 하고 있다. 각 주 방송법에서 제시하는 방송사업의 기본 원칙은 다음과 같다.

첫째, 국가로부터의 자유이다. 방송이 국민의 여론 형성에 미치는 영향을 고려할 때, 국가가 방송사업에 참여할 때 여론에 막강한 영향력을 가지게 된다. 따라서 모든 주방송법은 몇몇 예외를 제외하고는 국가가 방송사업자로 참여하는 길을 막아 놓았다.

둘째, 주방송법들은 방송사업 참여를 위한 유사한 전제 조건을 제시하고 있다. 바이에른을 제외한 모든 주의 방송법은 방송사업 경영 능력에 대한 절차상의 범위를 언급하고 있다. 그 밖에도 방송사업자가 독일에 살고 있다는 것이 입증되어야 한다. 방송사업 신청자가 공적 업무 수행에 결격 사유가 있거나 기본 권리를 실현하는 데 문제가 있을 때 허가를 주지 않는 주도 있다.

셋째, 의회의 방송사업 참여를 금지하고 있는 주도 있으며, 국가로부터의 자유와 관련하여 방송사업 신청자가 국가와 어떤 방식으로든 연루된 경우 원칙적으로 허가를 내주지 않는 주도 있다. 한편 방송사업자는 국가로부터 자유로운 만큼 자신이 경제적인 책임을 져야 한다.

일반적으로 민영방송은 허가 기간인 5년 동안 법률 저촉을 하지 않았을 때 재 허가를 받을 수 있다. 허가가 취소되는 경우는 시장의 규칙을 지키지 않고 저작권을 침해하거나, 가입자 개인의 정보를 악용할 때 등이다. 또한, 규제를 위한 전제 조건을 다음에 상실하거나 허가 조건을 충족시키지 못할 때, 기술적인 혹은 프로그램상의 조건을 충족시키지 못할 때에도 허가가 취소될 수 있다.

재허가 기준에 관해서는 법률로 구체적으로 명시하고 있지는 않으나, 각 조항을 어겼을 때 재허가가 되지 않는다. 방송국의 재허가를 위해서는 '일반적 프로그램 원칙'을 준수해야 한다. 이 원칙의 내용은 "모든 프로그램은 인간의 존엄과 윤리적·종교적 타인의 신념과 결혼 및 가정을 존중해야 한다. 프로그램은 국가 간의 이해와 자유민주주의적 기본 질서를 적대시해서는 안 된다. 그 밖에도 평화와 자유 속의 독일 통일을 반대해서는 안 된다"고 규정하고 있다. 모든 주미디어법은 프로그램의 전파가 법의 대상이 되는 권리를 침해할 때 허가를 할 수 없게 되어 있고, 이를 위반하면 허가가 취소될 수 있다. 권리 침해의 판단 여부는 내용 심의의 기본 원칙에 따른다.

(2) 내용 심의

LMA는 법으로 정해진 프로그램 기본 원칙의 준수 여부를 감시해야 한다. 구체적으로 이는 LMA 내의 프로그램 심의위원회가 담당하고 있으며, 1) 의견의 다양성과 공정성의 보장, 2) 전반적인 프로그램 기본 원칙의 준수, 3) 청소년 보호, 4) 광고 규칙 준수 등의 기준에 맞는가를 감독한다.

주방송법의 프로그램 원칙은 주간협약의 원칙과 같다. 협약의 제9조는 방송사업자가 헌법을 지킬 것과 인간의 존엄성과 윤리적·종교적인 타인의 신념을 존중해야 함을 명시하며, 니더작센, 슐레스비히-홀슈타인 등 주의 방송법에서는 청소년 보호와 개인의 명예권 보호를 규정하고 있다. 이외에 대부분 주에서 민간의 이해를 통한 국제 협력이나 사회적 평등 지향성을 위한 프로그램에 관해서도 언급하고 있다.

이 원칙은 주로 뉴스의 감독 기준이 된다. 첫째, 모든 뉴스는 방송 전에 그 진실성 및 출처에 관해 심사해야 한다. 그리고 뉴스 보도에서 사실 관계를 축소 또는 왜곡할 수 없으며, 충분한 근거 없는 뉴스는 그것이 명백히 밝혀진 것이라고 판단되는 경우에만 방송할 수 있다. 둘째, 허위로 판명된 보도는 바로 정정해야 한다. 셋째, 뉴스 보도의 내용상 중요한 관계에 있는 개인이나 단체에는 방송 전에 의견 개진의 기회를 주어야 한다. 넷째, 개인의 동의 없이 그 사적 영역에 개입하는 프로는 공익을 위한 사안의 중대성이 있는 경우에만 허용된다. 극히 사적인 영역은 어느 경우든 존중해야 한다. 다섯째, 보도와 해설을 구분해야 한다. 해설은 해설이라고 표시해야 한다.

청소년 보호에서 청소년보호국가협약(Jugendmedienschutz-Staatsvertrag: JMStv) 제1조 4항에 의하면 폭력과 전쟁을 찬양하거나 포르노 등 청소년의 풍속을 심하게 해치는 프로그램의 방송은 금지되어 있다. 또한, 18세 이하 시청 불가의 프로그램은 밤 11시부터 아침 6시 사이에만 방영될 수 있고, 16세 이상 시청 가능 프로그램은 밤 10시 이후에만 방송할 수 있다. 이는 유료 채널에도 같이 적용된다.

광고 형식 및 내용, 시간에 대한 제한은 주간협약 제7조에 의해 규정되어 있다. 다음과 같은 경우 광고방송에 제한을 받게 된다. 1) 광고가 다른 프로그램에 내용상 영향을 주는 경우, 2) 광고가 어린이와 청소년에 남용될 경우, 3) 광고를 여타 프로그램과 구분하지 않는 경우, 4) 광고가 하루 송출 시간 20%를 초과할 때, 5) 프로그램 중간에 광고하고자 할 때, 6) 일요일 및 공휴일의 지역 프로그램에 삽입되는 광고 등이다.

4) 방송위원회

방송위원회는 독일에서 방송의 공영성을 보장하는 핵심적 기구이다. 방송위원회는 특징은 연방정부나 주정부의 통제를 받지 않는 공법적 기관이라는 것이다. 위원은 명예직으로 방송사별로 17~77명으로 구성된다. 위원회는 방송국 내의 최고 의사결정 기구이며, 방송 내용에 대한 감시, 감독권을 행사한다. 위원들은 사회의 각 이익단체 추천을 통해 구성되며, 경제계, 종교계(유대교, 천주교, 신교 등), 작사-작곡가도 포함된다.

위원회 위원 중 정치인 비율에 관한 사항에서 바이에른주 헌법재판소는 40년 전에 BR 방송위원회의 위원에 국가 정치대표자가 25%를 초과하면 안 된다고 판결했다.

방송위원회의 권한은 각 방송사의 사장 임면, 예산결산 승인, 업무 관리 감독을 담당한다. 방송위원회는 방송사의 재무, 경영, 광고사업 등을 조언하고 감독하는 규제 감독기관으로서 행정소위원회(Verwaltungsrat)를 설치하여 운영한다.

ZDF의 행정소위원회에는 가령 원칙과 조정위원회, 재정, 투자, 그리고 기술에 대한 위원회, 편집에 대한 프로그램위원회, 사원 프로그램에 대한 프로그램위원회, 텔레미디어(인터넷)에 대한 위원회 등이 있다.

(1) 공영방송의 방송위원회

독일의 모든 공영방송은 법적 자율성, 경제적 자립성, 프로그램 제작의 자율과 독립성이 보장된다. 인사는 의회에 대해서만 책임을 지며, 주정부로부터는 독립되어 있다.

ARD의 2대 방송국 중 하나인 WDR(Westdeutscher Rundfunk)의 경우 방송위원회는 47명

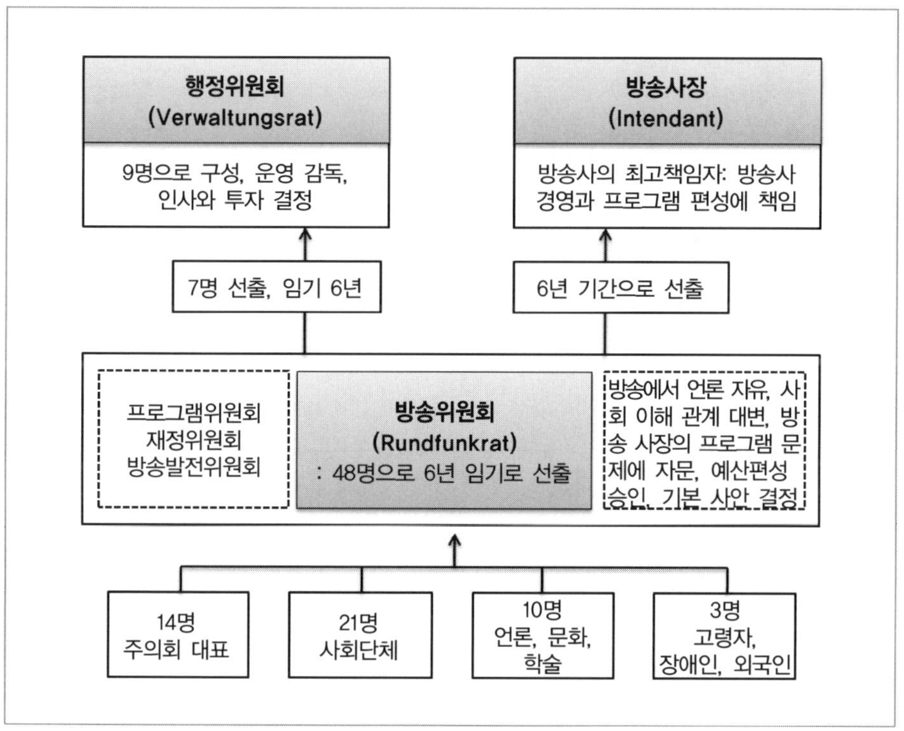

그림 6-9 WDR 방송위원회 구조(2011)

* 행정위원회 2명은 인사위원회(Personalrat)에서 대표됨.

으로 구성되며, 이들 위원회 의원은 주의회에서 비례대표로 선출된 14명,[11] 교회, 노동조합, 경영자단체 등의 사회조직이 선출한 21명, 언론, 문화, 예술, 학술 등의 단체나 기관이 선출한 10명, 고령자, 장애인, 외국인 대표 각 1명씩으로 총 3명이 대표되어 구성되어 있다(2012년 기준). 방송위원회는 호선으로 의장, 부의장 각 1명씩을 선출하며 위원회 위원의 임기는 6년이다(www.wdr.de).

방송위원회의 권한은 회장의 임면, 회장의 신청에 의한 임면, 행정위원회(Verwaltungsrat) 위원 9명 중 7명의 임면, 방송 프로그램 전반에 대한 조언, 프로그램 기준의 준수에 대한 감독, 예산의 승인, 결산의 확정 등 협회의 기본적인 업무에 대한 심의 결정을 한다.

WDR법에는 불만처리위원회를 설치할 수 있게 되어 있다. 프로그램 기준에 위배되어 발생한 불만에 대해 위원장은 1개월 이내에 문서로 회답해야 한다. 이와 같은 조치가 이행되지 않을 경우는 방송위원회에 제소할 수 있다. WDR법에는 또한 프로그램 내용의 사실 여부에 관한 당사자의 반론 방송과 데이터 보호에 관한 규정이 있다.

4개 주의 공동방송인 Nordeutschland Rundfunk의 방송위원회(Rundfunkrat)는 58명 위원으로 구성되었다(2012 기준).

(2) ZDF의 텔레비전위원회

ZDF는 1963년에 설립된 독일의 제2공영방송이다. 재정은 시청료와 광고로 예산을 충당한다. ZDF의 운영기구는 텔레비전위원회(Fernsehrat), 관리위원회, 의장 등으로 구성된다.

텔레비전위원회는 ARD의 방송위원회와 거의 유사한 성격을 가진다. 2008~2012년 기간 위원회는 77명의 의원으로 구성되며, 이들은 정당 및 주정부, 연방정부의 대표와 교회, 대학, 언론, 자치단체 등 사회 각 집단의 대표로 구성된다(www.fernsehrat.zdf.de).

- 31명은 정치 영역에서 대표되었다. 주정부 대표 16명, 연방정부 대표 3명, 정당대표 12명이다.
- 30명은 단체대표(Verbandverteter)이다. 교회와 유대인 게마인데 5명, 복지단체 4명, 노동조합, 기업단체(DIHT 포함), 지방자치단체의 단체는 각 3명이다. 2명씩 대표하는 단체는 주 상공회의소, 출판단체이며, 1명씩 대표하는 단체는 스포츠, 공무원, 기자협회, Europa-Union, BUND, 자연 보호, 추방자협회(Bund der Vertriebende), 스탈린 희생자(Opfer des Stalinismus)이다.

---

11) 주의회 교섭단체는 적어도 1명 이상을 방송위원회에 대표를 보내도록 되어 있다. 주의회에서 선출된 13명 외에 1명이 추가로 대표되었다.

– 16명은 교육, 학문, 예술, 영화, 청소년, 동물보호단체들에서 대표되었다.

이와 같은 방송위원회의 위원들은 사회의 다양한 단체에서 대표되지만, 한편 기만당과 사민당에 우호적인 그룹과 중립적인 그룹으로 나뉜다.

텔레비전위원회 산하에는 기획위원회, 재무・예산・광고위원회 등 2개의 행정 관련 위원회가 설치되어 있으며, 5개의 프로그램위원회가 설치되었다. 프로그램위원회는 정치・시사 프로그램위원회, 문화・학술 프로그램위원회, 청소년・가정 프로그램위원회, 예능・음악 프로그램위원회, 케이블・위성방송 프로그램위원회 등이다.

텔레비전위원회의 기능은 ARD 방송위원회와 유사하다.

첫째, 의장을 선출하고, 관리위원회의 제의에 따라 의장 해임을 승인한다. 그리고 관리위원회 위원 14인 중 8인을 선출한다. 의장은 텔레비전위원회 투표자 수의 5분의 3 이상의 찬성으로 선출되며, 업무를 총괄하고 협회를 대표한다. 회장의 임면은 텔레비전위원회의 투표자 수 5분의 3 이상의 찬성으로 선출된다. 의장은 관리위원회의 동의를 얻어 프로그램, 보도, 관리위원장을 임면하고 협회 업무를 총괄하여, 프로그램 전반에 대한 최고 결정권을 가진다.

둘째, 예산안과 결산안을 승인한다.

셋째, 프로그램의 방향을 결정하고 내용 및 편성에 대해 조언할 수 있다.

그리고 텔레비전위원회 의원은 위원회 산하 7개 부문별 위원회의 구성원으로서, 전문 분야에서 활동한다.

제 6 절 언론정책적 이해 관계와 전망

독일 방송위원회제도의 목적은 공영방송사가 국가와 시장 모두로부터 자유롭게 운영되는 것을 보장하는 것이다. 각 방송 관련 입법에 관한 사항은 각 주의 주총리실이 담당한다. 일부 주에서는 문화부처가 담당한다. 각 주의 주 총리실은 방송의 내용에 대해서는 간섭할 수 없다. 방송 내용은 방송위원회의 소관이다. 민영방송은 주 방송법이 의무화한 방송윤리 규정을 자율적으로 준수하며, 주미디어국이 심의를 통해 벌금을 부과하며, 사안에 따라서는 면허 철회까지도 할 수 있다.

독일 방송은 주정부가 방송의 입법이나 허가 등에는 관여하나, 방송의 내용에 대해서는 관여하지 않는 구조로 되어 있다. 이는 방송의 독립성을 유지하기 위함이다. 독자적으로 시청료를 심의하며 결정하는 KEF, 방송의 집중을 조사하며 예방하는 KEK도 마찬가지이다.

민영방송에 대한 통제는 각 방송위원회와 주미디어국(LMA)을 통해 이루어진다. 주미디어국은 정부기관이 아니다. 주미디어국은 주파수 배분, 방송사 허가 등을 담당한다. 독일의 언론구조에 대한 비판이 정보기술의 발달과 더불어 제기되고 있다. Institut für Medien-Kommunkationspolitik(IfM, Berlin/Köln)은 독일의 미디어정책이 너무 복잡하며, 법률가들이 지배하여 현재의 기술 발달과 동떨어져 있으며, 결과적으로 만족할 만한 정책이 못 된다고 보았다. IfM은 따라서 인터넷 시대에 맞추어 방송에 관한 주간의 협약 대신에 새로운 미디어 국가조약을 체결하며, 미디어·텔레커뮤니케이션산업을 중앙집중적으로 관장할 기관(Regulierungsagentur)을 세울 것을 요구했다. 이런 요구는 독일의 언론과 방송 체제에서 전체적 체계(Architekur des Ganzes)가 모자란다고 보는 것이다(ver.di-Information, 2007.8.6). 심지어 주미디어국은 시대에 뒤떨어진 감시 체제로 비판하며, 이를 폐지하자는 요구도 있다(Stefan Niggemeier & Peer Schade, FAS, 2005.5.20). 그러나 독일의 언론과 방송이 연방주의 하에서 제도화되고 운영되기 때문에, 미디어 정책의 개혁에는 각 주가 이에 동의해야 가능하다. 이는 독일의 미디어 구조가 단기간 내에 변혁되거나 바뀔 수 없는 구조의 특성과 한계를 보여준다.

언론과 관련하여 정당과 정치인들은 민주주의에서 언론에 비치는 모습에 영향을 받을 수밖에 없기 때문에, 어떤 모양이든지 언론 지향적일 수밖에 없다. 언론민주주의(Mediendemokratie)에서 논의되고 비판되는 요소들은 국민의 여론 형성과 여론 분포, 국민의 여론 이용과 소비, 여론의 다수에 의한 지배 등이 있다. 정치인들은 유권자의 선거 행태가 이런 여론에 의해 영향을 받기 때문에 여론의 향배가 국민의 찬반으로 받아들인다. 결과적으로 정치인들은 자신들의 이해 관계에서 미디어의 구조에 영향을 주려고 노력한다.

다음으로, 공공방송 미디어는 언론정책 갈등의 중심에 선다. CDU는 공공방송에서 헌법에서 보장된 균형 원리(Ausgewogenheitsgebot)를 지키라고 요구한다. 이런 갈등에서 핵심으로 떠오르는 것은 감독위원회(Aufsichtsgremien)이다. 감독위원회에서 정치인들은 소수로 대표되었으며, 항시 제기되는 질문은 사회구성원의 대표성을 어떻게 위원회에서 대변하는가이다. 이에는 서로 다른 답들이 제기되고 있으며, 각자의 이해 관계를 견지한다. 가령 SPD는 NDR 방송위원회에서 경영단체(Vertreiebverbände), 주택협회, 토지협회, 자유업자(Freien Berufe), 연방협회(Bundesverband)를 빼내고, 반면 소비자단체, 작가, 자연보호가, 외국인, 그린피스 등을 넣기를 원한다.

위원회의 인적 구성을 통한 영향력을 제외하고는 그 밖의 영향력을 행사할 방도는 없다고 봐야 한다. 왜냐하면, 각 단체대표나 정치가들은 방송위원회에서 방송사의 프로그램을 조정하는 자체를 원치 않으며, 또한 주도적인 기자들의 의견에 반대할 생각도 갖고 있지 않기 때문이다. 방송위원회의 위원 자신도 자신의 직업적인 의무의 이유로, 지식의 부족으로 긍정적으로 개입할 여력이 없다고 봐야 한다.

사회정치적인 의미가 있는 위원회의 체계는 거의 문제가 되지 않는다. 이는 조직에서 한 정당이나 그 구성원이 방송조직을 통제할 전권을 갖고 있지 못하기 때문이다. 위원회의 구성 문제가 시청자를 통해 비판되지는 않는다.

공공 미디어에 대한 주도권 다툼은 중요성을 잃어가고 있는데, 이는 기술적인 발전과 더불어 프로그램의 다양성이 더불어 가능해졌고, 민간방송과의 경쟁이 자연스럽게 더 심화되기 때문이다. CDU/CSU, FDP는 이로써 자신들이 원하는 방송의 다원 체계가 이루어져 가고 있다고 판단한다. SPD는 자신들이 좋아하지 않는 민간방송이 확대된 것을 보면서, 다음과 같은 점에 집중한다.

- 공영방송의 유지와 발전을 보장하며, 이는 공영방송의 강화와 확충을 뜻한다.
- 민간방송은 광고, 정보 제공, 정치사회의 다원성과 관련해서는 주법에 따르도록 해야 한다.
- 민간방송에 대한 지금까지의 주미디어국에 있는 통제는 연방 전체로 집중되어야 하며, 이로써 강한 관여와 참여권(Eingriffs-und Mitwirkungsrechten)을 유지해야 한다(FR.94.6.7; 95.2.23).

CDU/CSU는 이와 반대의 견해를 가진다. 공영방송의 기본 제공(Grundversogung)을 좁게 해석한다. 가령 공영방송의 존속 보장(Bestandgarantie)이다. 인쇄매체의 집중은 반면 완화되어야 한다. 민간방송에 대한 감독은 각 주의 소관이 되어야 한다(FR, 94.10.28; FAZ, 95.1.31). 독일에서 언론구조를 놓고 벌이는 큰 싸움은 지나간 것으로 보이는 반면 작은 싸움은 지속한다.

좌파정당(Linke)은 미디어에서 투명성, 기회 참여와 균등성이 극대화되어야 한다고 본다. 또한, 언론의 다양성, 비판적인 여론 형성의 보장, 미디어에의 일반적인 자유 접근과 이용이 사회 신분이나 소득과 관계 없이 보장되어야 하며, 방송 프로그램에서 공동 참여 결정권을 주장한다.

정치가들은 대표성, 전체 이익 지향, 정당의 이해 관계 등에 관심이 있는 반면, 기자들은 정보, 비판과 통제, 상업적 이해 관계와 이념에 관심을 둔다. 정치가들은 이해 관계의 대변을 넘어 지배에 관심을 가진다. 기자들은 이념 관계를 넘어 상업적인 인식이 작용한다.

독일의 신문과 방송 구조를 볼 때, 국가가 언론을 제4의 권력으로서 통치 수단으로 이용하는 데는 물리적으로 불가능하다. 독일의 언론은 다원화된 사회에서 다양한 사회의 이해관계를 통해 조정되며, 여론을 형성하는 체제로 제도화되어 운영되고 있다.

제 7 장 동독 민주화와 독일 통일*

분단된 국가로서 우리는 독일 통일에 대한 관심은 지대할 수밖에 없다. 통일 이전에는 동서독 간의 관계 정상화에서, 통일 이후에는 40여 년간의 지속된 대립과 적대적인 관계에서 동서독인 간의 사회 통합을 이루어 감과 동독지역 경제정책에서 그러하다.

동독은 통일로 가기 전에 1989년 가을의 평화혁명을 통해 시민단체와 정당들이 탄생되었다. 이는 독재정권의 붕괴와 민주주의 국가로의 체제 변화와 밀접한 관계를 갖는다. 동독은 1990년 10월 3일에 신연방 5개 주로서 서독의 기본법 영역에 가입하게 되었는데, 이는 엄밀히 보면 민주주의 국가가 되기 위한 것이 아니다. 동독은 짧은 기간이지만 이미 민주법치국가로 전환되어 있었다. 동독이라는 민주주의 체제가 다시 서독에 가입함으로써 또 다른 민주주의 체제로 대체된 것이다. 이로써 동독 국민은 두 개의 민주주의 체제를 경험했다. 통일 과정에서 볼 때, 동독의 민주주의 체제로의 전환과 경험이 독일연방국가에 참여할 수 있는 조건이었고, 그 요구를 충족시켰다.

* 제7장 '동독민주화와 독일 통일'은 '독일연방제도에 관한 연구'(한국행정연구원 2011)의 제4편 '연방제도와 통일'의 부분을 일부 수정을 거쳐 수록했다. 이는 동독의 민주화가 독일의 통일 과정에서 갖는 중요성에서이다.

제1절 동독의 체제 저항과 민주화

1989년 동독 민주화와 체제 붕괴

동독사회주의의 정치 체계에서 정치사회의 핵심은 독일통일사회당(SED)이다. SED의 정당강령에서도 SED가 노동자의 정치사회조직의 최고의 지위를 갖는다고 밝히고 있다. 국가는 이런 사회주의 체계의 존립에의 도구로서 기능한다. 동독은 또한 헌법에서 독일통일사회당(SED)의 단일 정당 지배를 제도화하고 있기 때문에, 1952년 23일에 동독 주들을 '국가기관의 민주주화법'[1]을 통해 권역(Bezirksglieder)으로 나뉘었다. 이는 동독이 사회주의 국가로서 실제로 사회의 구조적인 분화(Differenzierung)를 인정하지 않으며, 정치행정의 계획에서 시민의 최소 참여를 보장하기 때문에 유사 연방주의를 도입하는 형식이다. 주의회(Landtag)는 권역의회(Bezirkstag)으로 대체되었으며, 1958년에는 주의회(Länderkammer)는 해체되었다.

동독의 국가정당인 독일통일사회당(SED)의 광범한 권력과 통치 요구는 민주 체제에서 보여주는 권력 분할의 원리와 일치하지 않는다. SED는 하위조직인 지방정부의 결정의 자유까지도 무력화시킬 뿐만 아니라, 중앙 권력도 또한 제한하며 통제한다(Glaessner, 1992: 29f.). 동독의 권역(Bezirke)은 가을 평화혁명까지 하위 체제의 분권된 권역의 고권이 철저히 배제되는 '상자 원리(Schachtelprinzip)'에 종속되었다. 결정 권력의 중앙집권화는 그 밖에 동독에서 헌법의 '민주적 집중주의(Demokratischer Zentralismus)'가 규정되었고, 이는 국가와 정당의 조직과 구조를 지배했다.

동독에서 통일 문제가 공개적으로 논의되는 주제가 되기 이전 민주화의 과정이 동독 사회에서 일어났다. 이 민주화운동은 독일통일사회당(SED)의 '권력독점(Alleinherrschaft)'에 대한 반대였다. 1989년 가을 평화혁명이 일어나기 전, 수년간의 시민운동을 바탕으로 하는 야당 단체들이 결성되었으며, 이들은 부분적으로 서로 연대하여 활동했다. 1970년대 동독 사회에서 일어난 부분적인 강제적인 근대화 덕분에, 동독 사회의 탈전통화, 개인화, 다원화가 일어났다. 공적 문화(Öffizialkultur) 하에, 이런 새로운 정치적 문화에 평화, 환경운동이

1) Gesetz über die weitere Demokratisierung des Aufbaus und der Arbeitsweise der staatlichen Organe in den Ländern der Deutschen Demokratischen Republik.

속하게 되었고, 다양한 예술가들의 시위집단(Protestmilleiu)도 생겨났다. 새로운 야당집단은 정치적 반대와 시위문화를 만들었으며, 1988년에는 325개 그룹이 형성된 것으로 추정되었다. 그러나 이들은 조직화하지 못했고, 다만 비공식조직으로 활동했다(Knabe, 1990: 22).

1970년대와 80년대에 반체제적인 표현은 허용되지 않았지만, 그럼에도 교회의 보호 아래 야당 그룹이 모여들었다. 당시 교회는 국가의 통제와 감시를 가장 받지 않았다.

1989년에 SED는 점차 세력을 잃어버렸고, 동시에 민주화가 병행되었다. 이런 민주화는 마침내 시민단체의 참여와 시위에 의해 주도되었다. 1989년은 SED가 40주년이 되는 해였다. 당시 소련의 개혁과는 달리, 동독은 오히려 반대 시위를 제재했다. 이런 가운데 시위의 촉발을 이룬 두 가지 사건이 있었다. 하나는 1989년 5월 7일 지방선거에서의 선거 조작이었다. 당시 SED와 산하 위성정당은 98.85%를 얻었으나, 국민은 선거 조작을 의심했다. 시위에 대한 정부의 반응은 없었다. 1989년 10월 7일에 SED는 동독국가 40주년 기념식을 과거의 방식대로 가졌다. 동독 권력자들은 시민의 요구에 대화를 거부했고, 개혁에 대한 의지의 표명도 없었다. 동독 집권에 대한 반대 시위는 1989년 가을부터, 대규모 대중시위의 성격으로 번져나갔다. 1989년 10월 9일 라이프치히 월요시위(Montagsdemonstration)는 이 점에서 상징성을 가진다. 헝가리, 오스트리아로의 동독 시민의 탈출에 대해, 시위대는 "우리는 여기에 머문다(Wir bleiben hier!)"고 했다. 이는 집권 세력에 대한 적극적인 개혁의 요구였다. 시위대의 구호는 다시 "우리는 국민이다(Wir sind das Volk)"로 되었다. 이 구호는 동독에서 발생한 혁명적인 요구이며, 평화적 시위의 상징으로 되었다(Thaysen, 1990: 22). '국민'으로서의 요구와 구호가 시위에 나타난 것은 당시 동독의 체제 변화를 상징적으로 보여준다. 이는 동독의 권력의 주체가 국민으로 표현된 것이며, 동독의 구정치질서에 종지부를 찍으려는 국민 의지의 표현이기도 하다. 시위대의 구호는 다시 "우리는 하나의 국민이다(Wir sind ein Volk!)"로 발전하여, 통일에의 요구로 이어져 갔다.

가을의 대규모 시위는 민주화에 대한 시민사회의 방향이 중요성을 더했다. 시위와 대화에서 독재적인 SED의 독점적 지배에 대한 문제 제기가 나오고, 자유민주주의 기초가 만들어져 갔다. SED에 대한 반대와 민주주의와 자유에 대한 요구는 1989년 11월까지 가장 많이 제기된 요구였다.

이런 민주화에 대한 요구는 자유사회민주주의에서 직접민주주의, 의회대의민주주의에 이르기까지 모든 것을 포함하고 있는 형편이었다. 이런 민주주의에 대한 모델은 당시 동독이 소련의 영향력 아래 속해 있었기 때문에 동독의 국가성의 테두리 안에서 움직였다. 민주사회주의 모델이 민주주의와 반독재주의 사이에 있었다.

동독 내에서 동독 국민이 참여하는 시민 조직은 동독 사회의 변화이며, SED가 단독으로 지배해 온 국가 체제의 변화이기도 하다. 1989년에 참여한 수많은 시민 조직은 처음에는 작은 조직에 불과했지만, 동독의 체제 변화와 동독 사회 혁신(Erneuerung)의 희망을 가진 주체(Hoffnungstäger)가 되었다.

표 7-1 시민단체와 정당

이름	특징	대표자
IFM (Die Initiative Frieden und Menschenrechte, 평화와 인권단체)	• 1985/86년에 조직 • 가장 오래된 단체 • 인권과 세계 군축	G. Poppe, W. Templin
DA (Demokratischer Aufbruch, 민주혁신)	• 1989.6 조직 • 주요 교회 세력 가담 • 1989.10.30 정당으로 조직 • 환경적 사회시장주의 주장	R. Eppelmann, F. Schorlemmer, E. Neubert, A. Merkel, W. Schnur
NF (Neues Forum, 신포럼)	• 1989.9.9 조직 • 30명의 대표자로 발기 • 동독을 위한 정책 제시 • 정당이 아닌 시민단체로 활동 • 1990.1 분열됨	B. Bohley, H.-W. Katja, R. Henrich, S. Pflugbeil, J. Reich
DJ (Demokrati Jetzt, 이젠 민주주의)	• 1989.9.12 조직 • 비공식 조직(정당 반대) • 선거부정 비판과 대안 제시	H.-J. Fischbeck, U. Poppe, K. Weiss, W. Ullmann
VL (Vereinigte Linke, 좌파연합)	• 1989.9 설립 • 친SED 성향 • 사회주의 개혁 추구 혁신 추구 • 기초민주주의	
SPD (Sozialdemokratische Partei, 사회민주당)	• 1989.10.7 설립 • 환경적 사회 민주주의 제시 • 법치, 다당제, 연방적 국가 주장 • 독일 통일과 양 국가의 공동 성장	대표: I. Böhme
Grüne Partei (녹색당)	• 1989. 11 • Netzwerke Arche 등 기존의 녹색연합에서 출발 • 자연과 환경을 위한 사회	대표: V. Wollenberger

자료: bpb, 1998, Die demokratische Revolution in der DDR 1989/90, 48-61.

 동독 민주화와 통일 기대

1989년 가을에 달성된 민주화와 이 민주화에 기여한 새로운 시민단체 조직, 정당들에서 새로운 분화 과정이 일어나기 시작했다. 1989년 여름에 발생한 시민운동과 단체들은 확고한 프로그램이 없었으며, 회원도 많지 않았다. 시민단체들은 서로 차별성이 있는 시민단체로서 프로그램을 가질 필요성도 없었다. 시민단체와 운동들 사이에는 SED 지배를 반대하는 공통 분모가 있었다.

1989년 12월 10일자 라이프치히 신문의 '통일' 기사의 내용은 다음과 같다.

"우리는 왜 모두가 거리로 나갔는가:

- SED 지배를 종식시키기 위해
- 민주주의와 자율적 결정을 위해
- 경제개혁을 위해, 이로써 우리 노동에 가치가 있기 위해
- 여행의 자유, 표현의 자유, 집회의 자유를 위해
- 민주개혁과 새로운 사회를 위해"(Glaessner, 1992: 51)

시민단체의 분화는 먼저 프로그램에의 차이와 조직에서의 분화이다. 특히 장벽이 무너진 이후에 국가 통일이라는 새로운 의제가 전면에 부상했다. 통일방식에 대한 논의는 크게 국가연합(Konföderation)으로 시작되었고, 이는 점차 서독과 연계되어 전 독일의 의제로 번져갔다. 이후 민주주의 모델은 통일의 방식과 연계되어 갔다. 동독의 특수성이나 사회주의에 기초한 반민주주의(Semi-Demokratie)를 생각하는 사람들이 있는가 하면, 다른 사람들은 이와 반대로 전체 독일에 확대된 자유민주주의에 기초한 통일을 생각했다.

동독 지식인들이 주축이 되어 발표한 "우리나라를 위해(Für unser Land)"(1989년 11월 28일 기자회견에서 발표함)는 장차 동독 국가성에 관련된 것이었지만, 이는 실제 앞으로의 정치 체계와 밀접하게 연결되어 있는 것이다. "우리나라를 위해"는 통일에 반대하고, 동독의 독자성 지속을 요구했다. 평화, 자연환경 보호, 사회 정의와 같은 가치와 목표를 요구했다. 통일 문제에서 사람들은 통일은 동독의 가치를 그냥 몽땅 팔아버리는(Ausverkauf) 것으로 보았다. 그리고 통일은 서독에 의한 수용(Vereinnahmung)으로 보았다. 따라서 이들은 독일의 독자성과 지속성을 요구했다. 이러한 요구에 지식인이 참여했으며, 1990년 1월에는 백만 명 이상이 서명을 했다. 이러한 요구와 국민의 반응은 실제로 콜(Helmut Kohl) 수상의 '10

개 항 프로그램'에서 보이는 두 분단 지역의 극복이라 것과도 내용에서 일치한다.

동독 지식인의 선언과 콜 수상의 10개 항 프로그램, 두 선언은 서로 다른 방식으로 자율적 결정에 대한 의지를 열어놓았다. 동독의 옹호자들은 장차 서독에 의해 주도되는 것을 원치 않았다면, 통일 지지자들은 힘을 잃은 SED 체제가 명령해 나가는 것을 허용하기를 원치 않았다.

동독의 국가성에 대한 옹호자들은 민주사회주의(demokratisches Sozialism)를 지지했다. 이들은 SED-PDS를 기초로 해서 동독 내에서 새로운 기초 민주주의 모델(basisdemokratisches Demokratiemodell)이 구현되기를 원했다. 반면 통일지지자는 민주 정체에 관련하여 서독 민주주의에 대한 조속한, 그리고 기본법 23조를 통한 기본법 가입을 지지했다.

자유민주주의 체제를 원하는 모든 지지자는, 이들이 직접민주주의 또는 대의민주주의를 원하든, 또는 어떤 국가성을 선호하든지 간에, 일차적으로 SED의 집권과 그 이후 기지(Gregor Gysi)가 주도하는 SED-PDS의 민주사회주의자들과 직면했다. SED는 1989년 12월 1일 동독 헌법에서 공식적으로 SED의 독점적인 지도 역할(führende Rolle)이 삭제됨으로써, 권력상실이 공식화되었다. SED는 개혁으로, 12월 3일에 SED 정치국원이 사퇴했으며, 호네커(Erich Honecker)의 후임으로 크렌츠(Egon Krenz)가 당서기장을 계승했다. SED는 특별정당대회를 통해 개혁안을 제시했다.

- 불법 월경(越境)을 공화국 탈출(Republikflucht)로 규정하는 형법 213법의 폐지
- 언론법 개정과 언론 자유
- 환경 관련 자료 공개
- 정치제도 개혁
- 정부를 통한 사면 실시
- 헌법재판소 설립
- 행정개혁, 특히 지방자치와 지방재정 강화
- 병역 복무 대체안 도입
- 광범한 경제개혁 등(Glaessner, 1992: 72)

그러나 SED의 개혁안은 국민의 지지를 얻지 못했다. 크렌츠는 48일 만에 물러났다. SED는 1989년 12월 16~17일 특별 전당대회에서 당명을 SED-PDS로 개정했고, 1990년 2월 4일에 다시 민주사회당(PDS)으로 당명을 바꾸었다. 이런 일련의 사건은 SED가 더 이상 동독의 지배적인 정당이 될 수 없으며, 사회의 변화를 이끌어 내지 못하고 있음을 보여주었다.

국가 통일의 의제 때문에 민주화는 1989년 12월부터 더는 순수한 동독의 문제만이 아니었다. 서독은 직접 당사자였기 때문에, 서독인들도 통일 논의에 가담하기 시작했다. 양 국가 사람들이 공동의 장에서 만나게 되었으며, 그 공동의 장은 여전히 동독에 마련되어 있는 형편이었다.

1990년 초에 독일은 이미 국내로부터 합쳐지기 시작했다. 서독은 지속하는 동독 민주화를 지원했으며, 민주화의 목표는 서독의 대의민주주의 체제로 강하게 이끌려져 갔다. 동독 민주주의는 이제 과도기적 체제 변환 민주주의로서 인식되기 시작되었다. 여기서 서독인의 참여가 동독의 민주화 성과를 감소시킨 것이 아닌가에 대한 질문이 있다. 서독인의 동독민주주의에의 참여는 긍정적이며 기여 적이다. 왜냐하면, 민주정치 체제하에 통일 선택이 신뢰 속에서 제안된다면, 양 국가 국민의 참여가 필요 불가결하기 때문이다. 서독 국민의 참여 없는 전체 독일 통일에 대한 논의와 결정은 앞으로 어떤 신뢰와 지지도 받기 힘든 것이며, 통일에서 재정적으로 서독은 관여하지 않을 수 없기 때문이다.

1990년 1월 말에 소련 측면에서 보면, 동독 민주주의 모델은 통일보다 더 훨씬 실현 가능성이 있는 것으로 보였다. 그러나 통일 지지자가 지속적으로 급속히 증가해 모든 시위가 통일에 대한 요구로 점령되었다. 이는 국제 간의 논의에도 영향을 미쳐, 독일 통일도 국제 간의 의제로 자리 잡았다.

제 2 절 원탁회의

1 원탁회의: 민주화와 평화의 도구

동동 민주화의 특별성은 1989년 11월 말에 구성된 원탁회의(Runder Tische)에서 찾을 수 있다. SED가 권력을 상실했고, 권력의 공백을 채워나갈 적절한 기관이 없었다. 야당의 다양한 시민 그룹도 분명한 정책 프로그램이나, 조직을 갖고 있지 못하기 때문에 권력의 공백을 채우기에는 역부족이었다. 동독 의회도 마찬가지로, 정당성의 문제로 국민의 지지와 신뢰를 받고 있지 못해서 또한 적합한 기관이 되지 못했다. 이러한 배경 속에서 특히 폴란드에서 적용한 원탁회의가 임시조직으로서, 구세력과 신세력을 동시에 대표할 기구로서 받아들여졌다(de Maiziere, 2010: 112f.). 원탁회의 구성과 출범은 반개혁 세력을 저지한다는 점에서도 중요했다.

원탁회의 참여자들은 자신을 민주화의 도구로 보았다. 원탁회의가 자신들의 행동이나 결정에 대한 정당성을 충분히 갖고 있지 못했음을 알았고, 따라서 일종의 초당적 위기기구로서, 자유민주주선거 준비에 기여하고자 했다. 원탁회의 구성은 기본적으로 참가자들이 스스로 결정한 것이며, 따라서 이들은 국민의 다양한 부분을 대표했다고 볼 수 있다. 신구 세력은 15:15로 참여했고, 당시의 대중조직은 고려되지 않았다.[2] 교회는 협상 당사자가 아니라, 회의 주관자와 조정자 역할을 넘겨받았다. 원탁회는 12월 22일까지 본회퍼하우스(Bonhoeffer-Haus)에서 열렸다. 그 이후에는 니더쉰하우젠(Schloss Niederschönhausen)에서 열렸다.

원탁회의 과제는 동독 장래 문제의 토론, 동독 인민회의와 각료회의(Ministerrat) 등에 대한 공적 통제, 자유민주선거의 시행 등이었다. SED-PDS 단독으로 동독의 체제 안정을 이룰 수 없음을 알았고, 또한 단독으로 동독의 장래에 대해 책임을 지기를 원치 않았다(Thaysen, 1990: 84). 모드로프(Hans Modrow) 정부는 정부의 일에 야당을 개입시키고자 했다. 이런 가운데서 야당의 시민단체는 정부의 참여를 반대했으나, 1990년 1월 26일 참석을 허용하는 결정을 했다. 이런 상황에서 원탁회의는 일종의 제2 정부기관으로 기능이 변모했다. 이는 또한 법 제정에서 인민의회에 대한 공동 결정 권리(Mitsprachrecht)를 가진 것을 말한다. 원탁회의는 새 헌법 초안 제정, 선거법, 매스컴법, 노조법, 사회헌장 등을 제정했다.

원탁회의는 민주주의를 선호하는 어떤 특별한 체제와 연관되어 있지 않았으며, 오히려 이런 민주정치 체제에 대해 논의를 했다. SED의 탈 권력화 과정에서 의견이 매우 여러 가지로 분리되었으며, 따라서 합의를 필요로 할 시대 상황에서 원탁회의는 민주주의제도를 구체화하는 데 적합한 체제 전환 도구로 인식되었다. SED와 같은 국가기관(그 이후에는 후속 기관)이 결정권을 가지고 참여하고 있다는 사실로 볼 때, 모든 정당과 모든 사회 세력의 구성원이 비록 이들이 서로 다른 목표를 갖고 있다 해도, 참여하는 것이 마땅했다.

2 원탁회의의 헌법 초안

신헌법 초안은 원탁회의 총회에서 만들어진 것이 아니라, '동독 신헌법(Neue Verfassung

2) 당시 대중조직으로 Freier Deutscher Gewerkschaftsbund, Freie Deutsche Jugend, Gesellschaft für Deutsch-Sowjetsche Freundschaft, Deutscher Kulturbund, Deutscher-und Sportbund, Demokratischer Freuaenbund 등이 있다.

der DDR)' 위원회에서 만들어졌다. 위원회의 장은 IFM의 포페(Gerd Poppe)와 DBD의 코플란스키(Michael Koplanski, 1934-2010)가 맡았으며, 30명의 위원과 20명의 전문가로 구성되었고, 일부 서독의 지원을 받았다.

동독 신헌법 초안은 동독을 법치국가로 그리고 자유국가로 구성하고자 했으며, 당시 상황의 시대정신을 담는 직접민주주의 제도를 도입했다. 결과적으로 동독 헌법은 다른 서유럽 국가들과 다른 점을 담게 되었다. 기본 권리가 사회단체들과의 연계성에서 다루어졌는데, 가령 시민의 운동 권리는 국민을 대표하는 상응하는 기관에 사안을 제기하며, 협의할 권리를 가진다. 국민투표제적 요소로서 국민청원과 국민투표권이 도입되었다.

국가기구들은 서독의 기본법과 유사하게 정비되었다. 대통령은 인민의회, 주의회, 그리고 지방자치단체의 연방회의(Bundesversammung)에서 선출하도록 했다. 인민의회는 서독의 연방하원 모습을 닮았다. 인민의회(Volkskammer) 쪽으로 약간 권력 이동이 취해졌으며, 의회 운영의 변화도 있다. 전통적인 의회와 의원의 권리 외에 야당의 기회 균등과 교섭단체에 소속하지 않은 위원도 위원회에 참여하고 결정에 관여함을 규정하고 있다. 야당의 기회 균등도 헌법적으로 보장(51조 II)되었으며, 야당의 발언 시간의 불이익은 처음부터 헌법적으로 금지되었다(57조 II).

신헌법은 기본 권리에서 서독 기본법과 유럽 국가들의 헌법과 차이가 나는데, 이는 특히 사회 기본 권리가 도입된 점이다. 동독 헌법은 무상의 교육과 직업교육을 보장하며, 적합한 주거의 보장, 노동, 경제, 환경에서의 성과와 참여 권리(Leistungs-und Teilhaberechte)를 규정하고 있다. 이런 규정들은 구체적인 프로그램을 넘어 규정하고 있으므로, 실행에서 소송제기 대상이 되는 내용이다. 물론 이를 구체적으로 실행하는 데 어려움에 대한 비판이 있지만, 노동에 대한 개인적 권리, 동일 노동에 대한 동일 임금, 실업의 상태에서 직업 알선, 노동에서 안전 보장, 노동 시간 보호 등을 입법자의 의무로 만든다는 점에서 발전적으로 보지 않을 수 없다. 노동자의 공동결정권도 보장한다. 또한, 국가 경제정책의 우선권을 완전고용을 목표로 하는 것도 규정되었다.

기본 권리의 보장에서는 이미 서독의 기본법에서 보장하고 있는 자유, 평등의 규정뿐만 아니라 새로운 것을 도입하고 있다. 가령 생명과 신체의 불가침성과 관련하여, 여성의 임신자기결정권(selbstbestimmte Schwangerschaft)을 보장한다(4조 III). 대학과 학문기관 행정의 제도적 보장도 규정된다. 지방자치와 관련해서는 자치권과 외국인에 대한 선거권이 보장된다. 동거가족에 대한 보호, 차별에서의 보호를 도입했다. 미래 세대를 위한 환경의 보호를 단체소송의 대상으로 했다.

서독의 기본법과 큰 차이를 보여주는 영역 중의 다른 것은 부동산 관련 사항이다. 부동산은 자본주의 국가에서 필수불가결한 보호 대상이지만, 이 부동산의 보장이 부동산 형성과 광범한 국민층에 기여하도록 했다. 즉, 개인적 이용과 조합의 부동산이 특별한 보호의 대상이 되며, 토지에 대한 제한은 적합한 규모와 관련하여 제한을 둘 수 있도록 했다.

토지 개혁에서 논란이 되는 것에 대해 131조가 규정하고 있는데, 동독의 권리에 들어맞는 소유 관계가 실제로 다루어지며, 그 외 것은 배상으로서의 권리만을 갖도록 한 것이다.

서독과 헌법의 폐지를 염두에 두고 136조는 두 개의 가능성을 보여주고 있다. 전 독일에서 새로 시작하는 헌법위원회, 아니면 인민의회의 2/3 다수결에 의한 기본법에의 가입이다. 이 두 경우에서도 국민 결정이 필요 조건이다.

동독 헌법 초안이 원탁회의 전체회의에서 수렴된 것이 아니라, 위원회에서 만들어져 정당성이 부족하다는 비판도 있다. 그럼에도 동독 헌법 초안은 1990년 4월 4일 인민의회에 제출되었다. 그러나 동독 인민의회는 앞당겨지는 통일 논의로 때문에, 어떤 새로운 헌법 초안을 제시하지 못했다.

원탁회의는 의회나 정부와 같은 헌법기관이 아니지만, 당시의 위기 극복에 기여했다. 원탁회의는 시의 적절하게 국가가 해야 할 법적·경제적·사회적 결정에 대해 논의를 했으며, 이에 대한 방향을 제시했고, 정부로 하여금 결정을 하도록 했다.

원탁회의는 새로 시행되는 선거로 인민의회가 구성되기까지 활동하는 것을 목적으로 했다. 원탁회의는 16번 회의를 했으며, 100여 개 이상의 법안이 원탁회의를 통해 마련되었다. 이런 성과와 지지를 통해 원탁회의는 '제2 의회(Vizeparlament)'. '제2 정부(Nebenregierung)'로서 역할과 소임을 했다는 평가를 받는다(Thaysen, 1990: 43). 신포럼(NF)의 볼레(Bärbel Bohley)는 원탁회의를 '시민운동의 정부(die Regierung der Bürgerbewegung)'로서 평가했다(Kammradt, 1992: 22). 원탁회의가 기여한 주요한 점은 DDR의 체제 전환기에 폭력을 예방했고, 자유민주선거가 가능케 했으며, 이로써 의회민주주의에 기초한 정부 수립이 가능하게 했다는 점이다.

3 체제전환 민주주의

1990년 2월 10일 고르바초프(Mikhail S. Gorbachev)를 방문한 콜(Helmut Kohl)은 새로운 민주화 단계를 설명했다. 소련은 독일 통일에 청신호를 보냈다. 민주화는 국가 통일의 전제로서 체제전환 민주주의(Transformatinsdemokratie)로 방향을 정했다. 모든 주요 정당들은 이러한 노선을 표명했다. 선거전에서 동독 유지나 개혁 등에 대한 것이 아니라, 국가 통일과 통일에의 적합한 방법이 중심 주제였다.

1990년 3월 총선거에 23개의 정당 및 단체들이 참가했다. 선거 방식은 완전비례대표제였으며, 의석 수는 총 400명이었다. 선거투표율은 94.2%로 매우 높았다. 선거 결과 CDU 40.8%(163석), SPD 21.9%(88석), SED의 후속 정당인 민주사회주의당(PDS) 16.4%로 66석을 차지했다. 독일사회연합(DSU)은 6.3%로 25석을, 민주혁신(DA)은 0.9%로 4석을 차지했다. 선거 결과를 보면 뜻밖에 보수 세력인 기민당과 독일사회연합이 전체 48%로 192석을 차지했다. 보수 세력이 얻은 이런 높은 결과는 결국 선거에서 통일에 대한 투표가 이루어졌다는 점 외에 설명할 길이 없다.

서독과의 통일은 동독 주민 다수에 의해 경제 복지로 받아들여졌다. 선거의 마지막 단계에서는 모든 정당과 시민단체가 통일에 대해 표명했다. 심지어 PDS도 양 국가의 통일을 표명했다. 통일은 기정 사실로 받아들여졌으며, 문제는 언제 통일할 것인가의 시간의 문제와, 어떻게 통일을 할 것인가가 쟁점으로 다가왔다. 통일에 대해 DSU 같은 경우는 기본법 23조에 따른 조속한 통일을 요구했다.

1990년 3월 인민의회선거 후에 체제전환 민주주의는 제도화되며 견고화되기 시작했다. 선거뿐만 아니라 선거를 통해 형성된 의회민주주의 체제가, 인민의회의 선거와 헌법위원회에서 그리고 원탁회의에서 수용되었다. 이는 서독 지원이 있음에도 동독의 자체 성과였

표 7-2 정당별 통일 관련 공약과 득표율

	기민/기사련/민주혁신	자민당 (FDP)	사민당 (SPD)	녹색당 (Gr ne)	사회민주당 (PDS)	자유민주연합 (BFD)
통일 관련 공약	서독 기본법 23조에 따른 조속한 통일	통일 찬성; 기본법 23, 146조와 무관	서독기본법 146조에 따르며,흡수통합 반대, 신중한 통일	두 개의 독일국가 유지, 양국가의 유럽 내 공동 발전 후 유럽공동체에 통합	국가연합을 거친 단계적 통일	점진적 통일 국민투표에 의한 통일
득표율	48(CDU 40.8; DSU 6.3; DA 0.9)	21.9	16.4	2.0	16.4	5.3
의석	192	88	66	8	66	21

자료: Wahlkommission der DDR, Endgültiges Ergebnis der Wahlen zur Volkskammer der DDR am 18. März 1990, Berlin 1990; Amtliches Endergebnis der Wahlen zur Volkskammer am 18. März 1990.

다. 선거를 통한 결과는 기본법 23조에 의한 연합에 다수가 찬성했음을 보여준다. 반면 양 국가의 점진적 발전을 통한 '기초민주주의 모델'은 변방으로 밀려났다. 점진적 통일 지지자들은 동독의 특수성을 참작한 민주주의화에 대한 목표를 가졌었다. 이런 견해는 대다수가 가진 서독에의 가입을 통한 노선과 대조가 되었다.

선거 결과는 체제전환 민주주의를 이루는 데 서독의 민주 체제를 선택한 것을 의미한다. 또한, 3월 선거 결과는 민주주의에 대한 선택 외에 또 다른 의미가 있다. 즉, 유권자들은 가능한 한 조속히 현재의 국가를 해체하며, 서독지역에의 가입을 통한 통일을 하라는 일종의 과제를 건네준 것이다. 이런 헌법적인 의미를 담고 있는 다수 결정으로써 인민의회선거는 결국 자신의 국가를 급격히 해체하는 데 영향을 주었으며, 이에 대한 정당성을 부여한 결과가 되었다. 3월의 선거를 통해 기본법에의 가입을 찬성한 결정에 따라, 새로 구성된 인민의회는 1990년 8월 23일에 서독기본법에의 가입을 의결했다. 이로써 민주주의 체제로서 동독은 자신의 최종 목적을 달성했다고 본다.

자유선거를 통해 구성된 인민의회는 선거 자체로서 정당성을 갖게 되었으며, 그 자신이 바로 체제전환 민주주의 핵심이며 상징이 되었다. 또한, 인민의회가 해야 할 목표도 명확했다. 동독 민주주의를 이용하여 국가를 해체하는 결정은 역사적으로 보면 당연한 결과였다. 민주주의에 대한 어떤 제1의 또는 제3의 대안적인 민주주의를 찾아 이를 실현하는 것이 아니라, 제2차 세계대전의 결과로 분단되고, 냉전으로 굳어진 독일 분단을 다시 자유민주주의 체제하에서 통일하는 것이기 때문이다. 따라서 민주화 과정에서의 쟁점은 통일된 국가인가, 아니면 분단된 국가인가의 문제이다.

제 3 절 통일 방식과 연방제도

1 통일에로의 길

독일 분단 이후, 동서독 두 체제가 고착화되어 가며, 국제 상황에서 동일의 재통일 가능성에 대해 이야기하는 것은 불가능한 것이었다. 1969년 브란트(Willy Brandt)가 두 국가로서의 독일에 대해 발표하면서, 독일의 재통일은 공허한 거짓말(Lebenslüge)이라 한 바 있다. 1989년 슈미트(Helmut Schmidt) 수상도 동독의 갑작스러운 붕괴는 동유럽을 위험에 빠뜨리며, 독일 통일은 단지 다음 세기에나 해결될 수 있는 문제라 했다(Glaessner, 1992: 154ff.). 이처럼 독일의 재통일은 단기간에 해결될 수 없는 문제로 받아들여졌다.

동독에서의 민주화 과정은 1990년 3월 18일 인민의회 선거가 민주적이고 성공적으로 치러짐으로써 일단 그 열매를 맺게 되었다. 그리고 3월 선거는 통일 문제인 독일 문제(Deutsche Frage)에 대한 향방을 결정했다. 통일 주제와 이와 다른 통일 방식 모델은 3단계로 나뉜다.

1) 소극적 단계

동독이 처음 체제의 붕괴와 전환에 직면했을 때, 야당인 어느 시민단체도 통일에 대한 언급이나 통일에 대한 요구를 표명하지 않았다. 이는 초기에 친사회주의적 성향이 있는 단체뿐만 아니라, 자유주의적 보수주의 색채를 가진 단체에서도 마찬가지였다. 동독 CDU도 통일에 대해 의견 표명을 하지 않았다. 신포럼(Neues Forum)은 이념 개념인 사회주의(Sozialismus)를 의도적으로 사용하지 않았지만, 동시에 정부를 '사회주의의적(Sozialismusfeinde)'으로 묘사하지 않았다. DJ(Demokratie Jetzt: 이젠 민주주의)는 사회주의 실패로 끝나서는 안 된다고 했다(Rein, 1989: 59). 대부분 동독 체제에 반대하는 야당 시민단체는 독일의 '두 국가(Zweistaatlichkeit)'를 지지했다. SDP는 처음에 유럽 평화 질서의 범주에서 통일 가능성의 방안을 모색했다. DA(민주혁신)는 서독과의 특별한 관계에 대해 조심스럽게 언급했다. 많은 시민단체는 설립과 활동 취지, 프로그램에서 통일에 대한 주제를 전혀 언급하지 않았다. 1989년의 민주화운동에서 시민단체들은 동독의 내부 문제에 집중했으며, 통일은 당시의 상황에서는 실현 불가능한 대상으로 인식되었다. 따라서 통일 문제를 현실적인 논의 주제로 내세우는 것은 비현실적이었다.

동독에서와 마찬가지로 서독의 정당들도 통일에 대해서는 자제했다. 이는 먼저 동독에서 일어나고 있는 민주화운동의 흐름에 찬물을 끼얹지 않기 위해서이다. 가령 SPD 명예당수 브란트는 1989년 11월 10일 베를린 장벽이 허물어진 후에, '독일의 긴밀한 협력(Zusammenrücken der Deutschen)'에 대해 언급했지만, 양쪽 국민이 어떤 상황에서 서로 살아가야 하는가에 대해서는 말하지 않았다(Archiv Bürgerbewegung e.V. Leipzig). 콜 수상은 1989년 11월 10일 셴엔베르크시청 앞 연설에서 '우리 독일 민족의 통일을 도덕 의무'로서 표명했다(Archiv Bürgerbewegung e.V. Leipzig).

동독 수상으로 선출된 모드로프는 시위대로부터 '조약공동체(Vertragsgemeinschaft)'로서 양 국가의 책임성을 가질 것을 압력받았다. 조약공동체의 내용은 양 국가가 통일은 하지 않지만, 조약을 통해 협조적인 공존을 하는 것이다. 모드로프는 1989년 11월 13일 통일을 거부했지만, 동서독 간의 '조약공동체' 구성을 언급했다. 2주가 지나지 못해 당서기장 크렌츠는 국가연합(Könfederation)을 더는 배제할 수 없다고 표명했다. 이런 가운데서 서독 정부도 압력을 받게 되었다. 서독 수상 콜은 1989년 11월 28일에 놀랍게도 '10개 항 프로그램(10-Punkte-Plan)'을 발표했다. 콜 수상의 발표는 신뢰를 받지 못한 동독의 제의와 달리 커다란 반향을 불러일으켰다. 10개 항 프로그램은 구체적이며 단계적인 실현 가능성을 가지고 있었다. 이는 특히 서독 정부의 공식 제의로서 독일 통일의 방향성을 제시한 점에서 의미를 가진다(Lingen, Zehn-Punkte-Programm). 통일 문제에서 보면, 이는 계약 공동체를 넘어 국가 연합의 단계를 이루고, 궁극적으로 연방제로서 통일을 이루는 단계를 담고 있다.

이런 조약공동체, 국가연합과 연방제로의 발전에는 한 가지 조건이 붙어 있다. 동독 내의 정당성을 가진 민주적인 정부가 들어서는 것이다. 서독 정부의 10개 항 프로그램 중 제5항에서 민주국가와 비민주국가 사이의 국가연합적 구조는 동독에 민주화된 정부가 들어섰을 때만이 가능한 것으로 했다. 따라서 먼저 자유선거가 있었던 후에 서독 정부는 공동정부위원회, 공동전문위원회, 그리고 공동 의회 기구 등의 구성을 생각할 수 있다고 밝히고 있다.

콜 수상의 제안에 서독의 정당들은 녹색당을 제외하고 긍정적으로 반응했다.[3]

2) 정치 일정에 오른 통일 문제

통일 문제는 라이프치히 월요시위에서 극적인 변화를 맞게 되었다. 처음 시위대는 "우리는 국민이다(Wir sind das Volk)"라는 구호로써 SED의 단독 지배에 대한 이의를 제기했고, 평화적인 시위를 이어갔다. 구호는 그러나 바로 "우리는 한 국민이다(Wir sind ein Volk)"로 바뀌었고, 통일에 대한 소원이 표출되어 나타났다. 라이프치히 월요시위에는 조속한 통일을 요구하는 구호가 전면에 등장했다. 보수적인 시민단체들은 독일 문제에 대해서는 그러나 의견 표명이 없었다. 이들은 다른 주제들에 관여했다. 다만, DJ는 국가연합의 개념을 발전시켰다.

정당이나 다른 정치 그룹은 1990년 1월에 독일 통일 문제를 지속적으로 다루며, 다른 단체의 통일 견해를 수용하는 경향을 보여주었다. 예로 동독 SPD는 민족통일(Einheit der

3) SPD 당대표 보겔(Hans-Jochen Vogel)은 'Wiedervereinigung' 단어가 아니라, 'Einheit', 'Einigung' 단어를 사용하며, 동독 국민이 자신들의 미래를 스스로 결정할 수 있어야 한다고 하며, 정부 제안과는 어느 정도 거리를 두고자 했다.

Nation)을 표명했다. 동독 CDU 당수 드 메이즈에르(Lothar de Maiziere)는 양 독일 국가의 공동 성장(Zusammenwachsen)을 동독 CDU의 제1의 정치 과제라 했다. 통합된 유럽의 통일된 독일을, 사회시장 경제, 국민복지와 정의의 기초가 되는 경제 발전을 지향하는 정책목표를 내세웠다(Glaessner, 1992: 115). 1990년 1월 20일에 창립한 DSU는 정당 프로그램에서 독일 통일을 제1의 목표로 내세웠다.

SED－PDS도 여론의 변화에 따라 자신들의 입장을 바뀌었다. 1990년 2월 2일 수상 모도로프는 통일 단계를 제시했다. 이 단계에 따르면, 조약공동체(Vertragsgemeinschaft)에서 국가연합(Staatenbund)으로의 통일을 모색했다. 이는 국가연합 단계에서 주권을 이양함으로써 일종의 국가연합(Könfederation) 또는 독일연방(Deutscher Bund)으로서 통일을 이루는 모델이다. SED－PDS가 통일 문제를 수용함으로써 통일 문제는 정치 일정에 잡혔다.

3) 선거공약으로서 통일

1990년 2월과 3월에 독일 통일은 선거전의 주제로서 부상했다. 1990년 2월 5일에 CDU, DA, DSU의 자유보수의 선거연합(Allianz für Deutschland)과 동독 SPD는 통일 의제를 주도했다. 두 진영은 오는 선거에서 유권자들의 지지를 받았다. 2월 15일 콜 수상이 가능한 빠른 독일 통일을 표명하자, 보수연합(Allianz)은 기본법 23조 2항에 따른 통일을 실현하며, 동독이나 추후 구성되는 동독주의 서독에의 가입을 통한 통일 방안을 내놓았다.

이로써 독일 통일에 대한 논쟁은 통일 실현의 속도 문제로 옮겨졌다. 단계적 통일 방안은 논의 대상에서 제외되었으며, 23조 2항에 따른 통일 방식이 공공 논의의 대상이 되었다. 시민운동단체들은 이런 가입을 통한 통일 방안을 거부하며, 가능한 동독의 정체성을 유지하고 장기적인 시각에서 양쪽 국가의 접근과 통일을 이룰 것을 주장했다. 그럼에도 이들은 23조에 따른 통일 방식은 통일을 조속히 달성할 수 있고, 동독 경제에 도움이 된다는 대다수 국민의 견해를 인정했다.

'우리는 한민족'이며, '통일 독일'의 구호가 커질수록, 시민단체들의 견해의 입지는 점점 좁아졌다. 시민단체들은 이로써 딜레마에 빠졌다. 통일의 방식과 속도를 놓고, 정당과 정당 연합체들 간에 양극화가 일어난 것이다. 시민단체들은 전체 국민의 대표는 아니지만, 반체제 운동과 시위에서 국민의 소리를 대변해 왔다. 그러나 통일 주제가 확산하며, 조속한 통일 방식이 국민의 지지를 얻게 됨에 따라, 시민단체들의 영향력과 역할이 급속히 상실되었다.

 통일 방식: 기본법 23조와 146조

서독과의 조속한 통일을 요구하는 정당들은 압도적인 지지를 받았으며, 단계적 통일과 국가연합과 같은 통일 모델은 더는 시대에 들어맞지 못했다. 콜 수상이 10개 항목 프로그램에서 밝힌 단계적 통일 방안도 유권자들의 선호와 맞지 않게 되었다. 전환 민주주의 체제에서 조속한 통일을 이루는 방안은 23조와 146조 외에는 존재하지 않았다.

서독의 '기본법'에 포함된 통일 관련 조항을 보면 전문에 "독일 민족은 자유로운 자결권으로 통일과 자유를 달성해야 한다."라고 자결권을 선언하고 있다. 기본법 제23조는 "독일의 다른 주가 독일연방공화국에 가입하면 그 가입한 주에도 기본법이 적용된다."고 기술하여, 앞으로 동독지역이 독일연방공화국에 가입할 길을 열어두었다. 기본법 제116조(국적 조항)는 동독 주민도 독일 국적을 가진다고 규정하고, 기본법 제11조에 모든 독일 국민은 거주 이전의 자유가 있다고 규정됨에 따라, 동독 주민이 서독으로 넘어올 때 서독 주민과 동등한 대우를 받도록 보장하고 있다.

반면 기본법 제146조는 "이 기본법은 독일 국민의 자유로운 결정으로 제정된 동·서독 단일 헌법이 발효되는 날에 그 효력을 상실한다."고 되어 있어, 통일 이후 동·서독 전체에 해당하는 새로운 헌법을 제정할 수 있도록 함으로써 통일의 길을 열어 두었다.

1) 기본법 23조

선거의 마지막 단계에서 나타난 23조에 따른 방안이 통일 논의 전면에 등장했다. 기본법 23조 1항에 따른 통일 방안을 헌법 학자들은 통일 방안 모델로서 평가했다.[4] 23조는 기본법의 공간적인 적용 영역을 정하고 있다. '먼저(zunächst)'라는 단어로써 기본법 적용의 불완전성(Unvollständigkeit)을 보여주고 있다.[5] 따라서 기본법의 적용 영역에서 나타나는 불안전성은 독일의 다른 지역의 가입으로써 완성된다.

다른 지역에의 기본법의 적용은, 해당 지역의 가입(Beitritt)을 전제로 한다. 가입은 그럼

4) Hermann v. Mangoldt & Friedrich Klein, *Das Bonner Grundgesetz*, Bd.1, 1.A., Berlin/Frankfurt a.M., 157, S.651, 653ff.; Bruno Schmidt-Bleibtreu & Franz Klein, *Kommentar zum Grundgesetz*, 7.A., Neuwied/Frankfurt a.M., 1990, S.464ff.; T. Munz & G.Düring u.a., *Grundgesetzt Kommentar*, Bd.2, München, Art. 23 GG, Rn. 37ff. 등

5) "Dieses Grundgesetz gilt zunächst im Gebiete der Länder Baden, … In anderen Teilen Deutschlands ist es nach deren Beitritt in Kraft zu setzen."

에도 서독에 의해 제한되거나 또는 방해를 받아서는 안 된다. 가입은 기본법 적용 구역의 자동적인 확대를 의미하는 것이 아니라, 효력화(Inkraftsetzung)를 필요로 한다. 기본법은 가입 후에 해당 지역에 효력을 발생한다. 여기서 심사할 수 있는 것은 다만 이런 가입 과정이 자유 의사에 따라서 이루어졌는가 하는 것이다. 23조에 따른 통일 방식으로는 통일 과정이 신속하고 간편하게 진행될 수 있다. 23조에 따른 통일 방식으로는 프랑스의 반보호령이었던 자를란트(Saarland)가 1956년 12월 14일 주의회의 결정에 따라 1957년 1월 1일 독일에 편입된 예이다.

통일 과정에서 동독은 기본법에 가입하기 전에 먼저 주가 회복되고, 주가 가입의 주체가 되는 방식을 택했다. 이 과정은 민주적인 기본 원리에 따라서, 해당 기관의 선언에 의한 자율적인 과정이다. 따라서 1990년 3월 18일 이후 서독지역에의 가입 결정은 전적으로 동독에 달려 있었다.

2) 기본법 146조

기본법은 23조 외에 또 다른 통일 방식에 대해 규정하고 있다. 즉, 146조에 따른 것으로 헌법을 새로 제정하는 것이다. 이는 통일헌법을 제정한 후에 동서독이 통일되는 방식이다. 146조를 통한 통일은 동독 국민의 이해 관계를 가장 잘 대변할 수 있다고 보았고, 또한 서독의 기본법도 그 임시성이 있음을 146조를 근거로 하여 주장했다. 146조에 따르면 독일 국민이 자유 의사에 따라 결정한 헌법이 새로 효력을 발생하게 되면 기본법은 효력을 상실하게 된다. 이로써 기본법은 스스로 시간적인 구속을 가졌다. 이처럼 시간상으로 자신에 대한 구속을 한 것은, 헌법제정위원회가 독일은 분리된 서독으로서만 존재하는 것을 원치 않았기 때문이다. 기본법은 헌법위원회의 시각에서 보면 단지 임시(Provisorium)적 헌법 기능을 가진다. 기본법의 '자아 과제(Selbstaufgabe)'는 통일을 가능케 하는 데에 있었다.

기본법 146조에 따라 독일 전체에 적용되는 새 헌법의 창출은 자유 결정에 구속되며, 최소 수준의 민주적인 질서를 요구한다(BVerfGE 5, 85, 132). 146조는 양 국가가 대등한 상태에서 통일되는 의미가 있다. 그러나 통일헌법을 제정하기 위해서는 해결해야 할 문제와 시간이 많이 든다.

동독 SPD는 146조에 따른 국민투표를 통한 통일헌법 제정을 공약으로 내세웠다. 그러나 동독 국민은 선거에서 동독 기민당의 보수 세력을 선택함으로써 기본법 23조에 따른 조속한 통일 방식을 택했다. 어떠한 방식으로 통일을 실현할 것인의 결정은 통일 방식에 대한 두 방안을 놓고 진지하게 진행되었다. 1990년 초 선거 기간 중에 '23' 숫자하에서 통일은 안 된다는 구호도 등장했다(Artikel 23-Kein Anschlus unter dieser Nummer). 기본법 제23조에 의한 독일민주공화국의 가입인가, 아니면 기본법 제146조에 따른 새 헌법 질서하의 통일인가에 대한 논의는 동독 국민의 3월 선거에서 선택으로 결정됨으로써 통일 방식의 논의는 더 이상 의미가 없어진 채 일단락되었다.

 통일 토대로서의 민주주의

동독의 민주화는 통일로 가는 길에 상응하는 조건이었다. 국제사회는 통일의 조건으로 동독의 민주화를 요구했다. 동독 국민은 자신들의 국가로서 동독 유지와 서독과의 통일 간에 선택을 해야 했다. 이런 결정에 대해 국제사회는 통일된 독일, 대(大) 독일의 수용을 결정해야 하는 것이었다. 동독 내의 민주주의 의회만이 서독에의 가입을 결정할 수 있으며, 선거를 통해 구성된 정당성을 가진 민주정부만이 이웃국가 서독에의 가입을 집행할 수 있다. 이는 서독의 콜 수상이 발표한 10개 프로그램 중 제5항에서 동독의 민주화를 요구한 데서 드러난다.

서독은 장차 동베를린에서 자유선거에 의한 정부가 탄생할 때에 비로소 서독 정부의 동반자가 되며, 이에 따라 새로운 형식의 제도적 협력이 단계적으로 이루어진다고 보았다. 이를 통해 협력이 증대됨과 그 가운데서 통일을 할 수 있다 보았다. 동독의 민주주의는 서독 정부의 동반자로서, 새로운 제도적인 협력의 전제 조건이었다.

민주화된 동독은 통일의 길에 들어서게 했으며, 많은 국제사회의 비판이나 반대를 극복하는 원천이 되었다. 많은 외국 정부가 통일 독일을 원치 않음을 감출 수 없었지만, 반면에 민주적인 절차에 따라 민주적인 통일 독일이 이루어지는 것에 대해 반대할 수도 없는 처지였다. 이는 특히 이미 소련에 의해 각 국가는 자신들의 운명을 결정할 것이 허용되고 있는 상황에서는 더욱 그러했다. 이는 2+4 조약에서 잘 보여준다.

통일 마지막 단계는 2+4 조약으로 부르는 협상, 즉 독일의 완전한 주권 회복에 대한 양 독일과의 4개 전승국 간의 조약이다. 1990년 2월 오타와에서 회의가 열렸다. 독일 통일을 염두에 두고 4+2 과정을 시행할 것이 의결되었다. 양 독일 국가는 '4+2'가 '2+4'가 되도록 노력했다. 독일은 4개 전승국이 통일 과정에 두 독일을 참여시키는 것이 아니라, 그 반대라는 생각을 하고 있었다. 양쪽 독일은 국민 자결권의 행사에서 통일을 결정했으며, 4개의 전승국을 전후 질서의 조약의 조건에서 필요한 만큼 4개국을 참여케 하는 것이었다. 이것이 의미하는 바는 독일이 '통일할 것인가(Ob)'가 아니라, '어떻게 통일할 것인가(Wie)'만을 결정하게 하는 것이다(de Maiziere, 2010: 294ff.). 이런 기본 원칙을 더는 문제 제기를 하지 못하게 하는 것으로서 이를 받아들이는 것은 전승국에는 실제로 어려운 사고의 전환을 요구하는 것이었다. 특히 소련에 그러하며, 영국의 대처(Margaret Thatcher) 총리에게도 마찬가지였다.

2+4 조약은 독일 국경문제를 최종적으로 결정했다. 독일은 완전한 주권을 다시 가지며, 독일이 NATO에 속하는 결정과 선택은 최종적으로 독일의 자유에 맡겼다.

동독 국민의 민주적인 결정만이 독일 통일에 충분한 것은 아니었다. 여기에 서독 국민의 상응하는 지원과 결정이 있어야 했다. 분단된 다른 한쪽의 독일을, 이것이 자신들의 국토에 편입하는 것이 가능하다면 수용하겠다는 결정은 이미 오래전에 이루어져 왔다. 이는 바로 제2차 세계대전 후 연합국의 반대에도 바로 기본법에 규정되어 있었다.

영국뿐만 아니라 파리에서도 당시 진행된 독일 통일의 과정이 너무 빠르다는 견해가 제기되었다. 1990년에 여론조사를 보면, 서독 국민의 절대 다수가 통일을 지지했다. 실제 헌법적인 측면에서 볼 때 필요한 것은 동독에서의 민주화와 이의 민주적인 결정이었다.

동독의 서독에의 가입 결정이 독일 통일의 이해에서 개별로 이해되어서는 물론 안 된다. 동독의 새로운 국가성이나, 또는 통일을 위해서든 자유민주의 결정 기초를 이룬 것은 바로 1989년 가을 평화혁명(Freiheitsaufstand)이었다. SED의 탈권력화와 DDR 민주화가 체제 전환에서 토대가 되었다. 동독에서 자유민주주의 조건들이 이루어지지 않았다면, 그 이후 동독의 민주화나 서독과의 통일로의 논의도 없었을 것은 자명하다.

 4 통일과 동독의 이중 체제 전환

1990년 5월 18일에 경제, 통화, 사회 통합의 국가조약이 이루어졌다. 이후 체제 전환, 제도적인 변화와 적응, 동독의 서독 체제로의 전환은 피할 수 없어 보였다. 평화혁명은 1990년 8월 30일 통일조약으로 달성되었다. 이로써 동독의 헌법과 법 효력은 정지되었으며, 연방공화국이 동독과 동베를린지역으로 확대되었다. 체제 전환에서의 특수성은 제도와 법체계의 이양에 대한 상부 지도층의 점유(Besetzung)이다. 즉, 제도의 이양과 함께 서독의 통치 엘리트가 행정, 법, 군사, 경찰 등 모든 부분에서 점유한 것이다. 이와 더불어 재정적인 대

규모의 지원이 뒤따랐다. 따라서 3개 축, 즉 제도, 통치 지배 엘리트, 재정의 지원이 동독의 통일 과정에서 외부 요소로 작용했다. 동독의 정치적 · 법적 · 행정 체계는 서독 모델에 맞추어졌다. 동독 와해와 재건은 어느 시점부터 통합의 논리에 의해 추진되었으며, 체제 변화는 서독에서 결정되고, 이양되며 추진되었다. 이로써 동독은 체제 변화에서 보면 다른 동유럽 국가들과 비교하여, 목표와 수단 등의 선택과 결정이 조기에 결정된 것이다.

독일연방공화국의 민주정치 체계로서의 결정은 어떤 분리된 결정이 아니라, 독일 통일이라는 전체 틀에서 이루어진 것이다. 이에는 국가, 법체계, 경제, 사회 외에 서독의 민주주의 체제가 들어 있다. 전체적인 틀 안에서의 이런 결정은 각기 기능과 역할에 대한 논의는 부수적으로 다루어졌다. 동독 국민은 분명히 다른 민주주의 모델도 선택할 수 있었다. 여기서 중요하게 봐야 할 점은 정치 체계에서의 전 독일적 성격이다.

그러면 체제전환 민주주의는 일반적으로 사람들이 인식하고 있는 민주주의와 비교하여 어떤 차이를 갖고 있는가이다. 먼저 두 민주주의 모델은 일반적인 민주주의가 가진 특성이 있다고 보아야 한다. 마찬가지로 기능적인 차이도 없다고 보아야 한다. 즉, 체제전환 민주주의가 어떤 체제 전환의 특성으로 인해 기능에서 차이를 가지고 있다고 보지는 않는다. 다만 체제전환 민주주의는 그 발생의 특수성을 갖고 있다는 점에서 차이가 있다.

제 4 절 통일의 합리성

1990년 10월 3일 동독은 독일연방공화국에 편입하고, 이로써 존속되었다. 동독지역이 서독지역에 편입됨으로써 독일은 바이마르 공화국의 건설에서 적용된 연방제도를 다시 경험했다. 연방제도는 몰락한 동독 국민에게 지역에 대한 소속감을 주므로, 독일이라는 정치적 정체성을 유지하는 데 이바지했다(오향미, 2003: 455).

1989/90년에 동독에서는 본질에서 보면 3개의 사고의 유형이 있었다.

첫째는 사회주의 새 시작에 관한 것이다. 사람들은 스탈린적인 실패에서 자유롭게 사회주의를 정말로 잘 구현할 수 있다고 보았다.

둘째는 체제 붕괴 후 새로운 동독을 구상하는 그룹이다. 이의 대표적인 그룹은 원탁회의였으며, 이들은 동독 건설은 '평화적이며, 환경적이고, 기초민주주의적이며, 완전히 정의로워야 한다'고 보았다. 그러나 이들은 이런 공동체의 재정 조달을 어떻게 할 것인가에 대해 이들은 전혀 생각하지 못했다.

셋째는 독일 통일을 통해서만이 현 동독의 문제를 해결할 수 있으며, 통일 없이는 절대 동독 독자적으로 해결할 수 없다고 선언했다. 궁극적으로 이들이 1990년 3월 18일 인민의회 선거에서 동독 국민의 지지를 받았다.

3월 18일 자유선거는 일종의 국민투표였다. 이는 93.4%라는 투표율에서 보인다. 선거는 독일 통일을 세우는 국민투표였다. 이는 연방적 법치국가에 대한 국민투표였다.

1990년 5월에 시행된 게마인데, 지역의회의 선거와 결과는 유효한 정당성을 가졌다. 이는 이미 서독의 민주주의제도를 택해 시행된 것으로, 지방자치 수준에서는 연방민주주의의 제도화였다. 10월 14일에 연방주 선거가 있었고, 주별로 주정부가 구성되었다. 1990년 12월 2일에 동독 시민은 처음으로 연방하원(Bundestag)의 구성에 참여했다.

통일은 두 국가 체제의 통합은 한 체제하에 통합되는 방식으로, 주도적인 영향 아래에 이루어졌지만, 서로의 영향을 볼 수 있다. 통일은 또한 연방민주주의 모델에도 부분적으로 많은 영향을 주었다. 물론 민주주의 원리에 대한 큰 변화는 아니다.

먼저 대의민주주의 체제가 적용되는 공간 영역의 확대이다. 연방하원에는 구동독을 대표하는 의원이 참석하는 것이다. 이는 과거 NS 체제, SED의 지배와도 연결된 것을 본다면 동독 출신의 대표가 참석하는 것은 그만큼 의미가 있다. 연방제도 체제에서 주들은 헌법적 지위를 갖게 되었다.

체제 전환은 연방 체제의 도입으로 통합된 상황이 종결되는 것이 되었다. 따라서 제도적인 개념의 확대에서 제도의 내부적 요인과 외부적 요인을 구별해서 볼 수 있다. 외부적 요인은 물론 서독의 민주주의 모델이다. 내부적 요인은 동독 제도의 조직적인 특성, 남은 것들, 행정 및 정치, 정당에서 통치 엘리트의 교체 및 지속, 새로운 제도 창출에 대한 국민의 태도와 가치 등이다. 차후로 정치와 가치의 형성에 내부적인 요소가 작용했다. 이는 동독지역에서 PDS가 소멸하지 않고 성공을 거두는 것이 단적인 예이다. 따라서 서독과 동독의 제도적인 구조, 동독의 사회 문화적 유산과의 일종의 천천히 진행되는 혼합과도 같았다. 이런 과도기적 충격을 연방제도가 적절하게 조절하며, 흡수해 나갔다.

동독의 유산에는 SED 독재뿐만 아니라, 동독 민주화의 특수성도 속한다. 평화혁명의 많은 행위자는 혁명의 유산, 원탁회의, 그들의 민주화 성과에서의 기초민주주의, 합의민주주의를 어렵지 않게 기억한다. 서독인들이 연합국의 도움으로 민주주의를 이루어갔다면, 동독에서의 40년간의 독재 이후 1989/1990년 민주화는 바로 스스로의 노력의 결과였다. 평화혁명에서 동독인은 자유, 민주주의를 위해 싸웠으며, 또한 국제적인 저항에 반해 자아결정권을 관철했다.[6] 동독 시민은 자유와 민주주의로써 통일을 이루었으며, 이는 독일 역사에 영광의 순간으로 기록된다.

6) 독일 통일이 우리에게 주는 시사점은 통일 전제 조건으로서 북한 사회의 민주화이며, 북한이라는 국가가 정상적인 국가가 되는 것이다. 동서독의 통일은 동독이 민주국가로서 체제 변화가 있었기 때문에 통일이 가능했음을 보여준다. 한나 아렌트(Hanmah Arendt)는 독일의 나치 체제와 스탈린 체제 연구를 통해, 전체주의 국가는 지속적으로 적을 만들어 낸다고 했다. 북한의 끝임없는 협박은 이 점에서 먼저 이해되어야 한다. 북한의 외부에 대한 끊임없는 도발적 행태는 북한이라는 전체주의 국가의 존립의 정당성을 무엇에서 찾고 있는가를 보여준다. 북한의 태생적 한계와 체제의 결핍된 정당성의 한계(체제 권력의 제3세대로 승계)는 바로 한국 통일를 논의하는 단계에서부터 직면하는 딜레마이다.

참고 문헌

국내 문헌

고상두 · 하명신 (2011). 독일 망명정책 변화의 국내정치적 영향 요인에 관한 연구. 국제정치논총, 51(1): 241-262.

———(2012). 독일 거주 이주민의 사회통합 유형. 국제정치논총, 52(5): 233-256.

곽병휴 (2001). 독일의 통일 공적 논쟁. 경성대학교 인문과학연구소. 인문학논총, 4: 95-120.

곽태열 (1992). 사회적 시장경제 성립의 역사적 배경. 한독경상논총.

권영성 (1976). 바이마르공화국 전기의 헌법 발전에 관한 고찰(Die Entwicklung der Weimarer Verfassung von 1919 bis 1932). 서울대학교 법학연구소. 법학, 18(2): 21-45.

김기선 (2010). 독일 내 파견근로의 실태와 최근의 논의. 서울대학교 노동법연구회. 노동법연구, 29: 177-205.

———(2012). 독일 사업조직법상 파견근로자의 지위. 한국노동법학회. 노동법학, 41: 27-59.

김민훈 (2008). 독일 지방재정조정제도의 개혁에 관한 최근 동향. 부산대학교 법학연구소. 법학연구, 48(2): 85-117.

김상겸 (2005). 사회보장 원리와 역사. 박응격 외. 독일사회복지론 (2004, 앰-에드, 51-72).

김상호 (2005). 독일 공적연금제도의 개혁 추이와 기업연금, FES-Information-Series(2005-04).

김선욱 (2002). 공무원법 비교연구. 이화여대 법학연구소.

김승일 (2010). 독일 중소기업의 경쟁력 원천에 대한 분석. 경상논총, 28(3): 1-19.

김영태 (2003). 통일 독일의 가치정향과 사회화, 정당 지지. 국제정치논총, 43(2): 411-430.

김욱 (2010). 독일 수발보험개혁2008과 정책적 시사점. 한 · 독사회과학논총, 20(3): 87-110.

김적교 · 김상호 (1999). 독일의 사회적 시장경제. 한국경제연구원.

김정한 · 오학수 · 이상민 · 채준호 (2007). 신공공관리와 공무원 노동조합. 한국노동연구원.

마우러(Hartmut Maurer), 박수혁 옮김 (2010). 독일행정법(*Allgemeines Verwaltungsrecht*) u (제16판), 사법발전재단.

김중규 (2003). 4차원 행정학. 성지각.

김창권 (2010). 독일 통일 이후 구동독지역 인구 이동 및 인구 변화와 한반도 통일에 주는 정책적 시사점. 경상논총, 28(1): 28-55.

김혜정 (2007). 독일 여성장애인의 고용 확대 문제에 대한 고찰. 직업재활연구, 17(1): 101-119.

박명선 (2007). 독일 이민법과 통합정책의 외국인 차별에 관한 연구. 한국사회학, 41(2): 271-303.

박용주 · 배상빈 (2000). 통독 이후 독일의 재정정책과 한반도 통일. 한국동북아논총, 16: 129-148.

박장현 (2003). 독일 공무원 노사관계와 공동결정제도, 공무원 노동조합운동. 한국노총.

박재영 (2012). 독일 다문화사회의 터키인 공동체. 중앙대학교 문화콘텐츠기술연구원. 다문화콘텐츠연구, 12: 7-38.

박종수 (2004). 독일의 재정 관련 법제와 예산개혁. 한국법제연구원.

박채복 (2007). 독일의 이주자정책. 한 · 독사회과학논총, 17(1): 293-319.

박청평 (2004). 독일 군정 시기의 정치적 발전 추이. 경주사학회. 경주사학, 23: 181-222.

배준호 (2005). 주요국 연금 체계와 개혁이 주는 시사점. 한국응용경제학회, 7(2).

브라허 (Karl Dietrich Bracher), 이병련 · 이대헌 · 한운석 옮김(2011). 바이마르공화국의 해체(*Die Auflösung der Weimarer Republik,* 2001), 나남.

석재은 외 (2004). OECD 국가의 기초보장과 공적연금 체계 비교연구(I). 한국보건사회연구원.

성태규 (2002). 독일 질서자유주의에서의 정치적 질서정책. 국제정치논총, 42(2): 217-236.

송태수 (2009). 독일 통일 20년의 경제적 통합 과정: 평가와 함의. 한 · 독사회과학논총, 19(4): 173-208.

신두범 · 오무근 (2003). 행정학개론. 박영사.

신두철 (2007). 2005년도 독일 대연정의 정책합의와 정치적 의미. 한 · 독사회과학논총, 17(1): 241-259.

신우철 (2003). 독일 통일 10년, 그 비용과 수익의 총체적 평가. 통일문제연구, 15(2): 247-271.

심익섭 (2010). 독일 지방자치단체 권한에 대한 합리적 정부간 관계 연구. 한 · 독사회과학논총, 20(2): 3-34.

심익섭 · M. 치멕 (공편) (2010). 독일연방공화국 60년. 오름.

안지호 (2011). 독일 행정통합의 재고찰: 겔렌의 제도론을 중심으로, 행정논총, 49(4), 193-215.

양현모 (2000). 독일 정치문화의 발전과정 연구, 국제논총, 40(2): 273-293.

——— (2006). 독일정부론. 대영문화사.

오향미 (2003). 독일 바이마르 공화국의 국가건설사상 연방제와 의회민주주의 원칙. 국제정치논총, 43(4): 445-469.

우해봉(2012). OECD 국가의 노후 최저소득보장제도 운영 현황과 시사점, 연금공단.

원준호 (2009). 독일 공공 부문 직원협의회와 노동조합의 구조와 기능. 한 · 독사회과학논총, 19(4): 109-138.

유진숙 (2008). 독일의 수상 리더십과 정당. 국제정치논총, 48(2): 217-237.

이상덕 (2012). 독일 행정법원법에서의 규범통제 소송제도에 관한 고찰. 행정법연구, 32: 113-157.

이승협 (2006). 신자유주의 행정개혁과 독일 공무원 노사관계의 변화. 산업노동연구, 12(1): 337-374.

이욱한 (2004). 독일연방헌법재판소의 TV 방송 판결에 관한 소고. 공법학연구, 5(3): 381-409.

이정언 · 김강식 (2011). 경제위기에 대응한 독일 기업의 고용 유연성 제고 전략. 경상논총, 29(1): 65-83.

이정우 (2011), 독일의 통일 과정에서 복지국가의 역할. 경상논총, 29(3): 51-78.

이종수 · 윤영진 외 (1999). 새행정학. 대영문화사.

이태진 (2011). OECD국가의 재정과 복지 현황. 한국보건사회연구원.

임종헌 · 한형서 (2011). 메르켈 정부 수립 이후의 복지정책 변화와 방향. 한 · 독사회과학논총, 21(2): 189-216.

임홍배 · 정병기 · 송태수 (2011). 독일 통일 20년, 서울대학교출판문화원.

전상진 · 강지원 · 원진실 (2007). 통일에 대비한 한국의 통일비용 재원 조달 방안에 관한 논의. 한 · 독사회과학논총, 17(3): 9-44.

정병기 (2011). 통일 독일 구동독 지역 정당 체제. 한국정치학회보, 45(4): 319-344.

정용길 (2008). 통일 독일의 통일비용과 경제통합. 유럽연구, 26(3): 11-16.

정재각 (2003). 독일 사회보장정책의 발전과 전망. 한 · 독사회과학논총, 13(2): 77-95.

——— (2004). 독일 지방선거제도에 관한 연구. 한 · 독사회과학논총, 14(2): 199-221.

——— (2010). 이주정책론, 인간사랑.

——— (2011). 독일연방제도에 관한 연구, KIPA.

정재훈 (2002). 사회보험으로서 수발보험 도입 가능성 모색을 위한 연구: 독일의 예를 중심으로. 한국사회복지학, 48: 359-402.

정창화 (2003). 한국 대통령비서실과 독일 연방수상실(Bundeskanzleramt)의 조직 및 기능에 관한 비교분석. 한국사회와 행정연구, 14(3): 99-121.

——— (2010). 독일 공무원 노사관계에 관한 연구. 한 · 독사회과학논총, 20(1): 177-198.

최승호 (2005). 독일에서의 수발보험 제도화 과정에서 나타난 정책적 논의. 한 · 독사회과학논총, 15(1): 279-312.

한국보건사회연구원 (2009). 국제 비교를 통해 본 한국 노인의 소득 및 빈곤 실태, 보건 · 복지 Issue & Focus, 2009-1, 4.

한국언론진흥재단 (2010). 미디어시장 규제체계 및 적용사례 연구: EU 사례.

허영식 · 정창화 (2012). 프랑스와 독일의 사회통합정책 비교분석. 한 · 독사회과학논총, 22(1): 71-98.

헤세(Konrad Hesse) 계희열 옮김(2001). 통일독일헌법원론. 박영사.

홍석표 (2010). 독일의 보건의료제도 분석. 보건복지포럼, 164: 87-92.

홍성대 · 김철주 · 김주일 (2009). 독일 복지국가 재구조화의 양상과 성격. 한 · 독사회과학논총, 19(1): 59-88.
황준성(2007). 독일통일 15년의 사회경제적 평가와 시사점. 경상논총, 25(4): 71-88.

●···국외 문헌

Adamy, Wilhelm(2010). Die Risiken der Leiharbeit: Arbeitslosigkeit, Verarmung, Erkrankung. In: Gute Arbeit. *Zeitschrift fur Gesundheitsschutz und Arbeitsgestaltung*, Jg. 22(5): 17-21.

Anton, Stefan & Döte Diemer(2009). Gemeindefinanzbericht 2009. Kommunalfinanzen im freien Fall?. In: *Der Städtetag* 5/2009, 5-85.

Bäcker, Gerhard(2006). Was heißt hier "geringfugig"? Minijobs als wachsendes Segment prekarer Beschaftigung. In: *WSI-Mitteilungen*, Jg. 56(5): 255-261.

Bäcker, Gehard, G. Naegele, R. Bispinck, R. Hofemann, & J. Neubauer(2010). *Sozialpolitik und soziale Lage in Deutschland.* 2 Bände, 5.Auflage, VS-Verlag Wiesbaden

Bauer, Michael W. u.a. (2007). *Modernisierung der Wumweltverwaltung,* Edition Sigam, Berlin.

Blum, Reinhard(1969). *Soziale Marktwirtschaft, Wirtschaftspolitik zwischen Neoliberalismus und Ordoliberalismus*, Tübingen.

Boehret, Carl. u.a. (2006). *Personalrotation in der Praxis*, Speyer: FoeV.

Bogumil, Jörg(2004). Gutachten zur Verwaltungsstruktureform in NRW. In: Bogumil u.a. 2004, 7-175.

Bogumil, Jörg & Steffen Kottmann (2006). *Verwaltungsstrukturreform-die Abschaffung der Bezirksregierungen in Niedersachsen (Ibbenbüren: Schriftenreihe der Stiftung Westfalen-Initiative*, Band 11.

Bogumil, Jörg & Werner Jann(2009). *Verwaltung und verwwaltungswissenschaft in Deutshchland*, 2.Aufl. VS Verlag.

Bock-Schappelwein, J. Eppel & R. Mühlberger(2009). *Sozialpolitik als Produktivkraft,* WIFO: Wien.

Boekh, J. Huster & E. Benz(2006). *Sozialpolitik in Deutschland Eine Systematische Einführung.* 2.Auflage, Wiesbaden: VS Verlag.

Bolte, Karl, Dieter Kappe, & Josef Schmidt(1980). *Bevölkerung, Statistik, Theorie und Politik des Bevölkerungsprozesses*, Opladen.

Bovenschulte, Andreas & Annette Busse (1996). *Plebiszitäre Bürgermeisterverfassungen, Der Umbruch im Kommunalverfassungsrecht*, Baden-Baden.

Bräuer, Christian (2005). *Finanzausgleich und Finanzbeziehungen im wiedervereinten Deutschland*, Wiesbaden.

Brünig, C. & K. Vorgelgesang (2000). Die *Kommunalaufsicht*, Erich Schmidt Verlag, Berlin.

Castles, Francis G. (1982). The Impact of Parties on Public Expenditure. In: Castles, Francis G.(Hg.), *The Impact on Parties: Politics and Policies in Democratic Capitalist States*, London, 21-96.

Crimmann, A. & K. Ziegler. u.a. (2009). Forschungsbericht zum Thema "Arbeitnehmerub-erlassung." Endbericht zum 29. Mai 2009. Nurnberg; Hrsg. Vom Bundesministerium fur Arbeit und David Cameron(1978).

Darschin, Wolfgang & Camille Zubayr (2004). Anders oder Gleich? Öffentlich-rechtliche und private Sender im Urteil der Fernsehzuschauer: Ergebnisse einer Repräsentativbefragung-Different or the same? In: *Media Perspektiven*, Nr. 5, S. 208-216.

de Maizière, Lothar (2010). *Ich will, dass meine Kinder nicht mehr lügen müssen: meine Geschichte der deutschen Einheit*, Herder.

Derlien, Hans-Ulrich (2001). *Zehn Jahre Verwaltungsaufbau Ost-eine Evaluation*, Baden-Baden.

Deutscher Beamtenbund(DBB) (2005). *Der DBB und seine Mitgliedsgewerkschaften*, Berlin: DBB.

Deutscher Bundestag (2010). *Ausschuss fur Arbeit und Soziales. Ausschussdrucksache.* (http://doku.iab.de/externe/2010/k100630p01. pdf).

Deutscher Gewerkschaftsbund (DGB). (2005). *Die Beamtenpolitik der DGB.* Berlin: DGB.

Detterbeck, K., W. Renzsch & S. Schieren (2010). *Föderalismus in Deutschland*, München.

Dittrich, Marcus (2008). *Bundeln & lenken: Das Regierungsprasidium Kassel zwischen Verwalten und Gestalten*, Kassel University Press.

DIW (2002). Wochenbericht des DIW Berlin 9/02-Arbeitsvermittlung durch das Arbeitsamt: Reform des Berichtssystems dringend erforderlich.

Döhler, Marian (2007). *Die politische Steuerung der Vewaltung. Eine empirische Studie über politisch-administrative Interaktionen auf der Bundesebene*, Baden-Baden.

Döring, Diether (2004). *Sozialstaat*, Frankfurt a. M.

Dye, Thomas R. (1976). *Policy Analysis: What Governments Do, Why They Do it and What Difference it Makes*, The University of Alabama Press.

Einstellungen und Erwartungen der Bevölkerung (1999). *Neuss: Janssen-Cilag.*

Eppler, Annegret (2008). Die Umweltpolitik von Bund und Ländern zwischen

Kooperation und Entflechtung angesichts europäischer Vorgaben und heterogener sachpolitischer Herausfoderung. In: Scheller, Henrik & Schmid, Josef(Hrsg.), *Föderale Politkgestaltung im deutschen Bundesstaat*, Nomos. 311-342.

Esping-Andersen, Gøsta (1990). *The Three Worlds of Welfare Capitalism*. Cambridge: Polity Press ; Princeton: Princeton University Press.

Europäisches Obervatorium für Gesundheitssysteme (2000). *Gesundheitssysteme im Wandel*-Deutschland.

Fatoyinbo, J. Richard (2011). Kommunale Kulturfinanzierung im Zeichen der Kriese, *APuZ* 7-8, 19-25.

Fritz, W. Scharpf (1987). Grenzen der institutionellen Reform. In: Ellwein, Thomas. u.a. (Hrsg.), *Jahrbuch zur Staats-und Verwaltungswissenschaft* 1, 111-151. Baden-Baden.

———(2000). *Interaktionsformen. Akteuryentrierter Institutionalismus in der Politikforschung*, Opladen.

Geiss, Imanuel (1992). *Die deutsche Frage 1806-1990*, Manheim u.a.

Gensicke, Miriam, Alexander Herzog-Stein, Hartmut Seifert, & Nikolai Tschersich (2010). *Einmal atypisch-immer atypisch beschäftigt?*, WSI-Mitteilungen 4.

Gieselke, Jens (2001). *Die DDR-Staatischerheit*, bpb.

Glaessner, Gert-Joachim (1992). *Der schwierige Wege zur Demokratie*, 2. Aufl., Opladen.

Görtemaker, Manfred (2009). *Gestaltung der Wiedervereinigung, Information zur politischen Bildung*, Bonn.

Gramm, Christof (1999). Zur Gesetzgebungskompetenz des Bundes für ein Umweltgesetzbuch-zugleich ein Beitrag zur Auslegung von Art. 75 Abs.2 GG. In: *DÖV*, Jg. 52(13), 540-549.

Hartkopf, G. & E. Bohne (1983). *Umweltpolitik-Bd. 1: Grundlagen, Analysen und Perspektiven*, Opladen.

Hartmann, Klaus (1978). Reiner Begriff und tätiges Leben. Lorenz von Steins Grundkonzeption zum Verhältnis von Staat und Gesellschaft und von Rechtsphilosophie und Recht. In: Schnur, R. (Hg.), *Studien über Lorenz von Stein*, Berlin.

Hauser, Richard (1996). *Ziele und Möglichkeiten einer sozialen Grundsicherung*, Baden-Baden: Nomos.

Heinig, H. Michael (2008). *Der Sozialstaat im Dieinst der Freiheit*, Mohr Siebeck Tübingen.

Herrmann, Günter & Matthias Lausen (2004). *Rundfunkrecht*, 2.Auf., C. H. Beck.

Herrmann, Karolin (2011). *Kommunale Kassenkredite-Missbrauchsgefahr und Reform-*

vorschläge, Karl-Bräuer-Inst. des Bundes der Steuerzahler e.V., Berlin.

Hesse, Albrecht (2003). *Rundfunkrecht*, 3.Aufl., München.

Hesse, Joachim Jens & Thomas Ellwein (2004). *Das Regierungssystem der Bundesrepublik Deutschland*, 9.Aufl.

Hill, Hermann (2002). Electronic Government-Strategie zur Modernisierung von Staat und Verwaltung, *APuZ,* B 39-40, 24-36.

Hirschfeld, Gerhard (2000). Der Erste Weltkrieg in der deutschen und internationalen Geschichtsschreibung, *APuZ,* B29-30, 3-12.

Holtkamp, Lars (2011). Kommunale Haushaltspolitik bei leeren Kassen, *APuZ,* B 7-8, 13-19.

Holzinger, Katharina (2007). Race to the Bottom oder Race to the Top? Regulierungswettbewerb im Unweltschutz. In: K. Jakob, F. Biermann, P.-U.Busch & P. H. Feindt.(Hrsg.), *Politik und Umwelt*, 177-199, Wiesbaden.

Hradil, Stefan (2001). *Soziale Ungleichheit in Deutschland*, 8.Auflage, Wiesbaden.

———(2006a). *Die Sozialstruktur Deutschland im internationalen Vergleich*, 2.Auflage, Wiesbaden.

———(2006b). Soziale Milieus-eine praxisorientierte Forschungsperspective. In: *APuZ* 44-45, 3-10.

Hucke, J. (1990). Umweltpolitik - Die Entwicklung eines neuen Politikfeldes, in: Beyme, K.v. & Schmidt, M. G. (Hg.), *Politik in der Bundesrepublik,* Deutschland, Opladen.

IAB Kurzbericht (2006). *Arbeitzeitpolitik-Teilzeitarbeit fördert Flexibilität und Produktivität*, 7/2006.

IW Köln (2011). *Zeitarbeit in Deutschland-Treiber für Flexibilität und Wachstum*, Köln.

Jänicke, Martin (2006). *Umweltpolitik-auf dem Weg zur Querschnittspolitik*, Wiesbaden.

Jann, Werner(Hrsg.) (1997). *Berlin-Brandenburg: Chance der Erneuerung von Landesverwaltung*, Berlin.

———(2004a). *Status-Report. Verwaltungsreform. Eine Zwischenbilanz nach zehn Jahren,* Berlin.

———(2004b). Verwaltungsmodernisierung auf Bundesebene. In: Jann u.a. 100-112.

Jock, Christian (Hrsg.) (2011). *Aktivitaeten auf dem Gebiet der Staats-und Verwaltungsmodernisierung in den Laendern und beim Bund 2008-2010*, Speyer: FoeV.

Jörgens, Helge (1996). Die Institutionalisierung von Umweltpolitik im internationalen Vergleich. In: M. Jänicke(Hrsg.), *Umweltpolitik der Industrieländer.* Entwicklung-Bilanz - Erfolgsbedingungen, 59-112.

Kalamkas, Kaldybajewa, Bernd Mielitz, & Thiede Reinhold (2006). Minijobs: Instrument für Beschäftigungsaufbau oder Verdrängung von sozialversicherungspflichtiger

Beschäftigung? In: *RV aktuell. Amtliches Mitteilungsblatt der Deutschen Rentenversicherung*, Jg. 53(4): 126-132. (http://www.deutsche-rentenversicherung.de).

Kammradt, Steffen (1992). *Die Verfassungsdiskussion: Motive, Ziele, Perspektiven*, Frankfurt a. M.: Peter Lang.

Karl, Brenke & Werner Eichhorst (2008). Leiharbeit breitet sich rasant aus. In: *DIW Wochenbericht*, 19: 242-252.

Kaspar, Martin (2006). Entwicklungen, Unterschiede und Gemeinsamkeiten der deutschen Kommunalverfassungen, Bachelorarbeit, Universität Konstanz, (Konstanzer Online-Publikations-System (KOPS). (URL: http://www.ub.uni-konstanz.de/kops/volltexte /2006/1998/).

Keller, B. & H. Seifert (2011). Atypische Beschaftigung und soziale Risiken. Entwicklung, Strukturen, Regulierung, WISO-Diskurs der Friedrich-Ebert-Stiftung, Oktober. (http://library.fes.de/ pdf-files/wiso/08526.pdf).

Kerschbaumer, Judith (2011). *Das Recht der gesetzlichen Rentenversicherung und der Deutschen Einheit*, Wiesbaden.

Knabe, Hubertus (1990). Politische Opposition in der DDR. Ursprünge, Programmtik, Perspektiven, *APuZ*, B. 1-2: 21-32.

Knemeyer, Franz-Ludwig (1998). Gemeindeverfassung. In: Wollmann & Roth, 104-123.

König, Klaus (1992). *Transformation einer Kaderverwaltung: Transfer und Integration von öffentlichen Bediensteten in Deutschland. Die Öffentlichen Verwaltung* 45: 549-556.

König, Klaus & Heinrich Siedentopf (Hrsg.) (1997). *Öffentliche Verwaltung in Deutschland*, Baden-Baden.

König, Helmut, Michael Kohlstruck, & Andreas Wöll (Hsrg.) (1998). *Vergangenheitsbewältigung am Ende des zwanzigsten Jahrhunderts*, Wiesbaden.

Kost, Andreas (2005). Der Siegeszug der Süddeutschen Ratsverfassung, Ein Überblick über die verschiedenen kommunalpolitischen Strukturen in den Bundesländern. In: *Das Parlament*, Jg. 55.

Kost, Andreas & Hans-Georg Wehling (Hrsg.) (2010). *Kommunalpolitik in den deutschen Ländern*, 2.Aufl., VS Verlag.

Krüger, Udo Michael (2013). InfoMonitor 2012: Fernsehnachrichten bei ARD, ZDF, RTL *Media Perspektiven* 2.

Lampert, Heinz & Jörg Althhammer (2007). *Lehrbuch der Sozialpolitik*, 7.Auflage., Berlin u.a., Springer.

Lars, Holtkamp (2011). KommunaleHaushaltspolitikbei leeren Kassen, *APuZ*, 7 - 8/2011,

13-19.

Lecheler, Helmut (1997). *Die Gliederung des oeffentlichen Dienstes*, Koenig & Siedentopf, 501-515.

Lilenthal, Volker (2009). Öffentlich-rechtlicher Rundfunk, *APuZ*, 9-10, 6-12.

Lingen, Markus. "Erklärung von Bundeskanzler Helmut Kohl vor dem Deutschen Bundestag am 28. November 1989 zum Zehn-Punkte-Plan," Konrad Adenauer Stiftung (http://www.kas.de/wf/de/191.1033),

Ludz, Peter Christian (1979). *Parteielite im Wandel*, Köln/Opladen.

Lueder, Klaus(Hrsg.) (1997). *Staat und Verwaltung*, Berlin.

Mäding, Heinrich (1992). Die föderativen Finanzbeziehungen im Prozess der deutschen Einigung-Erfahrungen und Perspektiven. In: W. Seibel, A. Benz & H. Mäding (Hrsg.), *Verwaltungsreform und Verwaltungspolitik im Prozess der deutschen Einigung*, Baden-Baden, 183-213.

Manow, Philip (2005). Germany: Co-operative Federalism and the Overgrazing of the Fiscal Commons. In: Obinger, Leibfried, & Castles (Hg.), *Federalism*, 222-262.

Mattern, Karl-Heinz & Hubert Reinfried (Hrsg.) (1982). *Allgemeine Verwaltungslehre*, Regensburg: Walhalla und Praetoria Verlag.

Mattern, Reinfried (1982). *Verwaltungslehre*, Regensburg.

Mayntz, Renate (1978). *Soziologie der öffentlichen Verwaltung*. Heidelberg.

Meier-Braun, Karl-Heinz (2002). *Deutschland, Einwanderungsland*, Frankfurt a.M.

Mitlacher, L. W. (2008). Job quality and temporary agency work: Challenges for human resource management in triangular employment relations in Germany. *The International Journal of Human Resource Management*, 446-460.

Müller, E. (1995). *Innenwelt der Umweltpolitik*. Sozial-liberale Umweltpolitik-(Ohn)macht durch Organisation?, Opladen.

Müller-Armack, Alfred (1947). *Wirtschaftslenkung und Marktwirtschaft*, Hamburg.

Müller-Brandeck-Bocquet, Giesela (1996). *Die institutionelle Dimensionen der Umweltspolitik*. Eine vergleichende Untersuchung zu Frankreich, Deutschland und der Europäischen Union, Baden-Baden.

Müller-Graf, Peter-Christian (1984). *Unternehmeninvestionen und Investionssteuerung im Marktrecht*. Zu Masstäben und Schranken für die überbetriebliche Steuerung von Produktionsinvestionen aus dem Recht des wetterwerbsverfassten Marktes, Tübingen.

Münch, Ursula & Kerstin Meerwaldt (2009). *Finanzordnung im deutschen Bundesstaat*, Bundeszentrale für politische Bildung.

Niclauss, Karlheinz (2004). *Kanzlerdemokratie. Regierungsführung von Konrad Aden-*

auer bis Gerhard Schröder, Paderborn.

Nielen, Sebastian & Alexander Schiersch (2011). Leiharbeit-Zuviel Leiharbeit erhöht die Lohnstückkosten, *DIW Wochenbericht* Nr. 28.2011.

OECD (2003). The e-government imperative: main findings, Policy Brief, Public Affairs Division, Public Affairs and Communications Directorate, OECD.

Oschmiansky, Heidi (2007). Der Wandel der Erwerbsformen und der Beitrag der Hartz-Reformen: Berlin und die Bundesrepublik Deutschland im Vergleich. WZB Discussion Paper SP I 2007- 104. (http://bibliothek.wzb.eu/pdf/2007/i07-104.pdf)

Perels, Joachim (2002). Handlungsvarianten der Justiz in der NS-Diktatur. In: Niedersächsische Landeszentrale für politische Bildung (Hrsg.): *Justiz im Nationalsozialismus. Über Verbrecher im Namen des Deutschen Volkes*, Beiträge und Katalog zur Ausstellung, Baden-Baden.

Pierson, Christopher (1991). *Beyond the Welfare State? The New Political Economy of Welfare*, Oxford and Cambridge: Polity Press.

Pierson, Christopher & F. G. Castles (2000). *The Welfare State Reader*, Cambridge.

Plätzold, Jürgen. Soziale Marktwirtschaft, (www.juergen-paetzold. de/einfuerung) (2012.9.1)

Prangenberg, Arno & Barbara Liesebach (2004). *Chancen und Risiken der Auslagerung von Pensionsverpflichtungen für Arbeitnehmer und Unternehmen, Hans-Böckler-Stiftung.*

Preller, Stefan (2009). *Die Zusatzversorgung im oeffentlichen Dienst*, Speyer: FoeV 50.

Press and Information Office of the Federal Government (1999). *Facts about Germany.*

Püttner, Günter (1989). *Verwaltungslehre*, 2. Auflage, München.

Reichel, Peter (2001). *Vergangenheitsbewältigung in Deutschland. Eine Auseinandersetzung mit der NS-Diktatur von 1945 bis heute*, München.

Rein, Gerhard (Hg.) (1989). Die Opposition in der DDR. Entwürfe für einen anderen Sozialismus, Berlin: Wichern.

Rheinisch-Westfalisches Institut fur Wirtschaftsforschung(RWI) & Institut für Sozialforschung und Gesellschaftspolitik (ISG). (2006). Evaluation der Umsetzung der Vorschlage der Hartz- Kommission. Arbeitspaket 1, Modul 1f-Verbesserung der beschaftigungspolitischen Rahmenbedingungen und Makrowirkungen der aktiven Arbeitsmarktpolitik. Forschungsvorhaben im Auftrag des BMAS. Endbericht.(http://doku.iab.de/externe/2007/ k070724p02.pdf); (http://doku.iab.de/externe/2007/k070724p04.pdf).

Rieger, Elmar (2006). Agrapolitk im Umbruch: Von der Landwirtschaft zur Amtswirtschaft. In: Schmidt/Zohlnhöfer(Hg.), *Regieren*, 327-355.

Roland, Czada (1998). Neuere Entwicklung der Politkfeldanalyse, *Polis* Nr.39, Arbeigspaiere aus der Fernuniversität Hagen.

Rosenbrock, R. & T. Gerlinger (2006). Gesundheits-politik. *Eine systematische Einführung,* 2.Auflage, Bern.

Rübner, Matthias (2006). Leitbildwechsel in der aktiven Arbeitsmarktpolitik? In: Hans-Dieter Braun & Bernd-Joachim Ertelt(Hg.), Brüh & Rheinland, 126-137.

Sachverständigenrat deutscher Stiftungen für Integration und Migration (2010). Einwanderungsgesellschaft 2010, Jahresgutachten 2010 mit Integrationsbarometer.

Sachverstandigenrat zur Begutachtung der gesamtwirtschaftlichen Entwicklung (2011). Arbeitnehmeruberlassung: Im Fadenkreuz der Kritiker, Ziffer 479-501 des Jahresgutachtens 2011/2012. (http://www.sachverstaendigenrat-wirtschaft.de/-fileadmin/dateiablage/an2011/ga11_07.pdf).

Sarcevic, Edin (1991). *Begriff und Theorie des Rechtsstaats (in der deutschen Staats-und Rechtsphilosophie) vom aufgeklärten Liberalismus bis zum Nationalsozialismus,* Saarbrücken.

Sartorius, Carl (2002). *Verfassungo-und Verwaltungsgetze,* C. H. Beck.

Scharpf, Frity W., Bernd Reissert, & Fritz Schnabel (1976). *Politikverflechung: Theorie und Emprie des kooperativen Föderalismus in der Bundesrepublik,* Kronberg i.TS.

Schedler, Kuno (1993). *Anreizsysteme in der öffentlichen Verwaltung,* Bern und Stuttgart.

Schmid, Josef (2010). *Wohlfahrtsstaaten in Vergleich Wiesbaden,* 3. Auflage.

Schmidt, Manfred G. (1982). *Wolfahrtstaatliche Politik unter bürgerlichen und sozialdemokratischen Regierungen.* Ein internationaler Verleich, Frankfurt a. M. New York.

———(1992). *Regieren in der Bundesrepublik Deutschland,* Opladen.

———(1997). Policy-Analysis, in: Mohr, Arno(Hg.), *Grundzüge der Politikwissenschaft,* 2. Auflage., München.

———(2001). Ursachen und Folgen wohlfahrtsstaatlicher Politik: Ein internationaler Vergleich. In: Ders(Hg.), *Wohlfahrtsstaatliche Politik-Institutionen, politischer Prozess und Leistungsprofil,* Opladen, 33-53.

Schmidt, Manfred G., T. Ostheim, & N. Siegel (2006). *Wohlfahrtsstaatliche Politik-Theorien und Methoden,* Politikon.

Schmidt, K. & J. Wullerich (2011). *Der Arbeitsmarkt in Deutschland, Arbeitsmarktberichterstattung-. Januar* 2011: Zeitarbeit in Deutschland - . Aktuelle.

Schmidt-Bleibtreu Bruno & Franz Klein (1990). *Kommentar zum Grundgesetz,* 7.A., Neuwied/Frankfurt a.M.

Schroeder, Klaus (1999). *Der SED-Staat: Geschichte-und Struleturem der DDR Bayerische Landeszentale für Polilische Bildumgsarbeit*, A-104.

Stern, Klaus (1984). *Das Staatsrecht der Bundesrepublik Deutschland*, Band II., C. H. Beck.

Steinbach, Peter (1981). Nationalsozialistische Gewaltverbrechen. *Die Diskussion in der deutschen Öffentlichkeit nach 1945*. Beiträge zur Zeitgeschichte. Bd. 5, Berlin.

Stevens, Anne & Handley Stevens (2001). *Brussels Bureaucrats? The Administration of the European Union*, Basingstoke: Palgrave.

Stone Sweet, Alec (2000). *Governing with Judges. Constitutional Politics in Europe*, Oxford: Oxford University Press.

Tennstedt, Florian (1997). *Soziale Selbstverwaltung. Geschichte der Selbstverwaltung in der Krankenversicherung*, Band 2, Verlag der Ortskrankenkassen Bonn (http://kobra.bibliothek.uni-kassel.de)

Thaysen, Uwe (1990). *Der Runde Tisch. Oder: Wo bleibt das Volk? Der WEg der DDR in die Demokratie*, Opladen.

Thorsten, Kalina, & Claudia (2006). Mindestens sechs Millionen Niedriglohnbeschaftigte in Deutschland: welche Rolle spielen Teilzeitbeschaftigung und Minijobs? IAB-Report 2006-03 (http://doku.iab.de/externe/2006/k060315f12.pdf)

Vanselow, Achim, & Weinkopf (2009). Zeitarbeit in europaischen Ländern- Lehren für Deutschland?, Arbeitspapier 182 der Hans Bockler Stiftung, August. (http://www.boeckler.de/pdf/p_arbp_ 182.pdf).

Vester u.a. (2001). *Soziale Milieus im Gesellschaftlichen Strukturwandel. Zwischen Integration und Ausgrenzung*, Frankfurt/M.

Vorländer, Hans (2009). Die Deutschen und ihre Verfassung, *APuZ*, 18-19, 8-17.

Wagner, Matthias (1998). *An morgen bist du Direktor. Das System der Nomenklaturkader in der DDR*, Berlin: edition Ost.

Weber, Max (1972, 1986). Wirtschaft und Gesellschaft. *Studienausgabe*. 5. Auflage, Tüebingen: J.C.B. Mohr.

Weber-Flas, Rudolf (2006). Epochen deutscher Staatlichkeit. *Vom Reich der Franken bis zur Bundesrepublik*, Stuttgart.

Weichold, Jochen (2006). Umweltpolitik, in: Burrichter/Nakath/Stephan (Hg.), *Deutsche Zeitgeschichte*, 1137-1179.

Weidenfeld, Werner & Karl-Rudolf Korte (Hrsg.) (1999). *Handbuch zur deutschen Einheit, 1949 - 1989 - 1999*, Frankfurt/New York: Campus Verlag.

Wilkinson, R. & K. Pickett (2009). *Gleichheit ist Glück-Warum gerechte Gesellschaften für alle besser sind*, Frankfurt/Main.

Wirsching, Andreas (2006). *Abschied vom Proviosrium. Geschichte der Bundesrepublik Deutschland 1982-1990*, München.

Wolle, Stefan (1998). Die heile Welt der Diktatur. *Alltag und Herrschaft in der DDR 1971-1989*, Berlin.

Zinsmeister, Florian (2009). Die Finanzierung der deutschen Einheit-Zum Umgang mit den Schuldlasten der Wiedervereinigung. In: *Vierteljahrshefte zur Wirtschaftsforschung*, 78(2): 146-160.

Zok, Klaus (2003). *Gestaltungsoptionen in der Gesundheitspolitik. Die Reformbereitschaft von Bürgern und Versicherten im Spiegel von Umfragen*, Bonn.

Zöllner, Detlef (1963). *Öffentliche Sozialleistungen und wirtschaftlichen Entwicklung*. Ein zeitlicher und internationaler Vergleich, Berlin.

기타

녹생당 자료

독일 기본법

동아일보. 2012.9.27

메클렌부르크-포어포메른 주정부 자료

방송국가협약(RStV)

연방공무원법(Bundesbeamtengesetz, BBG)

연방예산법(BHO)

연방통계청. 각 연도 자료

AGF/GfK-Fernsehforschung

ALLBUS 자료

ARD. 2010년 연감

BA, 2001.

BBG; PKV-Verband. 각 연도 자료

BIPBRD5004.svg

BMAS-Referat Information, Publikation, Redation 2006, 4.

bpa-bulltin. 1988.11.11, Doknur.98074

bpb.de: 각 주제별 자료

Bundesagentur für Arbeit. 각 연도 자료

Bundesministerium der Finanzen, Das System der öffentlichen Haushalte, Redaktion: Thomas Knörzer, Stand: Juli 2008

Bundesministerium für Arbeit und Soziales. 각 연도 Sozial Budget

Bundesministerium für Gesundheit (BMG). Kennzahlen und Faustformeln GKV 2000-2010.
Bundesrat(Hrsg.): Die Arbeit des Bundesrates im Spiegel der Zahlen. Statistische Angaben für die Zeit vom 7. September 1949 bis zum 20. September 2006
BundOnline. 2005
BVerfGE 각 판결
Das Parlament 91. 11./18
Der Spiegel. 각 해당 자료
Deutsche Rentenversicherung Bund(DRV-Bund): Jahresbericht, 2007
Deutscher Städtetag(Hg.), Statisches Jahrbuch Deutscher Gemeinde, Köln 2004
Deutscher Wetterdienst
Deutsches Beamtenbund : 통계 자료
Deutsches Verwaltungsrecht, 1895.
DRV-Bund: 각 연도 자료(Rentenversicherung in Zahlen)
DRV-Bund: 각 연도 자료
DRV-Bund: Rentenversicherung in Zaitreihen, Rentenversicherung in
Economist 각 해당 기사
Economist 2012.9.8 (Asian welfare states: New cradles to graves)
Datenbasis: Alterssurvey 2002.
Eurobarometer, 74(2010), 76(2011)
Europäische Akdemie für Wirtschaft und Personaldienstleistungen (EAWP)
EUROSTAT: European Statistic: (2003). Bundesministerium fuer Arbeit und Soziales
Forschungsgruppe Wahlen: Politbarometer-Extra 20 Jahre Mauerfall, 11/2009
FR: 각 해당 기사
Frankfuert Rundschau: 각 해당 기사
Fritz-Beske-Institut: Presseerklärung. 19.04. 2004
GKV-Spitzenverband, 2011 (URL: http://www.gkv-spitzenverband.de/ upload/Krankenkassen_Fusionenverlauf_1970-2011_15401.pdf)
GPRA Vertrauensindex Q1/2012
IAB-Forum 1/08
IEA Scoreboard 2009
IT-Plannungsrat 자료
LVR 자료
Media Perspektiven Basisdaten 2010
Ministerium für Arbeit, Gesundheit und Soziales des Landes Nordrhein-Westfalen, Zeitarbeit in Nordhein-Westfalen, Strukturen, Einsatzstrategien, Entgelte, 2008, 58

MIPEX 2007

Robert Koch Institut, Ausgaben und Finzierung des Gesundheitswens Heft 45, 2009

SGB III

sinus-institute: 발표 자료(2012)

Sozial-Kompass Europa, Soziale Sicherheit in Europa im Vegleich, 2007, Spiegel: 각 해당 기사

Standard Eurobarmeter 76, Herbst 2011

Statisches Bundesamt: 각 연도 통계 자료

Statista 2012

SVR 2005, Sachverständigenrat zur Begutachtung der gesamtwirtschaflichen Entwicklung: Die Chance nutzten-Reformen mutig voranbringen. Jahresgutachten 2005/2006, Stuttgart 2005

Umweltbundesamt: Presseinformation, Nr.33/2012

Verband der privaten Krankenversicherung (PKV): Zahlenbericht 2003/2004. (http://pkv.de/publikationen/rechenschafts_und_zahlenberichte/archiv_der_pkv_zahlenberichte/zahlenber icht_2003_ 2004.pdf)

Verband Deutscher Rentenversichungstrager

Wissenschaftliches Institut der AOK. 2003

Wikipedia: Kosten der Deutschen Einheit

ZAW 2010

웹사이트

http://www.bundesarchiv.de.

www.bundesregierung.de(Das Bundesregierung-Portal)

www.bundesverwaltungsamt.de(Bundesverwaltungsamt)

독일노총(DGB) 자료실(http://www.dgb.de/dgb/mitgliederazahlen/ mitglieder. htm)

법안(13.Gesetz zur Änderung des Atomgesetzes (http:www. bundestag.de/-dip21/btd/17/062/1706246.bdf)

연방행정재판소 조직도(http://www.bverwg.de/media/archive/8252.pdf)

bundestag.de: wer stimmte wie ab (http:www.bundestag.de/bundestag/ plenum/-abstimmung/20110630_17_6070.pdf);

Zeitarbeit- Entwicklung Juni 1998 bis Juni 2008; Nurnberg.(http://www.pub. arbeitsagentur.de).

http://de/wikiactu.com, eigene Darstellung

http://www.bmi.de 2012.7.5
http://www.bmu.de/umweltgesebunch
http://www.cert.dfn.de
www.deutschland.de (Das Deutschland-Portal)
http://www.fernsehrat.zdf.de
http://www.gez.de
http://www.juergen-paetzold.de/einfuerung
www.tatsachen-über-deutschland.de
www.verwaltungsreform-bw.de
www.service-bw.de (Portal zu Verwaltungsdienstleistungen BW)

찾아보기

ㄱ

ㅂ

저자 소개

정재각(morgenland@hanyang.ac.kr)
한양대학교 지방자치연구소 연구위원
한국행정연구원 초청연구위원(2010-2012)
박사학위: 베를린 자유대학교

[대표 저서 및 논문]
「독일연방제도에 관한 연구」(2011), 한국행정연구원
「이주정책론」(2010), 인간사랑
「지방행정 거버넌스」(공저, 2009), 인간사랑
독일의 이주정책과 사회통합 간의 갈등에 관한 연구(2011), 「한독사회과학논총」
직접민주제도의 확산과 정책적 영향 : 스위스를 중심으로(2008), 「한독사회과학논총」
「서구 연방주의와 한국」(공저, 2006), 인간사랑
독일의 정부 PR 사례 분석, 「주요국의 국정소통 방법」(공저, 2012), 커뮤니케이션북스.

심익섭(shim@dongguk.edu)
동국대학교 사회과학대학 행정학과 교수
박사학위: 독일국립슈파이어행정대학원

[대표 저서 및 논문]
「독일연방공화국 60년」(편저, 2009), 오름
「한국지방정부외교론」(편저, 2007), 오름
「한국민주시민교육론」(편저, 2006), 엠-애드
주민자치회의 제도화 방안과 발전 방향에 관한 연구(2012), 「지방행정연구」(한국지방행정연구원)
독일 사회복지 시스템과 보훈정책에 관한 연구(2011), 「한독사회과학논총」(한독사회과학회),
독일 지방자치단체 권한에 대한 합리적 정부간 관계 연구(2010), 「한독사회과학논총」(한독사회과학회)

이승철(scyi@hnu.kr)
한남대학교 사회과학대학 행정학과 교수
박사학위: 콘스탄츠(Konstanz)대학교

[대표 저서]
「유럽공동체론」(1990), 도서출판 문성
「현대행정론」(1994), 한남대출판부
「유럽연합의 현황과 전망」(1996), 집문당
「지방자치행정론」(2000), 한남대출판부
「지방재정론」(1998/2007/2009개정), 글누리
「행정학」(2009/2013개정), 글누리
「지방행정론」(2011), 글누리

독일의 행정과 공공정책

펴낸날 / 제1판 제1쇄 2013년 5월 30일
지은이 / 정재각 · 심익섭 · 이승철
펴낸이 / 임춘환
펴낸곳 / 도서출판 대영문화사
주소 / 서울 용산구 청파동 1가 178-2 ㊐ 140-869
등록 / 1975년 12월 26일 제3-16호
전화 / (02)716-3883, (02)714-3062
FAX / (02)703-3839
홈페이지 / http://www.dymbook.co.kr

ISBN 978-89-7644-439-4

〔값 35,000원〕